Markus May, Michael Baumann, Robert Baumgartner, Tobias Eder (Hg.)
Die Welt von »Game of Thrones«

Edition Kulturwissenschaft | Band 121

Markus May, Michael Baumann,
Robert Baumgartner, Tobias Eder (Hg.)

Die Welt von »Game of Thrones«
**Kulturwissenschaftliche Perspektiven
auf George R.R. Martins »A Song of Ice and Fire«**

[transcript]

Bibliografische Information der Deutschen Nationalbibliothek
Die Deutsche Nationalbibliothek verzeichnet diese Publikation in der Deutschen Nationalbibliografie; detaillierte bibliografische Daten sind im Internet über http://dnb.d-nb.de abrufbar.

© 2016 transcript Verlag, Bielefeld

Die Verwertung der Texte und Bilder ist ohne Zustimmung des Verlages urheberrechtswidrig und strafbar. Das gilt auch für Vervielfältigungen, Übersetzungen, Mikroverfilmungen und für die Verarbeitung mit elektronischen Systemen.

Umschlaggestaltung: Kordula Röckenhaus, Bielefeld
Umschlagabbildung: © 2008, Brocken Inaglory, »Corvus corax and half dome«, licensed under CC BY-SA 4.0 license.
Korrektorat: Friederike Unkenholz, Dortmund
Satz: Mark-Sebastian Schneider, Bielefeld
Printed in Germany
Print-ISBN 978-3-8376-3700-7
PDF-ISBN 978-3-8394-3700-1
EPUB-ISBN 978-3-7328-3700-7

Gedruckt auf alterungsbeständigem Papier mit chlorfrei gebleichtem Zellstoff.
Besuchen Sie uns im Internet: *http://www.transcript-verlag.de*
Bitte fordern Sie unser Gesamtverzeichnis und andere Broschüren an unter: *info@transcript-verlag.de*

Fire and Ice

Some say the world will end in fire,
Some say in ice.
From what I've tasted of desire
I hold with those who favor fire.
But if it had to perish twice,
I think I know enough of hate
To say that for destruction ice
Is also great
And would suffice.

(Robert Frost, Harper's Magazine, Dezember 1920, S. 67)

Inhalt

Vorwort | 11

Siglenliste | 27

1. **»All dwarves are bastards in their fathers' eyes.«
Familien-Politik und dynastische Fragen**

   Power in a King's Blood.
   Genealogie als Schlüsselmotiv in *ASOIAF*
   Stefan Donecker | 31

   Mad, Bad and Dangerous to Know, or The Pride of the Rock?
   Expeditionen in die symbolische Höhle der Löwen von Lannister
   Anja Müller | 45

2. **»Sharp steel and strong arms rule this world,
don't ever believe any different.«
Kulturgeographie und Geopolitik**

   Der Norden als Topos und Chance.
   Antagonisten, Antistruktur und (Anti-)Helden in *ASOIAF*
   Igor Eberhard | 63

   Beyond the Wall.
   Alteritätsdiskurse in *GOT*
   Mario Grizelj | 81

3. »The gods are blind. And men only see what they wish.«
   Religion und Mythen

   »What is dead may never die, but rises again, harder and stronger.«
   Religion als Macht in *ASOIAF*
   Rainer Emig | 103

   Feuer innerhalb und außerhalb von *ASOIAF*.
   Dominic Frenschkowski | 113

   Mythologien des Nordens: von Hyperborea nach Westeros.
   Eine mythologische Amplifikation zu *ASOIAF*
   Marco Frenschkowski | 127

   7=1: Der Glaube an die Sieben als synthetische Religion
   zwischen Apodiktik und Paraklese
   Johannes Rüster | 141

4. »If a girl can't fight,
   why should she have a coat of arms?«
   Gender-Diskurse und soziale Fragen

   Bastarde und Barbaren.
   Utopien des Hybriden in *GOT*
   Hans Richard Brittnacher | 157

   »A Knight's a sword with a horse.«
   Bilder von Ritterschaft und die Waffen der Frauen in *ASOIAF*
   Corinna Dörrich | 173

   Von Kriegerinnen und Gebärmaschinen.
   Weibliche Figuren in *GOT*-Computerspielen
   Felix Schröter | 193

5. »When you play the game of thrones,
   you win or you die. There is no middle ground.«
   Ethik, Moral und Politik

   The king is dead – long live the Throne?
   Zur Herrschaftsstruktur in *ASOIAF*
   Michael Baumann | 213

Die drei Drachen des Königs.
Politische Theologie in *ASOIAF*
Christoph Petersen | 227

Realistische Fantastik.
Macht in *ASOIAF*
Peter Seyferth | 247

6. »A reader lives a thousand lives before he dies [...]. The man who never reads lives only one.« Das Archiv und die Medienreflexion

Myrish Swamps and Fat Pink Masts.
Sexualität in *ASOIAF/GOT* und die Konventionen der Fantasy
Robert Baumgartner | 267

Fechten als Strukturelement.
Binnennarrative Transformation des Zweikampfes in *ASOIAF*
Matthias Langenbahn | 281

Techniken und Funktionen von Filmmusik am Beispiel von *GOT*
Christian Weng | 293

7. »Prophecy is like a half-trained mule [...]. It looks as though it might be useful, but the moment you trust in it, it kicks you in the head.« Rätsel und Mystifikation, Träume und Prophezeiungen

Warlocks, Wargs and White Walkers.
Obskures und Übernatürliches als Phänomene des Fremden in *ASOIAF*
Tobias Eder | 309

»The Gods are blind. And men see only what they wish.«
Zur Funktion der Mystifikationen und Rätsel in *ASOIAF*
Markus May | 321

8. »The oak recalls the acorn, the acorn dreams of the oak, the stump lives in them both.«
   Transmedialität

Der Drache hat drei Köpfe.
Das *GOT*-Narrativ und sein Wechsel ins Medium Computerspiel
Franziska Ascher | 339

»I'm almost a man grown.«
Zur Verhandlung von Kindheit und Jugend in *ASOIAF* und *GOT*
Maria Kutscherow | 355

»Everything in the world is about sex, except sex. Sex is about power.«
Die Funktion der Sexpositions in *GOT*
Simon Spiegel | 369

»I read the fucking books!«
Subkulturelle Reaktionen auf den Medien- und Publikumswechsel von *ASOIAF* zu *GOT*
Tobias Unterhuber | 385

Autorinnen und Autoren | 395

Vorwort

George R.R. Martins Fantasy-Zyklus *A Song of Ice and Fire (ASOIAF)*, von dem seit 1996 bislang fünf Romane erschienen sind, hat es nicht allein in die amerikanischen und europäischen Bestseller-Listen geschafft, vielmehr zeigen sich auch die Kritiker solcher bekanntermaßen wenig phantastikaffinen Zeitungen wie der *Washington Post* oder der *FAZ* durchaus von *ASOIAF* angetan. Die Reihe gilt vielen Interpreten bereits als eine der ernsthaftesten künstlerischen Unternehmungen zur Wiederbelebung des ansonsten häufig durch stereotypes Mittelmaß gekennzeichneten Genres der *High Fantasy* seit Tolkien und den Inklings.

Dieser Erfolg und das Faszinationspotential, auf dem er beruht, manifestieren sich neben den stetig wachsenden Verkaufszahlen – der vierte Band, *A Feast for Crows*, erreichte sofort nach seinem Erscheinen 2005 die Spitzenposition der amerikanischen Bestseller-Listen – auch in Phänomenen der Zweitverwertung wie (Computer-)Spielen, Fanartikeln sowie vor allem der Fernsehserie von HBO, *Game of Thrones (GOT)*. Die seit März 2012 auch im deutschen FreeTV ausgestrahlte erste Staffel wurde für über 80 Millionen Dollar produziert. Die fünfte Staffel wurde 2015 für 24 Emmys, die höchste amerikanische Fernsehauszeichnung, nominiert – ein Rekord, der durch die diesjährigen 23 Nominierungen für die Serie eindrucksvoll bestätigt wird; mittlerweile ist die siebte Staffel in Produktion. Hinzu kommt eine ausgeprägte Fankultur mit mehreren aufwendig designten Websites[1], die *ASOIAF/GOT* gewidmet sind, sowie den in der Fantasy-Szene üblichen, turnusmäßig abgehaltenen Fan-Cons.[2]

Ein wesentlicher Grund für den Erfolg der Serie liegt in ihrer Kombination von klassischen Ingredienzien der Fantasy mit für dieses Genre ungewöhnlich

---

1 | Beispielsweise wäre hier auf die freien Enzyklopädien nach dem Muster der Wikipedia zu verweisen wie <awoiaf.westeros.org> und <iceandfire.wikia.com/wiki/A_Song_of_Ice_and_Fire_Wiki>, die auch für kulturwissenschaftlich Schreibende äußerst dankbare Volltextsuche unter <asearchoficeandfire.com> und speziell für die HBO-Serie etwa <history-behind-game-of-thrones.com>, vor allem aber <watchersonthewall.com>.

2 | Vor allem die ›Ice and Fire Con‹, jährlich seit 2013 (<www.iceandfirecon.com>), oder auch die 2017 geplante ›Con of Thrones‹ (<conofthrones.com>).

komplexen psychologischen Elementen und narrativen Verfahren (zur Genre-Problematik des Begriffs ›Fantasy‹ siehe Attebery 1992: 1-17). Während ein ausdifferenzierter Entwurf einer mittelalterliche Züge tragenden ›secondary world‹ mit unterschiedlichen Kulturen, Nationen, Ethnien und Sprachen einschließlich einer ›quasi-historischen Tiefenschicht‹[3], die durch Mythen und Erzählungen tradiert wird, zum Standard-Repertoire der Fantasy gehört, weisen Themen und Motive wie der Kampf verschiedener Dynastien um die Vorherrschaft eines ›vereinigten Königreichs‹ eher auf die englische Geschichte im Zeitalter der Rosenkriege (Adair 2016a, Adair 2016b u.a.), die schon Shakespeare in seinen Historien verarbeitet hat, sodass Andreas Kilb in der *FAZ* vom 22. März 2012 anlässlich der Ausstrahlung der ersten Staffel von *GOT* zutreffend von einer »Fabel aus dem Geist von Shakespeares Königsdramen« gesprochen hat. Doch auch die Tradierungszusammenhänge wie unterschiedliche Weisen der Geschichtsschreibung, der Fixierung von Wissensordnungen sowie der oftmals divergenten Relation von individuellem, kommunikativem und kollektivem Gedächtnis werden innerhalb der Diegese hinterfragt – die Fiktion trägt mithin selbst die Züge von Wissensarchäologie und Medienkritik.

Zudem werden die innerhalb des Genres schon in ihrer Wirkungsweise mehr oder minder verbrauchten Motive und Topoi wie Fabelwesen, Magie und Schwertkampf eher sparsam eingesetzt (zur Topik der Fantasy siehe Wynne Jones 2006), die Darstellung konzentriert sich stärker auf die Psychologie und Motivationen der Charaktere, was schon in dem für die Fantasy ungewöhnlichen narrativen Modus deutlich wird, der stringent durchgehalten ist: Jedes Kapitel[4] wird konsequent in der dritten Person aus der Perspektive einer Reflektorfigur erzählt, wobei sich die Liste der Figuren, die als Reflektorfiguren fungieren, von Band zu Band erweitert. Die Vielstimmigkeit, so könnte man mit Michail M. Bachtin konstatieren (Bachtin 1979: 183), nimmt in dem Maße zu, wie sich die epische Welt zu einem pluriregionalen, polyphonen Universum ausweitet, das durch immer mehr konfligierende Bewusstseine mit unterschiedlichen Agenden repräsentiert wird.

Ebenso ungewöhnlich für das doch ansonsten sehr maskulin dominierte Genre ist das außergewöhnliche Spektrum und die wesentliche Bedeutung der Frauenfiguren, die nicht als Staffage, sondern als aktiv das Geschehen mitbestimmende »strong players« gestaltet sind (Spector 2012), und die ganz unterschiedliche soziale Rollenmodelle – einschließlich derer, die verweigert werden – verkörpern, was wiederum an die Romane C.S. Lewis' oder Ursula K. Le Guins

---

3 | Zu dieser Tiefenschicht tragen neben zahlreichen Stellen in *ASOIAF* selbst auch Martins andere Werke in der selben ›storyworld‹ bei; vor allem die fiktive historisch-geographische Chronik *The World of Ice and Fire* (Martin 2014), aber auch die sogenannten ›Dunk and Egg-Stories‹ *The Hedgeknight, The Sworn Sword, The Mystery Knight*, inzwischen als Sammelband erschienen (Martin 2015a) und *The Rogue Prince* (Martin 2015b).

4 | Mit Ausnahme der Prologe aller bisherigen Bände (sowie den Epilogen bei *AGOT* und *ADWD*).

gemahnt. Hier, wie auch in anderen Außenseiter-Rollen (z.B. Bastarden, Kleinwüchsigen, Übergewichtigen etc.) zeigt sich auch die besondere Bedeutung von Familien-, Clan-, Feudal- und anderen Sozialstrukturen für die Figurendynamik. Dabei offenbart sich ein quasi soziologischer wie auch sozialpsychologischer Blick auf die Handlungsträger und ihre jeweilige Motivation, die nicht selten im Konflikt mit den gesellschaftlichen Zwängen deren repressive Strukturen umso deutlicher hervorkehrt. Dadurch werden moralische Codes auf eine Weise hinterfragt, die sich einem naiv-schlichten, rigide fixierten Schema von Gut und Böse, das ja so häufig in der Fantasy anzutreffen ist, verweigert (Anglberger u. Hieke 2012).

Der immense Detailrealismus in der Schilderung der fiktiven Welt, der sich auf die soziale Sphäre ebenso bezieht wie auf religiöse Bräuche oder alltägliche Verrichtungen, aber auch auf Architektur, Speisen, Getränke, Waffen sowie die Elemente der natürlichen Welt, trägt weiterhin zur überzeugenden Schöpfung einer fiktiven Welt in dem Sinne bei, wie Roland Barthes dies als Realitätseffekte des Akzidentiellen für die Schreibweise des (französischen) Realismus bestimmt hatte (Barthes 2005). In der Tat erinnert Martins Detailfetischismus, der allerdings auch die motivischen Verknüpfungen dabei keineswegs außer Acht lässt, an entsprechende Verfahren etwa bei Thomas Hardy. Hinzu kommt, dass die Tradierungszusammenhänge, mit denen auf die mythische oder historische Vergangenheit der dargestellten Welt verwiesen werden, selbst im Text kritisch hinterfragt werden. Mit anderen Worten wird eine immanente, aber z.T. auch explizite Diskurskritik à la Foucault betrieben, indem aufgezeigt wird, dass Tradierung und kollektives Gedächtnis immer interessengeleitet funktionieren, dass Diskurse immer von Machtinteressen geprägt sind – was in das Archiv des kollektiven Gedächtnisses eingeht und in welcher Form, entscheiden die Träger der Macht.

Zur Vertiefung dieser Beobachtungen und als eine Form der wissenschaftlichen Annäherung an das Phänomen *ASOIAF/GOT* veranstaltete die Ludwig-Maximilians-Universität München vom 9. bis 11. Oktober 2015 unter dem Titel »Winter is coming – Kulturwissenschaftliche Perspektiven auf George R.R. Martins *A Song of Ice and Fire/Game of Thrones*« eine Tagung auf Schloss Blutenburg, dem ehemaligen Jagdschloss der Wittelsbacher Herzöge, in den Räumen und mit freundlicher Unterstützung der dort ansässigen Internationalen Jugendbibliothek. Diskutiert wurden Fragen der narrativen Verfahren, der Konstruktion einer epischen Sekundärwelt, der Personendarstellung und insbesondere auch der Gender-Konzeption. Da die Phantastik ein hochgradig hybridisierender ästhetischer Modus ist, lag ein weiterer Schwerpunkt auf den intertextuellen Phänomenen, den Anspielungen wie den möglichen Quellen – historisch, mythisch, literarisch etc. – sowie zahlreichen relevanten Kontexten und Traditionsbezügen. Die mediale Zweitverwertung ursprünglich literarisch entwickelter Sekundärwelten in Film, Rollen- und Computerspiel sowie in allen Formen des Spielzeugs und Merchandisings (etwa unter dem Brand »Valyrian Steel« vertriebene Nachbildungen von Waffen aus *ASOIAF* bzw. *GOT*) bildeten einen weiteren thematischen Akzent. Davon ausgehend wurde auch aus kultursoziologischer Perspektive die

Frage nach der Signifikanz solcher Phänomene für unsere Gegenwartskultur erörtert. Das schließt nicht zuletzt die politische Dimension mit ein, etwa in der Frage: Steigt bei einer kollektiv empfundenen und anscheinend unkalkulierbaren Bedrohung die Sehnsucht nach der Familie als der – scheinbar (und dies zu hinterfragen, ist auch eine Qualität der Romane) – stabilsten und verlässlichsten sozialen Entität? Denn auch in diesem Sinne lässt sich das Motto des Hauses Stark deuten: »Winter is coming«.

ASOIAF/GOT repräsentiert in einer wesentlich an unserem zeitgenössischen Wirklichkeitsverständnis orientierten Art und Weise eine Fantasy der Krise, wobei die Krise alle Lebens- und Gesellschaftsbereiche umfasst: vom kosmisch-ökologischen über den politisch-gesellschaftlichen bis zum familial-individuellen Bereich. Natürlich gehört die Krise seit den Anfängen zum Kernbestand der narrativen Chronotopen der Fantasy – bereits die ›taproot texts‹ der Fantasy, die antiken Epen wie *Gilgamesch*, die *Ilias* oder die *Odyssee*, drehen sich um solche Krisen, ebenso wie die für Fantasy ebenfalls als Quellen relevanten arthurischen Stoffe des Mittelalters (Clute 1999). In den meisten Fantasy-Welten bezieht sich die Krise jedoch häufig nur auf eine Instabilität in den Machtverhältnissen oder den Verlust des Gleichgewichts einer prästabilisierten Ordnung, die am Ende wiederhergestellt wird, wie dies in den Werken von J.R.R. Tolkien oder C.S. Lewis der Fall ist (wofür der Katholik Tolkien den Terminus der »eucatastrophe« erfand; Tolkien 1969: 68). Häufig herrscht auch ein polares Verhältnis hinsichtlich der ethischen Parameter vor, d.h. Gut und Böse sind klar umrissen und mehr oder minder statisch verteilt, Werte wie Freundschaft, Treue, Tapferkeit etc. werden nicht hinterfragt, sondern nur erprobt, moralische Grauzonen sowie charakterliche Ambivalenzen halten sich in erkennbaren Grenzen, weshalb die Protagonisten, wie die Figuren in der antiken Tragödie oder im antiken Epos, mehr als Repräsentanten ihrer Welt denn als reale Charaktere fungieren. Die Krise gehört hier zur Topik der mythischen Heldenreise, wie sie Joseph Campbell beschrieben hat (Campbell 1999: 91-95), und es besteht eigentlich a priori kein Zweifel daran, dass der Held die Prüfungen, die ihm auferlegt sind, bestehen wird, wie Herakles im antiken Mythos.

In *ASOIAF* hingegen wird die Krise in einer Komplexität dargestellt, die alle Bereiche der Gesellschaft und der Natur, des persönlichen und sozialen Lebens umfasst und erschüttert. Hierbei spielen auch Erfahrungen absoluter Kontingenz eine wesentliche Rolle. Betrachtet man die Kontingenzerfahrung als die zentrale Signatur der Moderne, so kann man behaupten, dass mit *ASOIAF* und *GOT* die Fantasy, die als Genre ja eigentlich ein Kind des modernen Zeitalters ist, nun auch epistemologisch und philosophisch dort angekommen ist (zum Verhältnis von Modernismus und Postmodernismus in der Fantasy siehe Casey 2012). Wesentlichster Ausdruck dieser Kontingenzerfahrung ist die Gestaltung des Todes in *ASOIAF* und *GOT*. Seit der Hinrichtung Eddard Starks, den man aufgrund der

Tatsache, dass ihm mehr Perspektivkapitel[5] als den anderen Protagonisten zugestanden werden, als Hauptfigur des ersten Bandes bezeichnen kann, ist klar, dass jederzeit mit dem unzeitigen Ableben auch zentraler Charaktere gerechnet werden muss. Gerade dieser eklatante und für die Reihe signifikante Verstoß gegen die sonstigen Genrekonventionen der Fantasy macht deutlich, dass das Skandalon der Sterblichkeit als radikalste Form der Kontingenz von Martin äußerst ernst genommen wird.

Jedoch heißt dies nicht, dass Martin mit allen Konventionen des Genres bricht. Gegenüber diesen Fällen des Kontingenten, die jeweils vor allem Einzelschicksale betreffen, offenbart sich schon im Zyklustitel *A Song of Ice and Fire* ein klassisches Grundelement der Fantasy. Denn, so ist aus den bisherigen Hinweisen des Texts zu schließen, es handelt sich letztlich beim finalen Ziel der Fiktion wahrscheinlich um die Wiederherstellung des Gleichgewichts von Eis und Feuer, das in der Welt von Westeros und Essos verloren gegangen ist. Diese Wiederherstellung des Gleichgewichts verbindet Martins Weltentwurf mit etwa der Welt von Earthsea in Ursula K. Le Guins gleichnamiger Fantasy-Reihe (Langford 1999). Es ist also letztlich das Verhältnis von Providenz und Kontingenz, das Martins Reihe auszeichnet, wobei über weite Strecken die Providenz kaum erkennbar ist. Man darf gespannt sein, wie sich der Heilsplan in der ›World of Ice and Fire‹ en detail entfalten und in welcher Gestalt (oder welchen Gestalten) sich das Gleichgewicht wieder manifestieren wird.

Mit Blick auf die Komplexität der multimedialen »storyworld« (Ryan/Thon 2014) von *ASOIAF* und *GOT* haben sich verschiedene thematische Zentren von Fragestellungen herauskristallisiert, die gewissermaßen die Leitlinien für die Beiträge der Tagung lieferten. Diese thematischen Zentren, die auch dem Call for Papers zugrunde lagen, lauten:

1. »All dwarves are bastards in their fathers' eyes.« – Familien-Politik und dynastische Fragen

ASOIAF stützt sich wie keine andere moderne Fantasy-Reihe auf die Institution der Familie. Dabei orientiert sich *ASOIAF* an mittelalterlichen Feudal- und Sozialstrukturen, die nicht nur als Teil des Settings fungieren, sondern denen in hohem Maße handlungsmotivierende Funktionen zukommen. Die handlungsbestimmenden Konflikte resultieren zu großen Teilen aus den Spannungen der mächtigen Familien untereinander wie auch innerhalb dieser Familien. Zugleich thematisiert *ASOIAF* auch die Problematik einer solch rigiden, weitestgehend sozial immobilen und durch Geburtsrecht und Familienzugehörigkeit bestimmten Gesellschaftsstruktur und deren Ausgrenzungsmechanismen anhand solcher Gestalten wie Bastarde, Krüppel und Outcasts. Neben solchen Familienverbän-

---

5 | 15 von 73, bei acht Perspektivfiguren.

den existieren aber auch quasi-familiäre Sozialverbände wie die Night's Watch, die Maester der Citadel, die Kingsguard sowie religiöse Orden und militärische Verbände wie die Brotherhood without Banners oder die Second Sons.

In seinem Beitrag »Power in a King's blood. Genealogie als Schlüsselmotiv in *ASOIAF*« zeigt *Stefan Donecker* die lange Traditionslinie des genealogischen Denkens in der Fantasy auf, in der Martin steht, und untersucht die Funktionen des Motivs Genealogie für die Romanreihe. Dabei sieht er in diesem bekannten Topos der Fantasy eine konventionalisierte Grundlage, durch deren Brechung es Martin möglich wird, den sich abzeichnenden Kollaps und Neubeginn in *ASOIAF* vorzubereiten.

Anja Müller analysiert in »Mad, Bad and Dangerous to Know, or The Pride of the Rock? Expeditionen in die symbolische Höhle der Löwen von Lannister« das Haus Lannister im Überblick und in Einzeldarstellungen seiner Mitglieder sowohl in Bezug auf ihre Repräsentationsstrategien nach außen als auch auf ihre Selbstwahrnehmung als ›Lions‹ und umreißt die Bedeutung des Konzeptes der adeligen Familie in Westeros.

2. »Sharp steel and strong arms rule this world, don't ever believe any different.« – Kulturgeographie und Geopolitik

Kulturelle Konsolidierungsprozesse leben immer von der Bestimmung des Verhältnisses von Eigenem und Fremden sowie dessen Tradierung – daraus entsteht die jeweilige Ideologie. Dazu gehört auch stets ein fest umrissener Raum, in dem sich diese kulturellen Selbstbestimmungsprozesse vollziehen und der durch mehr oder minder rigide Grenzen (z.B. the Wall) definiert ist. Dabei werden Transformationsprozesse vorgenommen, die nicht selten in Unterdrückung, Verdrängung, Zerstörung und Auslöschung dessen, was als ›anders‹ fixiert wird, kulminieren (z.B. the Children of the Forest). So prägen die dynastischen Strukturen der Eroberer den Raum immer wieder aufs Neue und setzen einen unbedingten Assimilationsdruck, der nur die Alternative zwischen Anpassung oder Tod – in manchen Fällen auch Exil – kennt. Die Welt von *ASOIAF* ist durchgängig von kolonialistischen Mechanismen geprägt, die selbst da greifen – und mithin implizit problematisiert werden –, wo tatsächlich ein zivilisatorischer Fortschritt erreicht wird (z.B. Daenerys Targaryens Sklavenbefreiungs-Feldzug).

Igor Eberhard untersucht in »Der Norden als Topos und Chance. Antagonisten, Antistruktur und (Anti-)Helden in *ASOIAF*« das semantische Potential des Nordens in *ASOIAF*. Er entdeckt nach einer Aufarbeitung der nördlichen Topoi der Fantasy den Norden bei Martin als komplexe Raum- und Bedeutungsordnung, die einerseits genretypisch eine die Welt in ihrer Struktur erschütternde Bedrohung liefert, anderseits bringt der Norden als ›Antistruktur‹ auch Außenseiter und harte Heldenfiguren hervor, welche die große Bedrohung abwenden könnten.

Dagegen beschäftigt sich *Mario Grizelj* in seinem Beitrag »Beyond the Wall. Alteritätsdiskurse in *GOT*« mit der Wall als sozialer und kultureller Grenze. Mittels Konzepten von Alienität und Alterität werden verschiedene Dimensionen von Fremd- und Andersheit vorgestellt und die große Grenzmauer auf ihre innerfiktionale wie auch narrative Funktion hin untersucht.

3. »The gods are blind. And men only see what they wish.« – Religion und Mythen

Die Präsentation von unterschiedlichen Religionen erreicht in *ASOIAF* eine bislang in der Fantasy kaum vorhandene Komplexität, die über die klassische Verwendung metaphysischer Systeme als quasi epistemische Erklärung für die Ereignisse des Wunderbaren innerhalb des Weltmodells bei weitem hinausgeht. Gleichzeitig werden Religionen und Mythen auch als politische Instrumente in den Händen religiöser und säkularer Institutionen charakterisiert. Die Folge dieser doppelten Charakterisierung ist ein Spannungsverhältnis, das Religionen und Mythen nie zweifelsfrei in einer festen diskursiven Position lokalisiert. Trotzdem lassen sich unterschiedliche Grade an metaphysischen Wirkungspotenzen der diversen Religionen in den bislang erschienenen Bänden der Reihe konstatieren: Von kompletter Wirkungslosigkeit (The Seven) bis zum veritablen Wunder der Wiederauferweckung von den Toten (R'hllor/Lord of Light).

In »What is dead may never die, but rises again, harder and stronger. Religion als Macht in *ASOIAF*« diskutiert *Rainer Emig* den Zusammenhang zwischen intradiegetischen Religionen und Machtstrukturen. Die pluralisierenden religiösen Strukturen in Westeros, Essos und Beyond sind damit gleichzeitig auch unterschiedliche Ausprägungen des Machtdiskurses im Text. Als unterstützender Faktor von Machtpolitik hat Religion nicht nur einen festen Platz in der Welt von *ASOIAF*, sondern zeigt die Wandelbarkeit und gesellschaftlichen Ausprägungsformen von religiöser Praxis und Institutionalisierung im Text.

Dominic Frenschkowski widmet sich in »Feuer innerhalb und außerhalb von *ASOIAF*« der Symbolik und religiösen Motivik des Feuers. In Feuergottheiten wie dem indischen *Agni* oder nordischen Feuerriesen aus Muspellsheim bis hin zu Feueropfern für den aztekischen *Huehueteotl* zeigt sich eine Traditionslinie, die besonders in der Verehrung des Lord of Light – R'hllor – eine Entsprechung in der Welt Martins findet. Vom Feuer als Waffe gegen das Böse bis hin zur schöpferischen und prophetischen Urgewalt entfaltet der Beitrag alle Facetten, die für den elementaren Widerstreit aus Ice and Fire namensgebend sind.

Als Gegenstück zeigt *Marco Frenschkowski* in »Mythologien des Nordens: von Hyperborea nach Westeros. Eine mythologische Amplifikation zu *ASOIAF*« die kulturhistorischen Tiefendimensionen des Nordens als einen mythischen Raum auf. Die bei antiken Vorstellungen beginnende und über biblische, altnordische und indische Quellen führende tour d'horizon macht allerdings auch deutlich, dass seit dem 19. und 20. Jahrhundert verstärkt obskure esoterische Bewegungen diese Konzepte okkupierten – und zu einem Bindeglied der entsprechenden literarischen Verarbeitungen im Bereich der Fantasy geworden sind.

Johannes Rüster unterzieht in »7=1: Der Glaube an die Sieben als synthetische Religion zwischen Apodiktik und Paraklese« den Faith of the Seven als dominante Religion von Westeros einer theologisch fundierten intratextuellen wie auch rezeptionsästhetischen Analyse. Dabei zeigt sich der Faith of the Seven als vertrauter kultursemiotischer Anker zwischen in ihrer Wirkmächtigkeit kaum erklärbaren Kulten und exotischen Religionen. Die Vertrautheit dieser Synthetikreligion lässt auch die in ihr diskutierten Problemfälle religiöser Weltdeutung (Korruption, Fanatismus u.v.m.) unmittelbar an Rezipienten herantreten.

4. »If a girl can't fight, why should she have a coat of arms?« – Gender-Diskurse und soziale Fragen

Das Gesellschaftsmodell von *ASOIAF* basiert auf einer quasi-mittelalterlichen feudalen Sozialstruktur, in der die Rollenzuweisungen fixiert sind. Gerade Figuren, die von den strukturellen Rahmenbedingungen diskriminiert werden – Frauen, Krüppel, Bastarde (in der *ASOIAF*-Terminologie), Vertreter anderer Ethnien sowie alle Formen sozialer Outcasts – avancieren in ihrer Auseinandersetzung mit den Diskriminierungen und Beschränkungen, die ihnen aufgezwungen werden, zu zentralen Handlungsträgern. Von ihrer Agency wird der Plot in ebenso entscheidender Weise geprägt wie von den Repräsentanten der hegemonialen Macht. Gerade im Zusammenstoß bzw. Konflikt der Agencies der Outsider mit denen der vermeintlich Mächtigen wird die Handlung vorangetrieben. Dabei weicht die scheinbar so rigide soziale Positionierung auf und die Figuren erleben einen Wandel ihres sozialen und machtpolitischen Status – daran offenbart sich die prekäre Labilität der vermeintlich so festgefügten gesellschaftlichen Ordnung.

Hans Richard Brittnacher führt in seinem Aufsatz »Bastarde und Barbaren. Utopien des Hybriden in *GOT*« die Differenzierung zwischen ›dynastischen‹ und ›moralischen‹ Bastarden ein – wobei eine Figur wie Ramsay Snow/Bolton durchaus in beide Kategorien fällt. Sowohl Bastarden als auch Barbaren kommt eine besondere Rolle bei der Dekonstruktion der moralisch dekadenten Verkommenheit von Westeros zu: Bastarde erfüllen gewissermaßen die pikareske Funktion der soziale Misspraktiken entlarvenden Underdogs, der Furor der Barbaren richtet sich auf die Zerstörung dieser heruntergekommenen dynastischen Ordnung.

In »›A Knight's a sword with a horse‹. Bilder von Ritterschaft und die Waffen der Frauen in *ASOIAF*« untersucht *Corinna Dörrich* unter breiter Einbeziehung mittelalterlicher Vorbilder die soziopolitische Bedeutung des Konzepts der Ritterschaft als prägendes Symbol des Adels von Westeros. Ritterschaft erscheint in *ASOIAF* als Ideal, das durch Mythen und Legenden mit positiven Werten aufgeladen wird. Ritterliche Ehre und Identität, ritterliche Gewalt und ihre Legitimierung werden durch Gegenfiguren wie Sandor Clegane und Außenseiter wie den ›weiblichen Ritter‹ Brienne of Tarth aber auch nachhaltig hinterfragt und entlarvt.

Felix Schröter betrachtet in »Von Kriegerinnen und Gebärmaschinen. Weibliche Figuren in *GOT*-Computerspielen« Frauendarstellungen in Videospieladaptionen von *GOT*, gerade im Hinblick auf die differenzierte Darstellung in Roman und Serie. Dabei zeigt sich in der intermedialen Adaption das volle Spektrum möglicher Darstellungen von selbstbestimmten Kriegerinnen bis hin zu Gebärmaschinen. Der Einfluss genrespezifischer Darstellungskonventionen auf die Umsetzung des Stoffes, aber auch die Ausnutzung des darstellerischen Spielraums von *ASOIAF* durch neuere Spiele werden deutlich.

5. »When you play the game of thrones, you win or you die. There is no middle ground.« – Ethik, Moral und Politik

ASOIAF hinterfragt in einer in der Heroic Fantasy bislang unbekannten Differenziertheit die Codes von Ethik, Moral und Politik. Die Konflikte in der erzählten Welt sind auch immer Konflikte unterschiedlicher moralischer oder ethischer Codes, von denen aber keiner von einer übergeordneten Instanz als ›gut‹ oder ›böse‹ markiert ist. Dabei spielt eine nahezu machiavellistisch zu nennende Trennung zwischen öffentlichem Erscheinungsbild und tatsächlichem Verhalten der politischen und militärischen Entscheidungsträger eine wesentliche Rolle (Schulzke 2012). Die medievalisierende, auf ein Ideal von Rittertum abzielende Kultur von Westeros wird als eine Scheinideologie entlarvt (vor allem anhand der Desillusionierung der zunächst an die Realität dieser Ideale naiv glaubende Sansa Stark). Die Inkompatibilität von ethischen und moralischen Idealen mit den pragmatischen Erfordernissen der Realpolitik wurde in der Fantasy noch nie auf so umfängliche Weise thematisiert wie in *ASOIAF*. Dem entspricht auch, dass den zentralen Figuren eine enorme Entwicklung zugebilligt wird, innerhalb derer sich erstaunliche Wandlungen vollziehen (z.B. bei Jaime Lannister).

Michael Baumann wagt in »The King is dead – long live the Throne? Zur Legitimation von Herrschaft in *ASOIAF*« den Brückenschlag zwischen Westeros und (Max) Weber. Er legt Webers einflussreiche soziologische Konzeption von Herrschaft auf die Romane an und untersucht, wie Webers Konzeptionen charismatischer, traditionaler und rationaler Herrschaft in *ASOIAF* wirksam sind. Die aus dem Zusammenspiel der Herrschaftstypen resultierende soziopolitische Komplexität und Ambivalenz bricht mit der für *High Fantasy* klassischen Annahme legitimer Herrschaft – ein Grund für die Martin zugeschriebene Innovativität.

Die besondere Rolle Daenerys' und ihrer Drachen untersucht *Christoph Petersen* in »Die drei Drachen des Königs. Politische Theologie in *ASOIAF*«. An mittelalterlich-frühneuzeitliche Konzepte politischer Theologie angelehnt, zeigt der Beitrag die theologische Legitimationsstrategie von Daenerys' Herrschaft: den politischen Körper, den sie durch ihre Identität als ›Mother of Dragons‹ besitzt.

Peter Seyferth blickt in »Realistische Fantastik. Macht in *ASOIAF*« anhand verschiedener Theoretiker des politischen Realismus von Thukydides über Macchiavelli bis Hobbes auf die Frage, ob und inwiefern *ASOIAF* ›realistische‹ Fantasy ist, und zeigt die zahlreichen fruchtbaren Perspektiven dieses Ansatzes ebenso wie seine Grenzen für das Konzept der Macht in Westeros auf.

6. »A reader lives a thousand lives before he dies [...]. The man who never reads lives only one.« – Das Archiv und die Medienreflexion

Die Komplexität und Tiefe der Sekundärwelt von *ASOIAF* wird nicht zuletzt durch eine ebenso detailliert wie ambivalent gestaltete Historie erreicht. Die Widersprüche und Konvergenzen unterschiedlicher Überlieferungstechniken, wie die schriftlichen Aufzeichnungen der Maester und die mündlich überlieferten Märchen, Mythen und Lieder,[6] eröffnen so nicht nur den Zugriff auf einen komplexen historischen Diskurs, sondern zeigen auch deutlich den formativen Einfluss der jeweils herrschenden, teilweise miteinander in Konkurrenz stehenden Ideologien, die die Überlieferung in ihrem Sinn zu steuern und zu dominieren versuchen. Michel Foucaults Prämisse, dass der Diskurs Ausdruck der Beschneidungen und Ausgrenzungen von alternativen Sinnpotentialen durch die Macht darstellt, wird in besonderer Weise in der Welt von *ASOIAF* reflektiert, was in dieser Komplexität für die Heroic Fantasy eher ungewöhnlich ist. Neben der physischen Gewalt des Schwerts wird Macht auch als Diskursmacht thematisiert. Die Differenz zwischen offizieller und inoffizieller Überlieferung wird in *ASOIAF* häufig durch die Differenz der Medien indiziert, vor allem was den Aspekt von – offizieller – Schriftlichkeit und – inoffizieller – Mündlichkeit betrifft, womit die Existenz verschiedener Formen des Archivs, ja divergenter Archive illustriert wird, die zwischen kommunikativem und kollektivem Gedächtnis changieren.

Robert Baumgartner untersucht in »Myrish Swamps and Fat Pink Masts: Sexualität in *ASOIAF/GOT* und die Konventionen der Fantasy« die Darstellung und

---

6 | Wenn man <www.awoiaf.org> (Category: Songs) glauben darf, finden sich intrafiktional allein 59 Songs.

Funktion von Sexszenen in Büchern und TV-Serie, wobei er sie sowohl mit Fantasy im Allgemeinen vergleicht als auch ihre Relevanz für das phantastische Worldbuilding aufzeigt. Zur einschlägigen Kritik an *ASOIAF* nimmt er insofern pointiert Stellung, als er die Sexszenen als narrativ notwendig und nicht voyeuristisch motiviert zeigt.

In »Fechten als Strukturelement. Binnennarrative Transformation des Zweikampfes in *ASOIAF*« setzt sich *Matthias Langenbahn* aus der Perspektive eines Fechtlehrers der Deutschen Fechtschule mit den Zwei- und Schiedskämpfen von *ASOIAF/GOT* auseinander. Die aus Materialien und rekonstruierten Techniken des historischen Fechtens herausgearbeitete Doppelfunktion des Schwertes als Werkzeug und Symbol wird auf *ASOIAF* übertragen: Zweikämpfe sind nicht nur als komplexe Mikroerzählungen in die Romane eingebettet, sondern eröffnen auch einen eigenständigen intradiegetischen Symboldiskurs.

Christian Weng liefert in »Techniken und Funktionen von Filmmusik am Beispiel von *GOT*« eine grundlegende Einführung in Funktionen und Methoden von Filmmusik, um mit diesem Instrumentarium dann exemplarisch Ramin Djawadis Konzeptionen der Filmmusik von *GOT* zu untersuchen. Er stellt einige Leitmotive vor, zeigt die musikalisch geschaffenen Familienidentitäten von Starks und Lannisters auf und widmet sich insbesondere dem an Bruckners 8. Sinfonie angelehnten ›Main Title‹.

7. »Prophecy is like a half-trained mule [...]. It looks as though it might be useful but the moment you trust in it, it kicks you in the head.« – Rätsel und Mystifikation, Träume und Prophezeiungen

ASOIAF zeichnet durch eine für den Bereich der Fantasy zunächst eher aufgeklärte epistemologische Position der Weltsicht aus, für die die Maester der Citadel – gewissermaßen die Repräsentanten des wissenschaftlichen Denkens – einstehen. Dagegen lässt sich im Verlauf der Geschichte von *ASOIAF* nach der Geburt der Drachen eine Zunahme übernatürlicher Phänomene beobachten, die an der alleinigen Legitimität des entmystifizierten, modern-rationalistischen Weltzugangs zweifeln lassen. Diese Phänomene in ihrer Valenz und ihren Erklärungen werden selbst zu Diskursen in der erzählten Welt. Dazu zählen in hohem Maße auch die zahlreichen Prophezeiungen, Visionen und Träume. Hinzu kommt, dass viele Zusammenhänge natürlicher Art rätselhaft und über weite Strecken unaufgeklärt bleiben, wie z.B. die Herkunft Jon Snows, aber von einer großen Relevanz für den Gesamtzusammenhang der Erzählung sind. Hierbei werden alternative Fährten gelegt, die zu konkurrierenden Erklärungsmustern führen. Das Rätsel wird so auf eine narrativ anspruchsvolle Weise zum Basisbestandteil der erzählten Welt.

Tobias Eder wirft in »Warlocks, Wargs and White Walkers. Obskures und Übernatürliches als Phänomene des Fremden in *ASOIAF*« die Frage nach dem Stellenwert des Übernatürlichen in der ›realistischen‹ Fantasy-Welt von Westeros auf. Die Einbrüche des Phantastischen werden dabei als explizite Markierungen der Andersheit verstanden und dadurch unterschiedliche Figuren zwischen den Sphären des Rationalen und Übernatürlichen verortet. Besondere Aufmerksamkeit gilt den Grenzgängern zwischen beiden Bereichen, die deswegen eine Sonderstellung in der Handlung der Romane einnehmen.

Im Beitrag von *Markus May*, »›The Gods are blind. And men see only what they wish.‹ Zur Funktion der Mystifikationen und Rätsel in *ASOIAF*« wird exemplarisch der Frage nachgegangen, welche ästhetische Funktion den zahlreichen Elementen des Rätselhaften für das Erzählganze zukommt. May argumentiert, dass es sich hierbei um Verfahren handelt, die aufgrund einer epistemischen Verunsicherung zur Struktur und Qualität einer »immersive fantasy« (nach Farah Mendlesohn) beitragen.

8. »The oak recalls the acorn, the acorn dreams of the oak, the stump lives in them both.« – Transmedialität

Die Welt von *ASOIAF* wird längst nicht mehr nur durch die gleichnamige Romanreihe erzählt. Diese bildet vielmehr die Basis eines kontinuierlich expandierenden transmedialen Universums bzw. einer »storyworld« im Sinne der Arbeiten von Henry Jenkins oder Marie-Laure Ryan u.a. Das bekannteste Beispiel transmedialer Übertragung ist zweifellos HBO's TV-Serie *Game of Thrones*: Sie ist zwar im engeren Sinne bis zur 6. Staffel als Adaption zu bezeichnen, transformiert den Ursprungsstoff jedoch durch die Anpassung an die spezifische Medialität des seriellen TV-Formats in so signifikanter Weise, dass sie als ein durchaus eigenständiger Forschungsgegenstand Interesse beanspruchen darf. Diese ästhetische Anreicherung durch transmediale Prozesse setzt sich in den im selben fiktiven Universum angesiedelten, allerdings zu einem früheren Zeitpunkt als *ASOIAF* spielenden Erzählungen wie den Kurzromanen (novellas) bzw. graphic novels um »Dunk and Egg« oder den ebenfalls in der Welt von *ASOIAF* situierten Videospielen fort (ein von Telltale Games entwickeltes Adventure mit der TV-Lizenz erscheint z.Zt. episodenweise[7]); erweitert wird das Ganze durch ergänzende Materialien wie Sachbücher zur Geographie, Geschichte und Kulinarik (Monroe-Cassel/Lehrer 2012) von Westeros und Essos. Dabei findet in diesen supplementären Beiträgen nicht allein eine Ausweitung des *ASOIAF*-Universums bezüglich seines Detailreichtums, sondern auch hinsichtlich seiner Tiefenstrukturen statt: Divergenzen sowie Interdependenzen zwischen den einzelnen Medienprodukten liefern unterschiedliche Perspektiven auf denselben Stoff und erschaffen so

---

7 | Siehe den Überblick der Produktionsfirma unter <telltale.com/series/game-of-thrones>.

eine Welt, die Rezipienten zur aktiven Partizipation anregt – als Interpretierende und als Archivare des Wissens. Dies zeigt sich in besonderem Maße darin, dass mittlerweile mehrere aufwendig gestaltete, differenziert aufgebaute und contentreiche Websites existieren, die der Diskussion und Erforschung des fiktiven Universums von *ASOIAF* gewidmet sind und die in ihrer Summe eine zeitgemäße Form digitaler Enzyklopädik darstellen.

Franziska Ascher beobachtet in »›Der Drache hat drei Köpfe‹ – Das *GOT*-Narrativ und sein Wechsel ins Medium Computerspiel«, in welcher Weise sich die intermediale Adaption der Welt von *ASOIAF* in anderen Medien umsetzen lässt. Dabei fällt das Augenmerk sowohl auf Kritik an bestimmten genretypischen Klischees des agonalen Spielprinzips und Transformations- und Vereinfachungsprozessen, als auch auf bestimmte Stärken des Mediums Computerspiel, in der Auseinandersetzung mit der Agency des Spielers und der Form interaktiven Storytellings.

In »›I'm almost a man grown‹ – Zur Verhandlung von Kindheit und Jugend in *ASOIAF* und *GOT*« thematisiert *Maria Kutscherow* die zahlreichen Jugendlichen und Kinder als Protagonisten von *ASOIAF*, problematisiert die Einordnungsmöglichkeiten der Reihe als Jugendliteratur und zeigt mögliche historisch-mittelalterliche Vorbilder für Konzepte von Kindheit und Erwachsenwerden auf. Abschließend wirft sie einen Blick auf die abweichenden Konzeptionen in *GOT*.

Simon Spiegel untersucht in »›Everything in the world is about sex, except sex. Sex is about power.‹ Die Funktion der Sexpositions in *GOT*« die sowohl für Fernsehverhältnisse wie auch die filmische Fantasy ungewohnt expliziten Sexszenen von *GOT* anhand des von Myles McNutt geprägten, in der Diskussion von *GOT* inzwischen etablierten Begriffs der Sexposition. Spiegel lokalisiert den Begriff im Rahmen des *Quality TV*-Diskurses nutzt ihn für eine detaillierte Analyse der Sexszenen von *GOT* und zeigt, dass deren Funktion in der Serie die Sexposition als voyeuristische Informationsquelle weit überschreitet.

In »›I read the fucking books!‹ Subkulturelle Reaktionen auf den Medien- und Publikumswechsel von *ASOIAF* zu *GOT*« zeigt *Tobias Unterhuber* den Erfolg von *GOT* als Teil einer allgemeinen Proliferation subkultureller Inhalte aus dem Bereich der Geek- und Nerd-Kultur. Dabei zeigt er am Beispiel *ASOIAF/GOT* auf, wie subkulturelle Inhalte in den Mainstream aufgehen können, wie eine existente Subkultur auf diese Proliferationsbewegungen reagiert, und schließlich auch, wie sich sich hier die soziokulturelle Dynamik in den diskursiven Mechanismen von Inklusion und Exklusion verändert.

Ein spezieller Blick auf das Phänomen der Transmedialität für den deutschsprachigen Raum findet sich außerdem auf unserer Tagungswebsite unter <http://www.winteriscoming2015.germanistik.uni-muenchen.de/interviewcorvuscorax>: ein

Interview mit *Norbert Drescher* von der deutschen Mittelalterband »Corvus Corax«, am nicht ausgestrahlten Pilotfilm der ersten Staffel GOT beteiligt, der Einblicke in den Dreh wie auch Ausblicke auf die Fankultur der Mittelalterszene gibt.

***

Eingedenk der Worte Tyrions, »A little bloody gratitude would make a nice start« (*ASOS* 63), möchten die Herausgeber denjenigen Dank abstatten, deren großzügige Unterstützung die Tagung und die Publikation ermöglicht haben:

Der Exzellenzinitiative LMUexcellent sowie der Förderung studentischer Forschung von Lehre@LMU gebührt Dank für die generöse finanzielle Förderung der Tagung.

Der Webauftritt (<www.winteriscoming2015.germanistik.uni-muenchen.de>) wurde freundlicherweise von Frau Dr. Ilse Wurdack (Internetdienste der LMU) betreut.

Für die Bereitstellung der wunderbaren Tagungsräume in historischem Ambiente sei der Internationalen Jugendbibliothek auf Schloss Blutenburg gedankt, besonders deren Leiterin Frau Dr. Christiane Raabe sowie Frau Petra Wörsching.

Den Hilfskräften der Tagung, Felicia Brembeck, Maria Oberlinner und Stephanie Huttenloher, sind wir für ihre tatkräftige Unterstützung beim Ablauf der Veranstaltung herzlich verbunden.

Unserem Sponsor Frau Eva Schuster von der Firma Lampenschirme Pommer verdanken wir vielfältige Illuminationen.

Last, not least möchten wir dem transcript Verlag für seine Bereitschaft danken, diesen Band in ihr Programm aufzunehmen, und für sein großes Engagement während der Produktionsphase, die von Johanna Tönsing und Gero Wierichs bestens betreut wurde.

Markus May, Michael Baumann, Robert Baumgartner und Tobias Eder

Literatur

Adair, Jaime (2016a): Does Ramsay need to kill his rivals? 03.05.2016. 22.07.2016.
<http://history-behind-game-of-thrones.com/warofroses/ramsay-kills-rival>
Adair, Jaime (2016b): A Greensighting of Mad King Aerys. 31.05.2016 22.07.2016.
<http://history-behind-game-of-thrones.com/warofroses/greensighting-aerys>
Anglberger Albert J.J./Alexander Hieke (2012): »Lord Eddard, Queen Cersei Lannister: Moral Judgments from Different Perspectives«, in: Henry Jacoby, Henry (Hg.): Game of Thrones and Philosophy. Logic Cuts Deeper than Swords. Hoboken, New Jersey: John Wiley & Sons. S. 87-98.

Attebery, Brian (1992): Strategies of Fantasy. Bloomington/Indianapolis: Indiana University Press.
Bachtin, Michail M (1979): Die Ästhetik des Wortes. Frankfurt a.M.: Suhrkamp.
Barthes, Roland (2006): »Der Wirklichkeitseffekt«, in: Ders.: Das Rauschen der Sprache. Kritische Essays IV. Frankfurt a.M.: Suhrkamp, S. 164-172.
Campbell, Joseph (1999): Der Heros in tausend Gestalten. Aus dem Amerikanischen von Karl Koehne. Frankfurt a.M./Leipzig: Insel Taschenbuch Verlag.
Casey, Jim (2012): »Modernism and Postmodernism«, in: James, Edward/ Mendlesohn, Farah: The Cambridge Companion to Fantasy Literature. Cambridge: Cambridge University Press. S. 113-124. http://dx.doi.org/10.1017/CCOL9780521429597.011
Clute, John (1999): »Taproot Texts« in: Clute, John/Grant, John (Hg.): The Encyclopedia of Fantasy. New York: St. Martin's Griffin. S. 921f.
Langford; David (1999): »Balance« in: Clute, John/Grant, John (Hg.): The Encyclopedia of Fantasy. New York: St. Martin's Griffin. S. 81f.
Martin, George R.R./Garcia, Elio/Antonsson, Linda (2014): The World of Ice and Fire. The Untold History of Westeros and The Game of Thrones. London: Random House.
Martin, George R.R. (2015a): A Knight of the Seven Kingdoms: Being the Adventures of Ser Duncan the Tall, and his Squire, Egg. New York: Bantam Books.
Martin, George R.R. (2015b): »The Rogue Prince, or, a King's Brother«, in: Martin, George R.R./Dozois, Gardner (Hg.), Rogues, London: Titan Books. S. 869-909.
Monroe-Cassel Chelsea/Lehrer, Sariann (2012): A Feast of Ice and Fire: The Official Game of Thrones Companion Cookbook. Introduction by George R.R. Martin. Bantam Books, New York.
Ryan, Marie-Laure/Thon, Jan Noël (Hg.) (2014): Storyworlds across Media. Towards a Media-Conscious Narratology. Lincoln, Nebraska: University of Nebraska Press.
Schulzke, Marcus (2012): »Playing the Game of Thrones: Some Lessons from Machiavelli«, in: Jacoby, Henry (Hg.), Game of Thrones and Philosophy. Logic Cuts Deeper than Swords. Hoboken, New Jersey: John Wiley & Sons. S. 33-48.
Spector, Caroline (2012): »Power and Feminism in Westeros«, in: Lowder, James (Hg.): Beyond the Wall. Exploring George R.R. Martin's A Song of Ice and Fire, From A Game of Thrones to A Dance with Dragons. Dallas, Texas: BenBella. S. 169-188.
Tolkien, John Ronald Reuel (1969): »On Fairy Stories«, in: Tree and Leaf. Oxford: Oxford University Press. S. 3-84.
Vaught, Susan (2012): »The Brutal Cost of Redemption in Westeros Or, *What* Moral Ambiguity?«, in: Lowder, James (Hg.), Beyond the Wall. Exploring George R.R. Martin's A Song of Ice and Fire, From A Game of Thrones to A Dance with Dragons. Dallas, Texas: BenBella. S. 89-106.
Wynne Jones, Diana (2006): The Tough Guide to Fantasyland. New York: Firebird.

Siglenliste

ASOIAF: Martin, George R.R. (2012): A Song of Ice and Fire. Includes A Game of Thrones, A Clash of Kings, A Storm of Swords, A Feast for Crows, A Dance with Dragons. New York: Bantam Books.
AGOT: Martin, George R.R. (2012, orig. 1996): A Game of Thrones. New York: Bantam Books.
ACOK: Martin, George R.R. (2011, orig. 1999): A Clash of Kings. New York: Bantam Books.
ASOS: Martin, George R.R. (2011, orig. 2000): A Storm of Swords. New York: Bantam Books.
AFFC: Martin, George R.R. (2012, orig. 2005): A Feast for Crows. New York: Bantam Books.
ADWD: Martin, George R.R. (2012, orig. 2011): A Dance with Dragons. New York: Bantam Books.

TWOIAF: Martin, George R.R./Garcia, Elio/Antonsson, Linda (2014): The World of Ice and Fire. The Untold History of Westeros and The Game of Thrones. London: Random House.

GOT: HBO (2011-): Game of Thrones. Produktion: Benioff, David/Weiss, Daniel Brett.

SE: Staffel.

EP: Folge [Namen und Begriffe werden in der Schreibweise des amerikanischen Originals wiedergegeben].

*»All dwarves are bastards
in their fathers' eyes.«*

1. Familien-Politik und dynastische Fragen

Power in a King's Blood
Genealogie als Schlüsselmotiv in *ASOIAF*

Stefan Donecker

Vor den Gemächern des sterbenden Königs Robert Baratheon stehen sich sein engster Freund und Vertrauter, Eddard Stark, und sein jüngerer Bruder, Renly Baratheon, gegenüber. Renly drängt auf ein entschlossenes Vorgehen, um sich die Krone zu sichern: »By the time Robert dies, it will be too late for the both of us.« »What about Stannis? [...] Stannis is your older brother«, erwidert Lord Stark. Da Robert keine legitimen Söhne hinterlässt, muss die Krone dem zweitgeborenen Bruder Stannis zufallen – nicht jedoch dem jüngeren Renly. »This isn't about the bloody line of succession«, entgegnet jener. »That didn't matter when you rebelled against the Mad King. It shouldn't matter now. What's best for the Kingdoms? What's best for the people we rule? We all know what Stannis is. He inspires no love or loyalty. He's not a King. I am.« (*GOT* SE 01 EP 07)[1]

Mit Eddard Stark und Renly Baratheon prallen in dieser Szene zwei gegensätzliche Konzepte von Herrschaftslegitimation aufeinander. Lord Stark fordert die Einhaltung der formalen Erbfolgeregelung, aufgrund der die Krone dem älteren Bruder zufällt, während sich Renly auf seine Idoneität, seine Eignung zum König beruft. Ein auf rechtlich geregelter dynastischer Kontinuität basierendes Herrschaftsverständnis trifft auf den Anspruch des Realpolitikers, der, um Machiavelli (Machiavelli 1986: 43, siehe auch Schulzke 2012) zu zitieren, *per propria virtù*, »durch eigene Tüchtigkeit« zur Herrschaft gelangt. Ironischerweise scheitern sowohl Eddard Stark als auch Renly Baratheon an ihren Ansprüchen und zählen zu den ersten prominenten Opfern des Spiels um den Thron. Doch der durch sie verkörperte Gegensatz – zwischen den Vertretern einer durch Genealogie, Abstammung und Blutverwandtschaft strukturierten Ordnung und denjenigen, die gegen diese Ordnung aufbegehren – zieht sich als roter Faden durch Martins Werk.

---

[1] | Die Szene in der TV-Serie kondensiert die Dialoge in *AGOT* 508-514 in ein einzelnes Gespräch.

1. Genealogie als Topos der Fantasy-Literatur

Genealogisches Denken, das die Gegenwart anhand physischer Abstammungsverhältnisse zu erklären und zu begründen versucht, gilt als »Urform des Weltverstehens« (Speyer 1976: 1148) und »älteste Form geschichtlicher Betrachtungsweise« (Borst 1957: 23). Als mentales Ordnungsschema findet Genealogie in den frühesten Schriftzeugnissen der Menschheit – etwa in den ausführlichen Stammbäumen des Alten Testaments oder in der Verwendung von Patronymika in der homerischen Epik – ihren Ausdruck und behauptet ihren Rang bis in die Frühe Neuzeit, als sie sich zum »stringenteste[n] und größte[n] soziale[n] Semiotisierungsunternehmen zwischen dem 15. und 17. Jahrhundert« (Heck 2002: 25) entwickelt. Genealogie als Denkform kann somit als Epochensignatur der Vormoderne verstanden werden – und wurde als solche auch in der modernen Fantasy-Literatur aufgegriffen (Donecker 2016: 112-118).

Martins literarisches Schaffen gewinnt seinen Reiz nicht zuletzt aus seiner Technik, die etablierten Konventionen und Versatzstücke der heroischen Fantasy auf den Kopf zu stellen (Vizzini 2012: 211-217): Geradlinige Ehrbarkeit führt die Protagonisten nicht zum Sieg über das Böse, sondern lässt sie dem Henkersschwert oder der Red Wedding zum Opfer fallen (Hahn 2012). Derartige Brüche mit den Klischees des Genres werden nur dadurch möglich, indem sich Martin in der Tradition der epischen Fantasy positioniert, ihre Motive aufgreift und verfremdet (Adi 2012: 308-310).

Der Stellenwert genealogischen Denkens stellt in dieser Hinsicht keine Ausnahme dar: Bereits in Tolkiens Werken spielt die Abstammung der Charaktere eine zentrale Rolle: Es sind nicht nur seine individuellen Qualitäten, die Aragorn zur *Return of the King* befähigen. Er ist vom Blut der Dúnedain, ein direkter Nachfahre Isildurs, des letzten Königs von Gondor. Der Kontrast zwischen der durch Aragorn verkörperten, genealogisch legitimierten und mythisch überhöhten Königswürde und dem profanen Amtstitel eines ›Ruling Steward‹ von Gondor wird von Tolkien deutlich herausgearbeitet: »How many hundreds of years needs it to make a steward a king, if the king returns not?«, fragt Boromir, und erhält von seinem Vater Denethor folgende Antwort: »Few years, maybe, in other places of less royalty. In Gondor ten thousand years would not suffice.« (Tolkien 2012: 655) Dementsprechend zerbricht und scheitert der ›Ruling Steward‹ Denethor an der Aufgabe, das Reich vor Sauron und seinen Schergen zu bewahren, während der zum König geborene Aragorn über das Böse triumphiert und Gondor zu einer neuen Blüte führt.

Im Mainstream rezenter Fantasy-Literatur kommt Herrschaftslegitimation eine geringere Bedeutung zu als in Tolkiens Legendarium. Genealogie bleibt dennoch ein Schlüsselmotiv, denn Heldenfiguren, die mit ihrer Abstammung zu ringen haben, sind ein gängiges Motiv – man denke etwa an den zwischen seinem elfischen und seinem menschlichen Erbe hin- und hergerissenen Halbelfen Tanis in den *Dragonlance*-Romanen oder den Dunkelelfen Drizzt Do'Urden in

R. A. Salvatores Romanserien *Icewind Dale* und *The Dark Elf Trilogy*, der die mitleidslose Mentalität seiner Vorfahren zu überwinden sucht (Donecker 2016: 100).
Wie so oft erweisen sich Terry Pratchetts satirische *Discworld*-Romane als ein guter Indikator für Genrekonventionen: In *Sourcery* erläutert ›Nijel the Destroyer, son of Harebut the Provision Merchant‹ die Notwendigkeit einer mehr oder minder gelungenen Genealogie: »›You've got to be the son of someone,‹ Nijel explained. ›It says it here somewhere–‹ He half-turned and fumbled inside a grubby fur bag, eventually bringing out a thin, torn and grubby book. ›There's a bit here about selecting your name,‹ he said.« (Pratchett 1989: 175f.) In den 1980er Jahren hatte sich die Begeisterung für Genealogie in der Fantasy bereits zu einem Klischee verfestigt, das sich für ironische Kommentare anbot.

2. *FAMILY, DUTY, HONOR:* FUNKTIONEN DER GENEALOGIE IN MARTINS WERK

Indem er genealogischen Themen in seinem Werk einen hohen Stellenwert zumisst, steht Martin in der auf Tolkien zurückreichenden Tradition des Fantasy-Genres. Auch in diesem Fall variiert er, wie noch zu zeigen sein wird, gängige Motive, um ein Spannungsverhältnis zu literarischen Konventionen und zu den Erwartungen seiner Leserinnen und Leser zu schaffen.

Bereits bei einer oberflächlichen Lektüre der Romane sticht die Bedeutung der adeligen Familien ins Auge. Jeder Band von *ASOIAF* endet mit einem nach genealogischen Gesichtspunkten organisierten Personenverzeichnis: Die führenden Adelshäuser von Westeros werden mit ihren Familienmitgliedern, ihren Wappen, Wahlsprüchen und Gefolgsleuten vorgestellt. Der dynastische Aspekt ist in Martins Werk weitaus stärker ausgeprägt als in anderen genreprägenden Fantasy-Romanen, die sich meist mit der individuellen Abstammung einzelner Protagonisten begnügen. Eine mögliche Inspiration für die Großen Häuser von Westeros ist nicht im Bereich der Fantasy, sondern in der Science Fiction zu suchen: Frank Herberts *Dune*-Zyklus – ein Werk, das zahlreiche Übereinstimmungen zu Martins Romanen aufweist (O'Leary 2015: 9) – handhabt die Häuser Atreides, Harkonnen, Corrino und die anderen Familien des interplanetaren Landsraad ähnlich wie *ASOIAF* die Starks, Lannisters und Baratheons.

Kommerzielle Produkte, die auf *ASOIAF* basieren, tendieren dazu, die Bedeutung der Großen Häuser auf die Spitze zu treiben. Im *GOT*-Brettspiel oder -Kartenspiel wird jedem Spieler bzw. jeder Spielerin eines der Häuser zugeteilt – ungeachtet der Tatsache, dass drei der fünf Prätendenten im War of the Five Kings dem Haus Baratheon angehören (oder dies zumindest vorgeben) und die großen Adelsfamilien demnach keineswegs ideale Akteure sind, um diesen zentralen politisch-militärischen Konflikt darzustellen. Auch das *GOT*-Merchandise konzentriert sich auf die Großen Häuser, deren Wappen und Wahlsprüche von Kleidung über Schmuck bis hin zu Whiskygläsern überall zu finden sind. Die komplexe Handlung der Romane wird auf ein leicht identifizierbares, gut zu vermarktendes Repertoire an genealogischen und dynastischen Symbolen reduziert, das Fans und Spielern eine schnelle Orientierung ermöglicht.

In den Romanen und der TV-Serie erfüllen Abstammung und Blutsverwandtschaft weitaus vielschichtigere Funktionen. Genealogie bedeutet zunächst Herrschaftslegitimation, im Sinne einer auf dem Geblütsrecht basierenden, in den meisten Fällen durch *kognatische Primogenitur* geregelten Erbfolge. Wie aus der einleitenden zitierten Diskussion zwischen Eddard Stark und Renly Baratheon ersichtlich, existieren in Westeros aber auch andere Traditionen, mittels derer Herrschaft begründet werden kann: Renly beruft sich auf das *right of conquest*, eine formal nicht kodifizierte, aber weithin anerkannte Rechtstradition, mittels der eine gewaltsame Machtergreifung *ex post facto* legitimiert wird. Das Königtum der Baratheons beruht auf Roberts erfolgreicher Rebellion gegen Aerys II. Targaryen, aber auch die Herrschaft der Targaryen-Dynastie geht letztendlich auf die militärische Eroberung der Seven Kingdoms (mit Ausnahme von Dorne) durch Aegon I. zurück.

Ein mit dem *right of conquest* weitgehend übereinstimmendes Herrschaftsverständnis findet sich auf den Iron Islands, wo die gewaltsame Aneignung von Besitz und Herrschaft mit der Formulierung »paying the iron price« umschrieben wird. Balon Greyjoy bringt seinen Anspruch in klaren Worten zum Ausdruck: »[N]o man gives me a crown. I pay the iron price. I will take my crown, as Urron Redhand did five thousand years ago.« (ACOK 186) Während das *right of conquest* am Festland nie frei von Assoziationen mit Usurpation und Willkür ist, gilt der *iron price* bei den Ironborn nicht nur als akzeptable, sondern sogar als ideale Form der Begründung von Herrschaft.

Im Norden spielt die Akklamation, die öffentliche und lautstarke Loyalitätsbekundung der Gefolgsleute, eine zentrale Rolle bei der Herrschererhebung (*AGOT* 796f.; *GOT* SE 06 EP 10). Auch der tiefe Süden von Westeros, das Fürstentum Dorne, weist regionale Eigenheiten in der Thronfolgeregelung auf: Männliche und weibliche Nachfahren werden gleichberechtigt behandelt, sodass das älteste lebende Kind ungeachtet des Geschlechts Rechtsnachfolge und Erbe antritt. Würde man dornisches Recht auf die Thronfolge der Seven Kingdoms anwenden, besäße Prinzessin Myrcella Baratheon Vorrang gegenüber ihrem jüngeren Bruder König Tommen – und einer der zentralen Handlungsstränge in *AFFC* resultiert aus den Bemühungen einer Verschwörergruppe um Arianne Martell, diesen Anspruch durchzusetzen und dadurch einen Konflikt zwischen Dorne und der Krone zu schüren (*AFFC* 276).

Ungeachtet dieser regionalen Sonderformen kann aber festgehalten werden, dass Erbfolge beinahe überall in Westeros durch *kognatische Primogenitur* unter Bevorzugung des männlichen Geschlechts geregelt ist[2] – dass die Herrschaft also

---

2 | Eine weibliche Erbfolge ist nur dann möglich, wenn keine männlichen Nachfahren am Leben sind. Daenerys' Thronanspruch beruht auf der Annahme, dass sie nach dem Tod

auf den ältesten legitimen Sohn bzw. auf dessen Erben übergeht.[3] Rechtmäßige Herrschaft stützt sich somit vor allem auf Genealogie und Blutsverwandtschaft, und nur in Ausnahmefällen kann *right of conquest* herangezogen werden, um eine militärische Usurpation nachträglich zu legitimieren.

Obwohl sich Diskussionen über Erbfolge und Herrschaftsansprüche in der *ASOIAF*-Fangemeinde großer Beliebtheit erfreuen, beschränkt sich die Bedeutung genealogischen Denkens in Martins Werk nicht auf Rechtsnormen und Thronfolgeregelungen. Blutsverwandtschaft und Fragen einer legitimen oder illegitimen Abstammung sind zentrale Handlungselemente, die sich durch den Romanzyklus ziehen und in verschiedenen Aspekten immer wieder aufgegriffen werden.

Für Martin ist die persönliche Auseinandersetzung des Individuums mit seiner bzw. ihrer Abstammung von größerem Interesse als formaljuristische Erbfolgeregelungen. Seit dem Erscheinen von *AGOT* 1996 spekulierten Leserinnen und Leser über die tatsächliche Abstammung des vermeintlichen Bastards Jon Snow. Zwanzig Jahre später hat die sechste Staffel der Fernsehserie die bevorzugte Theorie der meisten Fans endgültig bestätigt: Lord Eddard Stark hatte den Sohn seiner im Kindbett gestorbenen Schwester Lyanna und des Targaryen-Prinzen Rhaegar als seinen eigenen Bastard ausgegeben, um ihn vor der Rache König Robert Baratheons zu schützen (*GOT* SE 06 EP 10). Aber auch wenn »R+L=J« – wie die Theorie im Fan-Jargon üblicherweise abgekürzt wird – nunmehr über jeden Zweifel erhaben ist, bleibt genug Material für weitere Abstammungsspekulationen. Insbesonders die Suche nach weiteren Personen, die womöglich Targaryen-Blut in ihren Adern haben, zählt zu den beliebtesten Themen in der Fangemeinde: Tyrion Lannister und Varys gehören zu den plausibleren Kandidaten,

---

ihrer Brüder Rhaegar und Viserys sowie ihres Neffen Aegon die letzte lebende Nachfahrin Königs Aerys II. ist. Sollte sich erweisen, dass der als ›Young Griff‹ bezeichnete Prätendent tatsächlich der todgeglaubte Aegon Targaryen ist, oder dass Jon Snow ein legitimer Sohn von Rhaegar Targaryen und Lyanna Stark ist, ließe sich Daenerys' Anspruch nicht länger aufrechterhalten, da sie als Frau einem männlichen Erben nachgereiht wäre. Zusätzlich verkompliziert wird die Erbfolge durch eine umstrittene Regelung aus der Zeit Königs Jaehaerys I.: »In the eyes of many, the Great Council of 101 AC thereby established an iron precedent on matters of succession: regardless of seniority, the Iron Throne of Westeros could not pass to a woman, nor through a woman to her male descendants.« (*TWOIAF* 63f.) Diese Bestimmung – das Äquivalent zum irdischen Salischen Gesetz, das Frauen gänzlich von der Thronfolge ausschloss – konnte sich aber nicht durchsetzen und wurde bereits von Jaehaerys' Nachfolger Viserys I. ignoriert, der seine Tochter Rhaenyra als Erbin proklamierte. Nach gängigem Rechtsverständnis könnte Daenerys somit die Nachfolge ihres Vaters Aerys beanspruchen, sofern keine männlichen Nachfahren existieren.

3 | Sollte der erstgeborene Sohn verstorben sein, aber seinerseits legitime Söhne hinterlassen haben, geht der Erbanspruch auf sie über: »The sons of the first son come before the second son.« (*ACOC* 520)

aber auch Mance Rayder, Gerold ›Darkstar‹ Dayne und sogar Hodor wird eine Abstammung vom Haus Targaryen nachgesagt.[4]

3. Genealogische Zerrbilder

Ein Leitmotiv von *ASOIAF* sind Verwandtschaftsverhältnisse, die von den Leserinnen und Lesern ebenso wie von den Protagonisten als abnorm wahrgenommen werden: Inzest spielt eine zentrale Rolle, dysfunktionale Vater-Sohn-Beziehungen sind die Regel, und obwohl Verwandtenmord in Westeros als undenkbarer Tabubruch gilt, lassen ihre ausweglosen Situationen manchen Charakteren keine andere Wahl.

Die inzestuöse Beziehung zwischen Königin Cersei und ihrem Zwillingsbruder Jaime bildet nicht nur den Ausgangspunkt für viele der politischen und militärischen Konflikte in Westeros (Bleisteiner 2014: 157-159). Martin setzt das Motiv gezielt und früh ein, um sein Werk von konventioneller Fantasy-Literatur abzuheben. In dem Moment, in dem der Leser bzw. die Leserin – durch die Augen von Bran Stark – Cersei und Jaime in flagranti ertappt (*AGOT* 84f.), signalisiert Martin, dass er in seinen Romanen vor der Darstellung sexueller Devianz nicht zurückschreckt. Dementsprechend prominent, beinahe programmatisch, ist die Szene auch am Schluss der ersten Folge der TV-Serie platziert.

Daenerys Targaryen ist bereits in dem Moment, in dem sie in die Handlung eingeführt wird, mit der kaum verhohlenen Zudringlichkeit ihres Bruders Viserys konfrontiert (*AGOT* 28f.). Beide entstammen einer Familie, in der Geschwisterehen üblich sind. Ihrer Inzucht scheinen die Targaryens zwar ihre übernatürlichen Fähigkeiten, vor allem ihre Affinität zu Drachen zu verdanken; allerdings häufen sich in ihrer Dynastie auch Fälle psychischer Abnormität (Bleisteiner 2014: 159). »King Jaehaerys once told me that madness and greatness are two sides of the same coin. Every time a new Targaryen is born, he said, the gods toss the coin in the air and the world holds its breath to see how it will land.« (*ASOS* 987) Daenerys' Aufstieg wird von der Frage überschattet, ob auch sie letztendlich dem Wahnsinn, der ihrer Familie anhaftet, verfallen wird.

Auch abseits dieser zentralen Handlungsstränge lässt Martin die Inzest-Thematik immer wieder anklingen. Bei seiner Rückkehr in seine Heimat Pyke macht Theon Greyjoy einer jungen Frau sexuelle Avancen, ohne zu wissen, dass es sich bei ihr um seine Schwester Asha handelt – die die Situation später dazu nutzt, um Theon zu demütigen (*ACOK* 377-396). Auf die Spitze getrieben wird das Inzest-Motiv in der Figur des Craster, der in der Wildnis des Nordens mit seinen neun-

---

4 | Siehe u.a. die »Comprehensive list of hidden Targaryens« unter <http://asoiaf.westeros.org/index.php?/topic/92149-comprehensive-list-of-hidden-targaryens>. »A list of characters who were *not* suggested to be secret Targaryens would be much shorter.«

zehn Frauen lebt, von denen die meisten seine eigenen Töchter sind (DeCoste 2015: 225f.).

Vermeintlich weniger drastisch, aber umso häufiger als die inzestuösen Beziehungen, ist in Martins Romanen der emotionale Missbrauch durch die eigenen Eltern. Viele der Patriarchen der großen Adelshäuser – Tywin Lannister, Balon Greyjoy, Randyll Tarly, um nur einige zu nennen – sind entsetzliche Väter, deren Söhne an ihnen zu zerbrechen drohen (DeCoste 2015: 233-235). Der verzweifelte Wunsch, den Erwartungen seines Vaters gerecht zu werden, lässt Theon Greyjoy einen verhängnisvollen Weg beschreiten, an dessen Ende er entmannt, seelisch gebrochen und körperlich entstellt zurückbleibt. Aber auch der sadistische Ramsay Snow, der für Theons Misshandlungen verantwortlich ist, wird nicht zuletzt durch den Wunsch angetrieben, sich seinem Vater Roose Bolton beweisen zu wollen. Folterer und Opfer befinden sich ironischerweise in einer nicht unähnlichen Familiensituation.

Emotional missbräuchliche Mütter lässt Martin seltener auftreten, auch wenn Lysa Arryn ein drastisches Beispiel ist: Die psychisch labile Regentin des Vale of Arryn sucht sich in ihrer Rolle als Mutter zu bestätigen, indem sie ihren geistig und körperlich zurückgebliebenen Sohn »Sweetrobin« in dauernder Infantilität belässt und noch im Alter von sechs Jahren stillt (Bleisteiner 2014: 162f.; Frankel 2014: 83-85). Als Inbegriff monströser Elternschaft muss aber Walder Frey gelten: Martin präsentiert den Lord of the Crossing als lüsternen Greis, der in seinem langen Leben eine absurde Zahl an Kindern mit unzähligen Frauen in die Welt gesetzt hat – »the only lord in the Seven Kingdoms who could field an army out of his breeches« (*AGOT* 644) – und für seine Nachkommen keine andere Emotion außer Verachtung aufzubringen scheint. Als Drahtzieher der berüchtigten Red Wedding (Stanton 2015: 54-58) ist Lord Frey einer der meistgehassten Charaktere des ganzen Romanzyklus, und es ist sicher kein Zufall, dass Martin just in dieser Figur das Motiv des despotischen Übervaters bis hin zur Groteske überhöht (DeCoste 2015: 232f.).

Blutsverwandtschaft ist in Martins Werk oft die Quelle von immensem psychischen Leid. Seelische Gewalt ist in den adeligen Familien von Westeros an der Tagesordnung, körperliche Gewalt wird jedoch nur selten zum Äußersten getrieben. Kaum ein Verbrechen gilt in Westeros als dermaßen verabscheuenswert wie der Verwandtenmord: »Old gods or new, it makes no matter, [...] no man is so accursed as the kinslayer.« (*ASOS* 281)

Wenn ein Charakter dennoch so weit geht, dieses ultimative Tabu zu brechen, sind die Konsequenzen in Martins Romanen mehr als nur drastisch. Die Tragödie von Stannis Baratheon wird von zwei Verwandtenmorden umrahmt: Stannis' Aufstieg wird erst durch den Tod seines Bruders und Rivalen Renly möglich. Die Priesterin Melisandre bringt Stannis dazu, mit ihr eine schattenhafte Kreatur zu zeugen, die Renly erdolcht. Es ist ein Verbrechen am eigenen Blut, in mehrfacher Hinsicht: Stannis zeugt einen unmenschlichen »Sohn«, dessen einzige Existenzberechtigung im Brudermord besteht. Er vergeht sich an seiner eigenen Lebenskraft, denn der unnatürliche Zeugungsakt lässt ihn um Jahre altern (ACOK 605). Martin ist bekannt dafür, übernatürliche Elemente in seinen Romanen selten und gezielt einzusetzen – und in diesem Fall erfüllt der übernatürliche Aspekt den Zweck, Stannis' Verbrechen weitaus deutlicher und schonungsloser hervortreten zu lassen. Wäre Renly durch die Hand eines profanen Meuchelmörders gefallen, hätte die Tat längst nicht dieselbe Tragweite gehabt. So vergießt Stannis seinen Samen, um sein eigenes Blut zu vergießen, und versündigt sich damit in der schärfsten erdenklichen Weise an seiner Familie.

Obwohl Stannis' Herrschaftsambitionen mit dem Inbegriff eines genealogischen Verbrechens beginnen, erweist er sich in den folgenden Büchern als der wahrscheinlich geeignetste Thronprätendent im War of the Five Kings. In der fünften Staffel der TV-Serie schließt sich jedoch der Kreis, und Stannis Baratheon wird, nachdem er aufopferungsbereit und teilweise heroisch nicht nur für seinen eigenen Thronanspruch, sondern auch für das Wohl des Reiches gekämpft hat, von seiner Vergangenheit eingeholt. In einer militärisch aussichtslosen Lage verleitet ihn Melisandre, seine eigene Tochter Shireen dem Gott R'hllor zu opfern und so eine Wende des Kriegsglücks zu erzwingen (GOT SE 05 EP 09).[5] Doch diesmal besiegelt Stannis durch sein Handeln sein eigenes Schicksal, denn Shireens Tod am Scheiterhaufen veranlasst einen großen Teil seines Heeres dazu, sich von ihm abzuwenden. Dass Stannis nach der Niederlage seiner verbleibenden Truppen von Brienne of Tarth getötet wird, die einst Zeugin des Mordes an Renly war und nun für dessen Tod Rache nimmt (GOT SE 05 EP 10), verknüpft die beiden Verbrechen zu einem geschlossenen Ganzen.

Das Dilemma des Stannis Baratheon – der wie kein anderer die Normen von Recht, Gesetz und legitimer Ordnung verkörpert, aber dennoch gleich zweimal den denkbar schlimmsten Rechtsbruch begeht, weil er keine andere Möglichkeit sieht, seiner Vorstellung von Gerechtigkeit zum Sieg zu verhelfen – lässt die Tragweite des Verwandtenmordes besonders deutlich hervortreten. Aber auch für Tyrion Lannister bedeutet der Mord an seinem tyrannischen Vater Tywin, der ihn seit seiner Geburt mit Geringschätzung und Hass gestraft hatte, den Zusammenbruch seines bisherigen Lebens, doch gleichzeitig auch eine Katharsis, die ihm einen Neubeginn jenseits der Zwänge seiner Familie ermöglicht.

Blutsverwandtschaft besitzt in Westeros mehr als nur juridische und normative Bedeutung: »There is power in a king's blood.« (ASOS 498; ADWD 53) Königlichem Blut scheint eine übernatürliche Kraft innezuwohnen, die die enigmatische Priesterin Melisandre zu nutzen weiß. Mit einem Mann von königlicher Abstammung kann sie die Schattenkreaturen zeugen, denen – wie erwähnt – Renly Baratheon und später auch dessen Gefolgsmann Ser Cortnay Penrose zum Opfer fallen. In einem Ritual verbrennt sie drei Egel, die mit dem Blut des königlichen

---

5 | Zumindest dieses Handlungselement wird, wie Martin selbst bestätigt hat, in dieser oder ähnlicher Form Teil des kommenden Romans *The Winds of Winter* sein (Robinson 2015).

Bastards Edric Storm genährt sind, um damit Stannis' Rivalen Joffrey Baratheon, Robb Stark und Balon Greyjoy der Vernichtung preiszugeben. Tatsächlich finden alle drei Thronprätendenten binnen kurzem den Tod. Doch Melisandre behauptet, durch ein Menschenopfer von königlichem Geblüt noch größere Magie wirken zu können: »The Lord of Light cherishes the innocent. There is no sacrifice more precious. From his king's blood and his untainted fire, a dragon shall be born.« (*ASOS* 725) Letztendlich bleibt offen, ob Melisandre ihre eigene Macht und die übernatürliche Bedeutung von Königsblut richtig einschätzt – denn als sie mit Shireen Baratheon tatsächlich ein unschuldiges Opfer von königlichem Blut darbringt, verfehlt das Ritual seine beabsichtigte Wirkung.

4. Conclusio

Genealogie erfüllt somit in Westeros vielfältige Funktionen: Sie begründet rechtmäßige Herrschaft, sie setzt gesellschaftliche Normen und Tabus – wie Inzest und Verwandtenmord –, deren Überschreiten für die Handlungsstränge einzelner Charaktere entscheidend ist, und sie eröffnet denjenigen, die sie zu nutzen wissen, erstaunliche übernatürliche Fähigkeiten. Dabei drängt sich aber die Frage auf, *weshalb* Martin Blutsverwandtschaft und Abstammung in seinen Werken einen dermaßen hohen Stellenwert zuschreibt.

Bei einer oberflächlichen Betrachtung ließe sich argumentieren, dass Martin lediglich den Anspruch auf eine ›realitätsnahe‹, am Mittelalter orientierte Fantasy unterstreicht, indem er seiner Erzählung ein für das Mittelalter charakteristisches Denkschema unterlegt. Diese Vorgehensweise wäre keineswegs untypisch. Die Parallelen zwischen Westeros und dem irdischen Mittelalter reichen eine Schicht tiefer als offensichtliche Parallelen wie die Inspiration durch die Rosenkriege – die Häuser Lancaster und York als Vorbilder für Lannister und Stark – oder die Ähnlichkeit zwischen Henry VIII. und Robert Baratheon. Martin legt viel Wert darauf, dass seine Charaktere nicht als moderne Menschen in mittelalterlichen Kostümen erscheinen, sondern sich auch in ihren Denk- und Handlungsweisen von Menschen der Gegenwart unterscheiden. Dieser Versuch, eine Art hermeneutische Differenz zwischen Leserinnen und Lesern auf der einen und Romanfiguren auf der anderen Seite zu schaffen, basiert selbstverständlich nicht auf Erkenntnissen einer mediävistischen Mentalitätsgeschichte, sondern auf populären Mittelalterbildern – aber er trägt effektiv dazu bei, einen literarisch ansprechenden Verfremdungseffekt zu schaffen.

Genealogie bietet sich in diesem Zusammenhang als Motiv an: Sie wird auch von geschichtswissenschaftlich nicht versierten Leserinnen und Lesern als etwas ›typisch Mittelalterliches‹ gesehen, und weicht von unserem heutigen Verständnis von Familie und Verwandtschaft so weit ab, um als fremd, aber doch nachvollziehbar wahrgenommen zu werden. Dass Genealogie zudem ein in der literarischen Tradition der Fantasy seit Tolkien fest etabliertes Motiv ist, macht es für Martin noch reizvoller, das Thema aufzugreifen und zu variieren – denn eine kritische Auseinandersetzung mit Genrekonventionen zählt zu den charakteristischen Zügen seines literarischen Schaffens.

Dennoch erschöpft sich die Bedeutung genealogischer Motive meiner Ansicht nach nicht darin, ein epochenspezifisches Flair zu verbreiten. In einer oft zitierten Aussage brachte Martin seine literarischen Ambitionen als Autor mit den Worten William Faulkners anlässlich der Nobelpreisverleihung 1949 zum Ausdruck: »I've always agreed with William Faulkner – he said that the human heart in conflict with itself is the only thing worth writing about. I've always taken that as my guiding principle.« (Brown 2011)

Martin schnürt seine Charaktere in einem engen Korsett genealogisch begründeter sozialer Konventionen ein, und kreiert damit den Ausgangspunkt für genau jene inneren Konflikte, die ihn so interessieren: Daenerys' Ringen mit dem entsetzlichen Vermächtnis ihres wahnsinnigen Vaters, Stannis' ausweglose Verstrickung in die Schuld am Tod seines Bruders, Tyrions Vatermord und sein Bruch mit seiner Abstammung aus dem Haus Lannister, die aus dem Zusammenhang ihrer Familie gerissenen Stark-Geschwister – die Liste ließe sich lange fortsetzen.

Aber derartige Konflikte scheinen sich nicht nur auf der individuell-persönlichen Ebene abzuspielen: Die sechste Staffel der TV-Serie nimmt eine Sonderstellung in *GOT* ein, da die Handlung die Romanvorlagen im Wesentlichen überholt hat und wir nicht mit Sicherheit sagen können, inwieweit die von den Produzenten David Benioff und D. B. Weiss entworfene Handlung mit George R.R. Martins Plänen für die verbleibenden Romane *The Winds of Winter* und *A Dream of Spring* übereinstimmt. Ungeachtet dessen ist es äußerst interessant, wie die sechste Staffel mit den etablierten genealogischen Konventionen umgeht:

Bereits in den ersten zwei Folgen wird das ultimative Tabu des Verwandtenmordes gleich dreimal gebrochen. Auffällig ist nicht nur, dass die Opfer äußerst prominent sind – die Oberhäupter der bedeutenden Häuser Martell, Bolton und Greyjoy –, sondern auch, dass die Taten weitestgehend ohne Konsequenzen bleiben: Euron Greyjoy gesteht den Mord an seinem Bruder König Balon unverhohlen vor der Volksversammlung – »I did. I killed him. Threw him right over a rope bridge and watched him fall. [...] I apologize to you all for not killing him years ago« – und wird unmittelbar darauf zu seinem Nachfolger gewählt (*GOT* SE 06 EP 05). Obara und Nymeria Sand bagatellisieren das Verbrechen des Verwandtenmordes sogar so weit, dass sie sich darüber streiten, wer ihren Cousin Trystane Martell töten *darf* (*GOT* SE 06 E01). Von dem Stigma, das einer solchen Tat in den Romanen und den früheren Staffeln der Serie anhaftet, ist nichts mehr zu spüren.

Auch andere Konventionen werden über Bord geworfen: Thronfolgeregelungen spielen keinerlei Rolle mehr. Dass die Nordmänner Jon Snow – ihres Wissens nicht mehr als ein Bastard – an Stelle seiner Schwester zum *King in the North* ausrufen ist weniger überraschend – schließlich legt der Norden seit jeher mehr Wert auf charismatische Führung als auf eine rechtlich abgesicherte Erbfolge. Aber selbst in King's Landing bedarf Herrschaft keiner dynastischen Legitimierung mehr. Nach einem weiteren beiläufigen Verwandtenmord – an ihrem Onkel und Familienoberhaupt Lord Kevan Lannister – und dem Suizid ihres Sohnes Tommen lässt sich Cersei zur Königin krönen, ohne irgendeine Berechtigung, außer der militärischen Kontrolle über die Hauptstadt, vorweisen zu können (GOT SE 06 EP 10).

Ob sich ähnliche Entwicklungen in dem bevorstehenden Roman *The Winds of Winter* vollziehen werden, ist noch nicht abzusehen. Einige Ereignisse der sechsten Staffel, vor allem die Auslöschung des Hauses Martell, stießen in der Fangemeinde auf heftige Kritik, da sie der bisherigen Romanhandlung völlig zuwiderlaufen. Dennoch ist es nicht unplausibel, dass *The Winds of Winter* dieselbe Tendenz, wenn auch nicht exakt dieselben Ereignisse, aufweist wie die umstrittene sechste Staffel von *GOT*.

Martin legt viel Wert darauf, Krieg nicht heroisch zu verklären, sondern in seinen katastrophalen Konsequenzen für die Gesellschaft zu zeigen. In den bisherigen Romanen sieht der Leser bzw. die Leserin die Schrecken des Krieges vor allem durch die Augen von Brienne of Tarth und Podrick Payne, die in *AFFC* durch die verwüsteten Riverlands reisen und mit den Folgen des War of the Five Kings konfrontiert sind. Der völlige Zusammenbruch der auf genealogischen Normen basierenden Ordnung in der sechsten Staffel – die Bagatellisierung des Verwandtenmordes, die unverhohlene Durchsetzung eines Rechts des Stärkeren ohne den Anstrich einer legitimen Erbfolge – passt sehr gut zum Thema einer vom Krieg in ihren Grundfesten erschütterten Gesellschaft.

Lord Eddard Stark und Lord Renly Baratheon sind beide dem Spiel um den Thron zum Opfer gefallen, aber es scheint, als könnte Renly posthum recht behalten. »This isn't about the bloody line of succession.« Die von Ned Stark hochgehaltenen Ideale genealogischer Legitimität sind hinfällig geworden. Es wären somit nicht nur Charaktere wie Tyrion oder Daenerys, die mit den genealogischen Konventionen, in die sie hineingeboren wurden, ringen und sie aufzubrechen suchen, sondern die Gesellschaft von Westeros an sich. Doch während der Bruch mit der Genealogie für den individuellen Charakter eine befreiende Katharsis sein kann, scheint er für die Gesellschaft in ihrer Gänze nur Unsicherheit und Willkür zu bedeuten.

Indem Martin eine von strengen Regeln rund um Abstammung und Blutsverwandtschaft bestimmte Welt schuf, erarbeitete er sich ein hervorragendes Sujet für die späteren Romane: den Kollaps eben dieser Ordnung und die Notwendigkeit eines gesellschaftlichen Neubeginns und einer Etablierung neuer Rechtsnormen (MacNeill 2015: 34f.). »A society in conflict with itself«, um Martins Aussage zu variieren, ist definitiv »worth writing about«.

Literatur

Adi, Ida Rochani (2012): »Popularizing Epic Narrative in George R. R. Martin's *A Game of Thrones*.«, in: Humaniora 24.3, S. 303-314.

Bleisteiner, Martin (2014): »Perils of Generation: Incest, Romance, and the Proliferation of Narrative in Game of Thrones.«, in: Johnston, Andrew James/Rouse, Margitta/Hinz, Philipp (Hg.): The Medieval Motion Picture. The Politics of Adaptation. New York: Palgrave Macmillan, S. 155-169. http://dx.doi.org/10.1057/9781137074249_8

Borst, Arno (1957): Der Turmbau zu Babel. Geschichte der Meinungen über Ursprung und Vielfalt der Sprachen und Völker. Stuttgart: Hiersemann.

Brown, Rachael (2011): »George R.R. Martin on Sex, Fantasy, and A Dance With Dragons.« 11.07.2011 <www.theatlantic.com/entertainment/archive/2011/07/george-rr-martin-on-sex-fantasy-and-a-dance-with-dragons/241738> [24. Juli 2016].

DeCoste, D. Marcel (2015): »Beyond the Pale? Craster and the Pathological Reproduction of Houses in Westeros.«, in: Battis, Jes/Johnston, Susan (Hg.): Mastering the Game of Thrones: Essays on George R. R. Martin's *A Song of Ice and Fire*. Jefferson, NC: McFarland, S. 225-242.

Donecker, Stefan (2016): »Historische Determinanten des Helden in der modernen Fantasy oder Die Saga von Topdek, dem Zwerg.«, in: Ferstl, Paul/Walach, Thomas/Zahlmann, Stefan (Hg.): Fantasy Studies. Wien: Ferstl & Perz, S. 87-123.

Frankel, Valerie Estelle (2014): Women in Game of Thrones. Power, Conformity and Resistance. Jefferson, NC: McFarland.

Hahn, David (2012): »The Death of Lord Stark: The Perils of Idealism.«, in: Jacoby, Henry (Hg.): Game of Thrones and Philosophy. Logic Cuts Deeper Than Swords. Hoboken, NJ: Wiley, S. 75-86.

Heck, Kilian (2002): Genealogie als Monument und Argument. Der Beitrag dynastischer Wappen zur politischen Raumbildung der Neuzeit. München: Deutscher Kunstverlag.

Machiavelli, Niccolò (1986): Il Principe. Der Fürst. Stuttgart: Reclam.

MacNeil, William P. (2015): »Machiavellian fantasy and the game of laws.«, in: Critical Quarterly 57.1, S. 34-48. http://dx.doi.org/10.1111/criq.12182

O'Leary, Peter (2012): »Sacred fantasy in *Game of Thrones*.«, in: Critical Quarterly 57.1, S. 6-19. http://dx.doi.org/10.1111/criq.12174

Tolkien, J.R.R. (2012): The Two Towers: Being the Second Part of The Lord of the Rings. Boston/New York: Houghton Mifflin.

Pratchett, Terry (1989): Sourcery. London: Corgi Books.

Robinson, Joanna (2015): »How Tonight's *Game of Thrones* Signaled a Brutal Departure from the Books.« 10.06.2015 <www.vanityfair.com/hollywood/2015/06/stannis-burns-shireen-game-of-thrones-dance-of-dragons> [24. Juli 2016].

Schulzke, Marcus (2012): »Playing the Game of Thrones: Some Lessons from Machiavelli.«, in: Jacoby, Henry (Hg.): Game of Thrones and Philosophy. Logic Cuts Deeper Than Swords. Hoboken, NJ: Wiley, S. 33-47.

Speyer, Wolfgang (1976): »Genealogie.«, in: Klauser, Theodor/Schöllgen, Georg (Hg.): Reallexikon für Antike und Christentum. Band 9. Stuttgart: Hiersemann, S. 1145-1268.

Stanton, Rob (2015): »Excessive and appropriate gifts: hospitality and violence in *A Song of Ice and Fire*.«, in: Critical Quarterly 57.1, S. 49-60. http://dx.doi.org/10.1111/criq.12173

Vizzini, Ned (2012): »Beyond the Ghetto. How George R. R. Martin Fights the Genre Wars.«, in: Lowder, James (Hg.): Beyond the Wall. Exploring George R.R. Martin's A Song of Ice and Fire. New York: BenBella, S. 203-218.

Mad, Bad and Dangerous to Know, or The Pride of the Rock?
Expeditionen in die symbolische Höhle der Löwen von Lannister

Anja Müller

1. Einleitung

»The great lions of the western hills have been slain, the unicorns are all but gone«, sagt ein Child of the Forest zu Bran in *ADWD* (497). Wie sein Vorbild Europa, so ist auch Westeros kein natürlicher Lebensraum für wilde Löwen mehr.[1] Löwen in Westeros sind ausschließlich symbolischer oder metaphorischer Natur; die Lannisters fungieren als ihre Hauptverkörperung. Neben dem Verweis auf die löwenähnliche Form von Casterly Rock[2] sollte der Löwe als Wappentier der Lannisters sicherlich die Mitglieder des Hauses mit den ihm zugeschriebenen Charaktereigenschaften assoziieren. Die mittelalterliche Auffassung, dass heraldische Embleme intrinsisch mit ihrem Träger verbunden sind und Aufschluss über deren Charakter geben (Keen 1984: 131), herrscht auch in Westeros. Master Illyrio aus Essos mokiert sich darüber: »You Westerosi are all the same. You sew some beast upon a scrap of silk, and suddenly you are all lions or dragons or eagles. I can take you to a real lion my little friend. The prince keeps a pride in his menagerie. Would you like to share a cage with them?« (*ADWD* 672) In Essos hingegen ist solch eine quasi-magische Zeichenauffassung nicht nur verpönt, im Gegensatz zu Westeros ist Essos außerdem eine Gegend, in der ganz reale Löwen und seit neuestem auch wieder Drachen angetroffen werden können. Diese realen Löwen

---

[1] | Auf Casterly Rock hatte man Löwen gehalten, allerdings offensichtlich nur bis zur Kindheit von Cersei und Jaime (*ADWD* 928).
[2] | Siehe *TWOIAF* 195f. zu den unterschiedlichen Überlieferungen zum Aufstieg von Lann the Clever. Zum Wappen der Casterlys finden sich keine Hinweise in Martins Texten.

sind gefährlich, werden aber auch gejagt, eingesperrt, sind Teil der königlichen Menagerie, werden getötet und gegessen.³

Die zeichenhaften Löwen von Westeros sollen ihre Referenten mit Mut, Macht, Stolz, Überlegenheit, Königswürde und Wildheit ausstatten, Ehrfurcht, Angst und Furcht unter den Feinden verbreiten. Wer Löwensymbole trägt, wird metaphorisch als Löwe bezeichnet und folglich mit diesen Attributen assoziiert. Im Fall von Haus Lannister scheinen diese Attribute auf den ersten Blick hauptsächlich negativ konnotiert zu sein. Geht man von einem Großteil der Einschätzungen zu diesem Haus auf Fanseiten im Internet, in Rezensionen oder auch in der Interpretation der Romancharaktere in der TV-Serie aus, so scheinen die Löwen von Lannister auf die Schurkenrolle festgelegt.⁴ Diese starke Simplifizierung lässt jedoch nicht nur die Komplexität der Charaktere außer Acht, sondern ignoriert auch weitgehend die unterschiedlichen Signifikations-Ebenen des Löwen als kulturellem Symbol.

Ausgehend von einer Sichtung aller Passagen, in denen in den Romanen der Begriff ›Löwe‹ vorkommt, soll daher im vorliegenden Beitrag ein differenzierteres Bild der Lannisters entstehen. Dabei wird sich unter anderem herausstellen, dass die Lannisters nahezu die gesamte Bandbreite der kulturellen Signifikanz des Löwen in der westlichen Kultur repräsentieren – vom durchaus positiv verstan-

---

3 | Auch die scharfzüngige Olenna Tyrell macht sich über diesen Aberglauben der Westerosi lustig: »Yes, all the Lannisters are lions and when a Tyrell breaks wind it smells like a rose.« (*ASOS* 85)

4 | So werden auf dem »Villains Wiki« alle Lannisters als Schurken genannt (villains. wikia.com). Journalist Josh Wigler kürte gleich das gesamte Haus Lannister als einer der »10 Most Ruthless Villains in Westeros« – auf einer Stufe mit dem Night King oder Ramsay Bolton. Die zahlreichen Diskussionsforen zu Martins Romanen und zur TV-Serie (z.B. »A Forum of Ice and Fire«, »Westeros: A Song of Ice and Fire Domain«; »Eis-und-Feuer Forum«) befassen sich immer wieder mit der Frage der moralischen Verfasstheit der einzelnen Häuser. Eine gute Zusammenfassung unterschiedlicher Positionen findet sich in einem im Mai 2012 gestarteten Thread der Website *The Straight Dope* zum Thema »Game of Thrones: Why are the Lannisters villains?« <http://boards.straightdope.com/sdmb/showthread.php?t=653559>. Der Nutzer msmith537 fasst dort in einem Beitrag vom 12.5.2012 als Quintessenz zusammen: »The Lannisters are villains because: Cercei murdered the Hand of the King. Jaime tossed a small child out of a tower to prevent him from talking about how [...] Jaime is banging his sister Cercei. They have a commoner boy killed for ›attacking‹ Joffrey. Jaime attacks the Ned, Hand of the King and kills his men. Cercei murdered her husband the King so as to [...] put Joffrey, an illigitimate heir, on the thrown [sic]. Joffrey has proven to be a psychopathic tyrant and a coward. Joffrey has Ned Stark put to death, which appears to be widely regarded as both strategically and politically stupid. Tyrion is mostly treated like crap because he looks ›different‹. So on and so forth. They make be effective fuedal [sic] lords and complex characters, but they largely act in a way that is self-serving and indifferent to how their actions hurt others.«

denen ›Modell geglückter Souveränität‹ bis zum tyrannischen Untier.[5] Der Anspruch einzelner Mitglieder des Hauses Lannister auf den Eisernen Thron wird sich unweigerlich messen lassen müssen an der Herrschersymbolik, die dem Löwen im Mittelalter innewohnte. Dirk Jäckel hat in diesem Zusammenhang die Tapferkeitsmetaphorik, Gerechtigkeitsempfinden und Affektbeherrschung, Ketzerverfolgung und eschatologische Aspekte als maßgebliche Komponenten dieser Symbolik identifiziert. Derlei Löweneigenschaften dienten der Legitimation eines Souveräns auf weltlicher wie geistlicher Ebene (Jäckel 2006: 327f.). Konsultiert man den Eintrag zu »Löwe« im *Metzler Lexikon literarischer Symbole*, so symbolisiert der Löwe darüber hinaus Mütterlichkeit, Leben und Auferstehung[6] einerseits und das schiere Böse andererseits (ebd. 208f.). Daneben finden sich Narrative zur Stärke des Löwen (z.B. in der Herakles-Sage) oder zu einer freiwilligen Unterwerfung des königlichen Tieres im Dienste von Heiligen (St. Jerome, St. Hieronymus), unschuldig Verfolgten (Androkles) oder Rittern (Ywain).[7] Für die Zeit nach der Renaissance identifiziert Edinger drei Haupterscheinungsformen des Löwen als kulturellem Symbol: die sprichwörtliche, bei der sich das Epithet meist auf Stärke, Mut und Souveränität bezieht; die unterhaltende – vor allem in der Kinder- und Jugendliteratur und der Fantasy, die just diese Eigenschaften parodiert oder einen gezähmten Löwen präsentiert; schließlich die naturalistisch-ökologische, in der Löwen entweder ihre Spezies oder ihren natürlichen Lebensraum verkörpern (Edinger 1988: 780).

Zusätzlich zu diesem kulturellen Symbolgehalt des Löwen ergibt die Analyse der herangezogenen Textstellen außerdem, dass die Bezugnahme auf das Hauswappentier unter den Mitgliedern von Haus Lannister jeweils auf unterschiedlichen Zeichenkonzepten basiert. Im Folgenden sollen die unterschiedlichen Positionierungen der einzelnen Familienmitglieder zu Löwensymbolen und -metaphern skizziert und darüber hinaus dargelegt werden, welche Relevanz diese Unterscheidung für die heterogene Charakterisierung der einzelnen Lannisters

---

5 | Roland Borgards befasst sich mit dieser Bandbreite der Löwensymbolik im Zusammenhang von Anthropopolitik und Souveränitätstheorien in seinem Aufsatz zu Löwendarstellungen in Texten und Bildern von Johann Elias Ridinger, Barthold Heinrich Brockes und Georges-Louis Leclerc de Buffon. Darüber hinaus verweist er auf den für die Emblematik in Martins Romanreihe interessanten Umstand, dass seit Thomas Hobbes' *Leviathan* der Wolf den Löwen als politische Zentralmetapher abzulösen beginnt, ihn jedoch nicht ganz auszulöschen vermag (Borgards 2012: 149).

6 | Dieser Bedeutungskomplex stützt sich unter anderem auf die Physiologus-Tradition, die den Löwen als Christussymbol versteht (Physiologus 5-7).

7 | Zu Herakles siehe Edinger (1988: 777); zu Androkles und St. Jerome siehe Edinger (1988: 778f.); zu St. Hieronymus siehe Werner; zu den unterschiedlichen Varianten des Ivain in Frankreich, Deutschland und England siehe die Aufsätze von Rieger, von Ertzdroff und Bergner.

besitzt, während sie gleichzeitig unterschiedliche Zeichenkonzeptionen verhandelt.

2. Die Löwen von Haus Lannister

Die Charaktere, die ich im Folgenden behandeln werde, weisen nahezu ausnahmslos typische Merkmale des Löwen als Souverän auf, wie sie Roland Borgards beispielsweise für Texte des 18. Jahrhunderts konstatiert: überlegenes Aussehen und Anatomie, überlegenes Handeln sowie eine auf Angst und »Potentialität der Macht« gründende Souveränität (Borgards 2012: 159).[8] Die Lannisters entsprechen diesem Bild nahezu idealtypisch: Ihr äußeres Erscheinungsbild ist eindrucksvoll: Ihre Schönheit, das volle goldene Haar und die katzenähnlichen grünen Augen werden immer wieder betont. Ihre strikte Loyalität zur Familie steht analog zur sozialen Natur realer Löwen, der laut Angela von den Driesch »einzige[n] gesellig lebende[n] Katzenart« (von den Driesch 1994: 7). Die Verbindung der Lannisters zum Königsthron komplettiert schließlich die Assoziation zu Löwensymbolen in der Herrscherikonographie. Doch die unterschiedliche Natur dieser Verbindungen verweist bereits auf die notwendigen feinen Unterschiede, die man innerhalb Haus Lannister ziehen sollte.

2.1 Lord Tywin Lannister

Der Patriarch der Familie, Tywin Lannister, Lord of Casterly Rock, Warden of the West und mehrmalige Hand of the King wird ungefähr in der Mitte von *AGOT* eingeführt. Sein Erscheinungsbild[9] – schlank, stark, muskulös – und seine kühle, ruhige, durch nichts zu beeindruckende Souveränität selbst inmitten chaotischer Zustände machen Tywin zu einer perfekten Personifizierung löwengleicher Royalität. Und obwohl sein selbstsicheres Gebaren arrogant erscheinen mag, und obwohl er Herausforderungen mit unbarmherziger Härte begegnet, wird Tywin Lannister als jemand präsentiert, der zweifelsohne einen kompetenten Herrscher abgeben würde, verkörpert er doch die Potentialität der Macht und die Affektbe-

---

8 | Beispiele für diesem Bild entsprechende Löwen in der populären Literatur und Kultur wären unter anderem Aslan aus C.S. Lewis' phantastischer *Narnia*-Reihe, der die Löwe-Christus-Analogie des Physiologus quasi narrativ umsetzt; oder Mufasa aus dem Disney-Zeichentrickfilm *König der Löwen*.

9 | »[Tywin] was in his middle fifties, yet hard as a man of twenty. Even seated, he was tall, with long legs, broad shoulders, a flat stomach. His thin arms were corded with muscles. When his once thick golden hair had begun to recede, he had commanded his barber to shave his head; Lord Tywin did not believe in half-measures. He razored his lip and chin, as well, but kept his sidewhiskers, two great thickets of wiry golden hair that covered most of his cheeks from ear to jaw. His eyes were a pale green, flecked with gold.« (*AGOT* 611)

herrschung, die mit der Löwensymbolik im Herrschaftsdiskurs verknüpft sind. Tywin selbst unterstützt diesen Eindruck, indem er sich sehr bewusst als »the great Lion of the Rock«[10] inszeniert. Sein Wappenrock und seine Rüstung, geschmückt mit Löwensymbolen in Rot und Gold, präsentieren Tywin als Abbild von Stärke, Größe und Wildheit.

»His greatcloak was sewn from countless layers of cloth-of-gold, so heavy that it barely stirred even when he charged, so large that its drape covered most of his stallion's hindquarters when he took the saddle. No ordinary clasp would suffice for such a weight, so the greatcloak was held in place by a matched pair of miniature lionesses crouching on his shoulders, as if poised to spring. Their mate, a male with a magnificent mane, reclined atop Lord Tywin's greathelm, one paw raking the air as he roared. All three lions were wrought in gold, with ruby eyes, his armor was heavy steel plate, enamelled in a dark crimson, greaves and gauntlets inlaid with ornate gold scrollworks. His rondels were golden sunbursts, all his fastenings were gilded, and the red steel was burnished to such a high sheen that it shone like fire in the light of the rising sun.« (*AGOT* 684f.)

Die Löwen symbolisieren Tywins Überlegenheitsanspruch auf dem Schlachtfeld ebenso wie überall in Westeros; ihre Funktion besteht darin zu beeindrucken und Ehrfurcht und Angst im Angesicht der erhabenen Erscheinung ihres Trägers zu erwecken.

Trotz dieser großartigen Selbstinszenierung entspricht Tywins Funktion am Hofe zunächst eher der von realen Löwen als königliche Attribute und Begleiter. Obgleich nur Hand of the King, gleichen seine Ansprüche jedoch durchaus denen des Löwenkönigs aus der Fabel, der seinen ›Löwenanteil‹ beansprucht – weil er König ist, weil er der Stärkste ist, und weil er jeden angreifen wird, der ihn herausfordert (Edinger 1988: 778). Doch sollte man angesichts derart absoluter Ansprüche nicht vergessen, dass Tywin zweifelsohne auch ein weiser Herrscher ist, dessen Rat aus gutem Grund gesucht wird.[11] Und trotz seines gefühlskalten Verhaltens gegenüber seinen Kindern bezeugen seine Geschwister Kevan und vor allem Genna durchaus liebevoll, dass Tywin stets bereit war, seine Familie bedingungslos zu schützen.

Tywin Lannister verkörpert somit nahezu paradigmatisch die Löwensymbolik mittelalterlicher Herrschaftsikonographie. Dabei kommt seine Selbstdarstellung als Löwe ohne eine quasi-magische Identifizierung seiner Person mit den von ihm verwendeten Symbolen aus. Stattdessen berücksichtigt er ganz bewusst den Effekt, den diese Symbole auf andere haben – nicht umsonst verweist Borgards darauf, dass die Potentialität der Macht auf der Anerkennung des Machthabers durch diejenigen, auf die er Angst und Schrecken ausübt, beruht (159). Sie sind

---

10 | So wird Tywin unter anderem von Meera Reid in ihrer Erzählung vom großen Turnier in Harrenhal genannt (*ASOS* 339).

11 | Siehe *TWOIAF* 114 zu den Errungenschaften Tywins unter der Herrschaft von Aerys II.

für Tywin Kommunikationsmittel zur Darstellung und Sicherung der machtvollen Position – nicht seiner selbst, sondern seiner Familie. Für ihn ist folglich der Löwe vor allem ein kollektives Symbol, welches die Identität von Haus Lannister konstituiert und konsolidiert. Mithilfe dieser Symbolik versucht er eine symbolische Ordnung von Haus Lannister zu etablieren, indem er sein Haus als distinktive Einheit in paradigmatischer Opposition zu den anderen Häusern in Westeros und deren symbolischen Ordnungen stellt. Und selbstverständlich bietet es sich auch an, aus psychoanalytischer Sicht die problematische Familiendynamik der Lannisters als einen Konflikt zu verstehen, der unweigerlich aus Tywins Bestreben entsteht, das ›Gesetz des Vaters‹ über seine symbolische Ordnung einzurichten und ihm Geltung zu verschaffen.

2.2 King Joffrey ...ähem ... Baratheon

Im Gegensatz zu Tywin vollzieht Joffrey genau jene quasi-magische Selbstidentifizierung mit der Löwensymbolik, auf die sein Großvater verzichtet. Doch entspricht lediglich Joffreys allen Lannistern gemeinsame attraktive Erscheinung dieser Identifikation. Spätestens durch sein Verhalten gegenüber Sansa wird rasch offenbar, dass die Attraktivität des Löwen lediglich als trügerische Maske fungiert, hinter der sich ein Charakter verbirgt, der als eine der wenigen Figuren gelten kann, welche in Martins Serie keine oder kaum versöhnliche Merkmale aufweisen. Löwenhaftigkeit beschränkt sich bei Joffrey auf Anatomie und Aussehen, während Handeln und Moralität davon unberührt bleiben. Hierzu passt auch sein Umgang mit der Löwensymbolik, welche er radikal auf den Ausdruck gewalttätiger, furchteinflößender Königsmacht reduziert. Allerdings liegt gerade in der unbedingten persönlichen Identifikation Joffreys mit einer derart radikalisierten Löwensymbolik eine unweigerliche Ironie, welche die Charakterisierung dieser Figur mitbestimmt. So entpuppt sich Joffrey rasch nicht nur als grausam, sondern auch als Feigling. Obwohl seine Verwendung von Symbolen von einem Glauben an die Identität zwischen Zeichen und Referent gekennzeichnet ist, verkörpert er geradezu den trügerischen Charakter des Zeichens – die Diskrepanz zwischen Schein und Sein.

Eine weitere Ironie entsteht dadurch, dass sich Joffrey im Laufe seiner Herrschaft in zunehmendem Maße mit Löwensymbolen umgibt, sodass diese immer mehr die anfangs noch gleichberechtigt verwendeten Hirsche in Joffreys Kleidung, dem Raumdekor und den Herrschaftsinsignien verdrängen. In diesem Zusammenhang ist es bezeichnend, dass Joffreys Schwerter allesamt eine Löwensymbolik aufweisen: Sein erstes Schwert heißt Lion's Tooth (*AGOT* 148), das zweite, Hearteater, ist mit einem Löwen, der ein Herz frisst, geschmückt (*ACOK* 812); gold-rote Löwenköpfe zieren schließlich die Scheide des dritten Schwertes, Widow's Wail (*ASOS* 804), und zu seiner Rüstung gehört unter anderem ein Löwenhelm (*ACOK* 811). Nach dem Battle of Blackwater vergibt er Löwenabzeichen an verdiente Krieger (*ACOK* 906). Hirschsymbole finden hingegen keinerlei Erwährung. Joffrey vollzieht diesen symbolischen Tapetenwechsel, um nach außen hin seinen königlichen Herrschaftsanspruch auf den Eisernen Thron zu proklamieren. Doch anstatt diesen Anspruch zu untermauern, liefern die allgegenwärtigen Löwensymbole letztlich für die Umstehenden einen Beleg für die Wahrheit des Gerüchtes, dass Joffrey tatsächlich ein Lannister ist, nämlich ein Spross der inzestuösen Beziehung zwischen Cersei und Jaime. Sollte Joffrey in der Tat ein solcher Löwe von Lannister sein, würde er seinen Machtanspruch und vermutlich sein Leben verwirken.

Joffreys Umgang mit dem Zeichen des Löwen unterliegt somit offensichtlich einer Reihe von Irrtümern: Er glaubt fälschlicherweise an einen magischen Eigenschaftstransfer zwischen Symbol und Referent. Er gebraucht das Löwensymbol nicht nur extrem restriktiv, sondern verwendet es letztlich als privates Symbol, wobei er sowohl weitere Konnotationen dieses Symbols ignoriert als auch die Tatsache, dass insbesondere Macht darstellende Symbole üblicherweise kollektiver Natur sind, und ihre Deutung und Bedeutung maßgeblich von ihrer Dekodierung und Anerkennung durch die Rezipienten – in diesem Falle wären dies seine Untertanen – abhängen.

Will man Joffreys Verhältnis zur Löwensymbolik in einen theoretischen Rahmen fassen, so könnte man in seiner Vorgehensweise einen kindlichen Versuch sehen, in der semiotischen Ordnung der Identität von Zeichen und Referent zu bleiben, während er gleichzeitig den Anspruch erhebt, als gesetzgebender Vater einer symbolischen Ordnung (in seiner Rolle als Herrscher) anerkannt zu werden. Ein solch paradoxes Unterfangen ist von vornherein zum Scheitern verurteilt – und so verliert er schlussendlich auch die Kontrolle über die Symbole, die er beherrschen und mit denen er herrschen wollte.

2.3 Queen (Regent) Cersei Lannister

Auch Joffreys Mutter Cersei unterliegt dem Irrglauben an die Identität von Zeichen und Referent in Symbolen und Metaphern. Wie die bereits besprochenen Charaktere ist Cersei ebenfalls mit Löweninsignien ausgestattet, wie etwa einem Löwensiegel (*ACOK* 445).[12] Doch anders als bei Tywin erscheinen die Referenzen auf Löwen, die in *ASOIAF* mit Cersei verknüpft sind, nicht in Form von Symbolen, sondern nahezu durchweg als Metaphern. Darüber hinaus tendiert Cersei dazu, sich selbst metaphorisch als ›Löwe‹ zu bezeichnen. Die männliche Form ist dabei signifikant, denn tatsächlich wird in den bisher publizierten fünf Romanen von *ASOIAF* fast immer offenbar ganz bewusst der Begriff ›lion‹ in Cerseis Selbstbezeichnungen verwendet, während die weibliche Form ›lioness‹ weniger als zwanzig Mal auftaucht und jeweils von anderen Figuren auf Cersei angewandt

---

12 | Die Fernsehserie betont dies ausdrücklich in Lena Headeys prunkvollen Kostümen und Accessoires, die ebenfalls Eingang in die Merchandiseproduktion gefunden haben.

wird.¹³ Cersei selbst bevorzugt für sich eindeutig die männliche Form ›lion‹, wodurch sie gleichzeitig ihren Unwillen gegen die Restriktionen ausdrückt, denen sie als Frau in der Welt von Westeros unterworfen ist. Lediglich während ihrer Gefangennahme und ihrem ›Walk of Shame‹ bezeichnet sie sich selbst als Löwin; bei Letzterem wiederholt sie den Satz »I am a lioness« mantraartig (*ADWD* 936), um die Tortur durchzuhalten. Es ist sicherlich kein Zufall, dass dies auch diejenigen Momente sind, in denen Cerseis Weiblichkeit buchstäblich offen gelegt wird, in denen sie am verletzlichsten erscheint, und in denen die Erzählung die Leser zur Empathie mit dem Charakter einlädt.¹⁴

Die Löwenmetapher hilft Cersei dabei, eine Identität für sich zu konstruieren, welche sie als wahre Erbin von Tywin ausweist. Jaime kommentiert dies sarkastisch: »His sister liked to think of herself as Lord Tywin with teats, but she was wrong. Their father had been as relentless and implacable as a glacier, where Cersei was all wildfire, especially when thwarted. [...] She does not lack for wits, but she has no judgement, and no patience.« (*AFFC* 334) Sie selbst reflektiert über den Tod ihres Vaters wie folgt: »Lord Tywin's eyes are closed forever now [...]. It is my look they will flinch from now, my frown that they must fear. I am a lion, too…« (*AFFC* 145)¹⁵ Mit diesen Gedanken rechtfertigt Cersei ihren Anspruch mit dem vermeintlich ähnlichen äußeren Erscheinungsbild: Indem sie Tywins Gesichtszüge auf sich selbst projiziert, vollzieht sie eine fatale Identifikation, welche ihre gesamte Selbstdarstellung als Löwe bestimmt. Wo Tywin Symbole verwendete, deren Bedeutungsidentifikation aber denjenigen überließ, die er zu beeindrucken suchte, vollzieht Cersei quasi eine Selbstimmersion in Löwenmetaphern und beeindruckt sich selbst damit am meisten – nicht aber andere. Zusätzlich reduziert Cersei wie Joffrey die von ihr verwendete Löwenmetaphorik auf den Ausdruck von furchteinflößender Macht. Dabei übersieht sie, dass Tywins erfolgreiche Performanz als Löwe von Lannister auch die anderen Qualitäten der Löwensymbolik

---

13 | In einem Kapitel in *AGOT* wird Cersei aus der Sicht Ned Starks beschrieben: »Her eyes burned, green fire in the dusk, like the lioness that was her sigil.« (*AGOT* 487) Varys spricht von ihr als »Our green-eyed lioness« (*AGOT* 635). Cerseis Tante Genna ermahnte sie als Kind: »You are a lioness.« (*AFFC* 589)

14 | Bisher weisen die Romane darüber hinaus keine weiteren empathiegenerierenden, entschuldigenden Momente für Cerseis Charakter auf. Die TV-Serie weicht hier deutlich von der Charakterisierung dieser Figur ab, indem sie kontinuierlich Cerseis Verhalten über ihre Rolle als Mutter und verkannte starke Frau definiert, erklärt und entschuldigt und somit eine eindeutige Sympathielenkung vornimmt.

15 | Die Kindleversion von *AFFC* fügt vor »It is my look…« signifikanterweise noch »but my eyes are green as well« ein. Wie sich an einem späteren Beispiel noch zeigen wird, ist die Kindleausgabe des Textes gegenüber der Druckausgabe etwas umfassender. Es war mir leider nicht möglich, den Gründen oder unterschiedlichen Autorisationen für die jeweils existierenden Textversionen nachzugehen.

beinhaltete; nicht zuletzt die Fähigkeit weise zu herrschen, welche Cersei, so zumindest der Eindruck nach *AFFC*, völlig vermissen lässt.

Vor allem begeht Cersei den Fehler, sich selbst als den einzig wahren Löwen in Haus Lannister anzusehen: »Mine own blood, she thought disgusted [als sie Cousin Lancel trifft]. Was she the only lion left alive?«[16] Selbst Jaime wird des Verlustes seines Löwentums beschuldigt: »All the colour is draining out of you [...] You've become a ghost of what you were, a pale, crippled thing. And so bloodless, always in white. [...] I prefer you garbed in crimson and gold. [... Yet] even a crippled lion may inspire fear.« (*AFFC* 557f.) Mit ihrem Absolutheitsanspruch auf die Löwenmetapher, im Gegensatz zu Tywins kollektiver Familiensymbolik, konstruiert Cersei für sich eine insulare Identität, untergräbt und zerstört damit jedoch gleichzeitig genau die Familienbande, die einen essentiellen Teil des kulturellen Bedeutungsclusters des Löwen in *ASOIAF* darstellen. Indem sie so ein kollektives Familiensymbol in eine exklusive private Metapher auflöst, trägt Cersei maßgeblich zur symbolischen Auflösung der Macht von Haus Lannister bei.

Aus feministischer Perspektive kann man selbstverständlich auch in Cerseis Umgang mit der Löwensymbolik bzw. -metaphorik ein Indiz für den Kampf einer *Frau* sehen, die gezwungen wird die semiotische Ordnung, nach der sie sich sehnt, zu verlassen, um stattdessen zu versuchen, den Platz des *Vaters* in einer symbolischen Ordnung einzunehmen, da dies die einzige machtbesetzte Position ist, die diese Gesellschaft ihr zur Verfügung stellt. Entsprechend wären dann Cerseis Wunsch nach dieser Machtposition und ihr (zumindest bisheriges) Versagen diesen Platz einzunehmen, Hinweise auf die exklusiven, zerstörerischen Machtstrukturen einer patriarchalen Ordnung. Jedoch scheint die Romanserie zumindest bisher ein solches Unterfangen nicht als erfolgversprechend zu bewerten.

2.4 Tyrion Lannister

Für Tyrion Lannister ist die Zugehörigkeit zur symbolischen Ordnung der Lannister-Löwen von Beginn an problematisch.[17] Körperlich deformiert weicht er von dem schönen Erscheinungsbild ab: »His head was too large for his body, with a brute's squashed-in face beneath a swollen shelf of brow. One green eye and one black peered out from under a lank fall of hair so blond it seemed white.« (*AGOT* 51) Selbst seine Kleidung trägt nur wenige Löwenzeichen, z.B. in kleinen Knöp-

---

16 | Diese Passage in der Kindle-Version von *AFFC* wird auf S. 149 der Printversion ausgelassen.

17 | Trotzdem entsprechen interessanterweise genau die Umstände von Tyrions Geburt, die zu diesem Ausschluss führten, einem Volksglauben über Löwen, nämlich dass diese seltene Tiere seien, weil die Jungen den Mutterschoß bei ihrer Geburt zerstören würden (»the young destroy their mother's womb at birth«, Edinger 1988: 777). Ein solcher Glaube ist in Westeros offenbar unbekannt.

fen. Wenn andere Romanfiguren Löwenmetaphern auf Tyrion beziehen, tun sie dies bestenfalls spielerisch, etwa indem Shae ihn »My Lion of Lannister« nennt.

Insgesamt erscheinen die wenigen Passagen, in denen Löwenmetaphern auf Tyrion angewandt werden, überwiegend in *ADWD*[18] im Kontext von Erinnerungen an Tyrions Kindheit oder tauchen bei Gelegenheiten, zu denen er sich seiner Identität als Lannister versichert bzw. von anderen darauf hingewiesen wird. Stets untergräbt Tyrion selbst umgehend diese metaphorische Inklusion. Trotz dieser Abgrenzung kehrt er jedoch in seinen Erinnerungen immer wieder in die symbolische Ordnung seiner Familie zurück.[19]

In Tyrions zwiespältigem Verhältnis zu Löwensymbolen und -metaphern besteht eine unverkennbare Spannung zwischen der integrativen Funktion des Löwen als kollektivem Symbol einerseits, welche trotz aller Loslösungsgesten bisher noch ein unterschwelliges Ziel von Tyrions Streben bleibt, und einem wachsenden kritischen Bewusstsein für den illusionären Charakter von Symbolen und Metaphern andererseits, räumlich reflektiert in seiner Reise von Westeros nach Essos. Tyrions Desillusionierung korrespondiert mit seinem Versuch, sich von der symbolischen Ordnung der Lannister-Löwen zu lösen. Dieser Versuch koinzidiert mit der realen Auflösung des Referenten dieser Symboleinheit, denn der von Tyrion verursachte buchstäbliche Tod des gesetzgebenden Vaters hat die symbolische Ordnung von Haus Lannister erschüttert und in ein Stadium des postödipalen Kampfes um die Kontrolle dieser Ordnung überführt.

Zeichentheoretisch gesprochen hat Tyrion Lannister zum jetzigen Zeitpunkt der Romanserie die arbiträre Natur von Zeichen offenbar erkannt und akzeptiert. Es wird sich zeigen, ob und inwiefern Tyrions Wunsch sich in die symbolische Ordnung des Löwen zu integrieren einen Weg für seine Versöhnung mit Haus Lannister bahnen (sofern von diesem jemand überleben sollte), ob er eine Loslösung durch Rache vollziehen, oder ob seine Distinktion vom Symbolsystem des Hauses Lannister durch seine originäre Zuordnung zu einem anderen Haus (nämlich Haus Targaryen) begründet werden wird.

---

18 | Eine Ausnahme findet sich in *ACOK*, als Tyrion nach der Schlacht von Blackwater wieder zu Bewusstsein gelangt: »He was a Lannister of Casterly Rock. A lion, I must be a lion, live a lion, die a lion« (*ACOK* 931) – doch er fühlt sich dann zu schwach, um den Gedanken fortzuführen.

19 | Zum Beispiel in den Erinnerungen an Tywins Vorwurf »You are a lion, not a monkey« (*ADWD* 202), oder an den Spielzeuglöwen, den Jaime ihm schenkte (*ADWD* 259). Beide Erinnerungen verknüpfen die Inklusion in die Familiensymbolik mit den Personen, die Tyrion hassen möchte.

2.5 Ser Jaime Lannister

Jaime, der »(Young) Lion of Lannister«, ist bezüglich der Verwendung von Löwensymbolen und -metaphern der wohl komplexeste Charakter. Wenn Jaime dem Leser zum ersten Mal durch die Augen Jon Snows vorgestellt wird, repräsentiert er quasi prototypisch die königlichen Züge eines Löwen: »tall and golden, with flashing green eyes and a smile that cut like a knife. He wore crimson silk, high black boots, a black satin cloak. On the breast of his tunic, the lion of his House was embroidered in gold thread, roaring his defiance. [...] This is what a king should look like.« (*AGOT* 51)[20] In der Tat verkörpert Jaime nahezu die gesamte Bandbreite der kulturellen Signifikanz des Löwen: Als Krieger ist er stark, mutig und wild. Er beschützt seine Familie kompromisslos, und seine überbordende Loyalität macht ihn zum hervorragendsten Repräsentanten der unter den Lannisters herrschenden Solidarität. Zweifellos verfügt auch er über eine gehörige Portion Stolz und Arroganz. Als Mitglied und, später, Lord Commander der Kingsguard, ist Jaime außerdem ein Begleiter von Königen und ähnelt durchaus der Situation eines Löwen als Statussymbol der königlichen Menagerie, bedenkt man, dass seine Berufung in die Kingsguard zur Kontrolle seines Vaters dienen sollte, und dass Robert es liebte, ihn zur Machtdemonstration zu demütigen.

Die Vielschichtigkeit von Jaimes Charakter ist bereits in seiner ersten Vorstellung erkennbar und unmittelbar mit einer Löwenmetaphorik verbunden: »They called him the Lion of Lannister to his face and whispered ›Kingslayer‹ behind his back«, endet die oben zitierte Passage. Vor dem Hintergrund der Löwenmetaphorik reflektiert die doppelzüngige Haltung der Menschen in Westeros zu Jaime die Haltung der gemeinen Tiere gegenüber dem Löwen in der Fabeltradition: Allzu leicht schlägt diese von Respekt, Ehrfurcht und Bewunderung in Respektlosigkeit, Frechheit und sogar Grausamkeit um, sobald sich der Löwe in einer machtlosen Position befindet.[21] In *ASOIAF* erlebt Jaime dies am eigenen Leibe. Doch während in der Fabel die Bestrafung des Löwen als gerechter Ausgleich für vorangehende Arroganz, Fehlverhalten oder Ungerechtigkeit erfolgt, ist Martins Erzählung vorsichtiger bezüglich einer einfachen Verurteilung des Löwen. Erzähltechnisch vollzieht der für die Romanserie charakteristische Fokalisierungswechsel in diesem Zusammenhang einen Wechsel von einer Außenhin zur Innencharakterisierung Jaimes. In den ersten beiden Bänden, in denen Jaime nahezu ausschließlich durch die Fokalisierung der Starks (v.a. Eddard und Catelyn) präsentiert wird, ist seine Darstellung eindeutig von deren kritischer

---

20 | Diese physische Identifizierung Jaimes mit der Schönheit eines Löwen besteht selbst während seiner Gefangenschaft. So gesteht Catelyn Stark, er sei »magnificent even in chains. [...] and even so, the power and the beauty of the man were still apparent« (*ACOK* 790).

21 | In Aesops Fabel »Der kranke Löwe« wird diese Ausnutzung des Machtverlusts des Löwen als feiger Angriff auf einen Wehrlosen kritisiert.

Haltung gegenüber den Lannisters beeinflusst. Analog zur Reduktion von Jaimes Charakter auf den eines arroganten, skrupellosen Killers, dessen Königsmord und dessen Mordversuch an Bran zum Bild des grausamen Löwen passen, erfolgt auch die Sympathielenkung der Leser in entsprechenden Bahnen und ähnelt der Tierfabel, in der ein bestrafter Löwe wenig Sympathie erwarten kann.[22]

Indem Jaime in *ASOS* selbst zum Fokalisator wird, erfolgt jedoch eine Dekonstruktion dieser ersten, nur vermeintlich normativen Lesart und Jaimes Handlungen können nun neue, über die ersten Interpretationen hinausgehende Bedeutungszuschreibungen erfahren: Bran aus dem Fenster zu werfen, erscheint dann als Teil des existentiellen Instinkts des Löwen sein Rudel zu beschützen.[23] Aerys zu töten erweitert diese Schutzhandlung von der Familie zur gesamten Hauptstadt eines Königreichs. Zusätzlich kann der Königsmord auch als Beispiel für die traditionelle Annahme, dass Löwen wahres Königtum erkennen,[24] gelesen werden: Im umgekehrten Fall, nämlich im Königsmord, zieht so der junge Löwe von Lannister die notwendige Konsequenz aus der Erkenntnis, dass König Aerys II. nicht länger als Herrscher über Westeros geeignet ist.

Anhand unterschiedlicher Darstellungen der Ereignisse nach dem Königsmord lässt sich beispielhaft illustrieren, welche Konsequenzen der Wechsel der Fokalisierung für die weitere Dekodierung von Löwensymbolen und -metaphern in Bezug auf Jaime hat. Die erste Beschreibung erhält der Leser von Eddard Stark, der König Robert in *AGOT* erzählt, wie er Jaime im Thronsaal fand:

»Aerys was dead on the floor, drowned in his own blood. [...] Lannister's men were everywhere. Jaime wore the white cloak of the Kingsguard over his golden armor. I can see him still. Even his sword was gilded. He was seated on the Iron Throne, high above his knights, wearing a helm fashioned in the shape of a lion's head. How he glittered! [...] I was still mounted. [...] I stopped in front of the throne, looking up at him. His golden sword was across his legs, its edge red with a king's blood. The men were filling the room behind me. Lannister's men drew back. I never said a word. I looked at him seated there on the throne, and I waited. At last Jaime laughed and got up. He took off his helm, and he said to me,

---

22 | So findet beispielsweise der eitle Löwe in der Fabel »Der Hase und der Löwe« keinerlei Sympathie, als er vom Hasen überlistet in einen Brunnen stürzt und ertrinkt.

23 | In diesem Zusammenhang wäre auch die Darstellung der Turmszene im *AGOT* zu beachten: Dort wird erzählt, wie Bran nach seiner Entdeckung den Halt verliert und zu fallen droht, Jaime jedoch zunächst den Sturz verhindert – seine erste, instinktive Reaktion ist folglich, den Jungen vor dem Fall zu bewahren. Bran dann selbst hinabzustoßen, ist das Resultat der Überlegung welche Konsequenzen es haben könnte, wenn Bran seine Entdeckung weitererzählt (*AGOT* 85).

24 | Edinger verweist auf dieses mittelalterliche Gedankengut im Zusammenhang mit Episoden aus dem spanischen *Cid*-Epos sowie aus Edmund Spensers *Faery Queene* (1988: 779).

›Have no fear, Stark. I was only keeping it warm for our friend Robert. It's not a very comfortable seat, I'm afraid.‹« (*AGOT* 116)

In dieser Passage ist deutlich erkennbar, wie Eddard Stark auf ein Symbolcluster der Lannister-Löwen reagiert, welches er ausschließlich als Zeichen von Arroganz (verbunden mit dem Wohlstand der Lannisters) und Aggressivität deutet. Dem gegenüber präsentiert er sich selbst als einen ruhigen, souveränen Verteidiger der Gerechtigkeit, der einen anmaßenden jungen Löwen vom Thron herabstarren kann, ohne selbst Gewalt anwenden zu müssen. Robert hinterfragt Eddards Lesart, indem er vermutet, dass das, was Eddard als Symbole dekodiert, möglicherweise nur Dinge an sich waren – ohne tiefere Bedeutung jenseits ihrer materiellen und pragmatischen Existenz. Während Eddard diese pragmatisch-buchstäbliche Lesart der Szene zurückweist, erfährt der Leser jedoch später in verschiedenen Darstellungen dieser Situation durch Jaime, dass Eddards Lesart tatsächlich eine Fehlinterpretation war: So trug Jaime seine goldene Rüstung nicht, um seine Treue zu Haus Lannister zu signalisieren, sondern um auf keinen Fall die Kingsguardrüstung zu tragen; die Entscheidung ist folglich Ausdruck seines inneren Konfliktes darüber, dass er seinen Eid als Kingsguard durch diese für ihn notwendige Tat brechen muss. Die anderen Männer im Saal standen unter Tywins Kommando. Jaime nahm auf dem Thron Platz, um zu sehen wer diesen beanspruchen würde, während er selbst sich weigerte, einen neuen König zu benennen (siehe *ASOS* 158-160). Da sein Helm sein Gesicht verbarg, konnte ein Beobachter wie Eddard Stark über Gefühlsregungen nur spekulieren. Mit weitaus größerer Sicherheit lässt sich argumentieren, dass Jaimes bewusste Performanz der Rolle, in der er sich zunächst dem Leser der Romanserie präsentiert, mit dieser Szene im Thronsaal beginnt: als er seinen Helm abnimmt und die Rolle übernimmt, die Eddard Stark ihm so offensichtlich zugewiesen hat.

Während der Zeit als Kingsguard unter Aerys realisierte Jaime bereits, dass Wörter und Symbole wie der weiße Umhang oder der Eid der Kingsguard leere Zeichen mit einer entweder abwesenden oder willkürlichen Bedeutung sind. Im Grunde kann seine Weltsicht als quasi-poststrukturalistisch charakterisiert werden, denn Jaime sieht sich mit einer symbolischen Ordnung von Signifikanten konfrontiert, die auf andere Signifikanten deuten, deren Bedeutung sich jedoch nicht festlegen lässt, weil es keine (moralische) Ordnung gibt, welche darüber entscheiden könnte, wie eine solche Bedeutung letztendlich aussehen würde. Für Jaime besteht die Welt somit aus einer komplexen Struktur konfligierender, inkompatibler Bedeutungen und Mehrdeutigkeiten, welche ständig Entscheidungen verlangen, ohne dass es einen Maßstab dafür gibt, was letztlich das Richtige sein könnte.

Jaimes Reaktion auf diese Erfahrung ist ein sehr bewusstes Spielen der Rollen, die ihm zugewiesen werden. Dieses Bewusstsein schließt das der Diskrepanz zwischen dem Skript der Rolle und seiner eigenen Identität mit ein. Anders als die anderen Lannisters strebt Jaime zunächst nicht nach der Kontrolle der symbolischen Ordnung, in der er lebt. Stattdessen überlässt er seine Identität einem Rollenspiel, dessen Skript von anderen bestimmt ist. Der Verlust seiner Hand unterbricht diese Performanz gewaltsam und zwingt ihn, eine neue Rolle für sich zu finden. Darüber hinaus weckt seine Begegnung mit Brienne, die an eine Kernidentität und an die Existenz von Bedeutsamkeit glaubt, offenbar wieder den Wunsch in ihm, seine verlorene Handlungssouveränität zumindest teilweise wiederzuerlangen.

Ähnlich wie bei Tyrion geht Jaimes Versuch einer Rekonstruktion seiner Identität einher mit seiner allmählichen Loslösung von Löwenbildern. Als er Harrenhal verlässt, schafft Jaime für sich zunächst einen neutralen Raum, indem er sich weigert, erkennbare Haussymbole zu tragen und somit anderen eine Identifikation seiner Selbst zu ermöglichen. »He would be no one's cousin, no one's enemy, no one's sworn sword ... in sum, no one.« (*ASOS* 604)[25] Die Leerstelle auf seiner kaum beschriebenen Seite im White Book der Kingsguard wird zum Sinnbild dieser neuen Ausgangssituation: »He could write whatever he chose, henceforth. Whatever he chose...« (*ASOS* 1010)

Jaime greift oft spielerisch und selbstironisch auf Löwenmetaphern und -rollen zurück, um sich selbst zu inszenieren. So nimmt der kürzlich enterbte Jaime Brienne gegenüber zunächst eine Löwenfassade an, indem er Lannister-Stereotype auf sich bezieht: »I pay my debts like every good little lion.« – »I'm the bloody Kingslayer.« – »Lannisters lie.« (*ASOS* 1006f.) An einer späteren Stelle zitiert Jaime beständig Löwenmetaphern, als er versucht, seinen Cousin Lancel von seinem religiösen Wahn abzubringen und stattdessen an seine Familienpflichten zu erinnern (*AFFC* 651). Und bei der Belagerung von Riverrun versucht er, die einschüchternde Rolle einzunehmen, die sein Vater zu spielen pflegte.

Derlei bewusste Darstellungen von Löwentum sind jedoch keine Belege für Jaimes tatsächliche Identifikation mit dem Wappentier der Lannisters. Für ihn ist der Löwe lediglich ein möglicher Referenzpunkt, auf den er sich symbolisch oder metaphorisch in seiner Performanz beziehen kann. Der zentrale Moment in Jaimes Charakterentwicklung besteht in der Wiedererlangung seiner Handlungssouveränität, die ihm gestattet, die symbolische Ordnung für seine künftigen Performanzen selbst zu wählen; und verglichen mit den anderen Lannisters steht Jaime offensichtlich eine größere Bandbreite an symbolischen Ordnungen zur Verfügung.

---

25 | Dieses Zitat liefert eine interessante Parallele zu Arya Stark, deren Training im House of Black and White zu ihrer Transformation in ›No One‹ führt. Ein weiteres Beispiel für die Rekonstruktion einer Identität nach Identitätsauflösung wäre Theon Greyjoy.

3. Schluss

Zusammengefasst lässt sich feststellen, dass Löwen in Martins Romanserie als allgegenwärtige Symbole und Metaphern auftreten, deren Signifikanz die gesamte Bandbreite der Bedeutungen des Löwen als kulturellem Symbol abdeckt. Diese Vielschichtigkeit des Löwen trägt maßgeblich zur Komplexität der dem Haus Lannister zugehörigen Charaktere bei.

Darüber hinaus verhandelt der unterschiedliche Gebrauch von Löwensymbolen und -metaphern durch die jeweiligen Charaktere, ebenso wie deren Selbstpositionierung gegenüber den von ihnen verwendeten Löwenbildern, unterschiedliche Positionen bezüglich des Charakters und der Funktion von Zeichen und Symbolen an sich. Dabei lassen sich einzelne Charaktere beinahe typisch bestimmten Zeichenkonzepten zuordnen. So gilt für Tywin, Joffrey und Cersei, dass sie Symbole für die Herstellung und Konsolidierung von Machtstrukturen ebenso gebrauchen wie zur Konstruktion kollektiver und privater Identitäten. Ein zentraler Aspekt im Zeichengebrauch dieser Charaktere ist außerdem die Annahme einer intrinsischen Verknüpfung zwischen Zeichen und Referent – während Tywin diese Annahme auf Seiten der Rezipienten für sich nutzt, wird sie in Bezug auf Joffrey und Cersei als Irrtum, dem diese Charaktere fatalerweise unterliegen, entlarvt.

Insgesamt scheint die Romanserie somit bisher eine Konzeption des arbiträren Zeichens zu favorisieren, das in keinem intrinsischen Identitätsbezug zu seinem Referenten steht. Diese strukturalistische Sichtweise wird in den Figuren Tyrions und Jaimes weiter radikalisiert. Sowohl Tyrions als auch Jaimes Skeptizismus gegenüber Zeichen steht in engem Zusammenhang mit ihrer ideellen Distanzierung von Haus Lannister. Im Falle Jaimes kann man sogar von einem poststrukturalistischen oder postmodernen Zeichenkonzept sprechen, nach dem Zeichen sich in ein endloses Spiel von Signifikanten auflösen. Allerdings weist sein Charakter auch post-postmoderne Züge auf, welche eine Rückkehr zu Identität und Handlungssouveränität des Subjekts sowie die Relevanz ethischer Entscheidungen betonen. Der »Lion of Lannister« ist hier nicht länger ein Symbol, das seinen Träger mit den Eigenschaften eines Löwen ausstattet. Der Löwe wird zu einer Rolle – einer Rolle mit zahlreichen Facetten – aber eben nur eine Rolle unter vielen, die es zu spielen gilt.

Literatur

Bergner, Heinz (1984): »Chrétiens Löwenritter und der mittelalterliche Ywain and Gawain«, in: Ertzdorff, Xenja (Hg.): Die Romane von dem Ritter mit dem Löwen. Chloe, 20. Amsterdam: Rodopi, S. 369-381.

Borgards, Rainer (2012): »Löwen: Poetik und Politik der Tiere bei Brockes, Ridinger und Buffon«, in: Robert, Jörg/ Günther, Friederike Felicitas (Hg.): Poetik des Wilden: Festschrift für Wolfgang Riedel. Würzburg: Königshausen und Neumann. S. 149-178.

Edinger, Harry G (1988): »Lions«, in: Jean-Charles Seigneuret (Hg.): Dictionary of Literary Themes and Motifs: L-Z. 1988. Westport, CT: Greenwood Press, S. 775-780.

Jäckel, Dirk (2006): Der Herrscher als Löwe. Ursprung und Gebrauch eines politischen Symbols im Früh- und Hochmittelalter. Köln: Böhlau.

Keen, Maurice (1984): Chivalry. New Haven: Yale University Press.

Physiologus. Frühchristliche Tiersymbolik. Aus dem Griechischen übersetzt und herausgegeben von Ursula Treu. 3. Aufl. Berlin: Union, 1987.

Rieger, Dietmar (1994): »›Il est a moi et je a lui‹: Yvains Löwe – Ein Zeichen und seine Deutung«, in: Ertzdorff, Xenja (Hg.): Die Romane von dem Ritter mit dem Löwen. Chloe, 20. Amsterdam: Rodopi, S. 245-285.

Rösch, Gertrud Maria (2008): »Löwe«, in: Butzer, Günther/Jacob, Joachim (Hg.): Metzler Lexikon literarischer Symbole. Stuttgart: Metzler. S. 208-209.

von den Driesch, Angela (1994): »Das Verhältnis Mensch-Löwe aus der Sicht einer Archäozoologin«, in: Ertzdorff, Xenja (Hg.): Die Romane von dem Ritter mit dem Löwen. Chloe, 20. Amsterdam: Rodopi. S. 5-20.

von Ertzdorff, Xenja (1994): »Hartmann von Aue. Iwein und sein Löwe«, in: Ertzdorff, Xenja (Hg.): Die Romane von dem Ritter mit dem Löwen. Chloe, 20. Amsterdam: Rodopi. S. 287-311.

Werner, Norbert (1994): »Der Kirchenvater mit dem Löwen: Zur Ikonographie des Heiligen Hieronymus«, in: Ertzdorff, Xenja (Hg.): Die Romane von dem Ritter mit dem Löwen. Chloe, 20. Amsterdam: Rodopi 1994. S. 563-592.

Wigler, Josh (2015): »›Game of Thrones‹: The 10 Most Ruthless Villains in Westeros«. The Hollywood Reporter: 12.05.2015. <www.hollywoodreporter.com/lists/game-thrones-10-ruthless-villains-845402/item/nights-king-game-thrones-villains-845903> [20.7.2016].

*»Sharp steel and strong arms rule this world,
don't ever believe any different.«*

2. Kulturgeographie und Geopolitik

Der Norden als Topos und Chance
Antagonisten, Antistruktur und (Anti-)Helden in *ASOIAF*

Igor Eberhard

Martin wurde durch Schottland und den Hadrianswall zu der Mauer in *ASOIAF* inspiriert. In einem Interview berichtet er, wie er bei einer Besichtigung des Hadrianswalls die Idee der Mauer für seine Bücher bekommen hatte:

»There was nobody else around, and I stared off to the north as dusk was settling and tried to imagine what it was like to be a Roman stationed on the wall when the wall was an active protection—when it was end of the Roman world, and you didn't really know what was going to come over those hills or what was going to come out of the woods beyond that. The Romans drew men from all over this immense empire, so you might be someone from Africa or Syria or Egypt who had been assigned to this outpost. What a strange alien world it was for you.« (Roberts 2012)

Die 8000 Jahre alte Mauer ist dementsprechend auch das zentrale und wichtigste Bauwerk in Martins Welt. Die Welt, die er in *ASOIAF* beschreibt, besteht zu Anfang vor allem aus dem fiktiven Kontinent Westeros. Dieser Kontinent wird durch die Mauer zweigeteilt. Es gibt die Fürstentümer im Süden und das nördlichere Fürstentum Winterfell. Winterfell ist das Herrscherhaus, das seit Urzeiten über die Northmen regiert. Doch die Nordmänner leben noch *südlich* der Mauer. Sie sind Teil des Nordens, doch sie sind auch noch Teil des *eigentlichen* Westeros. Sie sind die Wächter des Nordens, aber »Winterfell is not the north. Even the Wall marks the southermost limit of the north.« (Moore 2012: 6)

Noch weiter im Norden beginnt das Reich der schwarz uniformierten Grenzwache, der sogenannten Night's Watch oder Crows, die die Aufgabe haben, die Mauer zu beschützen. Die Mauer teilt den Kontinent. Sie trennt aber auch den *wirklichen* Norden, den wilden, ungezähmten und den sowohl *bösen* als auch *monströsen* Norden vom Rest der zivilisierten Welt der Fürstentümer. Aus dem Norden jenseits der Mauer kommt das absolut Böse. Von dort kommt auch der lange, endlose Winter und mit ihr die Schrecken der Long Night, die den Tod mit sich bringt (*AGOT* 208f.).[1]

Die Welt südlich der Mauer ist aus Martins Sicht weniger bedrohlich und tödlich – sieht man von den ständigen Intrigen und Kriegen in Westeros ab. Für seine Schilderung des gemäßigten Nordens inspirierte Martin die Welt der Schotten und der Kelten. Die nördlichen Gebiete südlich der Mauer, der Herrschaftsbereich der Familie Stark und die barrowlands, die Besitzung der Nachtwache, werden als vergleichbar mit Schottland beschrieben (Roberts 2012). Die nördlichen ›Ränder der Welt‹, jenseits der Mauer, wurden durch seine Vorstellung arktischer und subarktischer Länder beeinflusst. Er selbst hat jedoch keine Erfahrungen mit diesen Ländern gemacht:

»I've never actually been to Iceland, which I regret. [...] Of course, Iceland is relatively small. Beyond the Wall is considerably larger than Iceland – probably larger than Greenland. And the area closest to my Wall is densely forested, so in that sense it's more like Canada – Hudson's Bay or the Canadian forests just north of Michigan. And then as you get further and further north, it changes. You get into tundra and ice fields and it becomes more of an arctic environment. You have plains on one side and a very high range of mountains on the other. Of course, once again this is fantasy, so my mountains are more like the Himalayas. But, you can always play with these things in fantasy.« (Ebd.)

Eine Bedrohung von außen, von den Randbereichen der Welt ist häufiger Bestandteil in vielen phantastischen Romanen. Die Protagonisten befinden sich zumeist im Abwehrkampf gegen diese Gefahren und wachsen bzw. verändern sich mit ihnen. Viele Geschichten dieses Genres stellen eine Art Entwicklungsroman dar. Protagonisten und Antagonisten sind oftmals überzeichnet. Wer böse ist, ist wirklich böse usw. Der Widersacher des Helden will oft die Welt erobern oder vernichten, die gesamte Menschheit ausrotten, alles Leben auslöschen etc.

Es gibt in *ASOIAF* vor allem drei klassische Fantasy-Elemente: Die beseelten Wights mit ihren Anführern, den White Walkers, die Direwolves und die – erst nach und nach Bedeutung gewinnenden – Drachen. Die beiden Ersteren stammen aus dem Norden jenseits der Mauer. Aus dem Norden stammt bei Martin das Meiste, was nicht aus der als normal gedachten Realität in dieser fiktionalen Welt stammt. Der Norden ist für diese Fantasy-Reihe immer mit dem Einbruch der Extreme verbunden – und deshalb ist der Norden oft mit Schlüsselszenen verbunden. Besonders im Prolog und im ersten Kapitel von *AGOT* wird dies deutlich. In diesen beiden Schlüsselszenen werden die Others und die Direwolves eingeführt und sowohl als wegweisend als auch als schicksalhaft präsentiert.

Ziel ist es, im Rahmen dieses Artikels herauszuarbeiten, wie und in welcher Form zentrale Elemente des Nordens bei Martin konstruiert werden; auf welche Topoi zurückgegriffen wird und wie der Norden als *Antistruktur*, als temporärer

---

1 | Zum Motiv des Winters siehe Eberhard 2013.

hierarchiefreier und offener Raum der Möglichkeiten, im Sinne von Viktor Turner (Turner 2005 und 2009), eingesetzt wird. Um deren Bedeutung zu verstehen, wird im Folgenden auf den Norden als Topos und als Topos in der Fantasy-Literatur eingegangen. Anschließend wird der Norden bei Martin analysiert. Einige ausgewählte Figuren bzw. Gruppen wie die Night's Watch, die Direwolves und die Others werden dafür beispielhaft untersucht.

Martin unterscheidet sich in vielen Punkten von anderen phantastischen Autoren. Ungewöhnlich in *ASOIAF* ist etwa auch die Verwendung von Magie, die ein häufigerer Bestandteil von phantastischer Literatur ist. Martin sagt dazu im Interview:

> »I find myself more in sympathy with the way Tolkien handled magic. I think if you're going to do magic, it loses its magical qualities if it becomes nothing more than an alternate kind of science. It is more effective if it is something profoundly unknowable and wondrous, and something that can take your breath away.« (Schweitzer 2012)

Magie, genau wie Wunder[2], werden in den ersten Bänden von *ASOIAF* nur sehr gezielt eingesetzt. Zumeist steht sie mit den Drachen oder dem Norden in Verbindung. Von den Hauptfiguren wird beides aber lange Zeit als Ammenmärchen abgetan. Die Welt von Westeros ist am realen, historischen England orientiert. Die Handlung auf diesem Kontinent spielt vor allem in einer quasi-mittelalterlichen Welt, die an die Zeit der Rosenkriege (1455 bis 1485) angelehnt ist (Miller 2011). Auch dadurch unterscheidet sich Martin von anderen Vertretern des Genres. Wie er in einem Interview betont, gibt ihm Fantasy die Möglichkeit, die historischen Gegebenheiten zu vergrößern – und dazu noch weiter auszugreifen (Roberts 2012). Das Genre ermöglicht ihm auch die überhöhte Schilderung der Natur: »Game of Thrones, it seems to me, asserts that deep connection between human beings and nature is a primary virtue.« (Moore 2011: 50) Aus dieser tiefen Verbindung heraus sickert bei Martin einerseits der positiv besetzte, wie auch der negativ besetzte Norden und damit das Monströse in die Handlung hinein.

DER NORDEN ALS TOPOS IN GESCHICHTE UND LITERATUR

Der Norden, wie auch der extreme Süden, ist ein alter Topos, er war und ist ein beliebtes Motiv. Geschichtlich kann er etwa schon bei römischen Autoren wie Tacitus oder Plinius nachgewiesen werden. Wahrscheinlich reichen seine Wurzeln noch weiter zurück. Der Norden ist aber schon früh mehr als nur eine Himmelsrichtung: Er ist Teil des Endes der Welt oder liegt am Rand der Welt. Durch Eis,

---

2 | Als *Magie* und *Wunder* wird bei Martin alles verstanden, was nicht rational erklärbar ist und mit dem Übernatürlichen in Verbindung steht, wie z.B. Visionen. Magie und Wunder sind eine Folge des *Einsseins* mit Natur oder Religion.

Schnee und seine nur schwer mögliche Erreichbarkeit wird der Norden immer wieder zu einem Ort der sogenannten *Wundervölker*, der Antipoden, Kopffüßler, Kannibalen oder im besten Fall der Barbaren im Wortsinn. Oft werden diese auch mit bestimmten Kulturen und Eigenschaften belegt.[3] Mit der (größtenteils unbekannten) Wirklichkeit musste diese nicht unbedingt übereinstimmen. So schreibt Henningsen:

»Dieses Bild des Römers vom Nordeuropäer, gleichsam die Steigerung des barbarischen Germanen, setzte sich für die Nachwelt fest, und es ging das Wissen vom Taciteischen Motiv verloren, das ein politisches war: Tacitus interessierte sich eigentlich weniger für die Germanen oder gar die Skandinavier, er wollte vielmehr seinen zeitgenössischen Römern eine Idealexistenz vor Augen halten, die er in jenen Gegenden glaubte orten zu können, in denen er nie gewesen war; eine Überprüfung seiner Beschreibung war also ungemein schwer.« (Henningsen 1993: 10)

Tacitus und Plinius waren keine Einzelfälle. Der *Norden* war wichtig – allerdings vor allem als Spiegelbild für die eigene Kultur. Oft wurde der Norden deshalb auch »defined and used as a cultural concept of individual significance, and at the same time as a collective frame of reference, as a both continuous and changing representation of cultural identity« (Baak 1995: 29). Was sich die jeweiligen Historiker, Schriftsteller, Wissenschaftler, Politiker etc. dabei dachten, war eher als auto-identitärer Rahmen wichtig denn als genaue Beschreibung. Der ›Norden‹ war ein Konstrukt – und als Konstrukt war er wichtig:

»Für die kulturell-geistige Einordnung ›des Nordens‹ ist es relativ unerheblich, wo er geographisch liegt. [...] Es muß Anhaltspunkte geben, weshalb ›der Norden‹ über alle nationalen, geographischen und natürlichen Unterschiede über Jahrhunderte hinweg als Einheit betrachtet worden ist. Das Faszinosum der geographisch begründeten Konstruktion ›des Nordens‹ hat nicht nur im Realitätsverlust der Ideologen seinen Ursprung. Es kann nicht alles Ideologie sein. Es gibt diese Gründe in der Tat.« (Henningsen 1993: 23)

Der Norden war ein Mittel zum Zweck, eine Schablone oder ein Spiegel für unsere eigene Welt. Dafür eignen sich der (hohe) Norden und die beiden Pole besonders gut, da sie bis ins beginnende 20. Jahrhundert noch nicht zugänglich und auch noch nicht kartografiert waren. Die letzten ›weißen Flecken‹ auf der Karte konnten deshalb leicht als Vorlage für stereotype Konstruktionen dienen. An diesen ›Rändern der Welt‹ bzw. den ›weißen Flecken‹ auf der Karte wird das monströs Andere angesiedelt. Dort findet es seinen Raum.

---

3 | Zur Geschichte des Nordens und seiner heterostereotypischen Bilder siehe M. Frenschkowski in diesem Band; außerdem Henningsen 1993, Coates 1994, Arndt/Blödorn/Fraesdorf 2004 u.a.

NÖRDLICHE MONSTER

Das monströs Andere dringt in die bekannte Welt ein. Dies geschieht auf drei Arten:

a. Das Monströse wirkt als utopischer Gegenentwurf zur eigenen Realität und entfaltet dadurch seine psychologische Wirkung.
b. Es vernichtet körperlich alle, die die ›weißen Flecken‹ der Karte füllen und das Unbekannte verdrängen wollen.
c. Das Monströse dringt physisch in die bekannte Welt ein und bedroht diese.

Alle drei Varianten erzeugen Angst. Denn »die älteste und stärkste Gemütsbewegung, die die Menschheit kennt, ist die Angst; und die älteste und stärkste Art von Angst ist die Angst vor dem Unbekannten.« (H. P. Lovecraft 1987, 7 zit.n. Borrmann 2001, 4) Wichtig war und ist vor allem die Bedrohung des (moralischen, physischen, sozialen, mentalen sowie persönlichen) Zentrums durch die dem entgegengesetzte Peripherie.[4] Aus der Peripherie kommt das Andere, das Fremde – oder das Monströse: »Es ist seine Negation unserer selbst, seine Fremdheit, die es dazu prädestiniert, das auszudrücken, was es bedeuten soll. Der Mythos des Monsters ist der Mythos des radikal ›Fremden‹.« (Toggweiler 2008: 29)

Das Monströse ist vielschichtig. Es kann vielerlei Gestalt annehmen. Nach Borrmann gilt: »Dabei kommt es nicht selten vor, dass wir das Fremde als Fremdes derart liebgewonnen haben, dass wir es gar nicht mehr in seiner Tatsächlichkeit kennenlernen wollen. [...] So wird das Unvertraute zum Vertrauten, und der ›Feind‹ kann durch diese Zuordnung auch noch der eigenen Orientierung dienen, denn je mehr das Fremde zum Monstrum gerinnt, desto besser stehen wir selbst als dessen Bekämpfer dar.« (Borrmann 2001: 4)

Das Monster kann viel sein. Nach Brittnacher (2009: 104f.) ist es die Abweichung »von der Norm physischer Integrität«. Es »verstößt jedoch nicht nur gegen die Naturgesetze, sondern auch gegen Recht, Religion und Moral: In ihm verbindet sich, wie Michel Foucault erläutert hat, das Unmögliche mit dem Verbotenen.« (Ebd.) Rasmus Overthun teilt das Monströse sogar noch weiter in verschiedene Kategorien ein: »1. *das Körpermonster*, 2. *das Sittenmonster*, 3. *das Subjektmonster* (etwa Wahnsinn und geistige Krankheit in einem Menschen, wie etwa bei *Dr. Jekyll und Mr. Hyde*) und 4. *monströse An-Ordnungen* (der Institutionalisierung und fixierten Zeichenhaftigkeit des Monströsen).« (Overthun 2009: 52)

Deshalb eignet sich der weitgehend unbekannte *Rand der Welt* besonders für das Monströse und das »radikal Fremde« nach Toggweiler. Hier finden sich viele

---

4 | *Zentrum* und *Peripherie* werden des Weiteren auch als diametral entgegengesetzt in sowohl synchroner als auch diachroner, lokaler als auch globaler, individueller als auch sozialer sowie moralisch gut und moralisch schlechter Hinsicht verstanden.

Formen des Monströsen. Der Norden ist dafür prädestiniert. Viele phantastische Autorinnen und Autoren bedienen sich dieser nördlichen Topoi.

DER NORDEN ALS TOPOS IN DER FANTASY-LITERATUR

»Dies ist ein dunkles, ein blutiges Zeitalter, eine Ära der Dämonen und Hexerei. Es ist eine Zeit der Schlachten und des Todes, des Weltenendes. [...] Und im Norden lauert die allgegenwärtige Bedrohung durch die Horden des Chaos; Dämonen und Tiermenschen, korrumpiert durch die abscheulichen Kräfte der Dunklen Götter.« (McNeill 2011: 6f.)

So oder so ähnlich beginnt jedes *Warhammer*-Buch, die mit hohen Auflagen erscheinenden Romane zu dem gleichnamigen Tabletop-Strategiespiel *Warhammer*. In dieser Spielwelt ist die gesamte Welt böse und Krieg ist überall. Aber aus dem Norden kommt eine der gefährlichsten Bedrohungen: das Reich des Chaos, das Teil des absolut Bösen und Dämonischen ist.

Doch nicht nur bei *Warhammer*, auch bei vielen anderen Fantasy-Romanen kommt das Böse aus dem Norden. Als aktuelle Beispiele sollen hier nur der *Codex Alera*-Zyklus von Jim Butcher[5], die *Klingen*-Reihe von Joe Abercrombie oder die *Schatten*-Reihe von Brent Weeks aufgezählt werden. Ähnlich ist es in einem Teil der Geschichten von Wolfgang Hohlbein, Guy Gavriel Kay, Lyon Sprague de Camp oder von H. P. Lovecraft.[6] Der Norden – und dort vor allem der Pol – üben eine eigentümliche Faszination aus. Nicht nur aus dem Norden kommen die Antagonisten.[7]

Das Böse, Fremde oder das grundsätzlich Andersartige kommt zumeist von den Rändern der fiktionalen Welten. Es sickert ein in die Zivilisationen und bedrängt die Protagonisten. Dadurch bekommen sie erst die Gelegenheit zu Heldinnen oder Helden zu werden.[8] Der *Rand der Welt* und seine Monster sind wichtig,

---

5 | Im *Codex Alera* ist der Norden, der von Eismenschen bewohnt wird, auch durch eine Mauer vom Rest des Landes getrennt.

6 | Mary Shelleys *Frankenstein*-Roman aus dem 19. Jahrhundert spielt im arktischen Eis, genau wie die Comicreihe um »Prinz Eisenherz« (englisch: »Prince Valiant«) von Hal Foster aus den 1950er Jahren. Das sind nur einige ausgewählte Beispiele, die Aufzählung lässt sich beliebig fortsetzen. Ausführlicher zum Norden als Topos in der Fantasy siehe Brittnacher 2009 oder Zondergeld 1983.

7 | Sie kommen auch aus dem Osten (wie bei *Herr der Ringe* von J. R. R. Tolkien) oder auch aus dem Süden (wie auch mit im *Klingen*-Zyklus oder bei Karen Millers *Godspeaker*-Trilogie).

8 | Wahrscheinlich ändern sich die Himmelsrichtungen aus denen die Bedrohungen von den Rändern stammen. Möglicherweise kann man auch eine zeitgebundene Zunahme einer bestimmten Richtung der Herkunft der Gefährdung in Entsprechung zur aktuellen politischen festmachen Situation (z.B. während des Kalten Krieges eine Gefahr aus dem Osten oder für die Zeit nach *9/11* eine Bedrohung aus dem Süden).

sie schaffen das Gegenbild zu den meist positiv besetzten Heldinnen oder Helden. Auch Martins Hauptfiguren sind auf diese Bedrohung von den Rändern angewiesen – und der Norden stellt in seinem Werk die größtmögliche Bedrohung dar.

DER NORDEN ERINNERT SICH:
DER NORDEN, DIE NATUR UND DIE ALTEN WEGE

Das Fürstentum Winterfell liegt bei und vor der Mauer. Es ist, wie eingangs beschrieben, noch nicht Teil des Nordens. Es ist jedoch nördlich. In ihm gelten die *Old Virtues* noch. Nach Pearson Moore umfassen die *Old Virtues*: »Virtue, Old, North, Forest, Simplicity, Quiet, Natural, Inner sight, Inner hearing, Connection« (Moore 2011d: 49). Für ihn ist die Verbindung zur Natur und zum Wald ein Teil dieser Werte. Das heißt im Sinne Martins: Ehre, Standhaftigkeit, Kampfbereitschaft und auch die Verbindung zur Natur und den Ahnen. Eddard Stark erklärt seinem Sohn Bran(don) Stark zu Beginn von *AGOT*:

»Bran had no answer for that. ›King Robert has a headsman,‹ he said, uncertainly. ›He does,‹ his father admitted. As did the Targaryen kings before him. Yet our way is the older way. The blood of the First Men still flows in the veins of the Starks, and we hold to the belief that the man who passes the sentence should swing the sword. If you would take a man's life, you owe it to him to look into his eyes and hear his final words. And if you cannot bear to do that, then perhaps the man does not deserve to die. One day, Bran, you will be Robb's bannerman, holding a keep of your own for your brother and your king, and justice will fall to you. When that day comes, you must take no pleasure in the task, but neither must you look away. A ruler who hides behind paid executioners soon forgets what death is.« (*AGOT* 23)

Diese Werte bedeuten auch, auf der Hut und bereit gegen das Böse zu sein, das von Jenseits der Mauer kommt. Im heraldischen Motto der Starks wird dies ausgedrückt: »Winter is coming«. Die Menschen im kultivierten Süden von Westeros sind blind gegen die Bedrohung aus dem Norden. Nur die Wildlings, die ›Barbaren‹ jenseits der Mauer, die Nachtwache und die Nordmänner, die Bewohner von Winterfell, sind sich der Gefahren bewusst.[9]

Dem gegenüber steht der Süden – und mit ihm Intrigen, Verrat, Skrupellosigkeit, Kampf um Macht und Vorherrschaft. Ned Stark, der den Intrigen des Südens selbst zum Opfer fällt, der geköpft wird und dessen Fürstentum zerschlagen werden wird, ahnt die Gefahren des Südens, die ihm zum Verhängnis werden sollten. Deshalb schlägt er auch zuerst alle Versuche Robert Baratheons, ihn mit in den Süden zu nehmen, ab. Der Norden ist voller Gefahren, doch:

---

9 | Einzige Ausnahme bilden lange Zeit Melisandre und weitere Priester des Gottes R'hllor.

»Winterfell is not the north. Even the Wall marks the southernmost limit of the north. [...] It is the abode of direwolves and wights and White Walkers. The North R[!]emembers. If the North remembers, the read streak across the sky carries greater significance north of the Wall than anywhere else. The North remembers because the primal forces of nature do not forget, and the red comet is a call to arms.« (Moore 2012: 41)

In *ASOIAF* wird bald klar, dass es eine »deep connection between human beings« gibt und dass »nature [...] a primary virtue« (Moore 2011: 50) ist. Diese Verbindung ist das Ergebnis einer positiv besetzten *Nördlichkeit*: Die Wildlinge und die Menschen von Winterfell leben noch die alten Werte und damit auch diese Vernetzung. Die elfenähnlichen Children of the Forest haben diese Verbindung auch, sie hüten sie sogar.

Nicht nur durch ihren Charakter sind die Herren von Winterfell naturnahe: Sie stammen, wie die Wildlings, von den First Men ab. Die First Men, also die ersten menschlichen Siedler in Westeros, konnten auf Dauer nur durch einen Vertrag und ihre Kooperation mit den Children of the Forest überleben. Durch diese quasi genetische Ahnenreihe ist es möglich, eine positiv besetzte Nördlichkeit der alten Werte aufzubauen. Diese Werte zu haben, heißt auch, sich zu erinnern und immer bereit zu sein, gegen den monströsen Norden zu kämpfen.

DER LANGE WINTER UND DER NORDEN

Nördlichkeit bedeutet Wachsamkeit und Kampfbereitschaft. Nördlichkeit existiert nur im Norden und wird im Winter benötigt. Doch Nördlichkeit ist nicht identisch mit dem Norden und vor allem nicht mit dem *Long Winter*. Der Norden und der Winter werden bei Martin weitgehend synonym gebraucht. Die Furcht vor dem Winter prägt *ASOIAF*. Zum Ausdruck kommt das im schon erwähnten heraldischen Wahlspruch der Starks von Winterfell. Mit dem Winter kommt die Kälte. Diese bringt die mythischen Wesen und die White Walkers mit sich:

»›It was the cold,‹ Gared said with iron certainty. ›I saw men freeze last winter, and the one before, when I was half a boy. Everyone talks about snows forty foot deep, and how the ice wind comes howling out of the north, but the real enemy is the cold. It steals up on you quieter than Will, and at first you shiver and your teeth chatter and you stamp your feet and dream of mulled wine and nice hot fires. It burns, it does. Nothing burns like the cold. But only for a while. Then it gets inside you and starts to fill you up, and after a while you don't have the strength to fight it. It's easier just to sit down or go to sleep. They say you don't feel any pain toward the end. First you go weak and drowsy, and everything starts to fade, and then it's like sinking into a sea of warm milk. Peaceful, like.‹« (*AGOT* 4)

Zurück bleiben der Tod und die Vernichtung der Menschheit. Der Winter ist das erste Symptom dieser beginnenden Vernichtung der schließlich im langen Winter und der Long Night endet. In der folgenden Schlüsselszene werden der Long Winter und seine Auswirkungen erstmals beschrieben:

»The Lord Commander did not seem amused. ›You are not fool enough to believe that, my lord. Already the days grow shorter. There can be no mistake, Aemon has had letters from the Citadel, findings in accord with his own. The end of summer stares us in the face.‹ Mormont reached out and clutched Tyrion tightly by the hand. ›You must make them understand. I tell you, my lord, the darkness is coming. There are wild things in the woods, direwolves and mammoths and snow bears the size of aurochs, and I have seen darker shapes in my dreams.‹« (AGOT 208)

Nach dem Prolog von AGOT, in dem die Others Mitglieder der Night's Watch töten und den später folgenden weiteren Informationen von Bran Stark, die scheinbar auf den Ammenmärchen von Old Nan beruhen (AGOT 13) werden die Auswirkungen des Winters beschrieben.

Es ist die absolute Negation aller Menschen – und ihrer Menschlichkeit. Die Menschen des Südens sind blind für diese Bedrohung. »Winter Is Coming« und nur die wenigen nördlichen Menschen diesseits der Mauer, die Nachtwache, die Wildlings, die letzten Children of the Forest, kurz alle Wesen, die auf die Stimme der Natur hören und damit Zugang zu ihrer inneren, positiven Nördlichkeit finden, können den Winter aufhalten.

DIE ROLLE DER NIGHT'S WATCH

Die Nördlichkeit ist nicht nur durch die Familienbande und die Herkunft angelegt. Sie kann auch erworben werden. Das beste Beispiel hierfür ist die Nachtwache. Die Mitglieder der Night's Watch, die Wächter der Mauer, stammen aus ganz Westeros. Viele dieser Männer sind Verbrecher, Außenseiter und Ausgestoßene, die zu einem Leben im hohen Norden und zum Dienst an der Mauer verurteilt wurden. Doch die sogenannten Crows, wie die Mitglieder der Nachwache wegen ihrer schwarzen Uniform genannt werden, gehen in vielen Fällen eine tiefe Verbindung mit den alten Göttern ein:

»The sun was sinking below the trees when they reached their destination, a small clearing in the deep of the wood where nine weirwoods grew in a rough circle. Jon drew in a breath, and he saw Sam Tarly staring. Even in the wolfswood, you never found more than two or three of the white trees growing together; a grove of nine was unheard of. The forest floor was carpeted with fallen leaves, bloodred on top, black rot beneath. The wide smooth trunks were bone pale, and nine faces stared inward. The dried sap that crusted in the eyes was red and hard as ruby. Bowen Marsh commanded them to leave their horses outside the circle. ›This is a sacred place, we will not defile it.‹ When they entered the grove, Samwell

Tarly turned slowly looking at each face in turn. No two were quite alike. ›They're watching us,‹ he whispered. ›The old gods.‹ ›Yes.‹ Jon knelt, and Sam knelt beside him.« (*AGOT* 521f.)

Die alten Götter beschließen den Pakt mit den *Crows*. Die vereidigten Brüder der Nachtwache werden zu vollwertigen Wächtern des Nordens und erwerben in Ansätzen die gleiche tiefe Verbindung zur Natur wie die Wildlings und die Nordmänner. Die Mitglieder der Nachtwache können ihre Außenseiter- und Ausgestoßenen-Rolle zumindest teilweise durchbrechen, was ihnen sonst kaum möglich wäre. So kann Jon Snow trotz seiner unehelichen Geburt Karriere machen und Samwell Tarly, der Feigling, zum Helden werden. Ein Grund dafür ist, dass sie sich auf die alten, die nördlichen Werte besinnen – und den Pakt mit der nördlichen Natur und ihrer Nördlichkeit eingehen. Moore schreibt dementsprechend:

»When we tie these virtues to the significance of ancient trees growing in ancient forests and their increasing importance as we travel north, we begin to see a gradation of virtue tied intimately to gradients of latitude and time. The older ways are preferred over the newer ways. Northern ways are preferred to southern ways. [...] Natural is given preference over artificial. Connection with place is preferred over connection with ritual.« (Moore 2011: 49)

Die Heart Trees besiegeln diese Verbindung beim Eid der Night's Watch im Weirwood-Hain. In einzelnen Fällen, wie bei Jon Snow, geht diese noch tiefer: »And Suddenly Ghost was back, stalking softly between two weirwoods. *White fur and red eyes*, Jon realized, disquieted. *Like the trees* ...« (*AGOT* 522) Die Nähe zur Nördlichkeit und den Alten Göttern wird damit angedeutet. Die Direwolves nehmen dementsprechend eine Schlüsselstellung bei George R.R. Martin ein.

DIE DIREWOLVES: NÖRDLICHKEIT VERSUS NÖRDLICHE MONSTER

Die Direwolves werden als bedrohlich und riesig beschrieben. Schon im ersten Band *AGOT* werden sie eingeführt. Sie kommen nach den Others direkt aus dem Norden. Die Schattenwölfe führen die positive Nördlichkeit ein. Direwolves gelten diesseits der Mauer als ausgestorben. Ihnen wird vor allem ein mythischer Charakter zugesprochen. Dennoch sind sie zentral für Martins *ASOIAF*.

In der Eingangsszene finden die Starks, die Fürsten von Winterfell, einen toten Direwolf. Ein grauer Direwolf auf eisweißem Hintergrund ziert das Wappen der Starks. Der schon erwähnte heraldische Wahlspruch unter dem Wappen lautet: »Winter Is Coming«. Den Direwolves werden in Martins Heraldik damit dezidiert noch einmal eine Verbindung zum Winter und zum Norden, aber auch eine Schutzfunktion gegenüber dem angekündigten, bedrohlichen Winter zugesprochen.

Die Schattenwölfe sind zum Teil in einer symbiotischen Verbindung mit den Kindern der Familie Stark, die es zumindest Brandon Stark erlaubt, den Körper mit seinem Wolf Summer zu wechseln. Bei den anderen Kindern wird diese Verbindung bei den bisher erschienen Bänden angedeutet, aber noch nicht weiter ausgeführt.

Gegen all diese Zeichen und trotz der Hilfe vor dem Mordanschlag spielen die Direwolves in den allermeisten Fällen nur eine geringe Rolle. Einzig Greywind, der Wolf von Robert Stark und Ghost, der Wolf von Jon Snow werden immer wieder als Kampfgefährten erwähnt. Sie kämpfen gemeinsam mit ihren Herren – mehr aber lange nicht. Wie weiter oben beschrieben, hat Ghost noch weitere Fähigkeiten. Er ist eine Art Stimme oder Bote der Old Gods. Doch dafür gibt es im bisherigen Lauf der Geschichte bisher kaum Indizien bis auf die genannte Stelle.

Andrew Zimmerman Jones schreibt deshalb sogar über die Direwolves: »After all, surely such a curious origin meant they were indeed for great things. In that respect, I've found the direwolves to be a great dissappointment.« (Zimmerman Jones 2012: 110) In weiten Teilen der Geschichte werden die Direwolves kaum erwähnt. Doch sie haben noch eine andere Fähigkeit: Sie wittern die Others und kämpfen vehement gegen sie.

Die Direwolves waren der Ursprung von *ASOIAF*. Um die Idee der Schattenwölfe herum begann bei Martin diese Geschichte zu reifen (Howden 2012: 13). Sie sind einerseits halbmythische Kreaturen, andererseits:

»The more dangerous part of the game of thrones is played not between armies of men, but between armies of direwolves and dragons. The name George Martin applied to this story was not ›The War for the Iron Throne‹ but rather ›A Song of Ice and Fire‹. The most important players are the ones who recognise the melody of this song, who hear harmonies in the beating of wings and the howling of wolves. The North remembers. Indeed. Direwolves see deep in the forest, their eyes perceive things invisible to the most perceptive of human beings.« (Moore 2012: 41)

Die Direwolves sind die Grundlage von Martins *ASOIAF*. Sie bleiben immer präsent – auch wenn sie nur hin und wieder erwähnt werden bzw. überhaupt eine Rolle spielen. Durch sie wird die Verbindung der Familie Stark mit den Old Virtues und der Natur noch einmal betont. Die Fähigkeit des Gestaltwandelns ermöglicht den Stark-Kindern außerdem prinzipiell, den Körper der Wölfe zu übernehmen. Doch dies beginnt erst in den letzten Bänden eine Rolle zu spielen, bleibt aber auch dort weiterhin ein Randthema.

Die Direwolves bleiben lange am Rand der Erzählung. Dennoch sind sie immer wesentlich: vor allem als Zeichen, als Leerstelle – und als Verbindung zur Magie und den Old Gods (vgl. Moore 2011; Zimmermann Jones 2012). Damit sind sie trotz ihrer Zeichenhaftigkeit die Antagonisten zu den Wights und den White Walkers.

DIE WHITE WALKERS UND DIE WIGHTS: DER MONSTRÖSE NORDEN

Eine andere Form von Gestaltwandeln beherrschen die White Walker, bzw. die Others, die großen Antagonisten aller Lebewesen in *ASOIAF*. Die White Walker töten Menschen und verwandeln diese in Untote, in Wights. Schon im Prolog von *AGOT* erscheinen die Others. Sie kündigen die Bedrohung an, die sich durch alle Bände von Martin zieht. So heißt es dort: »The Other halted. Will saw its eyes; blue, deeper and bluer than any human eyes, a blue that burned like ice. They fixed on the longsword trembling on high, watched the moonlight running cold along the metal. For a heartbeat he dared to hope.« (*AGOT* 9)

Doch es gibt keine Hoffnung. Auch ihre Geschöpfe, die Wights, kennen nur Vernichtung. Die Wights »are deceased bodies brought to life by the Walkers. Unnervingly strong, they can survive the the most brutal of attacks, and will still attack even if some of their limbs are missing.« (Howden 2012: 185) Sie haben strahlend blaue, klare Augen und oft schwarze, verfaulende Gliedmaßen. Sie sind keine Menschen mehr. Sie funktionieren scheinbar nur als seelenlose Körper.

Selbst wenn Jon Snow später versucht herauszufinden, ob in den Wights doch noch ein Funken ihrer Menschlichkeit steckt: So wenig über die Wights bekannt ist, über die White Walker ist noch weniger bekannt. Es gibt die Vermutung, dass sie eine alte Rasse von Lebewesen (Howden 2012: 185) und eventuell sogar menschenähnlich sind. Gemeinsam jedoch sind sie kaum aufzuhalten:

»Behind him, to right, to left, all around him, the watchers stood patient, faceless, silent, the shifting patterns of their delicate armor making them all but invisible in the wood. Yet they made no move to interfere. Again and again the swords met, until Will wanted to cover his ears against the strange anguished keening of their clash. Ser Waymar was panting from the effort now, his breath steaming in the moonlight. His blade was white with frost; the Other's danced with pale blue light. A scream echoed through the forest night, and the longsword shivered into a hundred brittle pieces, the shards scattering like a rain of needles. Royce went to his knees, shrieking, and covered his eyes. Blood welled between his fingers. The watchers moved forward together, as if some signal had been given. Swords rose and fell, all in a deathly silence. It was cold butchery. The pale blades sliced through ringmail as if it were silk. Will closed his eyes. Far beneath him, he heard their voices and laughter sharp as icicles.« (*AGOT* 10)

Die White Walkers benutzen die untoten Körper der Wights, um Menschen zu töten und Armeen zu bilden. Sie nutzen jedoch auch das Vergessen. Vor allem im tiefen Süden erinnern sich die Menschen kaum noch an die Bedrohung aus dem Norden. Die nördlichen Bedrohungen scheinen nur noch Ammenmärchen entsprungen zu sein. Sie sind Mythos, Kinderschreck – und vor allem nicht real. Den Wights und den White Walkers hilft das. Es ist die größte Waffe, die sie haben. Denn sie können bekämpft werden, doch das Wissen darüber ging scheinbar verloren.

Die Wights können zerhackt werden. Die White Walker können mit Dragonglass, wie Obsidian in Westeros genannt wird, bekämpft werden. Beide können auch mit Feuer bekämpft werden. Doch das stellt sich erst nach und nach im Lauf der Handlung heraus. Möglicherweise gibt es noch eine Möglichkeit sie zu bekämpfen. Wahrscheinlich wird sich das erst im Lauf der nächsten, noch erscheinenden Bände herauskristallisieren. Möglicherweise können die letzten Children of the Forest, die die eigentlichen Vertreter der positiven Nördlichkeit und der Verbindung mit der Natur sind, auch helfen sie zu bekämpfen. Sie haben lange das einzig effektive Mittel gegen die White Walker: Dragonglass. Anzunehmen ist auch, dass die ebenfalls lange Zeit nur mythischen Drachen noch eine größere Rolle im Kampf gegen die nördliche Bedrohung spielen werden. Ein Hinweis darauf könnte die Bezeichnung von Obsidian als Dragonglass sein. Auch der Titel, A Song of *Ice* and *Fire*, legt das nahe. Alles läuft auf einen großen, finalen Showdown hinaus.

ANTAGONISTEN, ANTISTRUKTUR UND (ANTI-)HELDEN

Die Bedrohungen aus dem Norden stellen sich als real heraus. Die White Walkers löschen erst jenseits der Mauer das Leben aus. Anschließend beginnen sie mit dem Marsch auf die Mauer und darüber hinaus. Ihr Ziel ist es alles Leben zu vernichten. Dazwischen stehen nur die nördlichen Menschen, die ihre Nördlichkeit kultivieren konnten. Die White Walkers sind die Antagonisten, die es den mehr oder weniger freiwilligen Helden bzw. Überlebenden ermöglichen, gesellschaftliche Grenzen zu überschreiten. Damit erreichen sie eine Charakterverwandlung oder zumindest -verbesserung. Dies gilt jedoch nicht nur im umkämpften Norden.

Die Helden geraten durch die Ereignisse und die extreme Bedrohung in eine soziale Übergangs- bzw. Schwellenphase, die zu einem Wandel zwingt (Turner 2005: 94-105). Der Wandel ist die einzige Möglichkeit der Vernichtung zu entgehen. Durch die Ereignisse dieser Schwellenphase, während die Struktur durch die Antistruktur ersetzt wird, entsteht nach und nach die Möglichkeit aus den herrschenden Rollenmustern und Gesellschaftsstrukturen auszubrechen. Außenseiter, Freaks und andere Monster erhalten die Chance durch den Kampf mit dem Monströsen, dem absolut Bösen, ihr Anderssein abzulegen. Manchmal gelingt dies bei *ASOIAF* nur kurze Zeit, manchmal auch auf Dauer. Das betrifft nicht nur die »Körpermonster« und die sozialen Monster, wie Michel Foucault (2007) sie in seinem Essay *Die Anormalen* beschreibt und erklärt. Selbst die Straftäter, die Vergewaltiger, Transvestiten, Mörder in den Reihen der Nachtwache, die auf ihre Nördlichkeit hören – oder Mut beweisen – können sich durch die liminale Phase, die durch die vielfältigen Bedrohungen geschaffen werden, verändern. Sie können sich vom »Sittenmonster« zum eher positiven, nördlichen Außenseiter wandeln. Dadurch treten sie in die turnersche *communitas* der Gleichheit und der befristeten Regellosigkeit ein und erhalten die gleichen Möglichkeiten wie alle anderen.

Diese Schwellenphasen der Bedrohung bringen die Antistruktur zu Tage – die alte Ordnung und die starren Hierarchien lösen sich kurz auf, treten außer Kraft und ein Freiraum entsteht.

Conclusio: Der Showdown und die Helden

In der Phantastik können die Protagonisten in diesen liminalen Situationen zum Helden werden. Traditionell sind das jedoch meistens allenfalls soziale Außenseiter wie uneheliche Kinder oder Waisen etc. Martin unterscheidet sich davon. Egal ob Sittenmonster, Körpermonster, oder soziales Monster: Die Außenseiter erhalten eine Chance. Es scheint, dass bei ihm sogar *gerade* die extremeren Außenseiter die extremeren Möglichkeiten erhalten.

Wie sich zeigt, bleibt das fast immer nur von Dauer, wenn die Protagonisten ihre Nördlichkeit entdecken und kultivieren. Sie müssen sich dafür auf die alten Werte und ihre Verbindung mit der Natur besinnen. Dann gelingt es ihnen.

Dafür ist zuallererst Erinnerung (an die Old Virtues, die Natur etc.) notwendig.[10] Sie ermöglicht den Zugang zum Rest der Magie und zu den scheinbar mythischen Wesen, wie den Children of the Forest. Diese wiederum können helfen die White Walkers zu bekämpfen und die Nördlichkeit ermöglichen. Der Kreis schließt sich. Die Nördlichkeit liegt in der Welt jenseits der Mauer, in den Gebieten an den Rändern der Welt in denen es noch Reste von Magie gibt. Nördlichkeit ist nicht unbedingt an eine Region gebunden. Sie ist jedoch ein Heterotopos, der vor allem an den geografischen Rändern der Welt durch den Einbruch des negativ besetzten Nordens möglich gemacht wird. Ohne die randräumliche Heterotopie bleibt die Nördlichkeit jedoch nur eine zeitlich begrenzte Veränderung. Tyrion Lannister oder Jaime Lannister etwa bleiben lange Zeit Außenseiter und erleben schwere Schicksalsschläge. Sie haben – bisher – keinen Zugang zu den nördlichen Werten, deshalb gibt es keine dauerhafte Statussteigerung bei ihnen. Sie erleben keine Reintegration, aber auch keine dauerhafte Absonderung. Für sie wird sich der Bruch mit der Gesellschaft immer wieder wiederholen – bis sie zu ihrer eigenen heterotopischen Form der Nördlichkeit finden.

Nördlichkeit benötigt den Norden bzw. andere Randgebiete der Welt. Die Nördlichkeit ist grundsätzlich für fast alle Protagonisten möglich. Brandon Stark etwa wird erst durch seinen Unfall, der ihm das Gehen unmöglich macht und ihn ins soziale Abseits drängt, verwandelt. Er wird zum Gestaltwandler und empfängt Visionen. Jon Snow wird als unehelicher Fürstensohn zum Kommandanten der Night's Watch. Das ehemalige Mitglied der Night's Watch Mance Rayder wird sogar zum Anführer der Wildlings. Die Nördlichkeit ermöglicht oft einen Status-

---

10 | Zur Bedeutung von Erinnerung und Erinnerungskultur siehe etwa Eberhard 2008.

anstieg. Vor allem jedoch bietet die Nördlichkeit den wahrscheinlich einzig wirksamen Schutz, um den Antagonisten der Menschheit zu widerstehen: den White Walkers und den Wights.

So werden die White Walkers zu mehr als nur der totalen Umkehr des Lebens und der menschlichen Werte. Die White Walkers werden zur Waffe gegen sich selbst gemacht: Sie beenden das Vergessen in der Gesellschaft und das Anderssein der Protagonisten. Die White Walkers schaffen Antistrukturen, ohne selbst jemals daran teilhaben zu können. Die Wights bleiben (zumindest vorerst) außen vor.

Obwohl die ersten Bände von *ASOIAF* in der Tradition des *Low Fantasy* beginnen; Magie und fremde Völker anfangs kaum vorkommen, verändern die Others schon durch die reine Androhung ihrer bloßen Existenz nach und nach Westeros. Lange Zeit bleibt die Handlung des Prologs (*AGOT* 1-11), in der Mitglieder der Nachtwache von den Others erschlagen werden, nur eine Ankündigung dieser Bedrohung. Aber beim Leser wird durch diese Vorwegnahme die Lektüre verändert. Den wenigen Protagonisten, die um diese Gefahren wissen, geht es nicht anders. Sie kennen die Gefahr, sie leben mit ihr – und wachsen oder gehen unter.

Ähnlich wie die Direwolves sind die Others lange Zeit nur Mythos oder Bedrohung von den Rändern des Lebens und der Welt. Martin benötigt diese Ränder hinter der Mauer, um sie der Welt von Westeros gegenüberzustellen. Dafür bedient er sich vor allem des stereotypen Topos des Nordens und bleibt in dessen Tradition. Dennoch unterscheidet er sich von vielen seiner Kollegen: Die meisten seiner Figuren sind nicht schwarzweiß gezeichnet. Er spricht ihnen im Gegenteil die Möglichkeit zu scheitern oder zu wachsen zu – oder von allem ein bisschen. Nur den Others nicht, sie bleiben eine Bedrohung aus dem Norden. Dennoch können sie niemals *nördlich* sein. Auch hier sind sie ausgeschlossen.

In diesem Sinne bleibt *ASOIAF* Teil des stereotypen Erzählens von Phantastik und dem Norden. Die Antagonisten bleiben Antagonisten. Die Bedrohung aus dem Norden und das absolut Böse bleiben eins. Die Nördlichkeit, mit ihren positiv besetzten Werten, ist nicht offen für alle. Die Others bleiben die *Anderen*.

Literatur

Arndt, Astrid/Blödorn, Andreas/Fraesdorf, David (Hg.) (2004): Imagologie des Nordens. Kulturelle Konstruktionen von Nördlichkeit in interdisziplinärer Perspektive. Frankfurt a.M.: Peter Lang.

Baak, J. v. (1995): »›Northern Culture‹: What could this Mean? About the North as a Cultural Concept«. TijdSchrift voor Skandinavistiek 16. S. 1-29.

Borrmann, Norbert (2001): »Warum wir Monster brauchen«, in: Ders.: Lexikon der Monster, Geister und Dämonen. Die Geschöpfe der Nacht aus Mythos, Sage, Literatur und Film. Das (etwas) andere Who is Who. Köln: Schwarzkopf & Schwarzkopf, S. 4-15.

Brittnacher, Hans Richard (2009): »Monster im Packeis«, in: Geisenhanslüke, Achim/Mein, Georg (Hg.): Monströse Ordnungen. Zur Typologie und Ästhetik des Anormalen. Bielefeld: transcript. S. 103-124.

Browning-Blas, Kristen (2012): »Game of Thrones« author George R.R. Martin on sex, violence and T.V., in: The Denver Post. 04. Oktober 2012. <www.denverpost.com/television/ci_20754634/game-thrones-author-george-r-r-martin-sex#ixzz2BrFbW98E>

Coates, Kenneth (1994): »The Discovery of the North. Towards a Conceptual Framework for the Study of Northern/Remote Regions«, in: The Northern Review 1213/Summer 1993/Winter 1994. S. 15-43.

Eberhard, Igor (2008): »Kathedralen der Erinnerung. Statt eines Vorwortes«, in: Eberhard, Igor/Wolfsberger, Margit/Gohm, Julia (Hg.): Kathedrale der Kulturen. Repräsentation von Ozeanien in Kunst und Museum. Wien/Münster: LIT Verlag. S. 7-16.

Eberhard, Igor (2013): »›Die Angst gehört dem Winter‹. Konstruktionen des Nordens und des Winters in George R. R. Martins Fantasy-Epos *Das Lied von Eis und Feuer*«, in: Donecker, Stefan/Eberhard, Igor/Hirnsperger, Markus: Wege zum Norden. Wiener Forschungen zu Arktis und Subarktis. Wien, Münster: LIT Verlag. S. 143-166.

Eis- und -Feuer.de. *Das Lied von Eis und Feuer*. Fanseite. 01.10.2015. <www.eis-und-feuer.de>

Feige, Marcel (2003): Das neue Lexikon der Fantasy. 2., erweiterte und aktualisierte Auflage. Berlin: Schwarzkopf und Schwarzkopf.

Foucault, Michel (2007): Die Anormalen. Vorlesungen am Collège de France (1974-1975). Frankfurt a.M.: Suhrkamp Verlag.

Game of Thrones (2016). Game of Thrones. HBO. 01. Juli 2016. <www.hbo.com/game-of-thrones>

Henningsen, Bernd (1993): »Der Norden. Eine Erfindung. Das europäische Projekt einer regionalen Identität. Antrittsvorlesung«, in: Dürkop, Marlis (Hg.): Antrittsvorlesung Bernd Henningsen 28. Mai 1993 Berlin: Humboldt Universität zu Berlin, Philosophische Fakultät II, Nordeuropa Institut. S. 1-28.

Howden, Martin (2012): Game of Thrones AZ. An Unofficial Guide to Accompany the Hit TV Series. London: John Blake Publishers.

Martin, George R. R. *George R. R. Martin's Official Website*. 01. Juli 2016. <www.georgerrmartin.com/>

McNeill, Graham (2011): Die Wächter des Waldes. Ein Warhammer Roman. München/Zürich: Piper.

Miller, Laura (2011): »Just Write It!«, in: The New Yorker 32. (11. April 2011).

Moore, Pearson (2011): Game of Thrones. Season One Essays. 21 Essays on the HBO Television series. o. O.: Inukshuk Press.

Moore, Pearson (2012): Game of Thrones. Season Two Essays. Illustrated Edition. o. O.: Inukshuk Press.

Overthun, Rasmus (2009) »Das Monströse und das Normale. Konstellationen einer Ästhetik des Monströsen«, in: Geisenhanslüke, Achim/Mein, Georg (Hg.): Monströse Ordnungen. Zur Typologie und Ästhetik des Anormalen. Bielefeld: transcript, S. 43-80.

Roberts, Josh (2012): »Game of Thrones« Exclusive! George R. R. Martin Talks Season Two, »The Winds of Winter« and Real-World Influences for »A Song of Ice and Fire«. *Smartertravel.com.* 04. Oktober 2012. <www.smartertravel.com/blogs/today-in-travel/game-of-thrones-exclusive-george-martin-talks-season-the-winds-of-winter-and-real-world-influences-for-song-of-ice-and-fire.html?id=10593041>

Rosenberg, Alyssa (2012): »Men and Monsters. Rape, Myth-Making, and the Rise and Fall of Nations in A Song of Ice and Fire« in: Lowder, James (Hg.): Beyond the Wall. Exploring George R. R. Martin's A Song of Ice and Fire. Dallas, Texas: BenBella Books. S. 15-28.

Schweitzer, Darell (2012): George R. R. Martin on Magic vs. Science, in: Weird Tales. 05. September 2012 <http://weirdtalesmagazine.com/2007/05/24/george-rr-martin-on-magic-vs-science/>

Westeros.org. *Westeros.org.* The Song of Ice and Fire Domain. 01. Juli 2016. <www.westeros.org>

Toggweiler, M (2008): Kleine Phänomenologie der Monster. Bern: Institut für Sozialanthropologie der Universität Bern.

Turner, Victor (2005): Das Ritual. Struktur und Anti-Struktur. Frankfurt/New York: Campus Verlag.

Turner, Victor (2009): Vom Ritual zum Theater. Der Ernst des menschlichen Spiels. Frankfurt/New York: Campus.

Zimmermann Jones, A. (2012): »Of Direwolves and Gods«, in: Lowder, James (Hg.): Beyond the Wall. Exploring George R. R. Martin's A Song of Ice and Fire. Dallas, Texas: BenBellaBooks. S. 107-122.

Zondergeld, Rein A. (1983): Lexikon der phantastischen Literatur. (Phantastische Bibliothek). Frankfurt a.M.: Suhrkamp.

Beyond the Wall
Alteritätsdiskurse in *GOT*

Mario Grizelj

        Alterität
                Alienität
eigen/fremd
                          der Andere/der Selbe
              (other/self)
                                    anders
                  fremd
ganz anders
                                  otherness/sameness
                        radikal fremd
              Nichtzugehörigkeit
     Unvertrautheit
                  Inklusion/Exklusion
                          lernen
                                Peripherie
            Diskontinuität
                          soziale Fremdheit
         kulturelle Fremdheit
                                Relation
                    Differenz
Unverfügbarkeit
              Objektebene
                                historische Fremdheit
              Kontinuität
                        Zentrum
                              Identität

Wenn man sich die mächtige Mauer anschaut, die in *GOT* den kalten, unwirtlichen, unzivilisierten und nichtkultivierten Norden vom wärmeren, kultivierten Süden unterscheidet, wird man geradezu ostentativ auf die Alteritätsproblematik gestoßen. Die augenscheinliche differenzierend-schematisierende Funktion der Mauer, *hier* die Kultur mit ihren Dynastien, *dort* die Natur mit ihren Wildlings ist so offensichtlich, dass sie beinahe selbstexplikativ ist. *GOT* stellt Alterität als Thema aus und entblößt diese in voller Explizität. Die Serie präsentiert uns ihre Oppositionen so deutlich, dass wir Interpreten gar nicht Differenzkonstellationen ›hinter‹ der diegetischen Bildoberfläche suchen müssen, sondern diese freiliegend einfach registrieren können. zivilisiert$_{[Süden]}$/wild$_{[Norden]}$, warm$_{[Süden]}$/kalt$_{[Norden]}$, Farben$_{[Süden]}$/Weiß$_{[Norden]}$, Ordnung$_{[Süden]}$/Chaos$_{[Norden]}$, Kultur$_{[Süden]}$/Natur$_{[Norden]}$, Gesellschaft$_{[Süden]}$/Gemeinschaft$_{[Norden]}$, der Selbe$_{[Süden]}$/der Andere$_{[Norden]}$, eigen$_{[Süden]}$/fremd$_{[Norden]}$, Zentrum$_{[Süden]}$/Peripherie$_{[Norden]}$, Stratifikation$_{[Süden]}$/Segmentierung$_{[Norden]}$ usw.

Ich werde im Folgenden zwei grundlegende Argumentationsziele verfolgen. Erstens: Was ist die Textfunktion dieser Alteritätsbinarismen? Es gilt somit, diese oppositionellen Schemata nicht nur zu erfassen, sondern auch zu analysieren, mit welchen diskursiven Verfahren das *Fremde* und das *Andere* konstituiert und für eine auszuarbeitende Textintention funktionalisiert werden. Zweitens soll nach Momenten Ausschau gehalten werden, die diesen binären Schematismus unterlaufen. Gibt es hybride Strukturen in *GOT*? Falls ja, welche Funktion erfüllen sie? Um diese beiden Ziele zu erreichen, werde ich einen Dreischritt vollziehen: Zunächst wird gefragt, was grundlagentheoretisch überhaupt als Alterität definiert werden kann, d.h., welche Modelle von Alterität uns die Forschung bietet (1), dann beobachtet, welche Strategien – theoretisch – zur Verfügung stehen, um Alterität bewältigen oder aushalten zu können (2). Und schließlich widmet sich der Text der konkreten Analyse der Alteritätskonstellationen in/von *GOT* (3).

1. WAS ›IST‹ ALTERITÄT?

Alterität mit den sie flankierenden Konzepten Identität, Differenz, Fremd- und Andersheit ist zu einem »Kernbegriff [...] des literatur- und kulturwissenschaftlichen Diskurses avanciert« (Lubrich 2004: 9), wobei betont werden muss, dass Alterität keine Neuerfindung avancierter Literatur- und Kulturtheorien des 20. Jahrhunderts ist. Im Grunde begleitet Alterität Kultur seit ihren Anfängen und im Grunde ist Alterität in gewissen Hinsichten in jedem literarischen Text, in jedem künstlerischen Artefakt, in jedem Film auf diese oder jene Art und Weise zu finden. Gewissermaßen ist »[a]lles [...] identitär, different oder in irgend einer Hinsicht ›anders‹« (ebd.: 41).[1]

---

1 | Siehe dort auch: »Fremde Länder, unheimliche Monstren, mörderische Kriege oder soziale Unterschiede – Phänomene, die eine Befremdung und Verunsicherung hervorrufen

Nähert man sich der Bestimmung des Konzepts Alterität, ist festzustellen, dass grundsätzlich zwischen *fremd* und *anders* unterschieden werden muss. Es handelt sich hier mitnichten um Synonyme und auch nicht um Facetten eines Phänomens, vielmehr werden mit fremd und anders zwei verschiedene Ordnungen markiert. Während das lateinische *alter* immer die duale Relation markiert, also der »Andere von zweien« (Becker/Mohr 2012: 39), ›der da‹ und nicht ›dieser da‹, und damit die Inbezugnahme zweier einander zugeordneter, sich bedingender Positionen indiziert ist, bezeichnet *alius* den »Anderen schlechthin« (ebd.). Bei *alter* haben wir somit eine asymmetrische Konstellation und zwar sowohl differenzlogisch, da immer auf der Seite des Eigenen das Fremde vom Eigenen unterschieden wird, als auch diskurslogisch, da immer eine Seite privilegiert wird, der Mann und nicht die Frau, der Geist und nicht der Körper, der Süden und nicht der Norden. Bei *alius* haben wir hingegen eine symmetrische Konstellation, da ein Dritter, der Beobachter, zwischen Positionen (der Andere/der Selbe) unterscheiden muss.[2] Aus dieser Differenz zwischen *alter* und *alius* ergibt sich auch der Unterschied zwischen den beiden Konzepten fremd und anders. Während *fremd/eigen* den Fremden immer im Rahmen des Eigenen denkt, wie fremd er auch immer sein mag, ist der Andere im Rahmen der Unterscheidung anders/selbst außerhalb dieser Reichweite. Fremdheit als, in den Worten Herfried Münklers, »xenologisches Credo« (Münkler 2008: 158, zitiert Becker Mohr 2012: 40) »ist kein essentieller, sondern ein fundamental relationaler Begriff«, formulieren Anja Becker und Jan Mohr, (ebd.) das Eigene hat am Fremden Anteil, es ist an der Konstruktion des Fremden beteiligt, das Fremde ist nicht jenseits eigener und nicht jenseits jeglicher Ordnungen. Dabei kann sich auch ein Moment der Komplementarität ergeben, dann nämlich, wenn ich davon ausgehe, dass der Fremde, den ich beobachte, genauso wie ich die Unterscheidung fremd/eigen einsetzt, wenn er mich beobachtet und er wiederum dabei davon ausgeht, dass ich dasselbe tue, also auch zum Zwecke der Beobachtung die Unterscheidung eigen/fremd einsetze. Ich gehe dabei entweder davon aus, dass der Fremde genauso strukturiert ist wie ich, auch wenn er mir fremd ist und vor allem, dass er die Welt genauso strukturiert wie ich, auch wenn er mir fremd ist (= Fremdheit) oder ich gehe davon aus, dass ich nicht weiß, wie er strukturiert ist, weil er mir fremd ist, und auch nicht weiß, wie er die Welt strukturiert, weil er mir fremd ist, weiß aber, dass er genau dasselbe von mir denkt, dass er mich genauso beobachtet (= radikale Fremdheit). Komplementarität ist hier als Metakonzept gedacht, da nicht

---

oder eine Bedrohung auslösen und an denen sich eine eigene ›Identität‹ durch Abgrenzung konstituieren lässt, bilden - man kann sagen: seit der griechischen Antike - eine der konstantesten und faszinierendsten Beschäftigungen der Literatur.« (Lubrich 2004: 9) – Die antiken Autoren und Werke, die Lubrich nennt, sind: Homers *Odyssee*, Herodots *Historien*, Aischylos' *Perser*, Euripides' *Medea*, die *Bakchen*, das *Argonautenepos*, Plinius, Strabo, Sallust und Diodor.

2 | Vgl. zur Unterscheidung von *alter* und *alius* auch Turk 1990: insbes. S. 10f.

nur die Komplementarität von Strukturierungsmustern gedacht wird, sondern sich in wechselseitiger Beobachtung die eventuelle Nichtkompatibilität von Strukturierungsmustern als komplementär erweist.

Becker und Mohr argumentieren weiter, dass

»›Andersheit‹ [...] demgegenüber [...] nicht selten eine stärkere Form von Nicht-Zugehörigkeit [markiert]: Das Fremde/den Fremden kann ich noch kennen lernen; das Andere jedoch gehorcht – die Tautologie ist schwer zu vermeiden – anderen, mir unzugänglichen Ordnungsmustern. [...] Das ›Andere‹ ist nicht nur ›fremd‹, es ist ›anders‹.« (Ebd.)

Während die Grenze zwischen Eigenem und Fremden eine im wahrsten Sinne des Wortes ›Eigen‹-Konstruktion ist und damit auch das von mir als unzugänglich und als fremd Bezeichnete immer schon Teil meines Unterscheidens ist, auch weil ich annehme, dass der Fremde mich genauso beobachten kann wie ich ihn und er damit formal in derselben Weise die Unterscheidung Selbst-/Fremdreferenz anwendet wie ich, ist beim *Anderen* eine Ordnung bzw. Unordnung markiert, die mir genuin unzugänglich ist und die keine Komplementarität zulässt. Wäre ein Systemtheoretiker in der Nähe, könnte er formalisieren: Eine Situation des Fremdseins ergibt sich, wenn es zu einem *re-entry* der Unterscheidung eigen/fremd auf der Seite des Eigenen kommt (eigen = eigen/fremd), eine Situation des Andersseins ergibt sich, wenn solch ein *re-entry* nicht möglich ist.

Diese differenztheoretischen Ziselierungen sollen uns hier nicht weiter interessieren. Entscheidend ist, dass die Alteritätsforschung – wenn sie denn terminologisch einigermaßen präzise arbeitet – grundlegend zwischen *Fremdheit* (Zugänglichkeit, Erreichbarkeit, also Akzess, Zugehörigkeit) und *Andersheit* (Unzugänglichkeit, Exzess, Nicht-Zugehörigkeit), also zwischen relationalen Beziehungen auf der einen und einer prinzipiellen Unverfügbarkeit auf der anderen Seite unterscheidet.[3] Mittlerweile beginnt sich in der Forschung die Unterschei-

---

3 | Turk argumentiert ähnlich, auch wenn er die Begriffe ›anders‹ und ›fremd‹ nicht in derselben Weise verwendet wie Becker/Mohr und ich, da er den Begriff des ›Anderen‹ im Rahmen der Unterscheidung von *alter* und *alter ego* nicht jenseits der Komplementarität denken kann. Bei Turk sind ›fremd‹ und ›anders‹ immer im Rahmen von Erreichbarkeit, Akzess gedacht: »Das lateinische *alter* wie *other* im Englischen und *autre* im Französischen bezeichnet den *anderen von zweien* im Unterschied zum einen ohne markierte differente Zugehörigkeit. So ist der andere als *alter ego* ein *ego* wie ich, nur eben anders, d.h.: dasselbe in einer *Varietät*. Auch der *Fremde* kann ein *anderer* in diesem Sinn sein, d.h. ein *alter ego*, nur daß er in einer anderen, mir fremden Zugehörigkeit steht, sodaß auch sein *ego* keineswegs wie mein *ego* gestaltet bzw. nach meinen Begriffen überhaupt ein *ego* sein muß, was mich aber nicht notwendig abhält, ihn als *alter ego*, als *einen anderen von zweien* zu nehmen und unser Verhältnis nach dem Prinzip der Alterität einzurichten. Räume ich dabei ein, daß dasselbe für ihn mit Bezug auf mich als einem Fremden gilt, daß auch er keineswegs gewiß sein kann, daß mein *ego* wie sein *ego* gestaltet ist bzw. daß ich nach seinen

dung zwischen *Alterität* und *Alienität* zu etablieren. Sie findet sich beispielsweise bei Richard Rottenburg, der radikale Andersheit von immer auf das Eigene ausgerichteter Alterität abgrenzt, wenn er mit »Alienity« »the absolutely strange or strictly heterogeneous« und mit »Alterity« »familiar strangeness or otherness as a variety of oneself« markiert (Rottenburg 2006: 27). Und Stephan Fuchs markiert »›Alienität‹ als ein ›essentielles, nicht-relationales Anders-Sein‹« (Fuchs 1997: 369, zitiert in Becker/Mohr 2012: 27).[4]

Im Rahmen der komplexen Versuche, das Verhältnis von Fremdheit und Andersheit auszutarieren, hat sich eine weitere maßgebliche Alteritätsunterscheidung etabliert, nämlich die zwischen kultureller und sozialer Fremdheit. Mit *kultureller Fremdheit* ist etwas bezeichnet, dass nicht oder noch nicht bekannt ist, etwas, was man nicht oder nicht gut genug kennt. Dies kann Vieles sein, eine Ethnie im Pazifischen Ozean oder in Afrika, für einen Hamburger kann es das Münchner Oktoberfest sein, im Moment sind es vielerorts Flüchtlinge. Kulturelle Fremdheit wird mithilfe der Unterscheidungen vertraut/unvertraut, kennen/nicht kennen und wissen/nicht wissen organisiert. Ihr kann man im Modus des Lernens begegnen. Lernend lässt sich ›das Fremde‹ in das Bekannte überführen, sei es, dass man fremde Texte liest und mit seinen eigenen vergleicht, sei es, dass man von Reisenden Berichte über fremde Länder erzählt bekommt, sei es, dass man virtuell im Internet Reisen in fremde Gebiete unternimmt oder sei es, dass man leibhaftig diese Gebiete bereist, fremde Bräuche beobachtet, fremde Rituale und Sprachen kennenlernt usw. und eben durch dieses Kennenlernen die Fremdheit verringert, minimiert oder gar beseitigt. Dies kann man als Tourist ebenso tun wie als Ethnograph oder als Künstler (man denke nur beispielsweise an Paul

---

Begriffen überhaupt ein *ego* bin oder habe, dann ist die Einrichtung eines alteritären Verhältnisses zwischen uns in *derselben ungleichen Weise* von beiden abhängig. Sie gelingt, wenn sie wechselseitig geschieht, bestenfalls auf der Grundlage einer Komplementarität.« (Turk 1990: 11)

4 | Siehe hierzu auch sehr schön Siegert 1999: hier S. 199f.: »Die Theorie des Traumas muß Sache einer ALIENwissenschaft sein, nicht Sache einer Philosophie bzw. Ethik des Fremden, die das Fremde - und mag sie es noch so fremd und anders denken wollen - innerhalb der imaginären *Relation* ansiedelt und mithin das Problem reduziert auf ›das Modul dessen, was man [...] die Objekt*beziehung* nennt‹. [Lacan] Jede Philosophie des Fremden hat es im Grunde nur mit den kleinen anderen zu tun, den Fremden, nie mit dem ALIEN. ALIENwissenschaft ist nicht Philosophie, sondern Medienwissenschaft. Raumschiffe fliegen prima ohne Philosophen, aber niemals ohne Bordfunker und technischen Offizier« (Herv. d. Verf.). Siegert markiert mit dem ›Alien‹ eine Größe, die - analog zu Fuchs - nicht in Relationen einfassbar ist. - Vgl. zu dem Versuch, präzise Fremdheits- und Andersheitszuschreibungen zu skalieren und verschiedene Alteritäts- und Alienitätsgrade zu denken, die phänomenologischen Arbeiten von Bernhard Waldenfels (bspw. *Topographie des Fremden*).

Gauguin oder aktuell an die Musikgruppe Laibach, die als erste europäische Popband in Nordkorea ein Konzert spielen durfte).[5]

Sozialer Fremdheit hingegen liegen die Unterscheidungen zugehörig/nicht zugehörig sowie Inklusion/Exklusion zugrunde. Die Frage ist also, gehört das Fremde zur Gesellschaft, ist es Teil von ihr oder nicht? Gehören die syrischen Flüchtlinge zu Europa oder nicht? (Wie) lässt sich Integration gestalten? In älteren Gesellschaften waren soziale und kulturelle Fremdheit eng korreliert, der Fremde war als Unvertrauter und Unbekannter der Exkludierte. In modernen Gesellschaften hingegen sind die beiden Fremdheitsdimensionen *prinzipiell* voneinander getrennt. Der Unbekannte und Unvertraute ist in die Gesellschaft inkludiert, solange er genauso wie ich Waren bezahlt, wählen geht, seine Kinder in die Schule schickt usw.[6] Signifikanterweise greift die Unterscheidung soziale/kulturelle Fremdheit bei der *Alienität* nicht, da man sich dieser weder lernend nähern kann noch diese irgendwie innerhalb des Schemas Inklusion/Exklusion zu fassen ist. *Der Andere* ist nicht der Exkludierte, sondern die Größe, die jenseits der Ordnung *aller* Differenzen angesiedelt ist, eben genuin beziehungslos, ein Moment des (nach Fuchs) ›essentiell, nicht-relationalen Anders-Seins‹.

Eine weitere maßgebliche Unterscheidung der Alteritätsforschung ist die zwischen historischer und kultureller Fremdheit. Insbesondere in der Auseinandersetzung mit dem Mittelalter wurde sie diskutiert. Die Mediävisten unter uns wissen hier sicher Bescheid, da die mediävistische Romanistik diese Debatte angestoßen und entfaltet hat (hierzu Becker/Mohr 2012: 11-22). Während hier mit *kultureller Fremdheit* der topo-/geographisch Fremde markiert ist, also bspw. ein

---

5 | Es geht hier um die ›kulturelle Fremdheit‹ als Konzept, nicht darum, ob in den Texten, den Bildern oder in der Reiserfahrung tatsächlich (Kennen-)Lernen auch wirklich eine erfolgreiche Strategie des Alteritätsmanagements ist.

6 | Allerdings schleicht sich in die qualitative Dimension des Prinzipiellen eine quantitative Störung ein, wie man zurzeit leider an der Flüchtlingsdebatte sehen kann: Wenn ›es zu viele werden‹, weicht man von der modernen Errungenschaft ab, kulturelle und soziale Fremdheit trennen zu können. Das Problem ist, dass die Quantität selbst nicht quantitativ, sondern qualitativ gedeutet wird. Vgl. hierzu auch Becker/Mohr 2012: 37: Sie schreiben, dass man in der modernen Gesellschaft dem »allgegenwärtigen Fremden und den pluralen Fremdheiten gewöhnlich« und prinzipiell »im Modus der Indifferenz« begegnet, dass uns jedoch das Fremde »die Kontingenz unserer Gewissheiten und Erwartungen vorführe«, was »Überforderungsstrukturen« aufruft, »wodurch die Gleichgültigkeit in ›radikal xenophobe Reaktionen‹ umschlagen könne« (ebd.). In Anbetracht von Pegida und neuen Grenzzäunen in Europa lässt sich durchaus die Frage stellen, wie es denn mit der modernen Errungenschaft der Entkopplung von sozialer und kultureller Fremdheit denn so bestellt ist. Unter dem Titel, das moderne Europa (oder den modernen Westen) retten zu wollen, wird gerade die genuin moderne Errungenschaft der Entkopplung von kultureller und sozialer Dimension von Alterität subvertiert (man denke nur an die diesbezüglichen Reden Viktor Orbans und Donald Trumps).

Angehöriger einer unvertrauten Ethnie, ist mit *historischer Fremdheit* die Frage aufgeworfen, wie vertraut uns mittelalterliche Texte sind. Können wir sie überhaupt noch verstehen? Besteht zwischen dem Mittelalter und unserer Zeit eine Kontinuität oder ist eher von einer Diskontinuität, von einem Bruch auszugehen?[7] Während die Romantiker, man denke nur an Novalis Schrift *Die Christenheit oder Europa* (1799/1802) und die evolutionistischen Geschichtsmodelle im Frankreich des 19. Jahrhunderts im Umkreis der historiographischen Zeitschrift *Annales*, die Kontinuitätsthese propagierten, wandte sich 1972 Paul Zumthor gegen diese These und vertrat die Ansicht, dass wir von einer »fundamentale[n] Andersartigkeit mittelalterlicher Texte« auszugehen haben (Becker/Mohr 2012: 12). Becker und Mohr arbeiten diese Debatte auf und zeigen Positionen auf, die von einem »›categorical epistemological gulf‹« (Peter Haidu), der »absolute[n]‹ Unzugänglichkeit mittelalterlicher Kultur«, einer »›distance irrécuperable‹« oder einer »›abîme infranchissable‹« (alle Begriffe von Paul Zumthor) ausgehen (ebd.: 12f.). Hans Georg Gadamer reagiert mit seinem kontinuitätstheoretischen hermeneutischen Dreischritt (»präreflexive [...] Leseerfahrung«, »Horizontabhebung« und letztendliche »Horizontverschmelzung« [Strohschneider 1997: 58]) auf die Frage nach historischer Alterität ebenso wie Hans Robert Jauß, der diskontinuitätstheoretisch Fremdheit als »ästhetisches Stimulans« versteht (Becker/Mohr 2012: 14, vgl. hierzu Jauß 1977) und der der Horizontverschmelzung die Kraft der Horizontabhebung gegenüberstellt, um die Sinnangebote des mittelalterlichen Textes an die mittelalterlichen Leser sauber von den Sinnangeboten des mittelalterlichen Textes an den Hermeneutiker und den modernen Leser unterscheiden zu können.

Vorläufig abschließend lässt sich Alterität als die Klammer bezeichnen, die beides, das Fremde und das Andere, verfügbares relationales Fremdsein und prinzipiell unverfügbares nicht-rationales Anderssein umfasst. Systemtheoretisch gesprochen wäre Alterität die Einheit der Unterscheidung fremd/anders. Dies bedeutet aber auch, dass in Form eines *re-entry* ALTERITÄT als die Einheit der Unterscheidung Alterität/Alienität zu beobachten ist, da nur im Rahmen von Relationen und Unterscheidungen (*alter*) zwischen Relationalem (*alter*) und Nichtrelationalem (*alius*) unterschieden werden kann (ALTERITÄT = Alterität/Alienität).[8]

---

7 | Vgl. hierzu prägnant Vogl 2007: 257: »Eine Geschichte des Wissens spielt sich nicht nach dem Modell eines Bühnengeschehens ab und trennt die Epochen nicht wie ein Vorhang die Akte und Schauplätze. Die ominöse ›Diskontinuität‹ im Prozess des Wissens fungiert vielmehr als heuristische Hypothese, als Annahme, dass historische Gegenstände sich nicht in guten Bekanntschaften und Vertrautheiten spiegeln. [...] dies ist der heuristische Einsatz des Diskontinuierlichen, der dazu anhält, Themen nicht mit Objekten und das Beharrungsvermögen von Ausdrücken nicht mit der Dauer von Begriffen zu verwechseln.«
8 | Demgegenüber ist die Formalisierung ALIENITÄT = Alienität/Alterität nicht möglich, da Alienität eben keine Differenzierung vorsieht. Eine Kritik an dieser systemtheoretischen Fassung müsste freilich argumentieren, dass ›Alienität‹ das genuin Außerhalbbefindliche ist, das aufgrund seiner Nichtrelationierbarkeit nicht in Differenzkonstellationen einfass-

Dies bedeutet, dass man seinen terminologischen Sprachgebrauch präzisieren müsste: Mit Alterität ist die Ebene markiert, die es erlaubt, unterschiedliche und sich gegebenenfalls widersprechende Konzeptionen von Fremd- und Andersheit zu korrelieren und zu systematisieren. Wenn man auf die Ebene der Text- und Filmanalyse geht, muss dann immer konkret von Fremdheit oder Andersheit, von relationalen Beziehungen oder prinzipiellen Unverfügbarkeiten gesprochen werden. *Alterität* wäre eine Systematisierungskategorie, während *Fremdheit* und *Andersheit* textanalytische Kategorien wären. Alterität wäre mit anderen Worten eine heuristische Fiktion, die von Texten und Filmen variantenreich aufgegriffen, subvertiert und durchgespielt werden kann.

2. Wie wird mit Alterität umgegangen?

Oliver Lubrich arbeitet in seiner Studie *Das Schwinden der Differenz* drei basale Strategien des Alteritätsumgangs heraus. Erstens spricht er vom Komplex »Diskurs und Macht«. Hier nennt er im Anschluss an die Diskursanalyse Michel Foucaults drei Namen: Edward Said, Susanne Zantop und Mary Louise Pratt. Allen ist gemeinsam, dass sie Macht »nicht institutionell, sondern als Strukturierung von Wissen und Artikulation« verstehen (Lubrich 2004: 12). Auf dieser Grundlage ist Macht allgegenwärtig und unhintergehbar und damit Subversion unmöglich:

»Das immer schon etablierte ›Feld‹ der Disziplin bzw. die vorgeprägten Strukturen des Diskurses konditionieren und disponieren das Denken und die Produktion der einzelnen Autoren. Mögliche Gegenläufigkeit [...] kommt nicht in Betracht.« (Ebd.)

Im Umgang mit Alterität ist man auch dort, wo man sich gegen eurozentristische Vereinnahmungen des Fremden wendet und komplexe Perspektiven auf Phänomene des Fremden liefern möchte, eingespannt in ein »umfassende[s] diskursive[s] containment« (ebd.: 13f.) aus dem es kein Entkommen gibt: Zantop schreibt hierzu: »There was no escaping hegemonic discourse, since it prescribed the parameters within which opposition could be articulated.« (Zantop 1997: 209, zitiert in Lubrich 2004: 14) Jedweder Umgang mit Alterität, jede Subversion ist immer Teil »einer umfassenden Affirmation. [...] Der Diskurs ist überall«. Das Alteritätsmanagement »ist generell und unausweichlich Teil des kolonialen Diskurses.« Die »Konstruktion des Fremden ist immer ideologisch, sie dient unausweichlich imperialer Unterwerfung und ökonomischer Ausbeutung« (alle Zitate ebd.: 14). Macht und Diskurs als Strukturierungsgrößen sind nicht adressierbar und somit nicht lokalisierbar und deswegen eben auch nicht identifizierbar und als solche sind sie dann auch nicht voneinander trennbar. Und indem man sie nicht vonein-

---

bar ist. ›Alienität‹ markiert dann nicht nur den ›ganz Anderen‹ im Vergleich zu ›dem Fremden‹, sondern ›das ganz Andere‹ schlechthin.

ander trennen kann, kann man sich auch nicht aus der Hegemonie der kolonialen Logik befreien.

Zweitens spricht Lubrich von der Strategie des binären Schematisierens. Die Protagonisten sind hier Stephen Greenblatt mit seinem Buch über Reiseberichte *(Marvelous Possessions*, 1991) und Tzvetan Todorov mit seiner einschlägigen Studie *La conquête de l'Amérique. La question de l'autre* von 1982. Greenblatt geht von zwei Strategien aus, einmal von der *metonymischen*, die als ideologische Kolonialisierung markiert werden kann und von der *metaphorischen*, die für eine ›ästhetische Erfahrung‹ einsteht (ebd.: 15). Während *metonymisch* das Fremde an das Eigene angeglichen wird und das Fremde somit nicht zur Sprache kommt, wird *metaphorisch* sowohl dem Fremden als auch dem Eigenen eine Stimme gegeben. Greenblatt kategorisiert mithilfe dieses Schemas Texte, entweder sind sie metonymisch und damit Teil der kolonialistischen Ideologie und damit politisch inkorrekt (Cristóbal Colón, Bernal Diaz del Castillo und Martin Frobisher) oder sie sind metaphorisch und damit Teil einer ästhetischen, politisch korrekten Subversionsstrategie (Herodot, Mandeville und Montaigne). Greenblatt sieht somit durchaus die Möglichkeit von Subversion und durchaus die Möglichkeit, das Fremde nicht eurozentristisch und hegemonial zu vereinnahmen, spannt jedoch literarische Texte in ein enges, binär schematisches Entweder-oder-Konzept.

Todorov detektiert im Hinblick auf das Alteritätsmanagement ebenfalls eine Entweder-oder-Logik:

»absolute ›Differenzierung‹ oder vollständige ›Identifikation‹, die Negation des ›Fremden‹ oder die Universalisierung des ›Eigenen‹. Das ›Andere‹ ist entweder vollends fremd. Oder es ist überhaupt nicht fremd, sondern eigentlich Teil des Vertrauten. Es wird entweder demarkiert oder integriert. In beiden Fällen wird es nicht verstanden. Eine spezifische Eigenheit wird ihm abgesprochen.« (Ebd.: 17, im Hinblick auf Todorov: *La conquête de l'Amérique*)

Gegenüber Greenblatt geht Todorov aber davon aus, dass auch die Perspektiven, die den Fremden verstehen und ihm eine eigene Stimme geben, kolonial-imperialistisch funktionalisiert werden können. Im Gegensatz zu Columbus und im Gegensatz zu Moctezuma versteht Hernán Cortez die Sprache der ihm Fremden und dies entscheidet den militärischen Konflikt zu seinen Gunsten. Das heißt, dass dieses

»metaphorische Fremdverstehen [...] konsequent kolonialistisch [ist]. Im europäischen Denken hatte das [... Fremde] seinen Platz [...]. Und gerade weil es seinen Platz hatte, konnte es umso effizienter erobert werden. Das Verstehen befördert die Kolonialisierung.« (Ebd.: 18)

Gegenüber Greenblatts Schematismus ist Todorovs Modell flexibler und differenzierter, weil es innerhalb der grundlegenden Entweder-oder-Logik Verschiebungs- und Übertretungsmöglichkeiten gibt; nichtsdestotrotz handelt es sich auch bei ihm um eben eine Entweder-oder-Logik.

Die dritte Strategie wäre die Hybriditätstheorie Homi Bhabas. Nun wird nicht mehr davon ausgegangen, dass starrer, binärer Unterscheidungsgebrauch die Welt regiert, sondern an dessen Stelle ambivalente, katachretische, rhizomatische, palimpsestartige, paradoxe oder aporetische Konstellationen treten. Bhabha beschreibt, wie jede als homogen beschriebene Größe (wie beispielsweise die Kultur, die Nation, das *Fremde* oder wie Saids *Orientalism*) in sich so gespalten ist, dass ihre Identität gerade auf der prozesshaften ambivalent-hybriden Zwischenstellung zwischen Ich und Du oder Wir/die Anderen oder Kolonisator/Kolonisierte beruht. Kultur oder Nation besetzen die Position des Zwischen, »the ›inter‹ [...], the *in-between* space« (Bhaba 1994: 38). Aus dieser Position des Zwischen ergeben sich permanente und dynamische Verschiebungen und Transgressionen, Überlappungen und Iterationen, die im Konzept der *Hybridität* münden. Grundsätzlich wird damit jedwede Kohärenz, Systematik und Monolithik von Identifizierungen subvertiert: »[T]he agency of identification is never pure or holistic but always constituted in a process of substitution, displacement or projection.« (Ebd.: 167, vgl. hierzu Lubrich 2004: 22-34) Im Rahmen dieser Konstellation ist das Alteritätsmanagement weder der Hegemonie von Macht und Diskurs subsumierbar noch strukturalistisch in einen binären Schematismus einhegbar.[9]

Im Folgenden sollen die hier vorgestellten Positionen nicht eins zu eins auf *GOT* übertragen werden. Es geht nicht um eine simple Applikation. Die Positionen und Konzepte dienen vielmehr dazu, das Problem der Alterität in der Serie als solches zu erkennen und erste Sondierungsversuche zur Beschreibung und Analyse von dessen Funktionalisierung und Textintention zu erarbeiten.

---

9 | Ähnliche Aspekte des hybrid-ambivalenten Alteritätsumgangs beschreiben beispielsweise auch Michael Taussig (siehe *Mimesis and Alterity*, 1993) oder Walter D. Mignolo (siehe *Local Histories/Global Designs*, 2000). Vgl. zu diesen beiden Autoren auch Grizelj/ Kirschstein 2014: 26-49.

Alterität		Alienität
kulturelle Fremdheit	soziale Fremdheit	Andersheit
Semantik: un-/bekannt un-/vertraut Nicht-Wissen Nicht-Verstehen	*Gesellschaftsstruktur:* un-/bekannt un-/vertraut nicht-/zugehörig	
Alteritätsmanagement: (kennen)lernen deuten deuten, interpretieren • binär (metonymisch oder metaphorisch) • hybrid Dialog kommunizieren ignorieren Assimilation Vereinnahmung Kolonisierung[1] Kunstproduktion	Alteritätsmanagement: Inklusion Exklusion Integration Mimikry Assimilation Vereinnahmung Kolonisierung	

Alterität		Alienität
kulturelle Fremdheit	historische Fremdheit	Andersheit
Raum: topo-/geographisch un-/bekannt un-/vertraut Nicht-Wissen Nicht-Verstehen	*Zeit:* Dis-/Kontinuität un-/bekannt un-/vertraut Nicht-/Wissen Nicht-/Verstehen	
Alteritätsmanagement: (kennen)lernen deuten, interpretieren • binär (metonymisch oder metaphorisch) • hybrid Dialog kommunizieren ignorieren	Alteritätsmanagement: deuten, interpretieren deuten, interpretieren • binär (metonymisch oder metaphorisch) • hybrid	
Assimilation Vereinnahmung Kolonisierung Kunstproduktion		

3. Beyond the Wall

In *GOT* wird auf dem Kontinent Westeros der kalte und ›zivilisatorisch‹ wenig entwickelte Norden (es gibt keine Städte, nur sehr wenige Siedlungen ...) durch eine gewaltige über 200 Meter hohe und fast 500 Kilometer lange Mauer aus stabilem Eis vom wärmeren und ›zivilisatorisch‹ differenzierten Süden – den Seven Kingdoms – (es gibt u.a. Städte, Schlösser, Geld- und Handelsverkehr ...) getrennt. Diese Mauer, die eine topologisch starre Grenzlinie darstellt, beschützt den Süden vor nördlichen Gefahren, sowohl vor den genealogisch mysteriösen, nichtmenschlichen White Walkers, die vor 8000 Jahren schon für Unheil gesorgt haben, damals aber zusammen mit den von ihnen magisch zu untotem Leben erweckten zombieartigen Wights in den äußersten Norden vertrieben wurden als auch vor den sogenannten Wildlings (Free Folk).[10] Die Wildlings leben in expli-

---

10 | Interessanterweise heißen die *White Walkers* in Martins *ASOIAF*-Reihe, die als literarische Vorlage für die Fernsehserie dient, *the Others* (die Anderen), also eben nicht *the*

ziter Opposition zu den Seven Kingdoms, sie sind clanartig organisiert, kennen keine sozialen Hierarchisierungen (wie den Adel) und wählen sich in Zeiten der Not rein aus organisatorischen und pragmatischen Gründen einen König. Ursprünglich waren die jetzigen Bewohner der Seven Kingdoms und die Wildlings ein Volk.

Erzähltechnisch ist die Serie so aufgebaut, dass wir die Strukturen südlich der Mauer kennenlernen und somit die Perspektive vom Süden her nach Norden blickt. Die Kamera und wir Zuschauer gehören damit zur Welt der Seven Kingdoms, was dazu führt, dass für die Bewohner des Südteils und für uns Zuschauer der Norden als das Unbekannte und Unvertraute markiert wird. Die Wildlings sind gemäß der oben erarbeiteten Kategorien sowohl kulturell als auch sozial fremd. Sie gehören nicht zu der ›zivilisierten‹ Gesellschaft im Süden, sie sind die Exkludierten (soziale Fremdheit) und sie sind für die Südländer die ›barbarischen‹ Fremden, die in so gut wie allen Lebensbereichen ›anders‹ ticken und ›anders‹ organisiert sind als die ›zivilisierten‹ Südländer (kulturelle Fremdheit).

Um sowohl die kulturelle als auch die soziale Fremdheit handhaben zu können, werden zwei Expeditionen vom Süden aus in den Norden jenseits der Mauer durchgeführt. Die erste beginnt am Ende der ersten Staffel (SE 1 EP 10). Es gibt Gerüchte, dass die White Walkers zurückkehren und vor allem Gerüchte, dass sich die ansonsten untereinander zerstrittenen Clans der Wildlings unter dem gewählten Führer Mance Rayder vereinigt haben, um nach Süden über die Mauer zu ziehen. Mitglieder der Night's Watch, der Wache auf der großen Mauer, besuchen das Gebiet der Wildlings. Auf der ›anderen Seite‹ lernen wir unter anderem Craster kennen. Er wird sofort als Fremdphänomen markiert, da er seine Töchter heiratet und mit ihnen Kinder zeugt. Dieser Inzest wird von den Mitgliedern der Night's Watch aufs schärfste moralisch kritisiert und als fremd ausgewiesen. Das heißt, dass schon der *first contact* mit den Nordländern durch eminente kulturelle Fremdheit geprägt ist und damit schon zu Beginn der Expedition ein steiles Alteritätsgefälle eingebaut wird. Nach verschiedenen Abenteuern gelangt Jon Snow, der von der Night's Watch Abgesandte, zu einer Gruppe von Wildlings. Nach anfänglichen Schwierigkeiten und wechselseitigen Fremdheitsanimositäten wird er im Laufe der Zeit ihr Mitglied und man kann durchaus sagen, dass er hier als ›teilnehmender Beobachter‹ Feldforschung betreibt. Wir lernen mit dem Ethnographen Jon Snow die Sitten der Wildlings kennen:[11] ihre Sozialstruktur, d.h. ihre

---

Strangers oder *the Foreigners* (die Fremden).

[11] | Jon Snow ist von Berufs wegen freilich kein Ethnograph, aber er wird in eine Position gebracht, die für uns Zuschauer und für die Bewohner der Seven Kingdoms die Funktion der Ethnographie erfüllt. Oder anders formuliert: Jon Snow ist kein Ethnograph, denn er schreibt nicht auf, was er bei den Wildlings erlebt, aber er wird so eingesetzt, dass in seinem Zusammenleben mit den Wildlings die Funktion der Ethnographie – vom Fremden Kunde zu geben – erfüllt wird. Dabei kann er diese ethnographische Funktion auch gerade deshalb erfüllen, weil er den Unterschied von Norden (›barbarisch‹) und Süden (›zivilisiert‹)

Organisationsform in Clans, ihre politische Verfasstheit, ihre Kleidung, ihre Waffen und Werkzeuge, ihren Lebensraum, ihre Umgangsformen.

Allerdings kommt es zur Verkomplizierung der ethnographischen Situation, da unser ›teilnehmender Beobachter‹ Jon Snow seine Teilnahme dann doch teilnehmend ausagiert: Im Vergleich zum paradigmatischen teilnehmenden Beobachter Bronislaw Malinowski, der sich in Form eines intensiven Briefverkehrs mit seiner Verlobten gegen die erotisch-sexuellen Reize der fremden Frauen wappnen konnte (Malinowski 2007: 106 u. 112), gelingt dies bekanntlich Jon Snow nicht, er kann den Reizen seiner ›exotischen Schönheit‹ Ygritte nicht widerstehen; er schläft mit ihr, verstößt damit auch gegen den Kodex der Night's Watch und überwindet damit die Mauer als Grenze, indem er vom teilnehmenden Beobachter zum teilnehmenden Akteur wird.

Wir haben es hier mit dem vorhin beschriebenen kulturell Fremden zu tun. Die Funktion von Jon Snows Feldforschung ist die, die ihm und uns Zuschauern wenig bekannten und unvertrauten Fremden näher zu bringen. Wir lernen sie kennen, wir vermehren unser Wissen über sie und reduzieren damit ihr Fremdsein. Während Jon Snow mittendrin steckt (Ethnograph), erkennen wir (Ethnologen) Strukturen und sind in der Position, das Leben der Wildlings zu deuten und zu erfassen, welche Sinnzuschreibungsmuster bei ihnen zur Anwendung kommen. Wir erkennen dabei die Komplementarität binärer Muster – die Wildlings beobachten im starren Schema ›wir/sie‹, Jon Snow beobachtet im starren Schema ›wir/sie‹ und beide beobachten, dass der jeweils andere mit dem starren Schema

---

(zumindest zu Beginn) ideologisch strikt aufrechterhält. Wir Zuschauer sind es dann, die sich in diesem Prozess zu Ethnologen ausbilden, da wir in die Situation gebracht werden, sowohl Jon Snows Ideologie entlarven zu können als auch dazu befähigt werden, das Leben der Wildlings analysieren und deuten zu können. Vgl. hierzu Ilius 2003: 73f.: »Ein Ethnograph beschreibt, wie fremde Menschen leben. Ein Ethnologe versucht herauszufinden, wie fremde Menschen ihrem Leben einen Sinn geben. Ein Ethnograph muss nicht auch Wissenschaftler sein. Seine Beschreibung kann ideologisch geprägt, perspektivisch gebunden oder von Vorurteilen bestimmt sein. Er muss sich seiner Interpretationen nicht bewusst sein. Der Ethnologe dagegen soll [...] bewusst interpretieren. Ziel seiner Interpretation ist die adäquate Erfassung und Darstellung einer sozialen Wirklichkeit, die v.a. durch die Qualität Fremdheit definiert ist, also durch kulturelle Distanz. Das Fremde muss nähergebracht, dann entschlüsselt und übersetzt werden, damit es *verstehbar* wird.« (Herv. i.O.) – Dass die Unterscheidung zwischen Ethnographie und Ethnologie dann doch nicht so leicht zu ziehen ist, zeigt Kirschstein 2014: 20, Anm. 39: »Ein Ethnologe/Ethnograph ist zugleich Beobachter und Objekt von Beobachtung, Produzent und ›Patient‹ zunächst seines Forschungsfeldes und dann seines Textes. Ethnologie ist damit, zumal, sofern man ›Feldforschung in der Form der teilnehmenden Beobachtung [als] das charakteristische Paradigma der Ethnologie‹ akzeptiert, immer schon zugleich Produzentin und Produkt von Ethnographie und vice versa.« (Zitat im Zitat: Ilius 2003: 74)

›wir/sie‹ operiert[12] –, aber (im Gegensatz zu Jon Snow und den Wildlings) sehen wir auch die Hybridität und Instabilität der binären Muster (s.u.).

Die beiden Gesellschaftsstrukturen diesseits und jenseits der Mauer werden klar voneinander abgegrenzt. Während der Süden stratifikatorisch organisiert ist – es gibt einen Adel mit verschiedenen Häusern, den dritten Stand und ab der fünften Staffel einen einflussreichen Klerus – ist das Free Folk segmentär organisiert. Es besteht aus Clans, die autark sind. Ihre Gesellschaftsstruktur ist prinzipiell heterarchisch und nur in Ausnahmesituationen (hier die Gefahr des kommenden Winters und der White Walkers) wird freiwillig eine hierarchische Organisationsform in Gestalt eines gewählten Königs angenommen. Die große Mauer markiert somit nicht nur eine topographische Grenze, sondern auch eine historische. Die Soziologie lehrt uns, dass ältere Gesellschaften segmentär organisiert waren und sich dann in stratifikatorische umwandelten. In *segmentär differenzierten Gesellschaften* ist das Prinzip der Reziprozität maßgeblich. Bei zunehmender Gesellschaftskomplexität ist das Prinzip der Gleichheit nicht mehr aufrechtzuerhalten. Einige Clans oder Familien werden nun anders, vor allem reicher, und dadurch ist Reziprozität nicht mehr möglich und nicht mehr erstrebenswert, da die »Abweichung von der Gleichheit [...] sich als vorteilhaft erweist.« (GLU: 66)[13] Das bedeutet, dass die stratifikatorische Gesellschaft im Hinblick auf das Komplexitätsmanagement die fortschrittlichere, die neuere ist. Die stratifikatorische Gesellschaft ist viel besser in der Lage, höhere Komplexität zu managen als die segmentäre.

Ein weiteres Fremdheitssignal sind die Thenn unter den Wildlings, da sie Kannibalismus praktizieren und damit eindeutig als ›ganz fremd‹ ausgewiesen werden. Damit sind sie sogar so fremd, dass sie auf der Seite des Fremden (Wildlings) selbst als fremd wahrgenommen werden. Die anderen Wildlings haben alle Hände voll zu tun, die kannibalistische Fremdheit der Thenn managen zu können. Hier wird nicht nur (aus der Perspektive der Seven Kingdoms) skaliert (fremd/ganz fremd), sondern auf der Seite des Fremden nochmals zwischen wir und sie (fremd) unterschieden. Dabei aber ergeben sich schon erste Hinweise auf hybride Strukturen. Zum einen sind die Thenn extrem straff organisiert. Sie sind von allen Clans die militätisch Diszipliniertesten und sie sind am besten ausgestattet, da sie in der Lage sind, Bronze zu schmieden. Solchermaßen erinnern sie trotz ihrer kannibalistischen Fremdheit an Organisations- und ›Zivilisations‹-Formen, die auf der südlichen Seite der Mauer zu finden sind. Die radikal Fremden ähneln damit in gewissen Hinsichten dem ›zivilisierten‹ Süden mehr als die (nur) fremden anderen Wildlings. Zum anderen wird ihr Kannibalismus als Marker des Archaisch-Barbarischen und radikal Fremden durch die exzessive Gewalt im südlichen Westeros gespiegelt. Dort sind nicht nur die nördlichen Häuser übertrie-

---

12 | Da hilft es auch (fast) nicht, dass sich Jon Snow und Ygritte nähergekommen sind.
13 | Für eine eingehende Darstellung dieses gesellschaftstheoretischen Komplexes siehe Luhmann: Die Gesellschaft der Gesellschaft, S. 595-865.

ben gewalttätig, man denke an die Red Wedding und den Sadismus von Ramsay Bolton, auch die ›hoch zivilisierten‹ Hauptstädter aus Kings Landing stehen dem kaum nach, erinnert sei an die Pfählung des Kopfes von Eddard Stark. Brutale Gewalt kennt keine Alteritätsschwellen. Sie dient vielmehr dazu, klare Zuordnungen (wir/sie, wir/die Fremden, zivilisiert/barbarisch, zivilisiert/wild) zu unterlaufen. Wie sehr dabei eine anthropologische Dimension angesprochen wird – also die Annahme, alle Menschen neigten unabhängig von ihrem Organisations- und ›Zivilisations‹-Grad zu Gewalt – wäre in weiteren Überlegungen zu diskutieren. Weiterhin wird grenzüberschreitend der Inzest des Wildlings Craster durch den Inzest am Königshof (Cersei und Jaime) gespiegelt. Der Normbruch findet sich auf beiden Seiten der Mauer und wird auch auf beiden Seiten der Mauer diskreditiert. Das Fremde ist somit schon diesseits der Mauer anzutreffen, es zeigt, dass es schon Teil der eigenen Gesellschaft ist und ebenso wird deutlich, dass es auf der (von den Seven Kingdoms aus gesehenen) Seite des Fremden Kriterien gibt, die die Zuordnung diesseits/jenseits der Mauer subvertieren.

Ein weiteres hybrides Moment, das die binäre Anlage subvertiert, ist die gemeinsame Abstammungsgeschichte der Wildlings jenseits der Mauer und der Nordeinwohner diesseits der Mauer. Die Mauer trennt zwei Völker, die ursprünglich eins waren; die Mauer zieht Fremdheit mitten durch ein Volk und markiert dabei paradoxerweise zweierlei zugleich: Zum einen die Möglichkeit, die Wildlings von den Nordvölkern südlich der Mauer nach Alteritätskriterien zu trennen und zum anderen eben diese Trennung durch die gemeinsame Genealogie zu unterminieren. Zudem ist auf Mance Rayder hinzuweisen. Er ist ein Wildling, der bei der Night's Watch gedient hat und nun bei den Wildlings ist. Er ist solchermaßen im wahrsten Sinne des Wortes ein Grenzgänger, eine hybride Figur des *in-between space*, der Seiten gewechselt hat und damit binäre Oppositionen vielleicht nicht unterläuft, jedoch auf ihre Subvertierbarkeit hinweist.

Auffällig ist auch, dass mit den Mitgliedern der Night's Watch und mit Jon Snow, der zudem ein sogenannter Bastard ist, Figuren aus dem Grenzgebiet, Figuren mit prekärem sozialen und rechtlichem Status »beyond the wall« geschickt werden. Es sind die Außenseiter diesseits, die die Außenseite der zivilisierten Gesellschaft, also das Jenseits, besuchen und von dort berichten dürfen. Es sind in *GOT* die Außenseiter, die als Ethnographen eingesetzt werden, was die Funktion erfüllen soll, das Zentrum (King's Landing) soweit wie möglich von Fremdphänomenen abzuschirmen. Die prekären Außenseiter, die aufgrund ihres Außenseitertums schon hybriden Status innerhalb des Alteritätsmanagements haben, dienen dabei nicht nur dazu, das Zentrum sauber zu halten (das wäre ihre Funktion im Rahmen der gesellschaftlichen Organisation der Seven Kingdoms auf der Ebene der Diegese), sondern auch auf die Unmöglichkeit der sauberen Trennung von Zentrum, Peripherie und dem Fremden hinzuweisen (das wäre die Textfunktion auf der Ebene des *discours*, die allerdings, wie wir gleich sehen werden, auch in die Ebene der Diegese einsickert, wenn es darum geht, die Wildlings zu Verbündeten zu machen).

Während in den Staffeln zwei bis vier kulturelle Fremdheit in Form einer Feldforschung und im Modus der teilnehmenden Beobachtung bearbeitet wird, haben wir in Staffel fünf eine neue Situation. Jon Snow bricht in einer zweiten Expedition erneut zu den Wildlings auf, dieses Mal geht es aber nicht mehr um die kulturelle, sondern um die soziale Fremdheit. Nicht mehr geht es darum, das Unvertraute kennenzulernen, als vielmehr darum, die nun immer noch fremden, aber nicht mehr ganz so fremden und nicht mehr ganz so unbekannten Wildlings zu inkludieren. Während die erste Expedition eine Feldforschung war, ist die zweite ein soziales und politisches Inklusionsprojekt. Sozial sollen die fremden Wilden, da wir sie nun einigermaßen kennen, Teil der ›zivilisierten‹ Welt, Teil der Seven Kingdoms werden und ihnen soll auch erlaubt werden, in der Night's Watch zu dienen. Politisch sollen sie Stannis Baratheon militärisch unterstützen, ebenso wie sie militärisch nun als Mitglieder der Seven Kingdoms diesseits der Mauer gegen die allen gemeinsame Bedrohung der White Walkers kämpfen sollen. Welche Schwierigkeiten diese Inklusionsbewegungen haben, wird am Feuertod Mance Rayders sichtbar, der sich weigert, vor Stannis niederzuknien, sich also weigert, die diesseits der Mauer geltenden Inklusions- und Zugehörigkeitsregeln zu akzeptieren. Ziel des Inklusionsversuchs durch Jon Snow ist es, die für archaische Gesellschaften typische Kopplung von kultureller (das Unbekannte) und sozialer Fremdheit (das Nichtdazugehörige) aufzulösen, damit der Fremde als der Unvertraute nicht auch automatisch der Exkludierte sein muss. Die Trennung von kultureller und sozialer Fremdheit könnte als Modernisierungsschub gedeutet werden, wenn da am Ende der fünften Staffel Jon Snow, der Projektleiter des Inklusionsprojekts, nicht ermordet würde. Der Widerstand gegen die Entkopplung von sozialer und kultureller Fremdheit ist groß und es scheint auch so zu sein, dass sich die Serie auch nach fünf Staffeln nicht von der Strukturierungsfunktion der großen Mauer verabschieden möchte.

An den Wildlings wird in verschiedenen Bewegungen der Umgang mit kultureller und sozialer Fremdheit durchgespielt, wobei nach fünf Staffeln noch nicht absehbar ist, welche Konsequenzen sich für die Seven Kingdoms auf der einen und das Free folk auf der anderen Seite durch eine Inklusion ergeben werden. Die Wildlings dienen aber auch dazu, die uns bekannte Alteritätsdifferenz zwischen dem Fremden und dem Anderen zu etablieren. Während die Wildlings die *Fremden* sind, die hybrid mit den Bewohnern diesseits der Mauer verbunden sind und deren Fremdheit verringert oder gar aufgelöst werden kann, nehmen die White Walkers mit ihren durch sie belebten Toten die Funktionsstelle des *Anderen* ein. Sie sind im wahrsten Sinne des Wortes Aliens, die Anderen, die einer ganz anderen Ordnung zugehören, diejenigen, deren Andersheit nur registriert, aber nicht bewältigt werden kann und die jenseits des wechselseitigen Komplementaritätsmechanismus (s.o.) angesiedelt sind. Weder Lernen noch Inkludieren kommen hier in Betracht. Gut, einiges Weniges lernt man schon, etwa, dass Dragonglass die White Walkers töten kann, viel ist das aber nicht. Die White Walkers befinden sich nicht nur jenseits der Mauer, sondern auch jenseits der Ordnung von

Leben und Tod und jenseits der Ordnung, die sich über binäre Unterscheidungen organisiert. Während Mance Rayder eine Grenzfigur innerhalb sozialer und biologischer Ordnungen ist, sind die White Walkers mit ihrer Armee der Untoten Grenzfiguren außerhalb sozialer und biologischer Ordnungen. Als die *Anderen* dienen die White Walkers auch dazu, die Wildlings als die *Fremden* markieren zu können und sie damit als inkludierbar auszuweisen. *Wenn der Andere droht, kann auch der Fremde zu einem Freund und zu einem Teil meiner Gesellschaft werden.* Signifikanterweise zeitigt damit der Andere, der außerhalb sozialer Ordnung steht und damit genuin asozial ist, soziale Effekte, indem er die ›Zivilisierten‹ und die Wildlings dazu drängt, die Organisation und Struktur ihrer Sozialbeziehungen neu zu gestalten. Damit wird sichtbar, dass der Umgang mit dem Anderen, dem buchstäblich Außer-Ordentlichen, die eigene Ordnung affiziert. Das Asoziale hat soziale Funktion. An der Art und Weise, wie auf den Anderen reagiert wird, können soziale Strukturen abgelesen werden. An der Art und Weise, wie mit dem Anderen umgegangen wird, erfahren wir etwas über die Gesellschaftsstruktur und die semantischen Strategien diesseits der Mauer in den sieben Königreichen. Die White Walkers erfüllen die Funktion, über den Umweg der Andersheit Fremdheit organisieren und verwalten zu können.[14]

GOT liefert uns signifikante Alteritätskonstellationen (wie sie in Abschnitt 1 theoretisch erfasst wurden) und exemplarische Umgangsformen mit Alterität (wie sie in Abschnitt 2 theoretisch beschrieben wurden) und reiht sich damit in eine gut etablierte Tradition kultureller Muster ein, die soziale und individuelle Identitäten trotz aller hybriden Subversionsbewegungen immer noch und immer wieder über die Unterscheidung wir/die anderen laufen lässt. Ein diesbezügliches Ende scheint nicht in Sicht, wenn man an die ungarischen und österreichischen Grenzzäune denkt ...

Literatur

Baraldi, Claudio/Corsi, Giancarlo/Esposito, Elena (1997): GLU. Glossar zu Niklas Luhmanns Theorie sozialer Systeme. Frankfurt a.M.: Suhrkamp.
Becker, Anja/Mohr, Jan (2012): »Alterität. Geschichte und Perspektiven eines Konzepts. Eine Einleitung«, in: Dies. (Hg.), Alterität als Leitkonzept für historisches Interpretieren. Berlin: Akademie, S. 1-60. http://dx.doi.org/10.1524/9783050057613.1

---

14 | Sicherlich, die White Walkers sind morphologisch nicht das absolut radikal Andere, sie haben menschenähnliche Körper, Haare, reiten Pferde ebenso wie die Menschen usw., sie sind somit in gewissen Hinsichten schon Teil des Diskurses, der sie als das Andere markieren möchte, sie erfüllen aber die soziale Funktion, Andersheit und Fremdheit zum Zwecke der Organisation des Alteritätsmanagements unterscheiden zu können.

Bhabha, Homi K. (1994): The Location of Culture. London/New York: Routlegde.
Fuchs, Stephan (1997): »Das Andere und das Fremde. Bemerkungen zum Interesse an mittelalterlicher Literatur«, in: Bovenschen, Silvia (Hg.), Der Fremdgewordene Text. Festschrift für Helmut Brackert. Berlin/New York: de Gruyter, S. 365-384.
Greenblatt, Stephen (1991): Marvelous Possessions. The Wonder of the New World. Oxford: Clarendon Press. http://dx.doi.org/10.7208/chicago/9780226306575.001.0001
Grizelj, Mario/Kirschstein, Daniela (2014): »Differenztheorien – als Paradigma oder als historischer Diskurs«, in: Dies. (Hg.), Riskante Kontakte. Postkoloniale Theorien und Systemtheorie? Berlin: Kadmos, S. 18-104.
Illius, Bruno (2003): »Feldforschung«, in: Fischer, Hans/Beer, Bettina (Hg.), Ethnologie. Einführung und Überblick. Berlin: Reimer, S. 3-98.
Jauß, Hans Robert (1977): Alterität und Modernität der mittelalterlichen Literatur: gesammelte Aufsätze 1956-1976, München: Wilhelm Fink.
Kirschstein, Daniela (2014): Writing War. Kriegsliteratur als Ethnographie bei Ernst Jünger, Louis-Ferdinand Céline und Curzio Malaparte. Würzburg: Königshausen u. Neumann.
Lubrich, Oliver (2004): Das Schwinden der Differenz: postkoloniale Poetiken. Alexander von Humboldt – Bram Stoker – Ernst Jünger – Jean Genet. Bielefeld: Aisthesis.
Luhmann, Niklas (1997): Die Gesellschaft der Gesellschaft. Frankfurt a.M.: Suhrkamp.
Malinowski, Bronislaw (2007): Ein Tagebuch im strikten Sinne des Wortes. Neuguinea 1914-1918 (*A Diary in the Strict Sense of the Term, 1967*). Frankfurt a.M.: Dietmar Klotz.
Mignolo, Walter D. (2000): Local Histories – Global Designs. Coloniality, Subaltern Knowledges, and Border Thinking. Princeton/Oxford: Princeton University Press.
Münkler, Herfried (2008): »Barbaren und Dämonen. Die Konstruktion des Fremden in imperialen Ordnungen«, in: Baberowski, Jörg/Kaelble, Hartmut/ Schriewer, Jürgen (Hg.), Selbstbilder und Fremdbilder. Repräsentation sozialer Ordnung im Wandel. Frankfurt a.M.: Campus, S. 153-189.
Rottenburg, Richard (2006): »Social Constructivism and the enigma of strangeness«, in: Ders./Schnepel, B./Shimada, S. (Hg.), The making and unmaking of differences. Anthropological, sociological an philosophical perspectives. Bielefeld: transcript, S. 27-41.
Siegert, Bernhard (1999): »ALIENS. Zum Trauma des Nicht-Konvergenten in Literatur, Mathematik und technischen Medien«, in: Marech, Rudolf/Werber, Niels (Hg.), Kommunikation. Medien. Macht. Frankfurt a.M.: Suhrkamp, S. 192-219.

Strohschneider, Peter (1997): »Alterität«, in: Weimar, Klaus [u.a.] (Hg.), Reallexikon der deutschen Literaturwissenschaft, Bd. 1, Berlin/New York: de Gruyter, S. 58f.

Taussig, Michael T. (1993): Mimesis and alterity. A Particular History of the Senses. New York [u.a.]: Routledge.

Todorov, Tzvetan (1985): Die Eroberung Amerikas. Das Problem des Anderen (*La conquête de l'Amérique. La question de l'autre*, 1982). Dt. v. W. Böhringer. Frankfurt a.M.: Suhrkamp.

Turk, Horst (1990): »Alienität und Alterität als Schlüsselbegriffe einer Kultursemantik«, in: Jahrbuch für Internationale Germanistik 22.1, S. 8-31.

Vogl, Joseph (2007): »Robuste und idiosynkratische Theorie«, in: KulturPoetik 7.2, S. 249-258. http://dx.doi.org/10.13109/kult.2007.7.2.249

Waldenfels, Bernhard (1997): Topographie des Fremden. Frankfurt a.M.: Suhrkamp.

Zantop, Susanne (1997): Colonial Fantasies. Conquest, Family, and Nation in Precolonial Germany, 1770-1870. Durham: Duke University Press. http://dx.doi.org/10.1215/9780822382119

*»The gods are blind.
And men only see what they wish.«*

3. Religion und Mythen

»What is dead may never die, but rises again, harder and stronger.«
Religion als Macht in *ASOIAF*

Rainer Emig

1. RELIGION ZWISCHEN WELTERKLÄRUNG UND SCHAUFENSTERDEKORATION

Religion spielt in phantastischen Texten der sogenannten *High Fantasy* oder epischen Fantasy in der Regel eine tragende Rolle, entweder explizit als Motivation von Handlung wie in den *Narnia*-Romanen von C.S. Lewis oder implizit als Matrix der Weltenerklärung wie in Tolkiens Universum. In der *Low Fantasy* kann dies auch der Fall sein. Häufiger als in der *High Fantasy* wird dort aber Religion als exotisches und archaisches Detail benutzt, um die Handlung farbiger und die Szenarien entfernter erscheinen zu lassen, also als das, was die englischsprachige Literatur- und Kulturwissenschaft als *window dressing*, als Schaufensterdekoration bezeichnen würde (Stableford 2005: S. lxi-lxii).

Da viele phantastische Texte der *High* wie der *Low Fantasy* in einer Nachbildung des europäischen Mittelalters spielen, erscheinen auch Religionen, die in ihnen vorkommen, häufig archaisch. Sie dienen damit zur paradoxen Authentifizierung der Fantasy als mögliche Alternativwelt, paradox, weil diese Welt uns gleichzeitig bekannt ist (aus dem Geschichtsunterricht etwa, aber auch aus der Erfahrung des Mittelalters durch Baudenkmäler und der *Reenactments* in Filmen, Videospielen und Jahrmärkten) und dennoch fremd erscheint (D'Arcens/Lynch 2014).

Phantastische Texte platzieren Religion aber durchaus historisch korrekt, was das europäische Mittelalter betrifft, nahe bei Machtstrukturen, wenn sie nicht gleich, wie etwa in Ursula Le Guins *Earthsea*-Romanen, Magie mit Macht identisch machen. Eine moderne Variante hiervon findet sich in Joanne K. Rowlings *Harry Potter*-Romanen.

Bekanntermaßen diversifiziert und multipliziert George R.R. Martins Fantasy-Serie *ASOIAF* Handlungs- und Machtstrukturen wie auch Vorstellungen von

Gerechtigkeit so extrem, dass im Verlauf der bislang erschienenen fünf Romane immer weniger klar wird, wer nun gut oder böse, erfolgreich oder erfolglos sein wird. Damit arbeiten diese Texte dem gängigen Schwarz-Weiß-Schema von Fantasy entgegen, das durchaus auch die *High Fantasy* prägt. Sie relativieren so sowohl Moral und Ethik wie auch ontologische und teleologische Prinzipien von Charakteren und Handlungen in einer Art und Weise, die man durchaus postmodern nennen kann.

Eine zentrale Facette dieser Pluralisierung stellt dabei gerade wieder die Religion dar. Sie erscheint in allen Handlungssträngen der Romane – und in unterschiedlichsten Ausprägungen. Diese reichen von einem ›Eins-mit-der-Natur‹-Mystizismus der wohl an vermeintlich keltische Vorbilder angelehnten Old Gods des Nordens und der Pferdegottheit der nomadischen Dothraki. Sie umfassen die pragmatische Aufsplittung von Glauben in verkörperte menschliche Erfahrungsbereiche der Seven. Sie kennen aber auch einen selbstaufopfernden Drowned God der Iron Islands (dem seine Priester mit der Formel »Lord God who drowned for us« huldigen; *AFFC* 28), den abstrakten Lichtgott R'hllor und den Many-Faced God von Braavos, dessen Dienerin Arya Stark für eine Weile wird.

Der vorliegende Aufsatz wird sich zum einen mit der pluralistischen Religionskonzeption der Romane beschäftigen und ihren kulturellen und intertextuellen Hintergründen nachspüren. In einem zweiten Schritt wird er die Pluralisierung von Religion als Beleg für eine weiterführende These verwenden: Diese besagt, dass sich im Zyklus *ASOIAF* zwar einerseits etablierte Gattungsmuster der Fantasy kreativ austoben, die Texte also eine Referenz auf vieles bisher in der Fantasy Dagewesenes sind. Gleichzeitig, so seine gegenwarts- und zukunftsorientierte Interpretation, spiegeln sich in ihnen aber auch gegenwärtige Machtpolitik (etwa der USA, Russlands und Europas gegenüber dem Nahen und Mittleren Osten, dem afrikanischen Kontinent und Asien) und hochaktuelle Phänomene wie religiöser Fundamentalismus, die im phantastischen Rahmen experimentell ausgetestet und oft durchaus kritisch beleuchtet werden. Zum Schluss des Aufsatzes wird daher gefragt werden, was der Romanzyklus über die Rolle von Religion in einer postmodernen Welt zu sagen hat. Dass die Antwort nicht leicht und eine provisorische sein wird, zeigen die in den bisherigen Romanen noch sehr obskur erscheinenden Phänomene wie die White Walkers, die Rolle der Drachen und des Drachenfeuers, aber auch die scheinbar alles (zumindest alles in Westeros) bestimmenden lange andauernden Jahreszeiten, die sich ja auch im Slogan des Hauses Stark spiegeln: »Winter is coming«.

2. DIE PALETTE DER RELIGIONEN IN *A SONG OF ICE AND FIRE*

Die kulturelle Weltkarte von *ASOIAF* umfasst nicht nur unterschiedlichste Herrschaftsformen, von den Clanstrukturen der Wildlings und der nomadischen Dothraki über die feudalistischen von Westeros, die bekanntlich dem England der Rosenkriege nachgebildet sind (Walker 2015: 71-73), bis hin zu den an die europäische Renaissance und frühe Neuzeit erinnernden merkantilistischen von Essos, den Lands Across the Narrow Sea. Sie ordnet diesen unterschiedlichen zivilisatorischen Entwicklungsstufen auch diverse Religionen zu. Dass diese alle am Maßstab der Geschichte westlicher Zivilisation gemessen werden – mit angloamerikanischer Kultur im Zentrum – muss nicht betont werden. Das tut bereits der Name Westeros zur Genüge.

Dennoch umfasst die Religionspalette von *ASOIAF* in ihrer weitgehend konventionellen Auswahl interessante Zuordnungen. So teilen sich die Wildlings und die Men of the North die Old Religion (siehe auch Weber 2014). Diese wird in Waldlichtungen bzw. deren Nachbauten, sogenannten weirwoods, innerhalb oder in der Nähe von Herrschaftssitzen praktiziert und ähnelt so unseren Vorstellungen von bronze- und eisenzeitlichen Religionen, die häufig problematisch mit dem sogenannten ›Keltischen‹ identifiziert werden (*AGOT* 23). Obwohl diese archaische Religionsform von der neuen Religion der Seven abgelöst worden ist, wird die Old Religion noch als durchaus lebendig gezeigt. So ist es den Männern der Night's Watch freigestellt, ihren Eid auf diese Religion zu schwören, und Jon Snow tut dies auch (*AGOT* 517). Brandon Starks Visionen und schließlich seine mystische Verschmelzung mit einem uralten Baumwesen werden ihr zugeordnet, was zu belegen scheint, dass sie durchaus Wirkungsgewalt besitzt.

Die neue Religion des Faith of the Seven, die die alte abgelöst hat, ist zwar auf der einen Seite eine deutliche Anspielung auf den Monotheismus des mittelalterlichen Christentums. Sie mischt diesem aber in der Aufsplitterung des Göttlichen in die magische Zahl Sieben und in sieben Aspekte der menschlichen Existenz, Father, Mother, Warrior, Maiden, Smith, Crone und Stranger, viel deutlicher heidnische Elemente bei, als dies die christliche Dreifaltigkeitslehre tut. So stammen Maiden, Mother und Crone aus dem vermeintlichen Keltischen, in dem dreifache Gottheiten eine große Rolle spielten (Gimbutas 1995). Nicht ganz logisch wird der Alter und Tod symbolisierenden Alten, der Crone, noch der Stranger beigesellt, der bei den Seven für Ableben und die Frage steht, was nach dem Tod zu erwarten ist. Vielleicht ist der Stranger aber auch eher ein Echo auf unsere seit der Frühen Neuzeit immer aktuelle Frage nach dem ›Was kommt?‹ oder die zahlreichen Herausforderungen durch das Unbekannte und Fremde, man denke nur an die gegenwärtige sogenannte Flüchtlingskrise.

Die Reihung Father, Mother, Warrior, Maiden, Smith, Crone und Stranger hat ihre eigene Logik, die äußerst ideologisch ist, beginnt sie doch mit Vater und Mutter, der Kernzelle der westlichen Kleinfamilie, und reiht dieser ganz patriarchalisch erst den Krieger und dann die Jungfrau zu. Der Schmied hat sich wieder aus den eisenzeitlichen Religionen eingeschlichen. Man denke an den griechischen Hephaistos, den römischen Vulkan oder den germanischen Wieland (Neubauer-Petzoldt 2008: 318-321). Trotz dieser etwas kruden Mixtur erscheint die Religion des Faith of the Seven weit rationaler als die mystische der Old Religion. Dass sie jetzt die dominante ist, lässt sich leicht daran erkennen, dass sie häufig einfach the Faith genannt wird. Sie besitzt Institutionen wie die Septons und klösterliche Gemeinschaften wie die Silent Sisters, die alle ein Echo des christlichen Mittelalters sind. Das Gleiche gilt für den zentralen Text der Religion, The Seven-Pointed Star, der den Evangelien ähnelt (*AGOT* 739). In Bezug auf die *Old* wie die *New Religion* ist *ASOIAF* ebenso intertextuell wie eklektisch.

Wesentlich exotischer steht der dominanten Religion von Westeros die des Drowned God der Iron Islands gegenüber, eine Religion, die als archaisch und der seefahrenden und piratischen Lebensweise der Iron Islanders entsprungen gezeichnet wird. Der Drowned God steht dabei in einem dauernden manichäischen Kampf mit dem Storm God, und es ist dabei der Drowned God, dem die Inselbewohner anhängen und von dem sie Kraft und Hilfe erhoffen (*ACOK* 395f.). Dies ist natürlich paradox: warum sollten Seefahrer das Ertrinken verehren? Dennoch imitiert die Religion des Drowned God auch das Christentum mit seinem Taufritual. In der Tat ist das symbolische Ertränken und die scheinbare Wiedergeburt etwas, was die Religion des Drowned God mit dem Christentum verbindet. Die Priester des Drowned God, die Drowned Men, werden sogar tatsächlich bei ihrer Initiation ertränkt, um dann wiederbelebt zu werden, was allerdings nicht immer gelingt.

Meine Interpretation dieser kruden Mixtur aus archaischem Material (das Ertränken von rituellen Opfern war auch in der Bronze- und Eisenzeit verbreitet [Woodward/Hunter: 337] und taucht dann in den Gottesurteilen des Christentums wieder auf) und Echos auf christliche Rituale ist, dass sich die Romane von *ASOIAF* hier subtil parodistisch verhalten. Während die Religion der Seven in ihrem Eklektizismus, aber auch ihrem Aufrechterhalten westlicher Normen ein recht gutes symbolisches Echo auf den gegenwärtigen Zustand westlichen Glaubens (mit seinen modischen esoterischen Einsprengseln) abgibt, parodiert die des Drowned God vor allem die U.S.-amerikanische evangelikale Form der Wiedergeborenen Christen. Dass diese durchaus mit Piraterie zusammengedacht werden können, mag man vielleicht an einem ihrer prominentesten Vertreter, George W. Bush, festmachen.

Eine ursprünglich exotische Religion aus Essos gewinnt im Verlauf der Romane von *ASOIAF* zunehmend Bedeutung, auch weil sich Stannis Baratheon, und damit ein Anwärter auf den Iron Throne, zu ihm bekennt: die Feuerreligion des Gottes R'hllor. Auch diese entspringt einer ursprünglich manichäischen Konstruktion, ist R'hllor doch der ewige Antagonist der großen Dunkelheit, des »Great Other«, und George R.R. Martin selbst behauptet, ihn dem Feuerkult der Zoroastrier nachmodelliert zu haben (anlässlich des Google Talk am 28.07.2011, dokumentiert auf Youtube). Der vorliegende Aufsatz interpretiert R'hllor und seinen Kult anders – im Zusammenspiel mit dem oben postulierten Schwanken der Texte zwischen eklektischer intertextueller *bricolage* und Parodie, auch wenn seine Interpretation sicher angreifbar ist. Viel betonter als alle anderen Religionen in *ASOIAF* ist die Religion des Feuergottes R'hllor eine Offenbarungsreligion, wie man an seiner Priesterin Melisandre gut erkennen kann (*ACOK* 20). Seine Religion kennt auch keine bildliche Repräsentation ihres Gottes, was für den Kult der Seven und auch des Drowned God nicht zutrifft. Darüber hinaus kommt sie aus dem Süden, aus Asshai, einem für Westeros fremden Kulturkreis, gewinnt aber Schritt für Schritt Macht in Westeros, was unter anderem in der Verbrennung der Holzstatuen der Seven durch Stannis sichtbar wird, die dessen Handlanger Davos Seaworth mit Schaudern erfüllt, auch weil er seinen Sohn Devan an den fremden Glauben verloren hat.

Damit stellt der Kult des Feuergottes R'hllor ein verqueres Echo auf die westliche Besorgnis über die Ausbreitung des Islam dar, auch wenn dieser bekannterweise keine Priesterinnen kennt. Seine für viele wenig gebildete Westler vermeintlich unklare Herkunft und Lehre und gleichzeitig merkwürdige Effizienz in der Kriegsführung trotz archaischer Methoden scheint deren Verwunderung über Phänomene wie die Taliban und den Islamischen Staat zu erklären, die *ASOIAF* in phantasmatischer Weise abbildet (Kohnen 2015). Man kann sogar noch weiter gehen. Natürlich lässt sich nicht beweisen, dass die Strategen des Islamischen Staates heimlich HBO und *GOT* anschauen. Aber die medienwirksame Verbrennung eines Gefangenen im Käfig durch den Islamischen Staat, die als Opferritual inszeniert war, erscheint als ein komplexes intertextuelles und intermediales Phänomen, das viel mit der Proliferation solcher Bildlichkeiten auch durch Texte wie *ASOIAF* zu tun hat. Wenn auch keine direkte Übernahme von Aktionen aus der phantastischen Welt der Buch- wie der Fernsehserie postuliert werden kann, beeinflussen vor allem drastische und brutale Bildlichkeiten dennoch die Vorstellungswelt und werden so denk- und letztlich auch ausführbar (Dill 2009, 5-30). Außer eklektischem Zitieren und Parodieren kennt *ASOIAF* daher auch Religion in der Form des phantastischen Umgangs mit kulturellen Begierden und Ängsten.

3. DER GEBRAUCH VON RELIGION

Im Einklang mit einer These, die andernorts entworfen wurde, nämlich dass nahezu alle Diskurse in *ASOIAF* letztlich solche der Macht sind (Emig 2014: 89-93), ist auch Religion in den Romanen Macht oder mit Macht assoziiert. Das ist am undeutlichsten in der Old Religion ausgeprägt, wird aber in den Institutionen des neuen Glaubens an die Seven schon sehr vertraut, wenn, wie im Mittelalter, weltliche und religiöse Macht sich auf eine Arbeitsteilung einigen müssen. In dieser erscheint Religion für einige Zeit die untergeordnete Rolle zu spielen und auf Rituale des täglichen Lebens reduziert worden zu sein, aber auch auf solche der staatlichen feudalen Macht – wie königliche Hochzeiten oder Begräbnisse.

Diese Arbeitsteilung wird gestört, als sich Cersei Lannister der Hilfe der radikalen Sparrows bedienen will, um ihren eigenen Machtanspruch gegen das rivalisierende Haus Tyrell zu sichern. Die Sparrows sind christlichen Bettelmönchen wie den Franziskanern äußerlich nachgebildet, agieren aber als religiöse

Fanatiker, die ihren asketischen Lebenswandel allen aufzwingen wollen. Bekannterweise fällt ihnen letztlich auch Cersei selbst zum Opfer. Sie hatte den High Sparrow zum Hohepriester, zum High Septon gemacht, nachdem sie den bisherigen hatte beseitigen lassen. Ihr ehemaliger Liebhaber, ihr Cousin Lancel Lannister, war zwischenzeitlich aber dem Faith Militant, einem wieder erstandenen militärischen Arm der Sparrows, beigetreten und hatte daraufhin seine Liaison mit Cersei gebeichtet, was dann auch zum Auffliegen ihres Mordkomplotts führte (*AFFC* 602). In der Fernsehserie *GOT* verkehrt sich dies letztlich wieder, und Cersei nimmt brutale Rache an den Sparrows und ihrem Anführer (SE 6 EP 10).

Was die zeitweilige Machtumkehrung zugunsten der Religion, die in der verfilmten Form in *GOT* von den Zuschauern enthusiastisch begrüßt wurde, signalisiert, ist natürlich nichts Anderes, als dass die Instrumentalisierung von Religion in der Politik nur zu leicht nach hinten losgehen kann. Man denke wieder an George W. Bush oder auch an Tony Blair, die ja beide bekanntermaßen verkündeten, dass sie die Entscheidung, Krieg gegen den Irak zu führen, langen Gesprächen mit Gott verdankten (MacAskill 2005).

Während im Falle des Drowned Gods, aber auch der verschiedenen Religionen in Essos, wie den Gods of Ghis, Religion soziales Fundament ist, das in Ritualen wie dem symbolischen Ertränken oder den Kämpfen in den fighting pits von Essos viel stärker gesellschaftliche Kohäsion als Spiritualität anstrebt (Kelso 2007), ist Religion, wenn sie uneingeschränkt zu Macht wird, unkontrollierbar. Das sieht man auch an Melisandres Umsetzung der vermeintlichen Befehle ihres Gottes R'hllor, die Stannis Baratheon zu immer drastischeren Maßnahmen zwingen, etwa der Verbrennung von Gefangenem bei lebendigem Leib (und in der Fernsehadaption *GOT* schließlich sogar seiner eigenen Tochter Shireen; SE 5 EP 9). Dabei ist es egal, ob der betroffenen Religion wahrhaftige Macht zugesprochen wird, oder ob sie auch im Text selbst als Betrug bewertet wird. So scheint es Melisandre z.B. zu schaffen, mithilfe ihres Gottes auf magische Weise Stannis' Konkurrenten, seinen Bruder Renly, zu töten. Das magische Schwert Lightbringer, das laut dem Glauben an den Feuergott den Messias des Gottes kenntlich macht, und das Melisandre strategisch an Stannis übergibt, wird hingegen von mehreren Charakteren als manipulierter Zaubertrick bezeichnet (*ACOK* 156).

Eine weitere Form der extremen Religion, die aber, ähnlich wie die der fundamentalistischen Sparrows oder der Jünger R'hllors, auch sehr gut strategisch einsetzbar ist, ist der in Braavos gepflegte Kult des Many-Faced Gods. Braavos wird im Text als Ort der religiösen Vielfalt und Toleranz gezeichnet, an dem alle Götter gleichermaßen Verehrung genießen. Dies ist sicher einem zentralen Handelsplatz angemessen. Dennoch stellt die Religion des Many-Faced Gods mit seinen Jüngern, den Faceless Men, eine weitere extreme Version von Religion bereit, die sich von den bisher aufgezählten unterscheidet. Wir begegnen ihr zum ersten Mal, wenn Arya Stark einen dieser Jünger, der sich Jaqen H'ghar nennt, unwissentlich rettet. Sie erhält von ihm dafür das Geschenk, sich den Tod von drei Personen aussuchen zu dürfen, und eine Münze, die sie zusammen mit der Losung

»Valar morghulis«, »Alle Menschen müssen sterben«, zu der die Antwort »Valar dohaeris«, »Alle Menschen müssen dienen«, gehört, schließlich nach Braavos und in den Tempel des Gottes, das House of Black and White, führt (*AFFC* 138).

Was die Diener des Many-Faced Gods den Menschen anbieten, ist Erlösung, allerdings in der sehr weltlichen Form des Todes. Im Tempel geschieht dies mit Gift; außerhalb seiner Mauern durch Mord. Das Vorbild hierfür sind die Assassinen, eine syrisch-persische schiitische Splittergruppe des 11. bis 13. Jahrhunderts, die durch Attentate, oft auch Selbstmordattentate, berühmt wurden (Lewis 2001). Auch hier lässt sich wieder eine gegenwärtige ambivalente Faszination mit Selbstmordattentätern als intertextuelle und intermediale Folie erkennen.

Aber darüber hinaus bilden sich in der Religion des Many-Faced Gods noch weitere zeitgenössische Trends in Bezug auf Religion ab. Zum einen ist dies die westliche Faszination für den Buddhismus, der ja bekanntlich die Auslöschung der Persönlichkeit als Erlösungsziel postuliert. Paradoxerweise findet er damit gerade in der saturierten westlichen Konsumgesellschaft mit ihren individualistischen Individuen viele Adepten. Aber auch der materialistische Atheismus ist paradoxerweise in der Religion der Faceless Men verkörpert, basiert deren Glaube doch auf der einzigen Sicherheit der menschlichen Existenz und gerade der, die die anderen Religionen erst als Kompensation hervorbringt: den Tod. Beides, die Auslöschung des bisherigen Selbst wie auch die Möglichkeit des selbstbestimmten Todes, sind es ja auch, was Arya Stark nach dem Verlust fast ihrer gesamten Familie nach Braavos führt.

Während die Religion der Seven, des Drowned God und R'hllors in *ASOIAF* immer ambivalent geschildert werden, trifft dies nicht auf die des Many-Faced God zu. Die Handlungen seiner Jünger bleiben im Text überraschend und oft schockierend, aber sie werden nicht negativ gezeichnet oder gar als Trick diffamiert. Damit teilt sich die scheinbar pluralistische Religion des Many-Faced God im Text die Position einer unangefochtenen Religion interessanterweise mit der Old Religion, die auch als mysteriös und durchaus mystisch, aber weder als manipuliert noch als manipulierend dargestellt wird. Manipulation, muss hier erklärend ergänzt werden, ist durchaus ein zentrales Ritual der Faceless Men des Many-Faced Gods, aber sie erfolgt als Teil der religiösen Initiation und Praxis – und nicht etwa zum Zweck der Durchsetzung der Religion, also für politische Ziele.

4. WHITE WALKERS: RELIGION ALS WIEDERGÄNGER

Was macht man nun mit diesen Befunden? Die Analyse der wichtigsten Religionen in *ASOIAF* und ihrer Funktionen im Text hat gezeigt, dass die Romane eine zwar archaische, aber auch plurale Religionswelt nachbilden. Diese ist auf der Folie der westlichen Geschichte modelliert, schließt aber auch nichtwestliche Formen ein, die allerdings häufig als gefährlich markiert werden, wie etwa die Religion des Feuergottes R'hllor. Für eine Fantasy-Reihe ist *ASOIAF* damit durchaus anspruchsvoll. Anders als die *High Fantasy* von Tolkien oder Lewis verwenden Martins Texte nicht *ein* westliches Modell, das des Christentums und seiner Schöpfungs- und Heilsgeschichte, als monolithischen Bezugspunkt zum Entwurf ihrer Gegenwelt. Sie pluralisieren und relativieren und zeigen sowohl die Faszination wie auch die Gefahren, die von Religion ausgehen, gerade wenn sie eng verbunden mit oder gar selbst als Machtstrukturen auftritt. Wenn man Selbstrelativierung und -ironisierung als Kennzeichen der Postmoderne ansieht, dann erfüllt *ASOIAF* ihre Bedingungen.

Dennoch, und auch das wurde wiederholt betont, spiegeln die Darstellungen von Religion in *ASOIAF* und vor allem ihre im Text nachverfolgbaren und manchmal subtilen Bewertungen natürlich nicht allein die Zivilisationsgeschichte der Religionen, wie sie die westliche Perspektive üblicherweise sieht: von den sogenannten archaischen Naturreligionen der Vor- und Frühgeschichte (die Old Religion und der Pferdegott der Dothrakis wären hierfür Beispiele) über die Verkündungsreligionen des Judentums, des Christentums und des Islams (die neue Religion der Seven, die des Feuergottes R'hllor und des Drowned Gods würden hierzu passen), bis hin zu extremen Formen des ›Endes‹ von Religion in absoluter Pluralisierung oder in Auflösung im Materialismus (wie im Many-Faced God). Fantasy-Literatur schaut zurück, um ihre Leser mit dem Archaischen zu ködern und ihnen Distanz zum Zwecke des Eskapismus anzubieten. Aber sie schaut immer auf eine spezifische Weise zurück, die gerade wieder die gegenwärtigen Einstellungen, Faszinationen aber auch Ängste aufgreift, wegen der ihre Leser ja gerade oft in die Fantasy flüchten.

Als kapitalistische Materialisten und Individualisten sind sie fasziniert von Armut wie auch von der versuchten Auflösung des Selbst und seiner Begierden, ob diese nun in Askese oder im Buddhismus zu finden sind oder in den Sparrows und Faceless Men in *ASOIAF*. Als Rationalisten finden die Leser die Überwindung von vermeintlichen Wirklichkeiten irritierend, aber auch bewundernswert, wie im Kult des Drowned God und den zahlreichen zumindest scheinbaren Fällen von Magie in Martins Romanen (und es ist interessant, dass es bis zur Feuergeburt von Daenerys Targaryens Drachenbabies braucht, bevor Magie in den Romanen wirklich zweifellos als solche markiert wird; Schultchen 2012: 122- 134). Als Realisten wissen die Leser, dass Religion immer mit Macht zu tun hat, und *ASOIAF* präsentiert ihnen zahlreiche Beispiele für diese Verknüpfung und drastische Illustrationen ihrer möglichen Konsequenzen. Es ist dabei sicherlich kein Zufall, dass gegenwärtig modische Esoterik und ebenfalls populäre Vorstellungen von Buddhismus die positivsten Beispiele für Religion in den Romanen abgeben, in der vermeintlich holistischen eins-mit-der-Natur Mystifizierung von Brandon Stark und damit der Old Religion oder der zugegebenermaßen heimtückischen, aber sehr faszinierenden, gleichzeitig pluralisierenden und reduktiven Form des Faceless Gods und seiner Todesjünger (ganz anders liest Letztere allerdings Wittingslow 2015).

Religion ist archaisch, behaupten die Romane Martins. Aber sie ist auch enorm lebendig. Sie ist wandlungsfähig und übersteht sowohl Transformationen wie Reformationen. Sie existiert nie außerhalb und unabhängig von Machtstrukturen und kann diese sogar umstürzen und sich selbst zur Macht erheben. Selbst wenn man sie für tot erklärt, kann sie sich hinterrücks wiederbeleben und Menschen plötzlich existenziell herausfordern, was Cersei merkt, wenn sie den religiösen Fundamentalismus unterschätzt, weil für sie Religion bloße, entleerte gesellschaftliche Form ist. Was die White Walkers in den Romanen verkörpern, sind in unserer Lebenswelt Phänomene wie islamistischer aber auch christlicher Fundamentalismus, die sich durchaus auch in so brutalen Formen manifestieren, wie wir sie eigentlich in die Welt der Fantasy-Romane verbannt glaubten. Und dabei wissen wir ja noch gar nicht, wer oder was schließlich in *ASOIAF* triumphieren wird: eine politische Fraktion, ein Herrscher oder eine Herrscherin, ein bestimmtes Reich, eine bestimmte Religion, oder gar der lange Winter selbst, der natürlich auch die scheinbar so wissenschaftliche Sorge um Klimawandel mythologisierend auf die Leserschaft zurückprojiziert und auch hier die Fiktion mit deren Faszinationen und Ängsten ebenso lustvoll wie furchterregend Karneval veranstalten lässt. »What is dead may never die, but rises again, harder and stronger.« (*ACOK* 175)

LITERATUR

D'Arcens, Louise/Lynch, Andrew (Hg., 2014): International Medievalisms and Popular Culture. Amherst, NY: Cambria Press.

Dill, Karen E. (2009): How Fantasy Becomes Reality: Seeing through Media Influence. Oxford/New York: Oxford University Press.

Emig, Rainer (2014): »Fantasy as Politics. George R.R. Martin's A Song of Ice and Fire«, in: Sedlmayer, Gerold/Waller, Nicole (Hg.): Politics in Fantasy Media. Essays on Ideology and Gender in Fiction, Film, Television and Games. Jefferson, NC: McFarland, S. 85-96.

Gimbutas, Marija (1995): Die Sprache der Göttin. Das verschüttete Symbolsystem der westlichen Zivilisation. Übers. Udo Rennert und Andrea von Struve. Frankfurt a.M.: Zweitausendeins.

Kelso, Sylvia (2007): »The God in the Pentagram. Religion and Spirituality in Modern Fantasy«, in: Journal of the Fantastic in the Arts 18.1, S. 61-82.

Kohnen, Alexander (2015): »Erfolge des IS sind Bedrohung für Europa«, in: Die Zeit (1.07.2015). <www.abendblatt.de/politik/article205432735/Erfolge-des-IS-sind-Bedrohung-fuer-Europa.html> [15.07.2016].

Lewis, Bernard (2001): Die Assassinen. Zur Tradition des religiösen Mordes im radikalen Islam. Übers. Kurt Jürgen Huch. Die Andere Bibliothek 59. Frankfurt a.M.: Eichborn.

MacAskill, Ewen (2005): »George Bush: God Told Me to End the Tyranny in Iraq«, in: The Guardian (7.10.2005). <https://www.theguardian.com/world/2005/oct/07/iraq.usa> [15.07.2016].

Martin, George R.R. (2011): Talks at Google. <https://www.youtube.com/watch?v=QTTW8M_etko> [12.07.2016].

Neubauer-Petzoldt, Ruth (2008): »Hephaistos«, in: Maria Moog-Grünewald (Hg.): Mythenrezeption. Die antike Mythologie in Literatur, Musik und Kunst von den Anfängen bis zur Gegenwart. Der Neue Pauly. Supplemente 5. Stuttgart und Weimar: Metzler, S. 318-321.

Schultchen, Ricarda (2012): »A Game of Thrones, Indeed. A Lot of Politics and Just a Bit of Magic in: George R.R. Martin's *A Song of Ice and Fire*«, in: Inklings: Jahrbuch für Literatur und Ästhetik 30, S. 122-134.

Stableford, Brian (2005): Historical Dictionary of Fantasy Literature. Historical Dictionaries of Literature and the Arts 5. Lanham, MD, Toronto und London: Scarecrow Press.

Walker, Jessica (2015): »Histories. ›Just Songs in the End‹. Historical Discourses in Shakespeare and Martin«, in: Battis, Jes/ Johnston, Susan (Hg.): Mastering the Game of Thrones. Essays in George R.R. Martin's *A Song of Ice and Fire*. Jefferson, NC: McFarland, S. 71-91.

Weber, Sarah Maria (2014): »›Fear Is for the Winter, My Little Lord.‹ The North as a Magical Place in George R.R. Martin's *A Song of Ice and Fire*«, in: Inklings: Jahrbuch für Literatur und Ästhetik 32, S. 121-128.

Wittingslow, Ryan Mitchell (2015): »Philosophies. ›All Men Must Serve‹. Religion and Free Will from the Seven to the Faceless Men«, in: Battis, Jes/Johnston, Susan (Hg.): Mastering the Game of Thrones. Essays in George R.R. Martin's *A Song of Ice and Fire*. Jefferson, NC: McFarland. S. 113-131.

Woodward, Ann/Hunter, John (2015): Ritual in Early Bronze Age Grave Goods: An Examination of Ritual and Dress Equipment from Chalcolithic and Early Bronze Age Graves in England. Oxford und Philadelphia: Oxbow Books.

Feuer innerhalb und außerhalb von *ASOIAF*

Dominic Frenschkowski

1. Vorbemerkung

Das Wort ›Feuer‹ kommt in George R.R. Martins *ASOIAF* bislang bereits über 1000 Mal vor.[1] Es ist zudem, gemeinsam mit Eis, titelgebendes Motiv der Buchreihe. Im Folgenden soll an einigen Beispielen aufgezeigt werden, wie Feuer in Mythos und Religion eine Rolle spielen kann, und inwiefern Feuer vielleicht ein prototypisches Motiv in Erzählungen unterschiedlichster Art ist. Dabei wird interpretatorisches Licht auch auf betreffende Passagen bei Martin fallen.

2. Feuer in der Mythologie

2.1 Wesen aus Feuer

Wesen, die aus Feuer geschaffen sind, sind verhältnismäßig selten. *Djinn* z.B. entsprechen dem, was wir unter Dämonen oder bösen Geistern verstehen, und im Koran heißt es, dass sie aus dem Feuer des glühenden Windes erschaffen seien.[2] Diese Beschreibung wirkt aber eher wie eine Metapher, wenn man an den lebensfeindlichen, austrocknenden, heißen Wüstenwind denkt. Im Neuen Testament heißt es in Hebräerbrief 1,7 in Bezug auf Psalm 104,4 »Er macht Engel zu Winden und seine Diener zu Feuerflammen.« Engel sind an sich sonst aber nicht feurig, auch wenn sie gelegentlich mit Feuer in Bezug gesetzt werden. Am eindeutigsten und vielfältigsten ist hingegen der Feuergott der vedischen Religion mit dem Feuer verbunden. Sein Fall ist sozusagen archetypisch für den Umgang mit Feuer in

---

[1] | *AGOT*: 157 Mal; *ACOK*: 228 Mal; *ASOS*: 308 Mal; *AFFC*: 91 Mal; *ADWD*: 236 Mal.
[2] | »Und die Djinn haben Wir vorher aus dem Feuer des glühenden Windes erschaffen.« (Sure 15,27) »Er [Iblis] sagte: ›Ich bin besser als er. Mich hast du aus Feuer erschaffen, ihn hast Du (nur) aus Ton erschaffen.‹« (Sure 38,76)

der Religion und für einen Feuergott. Darum soll er hier ausführlicher behandelt werden.

Der indische Feuergott trägt den Namen des Feuers selbst. Das Wort, bzw. sein Name *Agni* ist etymologisch verwandt mit lat. *ignis* und den entsprechenden modernen Formen vor allem in den slawischen Sprachen³ wohingegen unser Wort ›Feuer‹⁴ nicht damit verwandt ist, sondern auf die andere der beiden indogermanischen Wurzeln für Feuer zurückgeht, die das Feuer vermutlich nicht als (männliche) Kraft, sondern als Sache beschreibt. Agni aber ist das (physische) Feuer und männliche Kraft zugleich. Obwohl unsterblich, hat er seinen Wohnsitz als Gast bei den Menschen aufgeschlagen. Agni ist selbst das Feuer, er verkörpert es nicht nur symbolisch, sondern ist selbst jede lodernde Flamme, jede schwelende Glut und jeder Rauch.

Der Kreis des Jahres, in den Tropen weniger an Jahreszeiten als an der zentralen Regenzeit auszumachen, spiegelt sein Leben wider, indem sich zur Zeit des Sommersolstitiums der nördlichen Hemisphäre das Sonnenfeuer im Dunkel der dichten Wolken und des Regens verbirgt. Agni flieht also, vereinfacht dargestellt, und versteckt sich.⁵ Auf der Erde kann kein ungeschütztes Feuer mehr brennen und am Himmel sieht man weder Mond noch Sonne leuchten. In dieser Form ist er zuweilen *Bṛhaspati*, als der er auch besungen wird: »Diese Verbeugung haben wir dem wetterwolkengleichen (*Bṛhaspati*) gemacht, der in vielen (Stimmen) dem Donner) nachbrüllt. [...]« (Rigveda X, 68, 12, [Herv. i.O.]) Er ist aber auch *Apam Napat*, der Wassergeborene. Als Blitz (vgl. Zeus) sieht man ihn hinter den Wolken und als Wasser kehrt er zur Erde zurück und dringt in die Pflanzen. In ihnen ist er fortan und kann von ihnen in seiner Flammengestalt stets neu geboren werden: »Ihn empfingen die Pflanzen als rechtzeitige Leibesfrucht; den Agni erzeugten die Gewässer als seine Mütter. Mit ihm gehen gleichmäßig die Bäume und die Gewächse schwanger und gebären ihn allezeit.« (Rigveda X, 91, 6) Dieses Konzept macht auch den auf den ersten Blick scheinbaren Widerspruch eines Feuergottes, der zugleich Wassergottheit ist hinfällig, zeugt doch das Wasser mithilfe des Sonnenfeuers alle Pflanzen, die dann erst das irdisch-profane Feuer gebären können. Die Rückkehr aus dem Wasser und aus dem Holz wird ebenfalls hymnisch verarbeitet, z.B. mit dem Motiv des Verrats oder des harten Durchgreifens der Götter, die sein Versteckspiel nicht dulden: »Im Schoße der Wasser ergriffen ihn die Gewaltigen (Götter). Den König, den preiswürdigen, verehrten die Stämme. Als Bote brachte *Mataricvan* von *Vivasvat* aus der Ferne *Agni Vaiçvanara*.«⁶ (Rigveda VI, 8, 4, [Herv. i.O.]) Hierbei ist *Agni Vaiçvanara* die Sonne

---

3 | Russ. ›оronь‹, ukrain. ›Вoroнь‹, slowen. ›ogenj‹, weißruss. ›Агонь‹ etc., proto-indoeuropäisch womöglich ›h₁égni-‹.

4 | Ahd. ›fiur‹, mhd. ›viur‹, altgriech. ›πῦρ‹, engl. ›fire‹, niederländ. ›Vuur‹ etc.

5 | Ausführlicher bei Hillebrand 1927: 1, 150.

6 | So übersetzt Alfred Hillebrandt 1927: 1, 152. Karl Friedrich Geldners Übersetzung lautet hingegen: »Im Schoße der Gewässer nahmen (ihn) die Büffel fest; die Clanleute huldig-

und das Opferfeuer der Götter, nicht also der Blitz, als welcher er hinter den Regenwolken gelegentlich auftaucht.

Das zweite Versteck und der zweite Geburtsort Agnis sind nach den Wolken die erwähnten Pflanzen und ihr Holz, oft auch in Abhängigkeit zum Wasser. So heißt es beispielsweise »In den Wassern, o Agni, ist dein Sitz. Du haftest an den Pflanzen«, (Rigveda V, 11, 6) oder auch »Der in den Pflanzen mächtig wächst, sowohl das (neugeborene) Kind, als in den befruchteten (Pflanzen) – der Geist der Wasser, lebenslänglich im Hause. Wie die Werkmeister ein Wohnhaus haben sie gleichmäßig ausmessend seinen Sitz[7] bereitet« (Rigveda I, 67, 9-10 [Herv. i.O.]) Konkret wird er in RV III, 5, 3 als »Kind der Gewässer« bezeichnet, dass »Eben geboren [...] durch die Pflanzen groß geworden [ist]« (Rigveda III, 5, 8). Hier fungieren die Pflanzen wieder als Nahrung, während seine Geburt im Wasser verortet wird. Entsprechend werden die Pflanzen auch als seine (teils jungfräulichen) Mütter dargestellt, die einerseits gebären, als auch andererseits stillen und nähren (so in einem an *Apam Napat* adressierten Hymnus, Rigveda II, 35, 4-5). In einem Hymnus wird Agni neben Wasser, Bäumen und Pflanzen auch aus Stein geboren (Rigveda II, 1, 1). Teilweise werden auch in einzelnen Hymnen sowohl der Gedanke eines sich in den Wolken versteckenden und von dort wiederkehrenden Agni sowie des von Menschenhand im Opfer entfachten Feuers verarbeitet (etwa der gesamte Hymnus Rigveda III, 1). Aus diesen ineinander verschränkten und verflochtenen Vorstellungen resultiert Agnis sich endlos wiederholender Lebenszyklus aus Feuer, Rauch, Wolke und Regen (Shatapatha Brahmana 5, 3, 5, 17) bzw. aus Wind, Rauch, Wolke, Blitz, Donner, Regen (Vedanta Sutra 22, 26).[8]

Zusätzlich zur Wesensgleichheit mit den Naturphänomenen wohnt er ihnen aber auch inne: Er ist selbst das Herdfeuer, lebt aber auch in selbigem. Genauso lebt er in Sonne und Mond und überhaupt allem was lebt und leuchtet, also auch im Menschen, in welchem er das Verdauungsfeuer, das *Jataragni* darstellt, das dann ebenfalls in Tieren zu finden ist. Da er auch aus Holz (wieder-)geboren wird, lebt er auch in Bäumen und Pflanzen.

Um Agni und seine Geburt zu verstehen, ist es am besten, wenn man Feuer nicht als Phänomen, sondern als Prinzip denkt. Vor diesem Hintergrund entsteht es nicht nur immer wieder neu, sondern kann auch gar nicht sterben. Denn verlöscht eine Flamme, so bleibt das Prinzip des Feuers doch unangetastet. Es kann immer wieder entzündet werden, altert nicht und ist zeitlos, weil es immer Feuer bleibt. Entsprechend muss man den Impuls, die Entstehungsmythen in Schilderungen einer Geburt und in Schilderungen eines Kreislaufes oder einer Neu-

---

ten dem preiswürdigen König [...].« (Geldner 1951: 562). Im Folgenden alle Rig-Veda-Übersetzungen nach Karl Geldner.

7 | Der Ausdruck ›Sitz‹ taucht hier zweimal auf: einmal im ersten Zitat, wo das Wasser und die Pflanzen als Agnis Sitz bezeichnet werden, und im zweiten Zitat der Sitz, den die Menschen ihm auf der Erde herrichten, Agnis Feueraltar.

8 | Geldner 1951: 1, 101 Anmerkung zu Vers 2.

geburt zu unterscheiden, unterdrücken (allerdings nicht im Sinne des jüngeren Konzeptes der Reinkarnation, wie sie erst in den Upanishaden eine wesentliche Rolle spielt).

Sein Äußeres ist ebenfalls schwer zu beschreiben. Im hymnischen Rigveda geht dichterische Verehrung mit entsprechend facettenreicher bildlicher Umschreibung einher, die den Übergang zwischen Metapher und Darstellung verwischt. Die dort zu findenden anthropo- und theriomorphen Züge spielen im Kult ohnehin keine Rolle, da er dort ja das Feuer selbst ist. Insofern gleicht er dem Feuer, ist aber genauso wie die Erscheinung des Feuers, das einmal lodert, einmal glüht und schwelt und ein anderes Mal hauptsächlich qualmt und rußt, im Aussehen unstet, und die Beschreibungen sind in ihrer Widersprüchlichkeit Spiegel der fehlenden Fassbarkeit des Phänomens Feuer.

Meist ist sein Erscheinungsbild martialisch, mitunter bedrohlich. Besondere Aufmerksamkeit erlangt vor allem sein Haupt (»flammenhaarig« in Rigveda I, 45, 6; »glutköpfig« in Rigveda VII, 3, 1), insbesondere die Anzahl seiner Köpfe (von dem kopf- und fußlosen Agni bei der Geburt in den Flüssen in Rigveda IV, 1, 11 bis zum dreiköpfigen Agni in Rigveda I, 146, 1) sowie sein Mund. So werden ihm Fangzähne (Rigveda X, 87, 3) zugesprochen und eine (teils als Sonnenfeuer gewaltige, den Himmel umspannende in Rigveda VIII, 72, 18) flammende Zunge (Rigveda VI, 6, 5), die manchmal auch als Messer (Rigveda VI, 3, 4; VIII, 19, 23) beschrieben wird, was ihrer Funktion, das Opfer zu den Göttern zu bringen, entspricht. Explizit heißt es: »Opfere du mit deinen wohlredenden Zungen bei dem Gottesdienst den Großen, fahre die Götter her und opfere ihnen!« (Rigveda VI, 16, 2). Die Zunge (hier im Plural) versengt also das Opfer im Positiven, ihre Charakterisierung als wohlredend und die Götter herfahrend zeigt deutlich Agnis Funktion als Mittler zwischen Götter- und Menschenwelt. Der Gedanke des Verzehrs geht über das Opfer hinaus und gilt auch im täglichen Umgang mit dem Feuer: »Du (frisst) selbst die festen (Hölzer), o Agni, wie ein Tier (das Gras) auf der Weide, wenn deine, des Geübten, Kräfte die Bäume fällen, du Altersloser[9]« (Rigveda VI, 2, 9 [Herv. i.O.] und vergleichbar in Rigveda, V, 9, 4). Auch die bedrohliche Macht des Feuers, in seiner selbständigen Fähigkeit zur Ausbreitung wird zum Ausdruck gebracht, teils in der faszinierenden Ambivalenz seiner Ästhetik und Bedrohlichkeit: »Deine Schönheiten sind wie die Blitze der Regenwolke; farbenprächtig erscheinen sie wie der Morgenröte Zeichen, wann du auf die Pflanzen und Bäume losgelassen selber die Speise in deinem Munde anhäufst« (Rigveda X, 91, 5). Auf der anderen Seite stehen die Beschreibungen des die Opfergaben verzehrenden Feuers, in welche die Opfergaben eingeflochten sind. Das häufig geopferte Butterfett, das Ghee[10], überträgt sich auf die Gestalt Agnis, wenn er als

---

9 | Die Alterslosigkeit des Feuergottes resultiert aus seiner immer neuen Entstehung.
10 | Ghee ist ein fettreiches, auf Milchbutter basierendes Produkt, das in der indischen und pakistanischen Küche eine wichtige Rolle spielt. Traditionell wird Butter nach und nach gesammelt, bis die ältesten Anteile der Butter bereits leicht zu säuern beginnen. Die ver-

»Schmalzgesicht« (Rigveda III,1,18) oder mit »Schmalz im Haare« (je nach Zählung[11] Rigveda VIII, 49, 2 oder VIII, 60, 2) bezeichnet wird.

In seiner Eigenschaft als Zauberfeuer verbrennt er Dämonen genauso wie als profanes Feuer feindliche Heere und Burgen als »Feindetöter«, als *Vadrhryaśva Agni* (Rigveda X, 69, 12). Besonders eindrucksvoll ist Rigveda X, 87, ein Hymnus an Agni als Raksatöter. Es handelt sich um ein Lied gegen von einem bösen Geist besessene Zauberer und Hexen und enthält viele Beispiele für die positive Kraft Agnis, das Böse zu vernichten. Diese Kraft geht über ein Verbrennen mit Feuer hinaus, und äußert sich beispielsweise auch im drastisch bildlichen Abschlagen des Kopfes eines Zauberers, der sich mit blutigem Menschenfleisch beschmiert hat (Rigveda 10, 87, 16). Dieser gewalttätige Aspekt wirkt auch ambivalent, denn auch der durch Feuer mögliche Schaden bei Haus- oder Waldbrand ist Agnis Werk. Seine Kraft kann zerstörerisch sein, ob als Wasser, Wind oder Feuer, allein darum ist es nötig, sich ihn als mächtigen Verbündeten und Freund zu sichern. Insgesamt überwiegen aber seine positiven Eigenschaften, ist er doch wie das Feuer im Alltag auch eher Hilfe als Gefahr. Er bringt Licht und Wärme, vertreibt Dunkelheit und Kälte: »Mit Licht hat er die Finsternis aus dem Luftreich getrieben [...]« (Rigveda X, 68, 5); »Er fand die Uṣas, er die Sonne, er das Feuer; er vertrieb durch Zauberlied die Finsternis.« (Rigveda X, 69, 9)

Die Ambivalenz des Feuers, das Behaglichkeit genauso wie Todesgefahr erzeugen kann, macht es zur Pflicht, seine Freundschaft zu erwerben und zu erhalten. Ihm wird im Haus ein Platz (der Herd) eingeräumt, in dem es, und somit zugleich der mit dem Feuer wesensgleiche Agni wohnen kann. Dort bekommt er Nahrung (Holz, aber auch Ghee) und Zuwendung, damit er im Haus wohnen bleibt. Eben diese freundschaftliche Nähe zum Menschen, in dessen Haus er wohnt, ist die eigentlich wichtigste Eigenschaft Agnis, und durch genau diese Nähe zum Menschen nimmt er in der vedischen Mythologie seine Sonderstellung ein. Er fungiert als Mittler zwischen Himmel und Erde, bildet darum ein Verbindungsglied, das ihn in den Augen der Menschen einerseits als Seher qualifiziert (der alte Gedanke einer ›oben‹ stehenden Gottheit wie der Sonne als Hypostase Agnis verleiht dieser einen physischen Überblick über die Welt und einen metaphysischen Überblick über die Geschicke ihrer Bewohner), andererseits befähigt, Gaben der Menschen (Opfer) zu den Göttern und Gaben der Götter zu den Menschen zu tragen, sowie im Tod den unsterblichen Teil des Menschen

---

mischte Butter wird im Topf über einem Feuer aus Holz und Kuhdung erhitzt, wodurch das enthaltene Fett den rauchigen Geschmack erhält. Es ist die am häufigsten geopferte Substanz, auch darum, weil das Fett gut und geruchsintensiv verbrennt.

11 | Die Valakhilya-Lieder VIII, 49 bis VIII, 59, die die elfte Gruppe im Rigveda bilden, galten als halbapokryph und nehmen im gesamten Rigveda eine Sonderstellung ein. Macdonnell lag eine Ausgabe des Rigveda zugrunde, bei der sie ausgelassen wurden. Geldner führt sie aber in seiner Übersetzung an, weshalb der betreffende Vers hier unter VIII, 60, 2 zu finden ist. Vergleiche auch den dortigen Kommentar zur elften Gruppe.

nach Verbrennung seiner fleischlichen Hülle im Rahmen der Feuerbestattung ebenso fortzutragen. Mehr noch, erst durch das Feuer stirbt der Mensch wirklich, der scheinbar leblose Körper wird, solange unverbrannt, noch nicht als tot angesehen.[12] Bedenkt man darüber hinaus, dass generell im Zentrum der vedischen Religion das Opfer steht, kann man Agnis Rolle kaum überschätzen. Ohne ihn kann kein Gott verehrt werden und kein Wunsch und keine Bitte erfüllt werden, weil die Menschen sonst keinen Zugang zu den Göttern hätten. Er und damit das Feuer ist Bindeglied zwischen menschlicher und göttlicher Welt.

2.2 Wesen im Feuer und gegenüber Feuer unempfindliche Wesen

Wesen aus Feuer sind seltener als Wesen, die im Feuer leben oder gegenüber Feuer unempfindlich sind. Die nordischen Feuerriesen in Muspellsheim bestehen selbst nicht aus Feuer, und selbst die in der Alchemie dem Element Feuer zugeordneten Salamander sind nicht darum die Elementargeister des Feuers, weil sie etwa äußerlich an Feuer erinnern würden, sondern weil sie im Gegenteil laut Plinius dem Älteren[13] so kalt seien, dass sie durch bloße Berührung Feuer auslöschen würden. George R.R. Martin lässt seine Drachen von den Personen seiner Bücher wiederholt als »fleischgewordenes Feuer«[14] beschreiben. Sie speien nicht bloß Feuer, sondern sind auch selber heiß, sodass sogar ihre Wunden rauchen (*ADWD* 608), äußerlich aber sind sie, anders als z.B. Agni oder die tolkienschen *Valaraukar* bzw. *Balrogs* (Tolkien 1982: Valaquenta 35), um ein Beispiel aus der Fantasy-Literatur zu nennen, vom Feuer unterschieden und entsprechen den gängigen jüngeren (westlichen) Vorstellungen von (Feuer-)Drachen, wie sie in Film und Videospiel (*Dragonheart*, 1996; *Herrschaft des Feuers*, 2002; *Skyrim*, 2011;[15] Der

---

12 | Daher ist die von Europäern als ›Witwenverbrennung‹ bezeichnete Sitte, Sati, eigentlich keine solche. Die Ehefrau ist, da der Mann noch nicht verbrannt ist, noch keine Witwe, ist ihr Mann schließlich noch nicht wirklich tot. Es handelt sich aus Sicht der ›Witwe‹ vielmehr um einen gemeinsamen Tod der Eheleute.
13 | »huic tantus rigor, ut ignem tactu restinguat non alio modo quam glacies.« Plinius d. Ältere, *naturalis historia*, X, 86.
14 | Daenerys z.B. hört diesen Ausdruck das erste Mal von Quaithe, (*ACOK* 258) liest ihn in später in einem Buch, das Jorah Mormont ihr schenkte, (*ADWD* 48) und hat die Assoziation später selbst, als sie die Haut ihres Drachens Drogon berührt (*ADWD* 608).
15 | In *Skyrim* wird ein neuartiger Gedanke zur Idee des Drachens hinzugefügt: Die Macht der Drachen rührt hier aus ihrer Sprache her, die so ausdrucksstark ist, dass es keinen Unterschied mehr zwischen einer verbalen und kämpferischen Auseinandersetzung zwischen zwei Drachen gibt. Das der Kehle des Drachen entspringende Feuer entstammt also nicht einer besonderen Magie oder arkanen Chemie, sondern ist ausdrucksstärkste Sprache. Im Spiel haben die Drachen die Menschen in ferner Vergangenheit mit ihrer überwältigenden Macht unterdrückt, bis einzelne Menschen gelernt haben, selber in der Sprache der Drachen zu sprechen und ihre Feinde so mit deren eigenen Waffen zu schlagen. Den

Hobbit 2012/13/14; etc.) adaptiert wurden und werden. Entgegen vorchristlichen Vorstellungen von Drachen als Chaosmächten (die von Marduk besiegte Tiamat im babylonischen Weltentstehungsmythos *Enuma Elisch*, die Midgardschlange in der nordischen Mythologie) ist der Drache und seine Beliebtheit in der bildenden Kunst seit der christlichen Spätantike vor allem durch die Gleichsetzung von Teufel und Drache in der Johannesoffenbarung bedingt (Böcher 1999: 968). Entsprechend steht weniger seine Bedrohlichkeit im Vordergrund als die Tatsache, dass er besiegt wird oder ist, sei es durch Heilige (Georg, Margaretha, Martha), den Erzengel Michael oder durch Christus selbst. Eine Verbindung zum Feuer ist keine vordergründige Eigenschaft dieser Vorstellung des Drachens.

2.3 Feurige Orte

Die heute verbreitete Verbindung zwischen Drache und Feuer entstammt vielleicht der Vorstellung der Hölle, die als feuriger Ort des Bösen ihre Eigenschaften auf das Böse (den Drachen) übertragen hat. Dabei ist die Hölle selbst ebenfalls nicht schon immer heiß gedacht. Gerade die Völker Mittel- und Nordeuropas hätten eher das ewige Eis als Ort gequälter Seelen gedacht. Wenn die Vorstellung einer Feuerhölle demnach aus einem warmen Land stammen sollte (Goudsblom 2016: 240; ref. auf Freudenthal 1931) (die verschiedenen chinesischen [Feuer-]Höllen können keinen Einfluss in Europa gehabt haben), wäre zuerst an den Einfluss des Islams zu denken, denn die biblischen Schilderungen der Hölle denken zuerst an einen trostlosen Ort der Finsternis[16] und Deprivation, in dem man eine schwache, ewig gleiche Weiterführung der eigenen Existenz weiterlebt[17]. An Feuer wird häufig nicht gedacht, und überhaupt gibt es keine konkrete Beschreibung der Hölle mit Lehrcharakter, allerdings verweist die im Neuen Testament auftretende Bezeichnung γέεννα (géhenna) als Lehnwort womöglich auf den Ort des Feuerkultes des Moloch (Ge-Hinnom), dem Kinder geopfert wurden, und in diesem Kontext übersetzt Luther dann auch mit »höllischem Feuer«[18]. Im Koran

---

Sieg über die Drachen erreichten die Menschen in dem Moment, als sie begannen, eigene, neue Worte in der Drachensprache zu sprechen, also die Sprachentwicklung selbst in die Hand zu nehmen.

16 | »[...] ins Land der Finsternis und des Dunkels, ins Land, wo es stockfinster ist und dunkel ohne alle Ordnung, und wenn's hell wird, so ist es immer noch Finsternis.« (Hiob 10, 21.22, auch Psalm 94, 17; Hiob 7, 9.10)

17 | Gedacht ist an den griechischen Hades und die jüdische Š'ôl.

18 | Mt 5,22; 18,9. Eigentlich also eher ›gehennisches Feuer‹ (vgl. Frankenmölle 2000: 1847f.).

gibt es einige Stellen[19], die explizit eine feurige, unten gelegene Hölle[20] schildern. So heißt es: »Er wird seinem Volk am Tag der Auferstehung vorangehen. Er führt sie wie zur Tränke ins Feuer hinab – welch schlimme Tränke, zu der sie hinabgeführt werden!« (Sure 11, 98)

Die Hölle im Koran ist ein Ort, an dem Maßlose[21] ihre Strafe gemeinsam mit den Djinn[22] im Feuer empfangen, Ungläubige sogar zeitlich unbegrenzt[23], und diese Vorstellung entspricht dann bereits in weiten Teilen der mittelalterlichen und frühneuzeitlichen christlichen Vorstellung der Hölle. So reizvoll der Gedanke ist, dass Drachen ihr Feuer aus der Hölle erhalten haben, man kann ihn wohl nicht nachweisen. In jedem Fall ist die destruktive Kraft des Feuers schon immer bekannt[24], und der Gedanke, diese zerstörerische Kraft auf ein Ungeheuer zu übertragen, liegt nahe.

2.4 Feuer in der Religionspraxis

In der religiösen Praxis spielt aber die destruktive Kraft von Feuer kaum eine Rolle. Im Bereich des Opfers ist Feuer unverzichtbar, denn es sublimiert die Opfergaben und trägt sie in Form von Rauch nach oben, wo Gottheiten wegen des physischen Überblicks über die Welt häufig gedacht werden, und Opfergaben können eben auch Menschen wie im aztekischen Kult für den Feuergott Huehueteotl und sogar wie im Fall des von König Josia abgeschafften Molochkultes Kinder sein.[25] Aber hierbei zerstört das Feuer die Opfergaben nicht, sondern transportiert sie, wenn auch sublimiert, zur Gottheit und hat somit als Zweckfeuer Mittlerfunk-

---

19 | »[...] Und wir haben für sie die Pein des Feuerbrandes bereitet.« (Sure 67,5) »Wer vom Feuer weggerückt und ins Paradies geführt wird [...].« (Sure 3,185)
20 | Auch diese Hölle (ǧahannam) ist ein Lehnwort von Ge-Hinnom, der zeitliche Abstand zum Molochkult ist aber entsprechend größer.
21 | »Die Maßlosen sind die Gefährten des Feuers.« (Sure 40,43)
22 | »Geht ein ins Feuer mit Gemeinschaften von den Djinn und den Menschen [...]«; »[...] So lass ihnen eine doppelte Pein vom Feuer zukommen.« (Sure 7,38)
23 | »Diejenigen von euch, die sich nun von ihrer Religion abwenden und als Ungläubige sterben, deren Werke sind im Diesseits und im Jenseits wertlos. Das sind die Gefährten des Feuers; sie werden darin ewig weilen.« (Sure 2,217)
24 | Vgl. z.B. das verheerende byzantinische Seefeuer, das in *ASOIAF* als ›wildfire‹ adaptiert wird.
25 | Berühmt ist das in letzter Sekunde verhinderte Kinderopfer Abrahams, der seinen Sohn Isaak Gott in einem Feueropfer beinahe dargebracht hätte. König Ahas hingegen lässt seinen Sohn tatsächlich »durchs Feuer gehen« (2. Kön 16,3), genauso wie König Manasse (2. Kön 21,6). König Josia beendet den Molochkult und andere heidnische Bräuche. Im Rahmen dieses Ikonoklasmus werden auch Götzenbilder verbrannt (2. Kön 23). An anderer Stelle werden die Söhne des ersten Priesters Aaron, als sie ein »fremdes Feuer« darbringen von Gott mit spontaner Selbstverbrennung bestraft (3. Mose 10,1-2).

tion, wenn auch nicht personifiziert wie Agni. Im Zentrum der allerersten Geschichte der Bibel, die außerhalb des Paradieses handelt, bildet die Sublimierung und Übermittlung der Opfergaben sogar den Ausgangspunkt des Geschehens: Gott nimmt Abels Tieropfer an, aber Kains vegetarisches Opfer wird abgelehnt, und Gott sieht es nicht an (Gen 4, 5).

Überhaupt ist es eher das gute, hilfreiche Feuer, das in religiöser Praxis auftaucht. Es ist eine göttliche Gabe, die wir Prometheus (Hesiod: op. 50-58) verdanken, und gewährt uns Wärme und Licht und damit Schutz gegen Kälte und Dunkelheit. Da Feuer schwer entfacht werden kann, muss es bewahrt werden, was entsprechend kultisch aufgeladen wird. Wie dem vedischen Feuergott Agni, ist auch der griechischen Hestia und der römischen Vesta das Herdfeuer geweiht.[26] Die Vestalinnen hüten das ständig brennende Hauptfeuer im Vesta-Heiligtum und entzünden es zu Jahresbeginn[27] rituell aufs Neue. Um das kostbare Feuer nicht zu verunreinigen, müssen sie unter Androhung drastischer Bestrafung für ihre rituelle Reinheit Sorge tragen.

Im christlichen Festkreis ist das Feuer Symbol des Lichts (Christus). Das Ewige Licht am Altar brennt das ganze Jahr über, bis es am Gründonnerstag gelöscht wird, um am Ostermorgen (am Osterfeuer) neu entzündet zu werden. In der Orthodoxie gibt es den Glauben an das Heilige Feuer, das alljährlich sich auf wundersame Weise in der Grabeskirche neu entzündet. Die sukzessive anzuzündenden Kerzen des Adventskranzes sind eine verhältnismäßig junge Sitte, unterstreichen aber deutlich den ursprünglich erwartungsvollen Charakter der adventlichen Fastenzeit, die mit dem dunkelsten Tag der kalten Jahreszeit und des Jahres[28] endet. Von da an kehrt in Christus das Licht in die Welt zurück, die Lichtersymbolik der Weihnachtszeit (beginnend am 25. Dezember) hat ihre Parallele in den Mittwinterfeuern. Auch am Johannistag, dem am hellsten Tag des Jahres dem Weihnachtsfest im Kirchenjahr gegenüberstehenden Fest, wurden und werden große Feuer entzündet, diese entsprechen in ihrem Typus den Mittsommerfeuern.

Entsprechend den am Jahreskreis des Sonnenlichts ausgerichteten Festen[29] gibt es auch den kleineren Kreislauf des Sonnentages. Im alten Ägypten wird spätestens seit der fünften Dynastie der Sonnengott Re als Schöpfer und Erhalter

---

26 | Allerdings sind weder Vesta noch Hestia, anders als Agni, wesensgleich mit dem Herdfeuer.

27 | D.h. am 1. März. (Radke 1975: 1227-1229).

28 | Zum Zeitpunkt der Einführung des Weihnachtsfestes lag die Wintersonnenwende auf dem 25. Dezember des julianischen Kalenders.

29 | Weitere Feuerfeste des Jahres sind z.B. das Feuer am letzten Abend der Zwölften (Rauhnächte), das Maifeuer, das dem keltischen Beltanefeuer entspricht, das Herbstfeuer am 1. August in Makedonien, am 8. September die Geburt der Jungfrau auf Capri oder das keltische Winteranfangsfeuer am Vorabend zum 1. November. Weitere Beispiele und Erläuterungen bei: Frazer 1913.

verehrt, später unter Echnaton zeitweise Aton. In Babylonien vertreibt Schamasch die Finsternis und erleuchtet die Welt. Der griechische Sonnengott Helios hat keinen Kult erhalten wie der römische Sol, wird aber gegrüßt und angerufen (Böcher 1991: 85), weil er mit seinem feurigen Sonnenwagen mit Zuverlässigkeit täglich über den Himmel fährt und aus dieser Position alles sieht (Homer: 3, 277). Aus Angst vor einer Unterbrechung der elementaren Lebensrhythmen und des Sonnenkreislaufs, opferten die Azteken ihrem Feuergott Huehueteotl täglich Menschen, damit die Sonne weiter beständig morgens aufgeht. Und auch die Geschichte von Phaeton, der den Sonnenwagen seines Vaters Helios zu lenken versucht, dann aber abstürzt und die Welt in Flammen setzt bis Zeus interveniert, verarbeitet die Angst vor einer Störung des Kreislaufs von Tag und Nacht, genauso wie in Hosea 6,3 die stets wiederkehrende Morgenröte Sinnbild für die Verlässlichkeit Gottes ist.

Das Feuer der Sonne, die beständig jeden Tag neu aufgeht und das Herdfeuer, das in ihrer nächtlichen Abwesenheit Wärme und Licht spendet, sind diejenigen Kräfte, die den Menschen am Leben erhalten, denn er kann in Dunkelheit und Kälte nicht leben. Die aus diesem täglichen Kreislauf erwachsenden Antagonisten Licht und Finsternis, Tag und Nacht, Wärme und Kälte erhalten ihren mythischen Niederschlag im antithetischen Dualismus. In der germanischen Mythologie kommt es in der ›Götterdämmerung‹ Ragnarök zur Auseinandersetzung zwischen Licht- und Finsternismächten: Der Lichtgott Baldur wird ermordet, und Fenrir verschlingt die Sonne. Besonders ausgeprägt ist der Dualismus bei den von Strabon (15, 3, 15, 733C) vereinfachend als ›Feueranbeter‹ bezeichneten Parsen zu finden. Im Zoroastrismus manifestiert sich im Tempelfeuer der gute Gott des Lichtes und der Wahrheit, Ahura Mazda, und ihm gegenüber steht, stellvertretend für die Finsternis, der böse Gott der Finsternis und Lüge, Ahriman. George R.R. Martin nennt selbst[30] die dualistische Religion der Parsen explizit als konkrete Anregung für die Weltanschauung Melisandres und die Religion des sich im Feuer offenbarenden Roten Gottes R'hllor[31]. Die rote Priesterin und Seherin Melisandre[32] beschreibt diesen Dualismus:

---

30 | Interview vom 28. Juli 2011 bei *Talks at Google* mit George R.R. Martin. <https://www.youtube.com/watch?v=QTTW8M_etko>.

31 | Auch die Selbstoffenbarung des Roten Gottes im Feuer ist in der Tat angelehnt an den Parsismus und die Verehrung von Ahura Mazda, aber auch in der Bibel gibt es Feuerepiphanien: Der brennende Dornbusch Ex 3,2 und besonders Gottes gewaltige Selbstoffenbarung am Sinai (Dtn 4,11f.; 5,22f.) stehen am Beginn und am Höhepunkt der Exodusgeschichte.

32 | Melisandre gewinnt mit ihren Blicken ins Feuer Einsichten über kommende oder entfernte Ereignisse. Was Martin schildert bezeichnet man als Morphisierung von Amorphem: In den konturlosen Flammen des Feuers nimmt die Seherin die Formen ihrer Vision wahr.

»There are two [gods], Onion Knight. Not seven, not one, not a hundred or a thousand. Two! Do you think I crossed half the world to put yet another vain king on yet another empty throne? The war has been waged since time began, and before it is done, all men must choose where they will stand. On one side is R'hllor, the Lord of Light, the Heart of Fire, the God of Flame and Shadow. Against him stands the Great Other whose name may not be spoken, the Lord of Darkness, the Soul of Ice, the God of Night and Terror. Ours is not a choice between Baratheon and Lannister, between Greyjoy and Stark. It is death we choose, or life. Darkness, or light.« (ASOS 232)

2.5 Feuer als Waffe gegen das Böse, das im Dunkeln lauert

Wenn Feuer trotz seines destruktiven Potentials in Verbindung mit Leben, Tag und dem Guten steht, ist naheliegend, dass es gegen die Mächte der Finsternis und der Kälte eingesetzt werden kann. Herakles lockt die Hydra zuerst mit brennenden Pfeilen aus ihrer Höhle, bevor er sie behelfs eines künstlichen Waldbrandes bezwingt. Aber auch Gretel entledigt sich der Hexe im Feuer des Backofens, und Vampire sind nicht bloß kalt, sondern genauso durch Feuer verwundbar wie der nordamerikanische menschenfressende Wendigo mit seinem Herz aus Eis. Bei Martin wird der erste auftretende Wiedergänger mit Feuer besiegt, nachdem konventionelle Waffen versagen (AGOT 380), und auch die Others, die geradezu personifizierte Andersheit und Kälte sind,[33] sind in den ersten fünf Bänden der Reihe mutmaßlich[34] empfindlich gegenüber valyrischem Stahl, der auch Drachenstahl genannt wird, und Obsidian, der auf valyrisch »gefrorenes Feuer« (ASOS 704) genannt wird:

»›The armor of the Others is proof against most ordinary blades, if the tales can be believed,‹ said Sam, ›and their own swords are so cold they shatter steel. Fire will dismay them, though, and they are vulnerable to obsidian.‹ He remembered the one he had faced in the haunted forest, and how it had seemed to melt away when he stabbed it with the dragonglass dagger Jon had made for him. ›I found one account of the Long Night that spoke of the last hero slaying Others with a blade of dragonsteel. Supposedly they could not stand against it.‹ ›Dragonsteel?‹ Jon frowned. ›Valyrian steel?‹ ›That was my first thought as well‹.« (AFFC 65)

In diesem Fall werden die Eigenschaften des Feuers auf rätselhafte Weise in einem Werkstoff gebunden, der dann diese Eigenschaften innehat. Eine Waffe aus diesem Werkstoff kann dann ebenfalls gegen eine Waffe, die die Eigenschaf-

---

33 | Die Anderen sind gewissermaßen ›Fleisch gewordene Kälte‹. Stannis Baratheon bezeichnet sie als »Demons made of snow and ice and cold« (ASOS 704).
34 | In der Serie wird die Vermutung bestätigt (SE 5 EP 8).

ten der Kälte verinnerlicht hat, eingesetzt werden.[35] Wie so oft spielt Martin auch hier mit dem in unbekannter Vergangenheit oder großer topografischer Entfernung liegenden Berührungspunkt zwischen Geschichte und Mythos. Es bleibt unklar, ob die Others tatsächlich aus Eis und Kälte bestehen, und die Aussagen über Drachen, valyrischen Stahl und Drachenglas haben eher metaphorischen oder poetischen Charakter.

3. Schlussbemerkung

Martin spielt in *A Song of Ice and Fire* mit dem uralten Motiv der Antagonisten Lebenswärme und Todeskälte. Man sollte ihm nicht vorwerfen, dass er alte Ideen aufwärme, zumindest sollte man das nicht als Vorwurf formulieren. Vielmehr greift Martin Motive auf, die wahrscheinlich Stoff für Geschichten und Mythen waren, bevor man in der Lage war, sie überhaupt aufzuschreiben. Die Kälte ist der urtümlichste Feind des Menschen, sie ist das völlig Andere, in dem wir nicht leben können, genauso wenig, wie sie in uns bestehen kann. Was wir zu uns nehmen, wird zu unserer Wärme, und wenn wir kalt werden und unsere Körperwärme verloren haben, ist unser lebendiges Dasein beendet. Das Feuer ist die anthropologische Konstante in den Jahrtausenden seit seiner Domestizierung, die uns gegen diesen ersten Feind des Lebens zur Seite steht, und wir können es einsetzen gegen Dunkel und Kälte, und entsprechend ist es wirksam gegen das, was wir im Dunkel zwar nicht sehen aber umso mehr befürchten. Darum wird es verehrt und hat in Religion, Ritus und Mythos immer seinen Platz.

Im Alltag sind die Flammen häufig nicht mehr sichtbar, und Kerzen zünden wir heutzutage vor allem an, um es dunkel statt hell zu machen. Aber Licht und Wärme stammen, auch wenn sie an anderer Stelle erzeugt werden, nach wie vor aus Feuern, unsere Nahrungskette beginnt mit den aufs Sonnenfeuer angewiesenen Pflanzen, und jedes Molekül unseres Körpers besteht aus Elementen, die im Feuer vergangener Sterne erbrütet wurden. Insofern sind nicht nur Daenerys' Drachen, sondern auch wir tatsächlich ›fleischgewordenes Feuer‹.

Literatur

Böcher, Otto (1991): »Licht und Feuer«, in: Müller, Gerhard/Balz, Horst/Krause, Gerhard (Hg.), Theologische Realenzyklopädie, Bd. 21, Berlin u.a.: de Gruyter, S. 83-119.

---

35 | Jon pariert erfolgreich den Angriff eines der Others mit seinem Bastardschwert aus valyrischem Stahl (SE 5 EP 8).

Böcher, Otto (1999): »Drache«, in: Betz, Hans Dieter (Hg.), II. Religion in Geschichte und Gegenwart. Handwörterbuch für Theologie und Religionswissenschaft, Bd 2. 4. Aufl. Tübingen: Mohr Siebeck, S. 966-968.

Crawley, Alfred Ernest (1913): »Fire, Fire-Gods«, in: Hastings, James (Hg.), Encyclopaedia of Religion and Ethics, Vol. 6. Edinburgh: T.&T. Clark, S. 26-30.

Eggeling, Julius (1882): »The Satapatha-Brâhmana according to the text of the Madhyandina School«, in: Müller, Max (Hg.), The Sacred Books of the East, Bd. 12, Oxford: Clarendon Press, Reprinted by Motilal Banarsidass, New Delhi. Shantilal Jain At Shri Jainendra Press 1963, 1966, 1972, 1978.

Findly, Ellison Banks (1987): »Agni«, in: Eliade, Mircea (Hg.), Encyclopaedia of Religion, Bd. 1, New York/London: Macmillan, S. 133-135.

Frankenmölle, Hubert (2000). Hölle. III. Neues Testament, in: Betz, Hans Dieter (Hg.), Religion in Geschichte und Gegenwart. Handwörterbuch für Theologie und Religionswissenschaft, Bd. 3, Tübingen: Mohr Siebeck, S. 1847-1848.

Frazer, James George (1913): The Golden Bough. A Study In Magic And Religion. Part 7. Vol 1. Balder the Beautiful. The Fire-Festivals of Europe and the doctrine of the external soul. London: Macmillan and Co., 1913.

Frazer, James George (1930): Myths of the Origin of Fire, London: Macmillan and Co.

Freudenthal, Herbert (1931): Das Feuer im deutschen Glauben und Brauch, Berlin: De Gruyter.

Furley, William D. (2000): »Feuer«, in: Betz, Hans Dieter (Hg.), Religion in Geschichte und Gegenwart. Handwörterbuch für Theologie und Religionswissenschaft, Bd. 3, Tübingen: Mohr Siebeck, S. 104-105.

Geldner, Karl Friedrich (1951): »Der Rig-Veda. Aus dem Sanskrit ins Deutsche übersetzt und mit einem laufenden Kommentar versehen«, in: Lanman, Charles Rockwell (Hg.), Harvard Oriental Series, Bd. 33- 36, Cambridge, Massachusetts: Harvard University Press. Geldners Übersetzung als Onlineressource: www.sanskritweb.net/rigveda/rigveda.pdf

Radke, Gerhard (1975): »Vesta«, in Der kleine Pauly. Lexikon der Antike. Bd. 5, S. 1227-1229.

Goudsblom, Johan (2016): Feuer und Zivilisation, Wiesbaden: Springer VS. http://dx.doi.org/10.1007/978-3-658-06506-5

Hesiod: Werke und Tage. Herausgegeben und übersetzt von Schönberger, Otto (2004), Stuttgart: Philipp Reclam.

Hillebrand, Alfred (1927): Vedische Mythologie. In zwei Bänden, Breslau: M. & H. Marcus.

Lehmann, Winfried P./Ratanajoti, Hundirapola (1975): »Typological syntactical Characteristics of the Śatapathabrāhmaṇa«, in: Mallory, James Patrick (Hg.), Journal of Indo-European Studies, Bd. 3, S. 147-160.

Homer: Ilias. Herausgegeben und übersetzt von Hampe, Roland (1986). Stuttgart: Philipp Reclam.

Macdonnell, Arthur Anthony (1897): »Vedic Mythology«, in: Bühler, Georg (Hg.), Grundriss der Indo-Arischen Philologie und Altertumskunde (Encyclopedia of Indo-Aryan Research), Bd. 3, Heft A. Strassburg: Karl J. Trübner.

Moeller, Volker (1975): Die Mythologie der vedischen Religion und des Hinduismus, Stuttgart: Ernst Klett Verlag.

Moeller, Volker (1984): »Agni«, in: Haussig, Hand Wilhelm (Hg.), Götter und Mythen des indischen Subkontinents (= Wörterbuch der Mythologie), Abteilung 1: Die alten Kulturvölker. Bd. 5, Stuttgart: Klett-Cotta.

Moeller, Volker (1984): »Apam napat«, in: Haussig, Hand Wilhelm (Hg.), Götter und Mythen des indischen Subkontinents (= Wörterbuch der Mythologie), Abteilung 1: Die alten Kulturvölker. Bd. 5, Stuttgart: Klett-Cotta.

Simek, Rudolf (2006): Lexikon der germanischen Mythologie, Stuttgart: Alfred Kröner Verlag.

Strabo: The Geography VII. Books XV-XVI. Translated by Horace Leonard Jones. Cambridge, Mass. 1983 (zuerst 1930).

Thibaut, George (1904): The Vedântâ-Sûtras. With Commentary by Râmânuja, in: Müller, Max (Hg.), The Sacred Books of the East, Bd. 48, Oxford: Clarendon Press, Reprinted by Motilal Banarsidass, New Delhi. Shantilal Jain At Shri Jainendra Press 1963, 1966, 1972, 1978.

Tolkien, John Ronald Reuel (1982): The Simarillion, Valaquenta 35. Ballantine Books, New York, 29. Auflage.

Mythologien des Nordens: von Hyperborea nach Westeros
Eine mythologische Amplifikation zu *ASOIAF*

Marco Frenschkowski

Mythologische Bezüge existieren in Texten imaginativer Literatur auf sehr verschiedenen Ebenen: in der Geschichte der Stoffe, Themen und Motive, in den narrativen Grundstrukturen, in den kreativen Gestaltungsakten des Autors oder der Autorin, oder, wenn wir die Texte in ihrer Rezeption analysieren, intertextuell bzw. rezeptionsästhetisch in den mythologischen und symbolischen Universen der Leserinnen und Leser, innerhalb derer sie die Texte lesen und innerlich entfalten. Diese Bilder und Symbole existieren nicht jedes für sich allein, als Motiv-Atome, sondern in traditionellen Konstellationen, in Clustern, zu denen auch Symboloppositionen gehören. Grundlegend ist dabei die Einsicht, dass diese Bezüge sozusagen einen eigenen virtuellen Raum bilden, der präsent und wirksam ist, auch wenn z.B. der Autor über diese Bezüge nicht weiter nachgedacht hat. Das gilt insbesondere dann, wenn es um die Tiefendimensionen und geschichtlichen Vernetzungen von Symbolen geht. Diese prägen Texte oft geradezu unabhängig von Autorintentionen und ähnlichem: sie besitzen eine eigene Dynamik, die über das hinausgehen kann, was der Autor für seinen Text ›plant‹. Dennoch kann ein seriöses Gespräch mit dem Text dieses Symbolumfeld nur heuristisch verwenden, als Frage an den Text oder seine Leserinnen und Leser. Die mythologische Amplifikation kann nicht besserwisserisch im Text finden wollen, was niemand sonst in diesem findet (etwa auch der Autor nicht), sie kann aber behutsame Fragen stellen, inwiefern die Traditionen etwa der Religionsgeschichte aufzeigen, was im Text durchaus vorhanden, aber verborgen ist. Vorhanden kann auch heißen: potentiell vorhanden, im Deutungsraum der Leserinnen und Leser.

Das Symbolumfeld eines *Mythologumenons* ist in diesem Sinne ein sozusagen virtueller Möglichkeitsraum mythologischer Bezüge. Er beschreibt eine oft sehr divergierende Potentialis, wie ein literarisches (oder cineastisches) Werk seine eigene Symbolwelt im Kontext eines offenen Raumes an Bezügen gestaltet. Das wird dies im Folgenden sehr knapp am Symbolraum ›Eis‹ bzw. ›Norden, Kälte‹

skizziert.¹ Dabei geht es um das Symbolumfeld, nicht um George R.R. Martins Umsetzung in seinen Romanen selbst, die hier nicht dargestellt werden können und als bekannt vorausgesetzt werden.²

1920 publiziert Robert Frost sein Gedicht *Fire and Ice*, das George R.R. Martin als eine wesentliche Inspiration für den Titel seines epischen Romanzyklus benannt hat.³

FIRE AND ICE

Some say the world will end in fire,
Some say in ice.
From what I've tasted of desire
I hold with those who favor fire.
But if it had to perish twice,
I think I know enough of hate
To say that for destruction ice
Is also great
And would suffice.
(Frost 1920)

Dieses kleine Gedicht wiederum ist direkt durch Canto 32 von Dantes Inferno inspiriert, demzufolge der innerste Höllenkreis nicht etwa feurig, sondern in Eis gefroren ist (anknüpfend an eine biblische Aussage⁴). Zugleich steht ferner in einem weiteren Hintergrund der Wendung »Ice and Fire« natürlich das Szenario der germanischen, genauer der isländischen Mythologie. Wir denken dabei an die Reiche des Nordens in den alteuropäischen Mythologien. Niflheim (altnordisch

---

1 | Komplementär zur Studie meines Sohnes Dominic Frenschkowski über die Feuersymbolik, ebenfalls im vorliegenden Band.

2 | Von besonderer Bedeutung ist dabei der Band TWOIAF. Diese ›Vorgeschichte‹ zum Romanzyklus verhält sich zu diesem etwa wie Tolkiens *The Silmarillion* (1977) zu *The Lord of the Rings*, obwohl das mythologische (und auch poetische) Element darin deutlich geringer entfaltet ist, und das Werk eher eine legendenhafte pseudo-historische Vorgeschichte bietet. Zum ›Norden‹, zur ›großen Mauer‹ etc. werden aber grundlegende Informationen geboten, die im Folgenden ebenfalls vorausgesetzt sind.

3 | Erstveröffentlichung: Es ist eines der meistgedruckten Gedichte Frosts. Martin hat sich öfter in Interviews zu diesem Gedicht als Inspiration für seinen Romanzyklus geäußert, etwa: <https://yabookreviewer.wordpress.com/2012/10/10/game-of-thrones-author-george-r-r-martin-reveals-winds-of-winter-details-and-more/> (Fassung Mai 2016).

4 | Die Hölle als ein Ort von »Heulen und Zähneklappern« (Mt 8,12; 13,42; 13,50; 22,13; 24,51; 25,30 und einmal Lk 13,28). Die konträren Höllensymboliken (›Kälte‹ und ›Hitze‹) zeigen deutlich, dass dies auch für antike Leserinnen und Leser selbstverständlich symbolische Ausdrucksformen waren.

Niflheimr »dunkle Welt«, nur volksetymologisch als »Nebelheim« gedeutet) ist in der nordischen Mythologie ein eisiges Gebiet im Norden, im Gegensatz zum heißen Muspellsheim, das im Süden liegt. In Niflheim liegt die Quelle Hvergelmir, die ihre eisigen Wasser in den Ginnungagap ergoß, den uranfänglichen kosmogonischen Abgrund (zu Schöpfungsmythen siehe allgemein Frenschkowski 2007, Frenschkowski 2010). Durch die Hitze Muspellsheims erwärmt entsteht der Riese Ymir als erstes Wesen; aus seinem Körper bildet sich der Kosmos. Auch eine Wurzel des Weltenbaums Yggdrasill erstreckt sich durch Niflheim hindurch. Die Dualität von Feuer und Eis gewinnt also kosmologische Bedeutung: aus ihr entsteht die Welt der Menschen und Götter.

Niflheim, die kalte, dunkle Welt, ist dabei als Begriff ausschließlich in der Prosa-Edda des altisländischen Skalden und Historikers Snorri Sturluson (gest. 1241) überliefert und ist vielleicht als Begriff geradezu erst seine Schöpfung. Die Vorstellung einer mythischen Eisregion im Norden wird aber älter sein (Simek 2006: 300f. Dort auch zum selteneren Begriff »Niflhel«). Niflheim und Muspelheim existieren als uranfängliche Polarität, aus der alles weitere Sein entsteht. Niflheim diametral entgegengesetzt ist also Muspellzheimr (so eigentlich die isländische Form), als Begriff in dieser Form ebenfalls nur bei Snorri Sturluson in der Prosa-Edda überliefert, eine Welt des Feuers und der Hitze. Die Bedeutung des Grundwortes muspilli ist nicht ganz durchsichtig: bevorzugt wird die Vermutung, es bedeute ›Weltuntergang durch Feuer‹ (Simek 2006: 289-291). Im Althochdeutschen, genauer im Altbairischen, begegnet das Wort im Gedicht »Muspilli«, das neben dem Hildebrandslied die einzige erhaltene umfangreichere althochdeutsche Stabreimdichtung ist (z.T. auch mit Endreimen), und wohl um 870 entstanden sein dürfte (im Text steht der Dat. Sing. muspille). Die Gesamtsymbolik der beiden Begriffe ist jedoch deutlich: alles Leben entfaltet sich zwischen zwei uranfänglichen Sphären, der des Eises und der des Feuers, die es auch wieder zerstören können, und die als chaotische Bedrohung am Rande der von Menschen bewohnten Welt existieren. Kosmogonisches und destruktives Potential sind identisch: Feuer und Eis sind Urkräfte des Kosmos.

Damit ist eine mögliche Form einer Mythologie des Nordens benannt: der Norden als das kalte, unheimliche Land, wohin es niemanden zieht, in dem aber elementare Kräfte wirken. Mächtige Winter von apokalyptischen Ausmaßen können aus diesem Norden herabkommen in die wärmeren Gefilde: der Fimbulwinter (altnordisch Fimbulvetr, »riesiger Winter«), die erste der vier eschatologischen Katastrophen, die den Untergang der Götter, Ragnarök, einleiten (exemplarisch Hultgård 2009). Manchmal wird er beschrieben als drei aufeinanderfolgende strenge Winter ohne einen Sommer dazwischen, mit Schnee, klirrendem Frost und eisigen Stürmen. Heute in den skandinavischen Ländern meint das Wort umgangssprachlich (in abgesunkener Bedeutung) auch allgemein einen außergewöhnlich harten Winter. Eine ähnliche Idee kennt eine iranische Sage, die dort aber in die Urzeit verlegt wird: König Jamshid (gesprochen Jæmšīd), der avestische Yima (Urmensch), wird von Gott (Ahura Mazda) angehalten, eine gewaltige unterirdische Zuflucht (vara) zu bauen, mehrere Kilometer groß, in der die Menschheit und ein Paar von jeder Tierart einen entsetzlichen Winter überleben können, den die Dämonen über den Iran bringen (Textsammlung in Widengren 1961: 251-279, bes. 263-279). Es ist dies eine eigentümliche Variation des Noah-Themas, aber mit Schnee und Eis als bedrohlichen Mächten, nicht mit Wasser und Flut. Die Sage scheint im Iran indoarisches Erbe zu sein und ist vielfach bezeugt (West 2007: 377).

Wir benennen mit diesen Assoziationen einige sozusagen konzentrische Kreise um die Symbolik des Nordens und damit verbunden der großen Mauer, und das bedrohliche, vernichtende ›Eisland‹ ist eine dieser Variationen. Damit entsteht ein Raum symbolischer mythologischer Konnotationen, in denen Martin und sein Romanwerk wahrgenommen werden können. Ähnlich steht es mit dem finnischen Nordland Pohjola (auch Pohja) im Kalevala, dem finnischen Nationalepos. Teils als Land, teils als Dorf imaginiert, befindet es sich in unmittelbarer Nähe des Totenreiches (in manchen Quellen ist es von diesem durch eine gewaltige Steilwand getrennt). Zuweilen berühren sich auch nahebei Himmelgewölbe und Erde. Mit dem Land der Samen, d.h. Lappland, hat es kaum etwas gemein, sondern ist ein symbolischer Ort des Bösen. Herrscherin ist Louhi, eine bösartige Hexe. Der ›Norden‹ ist für die Finnen damit zumindest insofern die Region des Bösen, Gefährlichen in einem numinosen Sinn, weit über die bloße Kälte hinaus (Castrén 1969: 244-247; Honko 1973: 340-342, 367f.). Solche symbolischen Konnotationen sind in hohem Maße gesellschaftlich variabel, wie wir nur an wenigen Beispielen vorführen können.

Dem gefährlichen, ›bösen Norden‹ gegenüber steht ein ›guter Norden‹, den wir ebenfalls an einigen wenigen Beispielen in den Blick nehmen wollen. So kennt ihn etwa die esoterische Theosophie des 19. Jhdts., wie sie von Helena P. Blavatsky (1831-1891) begründet wurde (zum Begriff der Theosophie Frenschkowski 2005). Dabei ist das Nordland, der ideale Urkontinent der Erde, das Reich des Guten schlechthin, während der Südpol zum Reich des Bösen wird – beide sind zu dieser Zeit geographisch noch unzugänglich, obwohl sich bereits Expeditionen nach ihnen ausstrecken (über Mythologien des Nordens in Theosophie und Esoterik v.a. Godwin 1993).

Eine gegenüber dem ›bösen Norden‹ anders gelagerte Symbolik des Nordens verbindet sich vor allem mit dem griechischen Namen Hyperborea (Armbühl 2010, Bridgman 2005, Van Windekens 1957, Lazova 1996, Crusius 1890, Strohmeyer 2005). Dieses sagenhaft-phantastische Land ist warm und fruchtbar und von den Göttern geliebt: es liegt eben *jenseits* des Boreas, des Nordwindes. Ὑπερβόρε(ι)οι (*Hyperboreioi*) heißen die Bewohner: ihnen wurde eine besonders enge Verbindung mit dem Gott Apollon und dessen Kult zugeschrieben. Vielleicht ist dies freilich nur eine Volksetymologie: es wurde vermutet, der Name könnte auch mit einem nordgriechisch *βόρις »Berg« zusammenhängen, was einen Wohnsitz ›jenseits der Berge‹ anzeigen würde. Auch andere Vorschläge halten die Verbindung mit dem Nordwind Boreas für sekundär, zumal es auch (selten) konkurrierende Lokalisierungen der Hyperboreer gibt: im Osten, Westen, sogar in Indien (schon Crusius u. Mayer 1890: 2830f.). Prägend wird aber die Imagination als ideales Nordland. Hyperborea gilt dabei in der antiken griechischen und römischen Mythologie (wie interessanterweise auch sein südliches Gegenstück, das Land der Aithiopier) als ein paradiesischer Ort mit günstigem (warmem!) Klima und einer Nähe zu den Göttern, die das Land gerne aufsuchen. Der Weg dorthin aber führt für Menschen der bekannten Welt durch eisige Kälte, durch die unangenehmen Länder des Nordens, von denen man nur vage Kunde hat, und die von Barbaren bewohnt sind. Das Land der Hyperboreer gewinnt damit Züge märchenhafter Ferne. Der Dichter Pindar (ca. 522-446 v. Chr.) beschreibt die Hyperboreer als ein gesegnetes Volk: es werde weder von Alter noch Krankheit heimgesucht und widme sich mit Tanz, Gesang, Flöten- und Leierspiel ganz dem Dienst der Musen (ältere Erwähnungen bei Hesiod und Alkaios sind wenig spezifisch). Doch weder zu Schiff noch über Land könnten normale Sterbliche den Weg dorthin finden, das damit allein den Göttern und Heroen vorbehalten sei. Zu diesen gehört auch Perseus, der sich nach einer Ode Pindars einmal dort aufhält (Pyth. 10, 29-36) und an den Festen der Hyperboreer teilnahm, bei dem sie dem Gott Apollon ganze Hekatomben von Eseln opferten, die sonst kaum als Opfertiere Verwendung fanden (über Hyperborea bei Pindar auch Olymp. 3, 16; Isthm. 6, 23; auch Kallimachos Fragment 186, 10; 492 Pfeiffer erwähnt die hyperboreischen Eselsopfer für Apollon). Ob hier auch Erinnerungen an eine sonst kaum kenntliche nordbalkanische Kultur mitschwingen mögen? Manche Züge scheinen schwer erfindbar, obwohl das Land Hyperborea utopische Züge hat. Man hat es in der Literatur auch mit anderen imaginativen Ländern zusammengebracht, etwa mit den Gärten der Hesperiden, einem mythischen Westland (Ps.-Apollodor, bibl. 2, 113. 120). Ähnlich wie im Fall mythischer Inseln, die in der Legende immer wieder mit realen Örtlichkeiten identifiziert werden konnten (Frenschkowski 2016), wird auch Hyperborea gerne an die Wirklichkeit herangerückt. Diese antiken Interpretationsvorgänge können hier nicht im Einzelnen dargestellt werden.

In jedem Fall setzt auch das Mythologumenon Hyperborea voraus, dass es auf dem Weg in den Norden erst entsetzlich kalt wird. Es kommt aber etwas anderes noch jenseits der Kälte. Der Norden wird damit zu einem Raum des Geheimnisses, der Utopie, des ganz Anderen. In diesem oft eher vagen Sinn werden die Hyperboreer Gemeingut spätantiker Bildung. Von vorsichtiger Skepsis geprägt war schon der Bericht Herodots (490/480-424 v. Chr.), der v.a. von den Weihegeschenken spricht, welche das Apollonheiligtum auf Delos regelmäßig erhalte (4, 32-34 etc.). Der lange Weg dieser Gaben führe durch das Land der Skythen, das für seine eisigen Winter berüchtigt sei (ebd. 31), bis nach Euböa und von dort nach Delos. Bei der ersten Überbringung seien die Weihegaben von zwei heiligen Jungfrauen und fünf hyperboreischen Männern begleitet worden, deren Nachkommen (die Familien der Perpherees, Amallophoroi oder Ulophoroi) noch heute auf Delos lebten, und deren Gräber hoch verehrt wurden. (Diese Gräber sind die einzigen, die nach einer rituellen Reinigung der Insel 426/425 v. Chr. und Verlagerung aller Grabstätten auf die nahegelegene Insel Rheneia weiter auf Delos geduldet worden seien). Auch das Kommen der Götter Apollon und Artemis wird mit Jungfrauen aus Hyperborea verbunden (Arge und Opis nach der Tradition). Auch Aristeas, ein Dichter der archaischen Zeit, habe in seinem (nicht erhaltenen) Arimaspengedicht (Ἀριμάσπεια) von mythischen Länder im Nordosten berichtet, in denen er erzählt habe, dass hinter dem von ihm besuchten Land der Issedonen das Land der Arimaspen liege, hinter diesen das Land der Gold bewachenden Greife und dahinter das Land der Hyperboreer, und dass all diese Völker beständig Krieg miteinander führten, außer den Hyperboreern (vgl. Davies 1988: 81-88, dazu Bolton 1962). Einiges deutet darauf hin, dass die Fahrt nach Hyperborea ekstatisch-schamanische Züge aufweist.

Der Historiker und utopische Autor Hekataios von Abdera (um 300 v. Chr.) hat gar einen Roman Περὶ Ὑπερβορείων (Über die Hyperboreer) verfasst, in dessen Hyperborea-Imagination diese nördliche Anderswelt so warm ist, dass das Klima zwei Ernten im Jahr erlaubt. Die Herren und Priester dieser Welt sind die Boreaden, riesenhafte Kinder des Boreas. Andere Autoren, wie der Geograph augusteischer Zeit Strabon, durchschauen die Fiktionalität dieser Vorstellungen und bestreiten die reale Existenz des Nordlandes (7, 3, 1). Diodorus Siculus, ein Zeitgenosse Strabons, weiß von einem gewaltigen Rundtempel Apollons in Hyperborea (2, 47, 1-6); die Idee ist nicht völlig abwegig, dass hier Notizen über megalithische Rundbauten wie Stonehenge eingewirkt haben können. Plinius der Ältere, der das naturkundliche Wissen der Antike sammelte und dem Mittelalter vermittelte, ist weniger skeptisch als Strabon, und berichtet ausführlich von den Hyperboreern, die ein großes Lebensalter erreichen, in Wäldern und Wiesen leben (da das milde Klima Häuser überflüssig mache) und die ihr eigenes Leben zu gegebener Zeit freiwillig beenden, wenn sie alt geworden sind (Naturalis historia 4, 88-91; vgl. 6, 34). Astronomischem Wissen über Nordeuropa verdankt sich die Nachricht, die Sonne gehe nur einmal im Jahr auf, zum Mittsommer, und gehe zum Mittwinter unter (nicht etwa zu Frühlings- bzw. Herbsttagundnachtgleiche). Plinius versetzt damit vermutlich Hekataios' Roman in ähnlicher Weise in die Realität, wie es mutatis mutandis mit dem etwa gleich alten utopischen Roman des Euhemeros von Messene geschehen ist (Winiarczyk 2011).

Eine kuriose Renaissance erleben die Hyperboreer ab dem 19. Jhdt. in den Traditionen der Esoterik. Schon Antoine Fabre d'Olivet (1768-1825) lässt in seiner esoterischen Theorie der vier Menschenrassen die »weiße Rasse« von den Hyperboreern abstammen. Ursprünglicher Wohnort dieser Rasse seien die Länder um den Nordpol gewesen, den er damit als »Wiege der Menschheit« ansieht (Fabre d'Olivet 1824, dazu genauer mit Quellenangaben Godwin 1993, McCalla 2006). Diese Gedanken wurden von der russischen Theosophin Helena Petrovna Blavatsky (1831-1891) weiterentwickelt. Ihrer »Secret Doctrine« (1888) zufolge, die sich als Interpretation einer archaischen tibetisch-indischen Weisheitsschrift Dzyan und als Harmonisierung von Wissenschaft und Religion gibt[5], ist die gegenwärtige Menschheit die fünfte »Wurzelrasse« der bewohnten Erde. Die Hyperboreer seien einst, vor Millionen von Jahren, die zweite dieser Rassen gewesen, gigantische Wesen von begrenztem Verstand (Blavatskys Grundparadigma der Entwicklung ist evolutionär). In den Sagen von Hyperborea seien vage Erinnerungen an diese verschollene Welt des Nordens greifbar. Auch die erste aller intelligenten Lebensformen auf der Erde, eine nur halbmaterielle Rasse ohne Namen, habe im hohen Norden gelebt, auf einer »Heiligen Insel«, die im Gegensatz zu allen anderen Kontinenten nie überflutet worden sei und deren genauer Ort esoterisches Geheimwissen ist (Blavatsky 1978: 7, 11, 398-402, 769f. und passim).[6] Spätere Esoteriker wie William Scott-Elliot (gestorben 1930) und Rudolf Steiner (1861-1925) haben diese Ideen ausgebaut (Steiner 1995: 98-110). Die Entwicklungen, welche die Hyperboreaspekulation mit rechtsradikaler Esoterik und Philosophie verbinden, müssen hier nicht dargestellt werden.

Eine indische Analogie dieser ganzen esoterischen Vorstellungswelt ist das Land Uttarakuru bei Buddhisten und Hindus, ein paradiesisches Nordland, von dem eine kuriose Kunde auch in den Westen bis ins römisches Imperium gedrungen ist: Claudius Ptolemäus 6, 16, 8 (vgl. 16, 2 ed. Stückelberger/Graßhoff) und Plinius d. Ält. n. h. 4, 90 wissen von einem Volk bzw. Land südlich der Seidenstraße namens Ὀττοροκόρα bzw. *Attacori* (auch Martianus Capella 6, 693; Solinus 51, 1 und wohl auch Ammianus Marcellinus 23, 6, 64). Sie sind keine anderen als die Bewohner des paradiesischen Nordkontinentes Uttarakuru buddhistischer Mythologie bzw. Kosmographie, wie schon lange bekannt ist und wie es weder von indologischer noch von altphilologischer Seite bestritten wird (Herrmann 1987: 1888f., Bechert 1984: 664f., Dihle 1998: 12, Karttunen 1989: 138-141). Die weiten Wanderungen solcher Mythologien werden an diesem Beispiel schön sichtbar. Letzte für uns greifbare Quelle im Westen ist für dieses Wissen wohl ein hellenistischer Autor namens Amometos, den neben Plinius zumindest auch Aelian benutzt hat und der auch bei verschiedenen Thaumatographen seine Spuren hinterlassen hat (Jacoby 1958: Nr. 645) Die mythologische Angabe der indischen Tradition wird (wie so oft in der Spätantike) in ›reale‹ Topographie umgesetzt. Noch interessanter ist dieser Vorgang beim indischen (hier nun nicht nur buddhistischen) Weltberg Meru, dessen Kunde antike westliche Autoren ebenfalls erreicht hat (zuerst Diodor. Sicul. 2, 38, 4, dann Arrian anab. 5, 1, 6; 2, 5; Ind. 1, 6; Plin. d. Ält. n. h. 6, 79; Curt. Ruf. 8, 35 u.a.) und der von ihnen (unter Beibehaltung des indischen Namens) in die Dionysos-Mythologie (d.h. in die mythische Eroberung Indiens) integriert wurde. Auch Pomponius Mela kennt einen »Meros

---

5 | Über mögliche Anknüpfungen an reale Texte aus den Kanones des tibetischen Buddhismus und anderer asiatischer Traditionen siehe die weiterführenden, aber nicht abschließenden Überlegungen von Reigle 1983, Reigle u. Reigle 1999, Reigle 2013.

6 | Vgl. allgemein zu Blavatskys Weltbild Harris 2006 (bes. Art. Root Races, 538f.) und zu ihrem Bild vergangener »Rassen« Santucci 2008.

Iovi sacer« (3, 66; auch Herrmann 1968: 16-18 u. 58f.). Bekannter aus dem Raum asiatischer Religionen ist die tibetische Variante eines paradiesisch-mythischen Nordlandes, Shambhala (Grönbold 1984: 455f. vgl. 392; Bernbaum 1989), aus dem dereinst der Kriegerkönig Rudracakrin hervorbrechen wird und in einem gewaltigen Kriegszug das Reich des Bösen militärisch besiegen wird (für tibetische Buddhisten ist das in der Kalachacra-Tradition v.a. der Islam, obwohl seit dem fünften Dalai Lama auch Muslime in Lhasa wohnten). Dafür wird in einer Prophezeiung das Jahr unserer Zeitrechnung 2327 genannt. Shambhala ist ein Land der Weisheit, wahren buddhistischen Lehre, aber auch paradiesischer Zustände. Welche Erinnerungen an reale Länder in seinem Bild mitklingen mögen, ist seit dem ersten Bekanntwerden dieser Imagination in Europa vor fast zweihundert Jahren eine offene Frage.

In der biblischen Tradition wäre an den Zaphon zu erinnern (Ṣāpôn in genauerer Transkription), den Gottesberg im äußersten Norden (das Wort Zaphon bedeutet wörtlich »Norden«; Niehr 1999). Genannt wird er im Alten Testament z.B. Jes. 14, 12-15: »Wie bist du vom Himmel gefallen, du schöner Morgenstern! Wie wurdest du zu Boden geschlagen, der du alle Völker niederschlugst! Du aber gedachtest in deinem Herzen: Ich will in den Himmel steigen und meinen Thron über die Sterne Gottes erhöhen, ich will mich setzen auf den Berg der Versammlung im fernsten Norden. Ich will auffahren über die hohen Wolken und gleich sein dem Allerhöchsten. Ja, hinunter zu den Toten fuhrst du, zur tiefsten Grube!« (Übersetzung Luther 1984) Der Plan des heidnischen Fürsten, sich auf dem Gottesberg im höchsten Norden einen Thron zu errichten, wird ad absurdum geführt: Gott wird ihn in die Scheol, in das Totenreich stürzen, und seine stolzen Weltherrschaftspläne werden zu Nichte werden. Auch die Mythologie des Zaphon können wir an dieser Stellen nur erwähnen, nicht entfalten. Einen solchen Götterberg kennen viele Völker (an den indischen Meru haben wir bereits erinnert). Interessant ist für uns, dass er in einem mythischen »Norden« liegt. Die Bibel kennt dazu aus vorexilischer Zeit auch einen halbmythischen »Feind aus dem Norden« (Jer. 4; Hes. 38f.), wilde Stämme, deren Bild vielleicht auf Kimmeriereinfälle im Orient des 8./7. Jhdts. v. Chr. zurückgeht. Dieser Feind, der in grausamen Kriegszügen in das Kulturland einbricht und sich nach seinen Plünderungen wieder zurückzieht, wird in prophetischer Interpretation von Gott als eine Art Strafgericht gebraucht, offenbar, ohne dass dies den Barbaren selbst bewusst wird. Und dieser Feind (der namenlos bleibt) kommt aus dem Norden: aus einem kalten, wilden Raum jenseits des orientalischen Kulturraumes.

Die Hyperboreer, Shambhala, Uttarakuru sind also, um auf diese Beobachtungen zurückzukommen, positive Gestaltungen eines Nordmythos, der Feind aus dem Norden aber ist gefährlich und barbarisch, während der Zaphon ein tief ambivalentes Bild darstellt. Im späten 19. Jhdt. wurden solche Themen einflussreich, weil eine Gruppe von Forschern den Ursprung der Indogermanen, der Arier, nördlich des Polarkreises vermutete.[7]

Solche Gedanken haben auch – wenn auch in eher metaphorischer Weise – Friedrich Nietzsche (1844-1900) in ihren Bann geschlagen. In seinem letzten Buch, seiner Kritik des Christentums *Der Antichrist* (1888), schreibt Nietzsche kurz vor seinem Zusammenbruch:

> »– Sehen wir uns ins Gesicht. Wir sind Hyperboreer – wir wissen gut genug, wie abseits wir leben. ›Weder zu Lande noch zu Wasser wirst du den Weg zu den Hyperboreern finden‹: das hat schon Pindar von uns gewußt. Jenseits des Nordens, des Eises, des Todes – *unser* Leben, *unser* Glück... Wir haben das Glück entdeckt, wir wissen den Weg, wir fanden den Ausgang aus ganzen Jahrtausenden des Labyrinths. Wer fand ihn *sonst*? – Der moderne Mensch etwa? – ›Ich weiß nicht aus noch ein; ich bin Alles, was nicht aus noch ein weiß‹ – seufzt der moderne Mensch... An *dieser* Modernität waren wir krank, – am faulen Frieden, am feigen Kompromiß, an der ganzen tugendhaften Unsauberkeit des modernen Ja und Nein. Diese Toleranz und *largeur* des Herzens, die Alles ›verzeiht‹, weil sie Alles ›begreift‹, ist Scirocco für uns. Lieber im Eise leben, als unter modernen Tugenden und andern Südwinden!« (Nietzsche 1977: 1165)

Der Norden, die Kälte werden hier zu einem Symbol einer Identität, die jede Dekadenz, jede Schwäche ablehnt, einer Erhabenheit, die mit Stolz ihre Überlegenheit auslebt. Die Hyperboreer des Nordens sind hier eine Chiffre für die philosophische Existenz, wie Nietzsche sie versteht.

Manche anderen Bezüge der Symbolik können wir hier nicht ausführen, etwa solche aus der phantastischen Literatur (nicht zuletzt H. P. Lovecraft, Clark Ashton Smith und Robert E. Howard benutzen Hyperborea-Mythologie in diversen Verfremdungen). Eine letzte, nun ganz anders geartete Assoziation zu Eis und Winter soll aber noch rasch in unsere Skizze möglicher Bezüge eingespielt werden. Der Mediävist, christliche Apologet und Kinderbuchautor Clive Staples Lewis (1898-1963) beschreibt in seiner Autobiographie *Surprised by Joy* (1955) die Begegnung mit dem, was man sehr ungefähr als romantische Sehnsucht benennen könnte. ›Joy‹ ist dabei ein durchaus technischer Begriff, der ein präzises mentales Phänomen in den Blick nimmt, ein Verlangen nach Transzendenz, das sich an einem Bild oder Symbol entzündet. Dieses stellt sich ihm zuerst in seiner Kindheit ein:

---

[7] | Exemplarisch für viele Titel nenne ich Tilak 1925 [1903] (diverse Nachdrucke und Übersetzungen, auch ins Deutsche). Bal Gangadhar Tilak (1856-1920) gehört zu den Vätern der indischen Unabhängigkeit, aber seine Spekulationen über die arktische Herkunft der Arier gelten als widerlegt.

»But then, and quite different from such pleasures, and like a voice from far more different regions, there came a moment when I idly turned the pages of the book and found the unrhymed translation of Tegnner's Drapa and read:

I heard a voice that cried
Balder the beautiful
Is dead, is dead---

I knew nothing about Balder; but instantly I was uplifted into huge regions of northern sky, I desired with almost sickening intensity something never to be described (except that it is cold, spacious, severe, pale, and remote) and then, as in the other examples, found myself at the very same moment already falling out of that desire and wishing I were back in it.« (Lewis 1977: 20)

Der Norden und seine Mythologie weckt hier eine Sehnsucht, ein tiefes Verlangen, das durch eine Wiederholung der Leseerfahrung zwar beschworen, aber nicht einfach wiederholt werden kann. Lewis hat in anderen Texten die Struktur des romantischen Verlangens und der mit ihm verbundenen Bilder detailliert analysiert. Wesentlich ist, dass es sich bei verschiedenen Menschen angesichts ganz verschiedener Bilder, Symbole und Assoziationen einstellt, in seiner Struktur aber identisch ist. Für Lewis war es die kalte nördliche Welt der Sagas, die das Verlangen weckt, welches er später »Joy« nannte und zu einem Ausgangspunkt seiner persönlichen Philosophie machte. Der Norden ist hier nicht etwa einfach ein Sehnsuchtsraum (der z.B. touristische Reiseambitionen wecken könnte), sondern eine Art Transzendenzsymbol.

Die Mythologie stellt also ein Repertoire an möglichen Bezügen bereit, innerhalb derer ein Autor wie Martin seine fiktive Geografie und auch sein Bild des Nordens entfalten kann.

Und wie steht es mit der großen Mauer, auf die wir noch einen kurzen Blick werfen wollen? Wir fühlen uns natürlich erinnert an reale und legendäre Mauern, etwa die Große Mauer in China, oder den Römischen Hadrianswall, d.h. den Limes in Schottland, zwischen 122 und 128 n. Chr. auf Anordnung Kaiser Hadrians erbaut, oder mehr noch an die ›Eiserne Pforte‹, die Alexander der Große nach der Alexandersage am Kaspischen Meer errichtet hat, um die nördlichen Barbaren fernzuhalten (vgl. Anderson 1932). Um diese Mauern hat sich eine komplexe Mythologie bzw. Sagenwelt entfaltet, vor allem um Alexanders Eiserne Pforte am kaspischen Meer. Zuweilen hält sie die Barbaren fern, zuweilen leben hinter ihr die zehn verlorenen Stämme Israels. Oft sind es Gog und Magog, alttestamentliche Barbarenvölker aus dem Norden, die hinter Alexanders Wall verortet werden, und die dann mit realen Völkern wie den Skythen, Hunnen oder Tataren identifiziert werden können. In diesem Sinn kennen mittelalterliche Christen, Juden und Muslime Geschichten von Alexanders Mauer. Insgesamt ist sie ein altes Symbol der Trennlinie zwischen

Barbarei und Zivilisation, die mühsam bewahrt bleiben muss, und die doch einmal in einem apokalyptischen Kontext fallen wird. Josephus (Bellum Judaicum 7, 245) berichtet, Alexander habe die Kaspische Pforte im Elbursgebirge durch ein gewaltiges Eisentor verschlossen, um die nördlichen Barbaren auszuschließen. Sie sind Teil der Sage, nicht der Geschichte (der Alexanderhistoriker Arrian nennt sie z.B. nicht). Plinius erwähnt die »kaspische Pforte« ohne Bezug auf Alexander, der sich aber bald durchsetzt und im Mittelalter wohlbekannt ist. Prokop, ein byzantinischer Historiker im 6. Jhdt., berichtet, diese Tore seien offenbar durchbrochen worden, als unter Justinian Hunnen und ähnliche Stämme in den westlichen Kulturraum einbrachen. Wir könnten das Motiv der ›Tore‹ und der ›Mauer‹ gegen eine barbarische Außenwelt in vielfacher Hinsicht verfolgen, was uns hier versagt ist. Literarische und cineastische Bezüge stellen sich ebenfalls rasch ein, bis zu der gewaltigen Mauer auf der Insel des King Kong, die zuerst unter dem Titel *King Kong und die weiße Frau* (im Original nur *King Kong*, USA 1933) zu einem allgemein bekannten Symbol der Abgrenzung gewaltiger archaischer Kräfte wird. Die gewaltige Mauer, die den Norden von Westeros abtrennt, weckt jedenfalls Fantasien: nicht nur im Sinn der Frage, was direkt dahinter ist, sondern auch im Sinn der weitergehenden, was dieses ›dahinter‹ bedeutet, wofür es steht, zumal Kälte und Einöde ja leicht als Chiffre für etwas anderes, Verborgenes verstanden werden können. Und wird die Mauer einmal durchbrochen werden? Öfter ist auch schon aufgefallen, dass in Martins Welt der Norden ›magischer‹ ist als der Süden, also das (ja nur behutsam und zurückhaltend eingespielte) Magische im Norden stärker präsent zu sein scheint (Scoble 2012: 129f.).

Und wie steht George Martins Zyklus insgesamt im Rahmen dieser mythologischen Kontinuitäten? Es ist ja noch nicht ganz absehbar, wie er den Raum potentieller mythologischer und symbolischer Bezüge füllen wird. Die Dinge sind noch im Fluss: der Zyklus ist noch nicht abgeschlossen, und das übernatürliche bzw. phantastische Element hat sich erst langsam und allmählich eingebracht. Hat der Norden noch unenthüllte Geheimnisse? Ist er nur der Raum der Ungeheuer und Wilden, der Kälte und der Untoten? Oder ist da noch etwas anderes jenseits der Mauer? Verschiedene Fort- und Weiterentwicklungen der Mythologie des Nordens wären wohl möglich, und man wird gespannt sein dürfen, wie sich der Autor in dieser umfänglichen Tradition mythologischer Imaginationen letztlich verorten wird.

Literatur

Anderson, Andrew Runni (1932): Alexander's Gate. Gog and Magog and the Inclosed Nations. Cambridge (Mass.).
Ambühl, Annemarie (2010): Hyperboreioi. In: Der Neue Pauly. Enzyklopädie der Antike 5. Hg. von Hubert Cancik und Helmuth Schneider. Stuttgart u. Weimar, S. 801-802.

Bechert, Heinz (1984): Mythologie der singhalesischen Volksreligion. In: Hans Wilhelm Haussig (Hg.): Wörterbuch der Mythologie Bd. 5. Stuttgart, S. 509-656.

Bernbaum, Edwin (1989): The Way to Shambhala: A Search for the Mythical Kingdom Beyond the Himalayas. New York 1980. Reprint New York.

Blavatsky, Helena P. (1978): The Secret Doctrine. Vol. II. Anthropogenesis. [1888] Adyar, Madras (Collected Writings ed. Boris de Zirkoff).

Bolton, James D. P. (1962): Aristeas of Proconnesus. Oxford.

Bridgman, Timothy P. (2005): Hyperboreans. Myth and history in Celtic-Hellenic contacts. New York.

Castrén, Alexander (1969): Vorlesungen über die finnische Mythologie. St. Petersburg 1853. Reprint Leipzig.

Crusius, Otto u. Maximilian Mayer (1890): Hyperboreer. In: Wilhelm Heinrich Roscher (Hg.): Ausführliches Lexikon der griechischen und römischen Mythologie 1, 2. Leipzig, S. 2805-2841.

Davies, Malcolm (Hg.) (1988): Epicorum Graecorum fragmenta. Göttingen.

Dihle, Albrecht (1998): Art. Indien. In: Reallexikon für Antike und Christentum 18, S. 1-56.

Fabre d'Olivet, Antoine (1824): Histoire philosophique du genre humain. 2 Vol. Paris 1824.

Frenschkowski, Marco (2005): Art. Theosophie. In: Religion in Geschichte und Gegenwart 4. 4. vollständig neu bearb. Aufl. Hg. von Hans Dieter Betz at al. Tübingen, S. 348-350.

Frenschkowski, Marco (2007): Art. Schöpfung. In: Enzyklopädie des Märchens. Handwörterbuch der historischen und vergleichenden Erzählforschung 12. Berlin, New York, S. 170-189.

Frenschkowski, Marco (2010): Art. Theogonie. In: Enzyklopädie des Märchens. Handwörterbuch der historischen und vergleichenden Erzählforschung 13, Berlin, New York, S. 479-483.

Frenschkowski, Marco (2016): Fortunatae Insulae. Die Identifikation mythischer Inseln mit realen geographischen Gegebenheiten in der griechischen und römischen Antike. In: Bendemann, Reinhard von; Annette Gerstenberg u. Nikolas Jaspert (Hg.): Konstruktionen mediterraner Insularitäten. Paderborn, S. 43-73.

Frost, Robert (1920): »Fire and Ice«. In: »A Group of Poems« by Robert Frost. Harper's Magazine, December, S. 67.

Godwin, Joscelyn (1993): Arktos: The Polar Myth in Science, Symbolism, and Nazi Survial. London, Grand Rapids, Michigan.

Grönbold, Günter (1984): Die Mythologie des indischen Buddhismus. In: Hans Wilhelm Haussig (Hg.): Wörterbuch der Mythologie Bd. 5. Stuttgart, S. 285-508.

Harris, Philipp S. (Hg.) (2006): Theosophical Encyclopedia. Quezon City, Philippinen.

Herrmann, Albert (1968): Das Land der Seide und Tibet im Licht der Antike. Leipzig 1938. Reprint Amsterdam.

Herrmann, Albert (1987): Art. Ottorokorrai. Paulys Realencyclopädie der classischen Altertumswissenschaft (RE) XVIII 2 (1942=1987), S. 1888-1889.

Honko, Lauri (1973): Finnische Mythologie. In: Hans Wilhelm Haussig (Hg.): Wörterbuch der Mythologie 2. Stuttgart, S. 261-371.

Hultgård, Anders (2009): Fimbulvetr ou le Grand Hiver. Étude comparative d'un aspect du mythe eschatologique des anciens Scandinaves. In: Proxima Thulé 6, S. 11-39.

Jacoby, Felix (1958): Die Fragmente der griechischen Historiker. Teil 3. Geschichte von Städten und Völkern C. Teil 1. Leiden.

Karttunen, Klaus J. (1989): India in Early Greek Literature. Helsinki 1989.

Lazova, Tsvete (1996): The Hyperboreans. A study in the Paleo-Balkan tradition. Sofia.

Lewis, Clive Staples (1977): Surprised by Joy. The Shape of my Early Life. Glasgow.

Martin, George R.R.; Elio M. Garcia, Jr.; Linda Antonsson (2014): The World of Ice and Fire. The Untold History of Westeros and the Game of Thrones. New York.

McCalla, Arthur (2006): Fabre d'Olivet, Antoine. In: Wouter J. Hanegraaff (Hg.): Dictionary of Gnosis and Western Esotericism 1. Leiden, S. 350-354.

Niehr, Herbert (1999): Zaphon. In: Dictionary of Deities and Demons in the Bible. 2. Aufl. Grand Rapids (Mich.), S. 927-928.

Nietzsche, Friedrich (1977): Werke in drei Bänden 2. Bd. Hg. von Karl Schlechta. 8. Aufl. München.

Reigle, David (1983): The Books of Kiu-te, or the Tibetan Buddhist Tantras: A Preliminary Analysis. San Diego.

Reigle, David/Reigle, Nancy (1999): Blavatsky's Secret Books: Twenty Years' Research. San Diego.

Reigle, David (2013): The Book of Dzyan: The Current State of the Evidence. In: Supplement to Brahmavidya. The Adyar Library Bulletin 2013 (Chennai), S. 87-120.

Santucci, James A. (2008): The Notion of Race in Theosophy. In: Nova Religio. The Journal of Alternative and Emergent Religions, 11/3, 37-63. http://dx.doi.org/10.1525/nr.2008.11.3.37

Scoble, Jesse (2012): A Sword without a Hilt. The Dangers of Magic in (and to) Westeros. In: James Lowder (Hg.): Beyond the Wall. Exploring George R.R. Martin's A Song of Ice and Fire. Dallas (Texas), S. 123-140.

Simek, Rudolf (2006): Lexikon der germanischen Mythologie. 3., völlig überarbeitete Auflage. Stuttgart.

Steiner, Rudolf (1995): Aus der Akasha-Chronik. [1904] Dornach.

Strohmeyer, Arn (2005): Von Hyperborea nach Auschwitz. Wege eines antiken Mythos. Köln.

Tilak, Bal Gangadhar (1925): The Arctic Home in the Vedas Being also a New Key to the Interpretation of Many Texts and Legends. Bombay 1903. Neuausgabe Poona.

Van Windekens, Albert Joris (1957): Les Hyperboréens. Rheinisches Museum für Philologie 100, S. 164-169.

West, Martin L. (2007): Indo-European Poetry and Myth. Oxford.

Widengren, Geo (1961): Iranische Geisteswelt von den Anfängen bis zum Islam. Baden-Baden.

Winiarczyk, Marek (2011): Die hellenistischen Utopien. Berlin u. Boston. http://dx.doi.org/10.1515/9783110263893

7=1: Der Glaube an die Sieben als synthetische Religion zwischen Apodiktik und Paraklese

Johannes Rüster

1. VORBEMERKUNGEN

»If I could pray with my cock, I'd be much more religious.« (*ACOK* 238) Diesen Satz von fast zeitloser Eleganz verdanken wir natürlich niemand anderem als Tyrion Lannister. Und in guter philologischer Tradition soll er einerseits aus seinem ursprünglichen Kontext gerissen und andererseits gleichzeitig als Anfrage, als Klage der Kreatur an ihren Schöpfer George R.R. Martin ernst genommen werden. Im Zentrum der folgenden Betrachtungen steht also die Gretchenfrage von Westeros – und der Versuch einer Antwort mit literarischen wie praktisch-theologischen Mitteln.

1.1 Genrefragen

Martins *ASOIAF* wird als Fantasy verkauft und als Fantasy gekauft. Das ist verständlich, Anlage und Verortung des Erzähluniversums legen dies nahe. Was soll eine Welt im mythischen Nirgendwo und Nirgendwann, bevölkert von ätherischen Eiswesen und Drachen auch anderes sein? Der Autor selbst sieht das ähnlich. In einem Interview auf die physikalische Plausibilität von jahrzehntelangen Jahreszeiten angesprochen, antwortet er:

»It's what Tolkien wrote was ›the secondary world.‹ It's not another planet. It's Earth. But it's not our Earth. [...] I have people constantly writing me with science fiction theories about the seasons – ›It's a double star system with a black dwarf and that would explain‹ – It's fantasy, man, it's magic.« (Hibbert 2015)

Dennoch bin ich ein wenig unsicher, ob Millionen zufriedener Kunden nicht vielleicht doch irren könnten – und uns der Autor bewusst ein wenig in die Irre führt. Gleich das erste Kapitel von *AGOT* mag verdeutlichen, worauf ich hinauswill: Nach der Enthauptung des Deserteurs treffen Ned Stark und seine Söhne auf die tote Schattenwölfin und ihre Jungen. Der Bastard Jon Snow überzeugt Ned, die fünf Wolfsjungen nicht zu töten, sondern unter seinen fünf legitimen vermutlichen Halbgeschwistern aufzuteilen: »Three sons, two daughters. The direwolf is the sigil of your House. Your children were meant to have these pups, my lord.« (*AGOT* 19) Soweit, so genretypisch. Auch der letzte Leser lehnt sich genüsslich zurück, als nach dieser selbstlosen Geste noch ein sechstes Wolfsjunges gekrabbelt kommt. Es ist ein Albino, genau passend zu Jon Snow: Beide tragen die weiße Reinheit im Namen, beide sind dadurch aber auch als Außenseiter markiert – die Begegnung von Kindern und Wolfsjungen wird sofort zum Omen überhöht.

Vor dem inneren Auge des genrekompetenten Rezipienten entfaltet sich unweigerlich der weitere Handlungsfortgang: Kinder und Wölfe wachsen heran, werden zu unzertrennlichen Erfolgsteams wie Atreju und Artax oder Harry und Hedwig. Sie erfüllen ihre vom Schicksal vorgezeichnete Bestimmung und führen die Sieben Königslande in eine glorreiche Zukunft...

Nun, wir wissen alle: »You know nothing, Jon Snow.« (*ASOS* 213)

Auch in Westeros ist das Schicksal ein mieser Verräter: Schritt für Schritt nagt die Entropie am Familienglück der Starks und das Motiv der Schattenwölfe verblasst mit dem Wolfsbanner. Innerhalb weniger hundert Seiten ist einer tot, ein zweiter davongejagt – und beim aktuellen Handlungsstand der Romane spielt höchstens noch Summer, Brans Wolf, eine nennenswerte Rolle.

Kurz: Martin spielt ab der ersten Seite mit den Lesererwartungen, subvertiert genüsslich Genrekonventionen – und das mit einer überraschenden Konsistenz.

Sein Fantasy-Universum ist keines der *High Fantasy* à la Tolkien, so oft er sich auch auf ihn beruft. Es ist auch keines der *Sword and Sorcery*-Heldenkrieger à la Robert E. Howard: Beide Narrative finden in einem quasi märchenhaften Erzählmodus statt – Frodos Weg zum Schicksalsberg ist eine innere wie äußere Reise entlang einer klaren Entwicklungslinie. Conan stellt sich als urzeitlicher All-American Underdog überirdischen Mächten mit Bizeps und Breitschwert entgegen.

Dagegen verstrahlt *ASOIAF* kaum mythischen Glanz. Martins Romane haben viele Facetten: Vom uchronischen Historienroman über Spionagethriller und Reiseerzählung bis hin zum Kochbuch. Und das alles wird bei näherem Hinsehen eher oberflächlich durch eine dünne Schicht Fantasy zusammengehalten, ist aber im Grunde ein großangelegter, bis ins kleinste Details ausgemalter Gesellschaftsentwurf, der die *conditio humana* unter alternativen Rahmenbedingungen durchdekliniert. Damit ist *ASOIAF* eigentlich strukturell eher – Science-Fiction.

1.2 Theologisches

Ich möchte hier und heute aus Zeit- und Platzgründen auf eine weitergehende Theoriediskussion verzichten, sondern der Einfachheit halber darauf verweisen, dass gerade die Rolle der Religionen in Westeros diese zugegeben ungewohnte

Perspektive stützt. Um bei den beiden vorgenannten Kontrastbeispielen zu bleiben:
In Mittelerde gibt es keine Kirchen. Keine Tempel, keine Priester. Warum auch – das Handlungsgeschehen selbst hat mythisch-archetypalen Charakter, das transzendente Moment ist dem Text selbst eingeschrieben, wie Tolkien bekanntermaßen selbst schrieb:

»The consolation of fairy-stories, the joy of the happy ending: [...] it denies (in the face of much evidence, if you will) universal final defeat and in so far is evangelium, giving a fleeting glimpse of Joy, Joy beyond the walls of the world [...].« (Tolkien 1964: 60f.)

Deshalb kann es in Mittelerde natürlich auch kein plausibles Wirtschaftssystem geben, übrigens genauso wenig Toiletten – auch wenn gerade letzterer Aspekt eine Reihe drängender Fragen aufwirft.[1]

In Cimmeria gibt es sehr wohl Tempel und Priester, sie sind wie auch Magier Teil des selbstverständlichen zivilisatorischen Standards. Die *Conan*-Kurzgeschichten des Texaners Robert E. Howard kontrastieren oft den unverbrauchten noblen Wanderhünen Conan mit einer dekadenten, verschlagenen Stadtkultur. Dabei werden die arrivierten Kräfte zu seinen Gegenspielern – und sie kämpfen mit allen Mitteln: Conan werden real existente Schlangengötter, Dämonen etc. entgegengeworfen, gegen die er sich in der Regel erfolgreich mit Kopf und Schwertarm durchsetzt. In diesem ständigen Ringen liegt *seine* mythische Qualität. Er ist der Jedermann im (Über-)Lebenskampf – nicht zuletzt gegen Institutionen; seine Dämonenpriester sind unsere Steuersachbearbeiter.

Dagegen stellt Andrew Zimmerman Jones, dem ich auch den Hinweis auf die Schattenwölfe verdanke, pointiert fest: »The gods of Westeros are as disappointing as the direwolves.« (Zimmerman Jones 2011: 111)

Womit sich die Frage stellt: Welche Funktion haben sie dann innerhalb der Narrative, innerhalb dieses grandiosen alternativen Gesellschaftsentwurfes? Warum sind sie Teil dessen, was Gwyneth Jones so schön als »laboratory of the mind« (Jones 1999: 4) charakterisiert hat? Die Phantastik im Allgemeinen und die SF im Besonderen als die Wirklichkeit mit poetisch-kritischer Absicht transponierende Literatur ernst zu nehmen heißt deshalb, den Blick zuerst in unsere Welt zu richten, die wir so gerne extrafiktional nennen: Welche Funktionen erfüllt denn Religion in unserer Welt?

Der praktische Theologe Dieter Stoodt präpariert aus religionssoziologischer Perspektive fünf Kernaspekte heraus:

- *Angstbewältigung bzw. -reduktion:* Religiöse Verkündigung resoniert mit menschlicher Emotion, Glaube kann im Umgang mit den großen und kleinen Ängsten des Lebens affektive Stabilität geben.

---

[1] | Eine ausführliche Diskussion findet sich bei Milkovich.

- *Weltdeutung:* Religion bietet Deutungsmuster für die großen Sinnfragen, die zu stellen der Menschheit offensichtlich eingeschrieben ist.
- *Wertmaßstäbe:* Religion »liefert verhaltenssteuernde Traditionen und Orientierungen« (Stoodt 1970: 5), spendet grundlegende Wertzusammenhänge für das menschliche Miteinander.
- *Institution:* Religion motiviert einerseits die weltlichen Formen menschlichen Zusammenlebens von Familie bis globaler Menschheit, ist andererseits selbst strukturiert und (mehr oder weniger flach) hierarchisiert.
- *Leitfäden:* Religion bietet Orientierung in Kurzformeln, bietet kleinste gemeinsame Nenner von den Zehn Geboten zur Goldenen Regel.

Diese fünf Aspekte sind natürlich leicht pervertierbar. Wir kennen zahlreiche Beispiele aus Geschichte und Gegenwart: An die Stelle von Angstbewältigung kann auch Angstfestigung treten, ebenso Angstunterdrückung oder -dämpfung, das Spektrum reicht vom Selbstmordattentäter bis zum marxistischen Diktum vom ›Opium des Volkes‹. Ebenso können Weltdeutungsmuster zu fundamentalistischer Weltfremde führen, Wertmaßstäbe zu repressiver Selbstverleugnung. Auch die Spanische Inquisition, ob erwartet oder nicht, war eine kirchliche Institution und Kurzformeln können zu simplen, aber enttäuschenden Worthülsen gerinnen oder zum Heiligen Krieg einpeitschen.

Kurz gesagt: Die Funktionen von Religionen sind an sich zunächst neutral; sie werden erst wertbar, wenn sie um einen wie auch immer gearteten Kern herum Wirkungen entfalten können. In unserem Kulturzusammenhang sind wir in den meisten Fällen wohl mit der jüdisch-christlichen Tradition vertraut und schon durch die Transpositionen herausgefordert, die sich durch den Kontakt mit dem eng verwandten Monotheismus islamischer Prägung ergeben: Warum ist dem Islam die Theodizee-Frage ähnlich fremd wie dem Christentum das ›inschallah‹? Mit dem Papst wissen wir umzugehen (so oder so), aber was macht eigentlich ein Ajatollah?

2. Der Faith of the Seven und seine Funktionen

2.1 Religion in *ASOIAF*

Genau diese Grundfragen sind es, die Martin in seiner überdimensionierten literarischen Versuchsanordnung so en passant mit aufgreift. Wir wissen, dass es auch in Westeros (und dem Nachbarkontinent Essos) eine Vielzahl von Religionen und religionsförmigen Erscheinungen gibt – die wichtigsten sind:

- Der Glaube an die Old Gods of the Forest: Eine archaische Naturreligion, die vornehmlich in heiligen Hainen ausgeübt wird.

- Der Glaube an den Drowned God: Eine harte, radikale Wasserreligion für ein hartes, radikales Wasservolk, der Taufritus besteht etwa im Ertrinkungstod und anschließender Wiederbelebung.
- Der R'hllor-Kult: Ein streng dualistischer Feuerkult, der die Verehrung eines ›Herrn des Lichts‹ vor dem Dunkel der materiellen Welt (und anderer Götter) ins Zentrum stellt.
- Der synkretistische Todeskult um den Many-Faced God von Braavos.
- Die Pferdereligion der Dothraki mit ihrer Erwartung eines Messias, genannt ›stallion who mounts the world‹.
- Und viele mehr.

2.2 The Seven Who Are One

Aus Gründen, die hoffentlich bald deutlich werden, möchte ich mich im Folgenden aber zunächst weitgehend auf den Faith of the Seven als Mainstreamreligion der Königslande beschränken und endlich zum eigentlichen Thema meiner Betrachtungen vorstoßen: Die Funktion des Glaubens an die Siebengottheit zwischen Herrschaftsinstrument (als unumstößlich gottgegebenem Wertesystem) und seelsorgerlich-tröstender Volksreligion.

Schon die Charakterisierung als »Seven Who Are One« (z.B. *AFFC* 527) lässt eine extrafiktionale Bezugsgröße klar erkennen: Die christliche Dreieinigkeitsvorstellung.

Deren Ursprünge lassen sich in die Spätantike zurückverfolgen: leicht verkürzt formuliert stellt sie das Produkt eines Antwortprozesses dar, der mit der Frage nach der menschlichen bzw. göttlichen Natur Christi und seiner Relation zum christlich-jüdischen Schöpfergott begann.

Für unsere Zwecke reicht zunächst der Blick auf die Formel des Kirchenvaters Tertullian (ca. 150-220), der in seiner antihäretischen Schrift *Adversus Praxean* von einer »substantia [... in tres] formae et species« spricht, also einer göttlichen Substanz in drei Manifestationen (zit.n. Ritter 1994: 66). Der in dem Zusammenhang von ihm auch gebrauchte Begriff der *persona*, wörtlich »Maske«, lässt bewusst an das antike Bühnendrama denken – und macht es leicht, den Drei bestimmte Charakteristika innerhalb des Einen zuzuordnen, wie sie etwa im uns vertrauten apostolischen Credo aufscheinen: Gott als allmächtiger Schöpfervater, als menschgewordener Sohn, als die Welt durchdringendes Fluidum.

Martin trägt in dieses Paradoxon sieben *personae* ein: Father, Mother, Warrior, Maiden, Smith, Crone and Stranger – zu Deutsch: Der Vater, die Mutter, der Krieger, die Jungfrau, der Schmied, das Alte Weib – und der Fremde.

Diese Sieben sind damit – hier taucht Tertullians Begrifflichkeit wieder auf – ›Masken Gottes‹ in Joseph Campbells Sinne. Sie sind zu verorten an der Librationszone von Theologie, Ethnologie und Tiefenpsychologie: »[A]ppearing everywhere in new combinations while remaining, like the elements of a kaleidoscope, only a few and always the same.« (Campbell 1984: 3) Sie sind, analog zum polytheistischen Pantheon etwa der klassischen Antike, »Grundgestalten der Weltwirklichkeit, Urgestalten und Grundkräfte der Welt« (Finkenzeller 1984: 32). Sie repräsentieren Grundstrukturen menschlicher Vorstellungsmuster, kurz, sie sind das, was C. G. Jung als Archetypen bezeichnet hat: »typische Mythologeme« (Jung 1940: 166), Kristallisationskerne für die narrativisierende Verarbeitung menschlicher Kollektiverfahrung. Und Martin hat eine gute Wahl getroffen:

Seine Sieben sind tiefenpsychologisch motiviert. Ihnen sind klassische archetypale Eigenschaften und Charakteristika zugeordnet: Der richtende, strenge Vater. Die hegende, nährende Mutter. Der beschützende Krieger. Die wissensbewahrende weise Alte, der produktive Schmied, die jugendliche Maid – und der Tod.

Seine Sieben greifen volksreligiöse Traditionsbildung auf: Engelsvorstellungen, Züge von Heiligenverehrung, Personifikation von Passage-Riten – wie die des Todes, die alle Kategorisierungen transzendiert.

Seine Sieben bieten augenzwinkernde Intertextualität, wenn etwa in den drei weiblichen Antlitzen Gottes die neopagane Muttergottheitstrinität wörtlich zitiert wird – und der Tod direkt aus den Großen Arkana des Tarotspiels entsprungen scheint.

Überhaupt bieten sich vielerlei Gruppierungsmöglichkeiten an: Drei männliche und drei weibliche Manifestationen. Je eine männliche und weibliche Paarung der drei Menschenalter Jugend, Reife und Alter. Diese Gruppierungen haben allerdings bei näherer Betrachtung eines gemeinsam: Sie isolieren – wie in meinen eben angestellten Betrachtungen – alle den Fremden als Euphemismus für den Tod als finale, unfassbare Menschlichkeitserfahrung, geschlechtslos und alterslos.

Die wohl schönste Zusammenfassung dieses religiösen Komplexes bietet das ›Lied der Sieben‹, sozusagen ein katechetisches Schlummerlied:

The Father's face is stern and strong, he sits and judges right from wrong. He weighs our lives, the short and long, and loves the little children	Der Vater hat ein ernstes, starkes Gesicht, Über Gut und Böse sitzt er zu Gericht. Urteilt übers Leben, das ist seine Pflicht, Und er liebt die kleinen Kinder.
The Mother gives the gift of life, and watches over every wife. Her gentle smile ends all strife, and she loves her little children	Die Mutter ist jene, die schenkt das Leben, Hat den Frauen stets ihren Schutz gegeben. Ihr Lächeln kann jeglichen Streit beheben, Und sie liebt die kleinen Kinder.

The Warrior stands before the foe, protecting us where e'er we go. With sword and shield and spear and bow, he guards the little children.	Der Krieger ist es, der vor den Feind sich stellt, Beschützt uns tagein und tagaus in der Welt, Mit Schwert und Bogen, mit Speer und Schild, Er wacht über die kleinen Kinder.
The Crone is very wise and old, and sees our fates as they unfold. She lifts her lamp of shining gold to lead the little children.	Das Alte Weib ist so weise und alt, Erkennt unser Schicksal in klarer Gestalt. Ihre goldene Lampe erhebt sie bald, Und führt die kleinen Kinder.
The Smith, he labors day and night, to put the world of men to right. With hammer, plow, and fire bright, he builds for little children.	Der Schmied schuftet unermüdlich Tag und Nacht, Die ganze Welt hat er den Menschen gemacht. Der Hammer hämmert, das Feuer ist entfacht, Er baut für die kleinen Kinder.
The Maiden dances through the sky, she lives in every lover's sigh. Her smile teaches the birds to fly, and gives dreams to little children.	Die Jungfrau lässt sich im Himmelstanz wiegen, Im Seufzer der Liebe lebt sie verschwiegen, Ihr Lächeln lehrt alle Vögel das Fliegen, Sie schenkt Träume den kleinen Kindern.
The Seven Gods who made us all, are listening if we should call. So close your eyes, you shall not fall, they see you, little children. Just close your eyes, you shall not fall, they see you, little children.	Die Sieben Götter, sie erschufen uns, Sie hören uns an, wenn wir erflehen ihre Gunst. So schließ die Äuglein und gedenke des Bunds, Sie sehen euch, kleine Kinder, So schließ die Äuglein und gedenke des Bunds, Sie sehen euch, kleine Kinder.

(*ASOS* 641)

Im Rahmen der Handlung hören wir dieses Lied, als Samwell Tarly auf der Flucht vor Craster mit Gilly und ihrem neugeborenen Sohn in einem verlassenen Gehöft

Nachtquartier gefunden hat und Letzteren in den Schlaf wiegt. Sam erinnert sich an das Lied als einen Lichtpunkt in einer ansonsten ausgesprochen freudlosen Kindheit unter der Knute seines herrschsüchtigen Vaters. Dieser hatte letztlich sogar das Singen in der Gegenwart seines Sohnes verboten, in der Angst, Sams kleiner Bruder würde zu einem genauso verweichlichten Knaben wie sein Erstgeborener heranwachsen. Und das Lied verfehlt auch in der Eiswüste des Nordens seine Wirkung nicht – nur bleibt es einmal mehr an der bauernschlauen Gilly, auf die Inkonsistenz hinzuweisen, dass der »Song of the Seven« nur sechs Götter präsentiere:

»Gilly gave him a puzzled look: ›Did you only sing of six gods? Craster always told us you southrons had seven.‹
›Seven,‹ [Sam] agreed, ›but no one sings of the Stranger.‹ The Stranger's face was the face of death. Even talking of him made Sam uncomfortable. ›We should eat something.‹« (*ASOS* 642)

2.3 Ihre Funktionen

Und damit sind wir schon mitten in einer Analyse der intrafiktionalen Realisierung der Kernfunktionen von Religion (vgl. 1.2):

Angstbewältigung
Wie eben im Wiegenlied deutlich wurde: Auch der Faith of the Seven spendet Trost und Hoffnung in vielen Lebenssituationen, und jenseits von Kinderliedern wird die Wirklichkeit des Todes auch nicht ausgeblendet, sondern in vertrauten Bildern: »The septons sing of sweet surcease, of laying down our burdens and voyaging to a far sweet land where we may laugh and love and feast until the end of days...« so Maester Aemon kurz vor seinem Tod, um diese Hoffnungsbilder allerdings gleich wieder zu relativieren: »[B]ut what if there is no land of light and honey, only cold and dark and pain beyond the wall called death?« (*AFFC* 544)

Es fällt auf, dass George R.R. Martin in der Regel gerade an diesem Punkt gerne in klassische Religionskritik à la Feuerbach verfällt, Materialismus und Idealismus gegeneinander ausspielt. Auch Jaime Lannister findet nach seiner traumatischen Verwundung wenig Trost im Glauben, egal wie viel Mühe sich sein *born-again*-gläubiger Cousin auch bemüht:

»Lancel knelt before the altar of his other Father. ›Will you pray with me, Jaime?‹
›If I pray nicely, will the Father give me a new hand?‹
›No. But the Warrior will give you courage, the Smith will lend you strength, and the Crone will give you wisdom.‹
›It's a hand I need.‹« (*AFFC* 650)

Weltdeutung

Interessanterweise kehrt sich Martins Perspektive im Blick auf diesen Aspekt um: Prophezeiungen etwa spielen für die Handlung und das Leben der Protagonisten eine große Rolle, nur sind diese, zumindest im Blick auf die Seven, nicht religiös motiviert: Selbst eine so diesseitige Realistin wie Catelyn Stark, von der es im ersten Band heißt, »[she] had more faith in a maester's learning than a septon's prayers« (*AGOT* 361), drängt ihren Mann, die Position als King's Hand anzunehmen, weil ihr der tote Schattenwolf als Omen erscheint (Jones 1999). Dies heißt natürlich nicht, dass Prophezeiungen als typische Fantasy-Trope keiner Dekonstruktion unterzogen werden, als Beispiel soll einmal mehr der so eminent zitierbare Tyrion Lannister zu Wort kommen: »Prophecy is like a half-trained mule [...]. It looks as though it might be useful, but the moment you trust in it, it kicks you in the head.« (*ADWD* 586)

Weltdeutung kommt aus einer anderen Richtung, nämlich einerseits dem Zynismus à la Lannister – aber andererseits auch aus dem zutiefst menschlichen Weltblick eines kleinen Wanderpredigers: Eine der wohl anrührendsten Passagen von *ASOIAF* verdanken wir dem barfüßigen Septon Meribald, der, von seinen Kriegserlebnissen gepeinigt, seit Jahrzehnten in tätiger Reue der Landbevölkerung dient (*AFFC* 525-536).

Wertmaßstäbe

Die siebenfache Ausdifferenzierung der Gottheit bedingt und ermöglicht eine Vielfalt von Werthaltungen, die sich jeweils als Betonung der Charakteristika einzelner *personae* fassen lassen. So etwa der eben erwähnte Septon Meribald: Die Werte des Wanderpredigers sind die eines Evangeliums der Schwäche, einer Art tätiger Befreiungstheologie, die vor allem die typischerweise mit Mutter und Schmied verbundenen Eigenschaften betont: Mütterlicher Friede und Gnade, gepaart mit der zupackenden konkreten Hilfe und Lebenshilfe des Handwerkers.

Dem gegenüber steht die Staatskirche, die thronend und moralisch präskriptiv das Volk geistlich leitet, kriegerische Auseinandersetzungen nicht nur begrüßt sondern in einer phantastischen Variante des unserweltlichen Vorkriegs-Prinzips von Thron und Altar segnend begleitet: Vater und Krieger sind hier die Galionsfiguren.

Institution

Überhaupt findet sich in diesem Bereich viel Vertrautes, sind die kirchlichen Strukturen und ihre Verflechtung mit den weltlichen Mächten offensichtlich der Heiligen Römischen Kirche des ausgehenden Mittelalters nachgebildet: Einer streng hierarchischen Amtskirche mit einem Oberhaupt, dem High Septon, das allerdings von einem Kardinalskollegium, den Most Devout, ernannt und lose kontrolliert wird. Dieses Gremium ist am Sitz der weltlichen Macht in King's Landing angesiedelt, Haupttempel ist die Große Septe von Baelor – natürlich mit sieben Türmen und Glocken, Portalen und Altären.

Von hier aus wird der Klerus, werden die Septons und Septas im Lande kontrolliert, die sich je einer Gottheit zugehörig fühlen – so hängen sich etwa die dem Schmied eingeschworenen Septons einen kleinen Hammer an einem Lederband um. Wie auch in der außerliterarischen Wirklichkeit nehmen die mönchisch organisierten Gemeinschaften eine gewisse außerhierarchische Sonderrolle ein, sind quasi-franziskanische Wanderprediger wie Septon Meribald oder quasi-benediktinische kontemplative Genossenschaften wie die Bußbrüder der Quiet Isle; eine Besonderheit von Westeros hingegen sind die Silent Sisters, dem Fremden geweihte Nonnen, die unter Schweigegelübde die Totenriten vollziehen.

Zum Handlungszeitpunkt ist der Faith Militant, also der bewaffnete Arm der Kirche, eigentlich seit Jahrhunderten aufgelöst: Er besteht zum einen aus den Warrior's Sons, eine Art Kreuzritterorden, und zum anderen aus den Poor Fellows, die eher an Bauernkriegstruppen gemahnen.

Die enge Anbindung an die weltliche Macht stützt einerseits diese stabile Struktur, andererseits wird die kirchliche Amtshierarchie nicht als spirituelle Größe wahrgenommen. High Septons werden von Königs Gnaden eingesetzt und gemeuchelt, die Kirche spielt ihre Rolle vorwiegend als Kreditgeber der Krone. Dies ändert sich mit einer Art fundamentalistischer Reformation: Als ein Vertreter des strenggläubigen Volksordens der Sparrows zum Kirchenoberhaupt gewählt wird, nutzt dieser sendungsbewusste Eiferer die Schwäche des Königshauses, um den kindlichen Tommen und seine als Regentin zunehmend ungeschickt agierende Mutter Cersei, um die Kirche unter seiner Ägide neu zu bewaffnen – und die wiedererstandenen Kampforden verleihen ihm die Macht, seinen moralischen Rigorismus durchzusetzen. Kein Wunder, dass Tyrion aus adeliger Perspektive unkt:

»Give me priests who are fat and corrupt and cynical [...], the sort who like to sit on soft satin cushions, nibble sweetmeats, and diddle little boys. It's the ones who believe in gods who make the trouble.« (*ADWD* 313)

Leitfäden

Es verwundert wenig, dass im Zentrum der Verkündigung ein heiliges Buch steht: Der Seven-Pointed Star, der sich – wenig überraschend – in sieben Abschnitte gliedert. Und das wenige, was wir über den Inhalt erfahren, mutet einerseits wie eine Pastiche unserweltlicher religiöser Literatur an: »The Father reached his hand into the heavens and pulled down seven stars [...] and one by one he set them on the brow of Hugor of the Hill to make a glowing crown« zitiert Tyrion Lannister zur Überraschung von Magister Illyrio eine Berufungsgeschichte mit Anklängen an Jesu Taufe (vgl. Mk 1,9-13). Diese scheint in ihm besonders nachgeklungen zu haben, denn er rückt auf Nachfragen mit einem Berufswunsch seiner Kindheit heraus: »I knew I would not make a knight, so I decided to be High Septon. That crystal crown adds a foot to a man's height.« (*ADWD* 87)

Dieser Wunsch ist umso plausibler, als der Seven-Pointed Star andererseits die bestehende quasispätmittelalterliche Gesellschaftsordnung affirmiert: »[...] it is written that as men bow to their lords, and lords to their kings, so kings and queens must bow before the Seven Who Are One.« (*AFFC* 596) Mit dieser Passage begründet der High Sparrow seine Dominanz über Regentin Cersei – eine durchaus kreative Interpretation des radikalen Fundamentalisten, wenn man die ursprüngliche Herkunft des Siebengottglaubens als Staatsreligion der Andalen mit bedenkt.[2] Dazu passt auch, dass vor allem gesellschaftliche Riten hoch formalisiert sind – breite Darstellung erfährt etwa der Hochzeitsritus, der der Frau ihre Position unter dem Mantel des Mannes zuschreibt.

Dies sind auch, bei dem geringen Textbestand, die einzigen herausarbeitbaren Faktoren: konservative Moral und mythisch verbrämte Stütze des herrschenden Systems, eine revolutionäre sozial-ethische Dimension, wie sie etwa in Jesu Verkündigung aufscheint oder eine theologisch reflektierte Aufarbeitung der Tradition, wie sie Paulus pflegt, scheint völlig zu fehlen. Dem Seven-Pointed Star fehlt sozusagen nicht nur eine Bergpredigt, sondern eigentlich ein Neues Testament, was wiederum dem Fanatismus des High Sparrow und seiner Anhänger Vorschub leistet: Auch in unserer Realität beziehen sich christliche Fundamentalisten in der Regel auf eine Auswahl schlichter, archaischer Rezepte des Alten Testamentes...

3. Synthese

Wie lässt sich aus diesen eigentlich so fantasy-untypischen heterogenen Einzelbeobachtungen ein Gesamtbild montieren?

Der Faith of the Seven referiert in besonderem Maße mit uns vertrauten religiösen Weltdeutungsmustern. Dies liegt einerseits an einer archetypalen Struktur, deren Realisierung eng am westlich-abendländischen Metaphern-Vorrat bzw. Mythenschatz orientiert ist. Aus anderer Perspektive formuliert: Die Mehrheitsreligion von Westeros ist uns vertraut, weil die Westerosi in Martins Weltexperiment nun einmal die transponierte Version der vertrauten euro-amerikanischen Mehrheitskultur darstellen. Sie spricht uns in dieser Vertrautheit an – ebenso erscheinen die Verwerfungen innerhalb der Religionsstruktur als Transpositionen unserweltlicher Historie: Die Erstarkung religiösen Fanatismus, wie sie uns im Handlungsstrang um den High Sparrow begegnet, liest sich als reformatorisches Geschehen, das irgendwo zwischen calvinistischer Strenge und islamischem Religionsverständnis motiviert ist.

Interessant ist in diesem Zusammenhang, dass Martin den institutionalisierten Glauben mit all seinen Schattenseiten, großer Staatsnähe, Korruption etc., als positive Gegenfolie zur asketischen Strenggläubigkeit präsentiert. Der Autor, der

---

2 | Hier klingt natürlich auch unserweltliche Kirchenhistorie an, man denke etwa an die ›Konstantinische Schenkung‹, eine Urkundenfälschung, die den päpstlichen Machtanspruch über weltliche Herrschaft legitimieren sollte – und das jahrhundertelang auch tat.

sich selbst als Agnostiker und »gefallenen Katholiken« charakterisiert (Hibbert 2015), affirmiert so letztlich die oben ausgeführten fünf Funktionen.

Die anderen Religionen sind bei weitem nicht so detailliert ausgeführt, weil sie zunächst als Teil des kulturellen Backdrops fungieren: Die Seefahrer glauben an einen Meeresgott. Der Messias der klingonenhaften Kriegerkultur der Dothraki trägt die kommende, glorreiche Vergewaltigung der Welt im Namen. Hier spielt Martin mit der menschlichen Sehnsucht nach dem (klischiert) Anderen, von der archaischen Wucht der Nordvölker bis zur sanft-mediterranen Tiki-Exotik von Dorne.

Aber auch in diesen Reigen fügen sich die Seven Who Are One ein: Sie stehen quasifreudianisch in der Mittlerposition zwischen den blutrünstig-esoterischen Naturkulten einerseits und dem intellektuellen agnostischen Orden der Maester andererseits. Als Bezugspunkt des wohl primär intendierten westlich geprägten Publikums bieten sie ein scheinbar vertrautes religionssoziologisches Gefüge, das durch seine zerrbildhafte Repräsentation unserweltlicher Phänomene Wieder-Erkenntnis evoziert.

Man sieht: Es schließt sich der Kreis. Martins Romanzyklus präsentiert Religion und religiöse Motive nicht handlungsimmanent-parānetisch: Der Text transportiert selbst keine Weltdeutungsmuster, schon gar keine Tröstung im Sinne Tolkiens und Genossen. Nein, Martin hat etwas Anderes im Blick:

»[The] objective is to explore, to discover, to *learn*, by means of projection, extrapolation, analogue, hypothesis-and-paper-experimentation, something about the nature of the universe, of man, of ›reality‹ [...].« (Judith Merril, zit.n. Stableford et al. 1993: 312)

Das ist nun eine der traditionellen Definition für Science-Fiction – und sie trifft. Denn der Leser findet neben allem anderem, was die Bücher ausmacht, auch eine scharfsinnige Analyse der schwierigen Beziehung von Mensch und Gott zwischen Idealismus und Realismus. Durch die geschickte, kritische Transposition unserweltlicher Phänomene arbeitet er zahlreiche Schattierungen menschlichen Transzendenzbedürfnisses heraus. Vieles, was in vermeintlich sicherer kultureller Distanz stattfindet – etwa der wie selbstverständlich über Leichen gehende Fanatismus der R'hllorpriesterin Melisandre – kommt unbequem nahe, wenn es vertraute Gestalt annimmt, etwa im Gewand eines Büßerpapsts.

Und Prophezeiungen sind das Letzte, worauf man sich verlassen sollte. In Oldtown erzählt Archmaester Marwyn folgende erbauliche Legende:

»Gorghan of Old Ghis once wrote that a prophecy is like a treacherous woman. She takes your member in her mouth, and you moan with the pleasure of it and think, how sweet, how fine, how good this is [...] and then her teeth snap shut and your moans turn to screams. That is the nature of prophecy, said Gorghan. Prophecy will bite your prick off every time.« (*AFFC* 974)

Vielleicht ist es also doch besser, dass Tyrion Lannister nicht mit ebendiesem Körperteil seinen religiösen Pflichten nachkommen kann...

LITERATUR

Campbell, Joseph (1984): The Masks of God. Primitive Mythology. Harmondsworth: Penguin.
Finkenzeller, Josef (1984): Grundkurs Gotteslehre. Freiburg: Herder.
Jones, Gwyneth (1999): Deconstructing the Starships: Science, Fiction and Reality. Liverpool: UP.
Jung, Carl Gustav (1940): »Zur Psychologie des Kindarchetypus«, in: ders.: Gesammelte Werke 9/1. Zürich: Rascher. S. 165-195.
Hibbert, James (2011): »EW interview: George R.R. Martin talks ›A Dance With Dragons‹«. 22.12.2015. <www.ew.com/article/2011/07/12/geor ge-martin-talks-a-dance-with-dragons>.
Milkovich, Matt (2013): »No restrooms in Middle-earth?«, in: Theonering.net. 22. 12. 2015. <www.theonering.net/torwp/2013/04/03/70347-no-restrooms-in-middle-earth/>.
Ritter, Adolf Martin (1994): Kirchen- und Theologiegeschichte in Quellen I. – Alte Kirche. Neukirchen-Vluyn: Neukirchener Verlag.
Stableford, Brian et al. (1993): »Definitions of SF«, in: Clute, John, Peter Nicholls (Hg.): The Encyclopedia of Science Fiction. London: Orbit. S. 311-314.
Stoodt, Dieter (1970): »Religion in religionssoziologischer Betrachtung«, in: Schönberger Hefte 1, S. 2-12.
Tolkien, John R.R (1964): »On Fairy-Stories«, in: Tree and Leaf. London: Allen & Unwin, S. 11-70.
Zimmerman Jones, Andrew (2012): »Of Direwolves and God«, in: Lowder, James (Hg.): Beyond the Wall: Exploring George R. R. Martin's A Song of Ice and Fire. Dallas: Ben Bella, S. 107-122.

*»If a girl can't fight,
why should she have a coat of arms?«*

4. Gender-Diskurse und soziale Fragen

Bastarde und Barbaren
Utopien des Hybriden in *GOT*

Hans Richard Brittnacher

In der Geschichtsschreibung des Abendlandes wurde der Begriff des Barbaren ursprünglich als Label eingesetzt, um den Fremden als das Andere zu markieren. Im antiken Griechenland war *barbaros*, pl. *barbaroi* die Sammelbezeichnung der griechischen Bürger für jene, die wenig oder schlecht griechisch zu sprechen verstanden – wörtlich bedeutet Barbar soviel wie ›br-br-sager‹, also Stammler oder Stotterer. Zunächst meinte der Begriff jeden Nicht-Griechen, dann jeden einem anderen Volk, einer anderen Gesellschaft, einer anderen Rasse Angehörigen. Sie alle wurden mit diesem Begriff als Stammler, als zur Sprache unfähige Rohlinge bezeichnet, denen es an wesentlichen Voraussetzungen zur Zivilisierbarkeit fehlt. Dieser ursprünglich also exklusiv diskriminierend gemeinte und gebrauchte Begriff hat durch Jacob Burckhardt eine Rehabilitation erfahren. Denn dank der in der Folge der Völkerwanderungen eingetretenen Verbindung mit den Fremden aus dem Norden kam es zu jenem glücklichen »Konnubium«,[1] das dem abgewirtschafteten römischen Reich erlaubte, nochmals welthistorische Geltung beanspruchen zu können. Seither hält sich das Deutungsmuster vom kraftstrotzenden, kriegerischen Barbaren, der einer verweichlichten Aristokratie mit dem Zauber von Frühe und Ursprung wieder zu alter Bedeutung verhilft (Schneider 1997).

---

1 | In seinen *Weltgeschichtlichen Betrachtungen* plädiert Jacob Burckhardt gegen die von der zeitgenössischen Geschichtswissenschaft vertretene Theorie einer Überflutung des römischen Reichs durch die Barbarenvölker für die Lesart eines rettenden Konnubiums der Vandalen und Römer: »Nur beim Konnubium der beiden Völker kann Rettung sein [...].« (Burckhardt 1978: 161)

1. BASTARDE

Der Begriff des Bastards hingegen scheint unmissverständlich pejorativ und charakterisiert seinen Träger als grundsätzlich defizitären, nachgeordneten Charakter, dem der Makel der außerehelichen Geburt anhaftet. Der Bastard trägt das Stigma der sozialen (oder familialen) Unerwünschtheit. Der misstrauischen philologischen Nachfrage offenbart freilich auch dieser Begriff eine unerwartete Ambivalenz, die seine Bedeutung erheblich bereichert. Im zweiten Akt von Shakespeare *Cymbeline* klagt Postumus: »Is there no way for men to be/but women must be half-workers? We are all bastards.« (*Cymbeline*, II, 5) Dass es keinen anderen Weg zur Welt gibt als jenen, der über den weiblichen Schoß führt, verwandelt in dieser Perspektive das familiale oder dynastische Defizit in einen grundsätzlichen anthropologischen Makel:[2] In einer vom Primat des Männlichen überzeugten Phantasie wie jener der Alchemie, ist jede natürliche Geburt ein Frevel, bei der ein männlich-reiner Teil von weiblicher Natur verunreinigt wird. Aus der Philosophie des Paracelsus kennen wir die Figur des Homunculus, dessen viriler Reinheit noch der Famulus Wager in Goethes *Faust* seine Referenz erweist, wenn er vom künftigen Menschen fordert: »So muß der Mensch mit seinen großen Gaben/Doch künftig höhern, höhern Ursprung haben« (Goethe 1999: S. 279), wobei das ›höhere‹ des Ursprungs eben die künstliche Zeugung meint, die das männliche Sperma in der Phiole reifen lässt, damit es nicht länger von einem weiblichen Organismus ausgetragen werden muss (vgl. Brock: 1975). So gesehen greift der Begriff des Bastards weit über die dynastische Bedeutung hinaus.

Im konventionellen Sprachgebrauch meint der Bastard zunächst einen außerhalb einer aristokratischen ehelichen Verbindung gezeugten Nachkommen, den sog. natürlichen Sohn, so wie die eben nicht hochwohlgeborene Eugenie in Goethes Revolutionsdrama *Die natürliche Tochter* (1803). Der Bastard aus nicht-ehelichen Beziehungen von Unterschichtsmitgliedern wird zumeist als Bankert bezeichnet. In Gesellschaften mit exklusiv patrilinearer Codierung irritiert die Existenz des Bastards das Primogeniturrecht, wenn beispielsweise der erstgeborene Bastard den Anspruch des zweitgeborenen legitimen Thronfolgers bestreitet. Wegen der patriarchalen Dominanz in der abendländischen Kulturgeschichte sind Bastardinnen zwar dem Begriff nach möglich, in der Literatur aber, trotz Goethe, selten – in *Game of Thrones* aber spielen die Sandsnakes, also die Bastardtöchter von Oberyn Martell, im Kampf um die Herrschaft mit.

In der Regel meint der Begriff Bastard jedoch nicht nur das unerwünschte, sondern zumeist auch männliche Ergebnis der sexuellen Beziehung zwischen einem – zumeist männlichen – Angehörigen des Adels und einem – zumeist weiblichen – Mitglied der unteren Bevölkerungsschichten. Dieser Typus, im Folgenden als *dynastischer Bastard* bezeichnet, wird in *GOT* als ein Sohn zweiter Ord-

---

2 | »Kann denn kein Mensch entstehn, wenn nicht das Weib/Zur Hälfte wirkt? Bastarde sind wir alle.« (Shakespeare 1987: 910)

nung zumeist durchaus anerkannt, aber nicht – bzw. nur im Ausnahmefall – in das dynastische Erbfolgerecht integriert. »You might not have my name«, so Eddard Stark zu Jon Snow, »but you have my blood.« (*GOT* SE 01 EP 02) Dynastische Bastarde also sind Figuren wie Jon Snow, Ramsey Snow, der später von seinem Vater legitimiert wird und dann erst dessen Namen, Bolton, tragen darf, Gendry, der Schmied, ein Sohn von Robert Baratheon und einer Tavernendirne, der allerdings nichts von seinem königlichen Vater weiß – weshalb er auch nicht den für die Bastarde in den Crownlands verbindlichen Namen Water trägt –, dessen Blut aber machtvoll genug ist, einen Dämon ins Leben zu rufen, der den Thronanwärter Renly Baratheon tötet.

Dass den von ihren Vätern nur halbherzig akzeptierten Bastarden ein gemeinsames Patronymikon zuerkannt wird, dass ihnen eine Identität jenseits ihrer dynastischen Provenienz verleiht, verweist auf die besondere Relevanz von Bastarden in *ASOIAF*: Der Bastardname richtet sich nach den Königsländern: Alle Bastarde des Nordens heißen Snow, in den meerumspülten Crownlands Water, im wüstenreichen Dorne Sand, in den hügeligen Westerlands heißen sie Hills, in den Stormlands Storm usf. Man kann daraus eine Schlussfolgerung ziehen, deren Berechtigung und Reichweite später vielleicht offensichtlich wird: Die Bastarde sind buchstäblich das ›Salz der Erde‹, deren charakteristische Merkmale sie in ihrem Namen tragen. Gerade ihre dynastischen Defizite verleihen den Bastarden besondere Legitimationen: sie sind die wahren Landeskinder und damit gleichsam natürlich zu einer Herrschaft über jene Reiche ausersehen, die von den Aristokraten von Westeros usurpiert worden sind.

Kommt es hingegen zu illegitimen sexuellen Akten zwischen nicht ehelich verbundenen Angehörigen aus exklusiv adligen Dynastien, etwa zwischen Geschwistern, sogar Zwillingen, wie bei Cersei und Jaime Lannister, wird das Ergebnis gleichfalls als Bastard bezeichnet, dessen inzestuöser Ursprung jedoch geheim bleiben muss: Während der dynastische Bastard zumeist jedem bekannt ist, schon an seinem Namen Snow (oder Sand oder Hill etc.) als Bastard erkennbar, lässt sich das Geheimnis von *Inzestbastarden* nur unter Lebensgefahr enträtseln. Dass Eddard Stark, der gegen seinen Wunsch das Amt der Hand übernehmen muss, wie schon Jon Arryn, sein Vorgänger, hinter das Geheimnis der blondhaarigen Nachkommenschaft des dunkelhaarigen Robert kommt, kostet ihn bekanntlich den Kopf. Wer wie Gregor Mendel zwischen dominanten und rezessiven Genen zu unterscheiden weiß, lebt in Kings Landing gefährlich.

Später freilich erfahren die Zuschauer, dass im Volke schon lange entsprechende Vermutungen kursieren. Als die Macht der Lannisters zu bröckeln beginnt, mehrt sich das Murren im Volk gegen die Bastarde auf dem eisernen Thron. Dahinter steht zunächst der vom Fundamentalismus der sparrows aufgeheizte Zorn der öffentlichen Meinung über die moralische Verderbtheit der Lannisters, den Cersei nach ihrem Teilgeständnis auf dem walk of shame schmerzlich zu spüren bekommt. Dass sie das ehebrecherische Verhältnis zum Neffen Lancel eingestanden, das zum Bruder Jaime jedoch geleugnet hat, deutet auf ihr Wissen um einen gegen inzestuöse Nachfahren verbreiteten Verdacht, der weniger moralisch als biologisch begründet ist: Die in Blutschande gezeugten Kinder gelten als geschädigt. Andererseits ist die Inzucht ein bewährtes Ausleseverfahren in der Tierzucht, um erwünschte genetische Merkmale zu stärken – eine auch von europäischen Hocharistokratien befolgte Devise. »Targaryens wed brothers and sisters for three hundred years to keep bloodlines pure«, sagt Cersei in You Win or You Die (GOT SE 01 EP 07), »Jaime and I are more than brother and sister. We shared a womb.« Es ist also die Sehnsucht nach Blutreinheit, die zu endogenen Beziehungen und in letzter Konsequenz zu Blutschande führt. Freilich ist dabei das Ergebnis dieser Beziehung, der Bastardsohn Joffrey, kein artreines Prachtexemplar, sondern ein moralisches Monstrum, bei dem der offenbar seit langem in der Dynastie betriebene systematische Inzest zu psychischen Degenerationen geführt hat. Cersei hat gute Gründe, den wahren Vater Joffreys und Tommens zu verschweigen.

Nehmen wir nun Shakespeares oder vielmehr des Postumus' Klage als Erlaubnis, den Begriff des Bastards etwas elastischer zu handhaben, würde dieses Verständnis wohl auch die Zustimmung Tyrion Lannisters finden, der in Crippels, Bastards and Broken Things (GOT SE 01 EP 04) im Gespräch mit einem dynastischen Bastard, nämlich Jon Snow, der ihm vorwirft, nichts vom schweren Los eines Bastards zu verstehen, auf die Verachtung des Vaters für den missliebigen, kleinwüchsigen Sohn verweist: »All dwarves are bastards in their fathers' eyes.« Dem sei ein gleichsam reziprok symmetrisches Sprichwort aus dem Italienischen gegenüberstellen: »Ogni scarafaccio e bello à mamma sua« – in den Augen seiner Mutter ist auch eine kleine Kakerlake schön. Das italienische Sprichwort behauptet eine biologisch begründete und ausnahmslos gültige weibliche Empathie, die wir etwa in der bedingungslosen Zuneigung Cerseis zum grässlichen Joffrey wiederfinden. Als Schattenriss der überwältigenden Liebe der Mutter zu den eigenen Kindern erweist sich noch die Abneigung Catelyns Starks gegen den eben nicht von ihr geborenen Bastard Jon Snow. Tyrions Worte hingegen erinnern an das patrilinear bestimmte Interesse der Macht, dass keine natürliche Loyalität kennt, sondern nur politische Opportunität. Zuneigung und Ablehnung von Bastarden folgen also auch einer geschlechtsspezifischen Orientierung.

Diese widersprüchliche Einschätzung des Bastards begründet die konstitutive Bedeutung von Identitätszweifeln. »Bastards can rise high in the world«, kommentiert der legitimierte Bastard Ramsey Bolton die Karriere des dynastischen Bastards Jon Snow (GOT SE 05 EP 07), aber in Mhysha (GOT SE 03 EP 10) formuliert Stannis unmissverständlich: »What is the life of one bastard boy against an entire kingdom?« Bastarde sind Stigmatisierte im doppelten Wortsinn: als Träger königlichen Blutes auserwählt und begehrt, als unerwünschte Abkömmlinge verstoßen und gemieden. Als Außenseiter haben sie das Los einer prekären Existenz zu tragen: Zwar dürfen sie, anders als die regulären Söhne, die sich dem feudalen Zeremoniell der politischen Heirat zu unterwerfen haben und Lust nur im Bordell finden oder zu finden glauben, ein Leben in libidinöser Freiheit führen, aber ihre Sehnsucht richtet sich darauf, legitimiert zu werden, diese Freiheit also aufzugeben; auch der sonst so nonkonformistische Tyrion kämpft immer wieder um die Anerkennung, die ihm der Vater verbissen verweigert. Die Existenz des Bastards ist, so gesehen, aporetisch, er sucht, was ihn zugleich bis in die Grenzen seiner Geltung hinein auslöscht. Auch endlich nobilitiert bleibt die Existenz des Bastards prekär: Kaum hört Ramsey Bolton, dass sein Vater und dessen Frau ein weiteres Kind erwarten, steht seine mühsam erkämpfte Existenz als eben legitimierter Sohn schon wieder auf dem Spiel: »I'm your son until a better alternative comes along.« (*GOT* SE 05 EP 05)

Den Zwerg Tyrion nennen seine Gegner, gelegentlich auch Freunde, gerne halfman, »Halbmann«: die defizitäre Physis ist ein Merkmal von ›crippels, bastards and broken things‹. Eine körperliche Unvollständigkeit, die Abweichung von der Norm physischer Integrität, teilt der Zwerg mit Figuren wie Blinden oder Krüppeln, wobei es wiederum zu deren Besonderheiten gehört, ihre teils eingeschränkten Möglichkeiten durch andere Begabungen zu kompensieren. Neben dem scharfsinnigen Tyrion, der einer alten Tradition folgend – man denke an die Zwerge am spanischen Königshof (Perez Sanchez o.J.) – seine Kleinwüchsigkeit durch Witz, Mut, Schlagfertigkeit und Klugheit kompensiert, wären zu diesem Typus auch Bran Stark zu zählen, der seit dem Mordanschlag von Jaime Lannister telepathische Vermögen entwickelt, Maester Aemon, der wie die Seher der Antike seine Blindheit durch Weisheit und Herzensgüte ausgleicht, Samwell Tarly, sanftmütig und fettleibig, der als Erstgeborener nicht den Vorstellungen seines Vaters von einem angehenden Lord genügt und verstoßen wurde, aber sich als belesen und vorausschauend bewährt. Und schließlich kann auch Brienne von Tarth, nach eigenen Worten »a great lumbering beast«, zu dieser hybriden Population zählen: Sie ist eben kein engelsgleicher Androgyn, sondern ein veritables Mannweib. Mag sie sich auch der Geschlechterordnung widersetzen, so besitzt sie doch eine ›schöne Seele‹[3] und ist bedingungslos loyal. Auch Kastraten oder Eunuchen können in dieser Perspektive als Bastarde gelten, insofern auch sie in jungen Jahren eine Verstümmelung erlitten haben, die sie maßgeblich beeinträchtigt, aber auch zu besonderen Leistungen befähigt: man denke an die Loyalität und die Kriegskünste von Grey Worm oder an die zur Perfektion getriebene Kunst der *dissimulatio* bei Lord Varys, die sich wiederum selbstlos in den Dienst des Reiches stellt. Ich schlage vor, diesen Typus als *Handicap-Bastard* zu bezeichnen. Zuletzt gehören gewissermaßen als ambulante Mitglieder in diese Bastard-Kategorie auch noch die Mündel, die vielen Waisen und kulturellen Überläufer wie Davos Seaworth, der es vom Sohn eines Krabbenfischers und Schmugglers zum Consigliere von Stannis Baratheon brachte.

---

3 | Das gilt durchaus im Sinne des philosophischen Idealismus, der die Übereinstimmung von Pflicht und Neigung als Grundeigenschaft einer schönen Seele versteht (vgl. dazu Schiller 1962).

4. Gender-Diskurse und soziale Fragen

Bastard ist aber auch, viertens, im übertragenen Sinne nicht nur in unserer Welt sondern auch auf Westeros ein Schimpfwort für jene, die sich über den moralischen Anstand hinwegsetzen und niederträchtig und gemein handeln. Das Schimpfwort verdankt seinen Ursprung der Idee, dass sich bei der Entwicklung des Nachwuchses die rohen Sitten der nicht-adligen, dem gemeinen Volk entstammenden Mütter durchsetzen. Für diesen infamen Typus würde ich den Begriff des *moralischen Bastards* vorschlagen. Der nördlich der Mauer lebende Schweinebaron Craster, der seine Söhne den white walkers überlässt und mit seinen Töchtern weitere Bastardtöchter zeugt, kann, obwohl selbst ursprünglich wohlgeboren, als ein solcher moralischer Bastard qualifiziert werden. Als ein Spähtrupp der Nachtwache bei ihm Obdach sucht, kommt es rasch zum Streit – ein Wort gibt das andere, aber bei der hohen Frequenz an Beschimpfungen ist es erst der Begriff Bastard, bei dem blankgezogen wird: »Bastard!« ist offensichtlich die ultimative Beleidigung. Wenn Ramsey Snow einen der Verfolger Theon Greyjoys, die diesen in seinem Auftrag gehetzt haben, mit einem Schuss aus der Armbrust niederstreckt, um sich selbst vor Theon vorübergehend als Freund und Retter aufspielen zu können, sind die letzten Worte des sterbenden Helfers: »Bastard!« – womit er eben nicht den problematischen dynastischen Status seines Mörders, sondern dessen Niedertracht meint. Das pejorative Kapital des Begriffs haben freilich auch eher moralisch eher unbescholtene Figuren wie Tommen oder Myrcella Lannister zu tragen.

Die extreme Frequenz von biologischen, sozialen, moralischen und kulturellen Bastarden in *ASOIAF* reagiert erkennbar auf das Thema der Amorphisierung sozialer und politischer Strukturen in modernen Gesellschaften, gegen die eine traditionelle *Sword and Sorcery-fantasy* gerne die stabile soziale Hierarchie der mittelalterlichen Welt als tröstliche restaurative Utopie empfohlen hat. Die einige Jahrzehnte lang die akademische Diskussion in den *humanities* dominierenden *postcolonial studies* mit ihrer Entdeckung der Vitalität eines *third space* und der Entmachtung etablierter binärer Strukturen haben indes auch in der Fantasy von George R.R. Martin Spuren hinterlassen. Das gilt vor allem für Homi K. Bhabha und die zweite Generation poststrukturalistischer Theoretiker, die nach Saids Orientalismus mit seinen noch binären Hierarchien verpflichteten Modellen des *othering* das Konzept eines dritten Raums und der in ihm verschränkten, nicht mehr auf binäre Antagonismen reduzierbaren Vektoren entdeckten (Bronfen, Marius u. Steffen 1997 sowie Hamann/Sieber 2003). Die Bastardpopulation auf Westeros agieren als vitale Vertreter einer Kultur des *inbetweenness*. All die Bastarde, Krüppel, Waisen und Überläufer, die Entrechteten, Verstoßenen, Heimatlosen und Vertriebenen, die Mündel und Wechselbälger, die Davongelaufenen und Überlebenden sind nicht länger bereit, sich mit den hierarchischen Strukturen von Oben und Unten, Zentrum und Peripherie, Adel und Bürgertum zu arrangieren, die immer wieder neue Kriege zu ihrer Befestigung benötigen, und bringen sich als neuer Machtfaktor einer dritten Ordnung in Stellung.

Das gilt freilich nicht für die Inzestbastarde, die eher den Anachronismus der alten Ordnung belegen, und nur ausnahmsweise für moralische Bastarde – dann nämlich, wenn sie eine Konversion erfahren. Ein Beispiel für eine Schnittmenge unterschiedlicher Bastardvarianten ist Jaime Lannister, der Königsmörder, der den unschuldigen Bran aus dem Fenster stürzt. Der Verlust seiner Hand ist der Moment, in dem er vom Lager des moralischen in das Lager der Handicap-Bastarde wechselt – mit erheblichen Konsequenzen für seine weitere Entwicklung. Ein weiteres Beispiel liefert Theon Greyjoy. Das Mündel, der bei anderen Familien gleichsam als Geisel deponierte Sohn (so wie später auch Myrcella Baratheon, die Tochter von Cersei und Jaime Lannister, die in Dorne leben soll), kann als Bastard gelten, insofern er aus der dynastisch garantierten Ordnung seiner Familie verstoßen und der Fremdfamilie übergeben wird. Dass er nach seiner desillusionierenden Heimkehr vom leiblichen Vater nicht mit offenen Armen empfangen wird, begründet dieser mit dem Zweifel an der Loyalität Theons: er wird nicht mehr als legitimer Nachfolger, sondern als dynastischer Konvertit betrachtet, dem nicht zu trauen ist. Wie massiv dieses Misstrauen ist, sieht man an der Außerkraftsetzung der sonst nahezu universal gültigen dynastischen Grundregel vom Primat der männlichen Nachfolge: Asha, Theons ältere Schwester, wird ihm vom Vater vorgezogen. Die väterliche Infamie, erst den eigenen Sohn wegzugeben und ihn dann wegen bezweifelter Loyalität zu benachteiligen, begründet in letzter Konsequenz Theons Wandlung. Das Mündel, der Handicap-Bastard, wird jetzt zum moralischen Bastard, wenn er tut, was nicht zur Familie gehörige Familienmitglieder, Kuckuckskinder oder Findlinge in der Literatur fast immer tun: sie zersetzen oder zerstören die Gastfamilie, d.h. sie speisen das Ferment der Untreue und der fehlenden Loyalität, dem sie selbst zum Opfer gefallen sind, nun auch in die Familie derer ein, die sich ihrer angenommen hat.[4] Mit dem brennenden Ehrgeiz des Bastards, um jeden Preis vom eigenen Vater akzeptiert zu werden, schlägt sich Theon auf die Seite der Gegner der Starks, greift Winterfell an, tötet – bzw. fingiert die Tötung von – Bran und Rickon. Erst der Anblick der Entwürdigung und Demütigung von Sansa Stark leitet die Konversion des kastrierten Theon zum ›vollwertigen‹ Handicap-Bastard ein.

Ein gemeinsames Element von drei der vier Bastardtypen ist das Phantasma von der Reinheit des Blutes, das durch den Bastard bedroht ist (Braun/Wulf 2007; Schury 2001). Das Blut der Könige, das auch in dynastischen, in inzestösen und zumindest teilweise auch in gehandicapten Bastarden fließt, gesteht ihnen einen Wert zu, der auch sie, die vielseits Marginalisierten, über den Status Normalsterblicher erhebt, ihre Existenz gleichzeitig aber auch in hohem Maße gefährdet. Die Priesterin Melisandre, die dem Gott des Feuers dient, unterhält ein geradezu obsessives Verhältnis zum Blut: »There is power in a king's blood«, sagt sie zu

---

4 | Berühmte Beispiele sind Nicolo in Kleists Novelle *Der Findling*, Heathcliff in Charlotte Brontes *Sturmhöhe* oder Joe Christmas in Faulkners *Light in August*. Vgl. dazu den Eintrag »Herkunft, die unbekannte« (Frenzel 2008: 333-350).

4. Gender-Diskurse und soziale Fragen

Gendry, dem Bastard Robert Baratheons. Sie setzt Gendry drei Blutegel an und wirft diese ins Feuer, in der Hoffnung, dass sein solcherart geopfertes königliches Blut die Feinde von Stannis Baratheon mittels magischer Fernwirkung töten wird: »You are more«, so Melisandre zu Gendry, »than they could ever be. You will make kings rise and fall.« (GOT SE 03 EP 06) Dem Bastard wächst so in *Game of Thrones* explizit die Kraft des Königsmachers zu. Ausdrücklich ermuntert auch der Kastrat Varys den Halbmann Tyrion in THE WARS TO COME (*GOT* SE 05 EP 01), da sie selbst doch niemals den eisernen Thron besteigen können, Daenerys zur Macht zu verhelfen. Es ist gewiss kein Zufall, wenn spätestens ab der fünften Staffel die Drachenmutter nicht nur von ihren Drachen, Mischwesen par excellence, sondern von einer ganzen Phalanx auch anderer Mischwesen, ihren Bastard-Paladinen, umgeben ist, den Handicap-Bastarden Tyrion, Varis, Grey Worm und kulturellen Überläufern wie Ser Barristan Selmy und Jorah Mormont.

»Bastards are born of passion« (*GOT* SE 04 EP 02), kommentiert Oberyn Martell, die rote Viper, die Aussage seiner Konkubine Elaria, sie heiße Sand. In einem Land der Liebe wie in Dorne gebe es tausende mit Namen Sand (so wie der Name Snow für die Bastarde in Westeros steht). Elaria ist, nebenbei bemerkt, der seltene Fall eines weiblichen Bastards, die mit Oberyn die Freude an promisker Sexualität teilt, die auch die Liebe zum eigenen Geschlecht miteinschließt. Die auffällige Verbindung des Bastardmotivs mit exzessiver Sexualität zeigt sich auch am fröhlichen Primitivismus des Robert Baratheon, der neben seiner Leidenschaft für die Jagd auch der einer ungehemmten Ad-hoc-Erotik mit Frauen aus dem Volk frönt und deshalb gleich dutzendweise Bastarde in die Welt gesetzt hat. Über den puristischen Gedanken der Reinheit des Blutes hinaus legen Bastarde somit auch Zeugnis ab vom zutiefst vitalen Charakter der Sexualität: Die Dimension des Dritten, die von den Bastarden repräsentiert wird, verdankt ihre Geltung in letzter Konsequenz einer nicht reglementierten Sexualität, mit der die etablierte Macht nicht nur im übertragenen Sinne, sondern buchstäblich infiziert wird. Dass Tyrion mit der Sklavin Shae fleißig an der Verdünnung und Ausbreitung des kostbaren dynastischen Bluts arbeitet, treibt den auf Blutreinheit bedachten Tywin zur Weißglut.[5] Das Konzept des Bastards dient also nicht nur dazu, einer verbrauchten anachronistisch gewordenen Welt kultureller Differenzen eine aktuelle, vitale Welt kultureller Vielfalt entgegenzustellen,[6] sondern auch, die alte Opposition von Lust und Herrschaft neu zu befestigen.

Michael Bachtin hat eine solche von promisker Sexualität und fröhlicher Körperlichkeit beherrschte Welt als karnevaleske Kultur beschrieben, in dem die Übermacht eines archaischen Körpers und seiner Gelüste ein unverwüstliches Leben besingt, das dem eintönigen Imperativ monogamer Sexualität genauso wie dem mortifizierenden Purismus der Politik seine Berechtigung bestreitet (Bach-

---

5 | In Spielversionen von *ASOIAF* wird die Produktion von Bastarden mit dem Verlust von Prestigepunkten geahndet.
6 | Zur Terminologie vgl. Kley 2002.

tin 1985). Nicht zufällig wird das Hybride in Bachtins Theorie zur Gewähr der Subversion »eines durchgängig pejorativ besetzten Begriffs der ›Reinheit‹ und damit zu einem politischen Instrument, das autoritäre Diskurse außer Kraft zu setzen vermag« (Bartl, Catani 2010: 9). Während die Welt der Seven Kingdoms in höfischen Zeremoniellen erstarrt, Kriege führt, Blut vergießt und Menschen tötet, feiert eine Hybridkultur wie die der Bastarde die unbezähmbare Vitalität des Lebens, die sich über die sterilen Distinktionen der Welt von Westeros hinwegsetzt, und angesichts der drohenden Gefahr – »winter is coming«! – eher zu Hoffnung berechtigt als die mit sich selbst und ihren Intrigen beschäftigten Aristokratie von Westeros.

Die hedonistischen, sexuell gleichsam unbekümmerten Abweichungen der Bastarde vom Kodex aristokratischer Dekadenz werden jedoch keineswegs bedingungslos bejaht: Mag GOT auch wegen seiner Freizügigkeit immer wieder als Ausnahme in einer puritanischen Fernsehkultur gelobt werden, so ist doch das Ressentiment gegen abweichende, exzessive und exogame Formen von Sexualität spürbar, etwa wenn Cersei alle möglichen dynastischen, lustvoll gezeugten Bastardsöhne Roberts (übrigens in deutlicher Symmetrie zum Herodes-Verbrechen des bethlehemitischen Kindermords) abschlachten lässt (nur Gendry entkommt), damit der Inzestbastard Joffrey weiter glauben kann, ein legitimer Sohn Roberts zu sein. Auch der schillernde Hedonist Oberyn Martell darf seiner Leidenschaft in Littlefingers Bordell nicht lange nachgehen – im Kampf mit dem ›Berg‹, Gregor Clegane, wird er buchstäblich annihiliert. Als Abstrafung einer laxen Moral, die sexuelles Glück über die Pflicht stellt, darf wohl auch die Red-Wedding-Episode (in MHYSHA GOT SE 03 EP 10) gelten, wenn Robb Stark, der sich durch die Liebesbeziehung mit Talisa der geplanten Heirat mit der Tochter von Walder Frey entzieht und damit nicht nur ein gegebenes Versprechen bricht und eine politische Allianz aufs Spiel setzt, sondern sich auch der dynastischen Regel entzieht, sterben muss – konsequenterweise zusammen mit allen Mitgliedern seiner alten und seiner neu zu gründenden Dynastie, also nicht nur der Mutter, die ihn geboren hat, sondern auch mit seiner Frau Talisa und der Frucht seiner Lenden in ihrem schwangeren Leib.

Auch wenn man die These von einer insgeheimen Sexualitätsfeindlichkeit von GOT bezweifelt, wird man doch die auffallende Vielzahl von mönchsartigen Bruderschaften, militärischen Verbänden, logenartigen Verbindungen, Geheim- und Männerbünden, die sich alle auf eine zölibatäre Existenz verpflichtet haben, nicht bezweifeln können:[7] neben der Night's Watch und der Stadtwache, den Goldcloaks, auch die Kingsguard, die Brotherhood without Banners, die Sons of the Harpy, die Unsullied, die Second Sons, die maesters und die Sparrows usf. – und ausnahmsweise gibt es solche gleichgeschlechtlichen Verbindungen auch auf weiblicher Seite, bei den sandsnakes, den Bastardinnen in Dorne, die Elaria

---

7 | Männerbünde als politische Vektoren werden detailliert behandelt in Blazei 1999; vgl. auch Völger/König 1990.

4. Gender-Diskurse und soziale Fragen

nach dem Tod ihres Vaters beim Kampf gegen die Lannisters unterstützen, und die ihre erotischen Reize nicht im Interesse der Fortpflanzung, sondern nur als kriegerische List einsetzen.

Bastarde, per definitionem mit einem Zweifel belegte Kinder, sind in aller Regel selbst kinderlos – und sollen es offenbar bleiben. Ihnen, die Auskunft geben über eine offenbar nicht zu disziplinierende, lustvoll erlebte, aber auch – wie an den Pathologien der inzestuös gezeugten Bastarde ersichtlich – riskante Sexualität, wird abverlangt, der Sexualität zu entsagen– etwa durch den Beitritt zu einer mannerbündisch organisierten Gemeinschaft wie der Night's Watch. Die Kinderlosigkeit verbindet Eunuchen und Kastraten, die Mitglieder der Nachtwache, der Königsgarde, der Unbefleckten usf. – die einen dürfen keine Kinder zeugen, die anderen können es nicht. Die Brüder der Nachtwache bilden eine Ordensgemeinschaft jenseits des aristokratischen Erbfolgerechts: jeder kann ihr beitreten, viele müssen ihr beitreten, weil sie als Verbrecher keinen Platz mehr in der Ordnung haben, oder weil sie Opfer des Primogeniturrechts sind, das für sie als zweit- oder drittgeborene keinen Platz mehr vorsieht, oder weil sie ihrer adligen Familie Schande gemacht haben. Sie kämpfen nicht für eine Dynastie, sondern für das Reich. »They'll be alive«, so Qhorin Halfhand von der Nachtwache zu Jon Snow, »because a nameless bastard north of the wall gave his life for theirs.« (*GOT* SE 04 EP 09)

Feierlich müssen die Männer der Nachtwache der Ehe abschwören, sie bilden eine zölibatäre Gemeinschaft. GOT erzählt eben nicht nur die Geschichte vom Kampf mehrerer Königreiche um den eisernen Thron, sondern auch die Parallelgeschichte vom Aufstieg des Bastards Jon Snow zum Anführer eines wild zusammengewürfelten Haufen von Außenseitern. Dem Lordkommandanten der Nachtwache, Jeor Mormont, dem Old Bear, wird er gleichsam zum Adoptivsohn und ersetzt ihm den leiblichen Sohn, Jorah Mormont, der als Verräter und Sklavenhändler vom ehrbewussten Vater verstoßen wurde. Wenn Jon Snow am Ende der fünften Staffel, selbst Lordkommandant geworden, von den Mitgliedern der Night's Watch erdolcht wird, so vordergründig, weil man ihm, der die Allianz mit den Wildlings geschmiedet hat, politisch nicht länger traut, hintergründig, weil man ihm, der sich in Ygritte verliebte, für seinen Verrat an der dem Bastard abverlangten Abstinenz bestraft. Wenn andererseits der Bastard Ramsey Snow, gezeugt von Roose Bolton bei der Vergewaltigung einer Müllerstochter, übrigens nicht nur ein veritabler dynastischer, sondern auch das mustergültige Exemplar eines moralischen Bastards, Theon Greyjoy kastriert, ist dies so gesehen als ein Akt der Restitution dynastischer Blutreinheit auch der Beginn seiner Initiation ins Erbfolgerecht und wird mit seiner Anerkennung als vollwertiger Nachkomme belohnt, der sich hinfort mit dem Namen des Vaters Bolton nennen darf. Das bedeutet für ihn freilich auch, sich nun seinerseits dem Gesetz dynastischer Familialität unterwerfen zu müssen. Er verstößt Myranda, das Mädchen, mit dem er sich bislang vergnügte, um als Erbe der Boltons Sansa Stark zu heiraten und Lord von Winterfell zu werden – so, wie zuvor Tyrion nach dem Willen seines Vaters sich schon von der Sklavin Shae lösen und Sansa Stark heiraten musste, um der drohenden Produktion weiterer Bastarde Zügel anzulegen. Um seinem Status als Bastard zu entkommen, paktiert er mit der primogenituralen Macht – und perfektioniert so seinen Status als moralischer Bastard.

Diese Typologie von Bastarden folgt, so hoffe ich zumindest, nicht einer pedantischen Neigung zu Ausdifferenzierungen, die sich in taxonomischer Gefräßigkeit ausdehnt, bis sie schließlich alles integriert hat, sondern umgekehrt der Strategie des Autors – und auch der Showrunner der Serie – der Strategie nämlich einer systematischen Bastardisierung einer Welt, in der keine der Figuren mehr das Pathos der Authentizität für sich in Anspruch nehmen darf. Um nochmal an die Worte Cymbelines zu erinnern: »We all are bastards« – Abkömmlinge; Hybride, Geschöpfe zweiter Ordnung, verunstaltet, missraten, Geduldete, Verräter, Waise und Überläufer, Gestalten, die sich durchlavieren, immer auf der Hut sein müssen und bestenfalls mit heiler Haut davonkommen.

2. BARBAREN

Während die Bastarde innerhalb der Grenzen der sieben Königslande ihr Schicksal erleiden, leben die Barbaren jenseits der Grenzen des Reiches, die Dothraki als Reitervolk in den Steppen des östlichen Kontinents Essos, die Wildlings im Norden jenseits der großen Mauer. Was es erlaubt, sie mit dem Begriff der Barbaren zu charakterisieren, ist ihr Abstand zur Zivilisation. Die Karriere des Begriffs im Abendland verdankt sich seiner Eignung zur Charakterisierung geographisch ferner oder kulturell anderer Völker, die also an den Grenzen des eigenen Machtbereichs lebten oder sich in ostentativer religiöser oder weltanschaulicher Distanz zu eigenen kulturellen Vorstellungen befanden. Dabei hat der Begriff eine starke rhetorisch-propagandistische Aufwertung erfahren, die ihre Energie, wie Reinhart Koselleck gezeigt hat, aus einem Phantasma bezieht, nicht aus der realen Nähe oder Ferne der gegenübergestellten Kulturen: es geht um die stabil gebliebene Sprachfigur, die den Barbaren als das Andere bestimmt, das zu fürchten, zu bekämpfen oder zu missionieren ist (Koselleck 1979: 228f.), die ihn aber auch wegen seiner Unverbrauchtheit und Kraft als Retter in der Not phantasieren kann.

Ihre Hochzeiten in der europäischen Geschichte erleben die Barbaren erstmals im Zeitalter der Völkerwanderungen, dann bei den Kreuzzügen und schließlich bei der sogenannten Entdeckung der Neuen Welt. In der kulturellen Überformung prägt die Erfahrung der Alterität eine barbarenspezifische Ikonologie der Kraft, des Primitivismus und der Zivilisationsfeindlichkeit aus: Die Geschichtsschreibung vom Untergang des römischen Reiches schreibt sich selbst ein tröstliches Epitaph, indem sie die Eroberer zu Gestalten von bezwingender Stärke verklärt, denen gegenüber die eigene, überaltete, sogar dekadente Kultur chancenlos war. Auch *ASOIAF* ist offenbar anfällig für den rauen Charme des Barbaren, der gerade in Zeiten der Krise zur Erlöserfigur arrivieren kann. Mag der Barbar auch abstoßend brutal sein, so verfügt er doch, wie Foucault schrieb, über »eine große, vornehme und stolze Seele« (Foucault 2001: 227).

Barbaren sind Nomaden – das ist offensichtlich bei einem Reitervolk wie den Dothraki, die einen Pferdegott verehren, während die Wildlings eher Teilnomaden sind, die zeitweilig in Siedlungen leben. Wiewohl die Dothraki eher an Mongolen oder Hunnen erinnern und die Wildlings eher an Wikinger (mit einem Einschlag Cro Magnon), besteht eine wesentliche Gemeinsamkeit der beiden Barbarenstämme darin, dass sie anders als die Feudalgesellschaft keine Adelsschicht mit erblichen Titeln kennen. Nach dem anarchistischen Motto ›ni dieu ni maitre‹ verweigern sie förmliche körpersprachliche Zeichen der Ehrerbietung und des Gehorsams. Die Wildlings nennen sich selbst das »free folk«, die Angehörigen der Königsreiche hingegen voller Verachtung »kneelers«. Lieber stirbt Mance Rayder stehend im Feuer als die Knie vor Stannis Barratheon zu beugen. Der Verzicht auf eine aristokratische Hierarchie bedeutet freilich nicht, dass die Barbaren keinen Führer hätten – sie folgen dem, den sie gewählt haben oder der sich durch Muskelkraft und Kampfgeist den Rang eines Anführers erkämpft hat. Barbaren philosophieren nicht – d.h. sie haben auch kein Problem mit der Legitimation der Herrschaft. Während Stannis seinen Anspruch mit dem Recht des Erstgeborenen begründet, Renly mit seiner Popularität beim Volk, Cersei mit dem Status quo, sind bei den Barbaren wie im Tierreich physische Stärke und Anpassungsfähigkeit hinreichende Gründe zur Macht. Barbaren üben Herrschaft aus, nicht weil sie dazu legitimiert sind, sondern weil sie es können. In den Königslanden erhalten die Kinder der Adelsfamilien durch bloße Geburt, ohne jedes Zutun, den Titel eines Lords – die Barbaren erwerben ihn sich durch ihre Tapferkeit, wie etwa die Dothraki. Bei ihnen zählt nicht die Blutlinie, sondern ausschließlich Kraft und Tapferkeit: Jeder kann König werden, und der ist König, der die meisten Feinde tötet. Er hat, wie Khal Drogo, den längsten Zopf.

Mance Rayder, der es schaffte, die zerstrittenen Barbarenvölker des Nordens zu einigen, wird immer wieder als »King beyond the Wall« bezeichnet – aber eben das ist er nicht, sondern ein Warlord, der kein Reich regiert, sondern eine Streitmacht befehligt. Die Führer der Barbaren kämpfen nach anderen Regeln als es die Ritter der Königslande tun. Das gilt noch mehr für die Barbaren in Essos, die nicht die Konfrontation in offener Feldschlacht suchen, sondern, wie beim Kampf um Yunkai, in der Anwendung einer Kriegslist – die Anspielung auf die Geschichte vom hölzernen Pferd ist überdeutlich. Die Sitten der Barbaren sind von ausgesuchter Primitivität, sie huldigen magischen Praktiken, sie töten auch Wehrlose und schänden deren Frauen. Die Theorie eines kulturellen Relativismus, die offen bleiben soll für die Andersartigkeit anderer Kulturen, wird in GOT auf eine harte Probe gestellt, denn die Vergewaltigung der Frauen der Besiegten wird selbst von Ygritte verteidigt, und das Gelage bei der Hochzeit von Daenerys und Khal Drogo mit tödlichen Schaukämpfen und brutalen öffentlichen Kopulationen überfordert sichtlich die noch naive Braut (Jacobi 2014: 169-180). Barbaren säen und ernten nicht, sondern rauben, was sie brauchen, sie tafeln am Lagerfeuer und verzehren rohes Fleisch, einige auch das von Menschen – wie die Thenns in den von Mance Ryder geeinigten Verbänden der Wildlings. Einen Eindruck von der kulturellen Andersartigkeit der Dothraki, aber auch der Lernfähigkeit von Daenerys, vermittelt die Szene, in der die schwangere Daenerys das blutige, rohe Herz eines Hengstes, also des Fetischtieres der Dothraki, vor den Augen des gesamten Stammes zu verzehren hat. Die Einverleibung des Pferdeherzes soll das Kind in ihrem Leib stärken: Der Verzehr eines rohen Herzen vor aller Augen zeigt an, dass Daenerys ihrer Ekel ›mannhaft‹ zu überwinden vermag, dass sie eine verzärtelte aristokratische Kultur hinter sich lässt und sich zur Anerkennung einer Welt elementarer Lebensvorgänge durchringt. Ihren ungeborenen Sohn Rhaego nennt sie so in Erinnerung an ihren verstorbenen Bruders Rhaegar Targaryen. Er soll, so wird prophezeit, der Hengst sein, der die Welt besteigt und alle Khalasars zu einem einzigen Heer vereint.[8] Voller Wohlgefallen sieht Khal Drogo der Initiationsprüfung seiner geliebten Khaleesi zu, die dadurch zum vollgültigen Mitglied der Barbaren wird. Nach dem Tod Khal Drogos und dem Verlust des Kindes bleibt sie die Khaleesi des Stamms, zumindest behält sie bei den Getreuen, die bei ihr bleiben, diesen Titel, auch wenn ein Teil der Dothraki sich von ihr, einer Frau, abwendet. Die Zweifler jedoch werden durch die Geburt der Drachen im Scheiterhaufen, dem Daenerys unversehrt und nackt, sozusagen neugeboren, entsteigt, eines Besseren belehrt. Daenerys, Sturmtochter und Drachenmutter, die während eines Sturms geboren wurde und in der Glut die Dracheneier ausgebrütet hat, zeigt sich so in der Verbindung mit den Elementen, mag sie als Tochter von Aerys II. Targaryen prima vista auch zu den Aristokraten gehören, als eine Figur, in der sich die Eigenarten des Barbaren mit denen der charismatischen Herrschaft verbinden.

Sie schreitet als charismatische Herrscherin, von treuen Vasallen begleitet, einem wie einem Naturphänomen stetig anwachsenden Heer voran, das sie in erster Linie nicht dazu nützt, sich Herrschaft zu sichern – wie ihre Konkurrenten um den eisernen Thron in Westeros – sondern um durch die systematische Befreiung von Sklaven das Konzept Herrschaft an sich zu subvertieren. Bei ihrem Siegeszug pflegt sie ihre Ansprachen mit den Worten zu eröffnen: »I am Daene-

---

8 | Auch wenn es unwahrscheinlich ist, dass George R.R. Martin Achim von Arnim gelesen hat, sei doch auf die Nähe zu Arnims Erzählung *Isabella von Ägypten* (1812) hingewiesen: Isabella, der Tochter des Zigeunerkönigs Michael, ist die Mission anvertraut, in der Liebe mit Karl V., dem größten Herrscher der damaligen Welt, einen Sohn zu zeugen, der die in alle Welt zerstreuten Zigeuner wieder einen und zurück zu den Quellen des Nils führen soll. Auch Isabella ist wie Daenerys von exzentrischen, teils übernatürlichen Beratern umgeben und mit solchen auch im Konflikt (die mit Magie vertraute alte Zigeunerin Brake, der Golem Bella, der Alraun und der Bärenhäuter). Entgegen der Weissagung übernimmt Isabella selbst die eigentlich dem ungeborenen Sohn anvertraute Mission – so wie auch Daenerys der Prophezeiung widerspricht, wenn sie ihr Kind im Feuer verliert, stattdessen die Drachen ausbrütet und sich mit ihnen zur großen Heimkehr rüstet.

rys Stormborn, of the blood of old Valyria and I will take what is mine, with fire and blood!« (GOT SE 02 EP 06) Hier wird ein charakteristischer Widerspruch ihres Wesens offenbar: einerseits ist auch sie die Angehörige eines königlichen Geschlechtes und verlangt als solche eine über die Blutlinie legitimierte Anerkennung ihres Anspruchs. Andererseits zeigt sie in ihrem Vorgehen die Neubegründung des Herrschaftsanspruchs durch ihre Mütterlichkeit: die Drachenmutter ist eben auch die Mutter der Barbaren und Bastarde. »Mhysa«, Mutter, so nennen sie die befreiten Einwohner von Meereen.

3. Bastarde und Barbaren

Was verbindet nun Bastarde und Barbaren, die Verachteten und die Gefürchteten, die Drangsalierten und die Krieger? Zunächst einmal beider Distanz, wie anders sie auch begründet sein mag, zu der Welt der Königslande. Denn Westeros ist eine Welt der Kabale, der Intrige und des Eidbruchs, wie Eddard Stark erfahren muss. Es ist eine Welt, die längst am Ende ist, aber es nicht wissen will. Die fünf Thronanwärter spielen beim ›Spiel der Throne‹ um ihr Leben, und sie tun es mit allen Mitteln – sie betrachten den Mord als Spiel und das Spiel als willkommene Möglichkeit, den Dolch im Gewand zu verbergen und aus dem Hinterhalt zuzustoßen. Aber dieses Verhalten ist nicht nur an sich problematisch, sondern angesichts der bevorstehenden, endzeitlichen Krise – »winter is coming« – auch riskant, sogar selbstdestruktiv. So sehr George R.R. Martin als postmoderner Autor alle moralischen Standards und Gewissheiten in der schweren See seiner Narration ins Schwimmen und Trudeln geraten lässt, so ist doch, bei allem Verständnis, das er sogar der Getriebenheit Cerseis oder der Brutalität des Bluthundes entgegenbringt, GOT ein zutiefst moralisches Werk. Mag der Autor auch die Ambivalenz seiner Charaktere zeigen, in Cerseis Intriganz die Liebe der Mutter, in des Bluthunds Zynismus die Empfindlichkeit eines Traumatisierten zeigen – an der grundsätzlichen Opposition von Gut und Böse rüttelt er nicht, wenn er auch die etablierten Schemata auf den Kopf stellt, die Guten reihenweise sterben und die Bösen zuverlässig triumphieren lässt. Bei der Dekonstruktion der moralisch verrotteten Welt von Westeros, die als ein Abbild unserer Welt zu betrachten niemand verbieten kann, kommt den Bastarden und Barbaren eine besondere Rolle zu. Den Bastarden ist aufgegeben, im Herzen einer morbiden und dekadenten Welt der Etikette, die sie verstoßen hat, mit Courage und plebejischer Aufsässigkeit deren arrogante und selbstsüchtige Strategien zu durchkreuzen, und den Barbaren, die sich nie um die Regeln dieser Welt geschert haben, mit den Strategen dieser Welt kurzen Prozess zu machen: Die Barbaren sollen zerstören, die Bastarde retten, was zu retten ist.

Und hier, in dieser zugestanden deprimierten Weltanschauung, in dieser Moral voller blauer Flecken, haben dann auch Gestalten wie der Bastard Jon Snow, die Gehandicapten und die Drachenmutter Daenerys ihren Platz, weil sie sich zu ihrer Pflicht bekennen: Es heißt in Bravos eben nicht nur »Valar morghulis«, sondern auch »Valar dohaeris«: »All men must serve.« Die ihr Leben dem Dienst widmen, sind die wahren Helden von GOT: Jon Snow, der Bastard, der dem Erbe entsagt, auch als Stannis Baratheon ihm die Nobilitierung anbietet, und der sich von Ygritte löst, obwohl es ihn lockt, zu den Barbaren überzulaufen, ihr freies Leben und ihre unbekümmerte, wilde Sexualität zu genießen. Statt dessen nimmt er es auf sich, in einem von Pflichten überschatteten Leben zur Enthaltsamkeit verdammt zu sein und dem Eid der Nachtwache zu gehorchen, um sich dem kommenden Winter entgegen zu stemmen; die Gehandicapten wie Brienne, Varys, Jorah Mormont oder Tyrion, die auf Familie, Reichtum, Frauen oder Macht verzichten, um einem anderen zur Macht zu verhelfen; Daenerys, ursprünglich ein Gassenmädchen, dann als Khaleesi Anführerin wilder Steppenreiter, die ihrer Bestimmung folgt, Sklaven zu befreien und den Unterdrückten eine Stimme zu geben – ich gebe zu, das hat ein von George Martin so wahrscheinlich nicht gewolltes revolutionäres Tremolo. Möglicherweise wird auch sie scheitern, aber der moralische Aplomb der Serie liegt bei denen, die ihre Pflicht tun, nicht bei jenen, die glauben, das Schicksal ändern zu können, bei denen, die sich einen Ruf *erwerben*, nicht bei denen, die mit einem Titel geboren werden. GOT singt wie alle Fantasy das Hohelied der Treue und Gefolgschaft und reiht sich so, wenn auch mit feuchten Augen, ein in eine für die Fantasy verbindliche Konzeption eines eigentümlichen Fatalismus, der an die Veränderbarkeit der Welt nicht glaubt, aber nicht davon ablassen kann, jene zu feiern, die es dennoch versuchen.

Literatur

Bachtin, Michail (1985): »Der Karneval und die Karnevalisierung der Literatur«, in: Ders.: Literatur und Karneval. Zur Romantheorie und Lachkultur. Frankfurt a.M., Berlin, Wien: Ullstein Verlag. S. 47-60.

Bartl, Andrea/Catani, Stephanie (2010): »Bastard – Figurationen des Hybriden zwischen Ausgrenzung und Entgrenzung. Eine Einleitung«, in: Bartl, Andrea/Catani, Stephanie (Hg.), Bastard. Figurationen des Hybriden zwischen Ausgrenzung und Entgrenzung. Würzburg: Königshausen und Neumann. S. 9-24.

Blazek, Helmut (1999): Männerbünde. Eine Geschichte von Faszination und Macht. Berlin: Ch. Links Verlag.

Brock, Bazon (1975): »Jungfrauenzeugung und Junggesellenmaschinen. Von der Gottwerdung des Menschen und der Menschwerdung Gottes«, in: Clair, Jean/Szeemann, Harald (Hg.), Junggesellenmaschinen. Ausstellungskatalog. Venedig: Springer. S. 75-82.

Braun, Christina von/Wulf, Christoph (Hg.) (2007): Mythen des Blutes. Frankfurt a.M., New York: Campus.

Bronfen, Elisabeth/Marius, Benjamin/Steffen, Therese (Hg.) (1997): Hybride Kulturen. Beiträge zur anglo-amerikanischen Multikulturalismusdebatte. Tübingen: Stauffenburg.

Burckhardt, Jacob (1978): Weltgeschichtliche Betrachtungen (E: 1905). Hg. von Rudolf Marx. Stuttgart: Marix.

Foucault, Michel (2001): In Verteidigung der Gesellschaft. Vorlesungen am Collège de France (1975-76). Frankfurt a.M.: Suhrkamp.

Frenzel, Elisabeth (2008): Motive der Weltliteratur. Ein Lexikon dichtungsgeschichtlicher Längsschnitte. 6. Auflage. Stuttgart: Kröner.

Goethe, Johann Wolfgang von (1999): Faust. Der Tragödie zweiter Teil. In: Ders.: Goethes Werke. Frankfurter Ausgabe. Bd. 7.1. Hg. von Albrecht Schöne. Frankfurt a.M.: Suhrkamp. S. 201-464.

Hamann, Christof/Sieber, Cornelia (Hg.) (2002): Räume der Hybridität. Postkoloniale Konzepte in Theorie und Literatur. Hildesheim, Zürich, New York: Olms.

Jacoby, Henry (2014): Die Philosophie bei Game of Thrones. Das Lied von Eis und Feuer: Macht, Moral, Intrigen. Weinheim: Wiley and Sons.

Kley, Antje (2002): »Beyond control, but not beyond accommodation: Anmerkungen zu Homi K. Bhabhas Unterscheidung zwischen *cultural diversity* und *cultural difference*«, in: Hamann, Christof/Sieber, Cornelia (Hg.), Räume der Hybridität. Postkoloniale Konzepte in Theorie und Literatur. Hildesheim, Zürich, New York: Olms. S. 53-66.

Koselleck, Reinhart (1979): »Zur historisch-politischen Semantik asymmetrischer Gegenbegriffe«, in: Ders.: Vergangene Zukunft. Zur Semantik geschichtlicher Zeiten. Frankfurt a.M.: Suhrkamp. S. 228-229.

Perez Sanchez, Alfonso E. (o.J.): »Monstruos, enanos y bufones«, in: Monstruos, enanons y bufones en la corte des los Austrias. Museo del Prado, Ausstellungskatalog. Madrid o.V.

Schiller, Friedrich von (1962): »Über Anmut und Würde«, in: Schiller Werke. Bd. 20: Philosophische Schriften. Hg. von Helmut Koopmann. Weimar: Conrad Höser. S. 251-308.

Schneider, Manfred (1997): Barbar. Endzeitstimmung und Kulturrecycling. München: Carl Hanser Verlag.

Schury, Gudrun (2001): Lebensflut. Eine Kulturgeschichte des Blutes. Leipzig: Reclam.

Shakespeare, William: Cymbeline. In: Ders.: Sämtliche Werke. Bd. 3: Tragödien. Darmstadt 1987, S. 873-973.

Völger, Gisela/König, René (Hg.) (1990): Männerbünde – Männerbande. Ausstellungskatalog. 2 Bd. Köln: Stadt Köln.

»A Knight's a sword with a horse.«
Bilder von Ritterschaft und die Waffen der Frauen in *ASOIAF*

Corinna Dörrich

Als dem Junker Don Quijote durch die Lektüre unzähliger Ritterbücher das Hirn austrocknet, sodass er den Verstand verliert und beschließt, selbst ein fahrender Ritter zu werden, beschafft er sich zuallererst Waffen, Rüstung und Pferd (Cervantes 1860: 3-5). Ebenso verlangt der tumbe Parzival, als er in die Welt zieht, um Ritter zu werden, von seiner Mutter ein Pferd (Wolfram 1999: 126, 29f.) und von König Artus voller Ungeduld eine Rüstung (Wolfram 1999: 149, 25-150, 1). Der Besitz von ›Pferd‹, ›Rüstung‹ und ›Schwert‹ ist für Parzival mit Rittersein identisch, und er gelangt in deren Besitz, indem er den Ritter Ither tötet. Am Beginn der Karriere eines der berühmtesten Ritter der Weltliteratur stehen somit die Faszination der Waffen, das Recht des Stärkeren und der Tod. Sowohl Cervantes als auch Wolfram von Eschenbach behandeln, zu unterschiedlichen Zeiten und auf unterschiedliche Art, das Thema Ritterschaft, indem sie es einerseits auf das Instrumentelle und Elementare (die Waffe, das Pferd, die Rüstung, die Gewalt) reduzieren, andererseits das Wesen und die Programmatik des Rittertums in seiner Komplexität und Ambiguität erzählerisch auf hohem Niveau entfalten.

Auch Martins *ASOIAF* spielt mit den elementaren Komponenten der Ritterschaft, etwa wenn Bran (wie Parzival) klischeehaft das Rittersein über »bright armor«, »lance and sword« sowie »warhorse« (*ACOK* 243) imaginiert oder wenn Sandor Clegane den Ritter, durchaus mit kritischem Impetus, als »sword with a horse« definiert, während der Rest der ritterlichen Existenz – die Eide, das Salböl und die Gunst der Damen – nur der Verschleierung jenes im Schwert repräsentierten elementaren Gewaltaspekts dienten (*ASOS* 465f.). Auch in Martins Text zeigt sich Ritterschaft in ihrer ganzen Ambivalenz, in ihrem ruhmreichen Glanz, in der Exklusivität ihrer Gemeinschaft und in der Idealität ihrer Ethik genauso wie in ihren Abgründen, in der Fragwürdigkeit einzelner Repräsentanten und in ihrer permanenten Gewaltbereitschaft. Diese höchst differenzierte Diskussion von Rittertum und seine erzählerische Funktionalisierung stehen im Blickpunkt der folgenden Untersuchungen.

4. Gender-Diskurse und soziale Fragen

Abschnitt 1 und 2 widmen sich dem kriegerischen Aspekt des Ritterseins und beleuchten die Funktionen, die verschiedene Krieger- und Gewaltkulturen für die Strukturierung der in *ASOIAF* dargestellten Welt besitzen. In Abschnitt 3 kommen die institutionelle Einbettung und die ethischen Legitimierungsstrategien der Ritterschaft zur Sprache, während Abschnitt 4 an unterschiedlichen Typen von Rittern zeigt, wie Martin einerseits das Konzept von Ritterschaft für seine Figurenkonzeption funktionalisiert und andererseits in den Figuren einzelne Aspekte des Rittertums diskutiert. Abschnitt 5 fokussiert die Thematisierung von Ritterschaft in Sagen und Erzählungen innerhalb des Textes, mithin auf einer zweiten Erzählebene, sowie exemplarisch ausgewählte Bilder von Ritterschaft, die nicht-ritterliche Figuren des Textes, wie Sansa oder der Hound, repräsentieren. Abschnitt 6 thematisiert genderspezifisch den Zusammenhang von Gewalt und Geschlecht, bevor schließlich in Abschnitt 7 verfolgt wird, wie anhand kontroverser Diskussionen über ein richtiges Verständnis von Ritterschaft zwei ebenso herausragende wie gegensätzliche Repräsentanten des Rittertums, Brienne von Tarth und Jaime Lannister, in ihrer Figurenentwicklung vorgeführt werden.

1. Ritterschaft, Raum und Zeit – Westeros als Kontinent der Ritter

Als ein primär als Gewaltkultur definiertes Phänomen ist Ritterschaft in Martins Epos maßgeblich an der Strukturierung von Raum und Zeit sowie der Gestaltung des Weltbildes beteiligt: Westeros ist im Kern ein Kontinent von Rittern und erhebt aufgrund seiner spezifischen Waffen- und Kampftechnik Anspruch auf Überlegenheit gegenüber den anderen kulturellen Räumen des Epos.[1] In Opposition zu Westeros steht jenseits des Meeres im Osten der Kontinent Essos, der entsprechend über differente Kriegertypen definiert ist: Die dort beheimateten Dothraki sind z.B. als Nomaden ebenfalls Reiter, doch kämpfen sie nach mongolischer Art mit Pfeil und Bogen oder Krummsäbel, zudem ohne Rüstung – »half-naked barbarians, as wild as their horses«, so die Perspektive des Ritters Ser Jorah (*AGOT* 388). Die von Daenerys rekrutierten Unsullied repräsentieren dagegen als mit Speeren und Kurzschwertern kämpfende »footsoldiers« (*ASOS* 574) ein an antiken Mustern orientiertes Kriegertum: »brave soldiers ... but not warriors. Not knights« (*ADWD* 1012 [Herv. i.O.]), wie Ser Barristan den Vorrang der Ritterkultur

---

1 | Mit der Bezeichnung ›Epos‹ greife ich die Selbstbezeichnung von Martins *ASOIAF* als ›Song‹ in literaturwissenschaftlicher Terminologie auf, zumal Martins Text auf interessante Weise romanhaftes mit epischem Erzählen verbindet. Neben Formen des Erinnerns und des kollektiven Gedächtnisses, der Bedeutung von Familie und Genealogie sowie heroischen Erzählmustern trägt grundlegend – wie May (2013: 587) gezeigt hat – die elaborierte raumzeitliche Ausgestaltung zur Erzeugung einer an der geschlossenen Welt des Epos angelehnten epischen Totalität bei.

formuliert. Allenfalls als Residuen von Ritterschaft agieren in Essos mehrere sich aus Exilierten und Außenseitern zusammensetzende Söldnertruppen, wie die Second Sons, die Golden Company oder die Windblown, »sellswords«, die die Ritter als inferior verachten (*ADWD* 336-363, 943, 1012).

Nicht nur für die binär angeordneten Kontinente Essos und Westeros, sondern auch für die Binnendifferenzierung von Westeros selbst erscheint Ritterschaft funktionalisiert. Im Norden eröffnet sich jenseits der Mauer eine Art mittelalterlicher Abenteuerraum: The Wall als eine von der Night's Watch gehütete Grenze schreibt Westeros somit selbst eine binäre Raumstruktur mit entsprechenden Semantisierungen ein. Jenseits der Mauer, eigentlich »the end of the world« (*ACOK* 97), gibt es keine Schwerter oder andere Zeichen ritterlicher Kultur wie in den übrigen Teilen von Westeros. Ähnlich wie sich im mittelalterlichen Roman das Jenseits der höfischen Kultur als Wildnis zeigt, in die sich der Ritter als Vertreter der Zivilisation zum Bestehen von Abenteuern begibt, ist auch der Raum jenseits der Mauer wilde, zudem eisige Natur, die monströse Wesen wie Riesen (*ASOS* 759) und Scharen von Wildlings bevölkern. Noch vor politischen Strukturen manifestiert sich die kulturelle Asymmetrie in der Gewaltkultur: Unterschiedslos kämpfen dort Männer wie Frauen mit primitiven Waffen wie Keulen und Messern; in Westeros blickt man auf sie herab (*ACOK* 626). Die Waffentechnik differenziert zudem die Ränder von Westeros aus: Im Westen referieren die Ironmen mit ihrer Kampftechnik – »fight on foot or from the deck of a ship« (*ACOK* 542), zumeist mit einer Axt – und ihrer Kriegsführung in Form ufernaher Raubzüge entlang der Küste deutlich auf die Wikinger. Als Grenzgebiet bildet Dorne sodann im Süden waffentechnisch einen Übergangsraum zu Essos: Obwohl sie auch den ritterlichen Kampf beherrschen, bevorzugen die dornischen Krieger Speer, Peitsche oder Messer, prominent inszeniert im Kampf des Oberyn Martell gegen Gregor Clegane. »The Dornishmen were knights, at least in name.« (*ADWD* 1013)[2]

Martin überführt zeitlich wie räumlich differente Kriegerkulturen der historischen Realität in eine synchrone Konstellation, die er zur Gestaltung einer spezifischen Raumordnung nutzt. Diese ergänzt er um eine zeitliche Dimension: Die Jahreszeiten dauern in Westeros mehrere Jahre, unter Umständen Jahrzehnte, ihr Rhythmus variiert. Entsprechend gibt es zum Zeitpunkt der Handlung eine junge Rittergeneration, die nur den Sommer erlebt hat, die sog. »knights of summer« (*ACOK* 350). Außerdem wird die Raumstruktur durch eine historische, mythische Vorgeschichte fundiert: Während die friedfertige Kultur der Children of the Forest auf Obsidian basierte, kämpften die First Men schon als Reiter mit Bronzeschwertern. Erst die Andals aber brachten mit ihren Eisenrüstungen und Eisenschwertern die Ritterschaft von Essos nach Westeros.[3] Ritterschaft als seit-

---

[2] | Ähnliches ließe sich für den äußeren Osten (Vale of Aryn) ausführen, zu den Gemeinsamkeiten zwischen den Clans of the Mountains of the Moon und den Wildlings vgl. Martin 2014: 19.
[3] | *TWOIAF* 19f.; *ASOS* 451; *AFFC* 114.

her dominante Form des Kriegertums erhält so einen Ursprungsmythos, inklusive des Gedankens einer Translation der Ritterschaft von Osten nach Westen. Mit Letzterem greift Martin wiederum eine mittelalterliche Vorstellung auf, nach der die Ritterschaft im Osten (Troja) entstanden und dann über Rom in das Frankenreich gewandert sei.[4]

2. Kulturelle Perspektivierung: Cowards – Kneelers – Knights of Summer

Zwar präsentiert sich Westeros als überlegene Gewaltkultur, doch wird von Beginn an, noch vor und unabhängig von einer ethischen Diskursivierung, der absolute Geltungsanspruch des mit Schwert und Rüstung berittenen Kriegers in Frage gestellt.

Arya lernt mit ihrem Schwert von ihrem ›Tanzmeister‹ Syrio, dem First Sword of Braavos, beispielsweise nicht den »iron dance of Westeros [...], the knight's dance«, den der Mann aus Essos als »hacking and hammering« bezeichnet, sondern den »water dance« als komplexere und raffiniertere Form von Kampf (*AGOT* 224f.). Gleichwertige Alternativen zur ritterlichen Kampfweise werden also schon zu Beginn präsent gehalten. Wegen seiner Rüstung wird Ser Jorah von den Dothraki als »coward« verlacht (*AGOT* 666; *ADWD* 969). Er selbst räumt ein, dass er früher einen Ritter für hundertmal besser als einen Dothraki hielt, mittlerweile schätze er diese aber als »better riders than any knight« und ihre Art des Bogenschießens überträfe die von Westeros (*AGOT* 388). Entzaubert wird das Ensemble von Reiter und Pferd geradezu aus der Sicht der Ironmen: Pferde machen Krieger schwach (*AFFC* 28), sie werden auf ihre Kreatürlichkeit reduziert und als hinderlich abgelehnt: »Horses will only shit on our decks and get in our way.« (*ACOK* 542) Die Wildlings jenseits der Mauer schätzen sich selbst als »brave« und frei ein, während der Ritter ein »kneeler« sei, der vor seinem König das Knie beugen müsse (*ASOS* 558f.). Perspektivierungen durch diverse Figuren der konkurrierenden Kulturen stellen den Absolutheitsanspruch der Ritter in Frage, die gesetzten Dichotomien mit ihren Werteasymmetrien relativieren sich.

Ähnliches zeichnet sich auf der zeitlichen Achse ab: Die »knights of summer« bemitleidet Catelyn, denn: »winter is coming« (*ACOK* 350). Nach den desaströsen Kriegen erinnert Brienne ihre Worte: »And now it was autumn and they were falling like leaves.« (*AFFC* 297) Die Kingsguard als Ansammlung der besten Schwerter von Westeros ist nicht mehr das, was sie früher war (*ACOK* 332). Ob die Zukunft den Rittern gehört, ist offen angesichts der Frage, mit welchen Waffen die White Walkers bekämpft werden können; normale Schwerter jedenfalls kön-

---

4 | Vgl. Heinrich von Veldeke (*Eneasroman*) 1986; Anonymus (*Mauritius von Craûn*) 1998: 1-246.

nen nichts gegen sie ausrichten.[5] Mit der Verlagerung von Handlung nach Osten gerät das Paradigma der Ritterschaft zunehmend in den Hintergrund. Das Bild einer überlegenen Kriegerkultur scheint sich sukzessive aufzulösen, doch wird es noch nicht gänzlich verabschiedet. Denn den oben erwähnten Späßen über Jorahs Rüstung folgt der Tod der Witzbolde auf dem Fuß (AGOT 666). Noch am Schluss des fünften Bandes behauptet sich Barristan Selmy, dessen Beinamen »The Bold« man mittlerweile scherzhaft zu »The Old« abwandelt (AGOT 146, ADWD 225), als herausragender Krieger und legendärer Repräsentant der Ritterkultur gegen alle anderen Kämpfer aus Essos. Er bildet dort Ritter für Daenerys aus, die ihren Bedarf explizit formuliert (ADWD 624) – was sie braucht, sind eben nicht irgendwelche Kämpfer, sondern echte »warriors« (s.o.).

3. INSTITUTIONALISIERUNG, ETHIK, EHRE: »IT IS CHIVALRY THAT MAKES A TRUE KNIGHT, NOT A SWORD.«

Dass sich Ritterschaft nicht auf den Besitz der ritterlichen Insignien ›Schwert‹, ›Rüstung‹ und ›Pferd‹ reduzieren lässt, muss schon bei Wolfram von Eschenbach Parzival in einem langwierigen Sozialisationsprozess lernen. Ebenso wenig lässt sie sich selbstverständlich in Martins Epos darauf reduzieren: Barristan lehrt die jungen Männer in Meereen nicht nur »the art of sword and shield, horse and lance«, sondern zudem »chivalry, the code that made a knight more than any pit fighter« (ADWD 806). Martin, der gegen die »Disneyland Middle Ages« mancher Fantasy den »harten Realismus guter historischer Romane«[6] stellt, konstruiert Ritterschaft in seinem Text tatsächlich in enger Anlehnung an das europäische Mittelalter: »One strong connection between the Seven Kingdoms and the medieval Europe of the real world [...] involves Martin's handling of chivalry.« (Hackney 2015: 132) Dabei spiegelt sich das heterogene Bild von Ritterschaft, wie es sich in den Geschichtswissenschaften abzeichnet, durchaus in seiner epischen Welt wider, denn Ritterschaft erscheint hier wie dort in unterschiedlichen Formen institutionalisiert.

Der Begriff ›Ritter‹ bezeichnet ursprünglich den ›gepanzerten Reiter‹ und ist als Funktionsbezeichnung im frühen Mittelalter außerdem an Herrendienst gebunden (Ehlers, 15-17). Entsprechend ist in Martins Epos der Ritter grundsätzlich in feudaladelige Strukturen eingebunden. Vor allem die Krieger des Nordens scheinen diese spezifisch frühe Form des Rittertums im Sinne vasallitischer Panzerreiter zu repräsentieren: Obwohl sie sich in ihrer Ausstattung, Kampftechnik

---

5 | Als mögliche Waffen werden solche aus »dragonbone« (AGOT 121), »dragonglass« bzw. »obsidian« (ASOS 450f.) sowie »dragonsteel« (AFFC 115) genannt. Meinen »dragonglass« und »obsidian« das gleiche? Und ist »dragonsteel« mit valyrischem Stahl identisch? Entsprechenden Fragen geht Samwell nach (ASOS 451, AFFC 115).
6 | Interview von Denis Scheck mit George R.R. Martin (Druckfrisch 2012).

und Ethik nicht wesentlich unterscheiden, vertreten die Starks und ihre Vasallen nicht dieselbe nominelle Form von Rittertum, wie sie im Süden (etwa in King's Landing) praktiziert wird. Unter den 12.000 Gefolgsleuten beispielsweise, die Lord Karstark im Krieg der fünf Könige zur Unterstützung Robb Starks bringt, sind jedenfalls nur 300 bis 400 gesalbte Ritter (*AGOT* 570), doch lassen sich auch viele der übrigen durchaus als Ritter im Sinne der »zu Pferde Kriegsdienst leistenden Vasallen« (Ehlers 2006: 16) verstehen.

Für die weiter südlich in Westeros praktizierte Ritterschaft scheinen historisch spätere, vor allem hochmittelalterliche Formen der Institutionalisierungen Pate gestanden zu haben. Ritter sind hier schon die Angehörigen eines durch eine Zeremonie konstituierten Standes, der zudem primär Geburtsstand ist. Im Text erwerben die Ritter – zumeist Mitglieder der Oberschicht – ihren Titel ›Ser‹ jedenfalls durch ein Ritual, das eine langjährige Ausbildung abschließt. Da aber das Leistungsprinzip (und nicht nur ein Geburtsrecht) grundlegend für Ritterschaft ist, gibt es wie in der historischen Realität des Mittelalters Aufstiegsmöglichkeiten und einen gewissen Grad an sozialer Mobilität. Das Wechselspiel von Inklusion und Exklusion zeigt sich bei Martin in dem Antagonismus von »true knights« und »hedgeknights« (oder auch den »sellswords«)[7] und konkretisiert sich in entsprechenden Aufsteigerfiguren, wie z.B. Ser Davos und Ser Bronn. Dem mag es geschuldet sein, dass in *ASOIAF* zwei unterschiedliche Vorstellungen zur Initiation des Ritters existieren: Einerseits ist eine Salbung im Rahmen einer religiösen Zeremonie in den Septs nötig (*AGOT* 570), denn die Andals brachten mit der Ritterkultur zugleich den Faith of the Seven nach Westeros. Durch das Einspielen eines religiösen Paradigmas wird zum einen erneut die Anknüpfung an das Mittelalter evident, in dem der Ritter immer *miles christianus* ist. Zum anderen erklärt es die unterschiedliche institutionelle Verankerung des Rittertums in Westeros, da im Norden nur wenige große Häuser die Seven verehren und deswegen auch nur wenige in Septs gesalbte Ritter stellen (*AGOT* 570). Andererseits gibt es im Epos die liberalere Praxis, dass jeder nominelle Ritter einen Anwärter, auch unabhängig von einer religiösen Zeremonie, in den Ritterstand erheben kann, z.B. Beric Dondarrion den jungen Gendry (*ASOS* 540).

Für den Ritter ist unabhängig davon der von ihm abgelegte Eid konstitutiv. Dieser beinhaltet wesentliche Aspekte ritterlicher Ethik und legitimiert ritterliche Gewalt sowohl als Herrendienst als auch als Dienst für die Schwachen und Unschuldigen:[8]

»[...] do you swear before the eyes of gods and men to defend those who cannot defend themselves, to protect all women and children, to obey your captains, your liege lord, and

---

7 | Zu den unterschiedlichen Typen vgl. A Wiki of Ice and Fire 2015.
8 | Goguen behandelt das Ethos des Rittertums, speziell diese Schutzpflicht, aus feministischer Perspektive als Unterdrückungsmechanismus gegenüber Frauen (z.B. 2014: 183f.) und bezeichnet es deshalb als ungerecht.

your king, to fight bravely when needed and do such other tasks as are laid upon you, however hard or humble or dangerous they may be?« (*ASOS* 540)

Zu den natürlichen Anlagen wie Stärke und zu den durch Training geübten Fertigkeiten treten also ritterliche Tugenden wie Tapferkeit und Mut, Loyalität und Verlässlichkeit, Mitleid und Fairness im Kampf – in den historischen (und literarischen) Texten des Mittelalters genauso wie in Martins Epos.[9] Desweiteren sind Höflichkeit und galantes Benehmen gegenüber Frauen, auch im Rahmen des elaborierten Turnierwesens, vor allem am Hof in King's Landing von Belang.

Chivalry konstituiert so den ideologischen Überbau und als deren Resultat den Ruf des Ritters: *honor* – wie Barristan erläutert, die Essenz jeden Ritterdaseins: »›It is chivalry that makes a true knight, not a sword,‹ he said. ›Without honor, a knight is no more than a common killer. It is better to die with honor than to live without it.‹« (*ADWD* 961)

Somit zeichnen sich im Text nicht nur in der Staffelung der graduell unterschiedlichen Formen der Ritterschaft von Norden nach Süden verschiedene historische Ausformungen des europäischen Rittertums ab, sondern insgesamt ein komplexes Bild ritterlicher Kultur. Martin ergänzt dieses auch durch weitere, spezialisierte Formen institutionalisierten Rittertums in Form diverser Ritterorden: So repräsentiert die Kingsguard als Ansammlung der »finest swords in all the realm« (*AGOT* 77) eine politische Elitetruppe zum Schutz des Königs und seiner Familie, die an der ritterlichen Ethik partizipiert, aber auch spezifischeren Normen unterliegt (z.B. dem Zölibat). Entsprechend unterstreicht Renly Baratheon seinen Anspruch auf den Iron Throne durch eine eigene ›Rainbow Guard‹, die analog zur Kingsguard aus sieben Rittern besteht. Mit den ›Warrior's Sons‹ (*AFFC* 601f.) variiert Martin die Thematik erneut um einen religiös geprägten Ritterorden.[10] Das solchermaßen entworfene Bild der Ritterschaft in Martins Epos ist in seiner Komplexität jedenfalls ein durch und durch mediävalisiertes – weit entfernt von Disneyland.

---

9 | Vgl. dazu Hackney (2015), der ausführlich auf die verschiedenen ritterlichen Tugenden eingeht.

10 | Die unterschiedlichen Ritterorden in *ASOIAF* (sowie Anregungen durch entsprechende mittelalterliche Orden) könnten Gegenstand einer eigenständigen Untersuchung sein.

4. FIGURENKONZEPTION: »... KNIGHTS FIGHT MONSTERS. SOMETIMES THE KNIGHTS ARE THE MONSTERS.«[11]

Das Bild von Ritterschaft konkretisiert sich nicht nur in der Konzeption einzelner Figuren, sondern erscheint in seinen einzelnen Komponenten in einer Vielzahl von Rittern ›durchdekliniert‹, auffällig oft auch als Abweichung von der gesetzten Folie.

Martin spielt auf der Klaviatur der Figurenzeichnung die breite Skala der Möglichkeiten aus und an den äußeren Polen durchaus auch mit Schwarz-Weiß-Kontrastierungen: Während Ser Barristan Selmy the Bold als »greatest living knight« und Lord Commander der Kingsguard, die die Farbe ›weiß‹ trägt, alle Ideale der Ritterschaft verkörpert und schon zu Lebzeiten besungen wird (*AGOT* 77, 146), repräsentiert Ser Gregor Clegane exakt das Gegenbild zum ehrbaren Ritter, denn er misshandelt Schwächere, tötet Unschuldige und vergewaltigt Frauen. Zwar trägt er institutionell den Titel ›Ser‹, doch ist er in moralischer Hinsicht, wie Jaime urteilt, ein »monster« (*AFFC* 647). Dies scheint visualisiert im exorbitanten Körper Cleganes, von dem sich der Beiname »the Mountain That Rides« (*AGOT* 294) ableitet. Er ist um die acht Fuß groß, trägt Waffen und Rüstungsgegenstände, die normale Ritter nicht tragen könnten, und das riesige Schlachtross sieht, wenn er auf ihm sitzt, wie ein Pony aus (*AGOT* 313; *ASOS* 966). Clegane stellt eher den Typ des riesenhaften und grausamen Heros als den des Ritters dar. Nach dem Kampf mit Oberyn Martell konkretisiert Martin die bildliche Rede vom ›Monster‹ in der Figur noch in anderer Hinsicht, deutlich spielt er mit diesem Motiv: Der durch die vergiftete Waffe Oberyns verwundete und dahinsiechende Clegane wird mittels Qyburns medizinischer Versuche reanimiert. Er mutiert zu einer Version von Frankensteins Monster. Dieses Monster wird in die Rüstung der Kingsguard gesteckt und als stummer Ser Robert Strong fortan nie mehr ohne sie gesehen, das Rittertum dieser Figur wird damit vollends zu einer im Wortsinne nicht leeren, doch falschen Hülle: Es ist rohe Gewalt unter dem Deckmantel der Rüstung, maskierte Monstrosität (*ADWD* 941, 1039).

Derartige Schwarz-Weiß-Zeichnung ergänzt Martin jedoch zumeist zugunsten einer ambivalenteren Figurenkonzeption. So zeigt beispielsweise selbst Barristan Selmys blütenweißer Mantel ›Flecken‹, denn als Lord Commander der Kingsguard diente er ursprünglich den Targaryenkönigen, nach der Schlacht am Trident und seiner Begnadigung durch den ›Usurpator‹ aber dann dem neuen König Robert (*AGOT* 391). Spätestens seine Entlassung aus Altersgründen durch Joffrey offenbart den Dienst für das Haus Baratheon als persönlichen Irrweg – und zugleich den moralischen Bankrott des gegenwärtigen Rittertums in King's Landing. Unter einer falschen Identität nähert Barristan sich in Essos vorsichtig Daenerys, sie vergibt ihm später diese Lüge und seinen früheren Seitenwechsel. In gewisser Hinsicht erfüllt sich damit sein Schicksal als (ehemaliger) Lord Com-

---

11 | *ASOS* 339.

mander der Kingsguard: Gemäß der Regel, nach der man lebenslang Lord Commander ist und als solcher nicht entlassen werden kann, hat Barristan in Daenerys seinen ›true king‹ gefunden, sein Schwert stellt er deshalb in ihren Dienst (*ASOS* 790). So bleibt Barristan trotz des Irrwegs und etwaiger Ambivalenzen ein integrer Repräsentant des Rittertums.

Mit Lord Renly Baratheon und dem herausragenden Kämpfer Ser Loras Tyrell bringt Martin die Variante des galanten und höfischen Ritters ins Spiel. Beide Figuren verfügen über Charisma und sehen umwerfend aus, die Damenwelt liegt ihnen zu Füßen (*AGOT* 144, 297, 314). Doch zeigt sich sogleich eine Abweichung vom Ideal in ihrer sexuellen Ausrichtung, denn der ›Green Knight‹ und der ›Knight of Flowers‹ sind, in ihren Beinamen schön gespiegelt, einander in Liebe zugetan. Als Turnierritter repräsentieren sie – wie auch Jaime Lannister, auf den noch ausführlich einzugehen sein wird – außerdem die im Süden praktizierte modernere, höfische Variante des Rittertums, die von den Kriegern des Nordens abgelehnt wird, weil man, wie sie sagen, nur im Ernstfall kämpfe (*AGOT* 272, 288, 306).

Bei Jorah Mormont als exiliertem Ritter, der seine Ehre in Westeros verloren hat, ist Abweichung für die Figurenkonzeption geradezu Programm, zumal sich in Essos sein Schicksal wiederholt: Nachdem er dort anfänglich als Spion des Iron Throne tätig war, ist er mittlerweile aber Daenerys als Königin und Frau ergeben. Als sie nachträglich von Jorahs Treuebruch erfährt, verbannt sie ihn erneut (*ASOS* 988-990). Seine Rolle als Berater der Königin übernimmt Barristan, als Ritter im Exil eine zu Jorah analoge Figur, aber in ethischer Hinsicht vergleichsweise weniger ambivalent.

Mit Ser Dontos kreiert Martin eine neue Spielart des Ritters, die die Thematik vom ›Ritter als Narr‹ beinhaltet, welche er z.B. auch in der im Text verschiedentlich eingespielten Sage von Florian und Jonquil verfolgt. Ser Dontos, Ritter am Hof in King's Landing, versagt betrunken beim Turnier, Sansa rettet ihn vor dem grausamen Joffrey: Statt sein Leben zu verlieren, wird Ser Dontos vom Ritter zum Hofnarren degradiert (*ACOK* 46). Als solcher inszeniert er sich Sansa gegenüber als rettender Ritter:« [...] all those years I was a knight, I was truly a fool, and now that I am a fool I think [...] I think I may find it in me to be a knight again, sweet lady. And all because of you [...] your grace, your courage [...]« (*ACOK* 284) Vor Sansa sich als Florian der Sage inszenierend ist Dontos, wie sich später herausstellt, in Wirklichkeit nur ein Instrument Littlefingers und ein Trunkenbold, der gegen Bezahlung handelt (*ASOS* 839).

In Ser Bronn und Ser Davos diskutiert Martin die Problematik des Niedriggeborenen, aber zum Ritter Aufgestiegenen, wie so häufig, in spiegelbildlich entworfenen Konstellationen: Während Bronn als Typ des pragmatischen, für Geld äußerst effektiv kämpfenden Ritters die Vorurteile über die Untreue der »sellswords« eher bestätigt, dementiert sie Ser Davos, ein ehemaliger Schmuggler, doch in seiner Ergebenheit gegenüber dem gestrengen Stannis Baratheon der Inbegriff von Loyalität.

Die Reihe ließe sich weit fortführen. Martin ruft Stereotype auf, um die hergebrachten Vorstellungen sogleich zu unterlaufen, er weckt Erwartungen, um sie zu enttäuschen. Er entwirft im Rahmen eines unüberschaubaren Figurenuniversums ein an unterschiedlichen Typen reiches Bild von Ritterschaft, das wie die Farben der Rainbow Guard in vielen Facetten leuchtet.

5. DICHTUNG UND WAHRHEIT – IDEAL- UND ZERRBILDER VON RITTERSCHAFT

Neben den Figuren der epischen Handlung ist auf einer sekundären Erzählebene eine große Anzahl an Rittern präsent, die zum Zeitpunkt der Handlung nicht mehr leben, sondern der jüngeren Vergangenheit sowie einer weiter zurückreichenden Vorzeit angehören. Martin thematisiert intradiegetisch – durch ›Erzählungen innerhalb der Erzählung‹ und durch Sagen, die in der erzählten Welt das kollektive Gedächtnis formieren, sowie auch durch schriftliche Quellen wie z.B. das White Book der Kinsguard (*ASOS* 913f.), in dem die Taten der dort dienenden Ritter festgehalten werden – nicht nur unterschiedliche Tradierungsprozesse ritterlicher Geschichten, sondern diskursiviert durch dieses Erzählverfahren das Phänomen Ritterschaft selbst.

Als legendärer Ritter ›geistert‹ Ser Arthur Dayne, genannt »the Sword of the Morning«, nicht nur durch alle fünf Bände des Epos, die Erinnerung an ihn wird zudem durch verschiedene POV(=Point-of-view)-Figuren in unterschiedlichen Formen präsentiert: Catelyn erinnert ihn als »deadliest of the seven knights of Aerys's Kingsguard« (*AGOT* 65), lebendig ist er in Träumen und Visionen Eddards (425), während Bran (durch Eddard *ACOK* 332) und Daenerys (durch ihren Bruders Viserys *ASOS* 110) nur mehr Erzählungen über ihn kennen. Jaimes Erinnerungen basieren wie die Catelyns oder Eddards auf Augenzeugenschaft, aufgrund der gemeinsamen Zugehörigkeit zur Kingsguard aber zudem auf persönlicher Nähe: Für Jaime war Arthur Dayne Vorbild und Entsprechendes tradiert er an die jüngeren Mitglieder der Kingsguard weiter (*ASOS* 923). Ein anderer Ritter aus der Generation der Väter, The Smiling Knight, in Jaimes Erinnerung »*The Mountain of my boyhood. Half as big but twice as mad*« (*AFFC* 642 [Herv. i.O.]), fungiert dagegen als negatives Exempel für Ritterschaft. Darüber hinaus finden sich viele zeitlich noch weiter zurückreichende Sagengestalten, wie z.B. Ser Duncan the Tall, der wie der Mountain Ritter von riesenhafter Gestalt war, aber im Unterschied zu diesem von moralischer Tugendhaftigkeit. Jenseits der gegenwärtigen epischen Handlung formieren sich somit Bilder und Geschichten zahlreicher weiterer Ritter. Durch Wiederholung axiologisch parallel besetzter Figurenkonstellationen werden Querbezüge unterschiedlichster Art gestiftet: Barristan – The Mountain; Arthur Dayne – The Smiling Knight, aber auch Variation und Opposition tragen auf paradigmatischer Ebene zu einem komplexen Bild von Ritterschaft bei: der ›gute‹ Riese Ser Duncan – der ›grausame‹ Riese Ser Gregor;

Arthur Dayne, the Sword of the Morning – sein negativ besetzter Nachfahre Gerold Dayne, the Darkstar (*AFFC* 432). Wenn letztere Beispiele suggerieren, dass es früher um die Ritterschaft besser gestanden haben könnte (wie auch von manchen Figuren ausdrücklich behauptet: *AGOT* 322, *ACOK* 332), dann verweisen erstere auf die Zeitlosigkeit gewisser Konstellationen: Gute und schlechte Ritter gab es schon immer!

Neben Sagengestalten mit historischem Anspruch finden sich auch eher literarisch-fiktional geprägte Bilder von Rittern, beispielsweise die Lieder von Florian the Fool und seiner Liebe zu einer Jungfrau namens Jonquil (s.o.). Unterschiedliche Typen von Geschichten können konkurrieren und in ihrer Geltung hinterfragt werden: So erzählt Nimble Dick Brienne die Geschichte seines Sagenheros Ser Clarence Crabb (über acht Fuß groß, nur ein Auerochse kann ihn tragen, er sammelt die Köpfe seiner enthaupteten Gegner, *AFFC* 401f.), verwundert darüber, dass Brienne noch nie von ihm gehört habe. Brienne entgegnet, dass dafür in Tarth die Lieder von Ser Galladon of Morne gesungen würden, der wiederum Nimble Dick nichts sagt (»Ser Gallawho of What?« ebd.). Ser Galladon sei ein so herausragender Kämpfer gewesen, dass sich die Maiden (eine Göttin der Seven) in ihn verliebte und ihm ein verzaubertes Schwert schenkte, dem keine gewöhnliche Waffe Widerstand bieten konnte. Und Brienne preist Ser Galladon als den »Perfect Knight«, da er sein Schwert aus Gründen der Fairness nie gegen Sterbliche gezogen habe. Nimble Dick reagiert darauf mit Unverständnis und hält den »Perfect Knight« für den »Perfect Fool«, denn »[w]hat's the point o' having some magic sword if you don't bloody well use it?« Briennes Belehrung (»The point is honor«) quittiert Nimble Dick mit Lachen (ebd.). In den beiden angeführten lokalen Sagengestalten werden nicht nur zwei völlig unterschiedliche Heldentypen in unterschiedlich literarischer Ausprägung gegeneinander gesetzt, sondern auch konkurrierende Deutungen der Lieder und die Frage nach dem idealen Ritter diskutiert. Und in einer dieser Deutungen fügt Martin ganz beiläufig dem Thema ›Ritter und Narr‹ auch eine neue Variante hinzu.

Bilder von Ritterschaft werden auf der Ebene der Diegese zudem durch die dezidiert nichtritterlichen Figuren des Textes diskutiert. So vertritt Sansa in ihrer gendertypischen Rolle als höfisches Fräulein ein idealisiertes und romantisches Bild von Ritterschaft. Sie träumt von gutaussehenden Rittern und fasziniert vom Glanz der höfischen Welt imaginiert sie die Lieder in ihr Leben (z.B. *AGOT* 293). In ihrer Geschichte werden die Vorstellungen der ›songs‹ und die Realität hart gegenübergestellt: Sansa muss, wie es Petyr Baelish ihr früh prophezeit, lernen: »Life is not a song.« (Ebd. 473) So verändern die Enthauptung ihres Vaters durch ihren ›Märchenprinzen‹ Joffrey, die Gefangenschaft in King's Landing und die Schlacht von Blackwater ihren Blick auf Ritterschaft entscheidend (*ASOS* 222). Nicht zuletzt in der Interaktion mit dem entstellten Sandor Clegane, dem Hound, wird die Thematik diskutiert. Wegen seines Bruders Gregor hasst der Hound Ritter (»I am no knight. I spit on them and their vows« *AGOT* 301), er hält Sansas romantischen Vorstellungen sein eigenes, in der extremen Negativität ebenso verzerrtes Bild von Rittern (»Knights have no bloody honor« *ASOS* 655, »knights are fools« 688) entgegen. Den ethischen Anspruch der Ritter demaskiert er als Lüge (*ASOS* 466) und reduziert Ritter auf ihre Gewalt (»Knights are for *killing*« *ACOK* 756). Während Sansa von ihrer Rettung durch die »true knights« träumt (757) und von den nominellen Rittern der Kingsguard im Auftrag Joffreys geschlagen wird (39), entreißt sie der Hound als Nichtritter bei einem Aufstand der Bewohner von King's Landing den Klauen der Meute (597). Es gehört zu den Raffinessen Martins, dass er den Erzähler das erste Turnier, das im Text überhaupt stattfindet, in seinem Glanz zunächst aus der Perspektive Sansas schildern lässt (*AGOT* 293ff.), auf der Handlungsebene aber dann keinen Ritter, sondern den Hound als Außenseiter siegen lässt (316).

6. Schwertgewalt und Geschlecht: »The man's weapon is a sword.«

Gewalt, verstanden sowohl als strukturelle Gewalt (als Macht) als auch als einzelne Gewalttat, ist ein wesentlicher Bestandteil von Herrschaft und Geschlechterrollen. Martins fiktive Welt erscheint auch in dieser Hinsicht mediävalisiert. Denn dass Herrschaft und Recht immer auch mit dem Schwert von Männern durchgesetzt werden müssen, manifestiert sich auf der Handlungsebene im Epos allenthalben und wird an vielen Stellen anderweitig diskursiviert, z.B. in diversen Gerichtskämpfen[12] oder im Sinnbild des Iron Throne selbst, den Aegon der Eroberer aus den Schwertern der von ihm unterworfenen Gegner aus den ursprünglich selbständigen Seven Kingdoms schmieden ließ. Wie die Frau im Mittelalter kein Schwert- und Waffenrecht besaß, ist auch in Westeros Ritterschaft selbstverständlich Männern vorbehalten, Frauen sind an Herrschaft nur marginal beteiligt: »The gods made men to fight, and women to bear children [...] A woman's war is in the birthing bed.« (*AFFC* 301)[13]

Die natürliche Ordnung der Geschlechter und entsprechende soziale Konventionen lassen sich an Jaime und Cersei als Zwillingen veranschaulichen, da sie vor ihrer Geschlechtsreife auf besondere Weise eins und selbst für den Vater ununterscheidbar sind (*ACOK* 848f.). Dann schlägt die geschlechtliche Differenz aber in entsprechenden Rollenzuschreibungen, vor allem durch Erziehung, zu Buche, wie Cersei erinnert: »Jaime learned to fight with sword and lance and mace, while I was taught to smile and sing and please.« (Ebd.) Dementsprechend belehrt Cersei Sansa über den geschlechterspezifischen Gebrauch von Waffen:

---

12 | Gerichtliche Zweikämpfe stellen als Gottesurteile einen institutionalisierten Aspekt des Rittertums dar, der hier vernachlässigt wird; ihre Untersuchung wäre allerdings lohnend, vgl. nur die Gerichtskämpfe um Tyrion: Bronn vs. Ser Vardis Egen (*AGOT* 437-443), Oberyn Martell vs. Ser Gregor Clegane (*ASOS* 969-976).
13 | Vgl. zu dieser Auffassung *ACOK* 652, *AFFC* 35 und 453.

»Tears [...]. The woman's weapon, my lady mother used to call them. The man's weapon is a sword.« (*ACOK* 845)¹⁴

Neben besonderen Schwertern, deren Außergewöhnlichkeit in Schwertmythen explizit und durch die exzellente Kämpfer ausgezeichnet werden,¹⁵ steht das ›Schwert‹ allgemein für die metonymische Bezeichnung des Ritters sowie für die metaphorische der Männlichkeit. Lebendig fühlt sich Jaime nur in »battle and in bed« (846). Entsprechend verfügen Frauen laut Cersei neben Tränen noch über eine andere Waffe: »You've got another one between your legs, and you'd best learn to use it. You'll find men use their swords freely enough. Both kinds of swords.« (*ACOK* 847) Widerstände gegen ihre Herrschaftsausübung führt Cersei auf ihr Geschlecht und die damit verbundene fehlende Waffenfähigkeit zurück: »*It is all because I am a woman. Because I cannot fight them with a sword.*« (*AFFC* 507) Gendertypisch benutzt sie entweder Gift als Waffe (*AGOT* 254) oder bedient sich mittelbar der männlichen Schwertgewalt, zumeist manipuliert sie die Männer zu diesem Zweck im eben geschilderten Sinne mit ihren sexuellen Reizen.

Freilich bleibt Martin bei diesen Rollenstereotypen nicht stehen und kreiert, sie gleichsam unterlaufend, in seinem Epos eine Reihe von kämpfenden Frauenfiguren. Doch kämpfen diese dezidiert *nicht* unter dem Paradigma der Ritterschaft und sie werden zudem häufig an den oben skizzierten Rändern von Westeros verortet. Zu erwähnen sind die kämpfenden Wildlingsfrauen im Norden, allen voran die mit Pfeil und Bogen virtuose Ygritte oder die mit ihrer Axt ›verheiratete‹ Asha Greyjoy von den Iron Islands (*AFFC* 374) sowie die mit Dreispitz, Messer und Netz ausgerüstete Meera (*ASOS* 127); im Süden treten die mit dem Speer kämpfenden Bastardtöchter des Oberyn Martell in die Fußstapfen ihres Vaters;¹⁶ Arya tötet zwar anfänglich mit ihrem Schwert Needle, muss aber bei den Faceless Men im House of Black und White mit ihrer Identität auch Needle ablegen, sie wird in eine religiös fundierte, kultische Form des Meuchelns initiiert;¹⁷ mit dem Schwert kämpfen die Mormontfrauen, werden aber nicht als Ritter bezeichnet. Auch auf

---

14 | Auch in anderen Figurenkonstellationen, etwa in den Starkgeschwistern, werden gendertypische Rollenzuschreibungen explizit und zugleich aufgebrochen: Während Sansa die klassischen Erwartungen erfüllt und sich mit der Lehre der Erzieherin »Courtesy is a lady's armor« (*ASOS* 392) identifiziert, verweigert sich ihre Schwester Arya typischer Mädchenerziehung. Ihr Halbbruder Jon schenkt ihr ein Schwert, das sie in ironischer Brechung der traditionellen Geschlechterrollen ›Needle‹ nennt. Symptomatisch auch die Namengebung der Wolfswelpen: Arya nennt ihren nach der berühmten Kriegerkönigin ›Nymeria‹, Sansa ihren ›Lady‹.
15 | Man denke nur an Schwerter wie Ice, Dawn, Lightbringer, Longclaw, Oathkeeper u.v.m.
16 | Der Vater ließ sie – untypisch für Westeros – ihre Waffen wählen: »›Girl or boy, we fight our battles,‹ he said [...]. He pointed to the spear, then to my mother's tears, and I picked up the spear.« (*AFFC* 48)
17 | Zu Arya und den Faceless Men als Assassinen, in deren Kampf- und Tötungsphilosophie sich Elemente von Zen und Ninja verbinden, vgl. Jacoby 2014.

der Ebene der Mythen und Legenden existieren weibliche Kämpfer, aber die berühmte Kriegerkönigin Nymeria kämpfte z.b. selbst nicht und die Identität des sagenhaften Knight of the Laughing Tree ist bewusst verschleiert, sodass unterschiedliche Vermutungen kursieren: Handelte es sich um Lyanna Stark? Oder Ashara Dayne? Oder doch um einen Mann?[18]

Gleichwohl hat Martin, sozusagen als Ausnahme von der Regel, die in Ritterschaft brillierende Frau in einer der interessantesten Figuren des Epos, in Brienne of Tarth, behandelt. Ihr ist deshalb der abschließende Abschnitt gewidmet, gemeinsam mit einer anderen zentralen Ritterfigur, Jaime Lannister. Denn Martin reflektiert thematische Gegenstände gerne, indem er spiegelbildlich angelegte Figuren auf einen gemeinsamen Weg bringt.

7. »BOY, GIRL ... YOU ARE A SWORD, THAT IS ALL.« – DER SCHÖNE UND DAS BIEST

Jaime und Brienne verkörpern jeweils gleichzeitig das Ideal eines Ritters sowie eine eklatante Abweichung davon. Hinsichtlich ihrer Ritterlichkeit, was eine Innen- und Außenperspektivierung sowie eine Geschlechterzeichnung betrifft, sind die beiden Figuren einerseits analog, andererseits konträr konzipiert. Jaime ist langjähriges Mitglied der Kingsguard am Königshof, Brienne lernen wir als Gewinnerin des Turniers von Bitterbridge kennen (*ACOK* 340-344). Sie verdient sich damit ebenfalls einen Platz in einer Kingsguard, nämlich der Renlys. Äußerlich ist der schöne Jaime ein Bilderbuchritter,[19] doch moralisch repräsentiert er ein Defizit: Weil er den Mad King tötete, den zu schützen er geschworen hatte, ist er Kingslayer und Eidbrecher, außerdem werden angedeutete Ambivalenzen der Figur mit dem Mordversuch an dem kleinen Bran beseitigt.[20]

Im Gegensatz zu ihm vertritt Brienne moralisch das idealtypische Ritterethos, doch als Frau stört sie die ritterliche Ordnung, was sich in ihrem obendrein verstörenden Aussehen spiegelt. Mit der kämpfenden Brienne konstruiert Martin nämlich nicht nur, wie vor ihm schon mancher mittelalterliche Autor, eine soziale Abweichung von der weiblichen Rolle, vielmehr geht dies in seiner Konzeption mit der Destruktion ihres weiblichen Körpers einher. Wie viele mittelalterliche Texte verbindet Martin das Motiv der kämpfenden Frau mit ihrer Virginität: Brien-

---

18 | Vgl. A Wiki of Ice and Fire 2014.
19 | »Ser Jaime Lannister looked more like the knights in the stories.« (*AGOT* 77) Noch als Gefangener, geschwächt und verwahrlost, macht Jaime selbst auf seine Feindin Catelyn Eindruck (*ACOK* 790). Brienne erinnert den schwer verletzten Jaime »looking half a corpse and half a god« (*AFFC* 189).
20 | Vgl. Catelyn: »You were a knight, sworn to defend the weak and innocent.« (*ACOK* 793)

ne the Maid of Tarth.²¹ Während aber in mittelhochdeutschen Texten kämpfende Frauen durchaus schön sein dürfen,²² ist das häufigste Epitheton von Brienne the Beauty: »ugly« (*ACOK* 344, *ASOS* 153, 155, 292, 924). Sie hat mit Ausnahme ihrer schönen blauen Augen erstens ein sehr hässliches, deutlich vom Kampf gezeichnetes Gesicht (*ACOK* 344). Ihr Körper ist zweitens männlich konstruiert: Sie ist muskulös, stämmig, breitschultrig und riesengroß.²³ Ihr Anblick erregt Mitleid (*ACOK* 344), zumeist aber Abscheu (»freak of nature«, *AFFC* 519). Jaime assoziiert aufgrund ihrer immensen Körpergröße: »*She's the Hound with teats*, he thought. *Or*« – muss sich Jaime korrigieren – »*would be, if she had any teats to speak of.*« (*ASOS* 28) Briennes fehlende Brüste, geradezu ein Leitmotiv der Figur (*ACOK* 348, *ASOS* 503, 507), stehen für ihre fehlende Weiblichkeit. Sie ist eine echte Frau so wenig wie ein »true knight«, denn ihr fehlt das, was sie nominell Ritter sein ließe: »It was the gods who neglected to give you a cock, not me«, erinnert Jaime sie (*ASOS* 158). Entsprechend ist sie auch sprachlich schwer zu fassen: »My lady? Ser?« bzw. »Ser. My lady« (*AFFC* 283, 285) stammelt sich ihr ›Knappe‹ Podrick durch die Bücher. Hyle Hunt überlegt: »[Y]ou're *not* a swordsman, are you? Is there such a word as swordswench?« (292)²⁴ Die Geschlechtergrenzen bewusst transzendierend scheint Martin in Brienne Syrios' an Arya gerichtete Worte zu konkretisieren: »Boy, girl [...]. You are a sword, that is all.« (*AGOT* 224)

Die Überantwortung des schönen Jaime in die Hände der Außenseiterin Brienne setzt im dritten Band eine immense Dynamik bezüglich seiner Entwicklung in Gang, er avanciert zugleich zur POV-Figur. In der Konfrontation der beiden Figuren auf dem Weg nach King's Landing zeichnet sich aber zuallererst ein Kampf um das rechte Konzept von Ritterschaft ab.

Ein erster Aspekt umfasst die körperliche Auseinandersetzung. Jaime wird von einer Frau in Ketten gehalten, die ihm als Mann das Schwert verweigert und ihm in Verkehrung klassischer Rollenkonventionen versichert: »You are under my protection.« (*ASOS* 28) Sie entwaffnet ihn im Kampf, der im Kern ein Kampf um sein Schwertrecht ist (289), und besiegt ihn anschließend im Ringkampf. Unter Rekurs auf die Geschlechterthematik erscheint der Kampf durchaus metaphorisiert als Tanz (290) oder als Liebesspiel (289f., 291). Entgeistert muss Jaime

---

21 | Der Name ist wahrscheinlich der Bezeichnung ›Maid of Orléans‹ nachempfunden; im *Eneasroman* will die Ritterin Camilla bis zu ihrem Tod Jungfrau bleiben (Heinrich von Veldeke 1986: 148, 5-14); im *Nibelungenlied* sind Prünhilts exorbitante Kräfte in mythischer Weise an ihre Jungfräulichkeit gebunden (Anonymus 1998: 677-682).
22 | Vgl. wiederum Prünhild (»diu was unmâzen scoene« 326, 3), Camillas Schönheit und Weiblichkeit werden besonders ausführlich beschrieben (Heinrich von Veldeke 1986: 145, 36-146, 33).
23 | Vgl. Jaime: »*She has thicker shoulders than I do, and a bigger neck.*« (*ASOS* 509); und ironisch: »*The wench is as strong as Gregor Clegane, though not so pretty.*« (*ASOS* 848)
24 | Vgl. auch Jaime: »Lady Brienne? [...] Or would *Ser* Brienne be more to your taste?« (*ASOS* 21)

aber realisieren: »*She is stronger than I am*«, auch »speed and skill« (291) können hier nichts ausrichten. Fünf Mal wiederholt sie die Aufforderung: »Yield!« (Ebd.)

Die faktische Unterwerfung unter die Frau bleibt Jaime zwar aufgrund des Auftretens der Bloody Mummers erspart, es folgt aber noch im gleichen Kapitel Jaimes Verstümmelung, der Verlust seiner Schwerthand. Für Jaime beginnt eine Passionsgeschichte, neben schlimmen körperlichen Qualen (413) erleidet er einen Identitätsverlust als Mann und Ritter:

»›They had taken his hand, they had taken his *sword hand*, and without it he was nothing […]. It was his right hand that made him a knight; his right arm that made him a man‹ (416). – ›*I am worth less than a girl now*‹ (513) – ›*What is a swordsman worth without his sword hand?*‹« (607)

Aus der Außenperspektive werden der Verlust von Männlichkeit bei Jaime sowie der Überschuss an Männlichkeit bei Brienne reflektiert. Sie sitzen während ihrer Gefangenschaft aneinandergefesselt auf einem Pferd. Spöttisch bezeichnen ihre Peiniger sie als »lovers« (413), den »good knight and his lady […] but which one is the knight and which one is the lady?« (414)

Neben der kämpferischen erfolgt auf dem Weg zweitens eine ethische Auseinandersetzung über Ritterschaft. Dieser Aspekt zeichnet sich schon zu Beginn mit den an einem Baum aufgehängten Leichen misshandelter Frauen und den unterschiedlichen Wertungen darüber ab. Während Brienne die Tat als »not chivalrously« bewertet und behauptet: »No true knight would condone such wanton butchery«, vertritt Jaime eine deutlich realistischere Auffassung: »True knights see worse every time they ride to war […]. And *do* worse, yes.« (25)

Wegen seiner Taten bezeichnet Brienne Jaime als »monster« (22). Sie nennt ihn ebenso penetrant Kingslayer wie er sie Wench,[25] sie legen sich damit gegenseitig auf ihre ritterlichen Defizite, ihre einmal innerliche, einmal äußerliche Monstrosität, fest. So hartnäckig wie Brienne auf ihrem geschworenen Eid, ihn nach King's Landing zu bringen, besteht (32), so unnachgiebig wirft sie Jaime vor, alle ritterlichen Eide gebrochen und Ritterschaft beschmutzt zu haben: »It is a rare and precious gift to be a knight […] and even more so a knight of the Kingsguard. It is a gift given to few, a gift you scorned and soiled.« (158)

Die durch die Konfrontation ausgelösten Gedanken und Träumen Jaimes sowie die Streitgespräche selbst perspektivieren Jaimes Königsmord nachträglich als Resultat eines klassischen Treuekonfliktes: zwischen dem ritterlichen Eid, die Schwachen zu beschützen, dem Amtseid der Kingsguard, dem König zu gehorchen, und der Bindung an die Familie (156-160; 505-508; 605f.). Unter ethischer Perspektive steht der Verlust der Schwerthand ebenso für Bestrafung wie für Reinigung vom Ruf als Kingslayer:

---

25 | Vgl. u.a. *ASOS* 19, 21, 32, 146, 155, 286, 617.

»When Jaime opened his eyes, he found himself staring at the stump of his sword hand. *The hand that made me Kingslayer.* The goat had robbed him of his glory and his shame, both at once. *Leaving what? Who am I now?*« (ASOS 507)

Mit der körperlichen Deformation der Figur beginnt ein Neustart, nicht nur in moralischer Hinsicht, sondern – obwohl eigentlich kampfunfähig (855, 997) – paradoxerweise auch seiner Existenz als Ritter. Erstens handelt Jaime, allen voran Brienne gegenüber, ›ritterlich‹. Er rettet sie mehrfach[26] und stilisiert sich selbstironisch zum Jungfrauen rettenden, guten Ritter: »You *are* still maiden, I hope?« – Und als sie errötend bejaht: »›Oh, good,‹ Jaime said. ›I only rescue maidens.‹« (618) Zweitens übernimmt Jaime bei der Rückkehr nicht nur formell die Position des Lord Commander der Kingsguard, was für sich schon angesichts seiner fehlenden Schwerthand eine Zumutung darstellt. Vielmehr geht er als Nachfolger Barristan Selmys und anderer herausragender Ritter immer mehr in einem von diesen geprägten Ehrenkodex auf. Jaime wird auf seine Rolle als Ritter reduziert, indem er aus seiner Vater- und Familienbindung genauso wie aus der inzestuösen Liebesbeziehung zu Cersei gelöst wird, beides hatte seine Identität zuvor wesentlich bestimmt und sein Rittersein in verschiedener Weise gestört. Nun weist Jaime seine Rolle als Erbe der Lannisters dem Vater gegenüber mit den Worten zurück: »I am a knight of the Kingsguard. The *Lord Commander* of the Kingsguard! And that's *all* I mean to be!« (855) – was den Bruch mit Tywin nach sich zieht. Und er verweigert Cersei in seiner Zelle im White Sword Tower den Beischlaf: »No,« he said, »not here. [...] this is not the place« (1004), nachdem er zuvor und, beim jetzigen Stand der Erzählung, zum letzten Mal mit ihr in der Sept am Totenbett des gemeinsamen Sohnes geschlafen hatte – auch mit Cersei kommt es zum Zerwürfnis.

Fortan lebt Jaime – wie Brienne – asexuell und erfüllt darin seine Pflicht als Lord Commander der zölibatär lebenden Kingsguard, auch er ist nun »a sword, that is all«. »Honor« wird zur Triebfeder seines Handelns: Deshalb beauftragt er Brienne mit der Suche nach den Starkmädchen und überreicht ihr – ein Akt von immenser Symbolkraft – das ihm vom Vater zugedachte valyrische Schwert, das er in Anspielung auf ihre ethischen Diskussionen »Oathkeeper« nennt. Während er zu Beginn ihres Weges die Mädchen zurückbringen und Catelyn gegenüber Wort halten wollte, weil es ihn amüsiert, so zu handeln, wie es keiner von ihm erwartet (287), begründet er seinen Auftrag nun mit seiner Ehre: »Sansa Stark is my last chance for honor.« (1009; AFFC 904)

---

26 | Zunächst ihre Virginität, was er als Gegenleistung für seine Rettung durch Brienne auf dem Fluss deklariert (*ASOS* 417f.), sodann aus der Bärengrube (617f.), schließlich in King's Landing vor Loras Tyrell (847-849). Auch Brienne hat Jaime mehrfach das Leben gerettet, sie appelliert an seinen Lebensmut, als er sterben will (415), dann rettet sie ihn vor dem Ertrinken aufgrund seiner Ohnmacht (504, 508). Als Qyburn Jaime später fragt: »What is this woman to you?« antwortet Jaime lachend: »My protector« (424)

Parallel reflektiert Jaime, den Eintrag im White Book über sich selbst lesend, seine eigene Geschichte. Sein Weg als Ritter begann mit dem Wunsch, ein Arthur Dayne zu werden, aber unterwegs wurde aus ihm ein Smiling Knight, »cruelty and chivalry all jumbled up together« (ASOS 916). Doch es gibt auf seiner Seite im ›White Book‹ noch genügend Platz, denn er kann den knappen Eintrag in Zukunft in seinem Sinne vervollständigen, seine Geschichte weiterleben und neuschreiben (ASOS 1009f.) – im doppelten Sinne.

Die Diskussion ritterlicher Ethik in der Interaktion der beiden Figuren ist damit aber noch nicht beendet. Sie verlagert sich ab dem vierten Band auf Brienne, die durch Jaime auf die klassische Quest eines Ritters geschickt wird. Auf dieser erfährt man die Hintergründe ihrer Ritterschaft, wie auch Jaime avanciert sie zur POV-Figur. Doch muss ihr Weg voraussichtlich diametral zu demjenigen Jaimes bewertet werden. Während sich der »oathbreaker« Jaime (ASOS 415) in der Interaktion mit Brienne zum »oathkeeper« entwickelt, wird Brienne von Lady Stoneheart in einen ähnlichen Treue-Konflikt geführt, der einst Jaime zum Eidbrecher werden ließ: Brienne soll ihren Treueeid Catelyn gegenüber halten und Jaime töten, was den Treuebruch Jaime gegenüber nach sich zöge, oder als Verräterin gehängt werden, zusammen mit ihren unschuldigen Begleitern, was ihre dilemmatische Situation begründet. Sie soll zwischen Strang und Schwert wählen. Mit einem wahren *Cliffhanger* endet die Szene, schon am Galgen baumelnd ruft Brienne noch ein Wort, aber welches (AFFC 914-916)? Wie aus dem Nichts taucht Brienne plötzlich im fünften Band bei Jaime auf und bringt ihn – nach allem, was man weiß, mit einer Lüge – dazu, ihr zu folgen (ADWD 707). Seither sind beide aus dem Erzählfokus verschwunden. So bleibt die Frage offen, ob Briennes Schwert »Oathkeeper« nicht doch, wie Lady Stoneheart formuliert, »Oathbreaker« heißen sollte (AFFC 913), und damit auch die Frage, ob Martin Brienne das gleiche Schicksal wie Eddard Stark zugedacht hat und sie als Repräsentantin eines ethisch vollkommenen Rittertums mit ihren hehren Idealen an der Welt grandios scheitern lässt.[27]

8. Schluss:
»Knights know only one way to solve a problem.«

Wenn Barristan Selmy im Gespräch mit seiner Königin Daenerys seine Kompetenz als Ratgeber bescheiden relativiert: »I am no maester to quote history at you, Your Grace. Swords have been my life, not books« (ASOS 987), dann bringt Martin unterschiedliche Lebensformen ins Spiel, die auch im Mittelalter von Relevanz waren. Wie sich dort Ritterkultur und Klerikerkultur gegenüberstanden, aber auch vielfältig ergänzten, so entwirft Martin, sei es in institutionali-

---

27 | Zu Eddards Scheitern aufgrund seiner Tugendhaftigkeit vgl. Hahn 2014 und AngIberger/Hieke 2014.

sierter Form in den zahlreichen Maesters (Aemon, Luwin, Pycelle u.v.m.),[28] sei es in anderen Intellektuellen wie Petyr Baelish oder Tyrion, alternative Formen des Weltzugangs und alternative Modelle von Männlichkeit, in denen wiederum in komplexer Weise über das Verhältnis von Wissen und Macht reflektiert wird und in denen sich ein eigener Diskurs über die Macht des Rittertums und seine permanente Gewaltbereitschaft abzeichnet. Von Jon Snow gefragt, warum er so viel lese, erklärt Tyrion, dass er nicht wie sein Bruder Jaime ein Schwert benutzen könne, sondern sich auf seinen Verstand als Waffe verlassen müsse, und dieser brauche Bücher wie ein Schwert einen Wetzstein (*AGOT* 122f.). Der Umgang des Ritters mit der Komplexität der Welt erweist sich aus dieser Perspektive als beschränkt: »Knights know only one way to solve a problem. They couch their lances and charge. A dwarf has a different way of looking at the world.« (*ADWD* 84) Der intellektuelle Blick mag die Welt des Rittertums und ihre Gewaltpotentiale relativieren. ›Man weiß‹: »A book can be as dangerous as a sword in the right hands.« (206) – Doch im anspruchsvollen ›Game of Thrones‹ macht das eine das andere keinesfalls überflüssig.

LITERATUR

Anonymus (1999): Mauritius von Craûn: Mittelhochdeutsch/Neuhochdeutsch. Nach dem Text von Edward Schröder hg., übersetzt und kommentiert von Dorothea Klein, Stuttgart: Reclam.

Anonymus (1998): Das Nibelungenlied. Nach der Ausgabe von Karl Bartsch hg. von Helmut de Boor, zweiundzwanzigste revidierte und von Roswitha Wisniewski ergänzte Auflage. Mannheim: Brockhaus.

Anglberger, Albert J.J./Alexander Hieke (2014): »Lord Eddard Stark und Königin Cersei Lennister: Moralische Werturteile aus verschiedenen Perspektiven.«, in: Jacoby, Henry (Hg.): Die Philosophie bei Game of Thrones. Das Lied von Eis und Feuer: Macht, Moral, Intrigen. Weinheim: Wiley, S. 81-90.

Cervantes Saavedra, Miguel de (1860): Leben und Thaten des scharfsinnigen Edlen Don Quixote von la Mancha. Übersetzt von Ludwig Tieck. Bd. 1. Berlin: A. Hoffmann & Comp.

Cowlishaw, Brian (2015): »What Maesters Knew: Narrating Knowing.«, in: Battis, Jes/Susan Johnston (Hg.): Mastering the Game of Thrones. Essays on George R. R. Martin's A Song of Ice and Fire. Jefferson/NC: McFarland, S. 57-69.

---

28 | Sehr schön zeigt Cowlishaw, dass Martin auch hier mit Erwartungen und Typisierungen spielt, denn oft liegen die am rationalen Wissen orientierten Maesters mit ihren Behauptungen falsch oder wissen das, was sie wissen sollten, eben nicht (»Maesters, you know nothing«, 2015: 64). Sie sind gegen die Vorstellung, Wissen sei Macht, hinsichtlich der Macht oftmals marginalisierte Figuren.

Druckfrisch (2012): »George R. R. Martin: Das Lied von Eis und Feuer«, in: Youtube. com. Das Erste. 24.09.2012. <https://www.youtube.com/watch?v=oLKr3RaJ-XuM> [28.02.2012].

Ehlers, Joachim (2006): Die Ritter. Geschichte und Kultur. München: Beck.

Goguen, Stacey (2014): »›Es gibt keine wahren Ritter‹: Die Ungerechtigkeit des ritterlichen Ethos.«, in: Jacoby, Henry (Hg.): Die Philosophie bei Game of Thrones. Das Lied von Eis und Feuer: Macht, Moral, Intrigen. Weinheim: Wiley, S. 181-194.

Hackney, Charles H. (2015): »›Silk Ribbons tied around a sword‹. Knighthood and the Chivalric Virtues in Westeros.«, in: Battis, Jes/Susan Johnston (Hg.): Mastering the Game of Thrones. Essays on George R. R. Martin's A Song of Ice and Fire. Jefferson/NC: McFarland, S. 132-149.

Hahn, David (2014): »Der Tod von Lord Stark. Die Gefahren des Idealismus.«, in: Jacoby, Henry (Hg.): Die Philosophie bei Game of Thrones. Das Lied von Eis und Feuer: Macht, Moral, Intrigen. Weinheim: Wiley, S. 69-79.

Heinrich von Veldeke (1986): Eneasroman. Mittelhochdeutsch/Neuhochdeutsch. Nach dem Text von Ludwig Ettmüller ins Neuhochdeutsche übersetzt, mit einem Stellenkommentar und einem Nachwort von Dieter Kartschoke. Stuttgart: Reclam.

James, Edward (2012). »Tolkien, Lewis and the explosion of genre fantasy«, in: James, Edward/Farah Mendlesohn (Hg.): The Cambridge Companion to Fantasy Literature. Cambridge: Cambridge University Press, S. 62-78. http://dx.doi.org/10.1017/CCOL9780521429597.007

Jacoby, Henry (2014): »Niemand tanzt den Wassertanz.«, in: Jacoby, Henry (Hg.): Die Philosophie bei Game of Thrones. Das Lied von Eis und Feuer: Macht, Moral, Intrigen. Weinheim: Wiley, S. 209-221.

Martin, George R.R./Elio M. García/Linda Antonsson (2014): The World of Ice and Fire. The Untold History of Westeros and the Game of Thrones. New York: Bantam.

May, Markus (2013): »Zeit- und Raumstrukturen (Chronotopen/Heterotopien)«, in: Brittnacher, Hans Richard/Markus May (Hg.): Phantastik. Ein interdisziplinäres Handbuch. Stuttgart, Weimar: Metzler, S. 583-593.

A Wiki of Ice and Fire (2015): Knight. 29.12.2015. <http://awoiaf.west eros.org/index.php/Knight> [29.02.2016].

A Wiki of Ice and Fire (2014): Knight of the Laughing Tree/Theories. 19.08.2014. 29.02.2016 <http://awoiaf.westeros.org/index.php/Knight_of_the_Laughing_Tree/Theories>.

Wolfram von Eschenbach (1999): Parzival. Studienausgabe. hg. von Lachmann, Karl/Bernd Schirok. Berlin, New York: de Gruyter.

Von Kriegerinnen und Gebärmaschinen
Weibliche Figuren in *GOT*-Computerspielen

Felix Schröter

1. Einleitung

Martins Romanserie *ASOIAF* und seine Adaption als die HBO-Serie *GOT* haben sich in den vergangenen Jahren nicht nur zu einem erfolgreichen transmedialen Unterhaltungsfranchise entwickelt, sondern ebenfalls zu einem beliebten Gegenstand literatur- und medienwissenschaftlicher Forschung. Eines der meistdiskutierten Themen ist dabei die Frage nach der Darstellung von Gewalt und/oder Sexualität in Roman und TV-Serie. Aus genderkritischer Perspektive werden insbesondere die Frauenfiguren wahlweise als subversiv oder reaktionär, als postfeministisch oder antifeministisch und – vor allem im Fall der HBO-Serie – als Identifikationsfiguren für weibliche Fans oder aber als offensichtliche *sexploitation*-Strategie gewertet.[1] Häufig rücken dabei auch Fragen der Medialität in den Mittelpunkt, da es eben einen Unterschied macht, ob Nacktheit und Gewalt sprachlich oder audiovisuell repräsentiert werden (Larsson 2016: 17).

Die Frage nach der medialen Spezifik von Figurendarstellungen wird noch drängender, wenn man sich den transmedialen Erweiterungen von *ASOIAF* zuwendet, die mittlerweile auch Comics, Fan Fiction, Actionfiguren und eine wachsende Zahl von Computerspielen umfassen. Gerade letztere versprechen dabei ein interessanter Gegenstand für genderkritische Analysen zu sein, führt man sich die bewegte Geschichte der Genderdynamiken des Computerspiels vor Augen: So wurde Computerspielen lange Zeit als hauptsächlich männliche Freizeitaktivität angesehen, die mit der Marginalisierung von Spielerinnen als ›exotisch‹ und ›untypisch‹ einherging (Bryce/Rutter/Sullivan 2006: 195). Darüber hinaus verließen sich bereits die frühesten Computerspiele auf stereotype Figurendarstellungen – wie etwa das berüchtigte *damsel in distress*-Motiv – und auch zeitgenössische Spiele greifen regelmäßig auf vergleichbare Geschlechterstereotype zurück (Wilhelm 2015: 318).

---

[1] | Vgl. etwa Spector 2012; Frankel 2014; oder die Beiträge in Gjelsvik/Schubart 2016.

Der vorliegende Beitrag befasst sich vor diesem Hintergrund mit der Darstellung weiblicher Figuren in vier *GOT*-Computerspielen: dem Action-Rollenspiel *Game of Thrones*, dem Echtzeitstrategiespiel *A Game of Thrones: Genesis*, dem Browserspiel *Game of Thrones Ascent* und dem episodischen Adventure *Game of Thrones: A Telltale Game Series*. Dabei soll erstens diskutiert werden, wie die spezifische Medialität des Computerspiels die Darstellung weiblicher Figuren beeinflusst, und zweitens, wie diese Darstellung im Zusammenhang mit verbreiteten Geschlechterstereotypen innerhalb der historisch männlich dominierten Computerspielkultur steht. Denn während alle vier Spiele der dominanten Geschlechterordnung der Martinschen *storyworld* mehr oder weniger folgen, erreichen viele Figuren doch nicht die Komplexität und Ambiguität, die sowohl die Romanreihe als auch die TV-Serie auszeichnen. Dies kann einerseits auf medien- und genrespezifische Transformationsprozesse zurückgeführt werden und andererseits auf die fehlende Sensibilität von Spieleentwicklern und -publishern für Genderproblematiken sowie deren einseitige Ausrichtung an den (vermeintlichen) Zielgruppen der jeweiligen Spiele.[2]

2. Games und Gender

Seit sich die Game Studies Anfang der 2000er Jahre als interdisziplinäres Forschungsfeld etabliert haben, sind die Gender-Dynamiken des Computerspielens vor allem aus drei Perspektiven untersucht worden: Sozialwissenschaftliche Forschung diskutiert Unterschiede in Spielverhalten und Genrepräferenzen von Männern und Frauen, ethnografische Studien befassen sich mit dem ›Gendering‹ von Spieltechnologien und Spielräumen und medienwissenschaftliche Arbeiten widmen sich Fragen der Genderrepräsentation in digitalen Spielen.[3] Trotz der Heterogenität der theoretischen Zugänge, Methoden und Untersuchungsgegenstände sollen im Folgenden einige zentrale Forschungsergebnisse dargestellt werden.

Ausgangspunkt sozialwissenschaftlicher Forschung zur geschlechtsspezifischen Nutzung von Computerspielen war zunächst der Versuch, die marginalisierte Position zu erklären, die Spielerinnen lange Zeit in einer männlich dominierten Spielkultur einnahmen. Dies wurde einerseits sozialpsychologisch im Sinne eines *digital gender divide* erklärt und andererseits auf die vorwiegend an männlichen Präferenzen ausgerichteten Produktionslogiken der Computerspielindustrie zurückgeführt (Wilhelm 2015: 317). Und obwohl sich heute die Zahl re-

---

2 | Der vorliegende Beitrag stellt eine übersetzte und stark überarbeitete Fassung eines englischsprachigen Aufsatzes dar, der 2016 in Gjelsvik und Schubart, *Women of Ice and Fire* bei Bloomsbury Academic/Bloomsbury Publishing PLC erschienen ist. Vgl. Schröter 2016.

3 | Vgl. etwa die Überblicksdarstellungen in Bryce/Rutter/Sullivan 2006 sowie Wilhelm 2015.

gelmäßiger Spielerinnen der der Spieler immer weiter annähert (ESA 2016: 3), zeigt sich weiterhin das Erbe dieser historisch gewachsenen Distinktionen: So gehören zwar viele Frauen und Mädchen durch die Verbreitung von Browserspielen und Mobile Games zu den regelmäßig Spielenden, doch das sogenannte ›Hardcore Gaming‹, das Genres wie Sportspiele, First-Person-Shooter oder andere stark kompetitive Spiele umfasst, ist noch immer von männlichen Spielern dominiert (Prescott/Bogg 2014: 74). Dies ist nicht zuletzt auch darauf zurückzuführen, dass Teile der Gaming-Community aktiv daran arbeiten, diese gegenderte Dichotomie (und Hierarchie) vom weiblichen ›Casual Gamer‹ und dem männlichen ›echten‹ Hardcore-Spieler aufrecht zu erhalten.[4]

Männliche Dominanz im Bereich des kompetitiven ›Hardcore Gaming‹ lässt sich ebenfalls als Folge eines Gendering von Spieletechnologie und Spielräumen interpretieren. So wurde gezeigt, dass der Medienkonsum von Mädchen stärker der elterlichen Kontrolle unterliegt als der von Jungen, wodurch sie in ihrem Zugang zu Spieletechnologie von Anfang an benachteiligt sind (Prescott/Bogg 2014: 44). Gleiches gilt für den Besitz von spielefähigen Smartphones oder Spielkonsolen (MPFS 2015: 8),[5] von denen Letztere häufig in ›männlich besetzten‹ Räumen untergebracht sind (etwa dem Zimmer des Bruders oder dem väterlichen Arbeitszimmer). Auch hierdurch entsteht eine an Geschlechtsrollen orientierte Zuschreibung, die Spieletechnologie tendenziell dem männlichen Einflussbereich zuordnet, zu dem Frauen nur in Ausnahmefällen Zugang gewährt wird (Bryce/Rutter/Sullivan 2006: 194).

Doch nicht nur kulturelle Auffassungen von Gaming als einer männlichen Freizeitaktivität und der Zugang zu Spieletechnologie sind gegendert, sondern ebenfalls der Inhalt, die Themen und die Ästhetik der Spiele selbst (Bryce/Rutter/Sullivan 2006: 196-200; Wilhelm 2015: 318). So sind stereotype und hypersexualisierte Darstellungen von weiblichen Figuren äußerst verbreitet – während die steuerbare Hauptfigur (*player character*) nur selten eine Frau ist.[6] Diese Tendenz, männlichen Figuren eine aktive Handlungsrolle zuzuordnen und weibliche Figuren zu Objekten männlicher Rettung oder aber zu ›Hintergrunddekoration‹ zu machen, ist besonders typisch für frühe Automatenspiele wie Nintendos *Super Mario Bros.*, lässt sich aber auch in vielen weiteren Beispielen aus den 1980er und 1990er Jahren beobachten. Gleichzeitig setzte mit dem Erscheinen von *Tomb Raider* und seiner Protagonistin Lara Croft ein gegenläufiger Trend hin zu starken und selbstständigen Frauenfiguren ein: Weibliche *player characters* wie Faith in

---

4 | Für eine umfassende genderkritische Diskussion der Computerspielindustrie und -kultur vgl. Prescott/Bogg 2014: 73-92. Zum Stereotyp des ›Hardcore-Spielers‹ vgl. Juul 2010: 8.

5 | Während in Deutschland 93 % der Mädchen im Alter von 12-19 Jahren ein spielefähiges Smartphone besitzen (Jungen: 91 %), sind nur 36 % von ihnen mit einer festen Spielkonsole ausgestattet (Jungen: 63 %), vgl. MPFS 2015: 8.

6 | Vgl. etwa Dietz 1998; Heintz-Knowles u.a. 2001; Downs und Smith 2010.

Mirror's Edge, Ellie in *The Last of Us* oder Jodie in *Beyond: Two Souls* stehen ihren männlichen Genrekollegen in nichts nach. Rollenspiele wie *World of Warcraft* oder *Mass Effect 3* behandeln ebenfalls beide Geschlechter weitgehend gleichberechtigt und ermöglichen die freie Wahl des Geschlechts der Spielfigur – zumindest im Rahmen der binären Matrix ›männlich/weiblich‹.[7] Dennoch steht den genannten Beispielen weiterhin eine große Zahl stereotyper Darstellungen sowohl von männlichen als auch von weiblichen Figuren gegenüber, teilweise unter den Vorzeichen der Parodie (wie etwa in *Duke Nukem Forever*) oder der historischen Authentizität (etwa im Western-Shooter *Red Dead Redemption*), teilweise als unverhohlene Adressierung eines angenommenen heterosexuellen, männlichen Hardcore-Spielers (Kiel 2015: 177).

3. Weibliche Figuren als Opfer in *Game of Thrones*

Die vorangestellten Ausführungen zu den Genderdynamiken des Computerspiel(en)s sollen die Folie darstellen, auf welcher im Folgenden die Darstellung weiblicher Figuren in vier Computerspielen des *GOT*-Franchise diskutiert wird. Die Tatsache, dass es sich hierbei um vier Spiele unterschiedlicher Genres handelt, ermöglicht es, nicht nur medienspezifische, sondern auch genrespezifische Adaptionsprozesse in den Blick zu nehmen.[8]

Den Anfang macht das 2012 erschienene Action-Rollenspiel *Game of Thrones* des französischen Entwicklerstudios Cyanide, das eines der ersten Lizenzspiele des Franchise darstellt. Ursprünglich als Umsetzung der *ASOIAF*-Romane geplant, versuchten Entwickler und Publisher vom Erfolg der HBO-Serie zu profitieren, indem Assets, Musik und Synchronstimmen der TV-Serie in das ansonsten eigenständige Spiel integriert wurden. Die Handlung ereignet sich parallel zum ersten Buch der Reihe und setzt ein paar Monate vor dem Tod Jon Arryns ein. Handlungsverlauf und Figuren weichen dabei allerdings stark von Buch und Serie ab, wenn man von Gastauftritten einzelner bekannter Figuren absieht. In Imitation der formalen Struktur der Romane ist auch das Spiel in Kapitel gegliedert, in denen die Spielerin abwechselnd den roten Priester Alester Sarwick von Riverspring und den Warg Mors Westford von der Nachtwache verkörpert. Beide Protagonisten sind in eine politische Intrige involviert, die sich um Jeyne Greystone dreht – eine junge Frau, die mit einem Bastard-Sohn König Robert Baratheons schwanger ist und sich selbst als uneheliche Tochter des mad king Aerys Targaryen entpuppt. Folgerichtig zieht Jeyne damit nicht nur die Aufmerksamkeit einflussreicher Lords auf sich, die versuchen ihren Sohn zum wahren König von Westeros zu machen, sondern auch von Cersei Lannister, die ihrerseits be-

---

[7] | Vgl. hierzu kritisch Drexler 2016.
[8] | Vgl. hierzu auch Ascher in diesem Band. Eine ausführlichere Diskussion medienspezifischer Adaptionsprozesse transmedialer Figuren findet sich bei Schröter 2016.

strebt ist diese Bedrohung der zukünftigen Herrschaft ihres unehelichen Sohnes Joffrey abzuwenden.

In der ersten Hälfte des Spiels verfolgen Alester und Mors gegensätzliche Ziele: Alester, der nach mehreren Jahren Exil nach Riverspring zurückgekehrt ist, sucht die Hilfe von Cersei, um die Hochzeit seiner eigenen Schwester mit ihrem Halbbruder Valarr zu verhindern, der seinerseits die Hochzeit nutzen will, um Alester als Erbe von Riverspring zuvorzukommen. Im Gegenzug fordert Cersei von Alester, Jeyne Greystone zu töten, während die Spielerin als Mors den Befehl bekommt, eben jene Jeyne zu beschützen. Später im Spiel treffen schließlich beide Protagonisten aufeinander, decken das Geheimnis um Jeyne auf und helfen ihr bei der Flucht. Am Ende jedoch opfert sich Jeyne, nachdem sie ihren Sohn geboren hat, und lässt ihre Mörder im Glauben, dass ihr Sohn mit ihr umgekommen ist. Alester und Mors entkommen mit dem Kind und üben Rache an Valarr, der als zentraler Gegenspieler fungiert.

Im Gegensatz zu diesem einigermaßen komplizierten Plot folgt das eigentliche Gameplay den Konventionen des Rollenspiel-Genres: Die Spielerin ist überwiegend in taktische Echtzeitkämpfe involviert, klickt sich durch Cut-Scenes und Dialoge und entwickelt die von ihr gesteuerten Figuren durch den Zugewinn von Erfahrungspunkten weiter, vor allem durch das Lösen von Haupt- oder Nebenmissionen. Auch kann sie bei Mors und Alester zwischen verschiedenen Figurenklassen wählen, die bestimmte Fähigkeiten freischalten und im Spielverlauf zunehmend komplexe Kampftaktiken ermöglichen. Nun ließe sich einiges sagen zu diesen spielbezogenen Eigenschaften der Hauptfiguren und zu der Art, wie sich die Spielerin mit ihrer Hilfe der zahlreichen Gegner erwehrt, die das Spiel ihr in den Weg stellt. Doch tatsächlich sind sämtliche Gegner (und natürlich die beiden *player characters*) männliche Figuren. Auch in die Handlung des Spiels ist nur eine äußerst überschaubare Zahl weiblicher Figuren verstrickt und mit keiner kann die Spielerin (außerhalb von Dialogszenen) in spielerische Interaktion treten. Insofern sie also keine spielmechanischen Eigenschaften besitzen, muss sich die Analyse hier auf ihre Eigenschaften als fiktive Wesen konzentrieren.

Viele der Figuren erreichen nicht den Grad an Komplexität, für den die Romanvorlage bekannt ist. Während Cersei Lannister zwar ebenso machtbewusst, ambitioniert und planvoll vorgeht und außerdem als ›Questgeberin‹ auch auf die Spielziele der Spielerin Einfluss hat, fehlt ihr die Ambiguität, die sie im Buch als nach außen hin starke, aber innerlich zerrissene Figur auszeichnet (Spector 2012: 181). Stattdessen begnügt sich das Spiel mit dem eher fantasielosen Stereotyp der ›bösen Königin‹. Jeyne Greystone, deren ungeborenes Kind die Handlung erst in Gang setzt, ist dagegen die wohl interessanteste weibliche Figur des Spiels: Für zeitgenössische Computerspiele ist ihre Darstellung nicht übermäßig sexualisiert und sie erweist sich als geradezu psychologische Figur, die Mühe hat, ihre Identität als Nachkomme des mad king Aerys Targaryen zu akzeptieren. Indem sie sich opfert, um ihr Kind und die männlichen Protagonisten zu retten, beweist sie nicht nur Mut, sondern kehrt auch ihre bis dahin überwiegend passive

Handlungsrolle um. Gleichzeitig bedient ihr Ende jedoch auch das nicht minder stereotype Motiv mütterlicher Opferbereitschaft (Bronfen 1992: 218) und kann nicht darüber hinwegtäuschen, dass sie – wie viele andere weibliche Figuren des Spiels – in allen anderen Situationen von den männlichen Figuren gerettet und beschützt und damit zum Objekt männlicher Handlungen und Ziele wird.

Dies gilt in besonderem Maße für Elyana, die Schwester von Alester. Sie wird nicht nur als unfähig charakterisiert, den Frieden im Land ihres verstorbenen Vaters zu erhalten, sondern ebenfalls als stur und unfair, wenn sie Alester vorwirft, seine Familie für das Exil verlassen zu haben. Mehr noch: Die Spielerin ist als Alester gezwungen, Elyana wiederholt in patronisierende Dialoge zu verwickeln, etwa mit Antwortoptionen wie »Take your time, little sister, I understand« oder »Do not worry, little sister, I have returned«. Später wird Elyana von Valarr als Geisel genommen und schließlich geköpft – ein Schicksal, das erneut das Motiv von weiblichem Leiden und Opfer aufgreift.

Abbildung 1: Weibliche Figuren als Opfer in Game of Thrones.

Andere weibliche Figuren ersuchen ebenfalls die männlichen Protagonisten um Hilfe, etwa die Prostituierte Falina, deren Auftreten wiederholte Besuche in King's Landings »feinstem Freudenhaus« nötig macht, in dem gleichermaßen spärlich bekleidete Frauen als Hintergrunddekoration dienen. Alle anderen weiblichen Figuren, die mehr als ein paar Sekunden *screen time* bekommen, werden irgendwann als Geiseln genommen, bedroht oder vergewaltigt, was in der Regel als *plot device* eingesetzt wird, um die männlichen Antagonisten als besonders böswillig zu charakterisieren oder den Protagonisten die Chance zu geben, ihre

Männlichkeit unter Beweis zu stellen bzw. ein paar Extra-Erfahrungspunkte zu verdienen (Abb. 1).

Zusammengefasst: Das Spiel greift zielgenau die konservativsten und aus genderkritischer Perspektive problematischsten Aspekte der transmedialen Welt von *GOT* auf: ihre patriarchale Struktur mit äußerst reduzierter weiblicher Handlungsmacht. Nun ließe sich argumentieren, dass dies vor allem eine medien- bzw. genrespezifische Folge des Medienwechsels sei: Durch den Fokus zeitgenössischer Action-Rollenspiele auf bewaffneten Konflikt (oder das »primäre Agonale«, vgl. Ascher in diesem Band) würden eben jene Aspekte der martinschen *storyworld* hervorgehoben, die gerade keine aktive Handlungsrolle für weibliche Figuren ermöglichen. Dies greift jedoch zu kurz: Nicht nur lässt das Spiel Figurentypen wie die weibliche Kriegerin völlig aus (Spector 2012: 178), sondern verschenkt auch Potential, wenn genrespezifische Stärken wie nichtlineare Dialoge und die Individualisierbarkeit von Figuren auf das Nötigste reduziert werden. So werden Frauenfiguren stattdessen regelmäßig als *plot devices* eingesetzt und von der Interaktion der Spielerin mit dem Spiel ausgeschlossen. Dass es aber durchaus möglich ist, weibliche Figuren auch auf spielmechanischer Ebene ins Gameplay zu integrieren – wenn auch auf nicht minder problematische Weise –, zeigt das folgende Beispiel.

4. WEIBLICHE FIGUREN ALS SPIELMECHANIK IN *A GAME OF THRONES: GENESIS*

Das Echtzeitstrategiespiel *A Game of Thrones: Genesis* erschien im September 2011 zwar nach der Ausstrahlung der ersten *GOT*-Staffel, nahm aber – anders als das Action-Rollenspiel *Game of Thrones* vom selben Entwickler – keine Anleihen an der Ästhetik der TV-Serie. Die Singleplayer-Kampagne des Spiels deckt rund 1000 Jahre der Geschichte Westeros' ab und ermöglicht es der Spielerin, wichtige historische Ereignisse nachzuspielen, wie etwa die Ankunft von Königin Nymeria in Dorne (700 Jahre vor den Romanen), Robert Baratheons Kampf in der Rebellion oder den Angriff der Wildlings auf die Mauer. Allerdings dienen diese Ereignisse lediglich als narrative Kulisse, vor der das interaktive Gameplay abläuft, das genretypisch in isometrischer Darstellung aus einem objektiven Point of View repräsentiert wird (Neitzel 2007: 15-17). Während also die Spielerin in der Fiktion des Spiels die Rolle ikonischer Figuren wie Königin Nymeria oder Robert Baratheon übernimmt, sind diese doch kaum mehr als abstrakte ›Kommandeure‹, die hinter den groß angelegten Schlachten, die die Spielerin koordinieren muss, zurücktreten. Die interessantere Frage ist damit, wie weibliche Figuren bzw. ›Einheiten‹ Teil des simulierten Gameplays sind, das einen großen Teil der Singleplayer-Kampagne ausmacht und auch das Multiplayer-Spiel kennzeichnet.

In einem Echtzeitstrategiespiel senden Spielerinnen und Spieler typischerweise Einheiten aus, um Ressourcen zu sammeln, mit denen sie eine Armee und/

4. Gender-Diskurse und soziale Fragen

oder Gebäude aufbauen, um schließlich den Gegner in taktischen Kämpfen auf offenem Terrain zu besiegen (Dor 2014: 275). In *Genesis* sammelt die Spielerin ebenfalls Ressourcen und rekrutiert Söldner oder Armeeeinheiten, doch kann sie darüber hinaus auch subtilere Strategien einsetzen: Im Kampf um Einfluss und sogenannte ›Prestige-Punkte‹ kann sie Botschafter in neutrale Städte aussenden, um sie auf ihre Seite zu ziehen; sie kann Spione nutzen, um Geheimabkommen mit gegnerischen Siedlungen zu treffen, die dann ihr eigenes Einkommen erhöhen und nicht mehr das ihres Gegners; sie kann Assassinen einsetzen, um Händler zu töten und dem Gegner Ressourcen zu stehlen; sie kann Schurken beauftragen, Aufstände in gegnerischen Siedlungen zu initiieren; und sie kann gegnerische Einheiten als Geiseln nehmen und gegen Lösegeld freilassen. Auf Ebene der Spielmechanik stellt das Spiel damit eine außerordentlich akribische Simulation des ›Game of Thrones‹ dar, wie es für die *storyworld* von *ASOIAF* kennzeichnend ist (Schröter 2015: 78-80). Was für die vorliegende Analyse jedoch von besonderem Interesse ist, ist die Frage, inwiefern diese Mechaniken gendert sind.

Abbildung 2: Heirat und Geburt als Spielmechanik in A Game of Thrones: Genesis.

Die auffälligste Beobachtung ist erneut die fast komplette Abwesenheit weiblicher Figuren unter den verfügbaren Einheiten. Botschafter, Händler, Spione, Assassinen und alle bewaffneten Kämpfer haben männliche Stimmen und Figurenportraits. Die einzige Ausnahme stellt die ›noble lady‹-Einheit dar. Nachdem die Spielerin diese produziert hat, kann sie sie in eine Stadt oder Burg aussenden, wo sie einen sogenannten Blutpakt erzeugt: Sie heiratet den entsprechenden Lord und schenkt ihm wenige Sekunden später ein Kind (Abb. 2). Spielmechanisch gesehen verhindert dies, dass die Stadt oder Burg von gegnerischen Spionen und Botschaftern beeinflusst werden kann. Ein Lord, der zu lange unverheiratet bleibt, läuft außerdem Gefahr Bastarde zu erzeugen, die – wenn sie entdeckt werden – zum Verlust von Prestige-Punkten führen. Während die Blutpakt-Mechanik damit eine wichtige Funktion im Regelsystem des Spiels einnimmt, unterstreicht sie auf narrativer Ebene gleichzeitig das Motiv der entrechteten Frau, die als Handelsware und ›Gebärmaschine‹ in einer patriarchalen Gesellschaftsordnung eingesetzt wird.

Genesis stellt somit ein gutes Beispiel für das dar, was Mark J.P. Wolf die »interactivation« (Wolf 2012: 260) einer transmedialen Welt nennt: Als Strategiespiel transformiert es die Logik des Machtkampfes in Westeros in ein abstraktes, vereinfachtes Modell. Wichtige historische Ereignisse der *storyworld* dienen dabei als Kulisse, vor der die regelgeleitete Interaktion der (als männliche und weibliche Einheiten fiktionalisierten) Spielobjekte abläuft. Mit diesem Fokus auf die Regelhaftigkeit des patriarchalen Gesellschaftsentwurfs von *ASOIAF* verwundert es kaum, dass außergewöhnliche Figuren, die die konservativen Geschlechterrollen pseudo-mittelalterlicher Fantasy herausfordern, weder Teil des simulativen Spielgeschehens sind, noch in dessen narrative Rahmung Einzug halten.

5. FIGUREN JENSEITS VON GENDER IN *GAME OF THRONES ASCENT*

Während die Darstellung weiblicher Figuren im Rollenspiel *Game of Thrones* vor allem durch narrative Stereotype gekennzeichnet ist und das Echtzeitstrategiespiel *Genesis* Weiblichkeit und Mutterschaft als Spielmechanik operationalisiert, schlägt das Browserspiel *Game of Thrones Ascent* andere Wege ein. Das im Jahr 2013 von Disruptor Beam veröffentlichte Spiel, das mittlerweile ebenfalls als App für Smartphones und Tablets erhältlich ist, basiert aufgrund der geringeren Rechenleistung dieser Plattformen – abgesehen vom Soundtrack und spärlichen Soundeffekten – lediglich auf Schrift und gezeichneten Darstellungen. Die Spielerin nimmt die Position eines Adligen oder einer Adligen ein, der oder die ihre Ländereien mit einer Reihe von Maßnahmen bewirtschaften muss, welche über die Hauptansicht des Spiels realisiert werden. Wie bei vielen ähnlichen Browserspielen zählt dazu das Verwalten von Ressourcen durch verschiedene Gebäude: Das *counting house* erzeugt Silbermünzen, die in regelmäßigen Abständen durch Klicken eingesammelt werden müssen; das *village center* erzeugt Güter wie Stein, Fisch oder Eisen; die Schmiede macht aus Rohmaterialien Waffen und Rüstung und so weiter. Die Herstellung neuer Gegenstände kostet allerdings nicht nur Geld, sondern vor allem auch eine bestimmte (und stetig steigende) Menge an Zeit, in der die Spielerin warten oder anderen Spielaufgaben nachgehen muss.

Das zweite zentrale Gameplay-Element ist der Kampf: Indem sie Silbermünzen ausgibt, kann die Spielerin Söldnerinnen und Söldner anwerben, die zum Erbeuten von Rohstoffen und Münzen auf Missionen geschickt werden können.

Diese Söldnerinnen und Söldner sind nur äußerst rudimentär als fiktive Wesen charakterisiert (Abb. 3). Sie besitzen einen Namen, ein Portraitbild und eine kurze Beschreibung ihrer Persönlichkeit (etwa: »desperate for a chance to prove himself«). Als Spielfiguren weisen sie jedoch eine Reihe spielrelevanter Fähigkeiten und Attribute auf, die ihre Erfolgsaussichten auf Missionen beeinflussen: eine allgemeine Levelstufe, die punktbasierten Attribute ›battle‹, ›trade‹ und ›intrigue‹ sowie eine Figurenklasse, die bestimmte Boni auf ›battle‹, ›trade‹ oder ›intrigue‹-Aktionen gewährt. Dies gilt auch für die von der Spielerin gesteuerte Adlige, deren Avatar, Name und Geschlecht zu Beginn des Spiels gewählt werden können und deren Attribute zu denen von Söldnerinnen und Söldnern bei bestimmten Missionen hinzugerechnet werden.

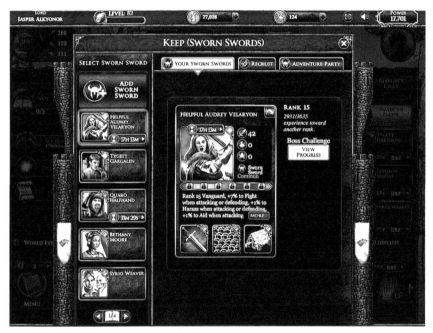

Abbildung 3: Söldnerin in Game of Thrones Ascent.

Bereits diese kursorische Beschreibung sollte klargemacht haben, dass Genderunterschiede auf der narrativen Ebene eines Spiels nicht notwendigerweise mit Unterschieden in spielmechanischen Fähigkeiten und ludischen Eigenschaften korrespondieren müssen.[9] Die Hauptfigur sowie alle Söldnerinnen und Söldner können sowohl männliche als auch weibliche Portraits haben und dennoch identisch als interaktive Spielfiguren sein. Darüber hinaus ist jede Figurenklasse geschlechterparitätisch verteilt, es gibt ebenso viele Kriegerinnen wie Händlerin-

---

9 | Für eine ausführliche Diskussion der Eigenschaftsbereiche von Computerspielfiguren und ihrer Beziehung zueinander vgl. Schröter/Thon 2014.

nen oder Spioninnen. Während in *Genesis* der ›noble lady‹-Einheit eine weiblich fiktionalisierte Spielmechanik zugewiesen wurde, werden in *Ascent* weibliche Figuren ins Regelsystem des Spiels integriert, ohne auf spielmechanischer Ebene Unterschiede zu machen.

Darüber hinaus verfügt das Spiel über einen Kampagnen-Modus, der eine schwach nichtlineare, überwiegend schriftlich vermittelte Geschichte erzählt. In einer Reihe von Quests, die sich um die Familie des *player character* drehen, werden zentrale Plot Points der Romanhandlung mit der spieleigenen Handlung so verwoben, dass die Spielerin das Gefühl hat, Teil der erzählten Welt zu sein, ohne Widersprüche zum Kanon der *storyworld* zu erzeugen. Die jeweils gesteuerte Figur wohnt prominenten Ereignissen (wie Ned Starks Exekution oder der berüchtigten red wedding) bei, nimmt aber lediglich die Rolle einer ›teilnehmenden Beobachterin‹ ein. So verändert sie den Verlauf der Geschichte nicht, kann aber vor und nach diesen Ereignissen in dialogbasierte Interaktion mit aus den Romanen bekannten Haupt- oder Nebenfiguren treten. Die eigentlichen Story-Missionen werden dabei zwar nur durch die Auswahl von Dialogoptionen und das gelegentliche Aussenden von Söldnerinnen und Söldnern realisiert, doch gleichwohl wartet die Geschichte mit einigen interessanten Einfällen auf und präsentiert gleich mehrere bemerkenswerte weibliche Figuren: so etwa die junge Jayne, deren rebellisches Wesen dem Arya Starks in nichts nachsteht, oder Rona Grey, eine der Beraterinnen des *player character,* die in ihrer Gerissenheit ganz offensichtlich von Lord Varys inspiriert ist.

Zu berücksichtigen ist schließlich auch, dass *Ascent* ein Multiplayer-Spiel ist. Spielerinnen und Spieler können Allianzen als längerfristigen sozialen Gruppierungen beitreten, sie können sich über den eingebauten Textchat austauschen, sich gegenseitig mit dem Versenden von Geschenken unterstützen und sich bei schwierigeren Missionen helfen. Diese sozialen Interaktionen können ebenfalls gegendert sein. Zum einen kann die Gender-Performance, die Spielerinnen und Spieler online ausüben (etwa durch die Wahl eines bestimmten Avatars) unabhängig von der eigenen Geschlechterrollenorientierung sein (Yee 2005); zum anderen hat Forschung zu Onlinerollenspielen gezeigt, dass Gender wesentlich die sozialen Interaktionen in diesen Spielen beeinflusst: So erhalten Spielerinnen und Spieler mit einem weiblichen Avatar häufiger Unterstützung und Geschenke als solche mit männlichem Avatar (MacCallum-Stewart 2008: 36). Während derlei Bezüge zu den Genderdynamiken des Multiplayer-Spiels nur von anekdotischer Evidenz zu sein scheinen, verweisen sie doch darauf, dass die Analyse von Gender in digitalen Spielen nicht nur narrative und ludische Aspekte betrifft, sondern auch kommunikative Aspekte von Gender-Performances *in* Spielen einschließen kann.

6. WEIBLICHE FIGUREN IN GAME OF THRONES: A TELLTALE GAMES SERIES

Die bisherigen Analysen dürften bereits gezeigt haben, dass die Adaption von *ASOIAF* als Computerspiel einer Reihe von medien- und genrespezifischen Transformationsprozessen unterliegt, die sich auch auf die Darstellung von Figuren auswirken. Die drei ohnehin schon heterogenen Beispiele sollen abschließend durch das jüngste Lizenzspiel ergänzt werden, das von allen Titeln die größte Aufmerksamkeit erfahren hat: das episodische Adventure *Game of Thrones* vom Spieleentwickler Telltale Games, der mit Spielen wie *The Walking Dead* oder *The Wolf Among Us* als Begründer dieses Subgenres gelten kann. Das Spiel besteht aus sechs Episoden von je etwa zwei Stunden Spieldauer und kombiniert animierte Cut-Scenes in Cel-Shading-Ästhetik mit Dialogen und dramatisch inszenierten Entscheidungssituationen, deren Resultat eine Art ›interaktiver Film‹ ist. Dabei wird stets der Eindruck vermittelt, dass die (häufig moralisch aufgeladenen) Entscheidungen wesentlich zum Fortgang der Geschichte beitragen – oder zumindest die soziale Dynamik der Figuren untereinander beeinflussen und damit unterschiedliche Dialog- und Handlungsoptionen eröffnen.

Unter diesen Vorzeichen erzählt das Spiel die Geschichte von Haus Forrester, einer im Norden des Reiches angesiedelten Familie, die zu den weniger mächtigen Häusern von Westeros zählt und in *ADWD* am Rande erwähnt wird. Die Freiheit, welche die Romanvorlage damit lässt, nutzen die Entwickler, um eine komplizierte und düstere Geschichte vom Niedergang dieses Hauses zu erzählen, das in den Wirren des Krieges versucht, seine Existenzgrundlage gegen grausame Lehensherren und plündernde Ritter zu verteidigen. Die Handlung knüpft inhaltlich an das Ende der dritten Staffel der TV-Serie an und endet kurz vor dem Beginn der fünften Staffel: Nachdem Gregor Forrester, der Lord des Hauses, bei der red wedding getötet wird, obliegt es seinen Söhnen und Töchtern, die von der Spielerin in sich abwechselnden Kapiteln gesteuert werden, das Haus zu beschützen – vor allem, indem militärisch oder diplomatisch dafür gesorgt wird, dass es Abnehmer für das von der Familie verwaltete Ironwood-Holz gibt. Kapitelweise springt die Spielerin so zwischen fünf verschiedenen Figuren, die sich an unterschiedlichen Orten in Westeros und Essos befinden, darunter die Festung Ironwrath, King's Landing und Meereen. Verglichen mit den bisher diskutierten Computerspielen führt die genrespezifische Umsetzung des Stoffes im Fall des Telltale-Spiels zu einer wesentlichen Schwerpunktverschiebung: Waren es dort vor allem bewaffnete Konflikte und wirtschaftliche Planung, die in verschiedene Spielmechaniken ›übersetzt‹ wurden, sind es hier vielmehr die Herausforderungen von höfischer Diplomatie und militärisch-taktischen Verhandlungen, die im Mittelpunkt des Gameplays stehen.

In Hinblick auf die Darstellung weiblicher Figuren ist dabei zunächst bemerkenswert, dass tatsächlich eine der fünf steuerbaren Figuren weiblich ist: Mira Forrester, die älteste Tochter des verstorbenen Lord Forrester. Sie dient als Zofe von Margaery Tyrell in King's Landing und vertritt im Verlauf der Episoden zunehmend die Interessen ihrer Familie am königlichen Hof. Dabei muss die Spielerin entscheiden, wie offensiv sie bei Margaery oder Königin Cersei um Hilfe bittet und wem sie beim Aufdecken von geheimen Ironwood-Handelsabsprachen ihr Vertrauen schenkt. Abhängig von den Entscheidungen der Spielerin zeigt sie nicht nur Rückgrat und Verantwortungsbewusstsein als Mitglied des Hauses Forrester, sondern übt sich auch zunehmend in der subtilen Kunst der politischen Intrige. Während das Spiel die inneren Zweifel, die die Figur kennzeichnen, nicht immer explizit macht, liegt doch der Reiz darin, dass die Spielerin selbst in der Wahl ihrer Entscheidungen zwischen verschiedenen Interessen und Verpflichtungen gegenüber anderen Figuren hin- und hergerissen ist. Das Spiel ermöglicht damit nicht nur das Einfühlen in die einigermaßen vielschichtige Persönlichkeit von Mira Forrester, sondern setzt dieses quasi voraus, um die ›richtigen‹ Spielentscheidungen zu treffen.

Abbildung 4: Beskha in Game of Thrones: A Telltale Games Series.

Neben Mira bevölkert eine Reihe weiblicher Nebenfiguren das Spiel, die eher konventionelle Rollen erfüllen. Hierzu zählen Miras Freundin Sera, die sich gerne ausmalt, mit welchen Rittern am Hof sie sich wohl verheiraten könne; Margaery Tyrell, die als strenge Herrin wenig komplex gezeichnet wird; oder Miras Mutter Elissa Forrester, die – offensichtlich Catelyn Stark nachempfunden – zwischen Hysterie, mütterlicher Aufopferung und Kampfbereitschaft oszilliert. Zu den außergewöhnlicheren Frauenfiguren zählt dagegen die Söldnerin Beskha, die den im Exil befindlichen Forrester-Sohn Asher in Meereen unterstützt (Abb. 4). Als Kind versklavt und zu Arenakämpfen auf Leben und Tod gezwungen, stellt die erwachsene Beskha eine der wehrhaftesten Figuren des Spiels dar. Als Söldnerin konsequent und skrupellos, verbindet sie eine enge Freundschaft mit dem Exilanten Asher Forrester, den sie in Umkehrung klassischer Geschlechterrollen augenzwinkernd als »little brother« adressiert. Auch haben die Entwickler der Versuchung widerstanden, sie zu dem zu machen, was sich im Sinne der feministischen Filmtheorie als »sexy super bitch« (Schubart 2007: 42) bezeichnen ließe.[10] Stattdessen wird sie nicht übermäßig sexualisiert dargestellt und auch die Entwicklung, die sie als Figur im Verlauf der Episoden nimmt, widersetzt sich klaren Zuordnungen zu traditionell männlichen oder weiblichen Geschlechterrollen.

Das Telltale-Spiel nutzt damit das für dieses Subgenre typische Primat der Narration über das Gameplay, um einige der medienspezifischen Fallstricke einer Adaption der *storyworld* von *ASOIAF* zu vermeiden. So wird weder versucht, den politischen Machtkampf von Westeros in eine militärische Simulation zu übersetzen (und dabei ›außergewöhnliche‹ Figuren zu Gunsten eines vereinfachten, regelhaften Modells wegzurationalisieren), noch werden durch den Fokus auf bewaffneten Kampf ›Mann gegen Mann‹ die Möglichkeiten weiblicher Agency in Westeros ausgeblendet. Stattdessen stellt das episodische Adventure sowohl kämpfende Frauen (und Männer) als auch politisch agierende Frauen (und Männer) dar und nähert sich damit von allen analysierten Spielen am weitesten der differenzierten Figurenzeichnung der Romanreihe an. Es ist wohl kein Zufall, dass diese inhaltliche Annäherung eine formale Entsprechung hat: Mit seiner episodischen Form, seinen von Kapitel zu Kapitel wechselnden Protagonistinnen und Protagonisten sowie der durch diese Figuren etablierten Multiperspektivität übernimmt das Spiel in seiner narrativen Struktur wesentliche Merkmale der Romane und TV-Serie, die zu einer vielschichtigen und glaubhaften Ausgestaltung der *storyworld* beitragen.

7. ZUSAMMENFASSUNG

Das Ziel des vorliegenden Beitrags war es, die Darstellung weiblicher Figuren in vier *GOT*-Computerspielen aus zwei Perspektiven zu untersuchen: zum einen vor dem Hintergrund der medien- und genrespezifischen Adaptionsprozesse und

---

10 | Die »sexy super bitch« ist Schubart zu Folge ein ambivalenter Figurentyp des zeitgenössischen Actionkinos, dessen hypersexualisierte, kampfbereite Protagonistinnen zwischen weiblicher Ermächtigung und Orientierung am heterosexuellen männlichen Blick oszillieren: »Mixed with the misogyny and exploitation produced to please a male audience, there is created a space for feminist identification with a sexy super bitch.« (Schubart 2007: 42)

ihrer Folgen für die Figurendarstellung und zum anderen im Lichte der Genderdynamik der Computerspielkultur als Ganzes. Obwohl angesichts der Heterogenität der Beispiele nur sehr schlaglichtartige Analysen möglich waren, dürfte doch gerade durch die Gegenüberstellung der vier Spiele deutlich geworden sein, dass die Repräsentation von Gender in Computerspielen zu einem nicht unwesentlichen Teil von medien- und genrespezifischen Darstellungskonventionen abhängt. Welche Rolle spielen also die eingangs diskutierten Vorstellungen von Männlichkeit und Weiblichkeit innerhalb der Computerspielkultur und -industrie?

Die Unterschiedlichkeit der Beispiele scheint dem Versuch, die Spiele als Symptom ihres kulturellen Entstehungskontextes zu deuten, zunächst entgegenzustehen: Während das Rollenspiel weibliche Figuren weitgehend aus dem interaktiven Gameplay streicht und als stereotype und konventionalisierte *plot devices* einsetzt, operationalisiert das Strategiespiel Femininität und Mutterschaft als gegenderte Spielmechaniken. Das Browserspiel wiederum verabschiedet sich spielmechanisch komplett von Geschlechterrollen, indem es Frauen und Männer gleichermaßen zu austauschbaren Spielfiguren macht. Das episodische Adven-ture von Telltale schließlich fährt spielmechanische Aspekte fast völlig zurück, um eine in Teilen nichtlineare Geschichte mit nur wenigen Kampfsequenzen, aber vielen Dialogen und Entscheidungssituationen zu erzählen. Dies ermöglicht eine verhältnismäßig differenzierte Figurenzeichnung, die auch starke und ambivalente weibliche Figuren einschließt.

Was die Beispiele damit in erster Linie zeigen, ist, dass die Adaption eines transmedialen Stoffes als Computerspiel immer eine Abstraktion nötig macht. So bedient sich das Rollenspiel wohl auch deshalb einer Vielzahl narrativer Stereotype, weil es seine Geschichte hauptsächlich in kurzen (schlecht geschriebenen) Cut-Scenes erzählt, die die viel umfangreicheren Abschnitte interaktiven Gameplays notdürftig verbinden. Im Gegensatz dazu verzichtet das Strategiespiel *Genesis* bewusst auf die elaborierte Darstellung fiktiver Wesen und übersetzt den politischen und militärischen Machtkampf des ›Game of Thrones‹, indem es sowohl weibliche als auch männliche Figuren auf abstrakte Spielfunktionen reduziert – im Unterschied zum Browserspiel *Ascent* sind diese Spielfunktionen jedoch ebenfalls gegendert. Das Telltale-Adventure schließlich gewinnt durch den Verzicht auf klassische Spielmechaniken und die Wahl eines Genres, das sich auch als ›interaktiver Film‹ bezeichnen ließe, weitgehende Freiheit, was die narrative Ausgestaltung und Komplexität der Figurenkonzeption angeht.

Es ist aber zu betonen, dass es sich bei den gezeigten Unterschieden eben nicht um *notwendige* Konsequenzen genre- oder medienspezifischer Darstellungskonventionen handelt. So bleibt die Frage, warum die beteiligten Entwickler und Publisher die Ambiguität weiblicher wie männlicher Figuren der Romanvorlage in so vielen Fällen zu Gunsten einfacher Stereotype geopfert haben nach wie vor offen. Auf der Suche nach einer Antwort lässt es sich schwer ignorieren, dass sowohl das Browserspiel als auch das Telltale-Adventure, die die ausgewogensten Figurendarstellungen aufweisen, gerade jenen Genres zuzurechnen sind, welche bei weiblichen Spielerinnen am populärsten sind. Demgegenüber richtet sich insbesondere das Rollenspiel, das die offensichtlichsten Fälle stereotyper Genderrepräsentation aufweist, recht eindeutig an den heterosexuellen männlichen ›Hardcore-Spieler‹. Die vier *Game of Thrones*-Spiele illustrieren damit geradezu exemplarisch das Dilemma, in dem sich die Computerspielkultur befindet: Indem sich Entwickler und Publisher häufig immer noch auf historisch gewachsene gegenderte Hierarchien wie die des männlichen ›Hardcore-Spielers‹ und des weiblichen ›Casual Gamer‹ stützen und mit den Figurendarstellungen eine entsprechende Zielgruppe zu adressieren versuchen, arbeiten sie fortlaufend an der Festschreibung eben dieser Dichotomie, die zunehmend an der gesellschaftlichen Realität vorbeigeht.

LITERATUR

A Game of Thrones: Genesis (2011), Cyanide, Focus Home Interactive.
Beyond: Two Souls (2013), Quantic Dream, Sony.
Bronfen, Elisabeth (1992): Over Her Dead Body. Death, Femininity and the Aesthetic. Manchester: Manchester University Press.
Bryce, Jo/Rutter, Jason/Sullivan, Cath (2006): »Digital Games and Gender«, in: Rutter, Jason/Bryce, Jo (Hg.), Understanding Digital Games. London: Sage, S. 185-204. http://dx.doi.org/10.4135/9781446211397.n11
Dor, Simon (2014): »Strategy«, in: Wolf, Mark J.P./Perron, Bernard (Hg.), The Routledge Companion to Video Game Studies. New York, NY: Routledge, S. 275-281.
Duke Nukem Forever (2011), Gearbox Software, 2K Games.
Dietz, Tracy L. (1998): »An Examination of Violence and Gender Role Portrayals in Video Games. Implications for Gender Socialization and Aggressive Behavior«, in: Sex Roles 38.5/6, S. 425-442. http://dx.doi.org/10.1023/A:1018709905920
Downs, Edward/Smith, Stacy L. (2010): »Keeping Abreast of Hypersexuality: A Video Game Character Content Analysis«, in: Sex Roles 62.11/12, S. 721-733.
Drexler, Viktoria* (2016): »›Are you male or female?‹ Von der Möglichkeit der Kritik an der Zwei-Geschlechter-Ordnung im digitalen Spiel«, in: Paidia – Zeitschrift für Computerspielforschung. 1. Februar 2016. <www.paidia.de/?p=7003>.
ESA (2016): 2016 Essential Facts about the Computer and Video Game Industry, 7. Juli 2016. <http://essentialfacts.theesa.com/Essential-Facts-2016.pdf>.
Frankel, Valerie Estelle (2014): Women in Game of Thrones: Power, Conformity and Resistance. Jefferson, NC: McFarland.
Game of Thrones Ascent (2013), Disruptor Beam.
Game of Thrones: A Telltale Games Series (2014-15), Telltale Games.
Game of Thrones (2012), Cyanide, Focus Home Interactive.

Gjelsvik, Anne/Schubart, Rikke (Hg.) (2016): Women of Ice and Fire. Gender, Game of Thrones, and Multiple Media Engagements. New York, NY: Bloomsbury.

Heintz-Knowles, Katherine (et al.) (2001): Fair Play? Violence, Gender and Race in Videogames. Oakland, CA: Children Now.

Juul, Jesper (2010): A Casual Revolution: Reinventing Video Games and their Players. Cambridge, MA: MIT.

Kiel, Nina (2015): »Von Traumfrauen und Traumata – Stereotype im Video- und Computerspiel«, in: Deutsches Filminstitut und Deutsches Filmmuseum (Hg.), Film und Games: Ein Wechselspiel. Berlin: Bertz + Fischer, S. 170-177.

Larsson, Mariah (2016): »Adapting Sex: Cultural Conceptions of Sexuality in Words and Images«, in: Gjelsvik, Anne/Schubart, Rikke (Hg.), Women of Ice and Fire. Gender, Game of Thrones, and Multiple Media Engagements. New York, NY: Bloomsbury, S. 17-37.

MacCallum-Stewart, Esther (2008): »Real Boys Carry Girly Epics: Normalising Gender Bending in Online Games«, in: Eludamos: Journal for Computer Game Culture 2.1, S. 27-40.

Mirror's Edge (2008), Dice, Electronic Arts.

MPFS (2015): JIM-Studie 2015. 1. Februar 2016. <www.mpfs.de/fileadmin/JIM-pdf15/JIM_2015.pdf>.

Neitzel, Britta (2007): »Point of View und Point of Action. Eine Perspektive auf die Perspektive in Computerspielen«, in: Bartels, Klaus/Thon, Jan-Noël (Hg.), Hamburger Hefte zur Medienkultur. Hamburg: IMK, S. 8-28.

Prescott, Julie/Bogg, Jan (2014): Gender Divide and the Computer Game Industry. Hershey, PA: Information Science Reference. http://dx.doi.org/10.4018/978-1-4666-4534-9

Red Dead Redemption (2010), Rockstar.

Schröter, Felix (2015): »The Game of *Game of Thrones*. George R. R. Martin's *A Song of Ice and Fire* and Its Video Game Adaptations«, in: Beil, Benjamin/Sachs-Hombach, Klaus/Thon Jan-Noël (Hg.), IMAGE. Medienkonvergenz und Transmediale Welten (Teil 3), IMAGE. Zeitschrift für Interdisziplinäre Bildwissenschaft, Themenheft 22, S. 65-82.

Schröter, Felix (2016): »Sworn Swords and Noble Ladies. Female Characters in *Game of Thrones* Video Games«, in: Gjelsvik, Anne/Schubart, Rikke (Hg.), Women of Ice and Fire. Gender, *Game of Thrones*, and Multiple Media Engagements. New York, NY: Bloomsbury, S. 79-103.

Schröter, Felix/Thon, Jan-Noël (2014): »Video Game Characters: Theory and Analysis«, in: DIEGESIS. Interdisciplinary E-Journal for Narrative Research 3.1, S. 40-77.

Schubart, Rikke (2007): Super Bitches and Action Babes: The Female Hero in Popular Cinema, 1970-2006. Jefferson, NC: McFarland.

Spector, Caroline (2012): »Power and Feminism in Westeros«, in: Lowder, James (Hg.), Beyond the Wall. Exploring George R. R. Martin's *A Song of Ice and Fire*. Dallas, TX: BenBella Books, S. 169-188.

Super Mario Bros (1985), Nintendo.

The Last of Us (2013), Naughty Dog, Sony.

The Walking Dead: A Telltale Games Series (2012), Telltale Games.

The Wolf Among Us: A Telltale Games Series (2013-14), Telltale Games.

Tomb Raider (1996), Core Design, Eidos Interactive.

Wilhelm, Claudia (2015): »Game Studies und Geschlechterforschung«, in: Sachs-Hombach, Klaus/Thon Jan-Noël (Hg.), Game Studies. Aktuelle Ansätze der Computerspielforschung. Köln: von Halem, S. 316-340.

Wolf, Mark J.P. (2012): Building Imaginary Worlds. The Theory and History of Subcreation. New York, NY: Routledge.

Yee, Nick (2005): WoW Gender Bending. 1. Februar 2016. <www.nickyee.com/daedalus/archives/001369.php>.

*»When you play the game of thrones,
you win or you die.
There is no middle ground.«*

5. Ethik, Moral und Politik

The king is dead – long live the Throne?
Zur Herrschaftsstruktur in *ASOIAF*

Michael Baumann

1. WARUM HERRSCHAFT UND NICHT MACHT?

Dass ein zentrales Thema von *ASOIAF/GOT* die Macht ist, darüber sind sich Fans, Kritiker und Wissenschaft weitgehend einig. »Politics of Power« heißt denn auch der Werbe-Kurzfilm zur 4. Staffel (HBO), eine wissenschaftliche Monographie über Frauen der Serie fragt nach dem Zusammenspiel von »Power, Conformity and Resistance« (Frankel 2014), die NZZ fasst das Thema mit »Macht und Gefühl« (Schwartz 2015) zusammen, und das einflussreiche vor allem auf Fantasy bezogene Blog *io9* fragt gar: »Did Game of Thrones finally explain where power really comes from?« (Anders 2013)

Auch dieser Artikel beschäftigt sich mit der Macht, wählt jedoch ganz bewusst einen anderen Blickwinkel auf das Phänomen: die Herrschaft in der Konzeption Max Webers.

Der große (Mit-)Vater der Soziologie und sein Werk erfreuen sich »seit einigen Jahrzehnten einer Konjunktur, die ihresgleichen sucht« (Schöllgen 1998: 158). *Wirtschaft und Gesellschaft*, das Webers Gedanken zu Herrschaft beinhaltet, gilt als sein nachgelassenes Hauptwerk (Schöllgen 1998: 161). Seine Schriften sind in einer fast schon unüberschaubaren Zahl von Übersetzungen in nahezu alle denkbaren Sprachen erschienen (Hanke 2014: 1-13). Gerade was das Konzept der Herrschaft betrifft, ist Webers Kategorisierung bis heute grundlegend – vor allem im deutschsprachigen Raum (Aden 2004: 9-11). Nun wäre es wohl ohnehin nicht nötig, die Verwendung von Weber zu rechtfertigen – in diesem speziellen Fall sei sie aber näher begründet: Ein erheblicher Teil der internationalen Weber-Wahrnehmung geschieht durch gekürzte und selektierte englischsprachige Texte sowie Sekundärübersetzungen, die meist aus dem leichteren Satzbau des Englischen erfolgen (Hanke 2014: 4f.). Gerade der ›Herrschaft‹ ist damit international ein gewisses Schattendasein zuteilgeworden, da einerseits das meist verwendete englische *authority* die Bedeutung nur vage und missverständlich wiedergibt, andererseits power sowohl für *Macht* als auch für *Herrschaft* benutzt wird (Aden 2004: 12). So sei denn die seltene Gelegenheit, ein englischsprachiges Werk über Macht in einem deutschen Band mittels Webers Konzept der *Herrschaft* zu behandeln, auch genutzt. Doch ergeben sich durch die andere Perspektive ebenso auch andere Aus- und Einblicke, wie im Folgenden zu zeigen sein wird.

2. HERRSCHAFTSFORMEN IN *ASOIAF*

»Sharp steel and strong arms rule this world, don't ever believe any different.« (*ACOK* 757) – sagt Sandor Clegane, der ›Hound‹. Es gehört zu den Eigenheiten und Innovationen von *ASOIAF*, ausschließlich durch Figurenperspektive zu erzählen und so seine Welt zu erschaffen. Diese Stimmen sprechen aber keineswegs alle im Kanon; hätte der Hound recht und würde sich ausschließlich alles um (physisch ausgeübte) Macht drehen, wäre die Reihe erheblich langweiliger – und kürzer. Im Denken und Handeln der Figuren, und somit in Martins Weltkonstruktion, spielt es eine wesentliche Rolle, wie die Ausübung von Macht *legitimiert* wird.

Ich möchte dem Standpunkt des Hounds daher mit der Herrschaftstheorie von Max Weber entgegentreten. Auch Weber hat eine klare Vorstellung von Macht: »Macht bedeutet jede Chance, innerhalb einer sozialen Beziehung den eigenen Willen auch gegen Widerstreben durchzusetzen, gleichviel worauf diese Herrschaft beruht.« (Weber 1956: 28)

Nun ist damit nicht ausdrücklich rohe Gewalt gemeint, sieht man aber die Bandbreite von Webers einschränkendem Herrschaftsbegriff, bleibt der puren Macht wenig anders als eben – sharp steel and strong arms. Herrschaft ist da schon deutlich spezifischer: »Herrschaft soll heißen die Chance, für einen Befehl bestimmten Inhalts bei angebbaren Personen Gehorsam zu finden.« (Weber 1956: 28)

Gehorsam ist dabei das zentrale Wort; wenn der scharfe Stahl stumpf wird, der starke Arm ermüdet, ist reine Macht am Ende. Herrschaft kann sich jedoch aufrechterhalten durch Gehorsam, dessen Motive allerdings von dumpfer Gewöhnung über zweckrationale Akzeptanz bis zu glühender Zustimmung reichen können (Weber 1956: 17). Sie begnügt sich jedoch nicht damit, sondern »sucht vielmehr den Glauben an ihre ›Legitimität‹ zu erwecken und zu pflegen.« (Weber 1956: 122)

Der sorgfältige, ja pedantische Denker Weber setzt, wenn er Anführungszeichen setzt, diese sehr bewusst. Weber ist im Kern schon klar, was man mit Foucault weit später als Herrschafts*diskurs* bezeichnen wird: Herrschaft ist nicht legitim, nicht in irgendeiner Form *per se* rechtmäßig – außer als ihr eigener Diskurs: »[E]r ist dasjenige, worum und womit man kämpft; er ist die Macht, deren man sich zu bemächtigen sucht.« (Foucault 1991: 11) Der *Glaube*, dass es Legitimität gäbe, erschafft erst Legitimität.

Auf diese Erkenntnis stützt Weber seine Beschreibung und unterscheidet nach Art des Legitimitätsglaubens drei Typen von Herrschaft: die rationale, die traditionale und die charismatische Herrschaft. Wiewohl Weber zwar eine für die Moderne nicht ganz untypische Neigung zu festen Kategorisierungen hat, sind diese drei als abstrakte Grundtypen zu verstehen; selbstverständlich finden sich normalerweise Mischformen, was auch für das Folgende zu beachten ist.

Es sei der Drache vom Schwanz her aufgezäumt und mit der charismatischen Herrschaft begonnen. Charisma ist ein nicht unproblematischer und landläufig unscharfer Begriff, mit dem Hitler wie Elvis gleichermaßen belegt werden können. Weber versucht auch nicht, den Begriff des Charismas *moralisch* zu werten – er definiert ihn aber genauer durch außeralltägliche Fähigkeiten einer Person, ursprünglich: magische Fähigkeiten, die zeigen, dass diese Person in besonderer Weise mit transzendenten Mächten im Bunde steht, vom Glück, von Gott bzw. Göttern oder vom Schicksal begünstigt und zur Herrschaft auserwählt ist. Hier begreift sich der Herrscher (oder begreifen ihn die Beherrschten) als jemanden mit einer höheren Sendung, einer Aufgabe – Herrschaft ist hier nicht Beruf, sondern Berufung (Weber 1956: 140-142).

Daenerys Targaryen trägt in der langen Reihe ihrer Titel nicht umsonst das Signum »Breaker of Chains« (*ASOS* 993f.), die von ihr befreiten Sklaven verehren sie nicht für ihren geburtsrechtlichen Anspruch, sondern für das, was sie *tut* – etwas völlig Außeralltägliches: Sie revolutioniert nicht weniger als die Gesellschafts- und damit auch Wirtschaftsordnung in Essos. Ganz klar formuliert diesen Anspruch Jorah Mormont in der prägnanteren Serienformulierung: »You may cover it up and deny it, but you have a gentle heart. You would be not only respected and feared, you would be loved. Someone who can rule and should rule.« (*GOT* SE 02 EP 05) Der charismatische Herrscher hat, so Weber, auch keinen Verwaltungsstab, er hat Jünger (Weber 1956: 142). Das trifft nicht nur auf Jorah Mormont zu; die gesamten Unsullied, Daario Nahaaris und Shakaz mo Kandaq folgen ebenso der Person und nicht dem Anspruch wie letztlich Barristan Selmy, der mit Königen ja durchaus Erfahrung hat und sich erst für Daenerys entscheidet, nachdem er sie in Persona erlebt hat – auch er sucht nun nach der Enttäuschung durch vorherige Herrscher das Charisma.

Einer ganz ähnlichen Logik folgt der ›King beyond the Wall‹, Mance Rayder – auch ihm folgen die Wildlings, weil er *er* ist, weil er als Person überzeugt – und auch er hat eine höhere Sendung: die Überwindung der Wall. Hier zeigt sich auch ein weiteres Merkmal charismatischer Herrschaft: Um bestehen zu bleiben, muss sich ihre Auserwähltheit ständig neu bewähren (Weber 1956: 140). Ebenso wie Daenerys seit der Geburt der Drachen von Erfolg zu Erfolg eilt, doch zum jetzigen Stand der Dinge vom Glück wie zunehmend auch von ihren Anhängern verlassen scheint, so scheitert auch Mance Rayder an seiner Sendung, an der Wall – und seine Anhängerschar zerbricht.

Interessanterweise ist es Jon Snow, der wesentliche Teile dieser Anhänger an sich ziehen kann und die *Aufgabe* zu vollenden weiß, das free folk jenseits der Wall zu führen – auch er mit einer Sendung, die die klassische Formel des Eides der Night's Watch: »[T]he shield that guards the realms of men« (*AGOT* 780) nur neu (oder uralt?) und unter Einbeziehung der Wildlings definiert. Viele der von ihm Beherrschten, der Tradition verhaftet, goutieren dies allerdings weniger und kündigen ihm den für die Herrschaft unabdingbaren Gehorsam auf, weswegen Jon Snow auch zunächst sein Leben verliert. Aber immerhin besitzt Jon Snow ein Symbol der Auserwähltheit, das eher charismatisch, weil grundlegend mystisch-magischer Natur ist: seinen Direwolf. Derartige Symbole kennt die Reihe nun zahlreiche: die Direwolves, Blades of Valyrian Steel wie Jons Longclaw und – natürlich – Drachen sind hier in erster Linie zu nennen.

Auch der Begründer des Iron Throne, Aegon the Conqueror, kann zunächst nur den die Einheit von Westeros erstmals visualisierenden painted table (*TWOIAF* 33), Drachen und eine starke Persönlichkeit als Legitimation vorweisen. Drachen sind, wie ja auch bei Daenerys, doppelt besetzt, sowohl als fast unüberwindliche Waffe als auch als Symbol für charismatische Auserwähltheit. Es ist sicher kein Zufall, dass gerade die Figuren, die sich am ehesten mit der charismatischen Herrschaft beschreiben lassen, samt und sonders an der Peripherie angesiedelt sind: Essos, the Wall, Dragonstone. Das Zentrum ist Westeros – zwar nicht das Zentrum der Karte, aber das Zentrum der Erzählung. Selbst die zahlreichen Ereignisse in Essos erfahren wir schließlich fast ausschließlich aus der Perspektive von Figuren aus Westeros – Varys, Shae, Thoros of Myr, Missandei, Illyrio Mopatis, Ygritte und andere werden dem Leser durch die Augen von Westerosi sichtbar (interessante Ausnahme: Melisandre).

Und obwohl der charismatische Eroberer Aegon das geeinte Westeros aus Fire and Blood entstehen lässt, wandelt sich – auch das schon Weber bekannt – die charismatische Herrschaft mit der Zeit in traditionale Herrschaft um (Weber 1956: 142-145).

»Traditional soll eine Herrschaft heißen, wenn ihre Legitimität sich stützt und geglaubt wird auf Grund der Heiligkeit altüberkommener (›von jeher bestehender‹) Ordnungen und Herrengewalten. Der Herr (oder: die mehreren Herren) sind kraft traditional überkommener Regel bestimmt.« (Weber 1956: 130)

Aegons Eroberung ist gute 15 Generationen her; in gewisser Weise gab es also schon immer ein geeintes Westeros, schon immer einen König, schon immer den einen, den Iron Throne. Viel länger schon besteht die grundlegende Feudalordnung (der klassische Fall traditionaler Herrschaft; Weber 1956: 136): Lehen werden an Vasallen gegeben, die dafür diverse Dienste leisten, sei es der Anbau von Nahrung oder die Heerfolge. So weit, so mittelalterlich. In zahlreichen Elementen weicht die Reihe natürlich von mittelalterlichen Vorstellungen weit ab, hier sei nur als ein Beispiel Ser Illyn Payne, der Adlige und Ritter genannt, der den unehrenhaften Beruf des Henkers ausübt – für ein Mitglied des herrschenden Standes eigentlich undenkbar. An einer minutiösen Nachahmung der Geschichte ist Fantasy aber ja auch nicht interessiert.

Grundsätzlich geht hier Herrschaft, sei es die eines Lords oder eines Königs, vom Vater auf den Sohn, Onkel, Neffen und so weiter über – man denkt in Herrscher*dynastien*. Dieses System kennt nicht nur die Geschichte, es ist auch das typische Modell der Fantasy. Dennoch ist es eigentlich eine reichlich absurde Grundannahme, dass der das Recht zu herrschen habe, dessen Vater vor ihm geherrscht hat.

Max Weber geht davon aus, dass das ursprüngliche Charisma normalerweise alltäglich gemacht, somit traditionalisiert werde; er nennt verschiedene Beispiele und Möglichkeiten für diesen Vorgang (Weber 1956: 143f.), für den hier besonders diese von Interesse ist: »Durch die Vorstellung, daß das Charisma eine Qualität des Blutes sei und also an der Sippe, insbesondere den Nächstversippten, des Trägers hafte: Erbcharisma.« (Weber 1956: 144)

Das ist, in dieser ›blutigen‹ Formulierung, eine sehr moderne Ansicht; die mittelalterliche Sicht ließe sich vielleicht kurz so umschreiben, dass der Herrscher von Gottes Gnaden ja nicht mit Gottes Einverständnis *diesen* Sohn bekommen hätte, wäre der Sohn nicht auch in Gottes Gnaden stehend. Ich werde hier ein kleines Sakrileg begehen und über eine (pseudo-)mittelalterliche Herrschaftslegitimation sprechen, fast ohne die Religion zu berühren.[1]

Doch in der Tat lässt sich auch eine *a*religiöse Sicht auf die Blutlinie in *ASOIAF* deutlich zeigen: Es ist nicht nur der Glaube an die Kraft des Blutes, es ist tatsächlich Kraft im Blut. Im Kern ist auch das für Fantasy nicht untypisch; wenn Tolkiens Aragorn die Armee der Toten unter seinen Befehl bringt, ist es das Blut seiner Linie, dem sie folgen, weswegen er legitim ist (Tolkien 2014: 781). Martin allerdings verwendet Blut nicht mehr als Metapher: den Starks liegt die Fähigkeit, als Warg in einen Wolf einzufahren, offensichtlich im Blut. Den Targaryens liegt die Fähigkeit, Drachen zu zähmen, im Blut – die Inzest-Ehen der Targaryens dienen auch dem Zweck, dieses Blut zu erhalten – und es ist selbst in größter Verdünnung wie bei Brown Ben Plumm, den Daenerys' Drachen sofort ins Herz schließen (*ASOS* 784), noch wirksam.

Melisandre kann aus der Verbrennung eines Menschen mit königlichem Blut tatsächlich – und eben nicht nur sinnbildlich oder als Phänomen des Glaubens – mehr Kraft ziehen als von gewöhnlichen Menschen (*ASOS* 497). Jon Arryn und auf seinen Spuren Ned Stark folgen auf den Spuren Gregor Mendels und seiner Erbsen den Eigenschaften der Blutlinien der Great Houses bis zur Erkenntnis, dass die Kinder König Roberts illegitim sind (*AGOT* 486). »The seed is strong« (*AGOT* 486) lässt eben nur den Schluss zu, dass ein Baratheon keinesfalls blonde Kinder haben könne – für den modernen Genetiker äußerst fragwürdig, aber für ein Denken in den Strukturen Mendels völlig nachvollziehbar. Auch sonst werden im Text in zahlreichen Varianten Kopf- und Körperformen, insbesondere Augen- und Haarfarben, aber auch Charaktereigenschaften immer wieder verglichen, verhandelt, untersucht, bewertet (bspw. *AGOT* 481-483).

---

1 | Siehe aber in diesem Band v.a. Emig, D. Frenschkowski u. Rüster.

Obwohl das Wort Genetik nie fällt, ist es ein harter und unausweichlicher genetischer Determinismus, der das grundlegende Konzept bildet – ein Konzept der Moderne, und kein unproblematisches.

Ebenfalls ausgesprochen modern ist die starke Rolle des dritten Herrschaftstypus, der rational legitimierten Herrschaft. Sie ist die einzige Form, bei der Max Weber nicht mit historischen Beispielen beginnt, sondern gleich in der Moderne – denn dort hat ihr größtes Merkmal seine volle Ausprägung erlangt: die Bürokratie (Weber 1956: 126f.). Die Legitimität der rationalen Herrschaft ruht »[...] auf dem Glauben an die Legalität gesatzter Ordnungen und des Anweisungsrechts der durch sie zur Ausübung der Herrschaft Berufenen.« (Weber 1956: 124)

Zentral ist dabei der Glaube der Beherrschten, dass »der ›Vorgesetzte‹, indem er anordnet und mithin befiehlt, seinerseits der unpersönlichen Ordnung gehorcht, an welcher er seine Anordnungen orientiert.« (Weber 1956: 125)

Der Gehorsam erfolgt also nicht gegenüber der Person, sondern gegenüber dem *Amt* und seinen Befugnissen, und das noch deutlich stärker als bei der traditionalen Herrschaft. Während der traditionale Herrscher im Prinzip in seinen Entscheidungen ausschließlich durch das beschränkt wird, was traditionell seinen Rechten entspricht, ist die rationale Herrschaft durch festgelegte und meist verschriftlichte – eben: gesatzte – Regeln definiert.

Dies trifft für die Night's Watch in ihrer Funktion als Landesverteidigung nur bedingt zu – zumindest Brandon's Gift ist schriftlich fixiert (*TWOIAF* 138) – für die King's Guard mit dem White Book schon eher, aber für die Maester ganz besonders: Für zumindest teilweise des Lesens und Schreibens unkundige Lords übernehmen sie Rechnungswesen und Kommunikation. An anderen Verwaltungsinstanzen ist eine Eigenschaft rationaler Herrschaft zu sehen, die sie deutlich vom traditionalen Denken in Dynastien unterscheidet und ebenfalls als eher moderne Instanz zeigt: ihre soziale Durchlässigkeit. Littlefinger, ein Adeliger niedrigsten Ranges (*ACOK* 272), steigt zum einflussreichen Master of Coin auf – und besetzt im Laufe der Zeit die Verwaltung von King's Landing mit »men of middling birth, [...] far more able than their highborn predecessors« (*ACOK* 272). Varys, das ausländische Waisenkind, wird zum Master of Whisperers, der Strauchritter Dunk wird zum Lord Commander of the King's Guard Duncan the Tall (*TWOIAF* 107-110). Maester sind oft, aber nicht immer Adlige, und in der Night's Watch ist Jon Snow nicht der erste Bastard, der es bis zum Lord Commander bringt (*AFFC* 311). Littlefinger ist kinderlos, Varys ein Eunuch – ihre persönlichen Schicksale passen aber zu dem, was für alle drei Institutionen King's Guard, Night's Watch und Maester als festgesetzte Regel gilt: der *Zölibat* und damit in letzter Konsequenz die gesetzlich vorgeschriebene Unmöglichkeit, von der rationalen zur traditionalen Herrschaft überzugehen, das Amt an die Person zu koppeln. Die eindeutig bürokratischste, einer uns vertrauten Verwaltung am nächsten stehende Institution ist sicherlich die der Maester – mit Luwins Worten: »There are some who call my order the knights of the mind [...] Have you ever thought that you might wear a maester's chain? There is no limit to what you might learn.« (*AGOT* 580).

Etwas prosaischer und neutraler liest sich Weber zum eigentlich selben Thema: »Die bureaukratische Verwaltung bedeutet: Herrschaft kraft Wissen: dies ist ihr spezifisch rationaler Grundcharakter.« (Weber 1956: 129)

Wenn Herrschaft, wie Weber sagt, im Alltag hauptsächlich Verwaltung bedeutet (Weber 1956: 126), so herrschen die Maester in ganz *erheblichem* Ausmaß über Westeros. Sie kontrollieren Geldströme, Information und Kommunikation via Raben, sie haben (wiederum mit Weber 1956: 129 zu sprechen) nicht nur Fachwissen, sondern auch Macht durch Amtswissen um viele Geheimnisse. Das ist den Lords auch bewusst; mit den Worten von Lady Dustin:

»If I were queen, the first thing I would do would be to kill all those grey rats. They scurry everywhere, living on the leavings of the lords, chittering to one another, whispering in the ears of their masters. But who are the masters und who are the servants, truly? [...] If you do not have a maester, it is taken to mean that you are of little consequence [...] and who can say for a certainty that they are not twisting the words for their own ends?« (*ADWD* 545)

In der Tat ist ja auch kaum zu erklären, dass ein Orden, der *die* Bastion für Wissen, Schrift und Geschichte darstellt, der ja auch in der fiktiven Welt der Romane ein eigenes umfassendes Geschichtswerk namens *The World of Ice and Fire*[2] herausbringt, weder dort noch anderswo genau zu sagen weiß, *wer* ihn gegründet hat, *wann* genau dies geschah und welchem *Zweck* es exakt diente – und sich selbst auf 319 Seiten kein eigenes Kapitel gibt.

3. DER SINN DES HERRSCHAFTSDISKURSES – VON BARBAREI, KULTUR UND DEKADENZ

Wohin führt nun diese Weber-geleitete Sichtweise auf *ASOIAF*, was eröffnet diese Perspektive?

Bislang funktioniert die Symbiose von Maestern und Lords, von rationaler und traditionaler Herrschaft in Westeros recht gut. Die Maester liefern das tragfähige Netzwerk, auf dem die Intrigen der Lords stattfinden können. Da Maester ja selbst nach einem gewaltsamen Herrschaftswechsel wie der Zerstörung von Winterfell weiterdienen und dem neuen Lord ebenso zur Seite stehen wie dem alten (*ACOK* 916f.), halten sie die Herrschaft in Westeros nicht nur aufrecht, son-

---

2 | TWOIAF liefert sicherlich auch ein wenig kommerziellen Fanservice. Dennoch ist es elementarer Bestandteil der fiktiven Welt und muss in vielerlei Hinsicht als vollgültiger Textbestandteil des Gesamtwerkes angesehen werden. Zumal die grundlegenden – wenngleich in ihrem innerfiktionalen Wahrheitsgehalt immer unsicheren – Informationen über die Vorgeschichte auch für den (überaus) aufmerksamen Leser innerhalb von *ASOIAF* gegeben werden (Whitehead 2012: 43f.) – für *GOT* stimmt dies meines Erachtens allenfalls in Ansätzen, die historische Tiefenstruktur fehlt dort weitestgehend.

dern ganz Westeros erst zusammen. Lords und Maester sind es, die die Idee eines geeinten Westeros erst hervorbringen. So selbstverständlich ist dieser Leitdiskurs nicht, Westeros *ist* ja keineswegs einheitlich. Die häufige Eidesformel »by the old gods and new« ist nicht Ausdruck einer organischen Einheit, es ist der mit grober Maester-Hand zusammengenähte Korpus eines frankenstein'schen Monsters. Sind schon The Seven und die Nameless Gods des Nordens schwer zu vereinen, passt der Drowned God der Iron Islands erst recht nicht in dieses Schema. »[O]ld ways die hard« (*ACOK* 727), wie Theon Greyjoy schmerzlich bezeugen kann – der iron price der Eiseninseln ist ein solcher ›old way‹, ebenso wie das Häuten bei den Boltons. Der gesamte Norden hat es geschafft, ein Feudalsystem ohne die Institution des Ritters zu entwickeln (*TWOIAF* 136). Teile des Nordens haben gar kein Feudalsystem im engeren Sinne – nicht Lord Flint oder Lord Wull, sondern *the* Flint und *the* Wull führen ihre Stämme (*ASOS* 333), hier haben sich Reste eines (Erb-)Charismas erhalten. Die Seven Kingdoms sind nach wie vor jedem ein Begriff, und praktisch der gesamte Adel kann durch die eine oder andere Heirat irgendwann irgendwo eine Verwandtschaft und somit einen potentiellen Anspruch auf die eine oder andere Königswürde vorweisen. Das spät unterworfene Dorne hat eine matriarchale Erbfolge (*TWOIAF* 242), und so etwas wie die Mountain Clans des Vale, die drei Jahrhunderte nach Aegon immer noch keinem Lord unterstellt sind (*TWOIAF* 167), dürfte gar nicht existieren. Rhoynar, Andals und First Men sind keineswegs so ganz zu einer Einheit verschmolzen, wie es der Königstitel vorgibt. Selbst die umfassende Struktur der Maester, die so gut wie alle diese Grenzen überwindet, hat Lücken: Howland Reed, Lord of Greywater Watch, hat *explizit* deshalb keinen Maester, weil die Raben den Ort nicht finden würden: Greywater Watch schwimmt und ist nicht sicher zu orten (*ACOK* 435).

Zugestanden, weiße Flecken auf alten Landkarten, auch auf pseudo-alten Landkarten, sind nichts Ungewöhnliches – das Land of always Winter ist ebenso wenig kartographiert wie fern im Osten das geheimnisvolle Asshai by the shadow, aber ein weißer Fleck mitten im eigenen Lande? – Gerade *weil* die Wirklichkeit nicht so ganz mitspielen möchte, muss umso mehr und umso vehementer Westeros als ein Ganzes und als Zentrum dargestellt werden, wenn der Adel von Westeros, die Hauptfiguren der Romane, sich eine Existenzberechtigung geben möchte. Die Geschichtsschreibung der Maester erzählt vom alten Valyria nur als Vorgeschichte, die zum geeinten Westeros führen wird, wie allein schon die Gliederung in *TWOIAF* zeigt. Von Essos will man nichts wissen, ebenso wenig wie vom hohen Norden – man treibt Handel mit den Wildlings, schläft mit Wildlingfrauen, spricht aber nicht darüber. Man heiratet Frauen aus Lys und Pentos, heuert Faceless Men aus Braavos an, leiht sich Geld bei der Iron Bank, und protzt – man betrachte nur den Raum für den Small Council, immerhin die effektive Regierung von Westeros:

»The chamber was richly furnished. Myrish carpets covered the floor [...] and in one corner a hundred fabulous beasts cavorted in bright paints on a carved screen from the Summer

Isles. The walls were hung with tapestries from Norvos and Qohor and Lys, and a Pair of valyrian sphinxes flanked the door.« (*AGOT* 191)[3]

Man weiß um die verlorene Größe des alten Valyria, belesene Männer wie Tyrion sprechen High Valyrian, und wie einst der ruinierte oder zweitgeborene Engländer in die Kolonien ging, so gehen die Exilierten aus Westeros in die Free Cities.

Und doch ist der Diskurs, der Westeros ins Zentrum stellt, ungeheuer wirkmächtig – die Schulden im auf dem schnellen Seeweg ereichbaren Braavos kümmern Cersei nicht, wie viel Platz dagegen nimmt das auf dem langsamen Landweg dreimal so weit entfernte Winterfell in ihrem Denken ein! Cersei mag als Regentin nun nicht der hellste Zacken des Seven-Pointed Star sein, aber selbst Daenerys, die Westeros nicht einmal *kennt*, richtet lange (und letztlich wohl selbst nach ihren Erfolgen in Essos [*ASOS* 782]) alles auf Westeros und seine Wiedergewinnung aus. Selbst für den belesenen, auch die diskursive Natur von Herrschaft durchschauenden Tyrion, den Intellektuellen der Reihe schlechthin, wird Essos letztlich immer das Sklavenland sein, in dem man gebackene Hundewelpen frisst (*ADWD* 18-34).

Die Logik dieses Herrschaftsdiskurses kennt das Abendland schon lange: Man grenzt sich von den Barbaren ab, heißen sie nun Hunnen oder Mongolen, Wildlings oder Dothraki,[4] denn man selbst besitzt ja – Kultur. Man grenzt sich aber auch von den alten Hochkulturen ab: Mögen sie auch beeindruckende Architektur, Kunst, Technik oder Geschichte besitzen, erscheinen sie dennoch allesamt völlig dekadent und dem Zerfall preisgegeben, heißen sie nun Valyria oder Ghis, China oder Ägypten (und die Völker von Essos sind in der Beschreibung ja durchaus an solche Vorbilder angelehnt). Urs Bitterli etwa listet zahlreiche Beispiele auf, wie sich der koloniale Diskurs in den Berichten von ›Entdeckern‹, Forschern, Reisenden und Missionaren in Bewunderung ergeht für die Errungenschaften der alten (in lack of a better expression) ›Hochkulturen‹, insbesondere der arabischen Welt sowie Chinas und Japans (Bitterli 1976: 51-71). Dies wird jedoch stets begleitet von abwertenden Einstufungen: Aberglauben und Hochmut (Bitterli 1976: 70), unpraktische (= unproduktive, zu Faulheit verleitende) Kleidung (Bitterli 1976: 64), deviante, lüsterne Sexualität (Bitterli 1976: 58), unmenschliche Grausamkeit und Herzenskälte (Bitterli 1976: 46). Edward Saids bahnbrechende, wenn auch umstrittene Schrift *Orientalism* führt ebenfalls aus, dass gerade die nicht-primitive fremde Kultur durch die konstruierte Unterstellung der Dekadenz abgewertet werden müsse, um das Selbstbild der eigenen Kultur als Ideal aufrechterhalten zu können (Said 1977: 59-64 u. insb. 147-149).

Diese Logik von Barbarei-Kultur-Dekadenz ist eine westliche Denkstruktur, und das westlich geprägte Amerika hat sie gerne übernommen: Nicht so dekadent

---

3 | Man denke an die dem Exotismus huldigenden europäischen Moden der Chinoiserien, Orangerien, Kuriositätenkabinette etc.
4 | Was wiederum die gleichzeitige Faszination am Barbarischen nicht ausschließt. Vgl. insbesondere Brittnacher in diesem Band.

wie das alte Europa, aber auch nicht barbarisch wie die Indianer. So beschreibt etwa Turner in *The Frontier in American History* zunächst den Wandel, dem der zivilisierte Europäer, auch durch Übernahme indianischer ›wilder‹ Lebensweise, an der Grenze unterliegt: »[B]ut the outcome is not the old Europe, [...] [t]he fact is, that here is a new product that is American.« (Turner 1986: 4) *ASOIAF* zeigt sich in und mit diesem Diskurs als westliches und dezidiert auch amerikanisches Werk.

4. Stillstand in Bewegung – Das Problem des Herrschaftsdiskurses

In Westeros hat sich in und kurz vor der Erzählzeit von *ASOIAF* viel ereignet, zumindest auf den ersten Blick: Erst vor etwa 15 Jahren ging die dreihundertjährige Dynastie der Targaryens zu Ende, dann starb Robert Baratheon, und schon gab es Thronanwärter im höheren einstelligen Bereich. Das alles wird in epischer Breite auf tausenden Seiten erzählt – eine umfangreiche Handlung. Doch noch einmal zurück zu Weber: Die traditionale Herrschaft kennt keine oder kaum Gesetze im modernen Sinn (Weber 1956: 130f.), es ist allgemein bekannt, was der Herrscher zu tun und zu lassen hat, was seine Rechte und Pflichten sind. Verstößt er dagegen allzu sehr – wie der ›Mad King‹ Aerys –, stößt er auf Widerstand: »Dieser Widerstand richtet sich gegen die Person des Herrn, der die traditionellen Schranken der Gewalt mißachtete, nicht aber: gegen das System als solches.« (Weber 1956: 131)

Dies nennt Weber eine »traditionalistische Revolution« (Weber 1956: 131), und genau das ist es, was Robert Baratheon tut: er will nicht den Iron Throne zerstören, nur den, der darauf sitzt. Das ist es auch, was im als ›Dance of Dragons‹ erinnerten Targaryen-Bürgerkrieg geschah und in den zahlreichen Blackfyre Rebellions (*TWOIAF* 73-81 u. 95, 101, 108, 111f.). Selbst die Ausrufung Robb Starks zum König des Nordens, ohnehin eher ein Zug gegen die Lannisters als gegen den Iron Throne, ist nur eine Rückkehr zu einer früheren traditionalistischen Form: »Why shouldn't we rule ourselves again? It was the dragons we married, and the dragons are all dead!« (*AGOT* 797)

Seit Beginn der Zeitrechnung in Westeros, die ja mit Aegons Eroberung beginnt, hat sich für die Figuren viel getan: Dynastien stiegen auf und fielen, Schlachten wurden geschlagen, Ehen geschlossen, Kinder wurden gezeugt und begraben, Besitz vermehrte sich oder schwand, Liebe entstand und ging in Hass über. Auf *struktureller* Ebene aber blieb Westeros statisch. Die Herrschaftsmodelle von rationaler und traditionaler Herrschaft, Maester und Lords, ergänzten und stabilisierten sich gegenseitig. Die eine Ausnahme von der Regel und somit das einzige Ereignis im Bereich der Herrschaft stellt das Sterben der letzten Drachen dar, gut hundertfünfzig Jahre vor der Erzählzeit von *ASOIAF* (*TWOIAF* 86), mit dem der letzte Rest eines charismatischen, eines *außeralltäglichen* Herrschens getilgt wurde. Mit den Worten Maester Marwyns:

»Who do you think killed all the dragons the last time around? Gallant dragonslayers armed with swords? The world the Citadel is building has no place in it for sorcery or prophecy or glass candles, much less for dragons.« (AFFC 975)

Trotz aller scheinbaren Bewegtheit der Handlung besteht unter Herrschaftsperspektive also Stillstand – es wird nichts erzählt.

Wirft man einen Blick auf das Land Westeros, so finden sich drei (Grenz-)Linien der Besiedlung: The Wall, wo Westeros (als Herrschaft verstanden, nicht als Landmasse) stehenblieb und die Riesen, die Children of the Forest und andere aussperrte (TWOIAF 145), der Neck, die Sümpfe um Moat Cailin, die letzte Festung der Children of the Forest (TWOIAF 8), und der Broken Arm, als die Landmassen von Westeros und Essos sich trennten – der Sage nach durch die Magie der Children (TWOIAF 237). Der Herrschaftsdiskurs von Westeros dient also noch einem anderen Zweck: Er legitimiert sich, indem er verschleiert, dass Westeros (soweit wir wissen, im Gegensatz zu Essos) ein Kontinent ist, der nicht ursprünglich den Menschen gehört.

Soweit man von einem Gegenstand in der Fantasy sagen kann, er *sei* etwas in der realen Welt – und zugestanden, diese Vorgehensweise ist eigentlich unzulässig – soweit ist Westeros Großbritannien, nicht die USA, und die Children of the Forrest sind sicher keine Indianer. Dennoch findet sich hier – und wie könnte es eigentlich bei einem großen Epos eines Amerikaners anders sein? – auch ein klassischer Topos der amerikanischen Literatur: *The frontier*. Turner hat die Bedeutung der Grenze für die amerikanische Geschichte, das amerikanische Selbstbewusstsein und die amerikanische Kultur postuliert; manches ließe sich unverändert für die Historie von Westeros zitieren:

»[T]hey have been compelled to adapt themselves to the changes of an expanding people – to the changes involved in crossing a continent, in winning a wilderness, and in developing at each area of this progress out of the primitive economic and political conditions of the frontier into the complexity of city life.« (Turner 1986: 2)

Die Grenzermentalität scheint fast die Sonderstellung des Nordens und seiner Bewohner[5] zu beschreiben: »[T]he frontier is the outer edge of the wave – the meeting point between savagery and civilization.« (Turner 1986: 3) Dieser Ansatz ist bei weitem nicht unbestritten – »[C]riticisms of Turners work mounted as steadily as his popularity.« (Ridge 1993: 1) Die Frage nach der historischen Wahrheit der These ist hier weniger relevant als die nach ihrer Wirkmächtigkeit, die allerdings erheblich ist: »So remarkable has been the impact [...] on both the academic and lay public that is has been termed a masterpiece.« (Ridge 1993: 1) Für die amerikanische Literatur jedenfalls ist die Frontier ein nicht wegzudiskutierender Topos (Lewis 1966, Willa/Lindemann 1999, überblicksweise Mogen/Busby/Bryant

---

5 | Siehe Eberhard in diesem Band.

1986 u.a.), und gerade der langjährige SF-Schriftsteller Martin kennt sicherlich die popkulturell bekannteste Verwendung des Motivs bei *Star Trek*: »Space: the final frontier«.

Dieser Topos ist mit Bedeutung aufgeladen: Dem Wunsch und der Aufgabe, ja der Sendung und Berufung, immer weiter zu gehen, immer weiter zu denken, immer über das Bekannte, das Alltägliche hinaus. Dazu braucht es *Charisma*, dazu braucht es diejenigen, die neue Wege wagen und tatsächlich Strukturen verändern wie Jon Snow und Daenerys Targaryen, die die Magie zurückbringen – und doch dabei vielleicht die älteste, grundlegendste Legitimation von Herrschaft wiederbeleben. Sie ist so selbstverständlich, dass sie Maester und Lords kaum in den Mund nehmen, der kühle Pragmatiker Weber sie allenfalls streift (Weber 1956: 122f.), die Fantasy ihr aber stets ein Andenken bewahrt hat, so selbstverständlich, dass selbst das aus dem Inzest gezeugte Mädchen, dessen intellektueller Tellerrand die Mauern von Craster's Keep sind, sie kennt: »... they said the king keeps people safe.« (*ACOK* 371)

Susan Vaught verweist darauf, dass die »Moral Ambiguity«, der ›Realismus‹ in Westeros nur bis zu einem gewissen Punkt funktioniere; es gebe sehr wohl einen klaren Standard, der Handeln und Denken der Figuren klar moralisch einordnen lässt: Den drohenden Winter mit all seinen kommenden Schrecken (Vaught 2012: 91f.).

»Those who fail to understand that Winter is coming – who fail to recognize that they must put aside lesser concerns and any bad behavior that gets in the way of preserving the kingdom – represent evil in Westeros. They commit sins against the unity necessary to survive the coming darkness.« (Vaught 2012: 92)

Mit anderen Worten: Sie handeln nicht ›to keep people safe‹. Auf gut 5000 Seiten hat *ASOIAF* bislang fast alles der traditionalen und auch – was dem Eindruck des besonderen ›Realismus‹ der Serie mit Sicherheit zuträglich war[6] – rationalen Herrschaft gewidmet. Nach den White Walkers des Prologs (*AGOT* 8-12) und der Wiedergeburt der Drachen passiert lange nichts oder fast nichts, was denn nun so eigentlich *Fantasy* wäre, was nicht mit minimalen Änderungen als lebendig erzählte Historie durchgehen könnte.

Die Maester, die Lords, die Könige von Westeros haben das Unverzeihliche getan: Sie haben ihren Herrschaftsdiskurs geschlossen, das Charisma und die

---

6 | Man führe sich nur einmal vor Augen, wie wenig etwa in Tolkiens *The Lord of the Rings*, dem neoromantischen Kunstmythos, dieser Typus eine Rolle spielt, ganz anders als die traditionale und die charismatische Legitimation Aragorns. Der Anteil nicht-(artifiziell)mythischer Elemente ist bei Martin um einiges höher. Damit lässt sich die Zuordnung nahe zum *literarischen* Realismus eher erklären, auch wenn ich die Verwendung des Begriffs für ein Fantasy-Werk (bspw. Walter 2011) dennoch für hochproblematisch und immer wieder auch für undifferenziert halte.

Magie vertrieben, sie haben aufgehört, die *final frontier*, das Außeralltägliche, geographisch wie geistig zu suchen und zu überwinden. Sie haben den großen (nur amerikanischen?) Mythos verletzt. Sie haben einer Welt inneren Stillstand aufgezwungen. Sie haben die Fantasy aus der Fantasy verbannt.

Dieses Vorgehen macht auch zu erheblichen Teilen den Reiz an *ASOIAF* aus, ist eine der Innovationen des Werks: Bislang besteht es fast nur aus dem Spiel um Throne, fast nicht aus der Saga von Eis und Feuer. Die Anzeichen, dass der Mythos, die Magie, die Erzählung um das Schicksal der ganzen Welt (und somit die Notwendigkeit, Herrschaft durch das magische Charisma zu legitimieren) mit Macht zurückkommen wird, mehren sich[7]: Die ›glass candles‹ brennen wieder, White Walkers ziehen gen Süden, die Drachen sind wiedergeboren – Dinge *beginnen*, sich zu ereignen. Die Bedeutung der Frage, wer auf dem Iron Throne sitzt, wird angesichts dessen verblassen – oder, in einem Satz: Winter is coming!

LITERATUR

Aden, Hartmut (2004): »Herrschaftstheorien und Herrschaftsphänomene – Governance und Herrschaftskritik«, in: Aden, Hartmut (Hg.), Herrschaftstheorien und Herrschaftsphänomene. Wiesbaden: VS Verlag für Sozialwissenschaften, S. 9-25. http://dx.doi.org/10.1007/978-3-322-81010-6_2

Anders, Charlie Jane (2013): »Did Game of Thrones finally explain where power really comes from?«, in: io9. 06. Oktober 2013. 04. März 2016. <http://io9.gizmodo.com/did-game-of-thrones-finally-explain-where-power-really-512351788>.

Bitterli, Urs (1976): Die ›Wilden‹ und die ›Zivilisierten‹. Die europäisch-überseeische Begegnung. München: C.H. Beck.

Foucault, Michel (1991): Die Ordnung des Diskurses. Frankfurt a.M.: Fischer Verlag.

Frankel, Valerie Estelle (2014): Women in Game of Thrones: Power, Conformity and Resistance. Jefferson: McFarland & Co. Inc.

Hanke, Edith (2014) »Max Weber in Zeiten des Umbruchs. Zur Aktualität und weltweiten Rezeption eines Klassikers«, in: Kaiser, Michael/Rosenbach, Harald (Hg.), Max Weber in der Welt. Rezeption und Wirkung. Tübingen: Mohr Siebeck, S. 1-22.

---

[7] | Siehe auch Martins Interview mit *IGN*, in dem er deutliche Unterschiede zwischen *Winds of Winter* und der 6. Staffel *GOT* ankündigt (eine Entwicklung, die sich ja bereits bei Staffel 5 abzeichnete) – genauer: Eine Figur, die in der Serie bereits tot ist, soll eine wichtige Rolle beim ›Plot Twist‹ spielen – zeigt in diese Richtung. (Schwartz 2016) Auch hier sei der Vergleich mit dem ›Urstein‹ der *High Fantasy* erlaubt: Wie wäre Vergleichbares im *Lord of the Rings* möglich gewesen, ohne den Kunstmythos in zwei (anders als für *ASOIAF/GOT* angekündigte) nicht mehr vereinbare Enden zu treiben?

HBO (2014): Game of Thrones: The Politics of Power – A Look Back at Season 3. TV. USA.

Lewis, Richard W.B. (1966): The American Adam: innocence, tragedy and tradition in the nineteenth century. Chicago: University of Chicago Press.

Mogen, David/Busby, Mark/Bryant, Paul (1989): The Frontier Experience and the American Dream. Essays on American Literature. Austin: Texas A&M University Press.

Ridge, Martin (1993): »Introduction«, in: Ridge, Martin (Hg.), History, Frontier and Section. Three Essays by Frederick Jackson Turner. Albuquerque: University of New Mexico Press, S. 1-38.

Said, Edward (1977): Orientalism. London: Penguin Books.

Schöllgen, Gregor (1998): »Max Weber«, in: Beck'sche Reihe Denker: Bd. 544. München: Süddeutscher Verlag.

Schwartz, Claudia (2015): »Macht und Gefühl«, in: Neue Zürcher Zeitung Online. 08. Februar 2015. 04. März 2016. <www.nzz.ch/feuilleton/fernsehen/macht-und-gefuehl-1.18477325>.

Schwartz, Terri (2016): »Game of Thrones will never be able to do this Winds of Winters Twist«, in: IGN. 25. Februar 2016. 04. März 2016. <www.ign.com/articles/2016/02/25/game-of-thrones-will-never-be-able-to-do-this-winds-of-winter-twist?watch>.

Tolkien, Jon Ronald Reuel (2014): The Lord of the Rings. 60th Anniversary Edition. London: HarperCollins.

Turner, Frederick Jackson (1986): The Frontier in American History. Tucson: The University of Arizona Press.

Walter, Damien (2011): »George RR Martin's fantasy is not far from reality«, in: The Guardian. 26. Juli 2011. 04. März 2016. <www.theguardian.com/books/2011/jul/26/george-r-r-martin-fantasy-reality>.

Vaught, Susan (2012): »The Brutal Cost of Redemption in Westeros Or, *What* Moral Ambiguity?« in: Lowder, James (Hg.), Beyond the Wall. Exploring George R.R. Martin's A Song of Ice and Fire, From A Game of Thrones to A Dance with Dragons. New York: BenBella, S. 89-106.

Weber, Max (1956): Wirtschaft und Gesellschaft. Grundriss der verstehenden Soziologie. Tübingen: Mohr Siebeck.

Whitehead, Adam (2012): »An unreliable world«, in: Lowder, James (Hg.), Beyond the Wall. Exploring George R.R. Martin's A Song of Ice and Fire, From A Game of Thrones to A Dance with Dragons. New York: BenBella, S. 43-52.

Willa, Cather/Lindemann, Marilee (1999): O Pioneers! Oxford: Oxford University Press.

Die drei Drachen des Königs
Politische Theologie in *ASOIAF*

Christoph Petersen

Wie lässt sich politische Herrschaft legitimieren? Die Antworten, die fiktionale Erzählungen auf die Frage zu geben vermögen, können ganz anderen Prämissen, Begründungsregeln und Darstellungsmustern folgen als die Antworten der damit befassten wissenschaftlichen Diskurse, seien sie philosophischer, juristischer, politologischer oder soziologischer Art. Das generelle konterdiskursive Potential der Literatur[1] ermöglicht es im Speziellen auch, Konzepte zur Legitimation politischer Herrschaft vorzustellen, durchzuspielen und zu privilegieren, die in jenen Diskursen systematisch unzugänglich oder historisch marginal und obsolet geworden sind. Mit einem ganz eigenen Recht kann das für phantastische Literatur veranschlagt werden, und zwar insofern, als deren wesentliches Definiens, *das Phantastische*, über seine kategorische Unterschiedenheit gerade von solchen Parametern zu beschreiben ist, die auch für jene wissenschaftlichen Diskurse konstitutiv oder maßgeblich sind: von vorherrschenden Rationalitäts- oder Realitätskonzepten, von geltenden Natur- oder Sozialordnungen, vom Bewahrten des Bewusstseins oder vom Kanon der Kultur.[2] Als Gegenstand der »Ausstellung des Divergenten und Devianten, das kulturelle und diskursive Ordnungen zu unterlaufen sich anschickt« (Brittnacher/May 2013: 192), bietet gerade auch das Phantastische die Möglichkeit, Träger einer konterdiskursiven Legitimation von politischer Herrschaft zu sein.

Das Genre der *High Fantasy* in der Tradition J.R.R. Tolkiens (Rüster 2013: 286f., James 2012) stellt dem freilich ein Hindernis in den Weg, indem es durch die prononcierte Nichtreferentialität seiner Secondary Worlds die *Einbettbarkeit* (Warning 199: 317f. und öfter) seiner Erzählungen in zeitgenössische Herrschaftsdis-

---

1 | Der Begriff der Konterdiskursivität nach Warning 1999.
2 | Vgl. den Überblick bei Brittnacher/May 2013.

kurse systematisch hintertreibt und unverbindlich bleiben lässt.[3] Gerade in dieser Hinsicht aber setzt Martins *ASOIAF* sich von Vorgaben der Tradition extensiv und programmatisch ab: Mit seiner Genremischung von *High Fantasy* und historischem Roman, mit seiner *realistischen* Erzählweise, die historiographisch geprägte Vorstellungen von mittelalterlichen Feudal- und Klosterwelten, von frühneuzeitlichen Hof- und Bürgerwelten, von antik-römischen, altägyptischen und altorientalischen Herrschaftswelten detailreich ausbuchstabiert,[4] reklamiert Martins Roman für sich nachdrücklich die Einbettbarkeit seiner Erzählung in diskursive Ordnungen, vor allem von Historiographie, Soziologie und Politik. Demonstrativ setzt der Roman das Phantastische in seiner erzählten Welt in Beziehung zu einem politischen Regel- und Handlungssystem, das mittels einer *historisch-realistischen* Erzählweise auf die (geschichtliche und aktuelle) Wirklichkeit der Leserwelt verweist.

Diese Vorgaben rahmen die These meines Beitrags: Martins *ASOIAF* stellt in Daenerys Targaryen und ihren drei Drachen ein Konzept zur Legitimierung politischer Herrschaft vor, das analog zu den im europäischen Mittelalter gängigen transzendent, in Gott verankerten Konzepten[5] begründet ist, sodass dieses transzendenz-analoge Konzept als ein literarischer Gegenentwurf zu den auf weltimmanente Prämissen und Begründungsregeln gestützten Legitimationskonzepten der wissenschaftlichen Herrschaftsdiskurse im Abendland seit der Frühen Neuzeit zu verstehen ist. In den drei Drachen der Daenerys wird eine *Politische Theologie* erzählerisch umgesetzt, die in der Diskursordnung des abendländischen Kulturraumes als verabschiedet gelten kann,[6] an der deshalb aber auch sichtbar

---

3 | Exemplarisch zeigen das die Kontroversen um mögliche politische Aussagen von Tolkiens *The Lord of the Rings* (kursorisch van de Bergh 2005: 23-28). Eine Beweisführung für die Behauptung, dass »all fantasy is political« (Bould/Vint 2012: 102), bedarf gerade bei der *High Fantasy*, so scheint es, besonderer methodischer Kontrolle.

4 | Charakterisierungen von *ASOIAF* heben stets lobend Martins »commitment to realism« hervor, das zu einem Werk geführt hat, »that lies somewhere along a spectrum that moves between historical fiction and epic fantasy« (Battis/Johnston 2015: 3).

5 | Zu ihnen vgl. umfassend immer noch Kantorowicz 1990.

6 | Den Begriff *Politische Theologie* gebrauche ich, als Bezeichnung eines *transzendenz-analog* begründeten politischen Konzepts, in einem Sinne, der mit dem Säkularisierungstheorem Carl Schmitts (»Alle prägnanten Begriffe der modernen Staatslehre sind säkularisierte theologische Begriffe«, Schmitt 2004: 41) verwandt, aber nicht deckungsgleich ist: Die im Folgenden zu beschreibende *transzendenz-analoge* Begründung von Herrschaftslegitimität ist nicht als ein hinter *säkularer* Verschleierung aufgedeckter *theologischer* Kern staatsrechtlich-diskursiver Begrifflichkeit zu verstehen, sondern als ein mit literaturspezifischen Mitteln konstruierter Gegenentwurf zu einer geltenden Diskursordnung. Die Kritik an der in Schmitts Theorem enthaltenen Rückforderung des Theologischen für den staatsrechtlichen Diskurs, der Einwand nämlich, dass die Semantik der betreffenden Begrifflichkeit weniger auf einen *Säkularisation* zu nennenden Transformationsvorgang als vielmehr

werden kann, dass die politischen Systeme dieses Kulturraumes vielleicht auch auf Legitimationsleistungen angewiesen sind, die diese Diskursordnung nicht zu erbringen vermag (Böckenförde 1976: 60f.). Um die These plausibel zu machen, beginne ich mit einer Skizze der politischen Welt in Martins Roman, welcher das mit Daenerys verbundene Legitimationskonzept entgegengesetzt ist.

1. Auf dem Rückweg in die menschliche Condition of Nature

Die Geschichte der Seven Kingdoms, die in *ASOIAF* erzählt wird, ist die eines politischen Zerfallsprozesses, der am Königshof seinen Anfang nimmt, tendenziell alle sozialen und politischen Institutionen der erzählten Welt erfasst und die Figuren in eine Vereinzelung führt, in der sie auf einen elementar-kreatürlichen Egoismus zurückgeworfen sind. Ich rufe diesen in akribischer Differenziertheit erzählten Zerfallsprozess in wenigen Facetten auf.

Im Laufe der Romanhandlung zerbricht der Verband der Seven Kingdoms mehr und mehr in seine Einzelreiche (North, Riverlands, Stormlands, Iron Islands, Vale, Dorne und Reach), was sich in deren jeweiliger interner Destabilisierung fortsetzt (Roose Bolton im North, Walder Frey in den Riverlands, Greyjoy-Rivalitäten, Verwüstungen von Riverlands und Reach). Autorität und Funktionstüchtigkeit der Herrschaftsinstitutionen erodieren (King, King's Hand, Small Council, Kingsguard, High Septon) und werden untergraben von Funktionsträgern, die nur mehr personalisierte Interessen vertreten (Cersei Lannister als Regentin, Sandor Clegane als Ersatz von Barristan Selmy in der Kingsguard, Qyburn als Ersatz für Varys im Small Council). Die Auflösung der Stabilisierungsfunktion der politischen Ordnung zieht die Zerstörung auch anderer sozialer Formationen nach sich, was besonders in der Dezimierung und Atomisierung der herrschenden Familienverbände vorgeführt wird (Starks, Lannisters, Baratheons, Greyjoys, Tullys, Tyrells). Gemeinschaftsbildende Normen und Werte werden grundsätzlich infrage gestellt: Gerechtigkeitsstreben befördert Unrecht (Eddard Stark); Verwandtenmord erscheint als gerechtfertigt, nicht nur politisch (Robb Stark an Rickard Karstark), sondern auch moralisch (Tyrion an Tywin Lannister); Loyalität ist unsicher (Varys, Petyr Baelish, Sandor Clegane, Mace Tyrell) und erweist sich dort, wo man an ihr festhalten will, als unmöglich (Brienne of

---

auf die Begrifflichkeit prägende diskursive Verfahren zurückzuführen ist (Blumenberg 1988: bes. 99-113), wird m.E. gestützt nicht nur durch die Plausibilität des umgekehrten Vorgangs – Theologisierungen säkularer Begrifflichkeit in historisch distinkten politischen Prozessen (Assmann 2000) –, sondern auch durch das hier in den Blick genommene literaturspezifische Verfahren, die Transzendenz-Analogie aus einer geltenden Diskursordnung gerade *auszubetten* in einen phantastischen *Konterdiskurs*. – Zur Aktualität der Diskussion vgl. Walther 2004; Bach 2014.

Tarth) oder effektiv nichtig (Davos Seaworth); Religion ist Motor zu Übertretung und Negation sozialer Grenzen (Melisandre, die Sparrows); Liebe ist verheerend (Robb Stark und Jeyne Westerling) und schlägt um in Verrat (Jaime und Cersei Lannister) und Mord (Tyrion Lannister und Shae); Menschlichkeit wird in Unmenschlichkeit transformiert (Catelyn Stark und Lady Stoneheart).

Der Ordnungszerfall versetzt die beteiligten Figuren in eine politisch-soziale Unbehaustheit, die erzählerisch vor allem im Motiv eines *Wanderns* zum Ausdruck kommt, das die Figuren in keine soziale Integration zurückführt, sondern sich als Handlungsform einer umfassenden Vereinzelungsdynamik etabliert. Wer seine Heimat verlässt, kehrt nicht zurück (definitiv: Eddard und Robb Stark, Tywin und Kevan Lannister, Oberyn und Quentyn Martell und viele mehr) oder tritt eine Odyssee bislang ungewissen Zieles und Endes an (Catelyn und die weiteren Stark-Kinder, Asha Greyjoy und andere). Militärische Operationen schaffen keine Basis politischer Integrativität, sondern scheitern (Stannis Baratheon gegen King's Landing), auch nach Erfolg (Theon Greyjoy gegen Winterfell), und verlieren sich in Verrat (Renly Baratheon, Robb Stark), Vernichtung (Stannis gegen Winterfell) oder permanenter Guerilla (Beric Dondarrion). Auftragsreisen sind sinnlos (Brienne), enden in Gefangenschaft (Brienne, Jaime) oder Ungewissheit (Sandor?) und sind in ihrem desintegrativen Effekt nicht unterscheidbar von Fluchtbewegungen (Samwell Tarly und Gilly nach Oldtown), die die Figuren bisweilen auch in erzählerische Vergessenheit führen (Rickon Stark, Varys). Eine neue soziale Behausung findet man vielleicht an der Grenze (Night's Watch?) oder außerhalb der Seven Kingdoms, Letzteres entweder in einem wiederum höchst individuellen Eskapismus (Bran und Arya Stark) oder aber in der Hoffnung auf eine künftige Erneuerung der politischen Ordnung (Barristan Selmy und Tyrion Lannister bei Daenerys).

Die Auflösung der politisch-sozialen Ordnungen und die damit einhergehende Vereinzelung setzen die Figuren allenthalben einer existentiellen Gefährdung aus, die ihre individuelle Selbsterhaltung als primären Handlungsimpuls ostentativ hervorkehrt. Daneben führt die Erzählung aber immer wieder vor, dass Ordnungszerfall und Desintegration den Figuren ebenso individuelle Entfaltungsmöglichkeiten bieten, die ihnen anders nicht gegeben wären: Bran dringt, eltern- und heimatlos, zu den in der Welt seiner Sozialisation verdrängten Wurzeln der eigenen Identität vor; Arya entkommt dem ihrem Geschlecht und Stand zugedachten, doch ihrem individuellen Wesen unangemessenen Schicksal einer häuslichen Ehefrau; Sansa emanzipiert sich gezwungenermaßen aus ihrer durch reifizierte Träume und internalisierte Konventionen aufgebauten Fremdbestimmtheit; Jaime bildet im gleichen Maße, wie er sich von seinen familiären Banden und Prägungen entfernt, eine selbständige moralische Orientierung aus; und das machiavellistische Virtuosentum Petyr Baelishs, das den Ordnungszerfall vorantreibt, oder das hasardeurhafte Kriegertum Bronns, das an keine Loyalität gebunden ist, eröffnen beiden Figuren gesellschaftliche Aufstiegsmöglichkeiten, die ihnen ihre soziale Herkunft nicht zugestanden hätte. So stellt der Roman in den Fluchtpunkt der Prozesse von Ordnungszerfall und Vereinzelung nicht nur den verschärften Zwang zur Selbst*erhaltung*, sondern, damit verbunden, auch die Möglichkeit zu individueller Selbst*entfaltung*.[7]

Einen Sinnhorizont dieses doppelten Fluchtpunktes steckt der Roman schon zu Beginn ab, noch bevor der Leser von all dem etwas ahnt. Als ein Teil der Stark-Familie auf einen durch einen Hirschen getöteten Direwolf mit sechs Welpen trifft, versteht man diesen Fund spontan als böses Omen für den Familienverband, dessen Wappentier der Direwolf ist (*AGOT* 18, dazu 26); und das Ominöse des Fundes kann der Leser am Ende des Bandes, nachdem auch auf menschlicher Ebene »the stag and the direwolf« (*AGOT* 40) sich auf intrikate Weise umgebracht haben, voll bestätigen. Der Tod des Direwolf, der dessen Welpen in größte Existenzbedrohung versetzt, der aber auch, wie man mutmaßt, deren Zur-Welt-Kommen bedingt hat (*AGOT* 18), nimmt nicht nur eine spektakuläre Etappe des erzählten Ordnungszerfalls, sondern auch die daraus resultierende Aussetzung der Stark-Kinder in Zwang und Möglichkeit zu Selbsterhaltung und -entfaltung symbolisch vorweg. Und zudem drückt das Direwolf-Omen dieser Aussetzung den Stempel der Naturgesetzlichkeit auf: Der Naturvorgang der Tötung eines Wolfes durch eines seiner Beutetiere semantisiert auch das Schicksal der Starks als naturgemäß, oder besser und verallgemeinert gesagt: deutet die aus dem Ordnungszerfall folgende Vereinzelung der Roman-Figuren als narrative Vollzugsform einer konzeptuellen Rückführung des Menschen in einen herrschaftsfreien Naturzustand.

Es fällt schwer, dies nicht auf den Naturzustand zu beziehen, der in Thomas Hobbes' *Leviathan* das gedankliche Ausgangsmodell für die Deduktion einer Raison menschlicher Staatsbildung abgibt – »the ill condition, which man by meer Nature is placed in« (Hobbes 1996: I,13, 90 und öfter).[8] Martins Erzählung entfaltet einen Geschehensprozess, dessen Konzept als Umkehrung von Hobbes' Deduktion (Hobbes 1996: zentral I,13 und II,17)[9] verstehbar ist: Hört der Staat auf, als vertraglich eingesetzte Sicherungsinstanz aller zu fungieren, dann wird jedem Einzelnen die freie Ausübung seines naturgegebenen Rechts auf Selbsterhaltung und Selbstentfaltung zurückerstattet, was, weil dieses Recht mit demselben Recht aller anderen konfligiert, in einen letztlich allseitigen Kriegszustand mündet, einen »warre, as if of every man against every man« (Hobbes 1996: I,13, 88 und öfter). Dem Fluchtpunkt des politischen Zerfallsprozesses in den Seven Kingdoms lässt sich Hobbes' Modell dieses Kriegszustandes einer menschlichen »condition of meer Nature« plausibel hinterlegen. Tut man dies, dann bezieht man die in *ASOIAF* erzählte politische Welt auf eine kulturgeschichtliche Referenzgröße, die man insofern, als Hobbes' *Leviathan* als Paradigma der »Frei-

---

7 | Vgl. dazu weiterführend in diesem Band Brittnacher, Dörrich und Müller.
8 | Zur Applizierbarkeit von Hobbes' Modell auf *ASOIAF* vgl. auch Hahn 2014: 70-73; Haas 2014: 149-152; in diesem Band Seyferth.
9 | Vgl. gut orientierend die Beiträge in Kersting 1996.

setzung des politischen Handelns und Denkens von religiösen und moralischen Bindungen« (Stolleis 1990: 7) in den politischen Diskursen der europäischen Neuzeit gelten darf, neuzeitlich und modern nennen kann. Damit werden aber auch die in der Erzählung zu ständigen Motoren der Handlung gemachten Versuche, die politische Ordnung wiederherzustellen, auf diese Referenzgröße beziehbar. Und ihr entgegensetzen lässt sich nun der entsprechende Versuch der Daenerys Targaryen.

2. DIE MOTHER OF DRAGONS UND DER POLITISCHE KÖRPER DER KÖNIGIN

Die Legitimitätsgründe, die von den verschiedenen Aspiranten auf die Königsherrschaft über die Seven Kingdoms ins Feld geführt werden – Genealogie (Joffrey und Stannis Baratheon, Viserys Targaryen), Tugendhaftigkeit (Stannis),[10] Charisma (Renly Baratheon), Erfolg (Robert Baratheon, Tywin Lannister, Petyr Baelish), auch Religion (Melisandre, Cersei Lannister)[11] –, besitzen einen gemeinsamen Nenner darin, dass sie demselben Realitätssystem[12] der erzählten Welt angehören: Sie formulieren oder enthalten Wertvorstellungen und Handlungsmaximen, die dem sozialen und politischen Regelsystem jener Welt immanent sind, aus diesem System abgeleitet und auf es pragmatisch rückbezogen sind. Und weil jene Legitimitätsgründe demselben Realitätssystem angehören, können sie sich auch gegenseitig infrage stellen und neutralisieren, kann es dem Leser

---

10 | Mit *Gerechtigkeit* wird Stannis diejenige Tugend zugesprochen, die – auch in rigoristischer Zuspitzung (vgl. Friedrich Barbarossas *rigor iustitiae*) – die Herrschertugend *par excellence* in der europäischen Kulturgeschichte ist. Kronzeuge für Stannis' »justice« ist Davos Seaworth (z.B. *ACOK* 11f. mit 611f.); doch als herrscherliches Idoneitätsmerkmal wird sie besonders im Kontrast zu Stannis' Brüdern profiliert: zu Robert, der, wie z.B. in seinem Gericht über Arya Stark demonstriert (*AGOT* 153-159), den von Eddard Stark höchst topisch formulierten Anspruch, Quell aller Gerechtigkeit zu sein (»All justice flows from the king«, *AGOT* 202), dezidiert nicht erfüllt, und zu Renly, der sich vor Catelyn Stark einen ganzen Katalog ebenfalls höchst topischer Herrschertugenden von *fortitudo* bis *clementia* zuschreibt, um dies in ironischer Geste gleich wieder zu desavouieren (*ACOK* 480). Durch Stannis' Gerechtigkeit (wie zweifelhaft auch immer sie im Romanverlauf erscheinen mag) erhält auch sein vorrangiger, genealogischer Legitimitätsgrund eine eigene Perspektivierung: Sein Geburtsrecht betrachtet Stannis nicht nur als persönliches »right« (*ASOS* 1057 und öfter), sondern auch als überpersönliches »law«, dessen Befolgung für ihn »duty« gegenüber Familie und Reich sei (*ASOS* 496).
11 | Religion insofern, als sie pragmatisch, als Mittel zur Durchsetzung des eigenen Anspruchs eingesetzt (und z.T. nur zu diesem Zweck anerkannt) wird. Vgl. in diesem Band Emig.
12 | Begriff nach Durst 2001: 80-89.

insgesamt durchaus plausibel erscheinen, dass keiner der Aspiranten sich dauerhaft durchsetzen kann.[13] In dieser Konnexivität geben all jene Legitimitätsgründe auch gemeinsam die Kontrastfolie für dasjenige Konzept ab, mit dem der Herrschaftsanspruch der Daenerys auf die Seven Kingdoms maßgeblich legitimiert wird. Denn ihre Legitimität wird, im Unterschied zu allen anderen im Roman, nicht immanent, sondern, wie ich sagen werde, transzendenz-analog begründet.

Um dies zu zeigen, braucht man die soteriologische, also auf die christliche Erlösungslehre verweisende Überdetermination von Daenerys' Geschichte zunächst – ich komme zum Schluss darauf zurück – nur zu streifen. Denn die Motive und Handlungen, in denen diese Überdetermination sich zeigt, sind für Daenerys' Herrschaftsanspruch wenig aussagekräftig oder verbindlich, wie etwa der weihnachtliche Komet, der am Abend von Daenerys' und ihrer Drachen Feuergeburt aufgeht (*AGOT* 804, *ACOK* 187), oder der Wüstenzug, bei dem sie mosesgleich ihr Volk führt (*ACOK* 189-192), oder das herakleische Löwenfell, das sie gelegentlich trägt (*ACOK* 188 und öfter), oder ähnliches mehr. Der Feldzug, den sie zur Befreiung der Sklaven der Slaver's Bay führt, besitzt zwar ebenfalls ein soteriologisches Sinnpotential – besonders für ein US-amerikanisches Publikum, dem die Überhöhung des eigenen *Civil War* als eines gottgewollten Sklavenbefreiungskrieges (etwa in der abolitionistischen *Battle Hymn of the Republic*) noch vertraut sein mag –; doch führt er Daenerys in eine Sackgasse, die nicht nur den Erfolg, sondern auch die Motivation des Feldzuges in Zweifel zieht (*ADWD* 234, 333f., 440f. und öfter). Wenn Jorah Mormont Tyrion Lannister die Möglichkeit in Aussicht stellt, »to behold the world's deliverer« (*ADWD* 479), dann ist dies zwar als soteriologische Rede leicht entzifferbar,[14] doch in seiner Faktizität auch schon nachhaltig infrage gestellt. Daenerys mag vielleicht, mindestens ihren Intentionen nach, als *Retterin* und *gute Herrin* charakterisiert sein, doch der Roman dementiert (unübersehbar in *ADWD*), dass damit auch die Legitimität ihres Herrschaftsanspruchs in den Seven Kingdoms zu begründen sei. Diese Begründung wird, wie gesagt, einem anderen Realitätssystem in der erzählten Welt zugewiesen: dem Phantastischen, das Daenerys in dem Moment, in dem sie, wie die anderen Herrschaftsaspiranten auch, an den Zwängen und Widersprüchen der politischen Welt zu scheitern droht, dieser Welt buchstäblich enthebt (*ADWD* 765f.): den Drachen.

Die legitimatorische Funktion der drei Drachen, die Daenerys aus den ihr geschenkten Eiern im Totenfeuer ihres Mannes Drogo zur Welt bringt und die ihr den Titel einer Mother of Dragons bescheren (antizipierend *AGOT* 806, etablierend *ACOK* 189, 426 usw.), liegt offen zutage. Denn durch die Drachen wird zunächst die genealogische Legitimierung von Daenerys' Anspruch auf die Seven Kingdoms von ihrem Vater Aerys, dem letzten König der Targaryen-Dynastie, aus-

---

13 | Vgl. in diesem Band Baumann.
14 | So auch die auf Daenerys gemünzte Verheißung von Illyrio Mopatis an Tyrion: »A savior come from across the sea to bind up the wounds of bleeding Westeros.« (*ADWD* 34)

geweitet auf ihren Vorfahren Aegon the Conqueror, der nicht nur der Begründer der Dynastie, sondern auch der Schöpfer des von dieser Dynastie und ihren aktuellen Nachfolgern besetzten Königtums war, der Schöpfer der Seven Kingdoms, die Aegon erobert und unter seiner Herrschaft vereint hatte – mittels ebenfalls dreier Drachen.[15] Der legitimatorische Bezug auf Aegon gründet so aber weniger im genealogischen Muster (das Daenerys nicht grundsätzlich von anderen Herrschaftsaspiranten unterscheidet) als in den Drachen: in ihrer Verfügbarkeit, ihrer Dreizahl, ihrer Instrumentalisierung zur Eroberung des Königreichs; die Drachen setzen Daenerys und Aegon in eine direkte, von Genealogie unabhängige Analogiebeziehung. Diese Analogie (vielleicht auch samt daran anschließbaren Assoziationen wie einer *Wiederkehr des Ursprünglichen*, einer *Restitution von Idealität* oder einer *Zyklischen Weltverjüngung*)[16] verschafft Daenerys' Herrschaftsanspruch eine Legitimität, die an sich schon allen anderen Aspiranten unerreichbar ist und Daenerys' Anspruch von denen der anderen kategorisch absetzt. Doch wie schon das genealogische Muster lediglich eine Voraussetzung für die Analogie zwischen Daenerys und Aegon darstellt, so bildet diese Analogie wiederum lediglich den Ansatzpunkt für die eigentlichen Verfahren der Erzählung, Daenerys' Herrschaftsanspruch mittels ihrer Drachen zu legitimieren. Erst diese Verfahren werden als transzendenz-analog zu beschreiben sein, erst in ihnen wird sich das zeigen, was ich als *Politische Theologie* in *ASOIAF* identifiziere.

Vorbereitet oder eingeleitet werden diese Verfahren in einer Stelle, in der die Aegon-Analogie explizit gemacht und zugleich konterkariert wird. Aegon habe, wie Daenerys ihrer Leibgarde erzählt, seine Drachen nach Göttern des Volkes von Valyria benannt, einen von ihnen Balerion mit dem Ehrennamen »The Black

---

15 | Die mythisierende Überhöhung dieser Gründungstat innerhalb der fiktiven Welt zeigt sich prägnant in dem pseudo-historiographischen Begleitbuch *The World of Ice and Fire*: Aegon hatte die bis in die Gegenwart der Romanhandlung gültigen Institutionen des Reichs – die Besitzverhältnisse der einzelnen Seven Kingdoms (*TWOIAF* 40-45), die vier Wardens (ebd.), die King's Hand und die anderen Honors (*TWOIAF* 35f.) – geschaffen, ebenso dessen Hauptstadt und Thron (*TWOIAF* 45) sowie die Königstitulatur (ebd.); sogar die Zeitrechnung von Westeros ist, die des christlichen Abendlandes parodierend, an Aegons Gründungstat orientiert als »AC (After the Conquest) or BC (Before the Conquest)« (*TWOIAF* 31). In der Welt des Romans ist Aegon der sprichwörtliche Maßstab aller Herrscher (*AGOT* 273, 352, *ACOK* 119 u.a. m.).

16 | Anspielungen auf derartige Sinnstiftungsmuster im Roman selbst übergehe ich (vgl. Walker 2015) und verweise nur nochmals auf die Geschichtskonstruktion in *TWOIAF*, in der die Herrschaft Robert Baratheons als »The Glorious Reign« betitelt und zu einer Art *Goldenen Zeitalters* hochstilisiert wird (*TWOIAF* 131); im Wissen des *ASOIAF*-Lesers, dass dies keineswegs zutrifft und Roberts Herrschaft schon längst unrühmliche Vergangenheit ist, weist die Stilisierung somit auf eine (noch ungeschriebene) Zukunft weiter: auf eine dann wirklich *herrliche* und *goldene* Zeit, auf einen Herrscher, der als *guter Hirte* dann wirklich »shepherd the realm to prosperity« werde (*TWOIAF* 131).

Dread«; und als daraufhin ein Leibgardist Daenerys' schwarzen Drachen, wohl wegen der Farbe, den wiedergekehrten Balerion nennt, »Balerion, come again«, vergibt sie bei der Gelegenheit ihren Drachen neue Namen für deren »new life«, dies aber nicht nach valyrischen Gottheiten, sondern nach verstorbenen Orientierungsinstanzen ihres eigenen Lebens: ihren Brüdern Rhaegar und Viserys und ihrem Ehemann Drogo (ACOK 191f.). Weil diese Instanzen aber vor allem für Tod und Verlust (von Herrschaft, Heimat, Familie, Ersatzheimat) stehen, verweisen auch die Namen der Drachen, im Unterschied zu denen Aegons, nicht auf Daenerys' Einbindung in einen identitätsstiftenden Sozialverband, weder ethnischer noch genealogischer Art,[17] sondern auf die Geschichte ihrer wiederholten und gesteigerten Isolation und somit letztlich auf Daenerys selbst. Ihre Drachen werden durch die Namengebung zu einem Teil von ihr erklärt. Dieses Identifikationsverfahren wird später sprachlich anders wiederholt. Wenn Varys und Illyrio Mopatis gegenüber Tywin und Tyrion Lannister die Geburt eines »three-headed dragon« (ASOS 263) bzw. »dragon with three heads« (ADWD 34) vermelden, bezeichnen sie damit Daenerys als den Drachen und ihre drei Drachen als dessen Köpfe. Auch hiermit verweist der Text einerseits von Daenerys auf Aegon, der den »three-headed dragon« zum heraldischen Zeichen seiner Familie und Dynastie gemacht hatte (ACOK 875); doch erneut im Unterschied zu Aegon, in dessen Wappen die »three heads« ihn und seine beiden Schwestern symbolisiert hatten (ebd.), ist Daenerys nun der »dragon«. In Daenerys und ihren drei Drachen wird Aegons heraldisches Zeichen nicht nur neu verkörpert, sondern auch neu definiert: Die Verschiebung der Bezeichnung »dragon« von den Drachen auf Daenerys impliziert und signalisiert, dass in der Konstellation des »three-headed dragon« alle vier als Teile einer ihnen übergeordneten *Drachenentität* zu verstehen sind. Und mit dieser Entität nun, nicht mit der Aegon-Analogie, wird eigentlich, wie ich zeigen werde, die Legitimität von Daenerys' Herrschaftsanspruch über die Seven Kingdoms begründet.

»The dragons are all the difference«, so bestärkt Daenerys sich, als sie fürchtet, wie ihr toter Bruder Viserys an ihrem Exil zugrunde zu gehen (ACOK 578). Den *alles entscheidenden Unterschied* machen ihre Drachen aber nicht nur gegenüber ihrem Bruder aus, sondern auch gegenüber allen anderen Figuren der erzählten Gegenwart, inklusive ihrer Konkurrenten um die Seven Kingdoms. Von diesen wird jene »difference« vor allem als militärisches Entscheidungspotential verstanden, was aus der Landeshistorie bestens zu belegen ist[18] und einige Herrschaftsaspiranten dazu bringt, sich ebenfalls Drachen nutzbar machen zu

---

17 | Der Drache, der Daenerys wiederholt retten und auf dem sie fliegen wird (ACOK 701, 704, 707, ADWD 763-766), mit dem sie sich symbiotisch verbunden fühlen wird (ADWD 1019): Drogon, die *Wiedergeburt* Balerions, auf dem Aegon geflogen war, trägt gerade nicht den Namen eines ihrer Brüder.

18 | Nämlich wieder vor allem mit Aegon the Conqueror, dessen Drachen auch ein dem eigenen Heer fünffach überlegenes Feindesheer, das den Sieg schon in Händen hatte, doch

wollen.[19] Doch die militärische Nutzung der Drachen ist an eine Voraussetzung gebunden, die für alle anderen uneinholbar ist, und zwar deshalb, weil der militärische Unterschied der Drachen auf einer weit grundsätzlicheren »difference« basiert. Vorgeführt wird dies in den Versuchen von Daenerys und Quentyn Martell, sich jeweils einen Drachen – Drogon in der Kampfarena bzw. Viserion oder Rhaegal in deren Gefängnis – zu unterwerfen. Die beiden Versuche sind teils einander parallelisiert, was ihren höchst unterschiedlichen Ausgang signifikant macht.

Daenerys wie Quentyn setzen Verhaltensweisen ein, die dem Menschen auch in der realen Welt vor einem Raubtier zu Gebote stehen: die Unterdrückung des Beuteinstinkts durch Angstkontrolle und die Dominanzgewinnung mittels eines Werkzeugs, einer Peitsche (*ADWD* 765, 983f., Quentyn ausdrücklich nach Daenerys' Vorbild). Der entscheidende Unterschied zwischen beiden besteht in dem Punkt, in dem die Drachen einer tierischen Natur eben nicht entsprechen: Ihren Feueratem, »hot enough to blister skin«, kann Daenerys aushalten, Quentyn nicht, sodass Drogon sich Daenerys unterwirft, Rhaegal aber Quentyn verbrennt (*ADWD* 765, 984). Die alles entscheidende »difference« der Drachen liegt in ihrer Differenz zur tierischen Natur begründet und fordert von dem Menschen, der über sie verfügen will, die gleiche Differenz: Wer Drachen nutzen will, muss ihnen in ihrer Naturdifferenz entsprechen, muss gewissermaßen mit ihnen den Sprung ins Phantastische getan haben, muss, kurzum, feuerverträglich sein. Über die analoge, ins Phantastische springende »difference« zur Natur[20] wird eine Identitätsrelation zwischen Drache und Mensch imaginiert, eine Identitätsrelation, die einzulösen vermag, was Daenerys zuvor, als sie Quentyn ihre Drachen vorführte, postuliert hatte: »They are dragons [...]. And so am I.« (*ADWD* 733)

So arbeitet die Erzählung daran, das Postulat von Daenerys' Drachenidentität imaginativ plausibel zu machen, ohne dies allerdings *zuende* bringen zu können: Daenerys soll *Drache sein* und doch mit Menschenform und Menschenwort begabt. Die narrativ-imaginative Plausibilisierung ihrer Drachenidentität bleibt deshalb immer beschränkt auf ein *Tertium commune* (wie etwa Feuerverträglichkeit) und stützt sich damit auf etwas, das Daenerys und die Drachen verbindet, beiden aber logisch übergeordnet ist. Die Plausibilisierung zielt auf die Verankerung von Daenerys' Drachenidentität in einer alle *konkreten* Drachen übergreifenden Entität. Und es entspringt den spezifischen Möglichkeiten der Literarizität der Erzäh-

---

noch besiegen (*AGOT* 123) oder die allem menschlichem Maß und Vermögen entrückte Burg Harrenhal kurzerhand zerstören konnten (*ACOK* 120).

19 | Stannis Baratheon *ASOS* 723f. u. 728; Euron Greyjoy *AFFC* 396, 632; die Martells *ADWD* 875; bestätigt auch von Tyrion Lannister *ADWD* 206, 400 und Jon Connington *ADWD* 884.

20 | Auch von Vorstellungen einer *natürlichen* Erwerbsmöglichkeit ist Daenerys' Feuerresistenz abgegrenzt, denn sie scheint (anders als Haar- und Augenfarbe der Targaryens) nicht erblich zu sein: Daenerys' Bruder Viserys besitzt sie nicht (*AGOT* 500).

lung, dass diese Entität des Weiteren nicht in abstrakter Begrifflichkeit umschrieben wird, sondern als körperlicher Verbund vorstellbar gemacht werden soll.

Die bevorzugte Formel, mit der Daenerys sich selbst ihrer Identität versichert, lautet: »I am the blood of the dragon.« (*AGOT* 489, 586, 667 usw.)[21] Der hier genannte »dragon« (im Singular) ist freilich in der erzählten Welt nicht greifbar; er kann nicht identifiziert werden mit einer konkreten Instanz der erzählten Welt: nicht mit Daenerys selbst (wie in der Formel des »three-headed dragon«), nicht mit ihrem Vater oder ihren Brüdern, dem Vorfahren Aegon, der Familie der Targaryens, der Ethnie der valyrischen Dragonlords, nicht mit den »dragons« (im Plural). Der singularische »dragon« ist nicht konkretisierbar; er benennt sprachlich eine Entität, die alle genannten Instanzen (und vielleicht weitere) einschließen mag, doch an sich imaginativ unbesetzt bleibt. Und auch die Verbindung »the blood of the dragon« ist als Teil der Prädikation »I am ...« nicht konkret, in eigentlicher Bedeutung, sondern allenfalls in metaphorischer Übertragung sinnvoll. Die Identitätsformel »I am the blood of the dragon« integriert Daenerys somit in eine Entität, der in offener Assoziationsreihe nicht nur verschiedene Instanzen der erzählten Welt (Daenerys, ihre Drachen, Aegon usw.), sondern auch metaphorische Signifikate (welche auch immer, siehe unten) subsumierbar sind und die gleichwohl als körperliche Einheit bezeichnet und gedacht ist. Das »blood of the dragon« bezeichnet eine Entität, an der Daenerys als einem zweiten *Körper* teilhat, der konkrete wie unkonkrete Komponenten einschließt.[22]

Damit erscheint die korporative Einheit des »blood of the dragon« als eine phantastisch-literarische Neuprägung des Konzepts eines *Corpus mysticum*, mit dem in Mittelalter und Früher Neuzeit der Transzendenzbezug des ekklesiologischen *Körpers* Christi und in späterer Übertragung auch des politologischen *Körpers* eines Herrschers rationalisiert wurde (Kantorowicz 1990: 205-241). Ähnlich wie das mittelalterlich-frühneuzeitliche *Corpus mysticum* auf eine Integration von materiellen wie spirituellen, sichtbaren wie unsichtbaren, konkreten wie abstrakten Komponenten, von Immanenz und Transzendenz zielte, schließt auch das »blood of the dragon« zwei Realitätsebenen, eine konkrete und eine metaphorisch bezeichnete, in sich ein. Das »blood of the dragon« lässt sich als eine auf literarisch-phantastische Motivik gestützte Analogie zum ekklesiologischen und

---

21 | Gerade auch in ausgesprochenen Krisensituationen: beim Gang in Drogos Totenfeuer (*AGOT* 804), im Zweifel an ihrem Handeln in Meereen (*ADWD* 166), in ihrer delirierenden Selbstbefragung nach der Flucht von dort (*ADWD* 1029).

22 | Will man die Kombination von Daenerys und ihren Drachen mit Michail Bachtins »theory of grotesque realism« verstehen (Gresham 2015: zitiert 151), muss man die Plausibilisierungsarbeit der Erzählung an ihr ausblenden. Während Bachtins Konzept an Desintegration, Disparität, Polyphonie usw. der Teile einer grotesken Komposition festhalten muss, zielt diese Arbeit auf deren Überwindung: auf die Konstruktion oder Evokation einer korporativen Einheit. Eine Groteske ist Daenerys' Sohn Rhaego (*AGOT* 756), aber der wird tot geboren und dann durch ihre drei Drachenkinder ersetzt (*AGOT* 806).

politologischen *Corpus mysticum* verstehen. Und dass diese Analogie ausdrücklich auch eine transzendenz-analoge Verankerung der korporativen Einheit einschließt, lässt sich an der Art sehen, in der die Erzählung eines der (oben interpretativ erschlossenen) möglichen metaphorischen Signifikate des »blood of the dragon« namhaft macht, ein Signifikat, dessen Bezug auf die Drachen nicht nur sachlich nächstliegend ist, sondern auch begrifflich explizit hergestellt wird: Feuer.[23]

Wenn die Magierin Quaithe Daenerys darüber aufklärt, dass »dragons are fire made flesh« (*ACOK* 426), dann klingt darin die christologische Inkarnationsformel des Johannes-Evangeliums an: »ὁ λόγος σὰρξ ἐγένετο« (*Iohannes* 1,14), »the Word was made flesh« (*King James Bible*), »das Wort ward Fleisch« (Martin Luther). Mittels dieses Anklangs lädt der Text eine gedankliche Ausgliederung der Drachen aus dem Reich der tierischen Natur (»dragons are fire«) semantisch auf mit einer religiösen Konnotation (»fire made flesh«); er verschiebt das potentiell Natürliche ins faktisch Phantastische, das als Analogon zum Religiösen ausgegeben wird. Wenn Quaithe dann noch hinzufügt, dass »fire is power« (*ACOK* 426), wird damit die phantastische Inkarnationsformel rational nachvollziehbarer gemacht, indem mittels der metaphorischen Gleichung von »fire« und »power« der Aussagekern einer *Feuerverkörperung* (»fire made flesh«) durch den Aussagekern einer *Machtverkörperung* (»power made flesh«) ergänzt und so eigentlich erst in eine stimmige Inkarnationsformel übersetzt wird. Auch diese Rationalisierung hat eine Entsprechung in der christologischen Inkarnationsformel des Evangeliums, in der »das Wort« ebenfalls metaphorisch für »Gott« zu stehen scheint: »θεὸς ἦν ὁ λόγος«, »Gott war das Wort.« (*Iohannes* 1,1) In beiden Fällen ginge aber die aus der metaphorischen Erklärung gezogene Schlussfolgerung, dass »fire« lediglich ein Bild für »power«, bzw. »das Wort« lediglich ein Bild für »Gott« wäre, gleichermaßen in die Irre.

Im Evangelium war bereits vor der Inkarnationsformel festgehalten worden, dass »das Wort« einerseits unterschieden von »Gott« und andererseits mit ihm identisch zu denken sei: »ὁ λόγος ἦν πρὸς τὸν θεόν, καὶ θεὸς ἦν ὁ λόγος«, »das Wort war bei Gott, und Gott war das Wort.« (ebd.) Das Evangelium versucht eine metaphorische Erklärung der christologischen Inkarnationsformel mittels sprachlicher Paradoxie (»das Wort« ist ungleich und gleich »Gott«) zu dementieren. Und auch Martins Erzählung strebt eine solche Dementierung an, nicht mittels sprachlicher Paradoxien, sondern mittels imaginativer Konkretisierung. Denn das »fire« der Drachen ist ja nicht (nur) eine Metapher für »power«, sondern (auch) konkret vorhanden und wirksam. Daenerys' Drachen können Feuer speien, und sie können es deshalb, weil sie aus Feuer bestehen: Aus Drogons

---

23 | Vgl. neben dem Folgenden auch Koppelungen wie: »She was the blood of the dragon, and the fire was in her.« (*AGOT* 804); »He [Aemon Targaryen] was the blood of the dragon, but now his fire has gone out.« (*AFFC* 741); indirekt auch »the golden blood [...], the blood of the dragon« (*AGOT* 32); und ähnliches mehr.

Wunde in der Kampfarena von Meereen tritt ebenso »smoke« wie aus seinem Maul, auch sein Blut »was smoking«, sein Gebrüll erzeugt einen »furnace wind«, seine Augen sind »smoldering red pits«, und das Eisen eines aus seinem Körper gezogenen Speeres ist »half-melted« und »glowing« (*ADWD* 764f.).[24] So wie nach christlichem Dogma in Christus *tatsächlich* »the Word was made flesh«, soll man sich auch in den Drachen *tatsächlich* »fire made flesh« vorstellen. Mit Quaithes Formel zum Wesen der Drachen und ihrer imaginativen Konkretisierung wird eine dezidiert christlich-theologische Sprach- und Denkformel nicht nur zitiert, sondern auch nachgebildet. Die Erzählung rationalisiert das Phantasma der Drachen auf theologie-analoge Weise.[25] Und wenn Daenerys angesichts von Drogons verwundetem Körper bestätigt: »He is fire made flesh«, und sich denselben Feuerkörper zuschreibt: »and so am I« (*ADWD* 765), dann überträgt sie mit der phantastischen Inkarnationsformel auch das theologische Analogon auf sich selbst.

Die Funktion der Drachen, den Herrschaftsanspruch der Daenerys zu legitimieren, fundiert Martins Roman darin, dass sie ein politisches *Corpus mysticum* in der Erzählung repräsentieren und anschaulich machen, an dem unter allen Aspiranten auf den Thron der Seven Kingdoms allein Daenerys teilhat. Über ihre Drachenidentität wird ihr ein mittels der Aegon-Parallelen auf die Seven Kingdoms bezogener *politischer* Körper zugeschrieben, dessen motivische Phantastik als Analogon zu christlichen Transzendenzvorstellungen semantisiert ist. Gespiegelt werden darin gedankliche Verfahren einer *Politischen Theologie*, die in Martins Roman freilich keine staatsphilosophisch-diskursive, sondern eine literarisch adaptierte und in motivische Phantastik transponierte ist. In solcher Adaptation und Transposition zeigt sich die Konterdiskursivität der auf die drei Drachen gestützten Legitimation von Daenerys' Herrschaftsanspruch. Und der kulturgeschichtliche Gegenhalt dieser Konterdiskursivität lässt sich nun recht punktgenau illustrieren durch den Bezug auf ein oben bereits hinzugezogenes Beispiel, Thomas Hobbes' *Leviathan*.

3. Die Monstrosität legitimer Herrschaft

Martins Roman vermeidet es, Daenerys' Drachen in eine am *Gut-Böse*-Gegensatz orientierte Wertungsmatrix, sei sie politischer, moralischer oder sonstiger Art, einzuordnen: Die Drachen sind weder *gut* noch *böse*, einerseits alles andere als segensreich und sozialverträglich (vor allem *ADWD* 50), andererseits aber, als Teile und Schützer ihrer aller Menschlichkeit zugetanen *Mother* (vgl. Anmerkung 17), auch nicht Manifestationen eines Prinzips von Menschenfeindlichkeit.

---

24 | Viserions Wunde später ist als »a line of fire« sichtbar, sein Blut ist »dragon's blood, glowing gold and red« (*ADWD* 983).
25 | Das kann man durchaus als eine Form postmoderner »Wiederkehr« des Religiösen »im Phantastischen« (Frenschkowski 2006: 39) ansehen.

Deshalb fügen sich Daenerys' Drachen auch nicht in jene Traditionslinien der europäischen und asiatischen Kulturgeschichte, in denen die Drachenmotivik jeweils auf eine *Gut-Böse*-Matrix bezogen ist: Sie gehören nicht dem breiten europäischen wie vorder- und mittelasiatischen Traditionsstrom an, in dem Drachen als Manifestationen des Chaos oder Teufels gelten;[26] ebenso wenig entsprechen sie ostasiatischen Vorstellungen des Drachen als Wasser- und Fruchtbarkeitsgott und als Symbol segensreicher Kaiserherrschaft;[27] und keineswegs ähneln sie den verharmlosten, *sozialisierten* Drachenversionen in der Jugend- und Populärkultur der letzten Jahrzehnte.[28]

Stimmig fügen Daenerys' Drachen sich hingegen in eine letzte Traditionslinie, die in Europa von Antike bis Früher Neuzeit neben der dominanten Dämonisierung immer wieder greifbar ist: Drachen als Symbole der Inkommensurabilität einer heroischen oder herrscherlichen Potenz. Prominent belegt ist diese Traditionslinie etwa in der Zeugungssage Alexanders des Großen seit Pseudo-Kallisthenes, im Drachentraum der mit Parzival schwangeren Herzeloyde bei Wolfram von Eschenbach oder in der Sage von König Artus, der, wie seit Geoffrey von Monmouth überliefert, nicht nur von seinem Vater Uther mit dem Beinamen »Pendragon«, »capud drachonis [sic!]«, »Drachenhaupt« (*Historia regum Britannie* Kap. 135), den Drachen als heraldisches Zeichen übernommen hatte (*Historia regum Britannie* Kap. 147), sondern auch in einer Traumprophetie durch einen »schrecklichen Drachen«, »terribilem draconem«, repräsentiert wurde (*Historia regum Britannie* Kap. 164). Letzteres, in Thomas Malorys *Le Morte Darthur* (Kap. 5,4: 120f.) durch die englische Tudor-Zeit hindurch verbreitet (Erstdruck 1485), konnten die Tudor-Könige von Heinrich VII. bis Elisabeth I. als ein Mittel gebrauchen, um die eigene Herrschaft im historischen Rückgriff zu legitimieren. Am exponiertesten sichtbar gemacht war dies im Tudor-Königswappen, in dem der walisisch-arthurische Drache eine Halterfigur des Wappenschildes war.[29] Was in diesen Beispielen durch Magie, Traumvision oder heraldische Repräsentation vermittelt wird, bietet *ASOIAF* in faktischer Konkretion: Auch Daenerys' Drachen

---

26 | Vgl. allgemein Röhrich; zur europäischen Tradition vgl. Lecouteux 1982, zum Antagonismus Mensch-Drache vgl. Hammer 2010.

27 | Vgl. de Visser 1913; in Einzelmotiven gibt es vielleicht Einflüsse dieser Tradition: menschliche Drachenmutter (ebd. 89), Drachenritter, (122), Drachenabstammung (123).

28 | Etwa in Michael Endes *Die unendliche Geschichte* (1979), Peter Maffays *Tabaluga-Alben* (seit 1983), Rob Cohens *Dragonheart* (1996) oder DreamWorks' *How to Train Your Dragon* (2010).

29 | Sinnfällig ist diese legitimatorische Funktionalisierung der Artus-Gestalt auch darin, dass Heinrich VII. seinen ein Jahr nach der Krönung erstgeborenen Sohn auf den Namen Arthur taufen ließ. – Überblick über die Tudor-Königswappen am einfachsten in *Wikipedia*, *House of Tudor*; zur Herkunft des Tudor-Drachen Röhrich 1981: 811; zum Tudor-Drachen bei Shakespeare Walker 2015: 84f. Die vielfachen Bezüge der Daenerys-Figur auf Elisabeth I. wären eine eingehende Untersuchung wert (vgl. dazu Alesi 2014).

repräsentieren eine inkommensurable Potenz – eine Macht, die »all the difference« ist, neben der es deshalb, biblisch gesprochen, »auf Erden keine Macht gibt, die ihr verglichen werden könnte«, »non est super terram potestas quae comparetur ei« (*Iob* 41,24).

Mit dieser *unvergleichlichen Macht auf Erden* ist in der *Hiob*-Stelle der »Leviathan« gemeint (*Iob* 40,20), ein mythisches Meeresmonster, dessen Beschreibung auch an geläufige Drachenbilder gemahnen kann. In dem berühmten Titelkupfer zu Thomas Hobbes' *Leviathan* (Erstdruck London, 1651)[30] rahmen das *Hiob*-Zitat und das Titelwort die bildliche Repräsentation des Staates, die somit in Beziehung zu jenem biblischen Monster gesetzt ist. Abgebildet ist aber kein drachenmäßiges Untier, sondern ein Herrscher von menschlicher Gestalt: mit gekröntem Fürstenkopf und einem Körper, der aus unzähligen Menschenfiguren gefügt ist zu wiederum menschlicher Form, deren Hände Königsschwert und Bischofsstab halten. In der offensichtlichen Diskrepanz zwischen Bild und Titel samt *Hiob*-Zitat ist eine Umkodierung des Begriffs Leviathan programmatisch ausgestellt, eine Umkodierung, der wir heute eine diskursgeschichtlich paradigmatische Geltung attestieren: Als eine auf Erden inkommensurable Macht entspricht Hobbes' Staat dem biblischen Leviathan, doch seine Legitimation wird nicht mehr durch eine Verankerung im Bereich des Numinosen und Transzendenten gewonnen, sondern durch Deduktion aus dem Naturrecht menschlicher Selbsterhaltung und -entfaltung. »[T]he Generation of that great Leviathan« wird nicht mehr auf einen göttlichen Willen zurückgeführt, sondern auf eine unter allen Menschen zu aller Nutzen vertraglich vereinbarte Übertragung ihres »Right of Governing my selfe« auf die Institution des »Common-wealth«, den man aus diesem Grund auch als »Multitude so united in one Person« bezeichnen und abbilden kann. Dieser »*Mortall God*, to which wee owe [...] our peace and defence«, ist somit dem christlichen »*Immortal God*« methodologisch in nichts mehr verbunden (Hobbes 1996: II,17, 120).

In Daenerys' Drachen wird der bei Hobbes verabschiedete Transzendenzbezug der Legitimation politischer Herrschaft gedanklich zurückgewonnen und zudem in seine biblische Bildlichkeit zurückübersetzt: Der Leviathan wird aus dem hobbes'schen »Artificiall [sic] Man« (Hobbes 1996: Intr., 9) in ein Monster zurückverwandelt, in ein transzendenz-analog verankertes *Corpus mysticum*, das als »dragon« bezeichnet ist und dessen konkrete Körper »aus übereinanderliegenden Schuppen zusammengefügt« sind, aus deren Mäulern »Feuer herausfahren wie entzündete Fackeln« (*Iob* 41,6.10). Diese Rückgewinnung der monströsen Bildlichkeit der Inkommensurabilität legitimer politischer Herrschaft ist freilich nicht als Ausdruck einer diskursgeschichtlichen Rückwärtsgewandtheit *ins Mittelalter* zu verstehen, sondern als narrative Realisierung einer Möglichkeit, die mit der Auslagerung des politisch Diskursiven in einen phantastisch-literarischen Konterdiskurs einhergeht. In diesem Konterdiskurs wird die Frage, wie sich politische Herrschaft legitimieren lasse, mit einem Imaginären beantwortet, das den

---

30 | Zu Bedeutung, Entwicklung und Wirkung des Titelkupfers vgl. Bredekamp 2012.

Fragenden ganz grundsätzlich auf Potentiale nicht-diskursiver Formen der Legitimierung politischer Herrschaft verweist: auf Möglichkeiten, die in der freien Besetzbarkeit fiktionaler Bilder mit aus diskursiven Ordnungen entwendeten Wertbegriffen gründen, in emotionalen Beteiligungsappellen durch Schrecken und Faszination, Zutrauen und Schauder und ähnlichem, oder in der erzählerischen Aktivierung und Lenkung einer Erfahrung von Alternativität und Ambiguität.

Zum Abschluss noch ein Gedankenexperiment, eine Spekulation zu einer Frage, die besonders die Fangemeinde von *ASOIAF* umtreibt: Wer oder was könnte am Ende wohl »Lightbringer« sein, jenes frühere Schwert des vorzeitlichen Erlöserhelden Azor Ahai, dessen Wiedergänger in der erzählten Welt erwartet wird (*ACOK* 148 und öfter)?[31] Meine spekulative Antwort zielt – wie anders? – noch einmal auf die Drachen.

»Lightbringer«, das ist sprachlich natürlich Luzifer, jener in der lateinischen *Vulgata*-Bibel sogenannte »lucifer«, »Lichtträger«, der den im Osten aufgehenden Morgenstern bezeichnet und deshalb einerseits und ursprünglich auf Christus, den *im Osten* inkarnierten und wiedererwarteten Welterlöser, metaphorisch bezogen worden ist (z.B. Vulgata 1983: II Petri 1,19). Andererseits aber und später wurde die Bezeichnung auch zum Synonym des Teufels, zum *Luzifer* der abendländischen Kulturgeschichte, und zwar aufgrund der allegorisch-exegetischen Identifikation eines als »lucifer« apostrophierten babylonischen Königs, der, »am Morgen aufgestiegen«, nun »vom Himmel gestürzt« und »in die Unterwelt gesunken« sei (ebd.: Isaias 14,12-15), mit dem »wie ein Blitz vom Himmel gestürzten Satan« (Lucas 10,18) wie auch mit dem »Drachen, der auch Teufel und Satan genannt wird« und vom Erzengel Michael »zur Erde geschleudert« werden wird (ebd.: Apocalypsis 12,7-9).[32] Dieser Luzifer wird nun in Martins »Lightbringer«, wie ich spekulieren möchte, wieder auf seinen ursprünglichen Gebrauch als Metapher des Welterlösers zurückgeführt, wobei – und dies ist das Entscheidende – die Spur dieser Rückführung kenntlich gehalten bleibt, in aller Monstrosität.

»Lucifero« heißt der Teufel auch bei Dante (*Commedia*: Inferno 34,89), dem größten aller Großmeister phantastischer Imagination und bildmächtigsten Denker mittelalterlicher transzendenz-basierter Herrschaftslegitimierung (Kantorowicz 1990: 444-486). Dantes unterster Höllenbezirk, Luciferos Heimstatt, ist eine Welt nicht von *Fire*, sondern von *Ice*: wie von Nebel in Nachtdämmerung erfüllt, von kaltem Wind durchbraust, die Menschenseelen gänzlich von Eis bedeckt, sichtbar wie durch Glas (*Commedia*: Inferno 34,4-12). Der Herr über dieses veritable »Land of Always Winter« ist, mit halbem Oberkörper dem Eis entragend (ebd. 29), auch die Quelle des Frostes: Mit sechs riesigen fledermausartigen Flügeln erzeugt Lucifero den Kältewind, der seine Umgebung gefrieren lässt (ebd. 46-52). Sechs Flügel sind es, weil je zwei von ihnen zu den drei Gesichtern gehören, die an

---

31 | Vgl. z.B. *A Wiki of Ice and Fire, Lightbringer/Theories*.
32 | Zu Luzifers biblischen Ursprüngen vgl. Kelly 2002.

Luciferos Kopf zu sehen sind, eines rot, eines weiß-gelb, eines schwarz (ebd. 37-45) – eine Trinitätsparodie, an die nicht nur die Kältequelle, sondern auch die gedankliche Essenz von Dantes teuflischer Eiswelt geknüpft ist. Denn in den Mäulern der drei Gesichter stecken die verdammenswertesten der verdammten Seelen in Dantes Weltentwurf, die drei Erzverräter der Menschheit: der Verräter an Christus Judas sowie die Verräter am Gründer des römischen Kaisertums, die Caesarmörder Brutus und Cassius (ebd. 55-67). Die gedankliche Essenz der teuflischen Eiswelt ist ebenso ihre Gegengöttlichkeit wie die Negation von römisch-imperialer, und für Dante heißt das (vgl. z.B. Purgatorio 6, 76-151): göttlich legitimierter Erdenherrschaft. Und dementsprechend ist der Gegenpol zu dieser Hölle, der äußerste Himmelsbezirk der Gottespräsenz, eine Welt des »Fire«, das Empyreum nämlich, der »Himmel, welcher reines Licht ist« (»ciel ch'è pura luce«, Paradiso 30,39), und die vorgesehene Heimstatt des römischen Kaisers (ebd. 133-138).

Wenn nun in Martins Roman (der ein epischer »Song« zu sein behauptet, wie die »Cantiche« und »Canti« von Dantes Epos) die titelgebende Opposition von *Ice and Fire* analog zu dem in die gleiche Bildlichkeit gekleideten Weltgegensatz der *Commedia* konzipiert sein sollte, wenn also die Romanwelt in den Gegensatz zwischen einem um *Eis, Nacht, Unheil, Verdammnis* gruppierten semantischen Komplex und einem um *Feuer, Licht, Heil, Erlösung* gruppierten Komplex eingespannt sein[33] und zu beiden Komplexen essentiell auch die Abwesenheit bzw. Wiederkehr legitimer politischer Herrschaft gehören sollte, dann hielte dieser Weltentwurf für Daenerys' Drachen eine sehr plausible Funktionsstelle frei: Als inkarniertes Feuer und als Ausdruck wie Werkzeug eines einzig legitimen Herrschaftsanspruchs wären sie prädestiniert dazu, das Licht der Erlösung von der Welt des Eises nach Westeros zu tragen. Das Teuflische ihrer Erscheinung verdankten sie dann einer Rückführung des Luziferischen auf seine ursprüngliche soteriologische Metaphorik, einer Rückführung, die verschränkt wäre mit der oben beschriebenen Rückübersetzung von Hobbes' *Leviathan* in die Bildlichkeit seiner ursprünglichen biblischen Monstrosität. »Lightbringer«, das sind Daenerys' Drachen – sechs Flügel, die keinen Eiswind verbreiten, sondern einen Feuersturm, der das Eis zerschmelzen lässt.

Aber dies setzte wohl die Eroberung der Seven Kingdoms durch Daenerys voraus, auf die der Autor – möge er den Roman zu Ende bringen! – trotz aller herrscherlichen Legitimität der *Mother of Dragons* ja nicht verpflichtet ist.

---

33 | Vgl. Leederman 2015: 194f. – Nur angemerkt sei, dass in der HBO-Verfilmung *GOT* SE 5 EP 8 die Anführerfigur der Others/Wights aus der Welt des Eises auf eine zu meiner Spekulation passende Art ausgetauscht wird: Die zuvor (*GOT* SE 2 EP 10) gezeigte Figur eines weißhaarigen, etwas morbiden Untoten wird von Jon Snow vernichtet und vom Drehbuch in der Anführerposition ersetzt durch eine neue Figur, die nicht nur ausgeprägt diabolische Züge trägt, sondern auch als (möglicher oder alternativer) *Herr der Welt* imposant in Szene gesetzt wird. Die Verfilmung besetzt in der Welt des Eises ausdrücklich auch die Luzifer-Position eines dantesken Weltentwurfs.

Literatur

Alesi, Danielle (2014): Daenerys and Elizabeth I.: Iconic Queens. History behind Game of Thrones. 09.10.2014. 01.03.2016 <http://history-behind-game-of-thrones.com/tudors/daenerys-as-elizabeth-i>.

Assmann, Jan (2000): Herrschaft und Heil. Politische Theologie in Altägypten, Israel und Europa. München, Wien: Hanser.

Bach, Oliver (2014): Zwischen Heilsgeschichte und säkularer Jurisprudenz. Politische Theologie in den Trauerspielen des Andreas Gryphius (Frühe Neuzeit 188). Berlin, Boston: de Gruyter.

Battis, Jes/Susan Johnston (2015): »Introduction: On Knowing Nothing«, in: Battis, Jes/Johnston, Susan (Hg.), Mastering the Game of Thrones. Essays on George R. R. Martin's A Song of Ice and Fire. Jefferson/NC: McFarland, S. 1-14.

van de Bergh, Alexander (2005): Mittelerde und das 21. Jahrhundert. Zivilisationskritik und alternative Gesellschaftsentwürfe in J. R. R. Tolkiens ›The Lord of the Rings‹ (Studien zur anglistischen Literatur- und Sprachwissenschaft 23). Trier: WVT.

Blumenberg, Hans (1988): Die Legitimität der Neuzeit. Erneuerte Ausgabe. 2. Auflage (suhrkamp taschenbuch wissenschaft 1268). Frankfurt a.M.: Suhrkamp.

Böckenförde, Ernst-Wolfgang (1976): »Die Entstehung des Staates als Vorgang der Säkularisation«, in: Böckenförde, Ernst-Wolfgang (Hg.), Staat, Gesellschaft, Freiheit. Studien zur Staatstheorie und zum Verfassungsrecht (suhrkamp taschenbuch wissenschaft 163). Frankfurt a.M.: Suhrkamp, S. 42-64.

Bould, Mark/Vint, Sherryl (2012): »Political Readings«, in: James, Edward/Mendlesohn, Farah (Hg.), The Cambridge Companion to Fantasy Literature. Cambridge: University Press, S. 102-112. http://dx.doi.org/10.1017/CCOL978 0521429597.010

Bredekamp, Horst (2012): Thomas Hobbes, Der Leviathan. Das Urbild des modernen Staates und seine Gegenbilder 1651-2001. 4., korrigierte Auflage (Acta humaniora), Berlin: Akademie-Verlag.

Brittnacher, Hans Richard/May, Markus (2013): »Phantastik-Theorien«, in: Brittnacher, Hans Richard/May, Markus (Hg.), Phantastik. Ein interdisziplinäres Handbuch. Stuttgart, Weimar: Metzler, S. 189-197.

Dante Alighieri (2010-2012): La Commedia. Die göttliche Komödie. Italienisch/Deutsch. Vol.1: Inferno, Vol. 2: Purgatorio, Vol. 3: Paradiso. Hg. Köhler, Hartmut (Reclam Bibliothek). Stuttgart: Reclam.

Durst, Uwe (2001): Theorie der phantastischen Literatur. Tübingen, Basel: Francke.

Frenschkowski, Marco (2006): »Ist Phantastik postreligiös? Religionswissenschaftliche Beiträge zu einer Theorie des Phantastischen«, in: Ruthner, Clemens/Reber, Ursula/May, Markus (Hg.), Nach Todorov. Beiträge zu einer Definition des Phantastischen in der Literatur. Tübingen: Francke, S. 31-51.

Gresham, Karin (2015): »Cursed Womb, Bulging Thighs and Bald Scalp. George R. R. Martin's Grotesque Queen«, in: Battis, Jes/Johnston, Susan (Hg.), Mastering the Game of Thrones. Essays on George R. R. Martin's A Song of Ice and Fire. Jefferson/NC: McFarland, S. 151-169.

Haas, Daniel (2014): »Warum sollte Joffrey moralischen Prinzipien folgen, wenn er das Spiel um Throne bereits gewonnen hat?«, in: Jacoby, Henry (Hg.), Die Philosophie bei Game of Thrones. Das Lied von Eis und Feuer: Macht, Moral, Intrigen. Weinheim: Wiley, S. 144-157.

Hackney, Charles H. (2015): »›Silk Ribbons tied around a sword‹. Knighthood and the Chivalric Virtues in Westeros«, in: Battis, Jes/Johnston, Susan (Hg.), Mastering the Game of Thrones. Essays on George R. R. Martin's A Song of Ice and Fire. Jefferson/NC: McFarland, S. 132-149.

Hahn, David (2014): »Der Tod von Lord Stark. Die Gefahren des Idealismus«, in: Jacoby, Henry (Hg.), Die Philosophie bei Game of Thrones. Das Lied von Eis und Feuer: Macht, Moral, Intrigen. Weinheim: Wiley, S. 69-79.

Hammer, Andreas (2010): »Der heilige Drachentöter. Transformationen eines Strukturmusters«, in: Hammer, Andreas/Seidl, Stephanie (Hg.), Helden und Heilige. Kulturelle und literarische Integrationsfiguren des europäischen Mittelalters. (Germanisch-Romanische Monatsschrift. Beiheft 42), Heidelberg: Winter, S. 143-179.

The Historia regum Britannie of Geoffrey of Monmouth. Vol. 1: Bern, Burgerbibliothek, Ms. 568. Hg.: Wright, Neil. Cambridge: Brewer, 1985.

Hobbes, Thomas (1996): Leviathan. Revised Student Edition. Hg. Tuck, Richard. (Cambridge Texts in the History of Political Thought). Cambridge: Cambridge University Press.

James, Edward (2012): »Tolkien, Lewis and the explosion of genre fantasy«, in: James, Edward/Mendlesohn, Farah (Hg.), The Cambridge Companion to Fantasy Literature. Cambridge: University Press, S. 62-78. http://dx.doi.org/10.1017/CCOL9780521429597.007

Johannes-Evangelium: Novum Testamentum Tetraglotton. Archetypus Graecus cum versionibus Vulgata Latina, Germanica Lutheri et Anglica Authentica. Hg. Theile, Carl G. W., Rudolf Stier. Bielefeld: Velhagen & Klasing, 1858 (Repr. Zürich: Diogenes, 1981).

Kantorowicz, Ernst H. (1990, engl. 1957, 1966): Die zwei Körper des Königs. Eine Studie zur politischen Theologie des Mittelalters. München: Deutscher Taschenbuch Verlag.

Kelly, Henry Ansgar (2002): »Teufel. V. Kirchengeschichtlich«, in: Balz, Horst et al. (Hg.), Theologische Realenzyklopädie. Vol. 33, S. 124-134.

Kersting, Wolfgang (Hg., 1996): Thomas Hobbes, Leviathan oder Stoff, Form und Gewalt eines bürgerlichen und kirchlichen Staates. (Klassiker Auslegen 5). Berlin: Akademie-Verlag.

Lecouteux, Claude (1982): Les monstres dans la littérature allemande du Moyen Age. Contribution à l'étude du merveilleux médiéval. Vol. 1: Étude, Vol. 2:

Dictionnaire, Vol. 3: Documents (Göppinger Arbeiten zur Germanistik 330). Göppingen: Kümmerle.
Leederman, T. A. (2015): »A Thousand Westerosi Plateaus. Wargs, Wolves and Ways of Being«, in: Battis, Jes/Johnston, Susan (Hg.), Mastering the Game of Thrones. Essays on George R. R. Martin's A Song of Ice and Fire. Jefferson/NC: McFarland, S. 189-203.
Malory, Sir Thomas (2004): Le Morte Darthur or The Hoole Book of Kyng Arthur and of His Noble Knyghtes of The Rounde Table. Authoritative Text, Sources and Backgrounds, Criticism. Hg. Shepherd, Stephen H. A. Serie: A Norton Critical Edition. New York, London: Norton.
Röhrich, Lutz (1981): »Drache«, in: Brednich, Rolf Wilhelm (Hg.), Enzyklopädie des Märchens. Vol. 3, S. 787-820.
Rüster, Johannes (2013): »Fantasy«, in: Brittnacher, Hans Richard/May, Markus (Hg.), Phantastik. Ein interdisziplinäres Handbuch. Stuttgart, Weimar: Metzler, S. 284-292.
Schmitt, Carl (2004): Politische Theologie. Vier Kapitel zur Lehre von der Souveränität. 8. Auflage. Berlin: Duncker & Humblot.
Stolleis, Michael (1990): Staat und Staatsraison in der frühen Neuzeit. Studien zur Geschichte des öffentlichen Rechts (suhrkamp taschenbuch wissenschaft 878). Frankfurt a.M.: Suhrkamp.
De Visser, Marinus Willem (1913): The Dragon in China and Japan. Amsterdam: Müller.
Vulgata (1983): Biblia Sacra iuxta vulgatam versionem. Hg. Weber, Robert OSB. 3., verbesserte Auflage. Stuttgart: Deutsche Bibelgesellschaft.
Walker, Jessica (2015): »›Just songs in the end‹. Historical Discourses in Shakespeare and Martin«, in: Battis, Jes/Johnston, Susan (Hg.), Mastering the Game of Thrones. Essays on George R. R. Martin's A Song of Ice and Fire. Jefferson/NC: McFarland, S. 71-91.
Walther, Manfred (Hg., 2004): Religion und Politik. Zu Theorie und Praxis des theologisch-politischen Komplexes. Schriftenreihe der Sektion Politische Theorien und Ideengeschichte in der Deutschen Vereinigung für Politische Wissenschaft 5. Baden-Baden: Nomos.
Warning, Rainer (1999): »Poetische Konterdiskursivität. Zum literaturwissenschaftlichen Umgang mit Foucault«, in: Warning, Rainer, Die Phantasie der Realisten. München: Fink, S. 313-345.
A Wiki of Ice and Fire. Lightbringer/Theories. 08.08.2015. 01.03.2016 <http//awoiaf.westeros.org/index.php/Lightbringer/Theories>.
Wikipedia, the free encyclopedia. House of Tudor. 29.02.2016. 01.03.2016 <https://en.wikipedia.org/wiki/House_of_Tudor>.

Realistische Fantastik
Macht in *ASOIAF*

Peter Seyferth

Realismus und Fantastik sind in der Literatur einander ausschließende Begriffe. ›Realismus‹ ist ein Sammelbegriff, der alles umfasst, was nicht phantastische Literatur ist. Die realistische Literatur zeichnet sich dadurch aus, dass gerade das fehlt, was für die fantastische Literatur und speziell für Fantasy konstituierend ist: dass »magische Dinge in unsere Welt einbrechen« (Le Blanc 2003: 6). Westeros ist zwar nicht unsere Welt, sondern eine andere, aber mit der Zeit brechen dort magische Dinge ein. Insofern ist *ASOIAF* nicht realistisch, sondern fantastisch. Es ist ein Fantasy-Epos. Andererseits hatte sich George R.R. Martin in einem Interview über die schlechte Qualität der Nach-Tolkien-Fantasy beschwert, in der eine Art Disney-Mittelalter entworfen werde. »[W]hat I'd like to do is write an epic fantasy that had the imagination and the sense of wonder that you get in the best fantasy, but the gritty realism of the best historical fiction.« (Martin/Hodgman; vgl. Carroll 2015) Insofern strebt Martin danach, ›realistische‹ Literatur zu schreiben. Allerdings entspricht dieser ›Realismus‹ einer Geisteshaltung, der man besser mit politikwissenschaftlichen als mit literaturwissenschaftlichen Analysen zu Leibe rückt. Denn auch in der Politikwissenschaft wird der Begriff ›Realismus‹ verwendet. Er bezeichnet eine Schule innerhalb des Teilbereiches dieses Faches, der die internationalen Beziehungen erforscht. Ideenhistorische Vorläufer des Realismus sind Thukydides, Niccolò Machiavelli, Thomas Hobbes und Max Weber; gegründet wurde diese Schule von E. H. Carr und Hans Morgenthau; anschließend wurde sie von verschiedenen Theoretikern weiterentwickelt und hält sich bis heute. Es gibt mehrere solcher Schulen, mit je eigener ideologischer Ausrichtung. Der Realismus orientiert sich an der Macht, nicht an der Moral. In *ASOIAF* geht es auffällig oft und eindeutig um Macht, während Moralvorstellungen (sowohl unsere als auch die von Westeros) sehr häufig verletzt werden. Das legt den Schluss nahe, dass Martins Epos auch in politikwissenschaftlicher Hinsicht realistisch ist. Ich werde im Folgenden darstellen, wie Martins Epos von politikwissenschaftlichen Realisten interpretiert wurde – und zu welchen Schlüssen sie hätten kommen müssen, wenn sie den wichtigsten ihrer

Vordenker, Machiavelli, ernst genommen und auf gewisse perspektivische Verzerrungen verzichtet hätten.

1. Realismus in der Politikwissenschaft

Der politikwissenschaftliche Realismus hat den Anspruch, die Wirklichkeit angemessen zu verstehen oder zu erklären; daher auch der Name, der sich vom lateinischen ›realis‹ ableitet: echt, wahr, wirklich. Nun ist es aber so, dass alle Schulen innerhalb der Politikwissenschaft diesen Anspruch haben; keine Schule behauptet von sich, die Wirklichkeit unangemessen oder gar nicht zu verstehen oder zu erklären. Daher ist der Wirklichkeitsbezug kein gutes Distinktionskriterium. Folglich muss man auf eine andere Eigenschaft des Realismus achten: seine spezifische Perspektive. Der politikwissenschaftliche Realismus nimmt typischerweise die Perspektive der Kriegsherren, Könige und Machthaber ein. Auch das ist ›real‹, aber dieses ›real‹ hieß auf lateinisch noch ›regalis‹: königlich.[1] Die Elision des ›g‹ im Spanischen sollte nicht zu Verwechslungen führen. Man denke an Real Madrid – das ist nicht das *echte*, sondern das *königliche* Madrid, wie man am gekrönten Wappen gut erkennen kann. Der Realismus neigt zum ›Regalismus‹ und denkt über Taktiken und Strategien nach, die Könige zur Eroberung und Verteidigung ihrer Macht gebrauchen können. Dabei steht – da der Realismus die Schule nur eines *Teilbereichs* der Politikwissenschaft ist – die durch die Abwesenheit durchsetzbarer Regelwerke strukturierte zwischenstaatliche Sphäre im Mittelpunkt. Die regelbasierte innerstaatliche Ordnung wird dagegen weniger gut ausgeleuchtet (oft wird sie gar als ›Black Box‹ behandelt). Die Seven Kingdoms sind keine Staaten im modernen Sinn, aber *cum grano salis* kann man die Beziehungen zwischen den Anführern von Armeen als ›international‹ bezeichnen. Treuebündnisse und Gefolgschaftsbeziehungen ähneln eher Militärbündnissen zwischen Staaten als gemeinsamer Staatsbürgerschaft, jedenfalls in Bezug auf die Erzwingbarkeit des Gehorsams. Insofern ist der Realismus durchaus ein naheliegendes Werkzeug, *ASOIAF* zu analysieren.

Der Realismus stützt sich auf zwei ideologische Stützpfeiler. Erstens das pessimistische Menschenbild, das vom machthungrigen, zur Gewalt neigenden Individuum ausgeht (›homo homini lupus‹). Diese schon bei Thomas Hobbes (Hobbes 1657: ii [Epistola Dedicatoria]) formulierte Idee zieht ein bestimmtes Verständnis von Macht nach sich, demzufolge jedes Individuum schon der Selbsterhaltung zuliebe versuchen muss, sich über die anderen Individuen zu stellen, um diese (ob mit Gewalt oder Überredung) dazu zu bringen, seinen statt ihren eigenen Interessen zu dienen. Macht wird also verstanden als etwas, das man in geradezu feindschaftlicher Absicht über andere ausübt, und von dem jeder möglichst viel haben möchte – woraus Konkurrenz entsteht (Hobbes 1998: 95). Auf dieser Linie

---

[1] | Auf diesen Zusammenhang hat mich David Graeber gebracht (Graeber 2009: 284f.).

hat Max Weber Macht einflussreich definiert als »jede Chance, innerhalb einer sozialen Beziehung den eigenen Willen auch gegen Widerstreben durchzusetzen, gleichviel worauf diese Chance beruht.« (Weber 1972: 28) Der zweite ideologische Stützpfeiler des Realismus ist die Relativierung der regelbasierten Moral zugunsten einer kalkulierenden Erfolgsorientierung. Das gilt den Realisten aber keineswegs als unmoralisch oder gar antimoralisch; es entspricht eher einer anderen Art von Ethik. Max Weber machte diesen Unterschied idealtypisch deutlich: Einerseits gebe es die *Gesinnungsethik*, bei der es darauf ankommt, moralischen Vorschriften folgend richtig zu handeln. Diese finde man bei Kants kategorischem Imperativ oder in der Bergpredigt. Diese Art Ethik hielt Weber für unangemessen für Politiker; und tatsächlich wird man den Iron Throne nicht durch das Hinhalten der anderen Backe erobern oder halten können. Andererseits gebe es die *Verantwortungsethik*, bei der es auf die Folgen des politischen Handelns ankommt (Weber 1992: 70f.). Die realistische Schule der Politikwissenschaft bezieht nicht nur ihren Machtbegriff, sondern auch diese metaethische Differenzierung und Bewertung von Max Weber. Einer der Begründer des politikwissenschaftlichen Realismus, Hans Morgenthau, drückt das deutlich aus: »Wir nehmen an, daß Staatsmänner im Sinne eines als Macht verstandenen Interesses denken und handeln. Das Zeugnis der Geschichte bestätigt diese Annahme.« (Morgenthau 1963: 51) Auch seine ethische Haltung hat er von Weber: »Es gibt keine politische Moral ohne Klugheit – d.h. ohne Berücksichtigung der politischen Folgen eines anscheinend moralisch vertretbaren Vorgehens. Der Realismus betrachtet diese Klugheit – das Abwägen der Folgen alternativer politischer Handlungen – daher als höchste Tugend der Politik.« (Morgenthau 1963: 56)

Diese Ansichten sind unter den Politikern von Westeros ganz offensichtlich auch weit verbreitet. Dies fiel Politikwissenschaftlern spätestens seit dem Erfolg der Fernsehserie auf. Hier gibt es schon in den frühen Staffeln einige Szenen, in denen ein Weber'sches Machtverständnis mit einer verantwortungsethischen Skrupellosigkeit Hand in Hand geht, die sich gewaltsamer äußert als in den Büchern. Im ersten Buch wird über den geplanten Mord an Daenerys Targaryen beratschlagt, deren ungeborener Sohn eine mögliche zukünftige Gefahr für den Thronanspruch der Baratheons darstellen könnte. Robert wünscht, dass alle getötet werden; Ned Stark hält das für ehrlos. Es steht also Machtkalkül gegen Moral. Varys formuliert eine Variante der Verantwortungsethik: »It is a terrible thing we contemplate, a *vile* thing. Yet we who presume to rule must do vile things for the good of the realm, however it pains us.« (*AGOT* 352) Auch in der Serie spielt sich dieser Dialog Wort für Wort so ab – mit einer wichtigen Ergänzung. Robert reduziert die vielfältigen Machtmittel auf eines, dem er besonders vertraut: Gewalt. »Honor?! I've got Seven Kingdoms to rule! One King, Seven Kingdoms. Do you think honor keeps them in line? Do you think it's honor that's keeping the peace? It's fear – fear and blood.« (SE 01 EP 05) Die Gewaltvariante wird zu Beginn der zweiten Staffel erneut in einer Weise betont, die in den Büchern nicht so eindimensional erscheint. In einem Streit lässt Littlefinger durchblicken, dass er Cerseis und Jaimes Geheimnis kennt – und dass ihn dieses Wissen mächtig macht: »Knowledge is power.« (SE 02 EP 01) Aber Cersei befiehlt den Wachen, Littlefinger zu töten, woraufhin diese sofort zur Tat schreiten wollen. Cersei bricht den Angriff ab und teilt Littlefinger mit: »Power is power.« (SE 02 EP 01) Die sprachliche Feststellung ist tautologisch, aber im Zusammenhang wird das verkürzte Machtverständnis deutlich, dem auch viele heutige Realisten anhängen – wobei das differenziertere Verständnis ihrer Vorläufer verloren geht. Erst seit der Erstausstrahlung der ersten Staffel beginnen Politikwissenschaftler, die ›realistischen‹ Strategien in *GOT* zu analysieren; nur äußerst selten werden auch die Bücher in die Analyse einbezogen. Die Bücher bieten aber Perspektiven, die das zu simple realistische Machtverständnis der politikwissenschaftlichen *GOT*-Interpreten ausbessern können. Daher werde ich mich im übernächsten Abschnitt mit ihnen beschäftigen. Im nächsten Abschnitt referiere ich, wie die realistische Schule Macht in *GOT* versteht.

2. *GOT* IN DER ANALYSE DER REALISTEN

Die von Politikwissenschaftlern entdeckten Parallelen zwischen *GOT* und der realistischen Schule sind zahlreich. Arne Sönnichsen bezieht sich auf den ersten Vorläufer des Realismus: Thukydides, der als Historiker den Peloponnesischen Krieg beschrieben hat. Am Anfang des antiken Texts verteidigen die Athener gegenüber den Spartanern ihre Führungsrolle und die damit verbundenen Anmaßungen und Brutalitäten.

»Und dann zwang uns die Natur der Dinge selbst, unsere Herrschaft in der jetzigen Form auszubauen, hauptsächlich Furcht, dann die Ehre, schließlich auch unser Vorteil; später hätten wir uns nicht mehr sicher gefühlt, nachdem wir bei den meisten verhasst waren, schon einige Abtrünnige unterworfen hatten, auch ihr uns nicht mehr die gleiche Freundschaft zeigtet, sondern Argwohn und Entzweiung, wenn wir da durch Nachgiebigkeit uns selbst gefährdet hätten [...]; das aber ist keinem zu verargen, daß er für die äußerste Gefahr alles nach seinem Vorteil einrichtet.« (Thukydides 1991: 68)

Die Motive für das herrische und brutale Handeln der Athener (wie später aller nach dem realistischen Paradigma handelnden Machthaber) sind folglich Furcht, Ehre und Vorteil. Durch Nachgiebigkeit darf man sich nicht gefährden. Sönnichsen untersucht, ob die daraus folgende Aussage, dass Gerechtigkeit und Ehre ohne Macht wertlos sind, auch auf Westeros zutrifft. Stannis Baratheon erhebt einen legitimen Anspruch auf den Iron Throne, aber das nutzt ihm nichts, wenn er den Anspruch nicht militärisch durchsetzen kann (Sönnichsen 2014: 10). Andererseits hat Joffrey eigentlich keinen Anspruch, aber das macht nichts, weil er ja die Macht der Lannisters hinter sich hat (Sönnichsen 2014: 9) – und eine scheinbare Legitimation über die angebliche Abstammung von König Robert, die

Stannis aber propagandistisch angreift. Auch Furcht als primären Antrieb für eroberndes politisches Handeln entdeckt Sönnichsen sowohl bei Thukydides als auch in *GOT*: Mance Rayders Armee zieht aus Angst vor den Others nach Süden (Sönnichsen 2014: 8).

Machiavelli ist wohl der bekannteste – und auch berüchtigtste – Realist. Er hat in seinem Buch *Il Principe* für Fürsten beschrieben, wie sie an die Macht kommen und dann auch an ihr bleiben. Dabei orientierte er sich an der Geschichte, die seiner Theorie zufolge durch zwei Kräfte angetrieben wird: *virtù* und *fortuna*. Fortuna ist die römische Schicksalsgöttin, die einem Glück oder Pech bringen kann, ohne dass man das sinnvoll beeinflussen könnte. Daher muss sich ein Politiker auf die virtù verlassen. Es ist kaum möglich, eine gute Übersetzung für diesen italienischen Begriff zu finden; er umreißt die mannhafte Tatkraft, die als politische Energie eine erfolgversprechende Eigenschaft von Menschen und Völkern sein kann (Ottmann 2006: 21). Marcus Schulzke betont im Anschluss an Machiavelli, dass sich diese politische Tugend in ganz unterschiedlicher Weise positiv auswirken kann, und illustriert das anhand westerosischer Beispiele: Robert Baratheon ist im Kampf geschickt – das ist seine virtù, die ihm zur Macht verhalf. Petyr Baelishs virtù hingegen ist ganz anders geartet. Er ist nicht geschickt im Kampf, sondern darin, Menschen zu manipulieren. Das funktioniert auch. Und darauf kommt es an: dass es funktioniert. Ned Stark hingegen hat virtus (lat. Tugend); die ethische virtus unterscheidet sich von der politischen virtù wie die Gesinnungsethik von der Verantwortungsethik. Neds regelbasierte Tugendhaftigkeit schwächt ihn im Hinblick auf den politischen Erfolg (Schulzke 2014: 30f.). Ferner ist für Machiavelli das Verhältnis zwischen Herrschern und Untertanen zentral bei der Erringung und Stabilisierung von Herrschaft.

»Daraus ergibt sich die Streitfrage, ob es besser ist, geliebt als gefürchtet zu werden oder umgekehrt. Die Antwort ist, daß man das eine wie das andere sein sollte; da es aber schwerfällt, beides zu vereinigen, ist es viel sicherer, gefürchtet als geliebt zu werden, wenn man schon den Mangel an einem von beiden in Kauf nehmen muss. Denn man kann von den Menschen im allgemeinen sagen, daß sie undankbar, wankelmütig, unaufrichtig, heuchlerisch, furchtsam und habgierig sind [...]. Gleichwohl darf ein Fürst nur so viel Furcht verbreiten, daß er, wenn er dadurch schon keine Liebe gewinnt, doch keinen Haß auf sich zieht; [...] dies wird ihm stets gelingen, wenn er das Eigentum seiner Bürger und Untertanen sowie ihre Frauen respektiert.« (Machiavelli 1993: 129, 131)

Schulzke bezieht diese Überlegungen zunächst auf Joffrey, der dies falsch macht. Wie mit Thukydides, so kann man auch mit Machiavelli feststellen, dass Joffreys Grausamkeiten dazu führen, dass alle ihn hassen: sein Onkel, die Höflinge, das Volk. Das Volk versucht sogar, ihn zu lynchen. Nur durch fortuna wird er gerettet. Wenn ein König aber auf fortuna angewiesen ist, um nicht gelyncht zu werden, dann fehlt es ihm offensichtlich an virtù, er ist folglich kein guter König und bleibt nicht lange König (Schulzke 2014: 35f.). Schulzke kontrastiert diesen

Fall mit Daenerys. Sie macht alles richtig. Ihr Gefolge fürchtet *und* liebt sie. Sie hat die üblichen virtù-Eigenschaften: Sie kann täuschen, sie kann manipulieren, sie kann kalt und grausam entscheiden. Schulzke ist der Ansicht, dass Daenerys daher eine potentielle Siegerin ist – sie könnte am Schluss auf dem Iron Throne sitzen (Schulzke 2014: 42f.).

Thomas Hobbes hat den ›Naturzustand‹ erfunden. Dabei handelt es sich um ein Gedankenexperiment, das schon mit einem Bein in der Fantastik steht. Man stelle sich einen Zustand ohne jede staatliche Autorität vor, in dem genau solche Wesen leben, die dem pessimistischen Menschenbild entsprechen. Aus den (schon von Thukydides aufgezählten) Ursachen Konkurrenz, Misstrauen und Ruhmsucht entsteht ein Krieg aller gegen alle um die Selbsterhaltung; es folgt »beständige Furcht und Gefahr eines gewaltsamen Todes – das menschliche Leben ist einsam, armselig, ekelhaft, tierisch und kurz.« (Hobbes 1998: 96) Diese Gefahr kann man abwenden, indem man miteinander einen Vertrag schließt, in dem man einander verspricht, sich nichts mehr zu tun. Da jeder versuchen würde, diesen Vertrag sofort zu brechen (da es ja nicht auf Regelbefolgung, sondern auf den Handlungserfolg ankommt, für den man auch Regeln brechen kann), wird zugleich ein absolutistischer Souverän eingesetzt, der den Vertrag mit zwingender Gewalt durchsetzt. Dabei wird ein Riesenmonster erschaffen, der ›Leviathan‹, eigentlich ein aus dem Alten Testament (Hiob 40,25-41,26) bekanntes unbesiegbares Seeungeheuer, das Martin der maritimen Fauna und der Heraldik Westeros' hinzufügte (*AFFC* 26, 159, 377, 380, 977; *TWOIAF* 294, 296, 298). Bei Hobbes ist der Leviathan eine aus Menschen zusammengesetzte Superperson, die mit Schwert und Bischofsstab über das Land herrscht und so den Staat symbolisiert. David Hahn hat den Zustand vor der Vereinigung der Seven Kingdoms mit Hobbes' Naturzustand verglichen. Aegons Drache Balerion, genannt ›Black Dread‹, bedroht bei der Unterwerfung alle, doch wenn sich alle unterworfen haben, dann herrscht Ruhe (Hahn 2014: 72). Das ist aus Hobbes' Sicht eine legitime Staatsgründung. Man muss nicht wirklich einen Vertrag schließen (dieser ist ja Teil eines kontrafaktischen Gedankenexperiments), es genügt, dem erfolgreichen Eroberer und Usurpator zu gehorchen, um den Frieden zu erreichen (Hobbes 1998: 155, 159). Macht schafft Ordnung durch Gewalt – das ist die kalte Utopie der Realisten, der auch so manche Westerosi-Politiker (und Fantasy-Fans) anhängen.[2]

Das Muster der Analysen ist klar: Da Figuren in *GOT* so realistisch handeln, handelt es sich bei der Serie um realistische Fantastik. Doch das blieb nicht unwidersprochen. Schon Aristoteles hätte einwenden können, dass Unmoral zwar unter Umständen zur Macht verhelfen möge, dass Macht aber lediglich ein Mittel zur Erreichung von Zielen sei, nicht selbst ein Ziel. Das sei wie mit dem Geld: Nur wenn man es für etwas anderes einsetzen könne, sei es auch etwas wert

---

2 | Es gibt weitere Beispiele für Handlungsmuster, die der realistischen Schule zu entspringen scheinen (vgl. Richard H. Corrigan 2014, W. Alejandro Sanchez 2013); dafür ist hier leider kein Platz mehr.

(Aristoteles 1985: 1096a7). Aristoteles zufolge kommt es auf dieses Etwas an, auf das höchste Gut, nach dem letztlich alle Menschen streben: die Glückseligkeit (Aristoteles 1985: 1095a18). Für die Glückseligkeit wird auch Glück benötigt, aber man erreicht sie nur durch tugendhaftes Handeln (Aristoteles 1985: 1098a16-21). Diese Tugend (griech. ›ἀρετή‹) beinhaltet sowohl moralisch (virtus) als auch politisch (virtù) vortreffliche Eigenschaften; sie umfasst sowohl Gerechtigkeit als auch kriegerische Tapferkeit (Aristoteles 1985: 1129b12-1130a10, 1115b7-1116a9). Daniel Haas unterscheidet in dieser Hinsicht Joffrey und Ned. Joffrey ist zwar mächtig, aber unglücklich. Er führt kein gutes Leben. Andererseits führt Ned ein gutes Leben – bis er an zu viel Macht kommt. Am Ende kommen beide durch politische Intrigen um, und im Rückblick steht Ned viel besser da, weil er aufgrund seiner Tugendhaftigkeit jahrzehntelang hauptsächlich ziemlich glücklich war (Haas 2014: 152-157).[3] Charli Carpenter, ein Vertreter der mit dem Realismus konkurrierenden Schule des Konstruktivismus, argumentiert, dass man sich bei der Politikanalyse an Normen orientieren müsse, da die Normen das prägen, was man für erstrebenswert hält – und das, wofür man sich hält, also die eigene Identität. Das zeige sich in *ASOIAF* an den Erzählperspektiven von unten (Bastarde, Zwerge, Entrechtete usw.) (Carpenter 2012). Alyssa Rosenberg argumentiert, dass es nicht auf die Macht allein ankomme, sondern auch auf die Wirtschaft, die Religion und andere ›softe‹ Faktoren (Rosenberg 2011). Stephen Saideman kritisiert an *GOT*, dass Politik viel zu simpel dargestellt wird, denn in der Wirklichkeit bestimme die Persönlichkeit der Politiker das politische Geschehen sehr viel weniger als in der Serie, die sich aus erzähltechnischen Gründen freilich auf das Handeln von Individuen, nicht auf strukturelle Faktoren konzentriert (die man kaum abfilmen kann) (Saideman 2013). Es dürfte sich also lohnen, Martins Epos nicht schlicht als fantastische Illustration einer politikwissenschaftlichen Schule zu sehen, sondern als die Beschreibung einer Welt, die genau wie die Wirklichkeit nur durch die Kombination mehrerer epistemologischer und methodologischer Herangehensweisen richtig erfasst werden kann. Und wie in der realweltlichen Politikwissenschaft ist keineswegs klar, welche Kombination die richtige ist. Ich biete im Folgenden eine an, die sich vor allem an Machiavelli orientiert, dabei aber ganz unkönigliche Perspektiven ›von unten‹ mit in der Fantasy häufig ignorierten Entwicklungsmöglichkeiten der Geschichte zusammenführt.

---

3 | Haas stützt seine Analyse auf Argumente, die er in Platons *Politeia* gefunden haben will; sein Ziel lässt sich aber besser mit Aristoteles' *Nikomachischer Ethik* erreichen, wo sich diese Argumente tatsächlich finden.

3. Eine wirklichkeitsadäquate Analyse von *ASOIAF*

Im Prolog des ersten Bandes fällt auf, dass der arrogante Ser Waymar Royce den erfahrenen Grenzern Gared und Will etwas befiehlt, und obwohl diese es besser wissen, befolgen sie seine Befehle. Und warum? »The order had been given, and honor bound them to obey.« (*AGOT* 5) Das scheint zunächst eine dämliche (und ›unrealistische‹) Begründung zu sein. Aber es wird aus der Sicht des jungen Will erzählt, und offensichtlich hat dieser zunächst ein Ehrgefühl, das aber schon bald der Angst weicht: »Fear had made him insolent.« (*AGOT* 5) Gehorsam kann man vielleicht mit Angst erzwingen (etwa durch die glaubhafte Drohung, dass Befehlsverweigerer als Deserteure enthauptet werden), aber man kann ihn auch durch Angst wieder verlieren. Da Gehorsam der zentrale Bestandteil der Macht in hierarchischen Gesellschaften ist, muss man seinen Bedingungen nachgehen, um Macht in *ASOIAF* zu verstehen. Hobbes hatte zahlreiche unterschiedliche Mittel »zur Erlangung eines zukünftigen anscheinenden Gutes« als Formen der Macht erkannt, unter anderem Reichtum, Volkstümlichkeit, Leutseligkeit, Klugheit, Adel, Beredsamkeit, Schönheit, aber auch den guten Ruf und vor allem die Fähigkeit, anderen erfolgreich zu befehlen (Hobbes 1998: 66f.). Gerade letzteres ist aber tautologisch. Auch Weber stellte noch fest, dass Macht »soziologisch amorph« ist: »Alle denkbaren Qualitäten eines Menschen und alle denkbaren Konstellationen können jemand in die Lage versetzen, seinen Willen in einer gegebenen Situation durchzusetzen.« (Weber 1972: 28f.) Dies ist eine wichtige und ungelöste Frage, die einigen Figuren des Epos auch bewusst ist. Varys stellt Tyrion das bekannte Rätsel:

»In a room sit three great men, a king, a priest, and a rich man with his gold. Between them stands a sellsword, a little man of common birth and no great mind. Each of the great ones bids him slay the other two. ›Do it,‹ says the king, ›for I am your lawful ruler.‹ ›Do it,‹ says the priest, ›for I command you in the name of the gods.‹ ›Do it,‹ says the rich man, ›and all this gold shall be yours.‹ So tell me – who lives and who dies?« (*ACOK* 67f.)

Tyrion kommt schnell zum Schluss, dass der Ausgang der Situation ganz vom Schwertträger abhängt (*ACOK* 68). Diese Antwort hat subversives Potential, wie Varys bei der nächsten Gelegenheit darstellt: »[Y]et if it is the swordsmen who rule us in truth, why do we pretend our kings hold the power? Why should a strong man with a sword *ever* obey a child king like Joffrey, or a wine-sodden oaf like his father?« (*ACOK* 131) Webers Antwort auf diese Fragen würde lauten: Der Glaube an die Legitimität des Herrschers (Weber 1972: 122, 124; Weber 1992: 8-10); Varys führt auch mehrere Legitimationsgrundlagen auf, weist aber implizit darauf hin, dass diese kontingent sind. »Power resides where men *believe* it resides. No more and no less.« (*ACOK* 132) Diese Antwort ist wohl richtig und damit wirklichkeitsadäquat; aber sie ist insofern ›unrealistisch‹, als sie nicht in den Furchtdiskurs der realistischen Schule passt. Die Perspektive liegt beim Befehlsempfänger, der die grundlegende Entscheidung trifft, wem er gehorcht (falls überhaupt).

Machiavellis Frage nach Furcht oder Liebe der Untertanen stellt ebenfalls die Niederen in den Mittelpunkt; deren Gefühle müssen von den Höheren manipuliert werden, damit die Niederen fügsam werden. Aber welches Gefühl soll erzeugt werden? Darüber sprechen auch Cersei und Sansa.

»›The only way to keep your people loyal is to make certain they fear you more than they do the enemy.‹
›I will remember, Your Grace,‹ said Sansa, though she had always heard that love was a surer route to the people's loyalty than fear. *If I am ever a queen, I'll make them love me.*« (ACOK 848)

Cerseis Maxime ist Herrschaft durch Gewalt. »She would kill half the lords in Westeros and all the common people, if that was what it took to keep him [Tommen] safe.« (AFFC 774) Dazu kommt es aber nicht.[4] Sie ist auch bereit, den Terror der Folter ausführlich einzusetzen, um ein gewünschtes Geständnis zu erhalten (AFFC 827-830). Und sie lehrt ihren Sohn, dass die Schwachen immer die Opfer der Starken sind (AFFC 834) – das hätte sie bei Maester Thukydides lesen können, wenn es den in Westeros gegeben hätte. Andere Lannisters agieren mit Drohungen, die Angst als Handlungsmotivation erzeugen sollen. Drohungen können direkte Gewalteinwirkung unnötig machen, sofern sie glaubhaft sind. Tywin überlegt daher, der Night's Watch die Unterstützung zu entziehen, sofern diese nicht bereit ist, Janos Slynt zum Kommandanten zu machen (ASOS 439f.). Damit Drohungen glaubwürdig sind, müssen sie aber gelegentlich wahr gemacht werden. Daher lässt Tyrion Symon Silver Tongue töten (ASOS 430-432, 440). Auch der Gegner der Lannisters, Stannis Baratheon, setzt bei Machiavellis Frage auf die Furcht als Garant der Herrschaft – anders als sein Bruder Renly, der es darauf angelegt hatte, geliebt zu werden. Stannis glaubt, die Liebe nicht zu benötigen und schreckt daher auch nicht davor zurück, das bisher freie Volk nach dessen Unterwerfung zu demütigen (das erzwungene Niederknien, die Verbrennung der Weirwoods). Das Problem mit der furchtbasierten Macht ist, dass sie davon abhängt, ob man die Furcht aufrechterhalten kann; und das ist schwer, wenn man Schlachten verliert (ACOK 616; ADWD 152).

Eine andere Variante der Machtausübung durch Einwirkung auf das Kosten-Nutzen-Kalkül desjenigen, der gehorchen soll, besteht darin, etwas Angenehmes zu versprechen, anstatt etwas Unangenehmes anzudrohen. Der späte Jaime lehnt das brutale Vorgehen gegen das Volk ab, da es ihm zielführender scheint, die

---

4 | Jedenfalls nicht im Untersuchungsraum dieses Kapitels, also in den ersten fünf Bänden bzw. Staffeln. In der sechsten Staffel kann Cersei demonstrieren, zu welchen Massakern sie bereit ist – und muss lernen, dass extreme Gewaltausübung keineswegs zu mehr Sicherheit oder Macht für den Herrscher führt.

Liebe des Volkes zu gewinnen. Ganz neue Töne – aber er war ganz unten und hat dabei etwas gelernt. Also hält er es für richtig, die Vorräte, die er auch stehlen könnte, zu bezahlen und dem Volk Rechte zu gewähren, die sonst nur dem privilegierten Adel zustehen (*AFFC* 637). Auch seine Schwester Cersei kann auf die Taktik, etwas Angenehmes zu versprechen, zurückgreifen. Allerdings läuft es bei ihr nicht auf Liebe, sondern auf Sex hinaus. Um ihre politische Macht zu stabilisieren, geht sie mit Taena Merryweather of Myr und Ser Osney Kettleblack ins Bett – auch dann noch, als sie sich vor beiden bereits ekelt (*AFFC* 831, 836f.). Die Ökonomie der Macht wird von Lord Wyman Manderly betont, wenn er vorrechnet, welche Belohnungen und Bestrafungen ihm bei welcher Treue winken würden, um sich dann zu entscheiden: Folgt er Stannis, der im Augenblick nichts anbieten und keine glaubwürdige Drohung aussprechen kann, oder folgt er Tywin, der seinen Sohn als Geisel hält und glaubwürdig reiche Belohnungen versprechen kann (*ADWD* 266-274)?

Macht kann aber auch, wie im Prolog des ersten Buches, durch Ehre ausgeübt werden. Dabei wird an das Pflichtgefühl der Untergebenen appelliert; und dieses Pflichtgefühl muss vorher hergestellt werden. Das formale Ritual dafür ist der Treueschwur.[5] Allerdings können mehrere Schwüre einander widersprechende Forderungen nach sich ziehen (Jaimes Dilemma, seinem Vater *und* seinem König gehorchen zu müssen, die einander aber tot sehen wollen), und unter Umständen mag es nötig sein, einen Eid dem Wortlaut nach zu brechen, um ihn dem Geist nach zu erfüllen (Jons vermeintlicher Verrat der Night's Watch bei den Wildlings). Damit im Zweifelsfall der richtige Schwur auf die richtige Weise befolgt wird, sollten Machthaber eine emotionale Verbundenheit herstellen, die die Untergebenen vorübergehend ihre niedere Stellung vergessen lässt. Ned Stark macht das, indem er mit seinen Leuten gemeinsam speist und ihre Unverfrorenheit, ohne ihn anzufangen, als Vernunft bezeichnet, sodass sie ihn mögen müssen (*AGOT* 215). Auf ein ähnlich hohes Ansehen kann sich Catelyn stützen, wenn sie einige Gäste des Inn at the Crossroads an die Treue ihrer Herren zum Haus Tully erinnert, aus dem sie stammt; so verschafft sie sich deren Gehorsam bei der Festnahme Tyrions (*AGOT* 291f.).

Alle bisherigen Fälle betrachten die Macht ›von oben‹: aus der Sicht von Königen oder Fürsten, die drohen und versprechen und sich auf ideologisch untermauerte Treueverhältnisse berufen können. Es gibt aber immer auch die Gegenmacht: die Möglichkeit, sich Befehlen zu entziehen, die Befehle zu verweigern oder den Befehlshaber ganz loszuwerden. Das ist dann eine Macht ›von unten‹. Für sie gibt es zahlreiche Beispiele in *ASOIAF*. Die Tatsache, dass Crasters Frauen

---

5 | Treueschwüre sind so wichtig, dass Martin mehrere davon in *ASOIAF* zitiert: Die Reeds erneuern ihre Vasallentreue vor Bran Stark (*ACOK* 329); Davos Seaworth steigt durch einen neuen Eid zum Lord und zur Hand auf (*ASOS* 499); Gendrys Schwur macht ihn zum Ritter (*ASOS* 540). Die Treueschwüre binden beide Seiten, indem sie beiden Seiten Vorteile versprechen.

ihn nicht umbringen, selbst wenn er besoffen schläft und überall scharfe Äxte herumliegen, ist für Lord Kommandant Mormont rätselhaft (*ACOK* 374f.). Die Erklärung ist die, dass Craster auch schützt. Er ist so eine Art Staat: ein Monster, das Schreckliches tut – aber immer mit der Drohung, dass sonst etwas noch Schrecklicheres passiert. Es geht nördlich der Mauer aber auch anders. »A man can own a woman or a man can own a knife, [...] but no man can own both. Every little girl learns that from her mother.« (*ASOS* 559)[6] So spricht Ygritte, die nicht ›zivilisiert‹ sozialisiert wurde und daher weiß, wie man mit denen, deren Herrschaft auf Furcht basiert, umzugehen hat – wohingegen Jon Snow gar nichts weiß. Mance Rayders ›Karriere‹ enthält ebenfalls ein typisches Beispiel für Gegenmacht in einer hierarchischen, militarisierten Gesellschaft: Er liebt die Freiheit (symbolisiert im Kuss einer Frau und in der freien Wahl der Farbe des Mantels) so sehr, dass er von der Night's Watch desertiert (*ASOS* 104). Das muss eine sehr beliebte Art der Gegenmacht in Westeros sein, da es besonders unnachgiebig bestraft wird und trotzdem immer wieder vorkommt.

Man darf die feudalistische Gesellschaftsstruktur mit Adel und Erbfolgemonarchie nicht als natürlich gegeben sehen – in Westeros ist sie nicht ubiquitär. Das freie Volk kennt keinen König. Zwar wird Mance ›König‹ genannt, aber stets aus der Erzählperspektive von feudalistisch sozialisierten Protagonisten, die sich eine königslose Gesellschaft kaum vorstellen können. Mance wird nicht als ›Your Grace‹ angesprochen, sondern mit seinem Vornamen (*ASOS* 100). Dieser König ist nicht adelig, er wird aufgrund einer bestimmten Qualifikation für bestimmte Aufgaben als Anführer gewählt – hat aber außerhalb seines Kompetenzbereiches keine Macht. Er ist also eher ein Kriegshäuptling als ein König. Sein Sohn würde nicht automatisch ebenfalls Häuptling werden; es sei denn, ihm gelänge es ebenfalls, von den fünf Konkurrenten um die Anführerposition (sofern es sie dann überhaupt gibt) drei umzubringen und die anderen beiden zu unterwerfen. Es gibt keine Erbfolge (*ASOS* 1020). Wir können Mance mit dem Strategos im antiken Athen vergleichen. In der damaligen Demokratie gab es keinen König und noch nicht einmal Wahlen für die üblichen Ämter. Sie wurden zum allergrößten Teil verlost, da man von der gleichen Würdigkeit und Fähigkeit aller Bürger ausging, öffentliche und administrative Aufgaben für ein Jahr zu übernehmen. Die Ausnahme war der Strategos: Er wurde gewählt, da man hier wirklich den Besten brauchte und tatsächlich vorhandene Unterschiede zwischen den Bürgern nicht ignorieren konnte. Er hatte in seinem Wirkungsbereich (Krieg) große Macht und konnte so über das Schicksal des Stadtstaates entscheiden. Aber man konnte ihn auch wieder absetzen. Der ›King Beyond the Wall‹ kommt also ganz ohne Monarchie aus. Außerdem gibt es keinen Landbesitz, keine Ehe und keinen Adel – wichtige Voraussetzungen und Machtressourcen für den Feudalismus fehlen nördlich

---

6 | Für den weiteren Verlauf meines Arguments ist der Rest von Ygrittes Rede ein schöner Einstieg: »And men can't own the land no more'n they can own the sea or the sky. You kneelers think you do, but Mance is going t' show you different.« (*ASOS* 559)

5. Ethik, Moral und Politik

der Mauer. Das freie Volk neigt zu einer Art Selbstregierung: »When we want laws we'll make our own. You can keep your king's justice too, and your king's taxes. [...] We will not kneel to you.« (*ASOS* 1020) Das gilt auch für andere von Natur aus mächtige Wesen nördlich der Mauer: Riesen, Mammuts, Eisbären und Wale kennen keine Könige (*ASOS* 203).

Auch südlich der Mauer üben einige Stämme Selbstverwaltung aus, ohne Fürsten oder Könige. In *ASOIAF* erfährt man ein paar Details aus den Mountains of the Moon. Die dort lebenden Clans »had an absurd notion that every man's voice should be heard in council, so they argued about *everything*, endlessly. Even their women were allowed to speak.« (*AGOT* 608) Aus der Erzählperspektive Tyrions ist das freilich ganz schrecklich, daher möchte er das so schnell wie möglich abschaffen. Es scheint ihm dabei vor allem um die Ineffizienz zu gehen – als ob man nicht auch im Small Council endlos über alles streiten könnte. Wenn man auch den Small Council abschaffen würde, erhielte man einen gänzlich unberatenen König, der kaum gut regieren oder sich lange halten könnte. Über das niedere, dem König unterworfene Volk (die ›Kneeler‹) erfährt man in *ASOIAF* nicht sehr viel, und das wenige muss man sich aus kurzen Aussagen über alle Bücher hinweg zusammenklauben. Das Volk glaubt gerne jedes Gerücht über die Adligen, sofern es nur irgendwie schrecklich ist (*ACOK* 195). Die Adligen und Könige werden immer wieder verflucht – aus gutem Grund (*ACOK* 386, 489f.; *AFFC* 347). Das Volk leidet unter dem Krieg. Das kann man am deutlichsten der Beschreibung der ›broken men‹ entnehmen, die gezwungen werden, an den Schlachten der Fürsten teilzunehmen, bis sie ganz verloren sind (*AFFC* 553-555). »The common people pray for rain, healthy children, and a summer that never ends. [...] It is no matter to them if the high lords play their game of thrones, so long as they are left in peace.« (*AGOT* 233) Es mag dabei durchaus sein, dass die meisten im Volk im gewohnten Rahmen denken und zum König halten, solange er als Schutzherr empfunden wird, und dass sie zu einem Rivalen halten, wenn es unter dem König zu schlimm ist. Es kann der Ruf nach einem Erlöser laut werden; dieser kann religiös oder politisch sein. Daenerys wird immer wieder versprochen, dass sie vom Volk willkommen geheißen wird. Das ist aber die Ansicht weniger hochstehender Höflinge. So entsteht aus den fast ausschließlich elitären Erzählperspektiven des Epos der Eindruck, dass es für das Volk einen Unterschied machen würde, welchen Familiennamen der König trägt. Tatsächlich kennen die einfachen Leute die Lords gar nicht (*AFFC* 550). Das Volk kann sich durchaus auch gewalttätig gegen den König erheben – der Lynchmob hätte Joffrey ja beinahe erwischt. Aeron ›Damphair‹ Greyjoy hofft, dass er das Volk (der Iron Islands) religiös aufstacheln kann, um einen König zu bekommen, der dem alten Glauben an den ertrunkenen Gott anhängt – um also die Königswahl nachträglich gewaltsam von unten umzukehren. »The captains and the kings raised Euron up, but the common folk shall tear him down.« (*AFFC* 617) Auch direkt aus dem (religiös fanatisierten) Volk in King's Landing kommen Umsturzaufforderungen, die die königliche Legitimität an die Einhaltung kirchlicher und moralischer Normen binden wollen: »A king who does not protect his people is no king at all. [...] It is time for all anointed knights to forsake their worldly masters and defend our Holy Faith.« (*AFFC* 594)

In Essos gibt es mehrere Republiken, die einigen Reisenden und Gelehrten aus Westeros in ihrer Funktionsweise bekannt sind. Wichtiger für die Gegenmacht in Westeros sind aber bekanntere politische Praktiken auf dem Kontinent selbst. Eine typische Institution ist die der Wahl, bei der es in der Macht der (oder zumindest einiger) Untertanen liegt, den Herrscher zu bestimmen. Auf Pyke wird ein Königsthing (Kingsmoot) abgehalten, das die bisherige Erbfolgemonarchie durch ein Wahlkönigtum ersetzt. Damit dieses Prozedere als legitim aufgefasst wird, bedarf es einer Tradition. Vor tausenden von Jahren gab es schon einmal ein Königsthing, und es endete in einem Blutbad (*AFFC* 234). Trotz dieses schlechten Vorbilds ist für die Eisenmänner die Wahl eine akzeptable Praxis, wenn die Erbfolge fragwürdig wird (*AFFC* 40). Das Wahlrecht ist beim Thing eingeschränkt, da nur Souveräne wählen können, also eigentlich nur Könige. Aber bei den Eisenmännern gilt jeder Kapitän als ein König (*ASOS* 633). Damit vergleichbar ist der Great Council, der aus der Targaryen-Epoche bekannt ist und als Institution zur Königswahl funktionierte. Den König von Westeros zu wählen ist keineswegs abwegig; Catelyn schlägt es Renly vor: »Let the three of you call for a Great Council, such as the realm has not seen for a hundred years. [...] Let the assembled lords of the Seven Kingdoms choose who shall rule them.« (*ACOK* 501) Außerdem kann ein Great Council auch Regenten ernennen, die anstelle eines für unfähig befundenen Königs regieren. Historisch ist die aus sieben Regenten bestehende Regierung zur Jugendzeit Aegons III. Targaryen belegt, von der mindestens drei per Los vom Great Council gewählt wurden (*TWOIAF* 82-84). Anders als bei diesen aristokratischen Wahlen ist bei der Night's Watch das allgemeine aktive und passive Wahlrecht gebräuchlich: Diese sozusagen ›internationale‹ Organisation, die sich aus Mitgliedern und Gefolgsleuten aller Häuser und ohne Ansehen des Stands oder auch nur der Ehre zusammensetzt, gibt jedem ihrer Mitglieder das gleiche Wahlrecht bei der Wahl des Lord Kommandanten (*ASOS* 1094). Diese Tradition ist sehr alt; die Wahl wurde schon fast tausend Mal durchgeführt (*ASOS* 1075). Und dann gibt es die Citadel der Maester. Sie hat auch so etwas wie einen eigenen Herrschaftsbereich (oder soll man sagen: universitäre Selbstverwaltung?). Der ›Herrscher‹ (d.h. der Seneschal) wird wie die meisten Amtsträger im demokratischen Athen nicht gewählt, da Wahlen voraussetzen, dass Unterschiede zwischen den Kandidaten bestehen und wichtig sind. Wahlen sind Bestenauswahlen und damit eigentlich aristokratisch. Die Citadel setzt stattdessen auf das jährliche Losverfahren (*AFFC* 969). All diese mehr oder minder demokratischen Praktiken werden zur Erzählzeit des Epos in Westeros bereits ausgeübt. Im ›Spiel um die Throne‹ könnten sie eine größere Rolle spielen, als den Spielern bewusst ist.

4. BUNDESREPUBLIK WESTEROS

Das *Spiel* der Throne könnte zuletzt auf das *Ende* der Throne hinauslaufen.[7] Ich berufe mich bei dieser (zugegeben: gewagten) These auf niemand anderen als Niccolò Machiavelli selbst. Man darf sich bei der Machiavelli-Interpretation nicht auf *Il Principe* beschränken, man muss auch die *Discorsi* heranziehen, sein zweites großes Werk. Wer kann sich auf den Iron Throne setzen, wenn er nicht das Glück (fortuna) hat, auf diese Stelle hingeboren zu sein? Das muss jemand mit genug virtù sein, ein *uomo virtuoso*. Dieser virtuose Mann (oder genauso gut eine Frau, wir brauchen Machiavellis Misogynie nicht zu folgen) hat Aufgaben zu erledigen. Die Macht muss nicht nur erobert und gehalten werden, sie muss auch benutzt werden. Es muss ein *Wofür* der Macht geben. Machiavelli sieht zwei Aufgaben vor: Erstens die Einigung des Landes. Der Florentiner denkt an das zersplitterte Italien, aber die Situation in Westeros ist ähnlich genug. Wer auch immer den Iron Throne erobern und lang genug halten kann, muss die Seven Kingdoms wieder vereinen, da sonst kein Friede eintritt. Das muss auf einer Grundlage geschehen, die stärker als die zersplitterte Adeligkeit der Großen Häuser ist. Es liegt nahe, den Zusammenhalt mit der Feindschaft gegenüber den Others zu begründen, denn das ist eine dringende Angelegenheit, ohne deren Erledigung politische Fragen obsolet werden. Sind die Others aber einmal besiegt, dann muss die politische Ordnung auch eine innere Stärke finden, um stabil bleiben zu können. Hier kommt Machiavellis zweite Aufgabe zum Zuge: Der Herrscher muss eine Republik gründen. Das bedeutet, dass das Volk an der Regierung in *irgendeiner* institutionalisierten Weise beteiligt werden muss. Die aristokratische Vermutung, dazu sei das Volk nicht so sehr in der Lage wie ein adliger Alleinherrscher, ist nach Machiavelli grundfalsch:

»Ich widerspreche daher der allgemeinen Ansicht, die behauptet, die Völker wären, wenn sie regieren, unbeständig, veränderlich und undankbar. [...] Denn ein Volk, das selber regiert und eine gute Verfassung hat, wird ebenso beständig, klug und dankbar sein wie ein Alleinherrscher, ja es wird hierin einen Alleinherrscher, selbst wenn er im Ruf der Weisheit steht, noch übertreffen. Andererseits wird ein Alleinherrscher, der nicht an Gesetze gebunden ist, sicherlich in höherem Maße undankbar, wankelmütig und unklug sein als das Volk.« (Machiavelli 1977: 150)

---

[7] | Ich darf daran erinnern, dass all dies im Februar 2016 geschrieben wurde, als mein Kenntnisstand die ersten fünf Bände von *ASOIAF* bzw. die ersten fünf Staffeln von *GOT* umfasste. Wie es tatsächlich ausgeht, weiß ich natürlich nicht (ein Problem, das alle Politikwissenschaftler und Politiker kennen). Martin kann schreiben, was er will. Die sechste *GOT*-Staffel, die während der Korrekturarbeiten an diesem Sammelband ausgestrahlt wurde, lässt noch alles offen. Meine Spekulationen sind noch nicht widerlegt – ich halte sie jetzt (Juli 2016) sogar für plausibler, aber vielleicht sind sie noch nicht feministisch genug.

Die Republik ist – so Machiavelli, der hier Polybius wiedergibt – ein stabiles Regierungssystem, da es ein Mischsystem aus Monarchie, Aristokratie und Demokratie ist. Durch gegenseitige Machtkontrolle des Herrschers, der wenigen Adligen und Reichen und der vielen Gemeinen wird die Instabilität der reinen Regierungssysteme, die den Groll einzelner Schichten nicht produktiv kanalisieren können, vermieden (Machiavelli 1977: 13-15). Machiavellis Vorbild ist die Römische Republik, wie Westeros ein riesiges Reich mit unterschiedlichen Regionen und vergleichbarer Technologie. Auch die Gründungsväter der USA orientierten sich an diesem Modell, als sie sich von dem Königreich lossagten, in dem sich früher die Häuser York und Lancaster bekriegten und in dem sich mit der Zeit eine mehr oder minder geregelte Mitsprache der Lords und Sirs entwickelte, die sich nach und nach in vielen eposwürdigen Kämpfen auf das gemeine Volk ausweitete. Dem westerosischen uomo virtuoso steht freilich Rom nicht als Vorbild zur Verfügung. Dafür gibt es aber die bekannten demokratischen Praktiken in Westeros, die bei einer Verfassungsreform oder Magna Charta oder dergleichen Pate stehen könnten. Die Republik könnte aus administrativen und technologischen Gründen sogar föderalistisch organisiert werden – auch der Feudalismus kennt dieses Prinzip. Wird es zu einer Bundesrepublik Westeros kommen? Eine Demokratie im modernen (oder antiken attischen) Sinne ist nicht zu erwarten. Es mag bei einer konstitutionellen Monarchie mit erweiterten Beratungs- und Beschwerdeinstitutionen bleiben. Dennoch werden Bürgertugenden eine größere Rolle spielen – für eine Republik sind die Neigung zu antiaristokratischen Aufständen und der Wille, seine Angelegenheiten selbst zu regeln, wichtige Kontrollinstrumente. Außerdem gibt es Neuankömmlinge in Westeros, die das Knien von Herzen ablehnen und diesen herrlichen Eigensinn verbreiten könnten. Der Adel, dem das nicht gleich schmecken wird, verliert in den im Epos beschriebenen Reibereien und Kriegen relative Macht – relativ zum gemeinen Volk, auch relativ zur Finanzwirtschaft (verkörpert durch die Iron Bank of Braavos). Da auch in der Republik die Gefahr besteht, dass einer, der gewählt wurde, die Macht missbraucht und sich gegen die Gesetze, denen auch er unterworfen ist, stellt, benötigt man beherzte Männer, die ihn dann ermorden, wie Brutus den Republikvernichter Caesar.[8] Und solche gibt es auch in Westeros, wie Jon Snow am Ende des fünften Bandes zu spüren bekommt (*ADWD* 1000).

Wenn man also prinzipiell im realistischen Paradigma bleibt, das man in Westeros nicht ignorieren kann, dabei aber die Perspektiven der Gegenmacht nicht vergisst und sogar den ›gritty realism‹ akzeptiert, der Monarchien als vergänglich anerkennt, dann kommt man zu dem Schluss, dass zwar Machtkämpfe aus Westeros nie verschwinden werden – möglicherweise aber die Throne und ihre Könige.

---

8 | Machiavelli zählt Brutus daher zu denjenigen, die sich verschworen, »das von ihm [Caesar] geknechtete Vaterland zu befreien« (Machiavelli 1977: 287). Überhaupt ist die erfolgreich durchzuführende Verschwörung der Bürger gegen Tyrannen das zentrale und am ausführlichsten behandelte Thema in den *Discorsi* (III. Buch, 6. Kapitel).

Literatur

Aristoteles (1985): Nikomachische Ethik. Hamburg: Meiner.
Carpenter, Charli (2012): »Game of Thrones as Theory. It's Not as Realist as It Seems – And That's Good«, in: Foreign Affairs. 29. März 2012. <https://www.foreignaffairs.com/articles/2012-03-29/game-thrones-theory> [12.06.2016].
Carroll, Shiloh (2015): »Rewriting the Fantasy Archetype. George R. R. Martin, Neomedievalist Fantasy, and the Quest for Realism«, in: Young, Helen (Hg.), Fantasy and Science Fiction Medievalisms: From Isaac Asimov to A Game of Thrones. Amherst, NY: Cambria, S. 59-76.
Corrigan, Richard H. (2014): »Der Krieg in Westeros und die Theorie vom gerechten Krieg«, in: Jacoby, Henry (Hg.), Die Philosophie bei Game of Thrones. Das Lied von Eis und Feuer: Macht, Moral, Intrigen. Weinheim: Wiley, S. 45-56.
Graeber, David (2009): Direct Action. An Ethnography. Oakland, CA/Edinburgh: AK Press.
Haas, Daniel (2014): »Warum sollte Joffrey moralischen Prinzipien folgen, wenn er das Spiel um Throne bereits gewonnen hat?«, in: Jacoby, Henry (Hg.), Die Philosophie bei Game of Thrones. Das Lied von Eis und Feuer: Macht, Moral, Intrigen. Weinheim: Wiley, S. 144-157.
Hahn, David (2014): »Der Tod von Lord Stark: Die Gefahren des Idealismus«, in: Jacoby, Henry (Hg.), Die Philosophie bei Game of Thrones. Das Lied von Eis und Feuer: Macht, Moral, Intrigen. Weinheim: Wiley, S. 69-79.
Hobbes, Thomas (1657): Elementa Philosophica de Cive. Amsterodami: Ludovicum & Danielem Elsevirios.
Hobbes, Thomas (1998): Leviathan oder Stoff, Form und Gewalt eines kirchlichen und bürgerlichen Staates. Frankfurt a.M.: Suhrkamp.
Le Blanc, Thomas (2003): »Was ist eigentlich Fantasy?«, in: TolkienTimes 2003, S. 6-7.
Machiavelli, Niccolò (1977): Discorsi. Gedanken über Politik und Staatsführung. Stuttgart: Kröner.
Machiavelli, Niccolò (1993): Il Principe. Der Fürst. Italienisch/Deutsch. Stuttgart: Reclam.
Martin, George R. R./Hodgman, John (2011): »Interview on The Sound of Young America«, in: Bullseye. <www.maximumfun.org/sound-young-america/george-r-r-martin-author-song-ice-and-fire-series-interview-sound-young-america> [12.06.2016].
Morgenthau, Hans J. (1963): Macht und Frieden. Grundlegung einer Theorie der internationalen Politik. Gütersloh: Bertelsmann.
Ottmann, Henning (2006): Geschichte des politischen Denkens. Bd. 3/1. Die Neuzeit. Von Machiavelli bis zu den großen Revolutionen. Stuttgart/Weimar: J. B. Metzler.
Rosenberg, Alyssa (2011): »Realpolitik in a Fantasy World. How George R. R. Martin's A Song of Ice and Fire novels explain our foreign policy«, in: Foreign

Policy. 18. Juli 2011. <http://foreignpolicy.com/2011/07/18/realpolitik-in-a-fantasy-world/> [12.06.2016].

Saideman, Stephen (2013): The Game of Thrones and Popular Understandings of International Relations. E-International Relations. 22. März 2013. <www.e-ir.info/2013/03/22/the-game-of-thrones-and-popular-understandings-of-international-relations/> [12.06.2016].

Sanchez, Alejandro W. (2013): »Game of Thrones and State Behavior« E-International Relations. 28. Januar 2013. <www.e-ir.info/2013/01/28/game-of-thrones-and-state-behavior/> [13.06.2016].

Schulzke, Marcus (2014): »Das Spiel um Throne: Lektionen von Machiavelli«, in: Jacoby, Henry (Hg.), Die Philosophie bei Game of Thrones. Das Lied von Eis und Feuer: Macht, Moral, Intrigen. Weinheim: Wiley, S. 29-43.

Sönnichsen, Arne (2014): Political Realism and Popular Culture. An Analysis of the Assumptions of Thucydides and its Reflections in the TV show Game of Thrones. Unveröffentlichte Seminararbeit, Ruhr-Universität Bochum.

Thukydides (1991): Geschichte des Peloponnesischen Krieges. München: dtv.

Weber, Max (1972): Wirtschaft und Gesellschaft. Grundriss der verstehenden Soziologie. Tübingen: J. C. B. Mohr (Paul Siebeck).

Weber, Max (1992): Politik als Beruf. Stuttgart: Reclam.

*»A reader lives a thousand lives
before he dies [...].
The man who never reads
lives only one.«*

6. Das Archiv und die Medienreflexion

Myrish Swamps and Fat Pink Masts
Sexualität in *ASOIAF/GOT* und die Konventionen der Fantasy

Robert Baumgartner

1. SEX IN DER KRITIK

Angesichts der heftigen Diskussionen um die Rolle und Präsentation von Sexualität in der TV-Serie *GOT* (Jonano 2012, Coates 2015, Hatfull 2013, Vineyard 2015) gerät nur zu leicht in Vergessenheit, dass die Romanserie *ASOIAF* ebenso – und auch schon vor Ausstrahlung der TV-Adaption – Kernpunkt einer intensiven, besonders im Internet geführten Diskussion über den Platz von Sexualität in Fantasy-Erzählungen wurde. Ein Blick auf Leser- und Literaturportale wie *Goodreads* (Marvin 2014), Amazon-Rezensionen (Kellerkind 2014), oder Online-Communities für Fantasy-LeserInnen (Elrohir 2005) demonstriert, dass sowohl das Ausmaß, wie auch die Intensität, in der sich die Serie mit Sexualität beschäftigt, auch und besonders genre-affine Leser zu kritischen Bemerkungen anregte – bis hin zu Bewertungen wie »Prädikat: Jugendgefährdend« (ein Kunde 2005).

Abstrahiert lassen sich die Kritikpunkte in drei größere Bereiche gruppieren:

- Der erste Punkt richtet sich grundsätzlich gegen die Integration von Sex und Sexualität im Fantasy-Genre – Sexualität und Fantasy würden nicht zusammengehören.
- Der zweite kritisiert die konkrete Darstellung von Sex(ualität) in den Romanen und die dahinterstehende Poetologie: Die dort vorzufindenden sexuellen Akte seien pornographisch präsentiert, für den Plot unnötig und würden hauptsächlich zur Befriedigung sexuell unausgelasteter Leser eingesetzt.
- Ein dritter Nexus der Kritik beschäftigt sich mit der signifikanten Präsenz von sexueller Gewalt und Vergewaltigung in der Romanserie: Er stellt die Frage, ob die oft unkommentierte Präsentation sexueller Gewalt im Kontext medialer Rückwirkungen eine bestehende *rape culture* (Parenti 2005: 71-81) wenn schon nicht aktiv fördert, so doch naturalisiert.

Diese grundsätzlich produktiven Fragestellungen wurden von der Wissenschaft bislang noch kaum aufgegriffen. Dies mag dem vergleichsweise ›jungen‹ Untersuchungsgegenstand geschuldet sein: seriöse Forschungsarbeiten zu *ASOIAF* existieren trotz dem Erscheinen des ersten Buches im Jahr 1996 erst seit Ende der 2000er Jahre und lassen noch viele Bereiche der Romanserie, ihrer Welt und ihrer Poetologie unerforscht. Trotzdem existieren schon in diesem frühen Stadium einzelne Arbeiten zum Thema, die sich mit spezifischen Aspekten der Sexualität von *ASOIAF* und *GOT* beschäftigen: David C. Nel untersucht so z.B. die unterschiedliche Darstellung von Homosexualität in Romanreihe und TV-Serie (Nel 2015: 205-224), während D. Marcel DeCoste die problematische Überformung von adliger Sexualität durch dynastische Diskurse in Westeros offenlegt (DeCoste 2015: 225-242). Dennoch bleibt der Blick der Forschung besonders im deutschsprachigen Bereich bislang nur ausschnitthaft. Vor allem ein systematischer Blick auf die Rolle von Sexualität in der intradiegetischen Welt, wie auch auf ihre Funktionalisierung in den narrativen Strukturen des Werkes fehlt bislang. Der vorliegende Beitrag kann diese Lücke nicht schließen, möchte sie aber (bis zum Erscheinen detaillierterer Untersuchungen) ausleuchten und die Sexualität(en) der Welt von Eis und Feuer erkunden. Dies geschieht zunächst auf der Ebene der Weltbeschreibung: Ein Blick auf die Verarbeitung und Funktionalisierung von Sexualität in bisherigen Werken und Epochen der Fantasy erlaubt es nicht nur, eventuell vorhandene Traditionen und Vorlagen zu verstehen, sondern weitergehend auch die (positive wie negative) Behauptung zu kommentieren, dass *ASOIAF* Sexualität in einem für das Genre noch nicht dagewesenem Maß präsentiert. Der nächste Abschnitt untersucht die konkrete szenische Präsentation von Sexualität in der Romanreihe und untersucht die Inszenierung und Funktionalisierung der ›Sexszenen von Eis und Feuer‹. Darauf folgt im dritten Abschnitt eine Auseinandersetzung mit der Rolle von sexueller Gewalt und Vergewaltigung in der Romanreihe, besonders im Vergleich zu anderen Texten des (*ASOIAF* von Kritikern wie Lesern zugeordneten) *Dark Fantasy*-Genres.

2. SEXUALITÄT UND DIE WELT DER ROMANE

2.1 Kontextualisierung: Sexualität und die Fantasy

Da sich das Fantasy-Genre organisch aus der Phantastik des 18. und 19. Jahrhunderts entwickelt, ist es notwendig, bei einem Blick auf seinen Umgang mit Sexualität auch diese frühen Wurzeln mit einzubeziehen. Die Phantastikforschung hat die Rolle von Sexualität und Sinnlichkeit in den Texten der klassischen Phantastik umfassend aufgearbeitet. Zahlreiche Aufsätze zu einzelnen Werken sowie thematisch strukturierte Monographien zeichnen das Bild eines Genres, das Sexualität trotz gesellschaftlicher Ächtung durch den Spiegel des Übernatürlichen intensiv verhandelt. Dies beginnt bei den Wurzeln des Genres in Schauerromanen des ausgehenden 18. Jahrhunderts (Matthew Gregory Lewis' *The Monk*, 1796; [Grizelj 2013: 309]) und zieht sich durch die schwarze Romantik (E.T.A. Hofmann, Eichendorff u.a.) sowie die Phantastik des späten 19. Jahrhunderts (Bram Stoker, Le Fanu etc.). Motive, Figuren und Metaphern kreisen um die scheinbar kaum kontrollierbare Macht von Lust, Leidenschaft und Emotionen. In diesem Rahmen funktioniert Sexualität häufig als semantischer Marker, der die Trennlinie zwischen einer normativen und im Modus des ›Realismus‹[1] präsentierten Alltagswelt und den im Wunderbaren verkörperten devianten Begierden und Bedürfnissen festlegt (Simonis 2005: 164-172) Dass sexuelle Devianz in den Texten oft durch die Umkehrung der bürgerlichen Begehrens-Konstellationen präsentiert wird, zeigt das Beispiel der ›liebenden Toten‹ (Théophile Gautier, 1836, Simonis 2005: 168f.). Die tote Braut, die als sinnliche und sexuell aktive Wiedergängerin in das Leben des Protagonisten eintritt und ihn zu sexuellen Ausschweifungen verführt, steht stellvertretend für eine Vielzahl sexuell aktiver Frauenfiguren des Doppel-Typus *femme fatale/femme fantôme*, in denen sich geisterhafte Ungreifbarkeit und sexuelle Dominanz vermischen (Schumacher 2007: 12-15.)

Die Entwicklung von halb-autarken und schließlich vollständig autarken Allotopien, die in der ersten Hälfte des zwanzigsten Jahrhunderts schließlich zur Etablierung der Fantasy führt, wurde von der Forschung in dieser Fragestellung leider kaum begleitet, deshalb hier eine Skizzierung der Lage:

Das Erbe der Phantastik, d.h. die Projektion und Bündelung sexueller Bedürfnisse in meist weibliche Figuren der Alterität, wird zweifellos weitergereicht: Es prägt sowohl die durch z.B. Henry Haggard und Edgar Rice Burroughs angetriebene *Romance*-Tradition wie auch die durch Fritz Leiber und Robert E. Howard etablierte *Heroic Fantasy* (Nicholls 2015). Dort, wo Erotik und Sexualität in den Texten selbst auftreten, erscheinen sie in einer Dichotomie zwischen keuschen Märchenprinzessinnen und ebenso bedrohlichen wie verführerischen Amazonen oder Hexen (Tuttle 2007). Sinnliche Gedanken und Aktivitäten bleiben in den an jugendliche Leser (der 1930er Jahre) gerichteten Werken meist unthematisiert: Ernsthafte emotionale Bindungen oder dauerhafte Beziehungen bleiben für die Protagonisten der episodisch aufgebauten Reihen die seltene Ausnahme, würden sie doch den nächsten Raubzug in einen verbotenen Tempel nur verkomplizieren.

In den parallel entwickelten Werken der frühen *High Fanta*sy, allen voran Tolkiens *The Lord of the Rings* mit seinen Epigonen, nimmt Sexualität angesichts der höheren Priorität des Worldbuildings sowie epischer, moralisch gerahmter Konflikte zwischen Gut und Böse ebenfalls nur eine untergeordnete Rolle ein. Auch nach der Herausarbeitung homoerotischer Lesarten – beispielsweise in den Männerfreundschaften des *Herrn der Ringe* – durch Queer Readings bleiben die

---

1 | Ich folge hier Uwe Durst, der jeden Text als ›realistisch‹ bezeichnet, der »die immanente Wunderbarkeit seiner Verfahren verbirgt« (Durst 2010: 111f.) und sich als objektive Wiedergabe einer intradiegetischen Realität ausgibt. So können auch ›wunderbare‹ Texte ›realistisch‹ sein.

auswertbaren Textstrukturen oberflächlich ebenso heterosexuell wie platonisch geprägt (Saxey 2005: 126f.). Liebe erscheint in Anlehnung an die viktorianisch ›bereinigte‹ Form des Märchens als keusche Zuneigung, die schließlich in der Institution der Ehe ihren sozialen und dynastischen Abschluss findet. Ausnahmen wie die Figur der Schildmaid Eowyn bestätigen die Regel (Maness 1995: 20).

Während die Science-Fiction das Potential ihrer genreinhärenten Strukturmerkmale in den Romanen der *New Wave* ab den 1960er Jahren schließlich auch für Gedankenexperimente und Rekonzeptualisierungen von Sexualität nutzt (Rüster 2013: 155), bleibt die Fantasy deutlich länger in etablierten Genretraditionen verhaftet. Erst ab den 1970er Jahren beginnen einige Autoren vorsichtige Experimente, zunächst nur den Protagonisten komplexere psychologische Profile und damit auch ein sexuelles Innenleben zu verleihen. Dies geschieht zunächst durch die Verknüpfung von Sexualität und narrativem Fluss durch das genre-konstitutive Medium der Magie: So können in Mary Stewarts *Merlin*-Trilogie oder Andre Nortons *Witch World*-Reihe Individuen nur so lange Magie praktizieren, wie sie jungfräulich bleiben (Berry 2004: 127). In Marion Zimmer Bradleys *The Heritage of Hastur* oder Diane Duanes *The Door into Fire* findet das Gegenteil statt: das mit der Pubertät erwachende magische Potential von Individuen kann nur dann erfolgreich genutzt werden, wenn die betreffende Person ihre homo- wie heterosexuellen Bedürfnisse voll auslebt (Marchesani 2002), sich also im Sinne moderner Konzeptionen von Sexualität selbst ›treu bleibt‹. Diese ›Neu-Entdeckung‹ der Sexualität als essentielle Komponente von Individualität wird auch von zynischen Experimenten begleitet. Ein Beispiel wäre John Normans 33-teilige *Gor*-Serie, die zunächst als konventionelle *Heroic Fantasy* funktioniert, jedoch bald in der Entführung und anschließenden Erniedrigung, Folter und sexuellen Versklavung unabhängiger Frauen ihren Hauptinhalt findet. Der zynische Trick dabei: Während dieser Tortur entdecken die Frauen typischerweise, dass ihr wahres Glück in der absoluten Submission gegenüber einem Mann liegt – ihre letztendliche Unterwerfung gegenüber der misogynen Kultur von Gor geschieht durch die Anerkennung eines den Texten eingeschriebenen sexuellen Essentialismus (Fitting 2000: 93).

In den 1980er Jahren wird die von wenigen weiblichen Autoren angestoßene Tendenz zur Integration sexueller Themen in der Fantasy mehrheitsfähig: Eine zunehmende Anzahl von Romanen thematisiert die sexuellen Bedürfnisse und Beziehungen ihrer Protagonisten – eine Tendenz, die durch die Vermischung von Romantik-Literatur und Fantasy noch verstärkt wird und zur Geburt der *Paranormal Romance* führt: Hier werden Magier, Hexen, Werwölfe, Gespenster oder Zombies nicht nur als sexuelle Wesen identifiziert, sondern voll in den Dienst der Erotik gestellt (Berry 2004: 127f.)

Zwischen dem Extrem der *Paranormal Romance*, in der die Genremerkmale der Fantasy oft nur noch als Ornament eines erotischen Plots dienen, und dem einer nach wie vor dezidiert asexuellen *High Fantasy* finden sich heute zahlreiche Variationen, in denen Sexualität in beschränktem Maße in intradiegetische Welten eingelassen wird. Die schon in der Phantastik angesprochene Funktion eines semantischen Trennmarkers taucht hier in verwandelter Form wieder auf: Während die Sexualität positiv gezeichneter Protagonisten und Nebenfiguren in vielen Erzählungen explizit zeitgenössischen Standards entspricht – also ausgeglichene monogame Beziehungen zwischen Erwachsenen thematisiert – werden Antagonisten besonders durch sexuelle Devianz charakterisiert: Sadomasochistische Praktiken, Inzest, sexuelle Ausbeutung und Vergewaltigung gehören zum Inventar zahlreicher düsterer Figuren.[2]

Diese Konzentration auf die düsteren Seiten der Sexualität findet ihren Gipfel im Sub-Genre der *Dark Fantasy*. Mit eklektischen Wurzeln in den Werken von Edgar Allen Poe, H.P. Lovecraft, Robert E. Howard oder Jack Vance sowie konkurrierenden Definitionsversuchen bleibt dieses Subgenre schwer fassbar. Eine der dominierenden Interpretationen charakterisiert es durch die inhaltliche und stilistische Integration von Merkmalen des Horror-Genres in die Sekundärwelten der Fantasy (Stableford 2005: 97). In der Praxis – also Romanen von z.B. Edward Wagner, Michael Moorcock, Stephan R. Donaldson, Terry Goodkind oder Scott Bakker – äußert sich dies in Auftreten von grotesken Monstern, einem düsteren Erzählton und einem Ethos, das sich intensiv mit negativen Aspekten individuellen und gesellschaftlichen Handelns beschäftigt: Gier, Misstrauen, Verrat, Sexismus, Rassismus und Unterdrückung gehören zu den dominierenden Elementen einer solchen Welt (Stableford 2005: 97). Verkörperung dieser negativen Attribute können aus dem Horror bekannte Monster wie Vampire, Hexen oder Werwölfe sein – oder auch der Mensch selbst. So präsentieren vor allem neuere Werke der *Dark Fantasy* ihre Welten als Schauplatz eines grausamen Kampfes Aller gegen Aller, in dem sexuelle Gewalt nicht die Ausnahme, sondern die Regel ist. Dies zeigt sich ebenso in Terry Goodkinds stark mit vergewaltigenden Antagonisten gesättigter *Sword of Truth*-Reihe wie auch in den Arbeiten von Peter Brett und R. Scott Bakkers *Prince of Nothing*-Serie: Dort bedroht das Damoklesschwert der sexuellen Gewalt nicht nur latent alle weiblichen Figuren, die wiederholte Vergewaltigung von Frauen und Männern durch Antagonisten wie Protagonisten wird immer wieder detailliert dokumentiert und als Qualitätsmerkmal ›realistischer‹ Weltstrukturen dargestellt.

---

2 | Beispiele wären Terry Goodkinds *Sword of Truth*-Serie (1997-2008), Storm Constantines *Chronicles of Magravandias*-Serie (1998-2001), Robin Hobbs *Liveship Traders*-Trilogie (1998-2000), Llyod Alexanders *Chronicles of Prydain*-Serie (1964-1968), Anne Mc Caffreys *Dragonriders of Pern* (1978) u.v.a.

2.2 Sexualität von Eis und Feuer

Wie steht es nun um *ASOIAF*? Beginnen wir zunächst auf der Ebene der symbolischen Ordnung, d.h. den sozialen, politischen und ökonomischen Strukturen der Welt: In der Tat ist Sexualität schicht- und kulturenübergreifend selbstverständlicher Teil des Alltagslebens. Nahezu jede Kultur in Westeros und Essos wird neben ihren politischen, militärischen – und bei Martin ebenso zentral kulinarischen – Eigenheiten auch durch ihre sexuellen Institutionen und Normen charakterisiert. Trotz einzelner Ausnahmen wie der nur grob skizzierten, in ihrer Offenheit jedoch an kolonialistische Imaginationen ozeanischer Stammeskulturen erinnernden ›freien Liebe‹ der Summer Islands im tiefen Süden (*AFFC* 749), bleibt die überwiegende Mehrheit der intradiegetischen Kulturen nah an historischen Standards patriarchaler Sexualmoral. Die sexuelle Hauptinstitution bleibt die der monogamen heterosexuellen Ehe. Die Betonung liegt dabei auf *Institution*, denn in der Herkunftsschicht der meisten Reflektorfiguren, also dem feudalen Hochadel, steht Ehe primär für die Verknüpfung von Fortpflanzung und dynastischer Macht. Emotionale und sexuelle Anziehung zwischen Ehepartnern nach dem bürgerlichen Ideal einer Liebesehe entwickelt sich, wenn überhaupt, erst nach Jahren gemeinsamen Ehelebens. Die überwiegende Mehrzahl der politisch geschlossenen Ehen erweisen sich auf sexueller Ebene jedoch als extrem ernüchternd: Ob zwischen dem Exsöldner Bronn und Lollys Stokeworth, zwischen Cersei Lannister und Robert Baratheon und zumindest zu Beginn zwischen Daenarys Targaryen und Khal Drogo: Sexuelle Interaktion ist eine unangenehme und potentiell schmerzhafte Pflicht, keine Erfüllung. Diese Situation findet ihr Extrem in Ramsay Bolton, der seine junge Ehefrau Jeyne Pool bzw. ›Arya Stark‹ sexuell erniedrigt und auf höchst sadistische Weise vergewaltigt (*ADWD* 548f., 747)

Die vergebliche Hoffnung, dass die ›Liebesehe‹ eine produktive Alternative zur systemerhaltenden politischen Ehe darstellen kann, wird durch das spektakuläre Scheitern Robb Starks unterstrichen: Die leidenschaftliche und unüberlegte Eheschließung mit der niederen Adelstochter Jeyne Westerling (*ASOS* 194f.) zerstört nicht nur die aufwändig ausgehandelte Allianz mit den Freys, sondern führt letztendlich zum Tod Robbs und zur Auslöschung des Hauses Stark als politischer Entität in der Red Wedding.

Die feudale Ehe scheint in den Romanen also ähnlich wie in der hochmittelalterlichen Minneliteratur als sekundärer Schauplatz emotionaler und sexueller Erfüllung (Schnell 1985: 134). Kann die auf beiderseitigem Einverständnis basierende außereheliche Begegnung also stattdessen als Hort des Glücks verstanden werden? Auch hier gibt es keine einfachen Antworten. Zunächst zu Beziehungen innerhalb des Adels: Die feudale Ordnung von Westeros macht die weibliche Jungfräulichkeit zum sozioökonomischen Gut. Sie wird streng gehütet, ihr Verlust – oder noch schlimmer das öffentlich sichtbare Zeichen des Verlusts in einer außerehelichen Schwangerschaft – riskiert die Zukunftspläne der Dynastie.

Die Strafmaßnahmen für den Fall einer verbotenen Beziehung sind, wie im Beispiel Lysa Tullys, hart und vor allem gegen die Frau gerichtet: Ihr Vater erzwingt die Abtreibung ihres ungeborenen Kindes mit Petyr Baelish (ASOS 1114) und verheiratet die ›beschädigte Ware‹ schnellstmöglich mit dem sehr viel älteren Jon Arryn. Dass nicht einmal der Hochadel vor der brutalen Durchsetzung sexueller Normen sicher ist, beweist der Fall von Cersei Lannister, die des mehrfachen Ehebruchs angeklagt die öffentliche Erniedrigung des *walk of atonement* (*ADWD* 928-941) über sich ergehen lassen muss. Für Männer gelten diese Regeln nicht: Ihre Aktivitäten sind kaum kontrolliert, eventuell auftretende Bastarde werden unter der Hand an rangniedrige Familien weitergegeben und als mögliche Rückversicherung für plötzliche Todesfälle in den eigenen Reihen genutzt. Die unausgeglichene Machtsituation zwischen Frauen und Männern sowie die strenge soziale Kontrolle innerhalb des Adels sorgen dafür, dass nur die wenigsten der explizit oder implizit angedeuteten Affären zwischen Adligen wirklich die Erfüllung bieten können, welche die politischen Ehen nicht bieten. Es erscheint zutiefst ironisch, dass die inzestuöse Beziehung zwischen Jaime und Cersei Lannister bis zu ihrem endgültigen Scheitern nach mehr als 15 Jahren vielleicht eine der glücklichsten adligen Beziehungen in der Romanreihe darstellt.

Die sozialen und religiösen Normen von Westeros drängen homosexuelles Verlangen ebenfalls an den Rand der Gesellschaft: Angesichts harter Strafen gelingt es nur sehr wenigen mächtigen Persönlichkeiten wie Renly Baratheon und Loras Tyrell, ihre Zuneigung zueinander in höchster Heimlichkeit auszuleben (Nel 2015: 212f.). Außerhalb dieser Ausnahmesituation bleibt vor allem weibliche Homosexualität in den Romanen dabei in einer prekären Randsituation verfangen: Die einzigen Akte gleichgeschlechtlicher (weiblicher) Sexualität bleiben sowohl durch soziale Abhängigkeitsverhältnisse wie auch heterosexuelles Verlangen vorgeprägt. Dies ist sowohl bei Daenerys und ihrer Handmaiden Irri, wie auch bei Königin Cersei und Taena Merryweather der Fall. Beide Vorfälle werden durch die sexuelle Frustration der jeweiligen Herrin über einen Mann ausgelöst und bleiben singuläre Experimente ohne produktiven emotionalen Ausgang (Nel 2015: 209).

Wie steht es um die Möglichkeit einer festen Beziehung oder sogar Eheschließung zwischen Adligen und Nichtadligen? Tyrion Lannisters Biographie liefert ein eingängiges Beispiel. Nach der Aufdeckung der geheimen Hochzeit mit der Kleinbauerntochter Tysha handelt Tyrions Vater Tywin schnell und gnadenlos: die Ehe wird annulliert, Tysha gefangengenommen und von Lannister-Soldaten sowie ihrem traumatisierten Ehegatten serienvergewaltigt.

Die Worte Tywins »Oh, yes. Your first whore [...] She'd learned her place« (*ASOS* 1072f.) demonstrieren, dass es für ihn, wie für viele andere Adlige in Westeros, nur eine mögliche Beziehung zwischen adligen Männern und gemeinen Frauen geben kann: Die der Prostitution. Ob in den wandernden Prostituierten des Nordens, den Straßenprostituierten, Bordellbewohnerinnen und Edelkurtisanen der großen Städte oder den speziell ausgebildeten Sklaven der Sklavenstädte: Prostitution ist trotz ihrer moralischen Verurteilung durch den Faith of the Seven selbstverständlicher

Teil des sozialen Gefüges in Westeros wie Essos und lässt sich in fast jeder vorstellbaren Form und an fast jedem Ort finden. Auch wenn die Romane wenig explizite Kritik am Umgang mit Prostitution üben, machen ihre impliziten Textstrukturen sehr wohl die höchst problematische Figuration des Phänomens klar: Prostituierte werden einerseits von weltlichen wie religiösen Instanzen verurteilt, entrechtet und finanziell ausgebeutet – gleichzeitig sind es aber gerade die höchsten Vertreter jener Instanzen, welche die Dienste der gegängelten Prostituierten exzessiv in Anspruch nehmen. Dies belegt der von einer Hand des Königs gebaute Geheimtunnel zwischen Königspalast und Chatayas Bordell in King's Landing. Auch Tywin Lannisters äußerliches Image des enthaltsamen Witwers und Verächters von Prostitution (*ASOS* 65) wird am Ende von *ASOS* als Heuchelei entlarvt – hält Tywin doch im Geheimen Tyrions Geliebte Shae als Kurtisane (*ASOS* 1070f.). Prostitution bleibt dabei in den Romanen nicht nur das ornamentale Oberflächenphänomen konventioneller Fantasy, welches diejenigen Orte und Figuren, die mit ihm assoziiert sind, automatisch als unmoralisch kennzeichnet – Prostitution ist eine komplexe soziale Struktur, die sich, so problematisch sie auch ist, logisch aus dem gesellschaftlichen Status quo einer patriarchal organisierten Feudalkultur erklärt.

Verbirgt sich das Geheimnis produktiver sexueller Beziehungen also in der Freiheit von ebendiesen kulturellen Rahmenbedingungen? Die egalitäre Kultur des Free Folk jenseits der großen Mauer bietet dafür – trotz der tendenziell gewaltsamen Anbahnung von Beziehungen durch den ritualisierten ›Diebstahl‹ von Frauen durch Männer – eine Möglichkeit: Dies zeigt sich positiv in der leidenschaftlichen und vergleichsweise gleichberechtigten Beziehung zwischen Jon Snow und der Kriegerin Ygritte – welche jedoch wiederum durch die makrostrukturellen politischen Konflikte zwischen den Gesellschaften auf beiden Seiten der Mauer auf tragische und brutale Weise beendet wird.

Um wieder zur ersten Ausgangsfrage zurückzukommen: Welche Rollen und Formen nimmt Sexualität in der intradiegetischen Welt der Romane ein? In *ASOIAF* sehen wir eine Welt, die ihre Sexualität weder verleugnet noch in den Dienst einer simplen Semantisierungsstrategie stellt. Dies spiegelt sich in der Vielzahl an Motivationen sexueller Handlungen: Sei es die Sicherung von Dynastien, Pflichtgefühl, pure Lust, Machterhalt, Langeweile, Sadismus oder die Sicherung des Überlebens – Sexualität ist nie nur unmotiviertes Ornament, sondern verknüpft und bricht das Äußere gesellschaftlicher Normen mit dem Inneren individueller Bedürfnisse. Der Umstand, dass viele Figuren nach erfüllender Sexualität suchen, diese aber gerade aufgrund der vielen sozialen Hindernisse nicht finden können, ist ein ständiges Thema der Romanserie und verbindet sie damit überraschend eng mit den komplexen soziologischen Überlegungen moderner ›Hoch‹-Literatur. Hört *ASOIAF* damit – wie von einigen Kritikern behauptet – auf, Fantasy zu sein? Mitnichten, denn gerade in der Integration so komplexer psychosozialer Phänomene wird das genrekonstitutive Versprechen der Fantasy nach der kohärenten und umfassenden Simulation einer Sekundärwelt wahrgemacht.

3. SZENISCHE DARSTELLUNGEN

Das Wissen um die Bedeutung von Sexualität im Worldbuilding der Romanreihe erleichtert die Analyse der konkreten Präsentation sexueller Aktivitäten in den Romanen. Wie ist diese gestaltet? Lässt sich aus dieser Gestaltung eine spezifische Präsentationstrategie erkennen?

Generell werden in den Romanen nur wenige sexuelle Akte wirklich explizit in einem szenischen Format beschrieben: Viele Gespräche über sexuelle Veranlagungen, Bedürfnisse und Aktivitäten nutzen Umschreibungen, Metaphern oder kurze nüchterne Zusammenfassungen. Werden Geschlechtsteile und Akte expliziter von Figuren genannt, geschieht dies in einem informellen, leicht historisierten Ton: Hauptbegriffe sind hier ›cock‹, ›teats‹, ›cunt‹, jedoch wird ›sex‹ als neutraler Überbegriff ebenfalls häufig verwendet. Eine monopolisierende Bezeichnung ist jedoch nicht vorzufinden, das Sprechen über Geschlechtsteile und sexuelle Akte ist von Figur zu Figur verschieden – man denke an Cerseis Beschreibung von Taena Merryweathers feuchter Vulva als »myrish swamp« (*AFFC* 692) und dagegen Jons schüchterne Umschreibung für Ygrittes Vulva als »what's between [...] your legs« (*ASOS* 364). Dies führt uns zu den konkret beschriebenen Sexszenen der Romane. Platzmangel macht es unmöglich, alle Szenen im Einzelnen zu besprechen, doch sollte die Analyse zweier exemplarischer Szenen ausreichen, die Frage nach ihrer strategischen Rolle in den Romanen tendenziell zu beantworten.

Die erste Szene stammt aus *ASOS* und beschreibt die Hochzeitsnacht von Tyrion Lannister und Sansa Stark aus Sansas Perspektive:

»Septa Mordane said all men are beautiful, find his beauty, try. She stared at the stunted legs, the swollen brutish brow, the green eye and the black one, the raw stump of his nose and crooked pink scar, the coarse tangle of black and gold hair that passed for his beard. Even his manhood was ugly, thick and veined, with a bulbous purple head. This is not right, this is not fair, how have I sinned that the gods would do this to me, how? [...] When the dwarf grimaced, his scar tightened and twisted ... Deprived of passing scenery, she chose to stare at her folded hands, uncomfortably aware of her husband's mismatched eyes.« (*ASOS* 394)

Das zweite Zitat stammt aus *AFFC* und beschreibt die sexuelle Begegnung von Samwell Tarly und Gilly auf der Fahrt nach Süden:

»I said the words, Sam thought again, but one of her nipples found its way between his lips. It was pink and hard and when he sucked on it her milk filled his mouth, mingling with the taste of rum, and he had never tasted anything so fine and sweet and good. If I do this I am no better than Dareon, Sam thought, but it felt too good to stop. And suddenly his cock was out, jutting upward from his breeches like a fat pink mast. It looked so silly standing there that he might have laughed, but Gilly pushed him back onto her pallet, hiked her skirts up around her thighs, and lowered herself onto him with a little whimpery sound. That was even better than her nipples. She's so wet, he thought, gasping. I never knew a woman could get so wet down there. ›I am your wife now,‹ she whispered, sliding up and down on him. And Sam groaned and thought, No, no, you can't be, I said the words, I said the words, but the only word he said was, ›Yes.‹« (*AFFC* 749)

Was wir hier und in den anderen Sexszenen der Romane sehen, hat nur wenig mit den klinisch sauberen und ästhetisch ansprechenden Beschreibungen der Paranormal Romance gemein: Statt romantischer und vor Erotik knisternder Szenen, in denen schöne Menschen ausdauernden und leidenschaftlichen Sex miteinander haben, zeigen die Bücher ambivalente Szenen voll mit unattraktiven oder unkooperativen Partnern, ungeschickten Handlungen oder grotesken Details. Noch zwei Beispiele: Zum einen die alles andere als erotische Szene, in der Jaime und Cersei Lannister nicht nur in einer Kirche, sondern auch während ihrer Periode und neben der aufgebahrten Leiche ihres gemeinsamen Sohnes Joffrey Sex haben (*ASOS* 851f.). Zum anderen das wiederholte und unkommentierte Auftauchen von frühzeitigem Samenerguss: Neben anderen Figuren kommt so auch der epische Kriegsherr Khal Drogo aus Aufregung nach drei Stößen am Ende seiner Geduldsspanne an (*AGOT* 493). Die ungeschickten und grotesken Aspekte, die ausgelebte Sexualität auch in der Realität umfassen kann, werden den Figuren in *ASOIAF* in einem in der Fantasy sonst unbekannten Maß erlaubt. Folglich schafft diese Nähe zu Alltagserfahrungen jenseits der Perfektion auch eine stärkere empathische Verbindung zu den einzelnen Figuren. Sexualität erscheint also sowohl auf der Makroebene gesellschaftlicher Normen wie auch auf der Mikroebene individueller Handlungen eng mit dem Worldbuilding der Romanreihe verknüpft zu sein: Den Sex von Westeros zu kennen, heißt Westeros besser zu verstehen.

Gilt dies auch für Vergewaltigung? Kritiker bemerken nicht ohne Grund, dass Vergewaltigung in den Romanen eine signifikante Rolle spielt. Sie zählen in statistischen Analysen allein in den Romanen mehr als 180 Fälle von versuchter und tatsächlicher Vergewaltigung an 93 Opfern (Tafkar 2015). Die überwiegende Mehrzahl der Opfer ist dabei a) weiblich und b) anonym und fällt plündernden Soldaten, Söldnern oder Deserteuren zum Opfer. Dabei pendelt die sexuelle Gewalt zwischen den Extrempolen der Institutionalisierung auf der einen (Plünderungen von Dothraki und Ironborn) und dem Chaos eines außer Kontrolle geratenen Bürgerkriegs auf der anderen Seite (z.B. *ACOK* 600). Dazwischen finden sich zahlreiche Fälle, die in unterschiedlichem Maße gesellschaftlich beschirmt werden: erzwungener Sex in der Ehe, minderjährige Ehepartner, Prostitution und Sklaverei. Die explizite Kritik an diesen Praktiken ist auch in diesen Fällen selten: Abgesehen von Daenerys Targaryen, die im Zuge ihrer Eroberungen beständig versucht, die sexuellen Verbrechen ihrer Truppen zu begrenzen (*AGOT* 667f.), kümmern sich Adlige und Machthaber kaum um die Verhinderung dieser Verbrechen: Vergewaltigung scheint für sie unvermeidbarer, wenn nicht sogar gewünschter Teil des Kriegsgeschehens zu sein, dient sie doch nicht nur zur Befriedung der eigenen Truppen, sondern auch als psychologische Waffe gegen den Gegner (*ASOS* 718). Dass Daenerys' Versuche, Massenvergewaltigungen zu verhindern, erst durch den Einsatz der durch Kastration und Indoktrination ›entschärften‹ Unsullied teilweise gelingen (während ihre Gegner immer wieder auf Vergewaltigung als Terrorwaffe zurückgreifen) unterstreicht ebenso wie der Umstand, dass Vergewaltigung ebenso von Soldaten der ›guten‹ Seite im Heer Robb Starks begangen wird (*ASOS* 398), dass Vergewaltigung und sexuelle Gewalt gegen Frauen in den Romanen auf der Makroebene als inhärentes Symptom jedes Krieges verstanden werden. Dabei vermeiden die Romane jedoch essentialistische Erklärungsmuster anderer *Dark Fantasy*-Werke: Vergewaltigung ist in *ASOIAF* nicht Teil jedes Krieges, weil Männer biologisch und psychisch zur Vergewaltigung veranlagt wären und diese Triebe nur mühsam unterdrücken – Vergewaltigung ist Teil des Krieges, weil die (sexuelle) Gewalt gegen Frauen (wie Männer[3]) tief im Alltag der patriarchal-feudalen Gesellschaften von Westeros verankert ist. Die in Punkt 2.2 angeführten Beispiele sexueller Ordnungsmaßnahmen können so auch gleichzeitig als Skizzierung der westerosischen *rape culture* verstanden werden.

Diese sicherlich weiter diskutierbare soziopolitische Rahmung des Phänomens jenseits moralischer Semantisierungslinien kann auf der Mikroebene einzelner Figuren nicht vollkommen aufrechterhalten werden: Wenn auch nicht alle ›Helden‹ sexuell vorbildlich handeln, sind doch die negativsten Figuren fast immer gleichzeitig auch sadistische Vergewaltiger. Dies ist sowohl beim Mountain Gregor Clegane (Opfer: Elia Martell, Pia, namenlose Einwohnerinnen von Sherrer, Layna, Jonos Brackens Tochter [Tafkar 2015]), wie auch bei Ramsay Bolton (Opfer: Donella Hornwood, Einwohnerinnen von Winterfell, mehrere Frauen namens Jeyne, darunter auch Jeyne Poole, Helicent, Jez, Alison, Maude, Sara, Willow, namenlose Bauernmädchen [Tafkar 2015]) der Fall. Ihre sexuellen Verbrechen ergänzen ihre übrigen Gewalttaten und markieren damit ihre gesamte Persönlichkeitsstruktur als unrettbar korrumpiert. In den Romanen nur angedeutet, in der TV-Serie jedoch stark ausgebaut wird die selbe Struktur bei Joffrey Baratheon. Während seine Grausamkeiten in den Romanen bis auf eine Drohung gegenüber Sansa (*ACOK* 914) ohne sexuelle Dimension bleiben, verleiht die Serie Joffrey eigenständig eine pathologische Sexualität, die sich im Interesse an sexueller Folter (*GOT* SE 2 EP 4) und schließlich Lustmord (*GOT* SE 3 EP 6) Bahn bricht. Warum die TV-Serie hier wie in zahlreichen anderen Fällen eigenständig die sexuelle Dimension der Romane erweitert und welche Wirkung diese Erweiterung und z.T. auch Übermarkierung auf Rezeption und Interpretation der Erzählung ausüben mag, kann an dieser Stelle nicht weiterverfolgt werden, stellt aber eine höchst relevante Fragestellung für weitere Untersuchungen dar.

---

3 | Vgl. die Biographien von Varys, Theon Greyjoy, und den Unsullied.

4. Fazit und Schluss

Nach dieser Analyse lässt sich als grundsätzliches Resümee festhalten: Weder der Umstand, *dass* Sex in *ASOIAF* überhaupt auftritt, noch die Formen, in denen dort Sexualität gelebt wird, sind für die Fantasy in ihrer heutigen Vielfalt völlig unbekannt. Tatsächlich innovativ ist jedoch das *wie*, also die textstrukturelle Strategie, mit der Sexualität in Alltag und Persönlichkeit aller Figuren verankert wird. Sexualität ist ein essentieller Teil der Welt von Eis und Feuer und verleiht Lesern Wissen über Figuren, Kulturen und deren Diskurse, das nur auf diese Weise vermittelt werden kann.

Literatur

Berry, Jeanine (2004): »It's Only Sex, For Crying Out Loud: Incorporating Romance and Sex in Fantasy«, in: Morris, Tee/Griswold-Ford, Valerie (Hg.), The Complete Guide to Writing Fantasy Fiction: Volume Two, The Fantasy Writer's Companion, Calgary: Dragon Moon, S. 125-146.
Coates, Tyler (2015): »Is the sexual violence on Game of Thrones really necessary?«, in: Decider 18.05.2015. <http://decider.com/2015/05/18/game-of-thrones-too-much-rape/> [22.07.2016].
DeCoste, D. Marcel (2015): »Beyond the Pale? Craster and the Pathological Reproduction of Houses in Westeros«, in: Battis, Jes/Johnston, Susan (Hg.), Mastering the Game of Thrones. Essays on George R.R. Martin's A Song of Ice and Fire, NC: Mc Farland, S. 225-242.
Durst, Uwe (2010): Theorie der phantastischen Literatur, Münster: Lit Verlag.
Ein Kunde (Anonyme Rezension) (2005): »Prädikat Jugendgefährdend.« 27.2.2005. Web. <www.amazon.de/gp/customer-reviews/R26DHKGJ5BPQS6/ref=cm_cr_pr_rvw_ttl?ie=UTF8&ASIN=3442247292> [2.01.2015].
Elrohir (2005): Gewalt und Pornographie im Lied von Eis und Feuer. 18.06.2005. Web. <http://archiv.herr-der-ringe-film.de/showflat.php/Number/2449707> [2.01.2016].
Fitting, Peter (2000): »Violence and Utopia: John Norman and Pat Califia«, in: Utopian Studies. 11.1, S. 91-108.
Grizelj, Mario (2013): »Schauerroman/gothic novel«, in: Brittnacher, Hans Richard/May, Markus (Hg.), Phantastik. Ein interdisziplinäres Handbuch, Stuttgart, Weimar: Metzler, S. 305-318.
Hatfull, Jonathan (2013): Game of Thrones versus Women. 9.6.2013. Web. <www.scifinow.co.uk/blog/game-of-thrones-versus-women> [2.1.2016].
Jonano (2012): Is there too much sex in Game of Thrones? In: Giantbomb.com, 2012. Web. <www.giantbomb.com/forums/off-topic-31/is-there-too-much-sex-in-game-of-thrones-548630> [2.1.2016].

Kellerkind (2014): »Sex statt Fantasy...«, in: Amazon.de 1.10.2014. Web. <www. amazon.de/gp/customer-reviews/R1YW4XMNW5CBGJ/ref=cm_cr_pr_rvw_ ttl?ie=UTF8&ASIN=3442247292> [2.1.2016].

Maness, Kevin (1995): Taming the Wild Shieldmaiden: A Feminist Analysis of Tolkien's ›Heroinsim‹ in The Lord of the Rings. Thesis. Department of English Literature. Philadelphia: University of Pennsylvania.

Marchesani, Joseph (2002): »Science Fiction and Fantasy«, in: Claude J. Summers (Hg.), An Encyclopedia of Gay, Lesbian, Bisexual, Transgender, and Queer Culture. glbtq. Online: 2002 <www.glbtq.com/literature/scifi_fantasy.html> Seit September 2015: <http://web.archive.org/web/20150528020223/www. glbtq.com/literature/scifi_fantasy.html> [1.1.2015].

Marvin Amazon (2014): »A Song of Ice and Fire: Too explicit or just about right?«, in: goodreads.com, 21.11.2014. Web. <www.goodreads.com/topic/show/1104476-a-song-of-ice-and-fire-too-explicit-or-just-about-right> [2.1.2016].

Nicholls, Peter (2015): »Sex«, in: Clute, John, David Langford, Peter Nicholls und Graham Sleig Gollancz (Hg.), The Encyclopedia of Science Fiction. 9.4.2015. Web. <www.sf-encyclopedia.com/entry/sex> [29.12.2015].

Nel, David C. (2015): »Sex and the Citadel: Adapting Same Sex Desire from Martins Westeros to HBO's Bedrooms«, in: Battis, Jes/Johnston, Susan (Hg.), Mastering the Game of Thrones. Essays on George R.R. Martin's A Song of Ice and Fire, Jefferrson, NC: Mc Farland, S. 205-224.

Parenti, Michael (2005): The Cultural Struggle, New York: Seven Stories Press.

Rüster, Johannes (2013): »1945 bis Gegenwart. England, USA«, in: Brittnacher, Hans Richard/May, Markus (Hg.), Phantastik. Ein interdisziplinäres Handbuch, Stuttgart, Weimar: Metzler, S. 151-158.

Saxey, Esther (2005): »Homoeroticism«, in: Eaglestone, Robert (Hg.), Reading the Lord of the Rings. New Writings on Tolkien's Classic, London: Continuum, S. 124-137.

Schnell, Rüdiger (1985): Causa amoris. Liebeskonzeption und Liebesdarstellung in der mittelalterlichen Literatur, Bern, München: Francke.

Schumacher, Katrin (2007): Femme fantôme. Poetologien und Szenen der Wiedergängerin um 1800/1900, Tübingen: Francke.

Simonis, Anette (2005): Grenzüberschreitungen in der phantastischen Literatur. Einführung in die Theorie und Geschichte eines narrativen Genres, Heidelberg: Winter.

Stableford, Brian (2005): The A to Z of Fantasy Literature, Plymouth: Scarecrow Press.

Tafkar (2015): »Rape in ASOIAF vs. Game of Thrones: a statistical analysis«, in: Tumblr.com. 24.05.2015. <http://tafkarfanfic.tumblr.com/post/119770640640/rape-in-asoiaf-vs-game-of-thrones-a-statistical> [1.1.2016].

Tuttle, Lisa (1997): »Gender«, in: Clute, John/Grant, John (Hg.), The Encyclopedia of Fantasy, London: Orbit. Web: <http://sf-encyclopedia.uk/fe.php?nm=gender> [29.12.2015].

Vineyard, Jeniffer (2016): »Game of Thrones Bloggers Debate the Finale, the Future, and Whether It's Worth Sticking With the Show.«, in: Vulture.com. Web. 2.1.2016. <www.vulture.com/2015/06/game-of-thrones-blogger-roundtable.html> [22.06.2015].

Fechten als Strukturelement
Binnennarrative Transformation des Zweikampfes in *ASOIAF*

Matthias Langenbahn

> »[...] Junger Ritter, lern, Gott zu lieben und die Damen zu ehren, so vergrößert sich deine Ehre. Üb Ritterehre, und erlerne die Kunst, die dich schmückt und dir im Kampf ehrenvoll schmeichelt. Alle Kunst hat Länge und Maß.«
> (Hagedorn 2008: 7)

Wie Dierk Hagedorn vorweg ersichtlich macht, besteht ein unmittelbarer Zusammenhang zwischen der historischen europäischen Kampfkunst und einer komplexen Symbolik, in der sich religiöse, philosophische, historische und nicht zuletzt auch literarische Motive summieren. Die Vielzahl von Funktionen lässt sich in der Darstellung des Schwertes als Waffe und Symbol in etlichen phantastischen Werken exemplifizieren. Doch nur den wenigsten gelingt es, eine authentische Aufbereitung mittelalterlicher Kampfkunst zu präsentieren, wie sie durch historische Quellen überliefert ist. Zwar ist letztlich auch die schillernde Größe der Authentizität ein durchaus streitbares Argument in der Auseinandersetzung mit Fantasy-Literatur, doch bei näherer Betrachtung von *ASOIAF* treten unmittelbar Aspekte in Erscheinung, die eine Interpretation der Quellenliteratur historischer Kampfkünste aufzeigen.

Dieser Beitrag will sich mit einer solchen Interpretation befassen. In einem ersten Schritt werden dazu die als *Fechtbücher* bekannten historischen Quellen betrachtet. Dabei fällt auf, dass der mittelalterliche Aspekt der professionellen Ausbildung an der historischen Blankwaffe in zwei miteinander kombinierten Ansätzen erscheint, die einander wechselseitig ergänzen. Mit dem zweiten Schritt werden die Romane Martins unter der Perspektive zweier artverwandter Ansätze betrachtet, die als Analysekriterien für die in den Romanen auftretenden Kämpfe dienen. Diese beiden Positionen lassen sich als narrativer Ansatz und performativer Ansatz verstehen, indem sie Bezug auf die dargestellten Fechtkämpfe der Romanserie nehmen und diese anhand ausgewählter Beispiele kritisch-würdigend betrachten. Schließlich werden in einem dritten und letzten Schritt Konvergenzen und modernisierte Aufbereitung historischer Techniken des Fechtens mit dem Aspekt der fiktionalen Historizität versehen. Mit dieser Analyse kann schlussendlich der Ausblick gegeben werden, historische Kampfkunst als einen Katalysator narrativer und struktureller Prozesse der Fantasy-Literatur zu betrachten.

1. Betrachtung historischer Quellen

Etliche Fechtbücher aus der Zeit zwischen dem 14. und 17. Jahrhundert verweisen auf einen systematischen Lehrkorpus, der den Umgang mit der Blankwaffe auch den nichtadeligen Bevölkerungsschichten zugänglich machte. Die Etablierung von Fechtschulen und -bruderschaften schritt mit der wachsenden Bedeutsamkeit der Städte als florierende Zentren der mittelalterlichen Gesellschaft ebenso einher, wie es die Weiterentwicklung von Rüstungs- und Waffentechnologie tat. Bereits gegen Ende des 14. Jahrhunderts lag mit der wachsenden Verbreitung der Plattenrüstung eine neuartige Rüstungstechnologie vor, welche den Schutz gegen etliche bisher verwendete Waffen erheblich erhöhte. Gleichzeitig etablierte sich mit dem Fechtsystem der Deutschen Fechtschule, das maßgeblich auf Johannes Liechtenauer zurückgeht, ein erster nachweislicher systematisierter Lehrkorpus, der bis weit ins 17. Jahrhundert gelehrt wurde.[1] Seine didaktischen Ansätze bilden den Ausgangspunkt etlicher späterer Fechtbücher und stellen das Fundament der Deutschen Fechtschule dar, aus deren Fortsätzen sich im Weiteren auch spätere Fechtformen wie etwa das studentische Fechten im 19. Jahrhundert und das heutige Sportfechten maßgeblich ableiten lassen.[2] Doch die Wurzeln dieser technischen Ausdifferenzierung liegen in der Deutschen Fechtschule begründet. Hier stellt sich die Frage, was unter Fechtkunst verstanden werden kann.

Wird im Allgemeinen von Fechten gesprochen, so ist damit zumeist das heutige moderne Sportfechten mit Florett, Säbel und Degen bezeichnet sowie das szenische, d.h. Bühnen- oder Filmfechten. Diesen Ansätzen steht das historische Blankwaffenfechten nach der Deutschen Schule entgegen, das sich einerseits anhand der verwendeten Waffen (Langes Schwert oder auch Anderthalbhänder,

---

1 | Auch wenn über Liechtenauer selbst nur wenig bekannt ist und er selbst keine direkten schriftlichen Zeugnisse hinterlassen hat, berufen sich etliche der späteren Fechtmeister und Autoren auf seine Lehre, die er in Merkversen niedergelegt hat, siehe: *Codex GNM 3227a* des germanischen Museums Nürnberg; es handelt sich hierbei um die reine Texthandschrift Liechtenauers, überliefert durch den Pfaffen Hanko Dörbringer.

2 | Bekannt ist, dass das heutige Sportfechten unter anderem auch maßgeblich durch die Italienische und Französische Fechtschule beeinflusst wurde, der sich die Spanische Fechtschule angliedern lässt; die Blütezeit dieser liegt jedoch nach dem historischen Niedergang der Deutschen Fechtschule vor allem im 16. bis zum frühen 19. Jahrhundert (siehe Wittmann 1979).

Langes Messer, Einhandschwert und Dussack), andererseits in seiner Zielsetzung unterscheidet. Diese lag in der spätmittelalterlichen Welt nicht etwa bloß im sportlichen Wettkampf begründet, sondern zeigte sich in der Lehre von Techniken, Taktiken und Handhabung des Schwertes zur Vernichtung eines potentiellen Gegners, vordergründig im gerichtlichen Zweikampf oder Gottesurteil. In dieser Funktion findet sich vor allem bei Hans Talhoffer der Hinweis, dass das Fechten mehr als ein rein sportlicher oder taktischer Technikapparat ist, der dazu genutzt wurde, einen Gegner zu überwinden (Talhoffer 1476: Tafel 68-73, Tafel 104-169, Tafel 242-250).

Dazu stellen Talhoffer und andere Fechtmeister der Deutschen Schule eine Vielzahl von praktisch erlernbaren und theoretisch fundierten Techniken im Umgang mit dem Langen Schwert vor. In den historischen Fechthandschriften tritt die systemische Geschlossenheit nicht als ein hermetischer, kugelartig geschlossener Raum auf, sondern als dynamisches System. Es ermöglicht eine leichte Übertragung auf artverwandte Waffengattungen und veranschaulicht eine Systematik, die die didaktisch strukturierte und chronologische Erlernung des Umgangs mit den gebräuchlichen Waffen der Deutschen Fechtschule erläutert. Für die Zeit, in der das europäische lange Schwert verwendet wurde, ist dies einzigartig.

Einen Eindruck von dieser systemischen Geschlossenheit vermittelt unter anderem die Lektüre der historischen Quellen. So wird in Peter von Danzigs Ausführungen erwähnt:

»[...] Links gehen, und rechts mit Hieben, und links mit [dem] Rechten. Dies heißt, daß du stark fechten sollst. [...] Schlag im Näherkommen [...] Ficht mit dem ganzen Körper, wenn du stark kämpfen möchtest [...].« (Hagedorn 2008: 7f.)

Aus diesen Lehrsätzen resultiert, zusammen mit zahlreichen Illustrationen in den einzelnen Handschriften, das Bild einer umfassenden, technischen Anleitung einzelner Kampftechniken, die mit Bewegungsmustern und theoretischem Hintergrund zum System der Deutschen Fechtschule hinzugezogen werden können.

Dieser methodisch strukturierte Lehrkorpus stellt einen ersten, praxisorientierten Ansatz zur Analyse der Bedeutung des Fechtens in der modernen Fantasy dar. In diesen Kontext eingebettet ist das europäische Schwert längst nicht nur bloße Kriegswaffe, die zur Überwindung eines Gegners Verwendung findet. Vielmehr ist es symbolträchtiger Träger bestimmter kultureller Konventionen, die nicht zuletzt auch in (vornehmlich christlichen) religiösen Motiven wurzeln. Als wirkungsmächtiges Symbol ist das europäische Schwert unlängst zur Gestalt für Gerechtigkeit, Edelmut und Rittertum aufgewertet worden. Kaum ein anderer Gegenstand erscheint so sehr mit romantisierenden Vorstellungen von dem unspezifischen Begriff des ›Mittelalters‹ (Schumacher 2011: 8) aufgeladen wie das europäische Schwert. Literarisch erweist sich diese Darstellung insofern als beachtenswert, als dass Protagonisten der Fantasy zumeist das Schwert als Waffe im Kampf, aber auch als Symbol bevorzugen.

Dieser symbolische Aspekt ist als ein zweiter bedeutsamer Ansatz für die Untersuchung des Fechtens in der modernen Fantasy zu betrachten. Literarische Funktionen wie etwa die des Magischen Helfers lassen sich an etlichen Stellen in Martins Romanzyklus wiederfinden, wie es in der Namensgebung verschiedener Schwerter[3] oder den ihnen zugewiesen Fähigkeiten[4] erkennbar ist.

Als Ausdruck des strebsamen Menschen kann der Fechter des späten Mittelalters zugleich in einer modernen Form als eine Interpretation des *homo ludens*, des spielenden Menschen gesehen werden. Diese historische Dimension zeigt sich in moderner Interpretation, versehen mit den zusätzlichen Charakteristika und Strukturmerkmalen der Narration wie etwa gesellschaftlichem Stand und politischem Einfluss, in Martins Romanen in neuem Gewand.[5]

2. *ASOIAF* ALS SIMULATIONSRAUM

Eingebettet in den phantastischen Kontext verdichten sich die zuvor herausgestellten Ansätze. Mehr noch als im historischen Umfeld selbst werden symbolische Charakteristika des Schwertes im Literarischen wirksam, was an seiner breiten Präsenz in Martins Romanreihe sichtbar wird. Verwenden etliche Charaktere verschiedene Waffen, so ist das Schwert dennoch die meistgenutzte Waffe in Westeros. Auffallend ist hierbei, dass Martin zwischen zunächst zwei Subkategorien von Schwertern differenziert: Einerseits das Zweihänderschwert, das in der Romanserie als Greatsword bezeichnet wird, andererseits das Longsword, mit dem im Sinne der modernen Fantasy ein einhändiges Schwert charakterisiert wird. Im weiteren Verlauf der Romane gesellt sich zu diesen noch ein dritter Typus von Schwertern, die als Shortsword bezeichnet wird hinzu, der vornehmlich an die in der historischen Antike eingesetzten, kurzen Stichschwerter wie etwa den Gladius oder das ägäische Stoßschwert[6] erinnert. Speziell bei den an die Hopliten und römischen Legionäre der Antike erinnernden Unsullied lassen sich

---

3 | Etwa das Schwert ›Ice‹ Eddard Starks oder das Schwert ›Needle‹, welches Arya Stark gehört, zeugen von einem symbolischen Akzent, der zugleich den Charakteristika ihrer Träger Rechnung trägt, vgl. *AGOT*.
4 | So gelten in Martins Westeros Klingen aus valyrischem Stahl als immerwährend scharf, wohingegen aus Obsidian gefertigte Waffen wirksam gegen die Others sein sollen.
5 | Aus den Fechtbüchern der Deutschen Fechtschule geht hervor, dass die in ihnen vorgestellte Art des Fechtens nicht nur eine formelle Ausbildung enthielt, wie sie Adeligen vorbehalten war. Vielmehr wird eindeutig auf die bürgerliche Dimension dieses Fechtens hingewiesen, was den spezifisch spätmittelalterlichen Kontext hervorhebt (Hagedorn 2008: 7).
6 | Mitunter der älteste Fund der Frühform eines derartigen Schwertes befindet sich, seiner Datierung nach strittig, im Deutschen Klingenmuseum Solingen. Das aus Bronze ge-

diese Schwerter finden, die in Kombination mit dem Schild eingesetzt werden und wesentlich kürzer sind als die langen Hiebschwerter aus Westeros. Auch die leichten, dem Seitschwert und Rapier sehr ähnlichen Schwerter aus Braavos, die verstärkt als Stich- und Schnittwaffe eingesetzt werden, können zu den Klingenwaffen von Martins Fantasy-Welt gezählt werden.

Ihre Eigenschaft als Kriegswaffe mit symbolträchtigem Charakter teilen die literarischen Schwerter Martins mit ihren historischen Vorlagen. Dies verkörpert einen narrativen Ansatz, der in Martins Romanreihe mit dem Fechten verbunden werden kann. Durch die Zuordnung bestimmter Charakteristika wie Größe, Körperkraft oder auf besondere Art hervorzuhebende Kampftechniken schafft der Autor differente Illustrationen verschiedener, teils archetypisch anmutender Kämpfer[7], denen im Laufe der Rahmenhandlung oftmals *point-of-view*-Erzählstränge zugeordnet werden. Durch diese betonte Hervorhebung bestimmter Eigenschaften und Charaktere gelingt es, der fechterischen und kämpferischen Fertigkeit dieser Figuren elementare Bedeutung zuzuweisen.

So stellt Gregor Clegane etwa durch seine Körperkraft und -größe einen nicht nur äußerlich beeindruckenden, d.h. monströsen Gegner dar, der trotz einer schweren Rüstung selbst große Waffen wie ein zweihändiges Schwert beinahe mühelos zu führen im Stande ist. Als Vervollkommnung seiner düsteren und bedrohlichen Figur wird ihm zudem die Eigenschaft der Grausamkeit zugewiesen, die ihm einen weithin bekannten Ruf verleiht (*AGOT* 302f.).

Dies spiegelt sich auch in der Umsetzbarkeit derjenigen Techniken wieder, die Martin bei der Verwendung des Schwertes schildert. Vor allem in der Figur des Syrio Forel wird die Umsetzung historischer Techniken des Fechtens mit dem Schwert im monarchischen Westeros besonders nahe an die historische Realität geführt. Bereits Forels Charakteristika lassen auf eine Entsprechung schließen, wie sie vor allem bei Hans Talhoffer vorliegt. Als Fechtmeister stand Forel selbst jahrelang im Dienst des Herrschers von Braavos und wird als ›Dancing Master‹ Arya Starks eingeführt, der ihr die Grundlage des Fechtens, den Waterdance (*AGOT* 225) vermittelt.

Zur Erklärung fährt Forel damit fort, seine Techniken nicht als »hacking and hammering« (*AGOT* 225) zu beschreiben, was den in seinen Augen bloß basalen Kampfstil der westerosischen Gesellschaft bezeichnet, den er scherzhaft als »Knights dance« (ebd.) beschreibt. Mit dieser Bezeichnung gibt er zugleich ein Werturteil über die zwar weitgehend formale und praktisch orientierte Ausbildung in den Sieben Königreichen ab, die er jedoch ihrer ästhetischen Vernachlässigung sowie ihrer auf reinen Krafteinsatz basierenden Umsetzung wegen geringschätzt.

---

gossene Schwert ähnelt stark einem Fund aus Malia/Kreta, datiert um 1700 v. Chr. (Grotkamp-Schepers 2015: 43).

7 | Beispielhaft für derartig hervortretende Rollen sind Gregor Clegane, Jaime Lannister, Loras Tyrell und auch Brienne of Tarth.

Darin drückt sich zugleich der technisch hohe und fortgeschrittene Anspruch aus, den Forel seiner Schülerin vermittelt. Indem er darauf hinweist, dass sich der Braavos-Dance vom »Dance of Westeros, the Knight's dance« (*AGOT* 225) unterscheidet, intendiert er die gleichen Elemente, die auch innerhalb der Deutschen Fechtschule tradiert werden: Weniger sind es überlegene physische Kraft und hohe Kondition, die einen mittelalterlichen wie modernen Fechter als Sieger hervorgehen lassen, vielmehr ist es der Aufbau einzelner Techniken, die in adäquatem Zusammenspiel eingesetzt den Ausgang eines Kampfes mitentscheiden.

Zwar spielen überlegene Physis und körperliche Leistungsfähigkeit eine große Rolle, doch nehmen sie nicht die zentrale Position in der Vielzahl der Faktoren ein, die einen Kampf entscheiden. Zu jeder Technik existiert eine Gegentechnik, die, im richtigen Moment eingesetzt und konsequent ausgeführt, den Verlauf eines Kampfes kippen kann. Dies zeigt sich deutlich bei der Betrachtung von Techniken der Deutschen Fechtschule, die sich auf das Lange Schwert, das oftmals auch als Anderthalbhänder bezeichnet wird, konzentrieren.[8] Das Lange Schwert wird in aller Regel zweihändig geführt, doch kann es im Verlauf eines Kampfes zu Situationen kommen, in denen die Waffe nur mit der Schwerthand, schulmäßig üblicherweise der rechten Hand, geführt wird. Dies tritt vor allem auf, wenn in sehr engen Raumverhältnissen oder aber in unmittelbarer Nahdistanz zum Gegner gefochten wird.

Hierbei kommen Hebel-, Griff- und Wurftechniken zum Einsatz, die das Schwert in seiner Funktion als Hiebwaffe einschränken, um eine oder beide ambivalenten ›Wunder‹[9] als Stich- und Schnittwaffe zu betonen. Alternativ konnte, im Kampf in enger Mensur, die in der Deutschen Schule den Abstand beider Fechter zueinander bezeichnet (Abart 2008: 93), das Schwert im Halbschwert geführt werden, was als eine bevorzugte Technik gegen schwer gepanzerte Gegner gilt. Die erhoffte Wirkung hierbei ist es, Gegner zu Fall zu bringen oder der Stoßwirkung eines Stichs genügend Kraft zu verleihen, um Plattenpanzer zu durchdringen.[10] Dies macht ebenso Elemente des Schwertes wie etwa Parierstange und Knauf als Waffe nutzbar, die dazu verwendet werden, die Rüstung zu deformieren und explizit Gelenkstellen zu beschädigen.

---

8 | Die oftmals gebräuchliche Bezeichnung Bastardschwert leitet sich als eine umgangssprachlich bekannte Benennung des Langen Schwertes ab, die jedoch historisch nur unzureichend fundiert ist. Typischerweise werden historisch damit kurze Einhandklingen mit zweihändigem Griff bezeichnet.

9 | Hiermit ist in der mittelhochdeutschen Terminologie die ›Verwunder‹, die Arten, den Gegner zu verwunden, gemeint.

10 | Herbert Schmidt schildert in seinem Lehrbuch zum modernen Training mit dem langen Schwert eindrucksvoll die Verwendung des sogenannten Halbschwerts als Führungsstil der Waffe, bei der die zweite Hand des Fechters in die Klinge greift, um das Schwert zu führen (Schmidt 2011).

Durch die Angleichung derartiger technischer Ausrichtungen, die sich nicht zuletzt auch an der Ausrüstung der beiden Kämpfenden orientieren, sowie der verwendeten Rüstungs- und Waffenarten, bestärkt sich der Eindruck, den Syrio Forel bereits schildert: »hacking and hammering«, das, angesichts der schweren Rüstung teils Notwendigkeit, teils Ausdruck angestauter Aggression ist, steht im Widerspruch zu großen Teilen der technischen Komponente, die im Umgang mit dem Schwert in formaler Ausbildung gewährleistet wird.[11] Mit dieser Gewährleistung geht ein weiterer Aspekt einher, der das Auftreten eines weiteren, entscheidenden Analysemusters nahelegt. Liegen im Romanzyklus bestimmte Vorstellungen historischer Fechtkämpfe zu Grunde, so fällt auf, dass diese weitgehend von Duellsituationen geprägt sind, in denen ein ausgewählter Kämpfer gegen einen zumeist ebenbürtigen Gegner antritt. Diese Situationen sind auch in der historischen Realität zu beobachten. Gerichtskämpfe und Gottesurteile dominieren weite Teile des spätmittelalterlichen Fechtens, das jedoch keine oder nur eingeschränkte Verwendung in großen Schlachten findet. Hierin zählte das bloße Überleben für die einzelnen Kämpfer, die oftmals unter heute kaum vorstellbaren Bedingungen zum Kampf antraten: Mangelernährung, Krankheit sowie schlechte Hygiene- und Lebensbedingungen trugen maßgeblich zum Tod etlicher Kämpfer in mittelalterlichen Schlachten bei.

Aufgrund ihrer Größenordnungen stellen Schlachten in Martins Romanzyklus nur einen geringen Anteil der gewaltsamen Auseinandersetzungen dar, da hier primär die politische und hochgradig symbolisch tradierte Bühne des Fechtens in Zweikämpfen betrachtet wird. Aus diesem Grundkonzept lässt sich ableiten, dass die besondere Bühne, auf der die Fechtkämpfe des Romanzyklus spielen, einen wichtigen Anteil handlungs- und kommunikationsfördernder Mittel beinhaltet. Ob politische Fehden hier beendet oder bestärkt werden oder Handlungsstränge einzelner Figuren zum Erliegen kommen: alle diese Intentionen stehen im Lichte expliziter, performativer Akte, als die sie einzelne Fechtkämpfe präsentieren lassen.

Als solche gedeutet, verbinden sich einzelne Kämpfe des Romanzyklus zu einem narrativen Gesamtkonzept, in dessen Zentrum die Motive der politischen und physischen Auseinandersetzung stehen, die in Gestalt zweier fechtender Kämpfer eine performative Personalisierung erfahren.

Deutlich zeigt sich dies bei Betrachtung des *Trial by Combat*, welches in *ASOS* über die Schuld Tyrion Lannisters entscheiden soll (*ASOS* 969-976), dem von der eigenen Schwester Cersei der Mord an ihrem aus dem inzestuösen Verhältnis mit ihrem Bruder Jaime hervorgegangenen Sohn Joffrey vorgeworfen wird. Hinter dem Trial by Combat steht der Gedanke des spätmittelalterlichen Gottesurteils, bei dem Kläger und Angeklagter einen persönlichen Vorkämpfer für sich wähl-

---

11 | Realistisch dabei ist jedoch, dass im Falle einer akuten Bedrohung für das eigene Leben technische Finesse nur von geschulten Kämpfern eingesetzt werden kann, da diese ungewohnte, psychische Grenzsituation weite Teile des Reaktionsvermögens dominiert.

ten, der ihren Anspruch auf juristische Strafverfolgung oder -entlastung oftmals mit dem Einsatz des eigenen Lebens verteidigte.

Daher sind derartige Kämpfe auch von literarischem Interesse, insofern hier dem grundsätzlich pragmatischen Motiv der Performanz ein literarisch eingebetteter Simulationsraum bereitgestellt wird, in dessen Umfeld die beiden Kontrahenten als Instrumente der beiden konkurrierenden Rechtsansprüche einerseits sowie als Ausdruck politischen Einflusses andererseits symbolisiert werden.

Tritt Gregor Clegane hier erneut als monströser Kämpfer mit überdurchschnittlicher Körperkraft auf, so differenziert sich Oberyn Martell als höfischer und den vielen Freuden seines Standes nicht abgeneigter Don Juan. Ihre Gegensätzlichkeit könnte nicht größer sein: ›The Mountain that Rides‹ als riesenhafter Mann »...wore heavy plate over chainmail [...] Beneath that would be boiled leather and a layer of quilting...« (ASOS 970) und ›The Viper‹ als sein Gegner, der »... over his byrnie he wore his scales of gleaming copper, but mail and scale together would not give him a quarter the protection of Gregor's heavy plate« (ebd.) trägt und mit seiner bevorzugten Waffe, einem Speer, antritt, um die Unschuld des Angeklagten zu verteidigen und gleichsam seine persönliche Vergeltung einzufordern.

Insbesondere dieses Duell verdient besondere Erwähnung. Hierin liegen etliche von außen in den eigentlichen Kampfverlauf und Anlass eingebrachte Konflikte und Potentiale, die den letztendlich stattfindenden Kampf um ein Vielfaches erweitern. Einerseits der ohnehin bestehende Konflikt zwischen Gregor Clegane und Oberyn Martell, der nach Vergeltung sinnend den Kampf mit Clegane sucht, um den Mord an seiner Schwester Elia und ihrem Sohn Aegon durch Clegane zu sühnen (ASOS 969). Umso tragischer erscheint es, dass Martell im Kampf unterliegt und getötet wird, sein Verlangen nach Rache bleibt unerfüllt.

Auch hierin verbirgt sich eine Parallele zum historischen Ursprung. Wurden Kämpfe zumeist auf das erste Blut gefochten, was die erste, sichtbar blutende Verletzung am Körper eines der beiden Kämpfer bezeichnet, so werden die meisten Duelle in Westeros fast ausschließlich bis zum Tod, dem letzten Blut, gefochten.[12] Dies erhöht zugleich die Dramatik, mit der die streitenden Parteien bereit sind, ihren rechtlichen Anspruch geltend zu machen. Ihre jeweiligen Lohnkämpfer werden dabei zum Träger einer Binnennarration[13], die den gesamten Kampfverlauf selbst zu ihrem Rahmen erhebt. Mit dieser Binnennarration lässt sich auch der Gehalt als hochgradig performativer Akt des Trial by Combat als ein Konzept inhärenter, narrativer Performanz betrachten, die den Ansatz verfolgt, ex-

---

12 | Die beiden Bezeichnungen werden in späteren Fechtschulen und vor allem dem studentischen Mensurfechten populär. Hiermit werden der erste nichttödliche Treffer, der zu einer blutenden Wunde führt sowie das Duell bis zum Tod eines Kontrahenten bezeichnet (Hergsell 1999).

13 | Genettes strukturalistischer Literaturtheorie entnommen und um die Dimension der Binnennarration erweiterter Terminus der Narration (siehe Genette 2010: 103f.).

plizit performative Akte einerseits als narrative – und damit handlungstragende – Funktion zu betrachten. Andererseits ist der Ansatz darum bemüht, die strukturelle Geschlossenheit der Narration um die Dynamik und Standpunktbeweglichkeit der Performanz zu ergänzen.

Neben diesen literarischen Merkmalen lässt sich eine weitere Veranschaulichung mit Bezug auf die unterschiedlichen *Trial by Combat*-Situationen vollziehen, die in *ASOIAF* auftreten. Werden historische Kampftechniken insbesondere mit modernen Recherche- und Forschungsmethoden aufbereitet, so wirft dies unweigerlich die Frage auf, wie moderne Fechtschulen diesen Prinzipien Rechnung tragen und welche vergleichenden Funktionen die fiktionale Historizität von Westeros hierbei erfüllen kann.

3. Fakt und Fiktion – Historische Realität in phantastischem Umfeld

Herrschen die Idealbilder von Rittertum und edelgesinnter Tapferkeit oftmals in den Köpfen des Unbefangenen vor, so stellt sich die Realität historischer Kampfkünste, zu denen die Deutsche Schule gezählt wird, als oftmals ernüchternde Erfahrung dar. Die Realität liegt nahe: Blutige Gefechte, die mit dem Tod eines oder mehrerer Menschen endeten, mit Verstümmelungen und roher Gewalt sind vom menschlichen Alltag des Mittelalters nicht entfernt oder gar ausgegliedert, sondern bestimmen einen Teil des Lebens. Dem tagtäglichen Überlebenskampf ist der Mensch in der Moderne vor allem in westlichen, aufgeklärten Industrienationen oftmals entfremdet, sodass damit einhergehende Erscheinungen als schrecklich und furchtbar erfahren werden.[14] Mit Bezug auf Martins Romanzyklus lebt diese Betonung physischer und politischer Herausforderung im martialischen Kontext einer fiktiven Fantasy-Welt wieder auf. Anstatt diese Phänomene bloß unter historisch-nostalgischem Anspruch zu betrachten, ist es notwendig, in der historischen Realität die Frage zu stellen, unter welchen Gesichtspunkten das moderne Fechten nach Regelwerken der Deutschen Schule tatsächlich eine weitere Verwendung nicht nur im literarischen, sondern auch im historischen Kontext des Zeitalters weltweiter Globalisierungen und Information erlangen kann.

Ein erster Schritt zu einer solchen Konvergenz kann darin bestehen, moderne Fechtschulen, deren Anspruch eine historisch fundierte Rekonstruktion der europäischen Kampfkunst ist, nicht bloß als sportliche und in die Moderne überführte Nachstellung des Kämpfens mit dem Schwert zu betrachten. Vielmehr

---

14 | Dieses Anzeichen einer gesellschaftlichen, potentiellen Fehlentwicklung, die darin Ausdruck findet, Gewalt und physische Auseinandersetzung an den Rand des Interesses zu rücken, ließe sich treffend mit dem Begriff Modernisierungsschaden beschreiben, den der Münsteraner Philosoph Joachim Ritter prägte, siehe: Ritter, Joachim: *Die Aufgabe der Geisteswissenschaft in der modernen Gesellschaft*, Essen, 1962, zit. in: Ritter 1962: 130.

kann der Anspruch nicht zurückgewiesen werden, dass es sich bei den Bemühungen moderner Fechtschulen um eine »sich in der Praxis« (Hagedorn 2008: XIIIf.) wandelnde, verändernde und lebendige Systematik handelt, die neben der Rekonstruktion und Konservierung eine ganzheitlich bildende Ausrichtung als Charakterschule mit auf den Weg gibt. Dies bedingt sich nicht zuletzt durch die Vermischung historischen Wissens mit überwiegend christlich geprägten Ritualisierungen, die sich im Schwert und seiner Charakterisierung als Waffe des Adels wiederfinden lassen. (Schmidt 2011)

Als solches lässt sich das Fechten mit der Blankwaffe als Streben begreifen, das darauf ausgerichtet ist, den Menschen zu einer Einheit zu führen. Indem er sportlich, d.h. vital tätig ist, geistige Weiterbildung in einem ihm bisher weitgehend unbekannten Gebiet betreibt und – Bezug nehmend auf den eingangs erwähnten Auszug aus Peter von Danzigs Handschrift – er sich darin übt, ein moralisches und tugendhaftes Leben zu führen[15], stellt er damit den Anspruch auf, kontinuierliche Selbstreflexion zu betreiben, um sich und sein Umfeld kritisch-würdigend zu erfahren.

Diese moderne Konzeption des Fechtens, welche eine komplexe Zusammensetzung aufweist, insofern sich hierin historische, theologische, literarische, linguistische, philosophische und physikalische Verhältnisse beobachten lassen, hat mit der zunächst rein auf literarischer Ebene verankerten Darstellung des Kämpfens in Westeros etliche Übereinstimmungen. Auch hierin verbirgt sich eine Überlieferungskultur fiktionaler und historischer Kampfkunst. Diese fiktionale Historizität bildet ihre eigene Grundlage zur Überlieferung historischer Texte zur Entwicklung der Kampfkunst. Zwar gehen die Lehrstücke überwiegend durch gesprochene Sprache von erfahreneren Kämpfern auf ihre Schüler über, doch sind insbesondere die Texte der Maester eine wesentliche Quelle fiktionaler Historizität. Mit ihnen geht eine Dokumentation von historischen Ereignissen seit der Besiedelung von Westeros einher, die weite Teile der schriftlichen Überlieferung ausmachen. Doch in ihnen verbergen sich nicht zuletzt auch Kenntnisse von besonderen, zu kämpferischen Zwecken verwendeten Materialien wie Obsidian und valyrischer Stahl, ebenso wie sie von Schlachten und Kriegszügen der fiktionalen Vergangenheit berichten. Auf diese Weise lässt sich, vergleichbar mit der historischen Realität, in der historischen Fiktionalität eine zunehmende Modernisierung und Aufbereitung historischer Kampfkunst erkennen, die sowohl den Fechtern gegenwärtiger Fechtschulen und -vereine als auch den fiktionalen Fechtmeistern aus Westeros als geläufiges Instrumentarium zur Verfügung steht. Mit dieser Parallelentwicklung zeigt sich, dass sowohl die Gegenwart als historisch zu bezeichnender Kampfkünste, als auch ihre Bedeutung für das

---

15 | Hierin kann der Anspruch von Danzigs ausgedrückt werden, moralische und ehrbare Taten als Teil eines in seiner Zeit als ehrenwert betrachteten Lebens zu sehen, siehe Hagedorn 2008: 7.

alltägliche Leben in Westeros einerseits, für die Belebung der literarischen Welt andererseits essentieller Mittler ist.

4. Schlussbetrachtungen

Der Beitrag begann damit, die historische Realität auf ihre Quellenlage zur Kampfkunst der Deutschen Schule zu analysieren und signifikante Merkmale der als Deutsche Schule zusammengefassten Techniken wie Bewegungslehre, Blankwaffenkunde sowie die Zuweisung bestimmter Techniken zu den Lehrstücken historischer Fechtmeister, die maßgeblich an der Etablierung und Veränderung der Deutschen Schule beteiligt waren, aufzuzeigen. Durch ihre Arbeit konnte die systemische Übertragbarkeit und reziproke Geschlossenheit des Systems mit Bezug auf nachfolgende Fechtsysteme ermittelt werden. Dabei wurde festgestellt, dass sowohl eine symbolische als auch eine praktische Funktion des Schwertes als Waffe und Symbol aufgezeigt werden können.

In einem zweiten Schritt wurden diese Elemente auf ihre Funktion in der fiktionalen Welt von *ASOIAF* übertragen. Dabei konnte festgestellt werden, dass mit Bezug auf die Verwendung des Schwertes als Waffe und Symbol eine dualistische, miteinander verschränkte Perspektive eingenommen werden kann. Diese verfügt einerseits über eine performative, andererseits über eine narrative Perspektivierung, in der das Schwert sowie mit ihm ausgefochtene Kämpfe als in den Romanzyklus eingebettete, letztendlich jedoch für sich nach innen hin geschlossene Erzählungen zu betrachten sind, welche mit ihrer dynamischen Offenheit den Romanzyklus um ein weiteres, auf performativer Narration basierendes und literarisch transportiertes Element ergänzen.

In einem letzten Schritt konnte ermittelt werden, dass die im Simulationsraum der Romanserie wirksamen Elemente, die zuvor vom mittelalterlichen Schwert ausgehend betrachtet wurden, ihrerseits als symbolischer Katalysator narrativer und performativer Prozesse wirksam werden, welche ihren geschlossenen Charakter in der fiktionalen Historizität der Geschichtsschreibung Westeros wiederfinden.

Als eine solche Kumulierung historischer Elemente sowie literarischer, symbolischer Funktionen lässt sich der Ausblick geben, historische Kampfkünste in der gegenwärtigen Forschung als eine Dokumentation faktischen Wissens sowie literarischer Projektion zu verstehen, die im Rahmen moderner Fantasy-Literatur einen weiten Raum kreativer Entfaltungsmöglichkeiten vorfindet, den sie für sich nutzbar machen kann.

Literatur

Abart, Wolfgang (2008): Lebendige Schwertkunst. Bloßfechten mit dem Schwert und der Feder. Mainz: Verlag Philipp von Zabern.

Clements, John (1998): Medieval Swordsmanship. Illustrated Methods and Techniques. Boulder, Colorado: Paladin Press.

Genette, Gérard (2010): Discours du récit. Stuttgart: UTB Verlag.

Grotkamp-Schepers, Barbara/Immel, Isabell/Johnsson, Peter/Wetzler, Sixt (Hg., 2015): Das Schwert – Gestalt und Gedanke. Solingen: Deutsches Klingenmuseum.

Hagedorn, Dierk (Hg., 2008): Peter von Danzig. Transkription und Übersetzung der Handschrift 44 A 8. Herne: Verhülsdonk.

Hergsell, Gustav (Hg., 1999): Talhoffers Fechtbuch. Gerichtliche und andere Zweikämpfe darstellend. Herne: Verhülsdonk.

Ritter, Joachim (1962): Die Aufgabe der Geisteswissenschaft in der modernen Gesellschaft. Essen. Zitiert in: Ritter, Joachim (1989): Subjektivität. Frankfurt a.M.: Suhrkamp.

Schmidt, Herbert (2011): Schwertkampf Band 1. Der Kampf mit dem langen Schwert nach der Deutschen Schule. Bad Aibling: Wieland-Verlag.

Schumacher, Meinolf (2011): Einführung in die Deutsche Literatur des Mittelalters. Darmstadt: Wissenschaftliche Buchgesellschaft.

Talhoffer, Hans (1467): Cod. icon 394a, Tafel 68-73, Tafel 104-169 sowie Tafel 242-250. München: Bayrische Staatsbibliothek.

Wittmann, Fritz (1979): Die Fechtkunst in der Literatur. Regensburg: Walhalla und Praetoria.

Techniken und Funktionen von Filmmusik am Beispiel von *GOT*

Christian Weng

1. EINLEITUNG

A *Song* of Ice and Fire – bereits im Titel der Romanreihe von George R.R. Martin spielt das Themenfeld Musik eine entscheidende Rolle. Nicht etwa die Erzählung, der Mythos oder der Kampf von Eis und Feuer werden zum Rahmen der Handlung, sondern das Lied. Musik ist aber nicht nur für die Titulierung der Reihe ein wichtiges Element, sondern erscheint in der Narration in Form von Liedtexten, Ritualsituationen (z.B. Hochzeiten) und als dargestelltes Element. Bei der Serienadaption der Romanreihe wird die Bedeutung von Musik in der Form von Filmmusik noch deutlicher. Ramin Djawadi lässt den Rezipienten mit seiner Komposition in die Atmosphäre der Handlung eintauchen und untermalt und gestaltet wichtige Handlungsgänge. Nicht umsonst wird Filmmusik immer wieder mit dem Wagnerschen Gedanken des Gesamtkunstwerks in Verbindung gebracht.

»Das große Gesamtkunstwerk, das alle Gattungen der Kunst zu umfassen hat, um jede einzelne dieser Gattungen als Mittel gewissermaßen zu verbrauchen, zu vernichten zu Gunsten der Erreichung des Gesamtzwecks aller, nämlich der unbedingten, unmittelbaren Darstellung der vollendeten menschlichen Natur.« (Wagner 1850: 32)

Um die Anlage und die Funktion von Djawadis Musik im Serienepos nachzuvollziehen, soll zunächst ein theoretischer Rahmen gespannt werden, der die besonderen Funktionen und Techniken von Filmmusik aufzeigt. Anschließend soll an den konkreten Beispielen *Main Title* und *Stand And Fight* eine anschauliche und für den musikalischen Laien nachvollziehbare Analyse der genutzten Vorgehensweise durchgeführt werden. Für diese Untersuchung soll zwischen drei Ebenen der musikalischen Anlage unterschieden werden: Zum ersten den gestalterischen Techniken, die der Komposition eines Filmmusik-scores zu Grunde liegen, zum zweiten den Funktionen, die Filmmusik im Gesamtkonzept ›Film‹ zugeschrieben werden. Diese lassen sich zudem in Metafunktionen und Funktionen im engeren Sinne gliedern. Drittens versuche ich Wirkpotentiale und mögliche Intentionen des Komponisten an diesen Beispielen aufzuzeigen.

Um die Komplexität dieser Analyse zu begrenzen, beziehe ich mich im Folgenden immer auf Filmmusik im engeren Sinne, also auf Begleitmusik (Schneider 1990: 19-22). Ebenso unterscheide ich – da dies für die musikalische Anlage nur marginale Unterschiede bedeutet – nicht zwischen Fernseh-, Kinoproduktionen und Serien, sondern vereine alle Ausdrucksformen der verschiedenen Formate unter dem Sammelbegriff ›Film‹. Da es sich bei GOT um eine Serienadaption handelt, sei hier aber noch auf den bedeutendsten Unterschied – auf musikalischer Ebene – zwischen einer Serie und anderen filmischen Produktionsformen hingewiesen: Das Serienthema. Da eine Serie beim Rezipienten einen hohen Wiedererkennungswert hervorrufen soll und dafür einen ritualisierten Rahmen (Vorspann/Abspann) nutzt, werden für nahezu alle Serien eigene Eröffnungs- oder Hauptthemen komponiert. Auf den *Main Title* von GOT, der wenig kreativ nach seiner Funktion benannt ist, soll daher im Analyseteil besonders eingegangen werden.

2. GRUNDLAGEN DER FILMMUSIKANALYSE

2.1 Filmmusiktechniken

Die ersten Filmmusiktitel wurden zur Untermalung der Handlung von Stummfilmen gespielt und waren zumeist Adaptionen bekannter Werke und Stile aus der klassischen und populären Musik gepaart mit Improvisationen und Effekteinlagen der jeweiligen Ausführenden. Erst mit Beginn der Tonfilmära wurden eigenständige Kompositionen für konkrete Projekte üblich. Die Methoden, die bei diesen zum Einsatz kamen, werden – in aktualisierter Form – noch heute genutzt und drücken sich in vier Großformen aus.

Die wahrscheinlich verbreitetste Technik ist die deskriptive Technik des *Underscorings*, bei der die visuellen Inhalte eines Films mit musikalischen Verfahren illustriert werden. Geräusche und Klänge werden imitiert oder bestimmte musikalische Klischees aufgerufen, um mimetische Effekte zu erzielen. Besonders gut darstellbar sind hier räumliche und zeitliche Zuschreibungen, die zumeist über klischeehafte Instrumentierung musikalisch dargestellt werden (z.B. Cembalo für Barock, Dudelsack für Schottland, Kastagnetten für Spanien, Schifferklavier für Hafenszenen etc.).

Das sogenannte *Mickey-Mousing* stellt die Extremform des *Underscorings* dar. Sie reduziert die Musik auf eine Eins-zu-eins-Umsetzung der visuellen Aussage und findet heute vor allem bei Slapstick-Szenen und Trickfilmen Verwendung. Die Filmmusik hat hierbei aber keine eigene Ausdruckskraft mehr, sondern unterstreicht lediglich Bewegungen und Handlungen auf dem visuellen Kanal (z.B. Treppensteigen, ansteigende Tonhöhe; Reiten, Rhythmisierung des Pferdetrappelns etc.) (Bullerjahn 2014: 77-83).

Die zweite große Technik ist die *Mood-Technik*. Sie geht zurück auf Alfred Newman und stellt die emotionalen Aspekte einer Szene in den Mittelpunkt, wobei sie an die Tradition der Affektenlehre des Barock anknüpft. Über die Wahl der Instrumentation, der Dynamik, der jeweiligen Tonlage und Tonart werden hierdurch zum einen Stimmungen der Protagonisten und zum anderen atmosphärische Begebenheiten hörbar gemacht (z.B. Flöte in hoher Lage: freundlicher, heller Klang; Blechbläser in tiefer Lage: dramatisch etc.) (Schneider 1990: 79).

Die dritte – vor allem durch Richard Wagner geprägte – Technik ist die der Arbeit mit *Leitmotiven*. Einem Ort, einer Person oder einer Situation wird ein bestimmtes musikalisches Thema zugeschrieben, das immer mit dem Auftritt/Eintritt der entsprechenden Handlung musikalisch aufgerufen wird. Dabei können verschiedene Formen der Zitationstechnik genutzt werden. Zum einen die unveränderte Nutzung durch das gesamte Werk (Motivzitat), zum zweiten die Nutzung einer *Idée fixe*, die sich entsprechend der Entwicklung des Charakters weiterentwickelt und zum dritten einer Leitmotivtechnik mit ausgebildeten Sätzen, die aufgrund ihrer Komplexität eher bei klassischen Kompositionen als bei Filmmusik zu finden ist. Der aktuelle Trend der Filmmusikkomposition nutzt Leitmotive vor allem als Serienthema, das mit der Titelmusik eingeführt und als repetitorisches Element ständig abgerufen wird, um einen erhöhten Wiedererkennungswert zu generieren (Schneider 1990: 198).

Die vierte Großform der Filmmusikkomposition folgt der Konzeption der *Baukastentechnik* nach Erik Satie. Fertig auskomponierte Einzelelemente werden nach Bedarf und analog zum Film zusammengesetzt und bilden so am Ende eine Komposition. Dabei entsteht kein direkter Bezug zwischen visuellem und auditiven Kanal; es werden weder Bewegungen noch Handlungen musikalisch verdoppelt oder kontrastiert, noch wird eine bestimmte Stimmung oder Atmosphäre konkret anvisiert. Der Komponist lehnt sich vielmehr an die generelle und auf das komplette Werk bezogene Aussageabsicht bei seiner Komposition an und versucht diese mit seinen Einzelbausteinen einzufangen. Der Klangeindruck einer auf diese Art angelegten Filmmusik ist am besten als mechanistisch und permutativ zu beschreiben. Diese Technik erlebt in Produktionen, die nur ein sehr geringes Budget aufweisen, eine regelrechte Renaissance, da durch am Computer generierte Baukastenmodule eine preisgünstige und durch Sampling der immer gleichen musikalischen Bausteine eine einfache Art der ›Komposition‹ möglich geworden ist (Bullerjahn 2014: 93-99).

2.2 Funktionen von Filmmusik

Nicht nur die Techniken, die bei der Komposition von Filmmusik genutzt werden, sind für eine Analyse von Bedeutung, sondern vor allem die unterschiedlichen Funktionen, die Musik im Gesamtkontext Film ausübt, sind von vornherein durchstrukturiert und ein bedeutendes Mittel bei der Gestaltung und Auswahl der jeweiligen Einzeltitel.

»Filmmusik ist funktional. Sie entsteht nicht um ihrer selbst willen, sondern steht im Dienst an einem anderen, grundsätzlich musikfremden Medium, eben am Film, seit Beginn der Tonfilmära an einem bestimmten Filmwerk. [...] Es muss also die Funktion untersucht werden, die die Musik konkret übernimmt.« (Pauli 1978: 31)

Pauli differenziert hierfür zwischen drei Funktionsgruppen. *Paraphrasierende Filmmusik* unterstreicht das filmische Geschehen durch passende und übereinstimmende Klänge gemessen am Filmbild. Hierdurch wird die Bildaussage quasi durch die musikalische Aussage verdoppelt (z.b. Schlachtenszenen mit passender heroischer Musik). Dahingegen schafft *kontrapunktierende Filmmusik* einen Kontrast und Distanz zum visuellen Statement. Diese Funktion tritt vor allem bei zeit- und gesellschaftskritischen Darstellungen in den Vordergrund, bei denen eine große intendierte Absurdität, Satirik oder Kritik des Gezeigten in den Fokus gerückt wird (z.B. *Life of Brian* – Kreuzigungsszene + *Always look on the bright side of life*). Die Funktion der *Polarisierung* übernimmt Filmmusik dann, wenn der visuelle Eindruck keine eindeutige Wertung des Inhalts erlaubt. Die Musik rückt also die Aussageabsicht der Filmschaffenden in eine bestimmte Richtung und die Bildaussage ist stark von der Musik abhängig (z.B. sehr häufig in Dokumentationen zu finden, bei denen Alltagsbilder mit geschickt gewählter Musik eine intendierte Wirkung verfolgen).

Diese dreischrittige Unterteilung nach Pauli bestimmte jahrzehntelang die Analysepraxis von Filmmusik. Die Filmindustrie entwickelte sich stätig fort und neue Anforderungen an Kompositionen werden gestellt, die zu einem vollständigen Funktionsmodell hinzugefügt werden müssen.

In Anknüpfung an diese Forderung stellte Schneider ein Modell vor, das einen Katalog von 20 möglichen Funktionen enthält (z.B. Atmosphäre herstellen, Kommentieren, Raumgefühl herstellen, Emotionen abbilden etc.). Dabei blieb er jedoch auf der Ebene der *Funktionen im engeren Sinne* und verzichtete darauf, *Metafunktionen* von Filmmusik in sein Modell einzuführen (Schneider 1990: 90f.).

Im Folgenden soll daher das Funktionsmodell nach Bullerjahn kurz dargelegt werden, das einen Ansatz verfolgt, der den Herausforderungen heutiger Filmmusikkonzeptionen gerecht wird. Dafür unterscheidet sie zunächst zwischen *Metafunktionen* und *Funktionen im engeren Sinn*.

Metafunktionen von Filmmusik beziehen sich auf die sehr spezifische Form der Rezeption von Filmen, welche stark von den technischen Möglichkeiten und wechselnden zeittypischen Geschmäckern abhängt. Bullerjahn unterscheidet erstens *rezeptionspsychologische Metafunktionen*, die sich vor allem auf die technischen Möglichkeiten und Voraussetzungen der Musik im Verhältnis zum Film beziehen. So diente Filmmusik in der Stummfilmzeit häufig dazu, die Projektorengeräusche und Straßenlärm zu überdecken. Je besser die technischen Möglichkeiten wurden, desto spezifischere und feingliedrigere Aufgaben erhielt die Filmmusik in dieser Kategorie. Sie übernimmt Tiefgang und emotionale Weite, aber auch die Überspielung sonst womöglich langweiliger Situationen sowie ritualisierte Handlungen, Werbejingles oder der feierliche Rahmen von Eröffnungsmelodien grenzt das Happening ›Film‹ vom Alltag ab und hilft hierdurch einen feierlichen, ritualisierten, ja fast mythischen Charakter zu erzeugen.

Zweitens weist sie Filmmusik in Ihrem Modell *ökonomische Metafunktionen* zu. Durch die Integration bestimmter – sehr zeitspezifischer – Elemente und Musikrichtungen in die musikalische Anlage soll ein Alltagsbezug zur jeweiligen Zielgruppe hergestellt werden. Diese zielgruppenspezifischen Ansätze führen dazu, dass musikalische Elemente bei der Filmmusikgestaltung zum Tragen kommen, die zunächst nichts mit dem konkreten Filmprojekt zu tun haben müssen. Ähnlichkeiten sind hier zu Jingles und Werbemelodien zu erkennen, deren musikalische Gestaltung ausschließlich ökonomische und käuferorientierte Elemente beinhaltet. Auch die Vermarktung eines visuellen Projektes durch den hohen Wiedererkennungswert einer Titelmelodie oder das gezielte Auftreten bekannter Künstler in eigens dafür eingerichteten Filmszenen fällt unter diese Funktionskategorie (z.B. *Coldplay*-Schlagzeuger Will Champion in *The Rains of Castamere* [SE 03 EP 09], Metall Band *Mastodon* als Wildlings in *Hardhome* [SE 05 EP 08] u.v.m.) (Bullerjahn 2014: 65-68).

Im Gegensatz zu *Metafunktionen*, die sich auf das Rezeptionsumfeld beziehen, lassen sich *Funktionen im engeren Sinne* nur an jeweils einem konkreten Film verfolgen. Bullerjahn unterscheidet hierfür vier Unterkategorien.

Erstens *dramaturgische Funktionen*, die beschreiben, welche Aufgaben die Filmmusik im Hinblick auf die gezeigte Handlung übernimmt. Die Darstellung psychischer Zustände und atmosphärischer Elemente bei der Gestaltung der Handlung und der Protagonisten sind hier besonders im Fokus. Auch die Zugehörigkeit der einzelnen Charaktere zu Gruppen und das Verhältnis der Gruppen zueinander können mit Musik hörbar gemacht werden (z.B. Anlage der Themen der einzelnen Häuser bei *GOT*, die unter Punkt 4 [Varia] näher beleuchtet werden).

Zweitens kann die Musik *epische Funktionen* erfüllen. Dabei unterstützt sie die Filmhandlung als narratives Element, welches visuelle Geschehen vorantreibt, unterstreicht, aber auch kontrastiert. Eine besondere Stellung nimmt sie bei Zeitsprüngen oder raschen Ortswechseln, wie bei der komplexen Gestaltung der einzelnen Schauplätze von *GOT* ein, die durch eine unterschiedliche musikalische Gestaltung nuanciert dargestellt werden (z.B. Darstellung der Schauplätze auf Essos mit orientalischen Anklängen; Handlungen nahe der Mauer unterlegt mit nordischen Hörnern etc.).

Strukturelle Funktionen übernimmt Filmmusik, wenn sie quasi als Interpunktion das visuelle Geschehen gliedert. Durch Verdecken oder Betonen der einzelnen Szenenschnitte kann der Rezipient auf Zusammenhänge, Brüche und

Erzähleinheiten hingewiesen werden. Die Filmmusik ist hierbei als Mittel der Wahrnehmungserleichterung zu verstehen.

Abschließend führt Bullerjahn die *persuasive Funktion* von Filmmusik an, bei der Musik dazu dient, die Distanz zwischen Rezipient und Filmhandlung zu verringern. Der stark emotionale Zugang, der über eine geschickt ausgewählte Filmmusik eröffnet wird, ist vermutlich die wichtigste aller Funktionen. Persuasiv, womöglich sogar manipulativ, versucht die Komposition, die Filmhandlung in ein intendiertes Licht zu rücken und eine Aussageabsicht der Filmschaffenden hörbar zu machen. Die visuelle Aussage kann durch persuasiv angelegte Filmmusik also erheblich verstärkt werden (Bullerjahn 2014: 69-74).

2.3 Wirkpotentiale von Filmmusik

Bullerjahn spannt in ihrer Abhandlung *Grundlagen der Wirkung von Filmmusik* einen Rahmen über sieben Wirkungsbereiche auf: ›Bannung und Vereinnahmung‹, ›Strukturelle Wahrnehmung‹, ›Emotionale Einfühlung‹, ›Aneignung von Wissen und Informationsspeicherung‹, ›Kognitive Schemaanwendung‹, ›Urteils- und Meinungsbildung‹ sowie ›Konditionierung und Motivation von Verhalten‹. Aus Platzgründen soll im Folgenden auf die *strukturelle Wahrnehmung* und die *emotionale Einfühlung* besonders eingegangen werden, da sie am Beispiel der Filmmusik zu GOT im folgenden Analyseteil besonders gut nachvollziehbar sind.

Bei der weiteren Ausführung dieses Teils möchte ich den Terminus *Wirkpotential* nutzen, da die Erfahrung einer Wirkung eine höchst subjektive und damit kaum messbare Variable darstellt. Je nach bisherigen Erfahrungen, der jeweiligen (Musik-)Sozialisation und persönlichem Geschmack, nimmt jeder Rezipient Klangeindrücke und musikalische Aussagen höchst unterschiedlich wahr.

Musik kann als strukturierend und gliedernd wahrgenommen werden, wenn sie zum visuellen Geschehen kongruente Aussagen trifft. Ebenso kann der gesamte Ablauf des Films in einen sinnstiftenden Rahmen verpackt werden, indem die Einzelszenen geschickt miteinander verknüpft und durch den äußeren Rahmen Filmmusik zusammengefasst werden. Auch auf visueller Ebene nicht zusammenpassende Szenen können durch geschickte Komposition – ohne vom Rezipienten bemerkt zu werden – musikalisch verbunden werden. Ebenso schafft die Filmmusik eine erhöhte Verortung der Szenen im jeweiligen Kontext; Schlachtenszenen ohne atmosphärische Kriegstrommeln und -Hörner sowie ohne Kampfrufe und Schwertklirren (atmosphärische Musikeffekte) wirken unglaubhaft und surreal. Auf lokaler Ebene lassen sich verschiedene Regionen durch geschickte musikalische Markierungen hörbar machen und gerade bei Filmen mit raschen und häufigen Ortswechseln vermittelt die Hörbarkeit des Schauplatzes Sicherheit und Wiedererkennungswert an den Rezipienten. Die Musik fungiert in dieser Wahrnehmung also als Mittel der Interpunktion und wird so zu einem sinnstiftenden Element innerhalb des Films.

Die Wirkpotentiale der *emotionalen Einfühlung* beruhen auf der Intention, den Rezipienten zu einer empathischen Haltung gegenüber der visuellen Handlung zu bewegen. Dass Musik einen starken Einfluss auf die menschlichen Emotionen hat und diese auch manipulativ für bestimmte Aussageabsichten beeinflussen kann ist den meisten Rezipienten rational bewusst, dennoch lassen wir uns alle immer wieder von stark heroischen, klagenden oder melancholischen Musiktiteln begeistern und mitreißen. Musik wirkt auf unser Innerstes und lässt Rationalität oft außen vor, was ihre Analyse nahezu unmöglich macht, wenn man sich diesen Aspekt nicht immer wieder bewusst vor Augen führt. Diese Wirkpotentiale werden vor allem dadurch unterstützt, dass Emotionen auch einen starken Einfluss auf Gedächtnisprozesse haben. Durch das Hören bestimmter Schlüsselklänge werden wiederum Gedanken, Erfahrungen und Vorwissen aktiviert, die das Erleben des gesamten Films in ein bedeutungsvolleres Licht rücken und eine starke Verbundenheit mit der Handlung und den Charakteren schaffen. Dies ist vor allem bei großen Filmuniversen wie dem von *GOT* festzustellen. Trotz des Bewusstseins der Fiktionalität und der faktischen Nicht-Existenz der gezeigten Handlung und Charaktere in unserer realen Welt fiebern abertausende von begeisterten Fans mit Handlung und Geschehnissen in diesem Epos mit.

3. Ramin Djawadi: Main Title und Stand and Fight

3.1 Main Title

Ramin Djawadi erhielt den Auftrag, die Filmmusik und das Titelthema zu schreiben, mit den ersten beiden fertig geschnittenen Folgen der Serie. Diese Reihung des Filmmusikkomponisten an das Ende der Produktionskette ist – mit wenigen Ausnahmen – der übliche Prozess bei der Erstellung des fertigen Gesamtprodukts ›Film‹. Daher konnte sich Djawadi auf die Charakterisierung und Gestaltung der Schauplätze musikalisch beziehen, die von den – zuerst aktiven – visuellen Komponenten vorgegeben waren. Um seiner Herangehensweise und der Nutzung der verschiedenen Techniken und Funktionen auf die Spur zu kommen, werden zwei prägnante Beispiele detaillierter beleuchtet: *Main Title* und *Stand and Fight*.

Für die Gestaltung des Titelthemas ließ er sich von dem spieltischartigen Charakter des visuellen Inhalts der Eröffnungssequenz inspirieren und komponierte eine Musik, die thematisch an eine Reise erinnern soll. Für die Produzenten war es wichtig, dass der epische Charakter und die zahlreichen Protagonisten in ihrer Stimmung getroffen werden, um ein Thema zu kreieren, das die ganze Serie thematisch einfängt. (Hirway 2015) Gestaltet wird das Hauptthema vom Cello, das ein sehr facettenreiches Instrument ist und je nach Tonlage sehr unterschiedliche Klangfarben vermittelt. Dabei behält es – im Gegensatz z.B. zur Violine – auch in hohen Lagen eine dunkle Einfärbung, die der atmosphärischen Gestaltung der Eröffnung äußerst zuträglich ist. Tonal wechselt das Thema von Moll nach Dur und wieder zurück, was auf Wechselhaftigkeit, Umbruch und die Vermeidung klarer Festlegungen zurückschließen lässt. Das zweite vorgestellte motivische Material bildet einen Gegenpol zum Hauptthema und vermittelt durch Nutzung eines 20-köpfigen Frauenchores eine ruhige, aber zugleich heroische und abenteuerlustige Aussage. Den Abschluss der Eröffnungssequenz bildet die solistische Gestaltung durch ein dulcimerähnliches Instrument, das eine tonlich-lokal eindeutige Verortung der musikalischen Aussage unmöglich macht, da seine klangliche Verwendung sowohl im nordischen als auch im östlichen Kulturkreis zu finden ist. Hierdurch entsteht ein offener Schluss, der quasi ein Fragezeichen gegenüber der darauffolgenden Handlung aufmacht (Hirway 2015).

Die musikalische Eröffnung – so passend sie zur Anlage der Welt von *GOT* auch scheinen mag – ist Kennern orchestraler, sinfonischer Musik nicht fremd. Anton Bruckner entwickelte das Grundmotiv, das für den Beginn des Openers verwendet wird, im Scherzo seiner achten Sinfonie. Djawadi variierte dieses rhythmisch, fügte einen archaischen Percussion-Sound hinzu und füllte seine Komposition mit Streichern und einem Frauenchor auf. Bläser setzt er bei seinem Score eher sparsam ein.

Abbildung 1: Ramin Djawadi, Main Title

Abbildung 2: Anton Bruckner, 8. Sinfonie 2. Satz

Untersucht man den *Main Title* mit den im theoretischen Teil erläuterten Mitteln, stellt man fest, dass Djawadi hier eine Leitmotivtechnik nutzt, die sich so in vielen aktuellen Produktionen finden lässt. Er entwickelt ein Serienthema, dass nicht nur im *Main Title*, sondern auch an wichtigen Stellen der Handlung, Wende- und Höhepunkten (z.B. *Finale*) zur restlichen musikalischen Gestaltung (z.B. den Themen der einzelnen Charaktere) beigemengt wird. Diese musikalische Anlage übt verschiedene Funktionen aus. Ökonomische Metafunktionen lassen sich bei Serienthemen häufig nachweisen. Die Vermarktung des ›Titelsongs‹ als Visitenkarte für die gesamte Serie und als Aufhänger für den Verkauf von Gesamtsoundtracks als weiteren Vermarktungsartikel lassen diese Zuschreibung plausibel erscheinen. Rezeptionspsychologische Metafunktionen nimmt der *Main Title* unter dem Aspekt der Abgrenzung des Serienerlebnisses vom Alltag ein. Durch die für eine Eröffnungssequenz sehr umfangreiche zeitliche Fülle von mehreren Minuten wird der Rezipient komplett aus der Alltagswelt abgeholt und das ›Ereignis‹ *GOT* so stark vom gewöhnlichen, lebensweltlichen und auch Fernseh-Alltag abgegrenzt. Hierdurch kann der Eröffnungstrack auch der Gestaltung durch Mood-Technik zugeordnet werden, da der emotionale Inhalt der Serie musikalisch vorausgedeutet wird.

Im Bereich der Funktionen im engeren Sinne übernimmt der *Main Title* episch-narrative Aufgaben. Eine visuelle Reise über die Landkarte des Serienuniversums wird durch die Musik sinnstiftend verknüpft und durch unterstützende Klänge hörbar gemacht. Hierdurch wird zeitgleich eine strukturierende Funktion deutlich, da die einzelnen Abschnitte der Reise musikalisch zu einer Gesamtheit verbunden werden. Die wahrscheinlich wichtigste Funktionsebene des *Main Title* geschieht auf der Ebene persuasiver Funktionalität. Durch eine stark emotionale Gestaltung soll ein Wiedererkennungswert geschaffen und der Rezipient auf die programmatische und emotionale Erfahrungswelt des Serienepos eingestimmt werden.

Auf Ebene der Wirkpotentiale lässt sich feststellen, dass durch das unterstützende musikalische Element die tatsächliche Zeitdauer verschwimmt und stattdessen eine gefühlte ›Filmzeit‹ wahrgenommen wird, die durch die musikalische Anlage strukturiert und geführt wird. Die verschiedenen Einzelschnitte werden geschickt verdeckt und durch die ständig fortgeführte thematische Arbeit zu einer Gesamtheit verbunden. Darüber hinaus wird durch die Instrumentation und die genutzten perkussiven Elemente eine lokale Verortung der Handlung erschwert und die Schlusspassage endet mit einem musikalischen Fragezeichen, das Spannung auf die jeweils folgende Episodenhandlung legt.

Die emotionalen Wirkpotentiale sind durch mehrere, zum Teil gekoppelte, Parameter sehr stark beeinflusst. Zum einen das unstete, ungewisse Element des Wechselspiels von Dur und Moll. Weiterhin die geschickte Instrumentation mit dem sehr emotional und melancholisch anmutenden Cellosound, der von Streichern in Mittellage wohlig-warm getragen wird. Dazu Ethno-Percussion, die dem ganzen einen rhythmisch-archaischen Touch verleiht und als Höhepunkt der Frauenchor, der eine unschuldige und zugleich weihe- und würdevolle Note hinzufügt. Der unbestimmte Schluss ist auf emotionaler Ebene gerade deshalb so wirkmächtig, da er nach dem immer weiter steigernden Aufbau des Mittelteils durch die subito-Reduktion auf ein Soloinstrument einen erheblichen Einschnitt markiert.

3.2 Stand and Fight

Der Track *Stand And Fight* erscheint in der Folge *Blackwater* (SE 2 EP 9). Namentlich bezieht er sich auf einen Ausruf von Stannis Baratheon, der seine Männer auffordert weiterzukämpfen, als die Übermacht der Lannisters zur Verteidigung von King's Landing anrückt.

Musikalisch beginnt dieser Part mit treibenden Percussionsrhythmen und Blechbläserklängen, die einen archaisch-heroischen Touch beimengen. Das Serienthema erklingt im Streichersatz in mittlerer Lage und crescendiert mit einsetzenden Pauken, verwandelt sich dann aber anstatt in das zu erwartende voll instrumentierte und glänzende Hauptthema in Abspaltungen aus *The Rains of Castamere*, einem Thema, das dem Haus Lannister zugeordnet wird. Hierdurch wird der triumphale Sieg der Lannisters auch musikalisch verstärkt. Der Titel endet mit absteigenden, klagend anmutenden Streicherseufzern und wandelt sich rhythmisch in einen patternartigen, immer weiter augmentierten Verlauf, der in einem abschließenden Schlag verklingt.

Technisch bedient sich Djawadi erneut an Elementen der Leitmotivtechnik. Durch Aufgreifen des Serienthemas wird sofort deutlich, dass es sich hier um einen besonders wichtigen Punkt der Handlung handelt (das Schicksal des Hauses Lannister). Durch die thematische Arbeit mit dem Lannister-Motiv beschreibt er aber auch, welche Parteien beteiligt sind, sowie den Verlauf und Ausgang der Schlacht. Durch die atmosphärisch gehaltene musikalische Anlage wird außerdem wiederum die Mood-Technik erkennbar. Djawadi verknüpft also beide Techniken, um eine besonders wirkmächtige musikalische Aussage zu treffen.

Im funktionalen Bereich sind hier weniger Metafunktionen als Funktionen im engeren Sinne zu erkennen. Dramaturgische Funktion übernimmt die Musik hier durch die Erzeugung der spannungsvollen Atmosphäre. Durch die musikalische Überlegenheit des Lannister-Motivs wird außerdem eine epische Funktionalität deutlich, da die Entwicklung der visuellen Handlung (Sieg der Lannisters) auch musikalisch dargestellt wird. Auf struktureller Ebene werden die Schnitte zwischen dem Thronsaal und dem eigentlichen Kampfgeschehen an der Küste überdeckt und so zwei lokal abgegrenzte Handlungsräume simultan erfahrbar gemacht. Dies ist für diese Szene vor allem durch die Darstellbarkeit von Actio/Reactio-Handlungen mithilfe der Musik bedeutend. Persuasive Funktionen werden bei der höchst emotionalen Darstellung der Entscheidungsschlacht wirksam. Der Rezipient wird durch die dramatische Anlage der Musik emotional eingebunden und damit stärker in die Handlung hineingezogen.

Djawadi generiert hierbei strukturelle Wirkpotentiale, da bereits durch die funktionelle Anlage eine klare Führung und Rahmung der Szene durch die Musik stattfindet. Der Soundtrack unterstützt die visuelle Aussage und schafft damit Kongruenz, die beabsichtigte Wirkung der Schauplatz-Verknüpfung gelingt. Ebenfalls passen die genutzten Percussionsinstrumente in Verbindung mit den Blechbläserklängen sehr gut zum Topos Kriegstreiben und schaffen hierdurch eine bedrohliche und spannungsgeladene Atmosphäre, die sich eindeutig dem Themenfeld ›Kampf‹ zuordnen lässt. Der Rezipient kann durch die musikalische Führung an der Bildaussage nicht zweifeln, die auf eine Entscheidungsschlacht und das äußerst ungewisse Schicksal des Hauses Lannister verweist. Die emotionalen Wirkpotentiale sind bei diesem Track besonders stark, da die Musik zu ebenfalls sehr emotionalen Bildinhalten im Kontext von Tod, Kampf, Ungewissheit und Panik mit anschließender glücklicher Wendung für die Lannisters erklingt. Archaische Kriegstrommeln gepaart mit Blechbläsern erlauben nicht nur eine strukturelle Verortung des Geschehens, sondern lassen den Rezipienten komplett in das emotionale Dilemma des Kampfes eintauchen. Unterstützt wird dies durch mittellagige Streicher, die eine düstere Klangfärbung durch das Aufrufen des Serienthemas – und damit des Referenzrahmens der gesamten Serienhandlung – hinzufügen. Anschließend folgt der Wechsel in das Lannister-Motiv, das einen Triumph und damit Erlösung von Ungewissheit und Todesangst für die Lannisters suggeriert, damit verknüpft aber gleichzeitig Niederlage und Scheitern auf Seiten von Stanis Baratheon signalisiert. Je nachdem für welche Seite der Rezipient ›mitfiebert‹, löst dieser Ausgang unterschiedliche emotionale Reaktionen hervor. Nach dem Triumph der Lannisters baut sich *Stand and Fight* durch Seufzermotivik der Streicher immer weiter ab und endet rhythmisiert-patternartig in einem letzten Schlag. Dabei ist die Augmentation des motivischen Materials – also die Vergrößerung der Notenwerte – besonders wirkpotent, da sie ohne das Grundtempo zu verlangsamen eine Reduktion des gefühlten Tempos vornimmt und so die emotionalen Wogen wieder glättet. Eine Musik, die nur aus Höhepunkten und Spannungsaufbau besteht, wird sehr schnell eintönig. Djawadi versteht es immer wieder, eine Reduktion und gezielten Spannungsabbau vorzunehmen, um anschließend mit neuerlichem Spannungsaufbau fortzufahren. In diesem Feld der steigenden und sinkenden Spannungskurve wird der Rezipient von der Musik und damit der ganzen Serie vereinnahmt und erhält immer wieder emotionale Belohnungs- und Enttäuschungshäppchen, was ihn immer mehr in den Bann der Serienhandlung zieht.

4. VARIA

Einen kurzen Exkurs möchte ich noch zu einigen interessanten Charakteristika der Themen einzelner Adelshäuser und Charaktere wagen. Djawadi nutzt bei der Gestaltung zum einen geographische Aspekte, zum anderen aber auch persönliche Charakterzüge wichtiger Vertreter der Häuser.

So wird das Thema der Starks eher isoliert und pessimistisch dargestellt. Durch geschickte Verwendung der Streicher entsteht eine melancholische Stimme und das Cello, als solistisches Hauptinstrument in tiefer Lage, verkörpert den Typus des einsamen Wolfes. Einzige Ausnahme dieser Gestaltung ist Jon Snow, der eine eigene thematische Anlage erfährt.

Sein mystisches, pentatonisches Grundthema weist heroische Züge auf, wird aber nie konkret oder eindeutig in dieser Aussage. Lange Noten mit wechselnder Pulsierung werden durch eine nordisch anmutende Instrumentierung Grundlage der thematischen Anlage. Außerdem lässt sich oft eine Vermischung des Serienthemas mit Jon Snows Motiv feststellen. Dadurch wird er zu einer wichtigen Figur im ›Spiel um Throne‹ stilisiert.

Eine andere Person, die immer wieder mit dem Serienthema assoziiert wird, ist Daenerys. Orientalische Klangeinflüsse weisen sie lokal dem Osten zu, was vor allem in ihrer Zeit bei den Dothraki hervorsticht. Auch wenn westliche Handlungsbezüge in Verbindung mit Daenerys gestellt werden, schwingt diese Gestaltung noch mit. Daenerys Motivik taucht in den Serienfinalen immer wieder auf lässt in Verbindung mit dem Serienthema darauf schließen, dass ihre Figur ebenfalls große Bedeutung für die Handlung besitzt.

Das Haus Lannister wird mit dem Titel *The Rains of Castamere* dargestellt, der auf dem Soundtrack solistisch von einer männlichen Stimme gestaltet wird. In der Serie selbst taucht dieses Leitthema immer wieder an Schlüsselstellen auf und charakterisiert Macht und Einfluss des Hauses Lannister (z.B. Red Wedding). Auch wird es von Tyrion immer wieder ironisiert gepfiffen. In Verbindung mit orchestraler Instrumentation erhält es zudem einen aufgewühlten, militärischen Charakter, so erscheint es auch in Kampfszenen in denen die Lannisters beteiligt sind (z.B. *Blackwater*, s.o.).

Insgesamt ist festzustellen, dass der Soundtrack von Ramin Djawadi im Verlauf der Serienhandlung deutlich an Aussagekraft und musikalischer Anlage gewinnt. In der ersten Staffel traten immer wieder Aneinanderreihungen der verschiedenen Motive ohne große thematische Arbeit auf. Im Verlauf der Staffeln verfeinerte er aber die musikalische Arbeit und thematisch-motivische Gestaltung, sodass nun auch subtilere Elemente und Mittel vorzufinden sind, die dem ›Gesamtkunstwerk‹ eine atmosphärische, stimmige und spannende Begleitmusik hinzufügen.

Manche Fans entwickelten spannende Theorien, dass Djawadi Vorausdeutungen zum Serienverlauf in seiner Musik versteckt hätte und wie durch musikalische Motive die Abstammung von Jon Snow und der Sieger des *Game of Thrones* erkannt werden könne (Mcintosh 2016). In meiner Analyse konnte ich solche versteckten Geheimnisse allerdings nicht finden. Aber wer weiß schon, ob der Kampf um den Eisernen Thron in Dur oder Moll endet?

LITERATUR

Bullerjahn, Claudia (2014): Grundlagen der Wirkung von Filmmusik. Augsburg: Wißner.

Djawadi, Ramin (2012): Game of Thrones: Season 2. Soundtrack. Colosseum.

Hirway, Hrishikesh (2015): How the epic Game of Thrones theme music was built. <www.wired.com/2015/06/song-exploder-game-of-thrones/> [10.05.2016].

Mahoney, Lesley (2013): Behind the Scenes with Game of Thrones Composer Ramin Djawadi. <https://www.berklee.edu/news/behind-scenes-game-thrones-composer> [10.05.2016].

Mcintosh, Whitney (2016): Does This »Game of Thrones« Theory Explain How »A Song of Ice and Fire« Is Being Told? <http://uproxx.com/tv/game-of-thrones-citadel-theory> [10.05.2016].

Monthy Python's Life of Brian (1979) (GB, Terry Jones).

Pauli, Hansjörg (1976): »Filmmusik. Ein historisch-kritischer Abriß«, in: Schmidt, Hans-Christian (Hg.), Musik in den Massenmedien Rundfunk und Fernsehen. Perspektiven und Materialien. Mainz: Schott, S. 91-119.

Pauli, Hansjörg (1978): »Filmmusik«, in: Deutsches Institut für Fernstudien an der Universität Tübingen (Hg.), Funkkolleg Musik. Studienbegleitbrief 11. Weinheim/Basel/Mainz: Beltz/Schott, S. 11-44.

Schneider, Norbert Jürgen (1990): Handbuch Filmmusik I. Musikdramaturgie im Neuen Deutschen Film. München: Ölschläger.

Wagner, Richard (1850): Das Kunstwerk der Zukunft. Leipzig: Wigand.

»*Prophecy is like a half-trained mule [...].
It looks as though it might be useful, but the moment
you trust in it, it kicks you in the head.*«

7. Rätsel und Mystifikation, Träume und Prophezeiungen

Warlocks, Wargs and White Walkers
Obskures und Übernatürliches
als Phänomene des Fremden in *ASOIAF*

Tobias Eder

1. FANTASY-LITERATUR UND GENREDISKURSE IM WISSENSCHAFTLICHEN RAUM

Der Komplex der Fantasy ist nach wie vor ein weitgehend von der Wissenschaft gemiedener Teilbereich der Literatur. Trotz mehrerer Anstrengungen der vergangenen Jahre, nichtkanonische Texte auch im Umfeld deutscher Universitäten stärker in das Spektrum wissenschaftlicher Untersuchungen mit einzubeziehen, erfreut sich die Beschäftigung mit Fantasy weder einer breiten wissenschaftlichen Anerkennung noch besonderer Beliebtheit. Zu schnell wird Fantasy als Popkultur und damit im besten Fall minderwertig und zweitrangig abgetan, vielleicht noch als Spielart moderner Märchenerzählungen, die selbst darin noch den Kunstmärchen des 19. Jahrhunderts weit unterlegen wären. Diese Stiefmütterlichkeit der Wissenschaft äußert sich auch in der Begrifflichkeit ›Fantasy‹ selbst, die eher organisch aus dem Fandom heraus gewachsen und gerade nicht durch den wissenschaftlichen Diskurs bestimmt ist. Entsprechend schwer fällt auch die Eingrenzung eines operablen Fantasybegriffs, der die unterschiedlichen Ausprägungen zu konsolidieren versucht.

Im ersten Moment wirkt diese Problematik paradox, schließlich evoziert der Begriff ›Fantasy‹ bereits Bilder von Drachen, Magiern, Helden und einer ganzen Reihe anderer Konventionalisierungen wie Elfen, Zwerge, Orks oder Trolle. Fantasy ist zu einem hohen Grad vorgeprägt und bedient sich genretypischer Vorstellungen von klassischen Heldenerzählungen, magischen Fabelwesen und (scheinbar) mittelalterlichen Welten. Stereotype Fantasy kennt in diesem Kontext typische Merkmale wie Drachen, Zauberer und magische Schwerter sowie simplifizierende Handlungsstränge von Heldengeschichten, magischen Königreichen und zu rettenden Prinzessinnen.

Trotz dieser Vielfalt typischer Tropen fällt eine breite Definition schwer. Was hat schlussendlich die *Lord of the Rings*-Trilogie des Fantasy-Urvaters J.R.R. Tolkien mit J.K. Rowlings *Harry Potter*-Romanen oder Philip Pullmans *His Dark Materials* zu tun? Der Korpus des als Fantasy verstandenen Komplexes hat sich in den letzten fünfzig Jahren rapide ausgebreitet und durch seine Ausdifferenzierung weitere Genrebegriffe wie *High Fantasy, Dark Fantasy, Sword and Sorcery* oder jüngst die hervorgerufen.[1] Gemeinsam bleiben diesen unterschiedlichen Ausprägungen oft nur noch sehr wenige der klassischen Tropen vom Drachen und Helden. Die etlichen Subgenres bedienen im Gegenteil eine so starke Vielfalt an Handlungsprämissen und Erzählstrukturen, dass die Subsumierung unter einen einheitlichen Typus spätestens bei komplett divergierenden Strukturen des Textes schwerfällt. Bei einem Fantasybegriff, der sowohl eine radikale Anderswelt wie Tolkiens ›Mittelerde‹ als auch das ›London Below‹ Neil Gaimans miteinander vereint, müssen die entscheidenden Gemeinsamkeiten auf einer deutlich schematischeren Ebene gefunden werden. Geht man auf diese grundlegende Unterscheidungsebene zurück, vereint die unterschiedlichen Texte letztendlich nur der Bezug zum Metaphysischen und Übernatürlichen. Ein Text ganz ohne Magie, unerklärliche Phänomene und monströse Wesen kann kaum noch als Fantasy bezeichnet werden.

Frank Weinreich definiert Fantasy deswegen als »literarisches […] Genre, dessen zentraler Inhalt die Annahme des faktischen Vorhandenseins und Wirkens metaphysischer Kräfte oder Wesen ist, das als Fiktion auftritt und auch als Fiktion verstanden werden soll und muss. Fantasy ist, wie auch das Märchen und der Mythos, ›metaphysische Literatur‹.« (Weinreich 2007: 37) Die Metaphysik der Fantasy versteht Weinreich in diesem Kontext als unter realweltlichen Bedingungen unmöglich und bezieht seine Definition damit auf eine von der Fantasy zu unterscheidende Lebensrealität des Rezipienten. Der zweite Ankerpunkt seiner Definition ist jener der Fiktionalität, an welchem er zentral die Phänomene der Fantasy von denen des Mythos und des religiösen Textes unterscheidet (Weinreich 2007: 32). Trotzdem bleibt der Mythosbegriff für Weinreich zentral mit dem Komplex der Fantasy verbunden, Mythen sind nicht nur Vorbild und Ankerpunkt, sondern auch referentielle Grundlage für die Ausgestaltung von Fantasy-Literatur, die damit für Weinreich ein Transzendenzbedürfnis in Anlehnung an Mythologien versteht (Weinreich 2007: 39-41).

Nicht nur Frank Weinreich beschäftigt sich mit der großen Nähe von Fantasy zu Mythos. Auch Johannes Rüster bezeichnet Fantasy als Anderswelt im mythischen Modus und orientiert sich hier am campbellschen Monomythos und der Heldenreise (Rüster 2013: 285). Auf dieser Basis offeriert die Fantasy eine poetische Grundstruktur, die auch vom ›Urvater‹ J.R.R. Tolkien als »Sekundäre Welt«

---

1 | Einige dieser Genredefinitionen finden sich auch in Mendlesohn und James 2012, oder Rüster 2013. Sie stützen sich in den meisten Fällen selbst auf Traditionslinien aus Fandiskursen und den Pulp-Romanen des frühen 20. Jahrhunderts.

(Tolkien 1947: 12) ausgezeichnet wird, in welcher es besonders zum Zusammentreffen eines mimetischen und poetischen Ansatzes zwischen übernatürlichen und realweltlichen Bezügen kommt (Rüster 2013: 285). Der Stellenwert des Metaphysischen – Übernatürlichen – Mythischen ist damit zentraler Angelpunkt der Diskurse in und um Fantasy. Gleichzeitig stellt die Thematisierung von Übernatürlichem und Obskurem die Fantasy auch in direkte Verwandtschaft zum wissenschaftlich eingehender erforschten Gegenstand der literarischen Phantastik – die beiden Begriffe sind dabei keineswegs miteinander deckungsgleich, wenn sie auch in ihrer weitesten Auslegung eine breite Überlappung aufweisen können.

Viele Phantastikdefinitionen schließen Phänomene wie Fantasy, Horror und Science-Fiction in ihren Untersuchungsgegenstand mit ein, die engsten Definitionen hingegen bemühen sich um eine schärfere Eingrenzung. Nach dem Modell Todorovs ist somit ein Moment der Unschlüssigkeit essentiell für das Vorliegen von Phantastik innerhalb eines Textes. Ein scheinbar übernatürliches Ereignis ist demnach erst dadurch eigentlich phantastisch, wenn weder eine strikt rationale, noch eine rein metaphysische Erklärung eindeutig Aufschluss über das Geschehen geben kann (Todorov 1972: 26). Uwe Durst präzisiert in seiner eigenen Phantastikdefinition die Begrifflichkeiten Todorovs insoweit, dass er den Rahmen für die Entscheidbarkeit von Phantastik als textimmanent bestimmt und nicht mit der Erfahrungswelt des Rezipienten verknüpft (Durst 2010: 103f.). Diese enge Definition ist gerade deswegen so signifikant, weil sie vor Augen führt, dass es sich bei einem Text der Fantasy nicht zwangsweise auch um einen phantastischen Text handeln muss. Im Gegenteil: Große Teile der klassischen Fantasy sind in ihrer Darstellung einer übernatürlichen Anderswelt somit dezidiert nicht phantastisch, besonders wenn ihre Bewohner die Begegnungen mit Magie und fremden Wesen für natürlich erachten. Die Phantastik wird nach dieser Definition im Bereich der Fantasy zur Ausnahmeerscheinung.

2. Realismusbegriffe und Fantasy

Der breite Begriff der Fantasy nach Frank Weinreich und der enge Begriff der literarischen Phantastik nach Uwe Durst dienen hier als Einstieg zur Beobachtung des Gegenstandes, um den es natürlich eigentlich gehen soll: George R.R. Martins *ASOIAF*. Die generelle Genrefrage stellt sich bei Martin zumindest in Bezug auf die Fantasy im Diskurs eigentlich nicht. Die Welt von *ASOIAF* erfüllt bereits eine gängige Konvention der Fantasy seit Tolkien: Sie ist eindeutig eine konstruierte Anderswelt. Und schon der erste Band beginnt für diese Arten von Fantasy typisch:

Mit einer gezeichneten Karte der Seven Kingdoms of Westeros. Die Karte dem eigentlichen Text voranzustellen ist nicht nur typisch für Fantasy seit Mittelerde, sondern erweckt auch eine bestimmte Assoziation. Die Karte bildet den Ausgangspunkt zur Reise der Helden, gibt den Erwartungshorizont an die

Handlung vor und dient als Ankerpunkt für die folgende Erzählung. Die abweichende Topographie und das ›mittelalterlich‹ anmutende Setting der ›secondary world‹ entsprechen dabei grundlegenden Konventionen der klassischen *High Fantasy*. Trotzdem ist in der Diskussion um *ASOIAF* vor allem die Betonung des hohen ›Realismus‹ der Reihe prävalent.[2] Der viel beschworene Begriff ist dabei in mehrfacher Hinsicht relevant, obgleich im Hinblick auf den fiktionalen, in einer Anderswelt angesiedelten Text problematisch. Ein Hauptaspekt des Realismus in *ASOIAF* lässt sich in der sehr komplexen Psychologie der Charaktere und ihrer Charakterentwicklung begründen. Die Erzählung, die von Kapitel zu Kapitel in der Fokalisierung die Charaktere und im Konflikt um den Iron Throne auch die Seiten wechselt, schafft damit eine Subjektivierung und Kontrastierung der unterschiedlichsten Perspektiven und verformt die klassische Erzählhaltung eines Fantasy-Romans, in dem oft nur aus der Sicht eines oder weniger Helden erzählt wird. Durch den Perspektivwechsel scheinen auch grundlegende fantasytypische Konzepte wie Gut und Böse nicht fest verankert. Sie sind stattdessen subjektiv und verhandelbar. Hierin liegt schon eindeutig eine postmoderne Wendung vor, die in einem *Lord of the Rings* undenkbar wäre – wie funktioniert die Psychologie eines Uruk-hai oder Nazgûl?

Darüber hinaus wird auch die politische Landschaft von Westeros und Essos als komplexes Gefüge beschrieben. Die Sklavenbefreiungen Daenerys' Targaryens in Meereen, Yunkai und Astapor ziehen eine ganze Reihe von gesellschaftlichen Problemen nach sich, von denen die junge Herrscherin schnell überfordert wird. Auch in Westeros gestalten sich die politischen Umstände nicht weniger komplex. Die logistische Problematik der Finanzierung und Versorgung von Heeren, aber auch der unübersichtliche Verlauf einzelner Schlachten in der Riverlands-Kampagne, über die der Leser größtenteils nur durch Botenberichte und andere indirekte Mittel erfährt, sind erneut Elemente einer Komplexitätszunahme, die sonst im Bereich klassischer Fantasy unterschlagen werden. In diesem Rahmen wäre ›Realismus‹ ein Synonym für Komplexität: Dies gilt sowohl für Figuren, Politik und letztendlich die erzählte Welt, die nicht nach den binären Paradigmen der klassischen Fantasy funktioniert. Sie erhält ihre Tiefenstruktur nicht nur in der fantasytypischen Mythologie, sondern wird auch in einer historischen Tiefendimension dargestellt. In dieser Konstellation wird die Welt von *ASOIAF* greifbar, verstehbar und nachvollziehbar.

Der Begriff ›Realismus‹ ist aber nicht nur in dieser Hinsicht relevant. Die Welt von *ASOIAF* und besonders der Kontinent Westeros präsentiert sich in weiten Teilen als eine rationale, entzauberte Welt. Die Maester der Citadel verfolgen

---

2 | Die Debatte zum Realismus in *ASOIAF* hat insbesondere die Diskussion in den Feuilletons mitbestimmt, wobei hier auf zwei Arten unterschieden wird. Zum einen geht es um einen Realismus im Sinne politischer Strukturen bis hin zur Parallelität zur Gegenwart (Walter 2011) zum anderen in dem Portrait historischer ›mittelalterlicher‹ Gesellschaftsformen (Jones 2014).

in Westeros ein scheinbar aufklärerisches Ideal, und auch die Säkularisation ist zu Beginn der Serie in Westeros offenkundig weit fortgeschritten. Der Faith of the Seven ist zwar in weiten Teilen von Westeros die traditionell vorherrschende Religion, übt jedoch zu Beginn der Reihe kaum aktiv Einfluss auf den öffentlichen Raum aus. Die weltliche Machtposition eines Septons ist vage und steht nicht im politischen Mittelpunkt, geschweige dessen einer Septa, die eher die Arbeit von Gouvernanten verrichten.[3] Die Welt von *ASOIAF* kennt somit zwar Mythen, Religion, Sagen und alte Prophezeiungen, diese werden jedoch im aufklärerischen Gestus als Aberglaube, Ammenmärchen oder oft reines Zeremoniell abgetan. Das Westeros vom Anfang der Buchreihe besitzt keinen Platz für das Magische, das Übernatürliche und das Metaphysische. Die Welt erscheint für den Rezipienten genau deswegen nach modernen Maßstäben scheinbar ›realistisch‹, weil sie irrationale Phänomene und metaphysisches Denken aus ihren Diskursen verdrängt hat. Die Welt ist erklärbar, Magie existiert nicht und die Götter antworten nicht auf die Gebete der Gläubigen.

3. Übernatürliche Einbrüche und Unzuverlässigkeit

Innerhalb der Diegese ist die Verortung von Übernatürlichem im Bereich der Mythen und Sagen für die Figuren essentiell und reflektiert ihre Einstellung zu allen irrationalen Welterklärungsmodellen, die in der rein weltlich-machtpolitischen Struktur von Westeros keinen Platz finden können. Interessant ist, dass die Darstellung einer solchen entzauberten Welt für den Rezipienten erst nach dem eindeutig faktualen Beweis für übernatürliche Phänomene innerhalb der Handlung von *AGOT* folgt, denn bereits im Prolog des Buches wird die Begegnung mit den mythischen White Walkers als dezidiert übernatürlich markiert.

»A shadow emerged from the dark of the wood. [...] Tall, it was, and gaunt and hard as old bones, with flesh pale as milk. Its armor seemed to change color as it moved, here it was white as new-fallen snow, there black as shadow, everywhere dappled with the deep grey-green of the trees. The patterns ran like moonlight on water with every step it took.« (*AGOT* 8f.)

Die bildhafte Sprache kontrastiert geradezu markant mit dem sonst sehr prosaischen Text zu Beginn des Prologs:

»He was a handsome youth of eighteen, grey-eyed and graceful and slender as a knife. [...] He wore black leather boots, black woolen pants, black moleskin gloves, and a fine supple coat of gleaming black ringmail over layers of black wool and boiled leather.« (*AGOT* 2)

---

3 | Zur Signifikanz von Religion im politischen Spektrum siehe Emig in diesem Band.

Anstatt klarer Beschreibungen, wie bei der Kleidung von Ser Waymar Royce wenige Seiten zuvor, kann das Aussehen der Others nur in Metaphern wiedergegeben werden. Die vage, mystifizierte Beschreibung hebt sich markant von den vorherigen detaillierten Aufzählungen der Garderobe des Bruders der Night's Watch ab. Die White Walker entziehen sich buchstäblich dem rationalen Fassungsvermögen der Figuren – der Eindruck ist nicht domestizierbar, sondern bleibt fremdartig und unbeschreiblich.[4]

Geradezu im Kontrast zum abrupten Einstieg des Prologs bleiben die Begegnungen mit dem Übernatürlichen in *AGOT* erstaunlich gering. Neben den Others des Prologs gibt es nur noch zwei andere explizit übernatürliche Ereignisse im ersten Band: Der Kampf Jon Snows gegen den wiederbelebten Othor und die Geburt der Drachen am Ende des Buches. In der Verortung dieser Begebenheiten wird vor allem eines klar: Wenn Magie auftaucht, dann ausschließlich an der Peripherie der Seven Kingdoms.[5] In ihrem Zentrum ist sie nicht vorhanden. Die Quellen des Übernatürlichen liegen damit in der expliziten Fremde und den Gebieten der Welt, die nicht auf der Karte zu Beginn von *AGOT* verzeichnet sind: Im hohen Norden jenseits der Wall und weit im Osten, jenseits der Narrow Sea, nicht jedoch innerhalb von Westeros selbst. Dieser Sprung der Erzählung auf die Gebiete im ›weiß‹ der Karte verstößt nicht nur gegen die klar einordbare Struktur anderer Fantasy-Romane, die den Rezipienten eben über die Karte in Verbindung mit den Handlungsorten eine auktoriale Übersicht über die Welt gewähren, sondern unterstreicht die zentrale Differenz von kartografierter – also domestizierter – Welt und der unsicheren, unbekannten und magischen Welt jenseits der Grenzen der Königreiche. Die Seven Kingdoms und das Übernatürliche scheinen bereits auf dieser Ebene strukturell unvereinbar. Sogar die abgetrennte, zuckende Hand Othors, des wiederauferstandenen Bruders der Night's Watch, verwest in der Hauptstadt King's Landing, bevor sie am Hof als Beweis für die Existenz der lebenden Toten dienen kann (*ACOK* 404f.). Sie übersteht den Übertritt der Schwelle in den domestizierten Raum nicht und wird in diesem wiederum zu einem gänzlich gewöhnlichen Objekt. Statt den gewünschten Effekt zum Beweis des Übernatürlichen liefern zu können, zieht sie als Zeichen des scheinbar irrsinnigen Aberglaubens der Night's Watch den Spott am Hof auf sich.

Das Übernatürliche ist eindeutig kein Teil der normalen Lebenswelt von Westeros, es liegt in der Domäne der Fremde und des Unbekannten. Die augenscheinliche Präsenz von Übernatürlichem stellt jedoch die strikt rationale Weltsicht der Westerosi stark in Frage. Die Grenze wird nach der Geburt der Drachen durchlässig. Sie markiert nicht nur eine Rückkehr von Magie jenseits der Grenzen von

---

4 | Der Komplex mit dem Stichwort Alienität kann in diesem Kontext nur angerissen werden, siehe zu dem Komplex insbesondere Grizelj in diesem Band.

5 | Diese Differenz von Eigenem und Fremden in Westeros ist Thema der Aufsätze von Grizelj und Eberhard in diesem Band und wird dort im Detail untersucht.

Westeros, sondern bedingt auch den schleichenden Einzug zurück in die sieben Königreiche. Gleichzeitig ist sie ein Phänomen der Unzuverlässigkeit der Welterklärungsmodelle innerhalb der Seven Kingdoms.

Diese Unzuverlässigkeit ist ein markantes, bisher kaum zur Ansprache gekommenes Thema der Buchreihe Martins. Insbesondere im Hinblick auf die Phantastikdefinitionen Todorovs und Dursts steht der Begriff Unschlüssigkeit im Fokus der Unterscheidung des genuin Phantastischen von anderen Erzählungen. Die Begriffe Unschlüssigkeit und Unzuverlässigkeit sind gerade im Hinblick auf Todorov und Durst nicht als synonym aufzufassen, trotzdem weisen sie strukturelle Ähnlichkeiten auf. Dies gilt insbesondere für den Modus des unzuverlässigen Erzählens, durch den die Unschlüssigkeit der Phantastik beim Rezipienten erst entsteht. Gleichzeitig sind Unschlüssigkeit und Unzuverlässigkeit gerade keine zentralen Themen einer klassischen Fantasy – im Gegenteil ist der Status der Welt, der Magie, der Geschichte und Motivation der Charaktere fast immer eindeutig bestimmbar. Im Gegensatz dazu erweist sich in *ASOIAF* fast alles als unzuverlässig: Angefangen von den Jahreszeiten im unregelmäßigen Wechsel zwischen Sommer und Winter, über die Geschichtsschreibung und den Status von Mythen und Legenden, den Stellenwert von Prophezeiungen und Omen bis hin zu den Geschehnissen der jüngsten Vergangenheit. Auch der Sprung zwischen den Perspektiven in den einzelnen Kapiteln der Reihe offenbart die teilweise stark voneinander abweichenden Beobachtungen über die Geschehnisse in der Welt. Subjektivierung führt, so scheint es, bereits grundsätzlich zu einer Form unzuverlässigen Erzählens. Die unterschiedlichen Fokalisierungen innerhalb der Erzählung markieren diese Unzuverlässigkeit letztendlich plakativ für den Rezipienten, der sich mit den verschiedenen Perspektiven konfrontiert sieht.

Diese Rätsel und offenen Handlungsstränge nehmen einen großen Stellenwert in der Verhandlung der Fantasy-Reihe ein. Weite Bereiche des Fandoms widmen sich ausschließlich der Theoriebildung um die unterschiedlichsten Mysterien, wie der Abstammung Jon Snows, der Mythologie des Nordens oder der Rolle Rhaegar Targaryens in der Prophezeiung des Kampfes mit den White Walkers.[6]

Martin schildert in *ASOIAF* eine Welt, in welcher jeder absolute Wahrheitsanspruch in Frage gestellt werden muss. Realität ist nicht einfach abgebildet, sondern diskursiv geprägt. Die Maester der Citadel leugnen die Existenz von Magie nicht etwa aufgrund einer wissenschaftlichen Widerlegung, sondern weil das Behaupten ihrer Nichtexistenz ihre eigene Diskursmacht fördert. So spricht Archmaester Marwyn zu Samwell Tarly über die Opposition der Maester zur Magie: »The world the Citadel is building has no place in it for sorcery or prophecy or glass candles, much less for dragons.« (*AFFC* 683) Die Maester als Vertreter der

---

6 | So findet sich beispielsweise auf der Fanseite *A Wiki Of Ice and Fire* zu den einzelnen Artikeln auch unter anderem Rubriken zu Theorien und Spekulationen um bisher nicht aufgeklärte Zusammenhänge in der Erzählung (http://awoiaf.westeros.org).

rationalen, zivilisatorischen Aspekte Westeros ›konstruieren‹ gleichsam ihre Umwelt und beschreiben sie nicht einfach. Damit kommt es zu einem Konkurrenzmoment zwischen den unterschiedlichen Sphären: dem Rationalen, Realistischen und dem Mystischen, Übernatürlichen. *ASOIAF* entwirft damit im Grunde genommen zwei Welterklärungen: Eine rational motivierte, in der das Übernatürliche keinen Einfluss auf die Lebenswelt der Charaktere hat und eine diametral entgegengesetzte, in welcher Prophezeiungen und Magie die Geschicke der Welt bestimmen. Die Unterscheidung des Natürlichen und Übernatürlichen kann in einer Fantasy-Welt wie Westeros nur innerhalb der Diegese stattfinden, die zuerst den Rahmen der scheinbaren Realität vorgibt, um ihn danach mit dem Phantastischen zweiter Ordnung zu brechen. Damit enthält *ASOIAF* zwei Spielarten von Fantasy nach der Kategorisierung Farah Mendlesohns: Der *immersive fantasy* zum einen, bei der aus der Sicht von Bewohnern einer fremden Welt diese für sie als natürlich beschrieben wird, und dem der *intrusion fantasy* zum anderen, in welcher übernatürliche Phänomene in die Realität der Diegese eindringen und diese verändern. (Mendlesohn 2008: Einleitung xx-xxii) Für Mendlesohn sind die Kategorien voneinander getrennt und entsprechen jeweils einem Stereotyp der Fantasytypologie, dennoch sind die in ihr beschriebenen Modi miteinander kompatibel.

Beide Formen fügen sich in ihrer Verknüpfung somit logisch ineinander: Die phantastische Anderswelt gehorcht zunächst allein ihren eigenen Gesetzen und Prinzipien, diese werden dann jedoch im zweiten Schritt durch den übernatürlichen Einfluss gebrochen. Für die Männer der Night's Watch sind die untoten Wights und die White Walker ebenso übernatürlich und fremd wie für den Rezipienten.

Der vom Übernatürlichen bedrohte rationale Nukleus der Seven Kingdoms wird im Verlauf der Serie mit etlichen Konstrukten des Irrationalen und Übernatürlichen kontrastiert. Ob nun White Walkers, Red Priests, Children of the Forest, Faceless Men oder Warlocks aus Qarth: Das Übernatürliche ist stets an der Peripherie der bekannten Welt verortet. Je weiter entfernt der Außenraum, desto außerordentlicher die damit verbundenen Konnotationen. Die *World of Ice and Fire* beschreibt die Länder des fernen Ostens der intradiegetischen Welt als mystische und magische Orte, die sich jeder Erklärung und rationalen Beschreibung entziehen. Die Stadt Asshai by the Shadow wird direkt mit Magie und Übernatürlichem konnotiert: »The dark city by the Shadow‹ is a city steeped in sorcery.« (*TWOIAF* 308) Sie ist in der narrativen Rahmung nicht durch Zufall der Herkunftsort der roten Priesterin Melisandre, der drei Dracheneier Daenerys Targaryens und der Ort, an dem Mirri Maz Duur ihre magischen Fähigkeiten erwirbt.

Aus der Dichotomie zwischen Westeros und dem magischen Anderen entstehen somit an den Berührungspunkten auch viele der Katastrophen, welche die Seven Kingdoms in ihrer Existenz bedrohen. Die White Walkers im Norden der Wall sind von diesen nur das eindringlichste Beispiel. Die Bewegung geht in jedem Fall von außen in das Zentrum von Westeros, also *intrusion fantasy*.[7]

4. GRENZGÄNGER UND ASSIMILATIONSVERSUCHE

Interessant wird diese Gegenüberstellung nicht nur in der Feststellung der Zuordnungen von Innen- und Außenraum, sondern besonders in ihren Figurenkonstellationen. Bei der Beobachtung fallen hier besonders jene Charaktere auf, die eine Grenzüberschreitung von einem zum anderen Raum vollziehen. Charaktere, die damit zwischen dem rationalen Raum von Westeros und dem mystischen Außenraum vermitteln können, treten an prominenter Stelle innerhalb der Erzählung auf. Hauptfiguren einer Erzählung als Grenzgänger zu charakterisieren gehört natürlich zu den zentralen Topoi schlechthin, gerade ausgehend vom campbellschen Monomythos muss der Held der Erzählung zwangsweise in grenzüberschreitender Kapazität auftreten (Campbell 2008: 23-29). Deswegen ist es nicht weiter verwunderlich, dass viele der handlungstragenden Figuren eine ähnliche Stellung einnehmen, sei sie nun sozialer, moralischer oder explizit übernatürlicher Form.

Ein zentrales Beispiel für einen solchen Grenzgänger stellt Bran Stark dar, dessen prophetische Visionen ihn weit in den Norden jenseits der Wall führen. Bran ist eine der wenigen Figuren, die aus den Seven Kingdoms stammt und trotzdem über übernatürliche Fähigkeiten verfügt. Er empfängt Visionen und prophetische Träume und bewegt sich als Skinchanger in der Gestalt von Summer und sogar Hodor. Entsprechend seiner Rolle als Vermittlungsinstanz zwischen den unterschiedlichen Welten bewegt er sich in einer stark heterogenen Gruppe, bestehend aus der Wildling-Frau Osha, Hodor, den Reed-Kindern, dem Direwolf Summer und schlussendlich auch dem enigmatischen Coldhands.

Ein anderes Beispiel ist Arya Stark, die außerhalb der Grenzen der Seven Kingdoms dem Kult des Many Faced God beitritt. Arya wird durch den obskuren Initiationsritus immer mehr in Verbindung mit der übernatürlichen Sphäre gebracht. Zum vollen Übertritt auf die andere Seite muss sie dazu insbesondere ihre bisherige Existenz aufgeben:

---

7 | Mendlesohn selbst beschreibt die *intrusion fantasy* als nicht an eine Echtwelt jenseits von secondary worlds gebunden, sondern versteht die Intrusion direkt an eine intradiegetische Normalität gebunden (Mendlesohn 2008: 114-117). Insofern entspricht der Modus von Martins Reihe mit dem Eindringen von fremden, magischen Wesen einer Modellierung nach Mendlesohns Typologie, auch wenn es strittig ist, inwiefern die magische Welt von *Ice and Fire* nun als das ›Andere‹ verstanden werden kann. In jedem Fall steht es im Gegensatz zur Darstellung der Lebenswelt der Figuren der Reihe.

»Stay, and the Many-Faced God will take your ears, your nose, your tongue. He will take your sad grey eyes that have seen so much. He will take your hands, your feet, your arms and legs, your private parts. He will take your hopes and dreams, your loves and hates. Those who enter his service must give up all that makes them who they are.« (AFFC 318f.)

Der Übertritt in den anderen Raum erfordert von Arya das ultimative Opfer: Nicht länger Arya Stark zu sein. Diese Form von Synthese mit dem Anderen erfordert die Aufgabe des bisherigen Selbst und wird dementsprechend sukzessive auch nur von Charakteren überschritten, die mit ihrem vorherigen Leben brechen können. Im Übertritt Aryas zum Kult des Nameless Gods wird dieser Umstand exemplifiziert und pointiert, doch bereits Bran muss in seinem Übertritt als Skinchanger und Greenseer eine ähnliche Wandlung vollziehen.

Schon bei diesen beiden Beispielen fällt auf, dass es vor allem die jungen Charaktere der Reihe sind, die im Kontakt mit dem magischen Außenraum stehen. Auch Daenerys Targaryen gehört in ihrer Rolle als Mother of Dragons zur Reihe der übernatürlich begabten Kinder und Jon Snow, schon von Berufs wegen Grenzgänger, entdeckt jenseits der Mauer seine Begabung als Warg. Es sind somit vor allem die jungen, formbaren und noch nicht vollständig erwachsenen Charaktere, die im Zuge des Einbruchs von Magie und der Umwälzungen in den Seven Kingdoms selbst zu Grenzgängern werden. Im Kontakt mit dem Übernatürlich-Fremden erlangen sie der Reihe nach neue Fähigkeiten und damit das Potential, wie Daenerys, aktiv in die Geschicke der Welt einzugreifen. Als besondere Figuren, die aus dem Kreis von Westeros heraustreten, nehmen sie gleichsam eine neue Rolle jenseits der gesellschaftlichen Konventionen der Seven Kingdoms ein.

Der Weg der jungen Charaktere erinnert in vielen Passagen stark an die Topoi von klassischer Fantasy, die Martin in den ersten Bänden seiner Reihe noch weitestgehend unterschlagen hat. Der jugendliche Held muss in vielen dieser Erzählungen selbst von übernatürlicher Macht Gebrauch machen, um die Bedrohung durch das Andere zurückzuschlagen. Der Raum Westeros, der vom inneren Konflikt immer stärker aufgerieben wird, wird durch den Einfluss des Fremden mehr und mehr von Magie und übernatürlichen Phänomenen durchdrungen und damit auch verzaubert. Mit Melisandre an der Seite von Stannis Baratheon und der wiedererweckten Lady Stoneheart an der Spitze der Brotherhood without Banners ist auch Westeros längst nicht mehr ein so nüchterner und entzauberter Schauplatz wie noch zu Beginn der Erzählung. Vor dem Hintergrund der zunehmenden Verschmelzung beider Räume erscheint auch der Hybridisierungsprozess von Charakteren wie Bran und Arya als legitime Anpassungsstrategie an die Welt der Diegese.

5. Fantasy, Phantastik und das Wunderbare

Der Kontakt der verzauberten Außenwelt zum ›rationalen‹ Nukleus von Westeros drängt sich nach dem sechsten Band der Reihe immer weiter in den Vordergrund. Die Elemente der klassischen Fantasy treten vermehrt in den Vordergrund und ergreifen im Sinne der *intrusion fantasy* Besitz von den Domänen des eigentlich Nicht-Magischen. Hierin liegt auch der markante Schritt von *ent*zauberter hin zu gänzlich *ver*zauberter diegetischer Welt.

Statt den Ränkespielen der Adelsfamilien und der Erbfolge des Eisernen Thrones gewinnt immer mehr die monströse Bedrohung aus dem Norden an Bedeutung. Es bleibt die Frage, ob sich in *ASOIAF* letztendlich die postmoderne Fantasy zurück in das klassische Schema einer binären Struktur von Gut und Böse verkehrt und daraufhin zur »Eukatastrophe« führt, wie J.R.R. Tolkien den fundamentalen Konflikt des Helden gegen das übermächtige Böse nennt, aus dem er selbstverständlich – against all odds – siegreich hervorgehen wird (Tolkien 1947: 12f.). Oder sie bewegt sich vielmehr mit großen Schritten auf die Dyskatastrophe zu, in welcher – wiederrum nach Tolkien – die Prämisse gilt: »that man, each man and all men, and all their works shall die« (Tolkien 2002: 119), oder einfacher gesagt: *Valar morghulis*.

In beiden Fällen neigt sich die Zeit der Ränkespiele und der ›Games of Thrones‹ in Westeros ihrem Ende zu, denn auch wenn sich die TV-Serie lieber den Titel des ersten Bandes auf die Fahnen geschrieben hat, haben wir es hier doch mit einem ›*Song of Ice and Fire*‹ zu tun. Einem Konflikt elementarer Kräfte um die Zukunft der diegetischen Welt und »Winter is Coming«. Es ist vielleicht strukturell gesehen der logischste Schluss, die zu Beginn phantastische Erzählung auch in ihrer Conclusio wieder auf den Bereich des Phantastischen zurückzuführen. Die Gefahr durch die Others aus dem Norden macht diesen Umstand eigentlich bereits zwingend. Die Katastrophe ist bereits in der diegetischen Welt vorhanden, und es bleibt abzuwarten ob es sich schlussendlich um eine Eukatastrophe oder eine Dyskatastrophe handeln wird.

Wenn der ›realistische‹ Innenraum von Westeros also nach und nach zu bröckeln beginnt, dann tritt hinter ihm immer mehr das Übernatürliche hervor. Eine Phantastik nach einer Definition wie von Uwe Durst ist selbstverständlich nur schwer auf einen Text wie *ASOIAF* anzuwenden. In vieler Hinsicht schließt er ihn von vornherein bereits von der Phantastik aus. Trotzdem steht die Welt der Seven Kingdoms mitten in einem Deutungskonflikt zwischen einer realistischen und einer phantastischen Ebene. Im Moment scheint das Übernatürliche zu überwiegen, würde also nach der Beschreibung Todorovs zu einer Erzählung des Wunderbaren (Todorov 1972: 43). In jedem Fall bleibt die Beobachtung der generellen Unzuverlässigkeit der Welt, ihrer Charaktere und der Erzählung. Ob sie sich am Ende zu einem kohärenten Ganzen zusammenfügen lässt, bleibt abzuwarten. Aber vielleicht wäre eine solche Konsolidierung auch gerade die zwangsweise Enttäuschung für einen Text, der so massiv von der Ambiguität lebt wie die Romane Martins.

ASOIAF geht nach wie vor einen eigenwilligen Weg innerhalb der Fantasy. Kaum eine Serie zuvor hat es vermocht, einen solchen Sog auf ein breites Publikum auch außerhalb des Kernbereichs der Fantasy-Enthusiasten auszuüben. Dies ist nicht zuletzt auch dem komplexen Weltmodell geschuldet, das zwischen der Darstellung einer scheinbar realistischen Welt und einer übernatürlichen zweiten Ebene vermittelt. Das Übernatürliche bleibt obskur und undurchsichtig, es ist für die Charaktere von Westeros so fremdartig und unbegreiflich wie für den Rezipienten. Der Text operiert zwar auf der einen Seite mit einer vordergründig entzauberten Weltsicht, muss aber deswegen Elemente des Phantastischen noch lang nicht ausblenden. In der Verknüpfung beider Bereiche zeigt *ASOIAF*, dass die Fantasy in ihrer Konstruktion von Erzählung, Handlung, Motivik und der Charaktere ebenso komplex sein kann wie jede andere Form der Literatur.

Literatur

A Wiki of Ice and Fire: Onlinequelle 30.04.2016: <http://awoiaf.westeros.org>.
Campbell, Joseph (2008): The Hero With a Thousand Faces. Novato, CA: New World Library.
Durst, Uwe (2010): Theorie der phantastischen Literatur. Berlin: LIT Verlag.
Jones, Dan (2014): »Game of Thrones: the bloody historical truth behind the show«, in: The Telegraph. 03. April 2014. <www.telegraph.co.uk/culture/tvandradio/game-of-thrones/10693448/Game-of-Thrones-the-bloody-historical-truth-behind-the-show.html> [30.04.2016].
Mendlesohn, Farah (2008): Rhetorics of Fantasy. Middletown, CN: Wesleyan University Press.
Mendlesohn, Farah/James, Edward (2012): A Short History of Fantasy. Faringdon: Libri Publishing.
Rüster, Johannes (2013): »Fantasy«, in: Brittnacher, Hans Richard/May, Markus (Hg.): Phantastik. Ein interdisziplinäres Handbuch. Stuttgart, Weimar: J.B. Metzler, S. 284-292.
Todorov, Tzvetan (1972): Einführung in die fantastische Literatur. München: Hanser.
Tolkien, J.R.R. (1947): On Fairy Stories. <www.theologynetwork.org/Media/PDF/JRR_Tolkien-fairystories.pdf> [30.04.2016].
Tolkien, J.R.R. (2002): »Beowulf. The Monster and the Critics«, in: Donoghue, Daniel (Hg.): Beowulf, A Verse Translation. New York, London: W.W. Norton & Company.
Walter, Damien G. (2011): »George R.R. Martin's Fantasy is not far from reality«, in: The Guardian. 26. Juli 2011. <https://www.theguardian.com/books/2011/jul/26/george-r-r-martin-fantasy-reality> [30.04.2016].
Weinreich, Frank (2007): Fantasy. Einführung. Essen: Oldib.

»The Gods are blind.
And men see only what they wish.«
Zur Funktion der Mystifikationen und Rätsel in *ASOIAF*

Markus May

Ist Coldhands Benjen Stark? Was verbirgt sich unter der Mauer? Wer sind neben Daenerys die anderen beiden Köpfe des Drachens? Wer ist der wiedergeborene Azor Ahai? Ist Quaithe ein Mitglied des Hauses Targaryen? Ist Tywin Lannister wirklich Tyrions Vater? (Oder ist Tyrion möglicherweise der Sohn des Mad King Aerys?) Wer ist der Mummer Prince? Und natürlich: Wer sind die Eltern von Jon Snow?

Diese und viele ähnliche Fragen werden nicht allein in den zahlreichen Foren, die im Internet zu *ASOIAF* bzw. *GOT* mittlerweile existieren, heftig und kontrovers diskutiert. Man ist geneigt, hierin ein Musterbeispiel für eine globale ›interpretive community‹ zu erkennen, eine Deutungsgemeinschaft, von deren Ausmaßen und interaktiv medialen kommunikativen Möglichkeiten sich Stanley E. Fish wohl keine Vorstellungen machte, als er sein Konzept einer »reader response«-Theorie entwickelte (Fish 1982). Und dies hat wohl auch Auswirkungen auf den Fortgang der Geschichte, da der Autor das Geschehen im Internet aktiv mitverfolgt und teilweise über sein Blog auch partizipiert. Wenngleich es schon zu Charles Dickens' Zeiten eine Interaktion zwischen Leserschaft und Autor gab, deren Feedback in die im wöchentlichen Rhythmus der Zeitungen publizierten Partien seiner Romane einfloss (Maack 1996: 26-30, insbes. 29), so ist heute, in Zeiten des Internets, die Zirkulation der Autor-Leser-Kommunikation ungleich größer und schneller. Bei einem Autor wie Martin, der es liebt, mit den Erwartungen der Leser nicht nur zu spielen, sondern der sich die Freiheit nimmt, diese auch zu unterlaufen und herb zu enttäuschen – notorisch sind die ›untimely deaths‹ zahlreicher Haupt- und wesentlicher Nebenfiguren, angefangen mit Eddard Stark gegen Ende des ersten Bandes –, muss man auf jede Überraschung gefasst sein, auch auf die, dass er bislang in den fünf existenten Bänden der Saga gelegte Fährten deshalb nicht zu ihrem konsequenten und von Martin selbst wohl einmal anvisierten Ende führt, weil die Mehrheit der ›interpretive community‹

eben genau ein solches erwartet. Darin offenbart sich, aller poststrukturalistischen Rede vom »Tod des Autors« (Barthes 2006) im Sinne eines diskursmächtigen und diskursbestimmenden Subjekts zum Trotz, die reale Präsenz und Macht des quicklebendigen Autors (»Long may he reign!«), der als »alter deus«[1] Herr über die von ihm textuell entworfene Welt ist, mit der er nach Belieben verfahren, in der er absolut souverän schalten und walten kann.

A propos enttäuschte Erwartungen: Auch in diesem Beitrag wird es keine Antworten auf die zu Beginn aufgeführten inhaltlichen Fragen zu geben. Das wäre angesichts der Tatsache, dass die Reihe noch nicht abgeschlossen ist, und mit Blick auf die eben skizzierte Problematik ein zu riskantes Unterfangen, das sich notgedrungen im Spekulativen verlieren müsste. Vielmehr soll versucht werden, die Bedeutung von Rätseln und Mystifikationen für die Konstruktion der erzählten Welt und die narrativen Strategien etwas genauer in den Blick zu nehmen. Denn das Rätsel zieht sich strukturell durch alle Ebenen der erzählten Welt von *ASOIAF*. Dabei – so die These – wird sich die Signifikanz dieses Komplexes als Funktion einer spezifischen Form von epistemologischem Spiel erweisen. Gerade hierin liegen nicht zuletzt die Potentiale, die *ASOIAF* für eine gegenwärtige Leserschaft so attraktiv machen, da die Problematik von Referenzrahmen, von den Begrenzungen und Relationierungen der Erkenntnishorizonte auf die Komplexitäten der zeitgenössischen Wirklichkeit und die jeweiligen Modellierungen, diese zu erfassen, verweist. Wenngleich – und diese Selbstverständlichkeit soll hier noch einmal betont werden – jede Art von Literatur auf ihre Entstehungszeit und deren Grundbedingungen verweist, und sei es bloß immanent, so gilt für qualitativ hochwertige Fantasy wie auch für entsprechend anspruchsvolle Science-Fiction, dass sie die ihnen eigene Zeitgenossenschaft auch in besonderen ästhetischen Modellen gestaltet und reflektiert. Es gibt im Reich der Literatur – und damit wären die Trivialitäten und Gemeinplätze vorerst am Ende – keine guten und schlechten Genres, nur gute und schlechte Texte.

1. *ASOIAF* ALS ›IMMERSIVE FANTASY‹

Um die Funktionsweise von Rätsel und Mystifikation in der erzählten Welt von *ASOIAF* genauer zu verstehen, ist es zuerst notwendig, sich mit der spezifischen Konstruktion dieser Art von Fantasy vertraut zu machen. Farah Mendlesohn hat in ihrer ebenso materialreichen wie analytisch scharfsinnigen Studie *Rhetorics of Fantasy*, die sich an Wayne C. Booths *The Rhetoric of Fiction* (Booth 1983) und an Northrop Fryes *Anatomy of Criticis* (Frye 2000)[2] anlehnt, den Versuch unternom-

---

[1] | Zur neoplatonischen Tradition des Autors als »alter deus« seit Scaliger siehe Arendt 1992: 95.
[2] | Mendlesohns Bezüge liegen vor allem im Bereich der Genretheorie, allerdings ohne die von Frye verwendete Archetypen-Lehre à la C.G. Jung.

men, bestimmte Grund- oder Idealtypen der Fantasy-Literatur zu differenzieren. Ausgangspunkt ist die sprachliche Gestaltung mit Hinblick auf bestimmte Modelle von Sekundärwelten, die aber immer auch auf die Positionierung des Lesers in Bezug auf die fiktionalen Welten abzielen (Mendlesohn 2008: xiii-xvi). Ihre Taxonomie unterscheidet vier Grundtypen des Entwurfs von Fantasy-Welten: Unter »Portal-Quest Fantasy« fasst Mendlesohn diejenigen Texte, bei denen zum einen die phantastische Welt durch ein Portal betreten wird, wie dies prototypisch etwa in C.S. Lewis *The Lion, the Witch and the Wardrobe* oder auch in Lewis Carrolls *Alice's Adventures in Wonderland* der Fall ist (Mendlesohn 2008: xixf.). Die phantastische Welt ist in sich geschlossen, d.h. sie interagiert nicht mit der ›realen‹ Welt. Der zweite Aspekt ist, wie schon der Begriff nahelegt, die Quest-Struktur, die der Protagonist durchlaufen muss, um am Ende, nachdem er genügend Wissen und Machtmittel gesammelt hat, das Schicksal dieser fiktiven Welt zu verändern. Entscheidend ist dabei nicht das Motiv des realen Durchschreitens einer Pforte; vielmehr geht es darum, dass der Leser quasi diese fremde Welt durch den Protagonisten erfährt (und dies im vollen Wortsinn): So zählt Mendlesohn etwa auch Tolkiens *Lord of the Rings* zu diesem Typus, da der Leser gemeinsam mit Frodo in die für beide fremde Welt von Middle-Earth aufbricht (Mendlesohn 2008: 30-38). Wie »Shire« schon im Namen impliziert (und dies geht bei der deutschen Übersetzung als »Auenland« verloren), ist die beschränkte und abgegrenzte idyllische Welt der Hobbits eigentlich dem Leser vertraut, sie liefert ein auf Hobbit-Größe geschrumpftes Abbild des ländlichen Englands mit den entsprechenden Tätigkeiten wie landwirtschaftlicher Arbeit, Gärtnern und dem allabendlichen Besuch im Pub (der dann fiktionslogisch ganz konsequent »Green Dragon« heißt). Die Geschichtsferne der Idylle erweist sich eben in diesen zyklisch strukturierten und an die elementare Natur gebundenen Tätigkeiten, wie dies Michail M. Bachtin am Chronotopos der Idylle exemplifiziert hat (Bachtin 1989: 170-191). Erst mit Beginn der Quest um die Vernichtung des Einen Rings betritt Frodo die Welt außerhalb, und mit ihm der Leser, der diese für beide fremde Welt durch die Augen des Protagonisten kennenlernt. Die ›Portal-Quest Fantasy‹ zeichnet sich ferner durch eine Rückwärtsgewandtheit aus, was sich im exzessiven Einsatz von Überlieferung und im generellen Gefühl des gegenwärtigen Verfalls niederschlägt: daher die Überfülle an pseudodokumentarischem Material wie Karten, Genealogien, Legenden und Mythen etc. Die Deszendenz und Dekadenz dominiert, die Gegenwart ist nur noch ein schwacher Abglanz einer heroischen Vergangenheit, wie man dies an Tolkiens Middle-Earth am Ende des dritten Zeitalters sehen kann, dessen geschichtsphilosophischer Ansatz sich von Giambattista Vico über Walter Pater und John Ruskin bis zu Oswald Spengler nachvollziehen lässt. Geschichte als ein dynamischer, offen ausagierter und immer wieder neu justierter Prozess ist nicht vorgesehen, wie Mendlesohn darlegt:

»This form of fantasy embodies a denial of what history *is*. In the quest and portal fantasies, history is inarguable, it is ›the past‹. In making the past ›storyable‹, the rhetorical demands of the portal-quest fantasy deny the notion of ›history as argument‹ which is pervasive among modern historians. The structure becomes ideological as portal-quest fantasies reconstruct history in the mode of the Scholastics, and recruit cartography to provide a fixed narrative, in the palpable failure to understand the fictive and imaginative nature of the discipline of history.« (Mendlesohn 2008: 14; Gerade dies ist, wie sich zeigen wird, kein Merkmal der Welt von *ASOIAF*.)

Den zweiten Typus nennt Mendlesohn »Immersive Fantasy« (Mendlesohn 2008: xx). Bei dieser Art ist das komplette Eintauchen des Lesers in die Alternativwelt zentral. Anders als bei der ›Portal-Quest Fantasy‹ wird keine expositorische Einführung in die Struktur dieser Welt gegeben, es gibt außer ihr keine anderen Realitäten. In der Darstellung geht es mittels einer Form von »irony of mimesis« (Mendlesohn 2008: 59) um die Suggestion eines größtmöglichen ›Realismus‹, d.h. die erzählte Welt soll so plausibel wie möglich dargestellt werden, was auch für ihre quasi-epistemische Struktur gilt, der auch die Elemente unterliegen, die in unserer Welt als übernatürlich oder magisch gelten würden. Mendlesohn illustriert dies, vielleicht ein wenig überpointiert, an der Inversion des berühmten Diktums Arthur C. Clarkes, »Any sufficiently advanced technology is indistinguishable from magic«, zu »Any sufficiently immersive fantasy is indistinguishable from science fiction« (Mendlesohn 2008: 62). Wesentlich für die rhetorische Strategie der ›Immersive Fantasy‹ ist es, dass die Informationen über die erzählte Welt nicht einfach qua narrativem Informationsupload geliefert werden und dass sie nicht von den Wahrnehmungen der Figuren, die sich innerhalb dieser Welt befinden, zu trennen sind, die also das epistemologische Selbstverständnis dieser Welt und ihren intradiegetischen Wissensstand repräsentieren: »In effect, we must sit in the heads of the protagonists, accepting what they know as the world, interpreting it through what they notice, and what they do not.« (Mendlesohn 2008: 59) Das strikt multiperspektivische Erzählen in *ASOIAF* ist also bereits ein erster Hinweis auf die Zugehörigkeit der Saga zum Typus der ›Immersive Fantasy‹ nach Mendlesohn. Doch auch die weiteren Merkmale, die Mendlesohn anführt, sprechen dafür: So ist die Erzeugung von Kohärenz (»coherency«, Mendlesohn 2008: 63) verstanden als Prämisse von Handeln und dessen notwendigen Konsequenzen und ebenso als die strikte Einhaltung der Mechanismen der durch die Diegese vorgegebenen ›Gesetze‹ der fiktiven Realität, ebenfalls ein zentraler Aspekt der Welt von *ASOIAF*. Damit einher geht die starke Bindung des oder der Protagonisten an Formen der Welterfahrung durch Handeln. Als Gegenbeispiel zu diesem Prinzip führt Mendlesohn die *Harry-Potter*-Reihe an, wo es hinsichtlich der Zaubermittel keine erkennbare Verfahrensordnung gibt – ob ein magisches Objekt, ein Zaubertrank, der Zauberstab oder ein Zauberspruch zum Einsatz kommt, ist völlig willkürlich und keiner irgendwie gearteten einsichtigen oder verdeckten Gesetzmäßigkeit der erzählten Welt geschuldet. Mit dem Kohärenzprinzip einher geht eine weitere Strategie der ›Immersive Fantasy‹, die Mendlesohn als »Casualizing the Fantastic« (Mendlesohn 2008: 75) bezeichnet, d.h. dass die Elemente des

Phantastischen, die zur Grundstruktur der erzählten Welt gehören, als Selbstverständlichkeiten präsentiert und von den Figuren so hingenommen werden. In Westeros etwa dauern bekanntermaßen die Jahreszeiten Sommer und Winter mehrere Jahre, und dies bestimmt z.T. das Handeln der Figuren. Mit Magie verhält es sich etwas anders, da diese – abgesehen vom Auftauchen der Others im Prolog zu *AGOT* (8-11) – erst mit der Blutmagie in den Handlungszusammenhang eingeführt wird, die zu der Geburt von Daenerys Drachen führt (*AGOT* 805-807). Es entspricht dem alle Aspekte der Darstellung von *ASOIAF* durchwaltenden Prinzip der Expansion bzw. der steigenden Glieder, dass auch die Magie mit dem Wachstum der Drachen im Verlauf der Reihe zunimmt – was nicht zuletzt ein Indikator für die von Mendlesohn hinsichtlich der ›Immersive Fantasy‹ geforderte Kohärenz der dargestellten ›secondary world‹ ist. Und auch das Spiel mit Wissen, Erwartungen und Allusionen ist Mendlesohn zufolge ein Charakteristikum dieser rhetorischen Struktur, ein Spiel, das einerseits auf jeweils unterschiedliche Formen der Immersion abzielt, wie Mendlesohn an Terry Pratchetts, Gregory Maguires und Alan Garners Romanen exemplifiziert (Mendlesohn 2008: 99-105). Hierin liegt zum einen ein selbstreflexives Potential, aber auch der Ausdruck eines Bewusstseins, dass jede sekundäre Welt eigentlich, um mit Jorge Luis Borges zu sprechen, ein »orbis tertius« ist (Borges 1998: 15, 31), zusammengefügt aus textuellen Elementen der empirischen Welt und solchen der imaginierten Fremdheit, denn ein Weltmodell der totalen Alterität, das keinerlei Bezüge zur Wirklichkeit aufwiese, wäre nicht lesbar. Dies ist auch der Ausweis dafür, dass phantastische Literatur nur den Extremfall von Fiktionalität im Allgemeinen markiert, da in beiden Fällen der Leser Korrelationen und Appropriationen zwischen textueller Diegese und seiner Welterfahrung im Akt der Lektüre (re-)konstruiert, um die Konstitution von einem irgend gearteten, kontinuierlichen oder diskontinuitiven ›Sinn‹ zu gewährleisten, nur dass die Korrelationen und Appropriationen anderen, durch die spezifisch phantastische Form des Spiels von Identität und Alterität, von Bekanntem und Fremden bedingten Regeln folgen. Hierzu auch nur ein kleiner Beleg aus *ASOIAF*: Martin hat gelegentlich erwähnt, dass ihm als eine seiner historischen Inspirationsquellen für die Darstellung des Bürgerkriegs in Westeros der englische ›War of the Roses‹ dient, den auch Shakespeare in seinen Königsdramen verarbeitet hat. Und so ist es sicher kein Zufall, dass die Namen von zwei der verfeindeten Häuser, nämlich Lannister und Stark, auffällige phonetische Affinitäten zu den Hauptkontrahenten, den Familien Lancaster und York, aufweisen. Auch ein weiterer Aspekt der ›Immersive Fantasy‹ trifft auf *ASOIAF* zu, den Mendlesohn von John Clute übernimmt, der dies mit dem Terminus »Thinning« (also Ausdünnen, Verschwinden etc.) bezeichnet hat (Clute 1999): Damit ist ein dominantes Bewusstsein bezeichnet, dass die Gegenwart nur eine immer mehr an Substanz verlierende Epoche darstellt, im Unterschied zu einem vormals heroischem oder Goldenen Zeitalter der Weltfülle. Mendlesohn zufolge ist die ›Immersive Fantasy‹ ganz besonders von einer solchen Perspektive bestimmt (Mendlesohn 2008: 60f.), die allerdings auch in der ›Portal-Quest

Fantasy‹ eines Tolkien einen durchgängigen Unterton bildet. In *ASOIAF* wird ›Thinning‹ auf verschiedenen Ebenen exemplifiziert, von den Erzählungen der Old Nan über den Status des Reichs der Seven Kingdoms, das einst von Aegon the Conqueror zusammengeschmiedet wurde – emblematisch repräsentiert im Iron Throne – und den beklagenswerten Zustand der Night's Watch bis hin zur versunkenen Hochkultur Valyrias, von der die wenigen überlebenden Mitglieder der Familie Targaryen nur noch ein spätes Echo bilden.

Die letzten beiden Typen in Mendlesohns Systematik lassen sich kurz abhandeln, da sie für unseren Zusammenhang wenig relevant sind: Unter ›Intrusion Fantasy‹ versteht Mendlesohn den Einbruch des Unheimlichen, Unerklärlichen in eine ansonsten als Mimesis der ›realen Welt‹ angelegten Wirklichkeit. Dies konvergiert zu weiten Teilen mit dem Modus des ›Gothic‹, der klassischen Schauerliteratur, die ebenfalls in der Fantasy ihre Fortsetzung gefunden hat (Mendlesohn 2008: 114-181). Mendlesohns letzte Kategorie, ›Liminal Fantasy‹, weist gewisse Ähnlichkeiten mit Todorovs Bestimmung des eigentlich Phantastischen durch das Moment der »hésitation«, der »Unschlüssigkeit«, die beim Leser hervorgerufen wird, auf (Todorov 2013: 42-44), da hier das phantastische Moment, das sich in einer mimetisch an die Realität angelehnten Welt manifestiert, nur angedeutet erscheint (Mendlesohn 2008: xxviii). Dieser letzte Typus ist besonders flexibel, da sich die Liminalität in verschiedensten Kontexten herstellen und nicht auf thematisch vorgeprägte Muster beschränken lässt. Für alles, was sich nicht dieser Typologie fügt, hat Mendlesohn eine Kategorie ›Sonstiges‹ (»Irregulars«) gesetzt und mit dem selbstkritischen Anstrich im Untertitel als »Subverting the Taxonomy« ausgewiesen (Mendlesohn 2008: 246).

2. Formen von Mystifikationen und Rätseln in *ASOIAF*

Es ist offensichtlich, dass die Rätsel und Mystifikationen in *ASOIAF* in einem hohen Maße zur Struktur und Qualität des Immersiven beitragen, wie es in Mendlesohns Typologie skizziert wird. Dabei gilt es mit Blick auf den ontologischen wie epistemischen Status verschiedene Formen von Rätseln und Mystifikationen zu differenzieren:

2.1 Rätselhafte Prophezeiungen

Prophezeiungen sind ein Standardtopos der Fantasy schlechthin (Bell/Langford 1999), und auch die Prophezeiungen in *ASOIAF* funktionieren auf den ersten Blick prinzipiell nach dem gängigen Muster, das Diana Wynne Jones in ihrem *Tough Guide to Fantasyland*, einer augenzwinkernden Abrechnung mit den Klischees der traditionellen Fantasy-Literatur im Stil gängiger Reiseführer, wie folgt charakterisiert: »PROPHECY is [Herv. i.O.] used by the Management [mit Management sind die vermeintlichen Tour-Organisatoren, also Autoren, gemeint; M.M.] to make sure that no Tourist is unduly surprised by the events, and by GODDESSES AND GODS [Herv. i.O.] to make sure that people do as the deity wants. All Prophecies come true. This is a Rule [...].« (Wynne Jones 2006: 150f.) In *ASOIAF* sind Prophezeiungen ebenfalls hinsichtlich ihres prinzipiellen ontologischen Status von metaphysischer Abgesichertheit. Sie sind auf den verschiedensten mikro- und makrostrukturellen Handlungsebenen relevant, aber mit ihnen verhält es sich ein wenig komplizierter, da die Verrätselung der Vorhersagen einen weiten Spielraum für ganz unterschiedliche Auslegungspraktiken offenhält, sodass sich verschiedene Parteien und Personen zur Legitimierung ihrer ›agencies‹, also ihrer Handlungsprämissen und -ziele, auf ein und dieselbe Prophezeiung berufen können. Martin hat gelegentlich auf die Problematik der Auslegbarkeit und Variabilität von Prophezeiungen hingewiesen,[3] und nicht umsonst lässt er eine der wichtigsten intellektuellen Figuren, die häufig als fiktionales Sprachrohr der anderswo geäußerten Überzeugungen ihres Autors fungiert, die Ambivalenz und Trughaftigkeit von solchen Vorausdeutungen metaphysischer Natur mittels drastischer Vergleiche erläutern. So äußert Tyrion Lannister in *ADWD* gegenüber Jorah Mormont seine Skepsis: »Prophecy is like a half-trained mule [...]. It looks as though it might be useful, but the moment you trust in it, it kicks you in the head.« (*ADWD* 586) Ganz ähnlich, nur mit einem drastischeren, obszönen Vergleich formuliert der zwielichtige, den dunklen magischen Künsten ergebene Maester Marwyn seine Vorbehalte gegenüber dem immanenten Obskurantismus von Prophezeiungen im Gespräch mit Samwell Tarly in Oldtown, nachdem dieser seine Ausbildung zum Maester in der Citadel angetreten hat:

»[A] prophecy is like a treacherous woman. She takes your member in her mouth, and you moan with the pleasure of it and think, how sweet, how fine, how good this is... and then her teeth snap shut and your moans turn to screams. That is the nature of prophecy, said Gorghan. Prophecy will bite your prick off every time.« (*AFFC* 974)

Wesentlich ist, und das soll nochmals betont werden, dass hier nicht der ontologische Status der Prophezeiung zur Disposition steht, sondern vielmehr die epistemologische Problematik verhandelt wird, die mit dem hermetischen Wortlaut der Prophezeiung verbunden ist. Die Prophezeiung stellt sich selbst als ein Rätsel dar, in dem die Frage von der Zuordnung von ›res‹ und ›verba‹ ungeklärt ist, und erst im Verlauf der Handlung den Betroffenen klar wird, nachdem sie zumeist Fehldeutungen vorgenommen haben, auf deren Basis auch ihr Agieren basierte – naturgemäß zum eigenen Nachteil. Die Figuren versprechen sich ja

---

3 | So lautet Martins gleichfalls orakelhafte Antwort auf die im Internet-Forum »Thus spake Martin« gestellte Frage, ob die Prophezeiung Mirri Maz Duurs, Daenerys würde niemals mehr Kinder bekommen können, wirklich zutrifft: »Prophecy can be a tricky business.« So spake Martin (February 28, 2002). <www.westeros.org/Citadel/SSM/entry/1202> [25.07.2016].

von Prophezeiungen Wissen über die Zukunft, um einen Handlungsvorteil zu erwerben, dem entsprechend sie ihr Agieren anpassen können. Doch das krasse Gegenteil ist häufig der Fall, das Handeln auf der Basis des vermeintlichen Sinnes der Weissagung führt geradewegs ins Verderben. Die Funktionsweise einer derartigen verrätselten Prophezeiung lässt sich an einem einfachen Beispiel demonstrieren, nämlich der Weissagung, die die zehnjährige, damals bereits stolze und grausame Cersei Lannister einer zauberkundigen Frau, genannt Maggy the Frog, abtrotzt, die zum Turnier nach Lannisport gekommen ist, welches Cerseis Vater, Lord Tywin Lannister, zu Ehren von König Aerys Targaryen und seinem Sohn, dem Kronprinzen Rhaegar, veranstaltet. Tywins Hoffnungen, und auch die seiner Tochter, zielen darauf ab, dass der König die Verlobung von Cersei und Rhaegar bekannt gibt. Maggy (eine Verballhornung von »maegi«, Wahrsagerin bzw. zauberkundige Frau) hat einen Ruf als unheimliche Hexe, aber um zu zeigen, dass eine Löwin aus dem Haus Lannister keine Furcht kennt, und um eine Bestätigung ihrer grandiosen Hoffnungen für ihre Zukunft an der Seite des eleganten und schönen Prinzen zu erhalten, begibt Cersei sich gemeinsam mit zwei Freundinnen zu Maggys Zelt.[4] Eine ihrer Freundinnen, Jeyne Farman, scheut zurück, doch Cersei betritt gemeinsam mit Melara Hetherspoon das Zelt. Innerhalb des Erzählkontexts wird diese Episode aus der Erinnerung Cerseis erzählt, was für eine enge Verknüpfung der Psychologie und der Wirkung der Prophezeiung ebenso bedeutsam ist wie die Informationsvergabe. Es sei daran erinnert, dass die intrinsische Verbindung von Welterfahrung und Handeln der Figuren mit dem Informationsdownload als ein wesentliches Bestimmungsmerkmal für die ›Immersive Fantasy‹ von Mendlesohn postuliert worden ist. Zudem oszilliert an dieser Stelle die Erzählung kunstvoll im Bewusstsein Cerseis zwischen dem erinnernden und dem erinnerten Ich hin und her. Die großen Erwartungen und der soziale Hochmut der jungen Cersei konditionieren ihre Handlungen und ihren Erwartungshorizont, wie man aus dieser Passage ersehen kann, in der der innere Monolog immer wieder mit erlebter Rede oder zweistimmiger Erzählerrede

---

4 | Valerie Estelle Frankel weist mit Blick auf Cerseis Fixierung auf die Prophezeiung auf ein mögliches historisches Vorbild für die Figur hin: Caterina de' Medici, die Gattin des französischen Königs Henri II. (Frankel 2013: 79). Sie befragte nicht zuletzt Michel de Nostredame, der ihr die Horoskope stellte und in einer seiner Weissagungen den Tod des Königs vorausgesehen haben soll. Nostredames Prophezeiungen sind notorisch dunkel, was auch an diejenigen in *ASOIAF* erinnert. Zudem fungierte Caterina nach dem Tod Henris II. 1559 als Regentin für ihre minderjährigen Söhne François II. und Charles IX. Vor allem die maßgebliche Organisation des Massakers an den Hugenotten in der Bartholomäusnacht 1572 während der Hochzeitsfeierlichkeiten von Henri de Navarre und Caterinas Tochter Marguerite de Valois in Paris haben Caterina den Ruf einer vollkommen skrupellosen und grausamen Machiavellistin eingetragen, der zum Machterhalt ihrer Familie jedes Mittel recht ist. Hier ergäben sich in der Tat noch weitere Parallelen zu Cersei.

durchbrochen wird, um das Spannungsverhältnis von früherem und gegenwärtigem Ich, zwischen Vergangenheit und Gegenwart zu akzentuieren:

»*I was going to be a queen. Why should a queen be afraid of such a hideous old woman? The memory of that foretelling still made her flesh crawl a lifetime later. Jeyne ran shrieking from the tent in fear, the queen remembered, but Melara stayed and so did I. We let her taste our blood, and laughed at her stupid prophecies. None of them made the least bit of sense. She was going to be Prince Rhaegar's wife, no matter what the woman said. Her father had promised it, and Tywin Lannister's word was gold.*« (AFFC 515)

In der damaligen Perspektive des kindlichen Ichs Cerseis werden die Weissagungen als dumm (»stupid«) und sinnlos (»None of it made the least bit of sense«) abgetan, was die beschränkte Erkenntnisfähigkeit und den kindlichen und standesbewussten Hochmut verdeutlicht – der mächtige Vater hat seiner Tochter den Prinzen zum Ehemann versprochen; ein typisches Motiv, das aus dem Märchen entlehnt ist und das daher zu einer kindlichen Vorstellungswelt passt. Die kindliche Allmachtsphantasie von ›Daddy's girl‹ wird allerdings herb enttäuscht, wie man noch im selben Kapitel erfährt, da der König nicht gewillt ist, seinen Sohn mit Cersei zu vermählen – eine Demütigung, die Vater und Tochter Lannister den Targaryens niemals verzeihen werden. Allerdings kennt der Leser zu diesem Zeitpunkt innerhalb des Erzähldiskurses den Inhalt der Prophezeiung nicht. Dies ist typisch für die dem »delayed decoding« (Watt 1979: 178f.) verpflichtete, wesentliche Zusammenhänge erst allmählich enthüllende Erzählweise von *ASOIAF* und damit auch charakteristisch für die epistemisch-rhetorische Grundstruktur einer ›Immersive Fantasy‹. An dieser Stelle weiß der Leser weniger als der Charakter der Reflektorfigur, aus deren Perspektive erzählt wird. Erst in einem späteren Kapitel, etwa einhundertfünfzig Seiten nach der zitierten Stelle, in dem wieder aus der Perspektive Cerseis berichtet wird, erfährt der Leser den Inhalt der Prophezeiung. Bezeichnenderweise tritt hier wieder ein Unsicherheitsfaktor in der Narration auf, denn die Szene ist ein Traum Cerseis, der in Details von der erinnerten Passage zuvor abweicht, denn nun sind beide Freundinnen mit Cersei in Maggys Zelt. Solche die histoire destabilisierenden Effekte sind ebenfalls typisch für die Erzählweise von *ASOIAF*, wie Adam Whitehead anhand von Divergenzen in den Zeitstrukturen der Geschichte von Westeros nachgewiesen hat (Whitehead 2012), und damit auch Ausdruck für eine mimetisch unzuverlässige Erzählung (Martinez u. Scheffel 1999: 102f.), was nur teilweise dem Multiperspektivismus und den damit verbundenen limitierten Wissens- und Erkenntnishorizonten der Reflektorfiguren geschuldet ist. Nur widerwillig weissagt Maggy den beiden Mädchen, nachdem Cersei ihr angedroht hat, sie andernfalls durch ihren Vater züchtigen zu lassen. Der elfjährigen Melara prophezeit Maggy einen baldigen Tod, der, so unwahrscheinlich er auch anmuten mag, prompt eintrifft. Cersei beantwortet die »maegi« drei Fragen, aber auf eine rätselhafte und Deutungsspielräume eröffnende Art und Weise, die dem Mädchen völlig unverständlich bleiben muss, und zwar vor allem deswegen, weil sie sich nicht mit den in ihr vorhanden Erwartungen deckt, bzw. diese auf eine falsche Fährte lockt:

»›When will I wed the prince?‹ she [Cersei; M.M.] asked.
›Never. You will wed the king.‹
Beneath her golden curls, the girl's face wrinkled up in puzzlement. For years after, she took those words to mean that she would not marry Rhaegar until after his father Aerys had died.
›I *will* be queen, though?‹ asked the younger her.
›Aye.‹ Malice gleamed in Maggy's yellow eyes. ›Queen you shall be ... until there comes another, younger and more beautiful, to cast you down and take all that you hold dear.‹
Anger flashed across the child's face. ›If she tries I will have my brother kill her.‹ ›Even then she would not stop, willful child as she was. She still had one more question due her, one more glimpse into her life to come. ›Will the king and I have children?‹ ›she asked.
›Oh, aye. Six-and-ten for him, and three for you.‹
That made no sense to Cersei. Her thumb was throbbing where she'd cut it, and her blood was dripping on the carpet. How could that be? she wanted to ask, but she was done with her questions.
The old woman was not done with her, however. ›Gold shall be their crowns and gold shall be their shrouds,‹ › she said. ›And when your tears have drowned you the *valonqar* shall wrap his hands about your pale white throat and choke the life from you.‹
›What is a *valonqar*? Some monster?‹ The golden girl did not like that foretelling. ›You're a liar and a warty frog and a smelly old savage, and I don't believe a word of what you say. Come away, Melara. She is not worth hearing.‹« (AFFC 770f.)

An diesem Punkt in der Erzählung weiß der Leser, auf welche Weise sich die ersten Teile der Prophezeiung Maggys für Cersei erfüllt, haben: Sie heiratete nicht Prinz Rhaegar Targaryen, sondern den Mann, der ihn in der Schlacht am Trident tötete und der später König wurde, Robert Baratheon. Die Zahl der Kinder ist in beiden Fällen korrekt, nur sind es keine gemeinsamen Kinder (das kommt davon, wenn man bei solchen Wunschfragen an divinatorische Instanzen zu ungenau formuliert), die drei Kinder Cerseis sind von ihrem Zwillingsbruder Jaime, und Roberts sechzehn Kinder sind außerehelich gezeugt – ›Bastarde‹ in der Terminologie der erzählten Welt. Zum Zeitpunkt der Erinnerung bzw. des Traums Cerseis hat sich bereits der Teil der Weissagung, der sich auf die goldenen Kronen und goldenen Leichentücher ihrer Kinder bezog, an ihrem ältesten Sohn Joffrey erfüllt, und am Ende des Bandes beginnt Cerseis Entmachtung durch die Einkerkerung und den demütigenden nackten Bußgang durch King's Landing, auferlegt vom High Sparrow, den Cersei selbst gegen ihre Schwiegertochter Queen Margaery einsetzten wollte, um den Teil der Prophezeiung, der ihre Entthronung durch eine jüngere und schönere Königin betrifft (auch dies übrigens ein klassisches Märchenmotiv), zu verhindern. Doch ein Teil der Weissagung bleibt zum gegenwärtigen Stand der Romane noch weiterhin verrätselt, nämlich der Schluss, der sich auf Cerseis Tod durch den ominösen »valonqar« bezieht. »Valonqar«, so erfahren wir an gänzlich anderer Stelle (*AFFC* 833), meint in der Sprache High Valyrian einen jüngeren Bruder. Die obige Zitierung der ganzen Prophezeiungs-Passage diente nicht zuletzt der Erkenntnis, welches textuelle Suggestionspotential diese Prophezeiung besitzt. Cersei bezieht die Todesdrohung auf ihren jüngeren Bruder Tyrion, der ja bereits Tywin Lannister, seinen – vermeintlichen? – Vater getötet hat, also der – wiederum vermeintliche – ›Kinslayer‹ unter ihren Brüdern – der andere Bruder Jaime trägt ja bekanntlich den Beinamen ›*King*slayer‹. Allerdings fehlt in der Prophezeiung Maggys ein Possessivpronomen, es ist von »the valonqar« die Rede. Hinzu kommt, dass die junge Cersei von ihrer Septa, Septa Saranella, über die Bedeutung des valyrischen Begriffs aufgeklärt wurde, weshalb hier auch eine gewisse Unsicherheit hinsichtlich des genauen Begriffsinhalts zumindest nicht auszuschließen ist. Es sei hier an die für den gesamten Text von *ASOIAF* zentrale Prophezeiung vom »prince that was promised« erinnert, einer Erlöserfigur, die im ›Urtext‹ des Spruchs (zumindest in der unter den Targaryen üblichen Version) genderneutral ist, worüber Aemon Targaryen, der Maester der Night's Watch, vor seinem Tod seinen Adlatus Samwell Tarly informiert (*AFFC* 742). Da es sich in beiden Fällen um Begriffe des High Valyrian handelt, könnte es sich beim »valonqar« vielleicht auch um eine Frau handeln. Damit wäre unklar, ob es um sich um einen eigenen jüngeren Verwandten handelt und welches Geschlecht diese Person hat. Da zuvor von Prinz Rhaegar Targaryen die Rede war, wäre auch ein jüngeres Familienmitglied aus seiner Sippe denkbar, was sowohl auf Daenerys als auch auf den jungen Prinzen Aegon, den totgeglaubten und spät wiederaufgetauchten Sohn Rhaegars aus der Ehe mit Elia Martell, sprechen könnte.

In diesem Punkt entspricht der Wissenstand des Lesers dem der Figuren im Text; denn der Leser weiß ebensowenig, wer mit »valonqar« gemeint ist wie Cersei. Aber er verfällt weniger einer ausschließlichen Deutung als Cersei, deren Hass auf Tyrion sie völlig erkenntnisblind gemacht hat. Hier bestätigt sich die zu Beginn formulierte These vom epistemologischen Spiel des Texts, das solche Verrätselungsstrategien auf den Ebenen der Diegese und auch der Rezeptionssteuerung einsetzt, z.T. auch so, dass die Erkenntnisse divergieren, um die Schwierigkeiten der Annäherung an eine komplexe Wirklichkeit zu demonstrieren und textuell abzubilden.

Nachdem an dem ausführlich diskutierten Textbeispiel die Funktionsweise solcher rätselhafter Prophezeiungen nicht zuletzt mit Blick auf das Verhältnis von Diegese und Leserlenkung im Sinne eines Spiels mit je gelenkt limitierten Erkenntnismodalitäten deutlich geworden sein dürfte (und hier greift auch die Theorie von der kalkulierten Leerstelle des Texts nach Wolfgang Isers Modell),[5]

---

5 | Für Wolfgang Iser wird die Aktivität des Lesers gerade durch solche Stellen herausgefordert, wo der Text unbestimmt bleibt, keine definitiven Antworten auf Fragen nach seinem inhärenten Zusammenhang bietet, Entscheidungen und Ergänzungen an den empirischen Leser delegiert werden. Diese im Text bewusst konstruierten Passagen, die

sollen die drei weiteren Grundformen, in denen solche Rätsel und Mystifikationen in *ASOIAF* vorliegen, ebenfalls noch kurz vorgestellt werden. Auch sie tragen zu dem epistemologischen Spiel des Texts in erheblichem Maße bei.

2.2 Träume und Visionen

Die Visionen funktionieren ganz analog zu den Prophezeiungen, nur dass sie stärker symbolisch und metaphorisch bildhaft verdichtet sind, wie Daenerys Vision im House of the Undying, die ebenfalls von zentraler Relevanz für die Handlung ist. Träume hingegen enthalten ebenfalls eine ›Botschaft‹, die allerdings auch von den Machinationen des Unbewussten, den Verschiebungen und Verdichtungen im Freud'schen Sinne, geprägt sind, wie wir dies bei Cerseis Traum gesehen haben, der in Details von der Erinnerungssequenz abweicht. Daher haben Träume einen etwas unsichereren erkenntnistheoretischen Status als Prophezeiungen und Visionen. Doch auch sie sind verrätselt, etwa wie der Traum, in dem Tyrion an einer Schlacht mit Drachen in den Lüften teilnimmt (*ADWD* 89). Merkwürdig ist hierbei, dass in *ASOIAF* sonst nur Mitglieder der Familie Targaryen von Drachen träumen. Sollte der von sterbenden Tywin gegenüber Tyrion geäußerte Satz »You... you are no ... no son of mine« (*ASOS* 1073) mehr als ein redensartlicher Ausdruck väterlichen Missfallens sein?

2.3 Geheimwissen

Das Geheimwissen hängt vor allem mit magischen Praktiken und Riten zusammen (Jacoby 2012), wie etwa die Erweckung von den Toten, die Thoros von Myr, der Priester des Roten Gottes R'hllor, an Beric Dondarion vollzieht, und zwar mehrfach. Ein anderes Beispiel wäre die Metamorphose der Faceless Men. Viele dieser Mysterien sind im Verlauf der Reihe noch nicht aufgeklärt, trotzdem scheinen sie einer immanenten Logik zu folgen, wie Mendlesohn dies für die ›Immersive Fantasy‹ postuliert hat.

Entscheidungen über mögliche Kombinationen offen lassen, nennt Iser »Leerstellen« und betont ihre Bedeutung für die Realisation bestimmter Sinnpotentiale im eigentlichen, empirischen Leseakt durch den jeweiligen Rezipienten: »Ist der Text ein System solcher Kombinationen, dann muss es auch eine Systemstelle für denjenigen haben, der die Kombination realisieren soll. Diese ist durch die Leerstellen gegeben, die als bestimmte Aussparungen Enklaven im Text markieren und sich so der Besetzung durch den Leser anbieten.« (Iser 1994: 266)

2.4 Geheimnisse

Hier zeigt sich ein weiterer wesentlicher struktureller Aspekt des multiperspektivischen Erzählens mit Blick auf die epistemologische Struktur, denn auf dieser diegetischen Ebene haben die Figuren einen Wissensvorsprung gegenüber dem Leser: Eddard Stark kennt, anders als alle anderen Figuren, das Geheimnis von Jon Snows Herkunft. In seinem Fiebertraum während seiner Verwundung durch Jaime Lannister wird er nochmals mit dem letzten Treffen mit seiner sterbenden Schwester und dem Versprechen konfrontiert, das er ihr geben musste: »Promise me.« (*AGOT* 43) Die Information bezüglich des Inhalts des Versprechens erhält der Leser nicht, aber er stellt natürlich entsprechende Konjekturen an, die zunächst einmal in Frage gestellt werden durch den Tod der einzigen Instanz, die noch über das entsprechende Wissen verfügt: Eddard Stark.

3. Mystifikationen und Rätsel – Mittel sebstreflexiven Erzählens

Es sollte deutlich geworden sein, dass Rätsel und Mystifikationen in *ASOIAF* Teil einer Strategie immersiver Fantasy sind, die hinter dem Spiel der Throne ein nicht minder intrikates Spiel mit dem Leser treibt. Verunsicherungen, Ambiguisierung, problematische Tradierungen, mimetisch unzuverlässiges Erzählen, konkurrierende Deutungen tragen zur Komplexität der fiktiven Welt von Westeros und ihrer diegetischen Präsentation bei. Der Informationsfülle und Differenziertheit dieser Welt hat Martin in jüngerer Zeit auch dadurch Rechnung getragen, dass er mit Unterstützung der beiden Initiatoren der enzyklopädischen Website *www.westeros.org*, Elio M. García und Linda Antonsson 2014 *TWOIAF* herausbrachte. Hierin wird nicht allein die Geschichte von Westeros bis zu den Ereignissen der Buchreihe *ASOIAF* nebst allen möglichen dynastischen Details präsentiert, sondern es wird auch ein Überblick gegeben über die anderen Gegenden der fiktiven Welt, ebenfalls mit kulturgeographischen Ausblicken auf deren Bevölkerung, Geschichte, Religionen, Sitten und Gebräuchen. Neben der enzyklopädischen Anlage des Bands ist die Tatsache bemerkenswert, dass dieses Buch selbst in die Fiktion eingebunden wird. Es gibt sich im Vorwort als das Werk eines Maesters Yandel aus, der es zur Unterweisung des jungen Königs Tommen I. des Hauses Baratheon verfasst habe (*TWOIAF*: ›Preface‹ [unpaginiert]). Und auch hier finden sich Signale, die die Zuverlässigkeit des Dargestellten in Zweifel ziehen, ebenso wie eine bestimmte Perspektive bei der Schilderung und Beurteilung, die sich mit der ›aufgeklärten‹, magiefeindlichen oder zumindest magiekritischen Ideologie der Citadel begründen lässt. Selbst hier wird also eine gewisse epistemische Verunsicherung weiter perpetuiert, was auf eine selbstreflexive Dimension des Erzählens zurückverweist, wie sie für die Romane und Erzählungen charakteristisch ist, die in der Welt von Eis und Feuer angesiedelt sind.

Literatur

Arendt, Dieter (1972): Der ›poetische Nihilismus‹ in der Romantik. Studien zum Verhältnis von Dichtung und Wirklichkeit in der Frühromantik. Band 1. Tübingen: Max Niemeyer Verlag.

Bachtin, Michail M. (1989): Formen der Zeit im Roman. Untersuchungen zur historischen Poetik. Herausgegeben von Edward Kowalski und Michael Wegner. Aus dem Russischen von Michael Dewey. Frankfurt a.M.: S. Fischer Verlag.

Barthes, Roland (2006):»Der Tod des Autors«, in: Ders.: Das Rauschen der Sprache (Kritische Essays IV). Aus dem Französischen von Dieter Hornig. Frankfurt a.m.: Suhrkamp Verlag, S. 57-63.

Bell, Chris/Langford, David (1999): »PROPHECY«, in: Clute, John/Grant, John (Hg.): The Encyclopedia of Fantasy. New York: St. Martin's Griffin, S. 789-790.

Booth, Wayne C. (1983): The Rhetoric of Fiction. 2. Auflage. Chicago (Illinois): University of Chicago Press. http://dx.doi.org/10.7208/chicago/9780226065 595.001.0001

Borges, Jorge Luis (1998): »Fiktionen (Ficciones). Erzählungen 1939-1944«, Übersetzt von Karl August Horst, Wolfgang Luchting und Gisbert Haefs, in: Haefs, Gisbert/Arnold, Fritz (Hg.): Jorge Luis Borges: Werke in 20 Bänden. Band 5. Frankfurt a.M.: S. Fischer Verlag.

Clute, John (1999): »THINNING«, in: Clute, John/Grant, John (Hg.): The Encyclopedia of Fantasy. New York: St. Martin's Griffin, S. 942-943.

Fish, Stanley E. (1982): Is there a Text in this Class? The authority of intepretive communities. Cambridge (Massachusetts): Harvard University Press.

Frankel, Valerie Estelle (2013): Winning the Game of Thrones. The Host of Characters and their Agendas. Sunnyvale (California): Litcrit Press.

Frye, Northrop (2000): Anatomy of Criticism. Four Essays. With a new Foreword by Harold Bloom. Princeton (New Jersey): Princeton University Press.

Iser, Wolfgang (1994): Der Akt des Lesens. Theorie ästhetischer Kommunikation. 4. Auflage. München: W. Fink Verlag.

Jacoby, Henry (2012): »Wargs, Wights, and Wolfes That Are Dire: Mind and Metaphysics, Westeros Style«, in: Jacoby, Henry (Hg.): Game of Thrones and Philosophy. Logic Cuts Deeper Than Swords. Hoboken (New Jersey): John Wiley & Sons, S. 115-128.

Maack, Annegret (1991): Charles Dickens. Epoche – Werk – Wirkung. München: C.H. Beck Verlag.

Martinez, Matias/Scheffel, Michael (1999): Einführung in die Erzähltheorie. München: C.H. Beck Verlag.

Mendlesohn, Farah (2008): Rhetorics of Fantasy. Middletown (Conneticut): Wesleyan University Press.

Todorov, Tzvetan (2013): Einführung in die phantastische Literatur. Aus dem Französischen von Karin Kersten, Senta Metz und Caroline Neubaur. Berlin: Wagenbach Verlag.

Watt, Ian (1979): Conrad in the Nineteenth Century. Berkley, Los Angeles (California): University of California Press.

Whitehead, Adam (2012): »An Unreliable World. History and Timekeeping in Westeros«, in: Lowder, James (Hg.): Beyond the Wall. Exploring George R.R. Martin's A Song of Ice and Fire. From Game of Thrones to A Dance of Dragons. Dallas (Texas): BenBella Books, S. 43-52.

Wynne Jones, Diana (2006): The Tough Guide to Fantasyland. Revised and Updated Edition. New York: Firebird.

*»The oak recalls the acorn,
the acorn dreams of the oak,
the stump lives in them both.«*

8. Transmedialität

Der Drache hat drei Köpfe
Das *GOT*-Narrativ und sein Wechsel ins Medium Computerspiel

Franziska Ascher

Die Vertriebsplattform *Steam* bietet derzeit drei Transformationen des *ASOIAF*-Narratives ins Medium Computerspiel an – drei Köpfe, wenn man so will, die aus demselben Rumpf hervorgehen, welchen die transmediale Welt[1] von *ASOIAF* bildet. Vergleicht man die drei miteinander, so fällt auf, dass jede von ihnen ein anderes Computerspielgenre für den Medienwechsel wählt.

Das erste Lizenzspiel zu Martins Buchreihe war *A Game of Thrones – Genesis* von Cyanide Studios, das 2011 erschien. Es handelte sich um ein Echtzeit-Strategiespiel nach dem Vorbild der *Total War*-Reihe[2], welches das für die Buchreihe zentrale Motiv der höfischen Intrige erfolgreich in einen entsprechenden Spielmechanismus umsetzte (Schröter 2015: S. 79f.), allerdings wurde bei der Entwicklung das persönliche Moment von Bündnissen und Intrigen in der Vorlage verkannt und das Intrigieren gegen namenlose, austauschbare Figuren von Spielern daher vielfach als unbefriedigend empfunden (exemplarisch Gebauer 2011), was sich in dem eher mäßigen Metascore[3] von 53 bei 100 möglichen Punkten niederschlägt (Metacritic: A Game of Thrones – Genesis).

Das Rollenspiel *Game of Thrones – Das Lied von Eis und Feuer* vom selben Entwickler erschien ein Jahr später und wurde mit einen Metascore von 58 (Metacri-

---

1 | Transmediale Welten »basieren nach Jan-Oliver Decker auf Bezugnahmen unterschiedlichster Texte und Medien auf eine Hypodiegese, die sich durch spezifische Ordnungssätze, semantische Räume und in ihr situierte Ereignisfolgen im Sinne des Grenzüberschreitungsmodells auszeichnet.« (Hennig 2016: 161)
2 | Exemplarisch sei *Medieval II – Total War* genannt, an dem sich *Genesis* – wohl aufgrund seines (pseudo-)mittelalterlichen Settings – immer wieder messen lassen musste.
3 | Der von der Seite Metracritic veröffentlichte ›Metascore‹ eines Spiels errechnet sich aus den Bewertungen durch mindestens vier anerkannte Gaming-Webseiten bzw. -Magazinen. Im Fall der drei untersuchten GOT-Spiele flossen zwischen 14 und 40 Bewertungen in den jeweiligen Metascore ein.

tic: Game of Thrones – Das Lied von Eis und Feuer) von der Fachpresse nur geringfügig positiver aufgenommen als *Genesis*. Die für die vergleichsweise schlechten Wertungen angeführten Gründe betreffen neben Schwächen der Grafik und der Vertonung vor allem das Gameplay, während die Präsentation der Story-Anteile gelobt wird (Gebauer 2011).

Die erste Episode des Episoden-Adventures *Game of Thrones – A Telltale Game Series* erschien im Dezember 2014 und wurde im November 2015 mit Episode 6 *The Ice Dragon* abgeschlossen. Auch dieses Spiel erhielt keine herausragenden, im Vergleich zu den vorangegangenen Spielen jedoch deutlich bessere Wertungen.[4]

Der vorliegende Text stellt den Versuch dar, den Erfolg, bzw. Misserfolg der einzelnen Spiele trotz der überwiegend erfolgreichen Adaptation der transmedialen Welt von *ASOIAF* und ihrer Charakteristika (Schröter 2015: 80) jenseits von für Lizenzspiele typischen Achillesfersen wie zu geringem Budget und/oder hohem Zeitdruck[5] auf Basis der jeweiligen Genrewahl zu erklären.

1. Die Genres des Computerspiels

Nun sind Genrebezeichnungen ja nie völlig unproblematisch. Erst recht nicht, wenn es um das Computerspiel geht, denn die Genres des Computerspiels sind nicht nur heterogen, unsystematisch und in ständigem Wandel begriffen, sondern spiegeln auch seine ganze mediale Hybridität wieder.

Hans-Joachim Backe diagnostiziert, »während Filmgenres inhaltlich und stilistisch definiert sind, werden im Computerspiel Genres oft anhand von Spielprinzipien abgegrenzt« (Backe 2015: 92), wohingegen Benjamin Beil bereits einschränkt, »dass Spielmechaniken zwar die vermeintlich wichtigsten Zuordnungsparameter bilden, es zeigt sich aber ebenso, dass es eine Reihe anderer Kriterien – anderer medialer Ausdrucksformen – gibt, denen eine nicht minder wichtige Rolle zukommt, etwa bestimmte narrativ-stilistische Elemente, die sich auch in anderen Genresystemen finden« (Beil 2015: 30).

Strategie- und Rollenspiel gehören wie auch das Adventure zu den ›klassischen‹ Genres, die aus wissenschaftlicher Sicht zwar nicht ganz unproblematisch erscheinen, aber zumindest eine ernstzunehmende zeitliche Kontinuität aufweisen. So differenziert beispielsweise Thomas Apperley zwischen Simulation, Strategy, Action und Role-Playing Game (Apperley 2006), wobei er das Adventure, welches jenseits des wissenschaftlichen Diskurses ebenfalls zu den kaum je hinterfragten Genre-Monolithen zählt, unkommentiert, doch nicht grundlos dem Rollenspiel zuordnet (Apperley 2006: 17).

---

4 | Die PC-Version brachte es immerhin auf einen Metascore von 64 (Metacritic: Game of Thrones – A Telltale Game Series).

5 | Obwohl auch diese durchaus eine Rolle gespielt haben mögen.

Verfeinert werden diese Kategorien nicht allein bei Apperley durch eine Vielzahl an Subgenres wie etwa ›Fantasy-Rollenspiel‹ oder ›Echtzeit-Strategiespiel‹, wobei sich die Begrifflichkeiten auf völlig unterschiedliche Ebenen beziehen können – im vorliegenden Beispiel einerseits auf das Setting, bzw. die Narration, andererseits auf einen Aspekt der Spielmechanik – und damit streng genommen nicht vergleichbar sind. Beil kritisiert, dass »die Bildung von Subgenres auf den ersten Blick die Trennschärfe einer Kategorisierung erhöhen [mag], auf den zweiten Blick [...] aber [zeigt], dass die Unschärfen der Zuordnung lediglich eine begriffliche Ebene ›nach unten‹ verschoben werden.« (Beil 2015: 40) Der von mir verwendete Begriff des Episoden-Adventures etwa verweist in erster Linie auf eine besondere Art von Adventure, das durch die Art seiner Veröffentlichung definiert ist, während ›Telltale Adventure‹, das ich hier als Subgenre des Episoden-Adventures verstehe, einerseits auf einen bestimmten Entwickler – nämlich Telltale Games –, andererseits auf einen starken Narrationsfokus hinweist. Dies mag je nach Kontext eine hilfreiche Information sein oder nicht.

An Typologisierungsversuchen hat es die Forschung daher nicht mangeln lassen,[6] auch wenn die wissenschaftliche Literatur zu Genrekonzepten des Computerspiels »(bislang noch) vergleichsweise überschaubar« (Beil 2015: 35) ist. Diese Versuche sind in jedem Fall von heuristischem Nutzen, es ist jedoch nicht zu erwarten, dass mit den neu geschaffenen Begrifflichkeiten irgendwann vollkommene Trennschärfe zu erzielen wäre, oder dass sie den wild wuchernden Genre-Dschungel der Praxis ablösen könnten.

»[S]o willkürlich und chaotisch die Genrekategorisierungen im Bereich der Computerspiele auf den ersten Blick wirken mögen (und auf den zweiten Blick in vielen Fällen auch sind), verraten sie doch gleichzeitig viel über die Komplexität dieses Feldes, gerade auch im Hinblick auf die medialen Spezifika von Computerspielen.« (Beil 2015: 30)

Zudem stellen die populären Genre-Bezeichnungen eine Form der Selbstbeschreibung dar und sollten daher nicht vorschnell verworfen werden. *A Game of Thrones – Genesis* wurde zweifellos in dem Bewusstsein geschaffen, ein Strategiespiel zu entwickeln, mit allen »Standards«, »Konventionen« und »Erwartungshaltungen« (Beil 2015: 34), die damit einhergehen – und als solches werde ich es daher auch untersuchen, ohne an dieser Stelle tiefer in die Genre-Diskussion einzusteigen. Selbiges gilt auch für *Game of Thrones – Das Lied von Eis und Feuer* sowie *Game of Thrones – A Telltale Game Series*.

---

6 | Eines der bekanntesten Modelle stellt wohl Hans-Joachim Backes Typologie des Computerspiels dar (Backe 2008: 376-408).

2. Die agonalen Genres

Anstatt nun eine umfassende Genre-Definition anzustreben, möchte ich im Folgenden zeigen, inwiefern sich Strategiespiel, Rollenspiel und Episoden-Adventure *in punkto* eines einzigen, jedoch zentralen Aspektes unterscheiden, und zwar ihres Umgangs mit Agonalität. Denn obwohl die drei Genres in vielerlei Hinsicht verschieden sind, ist es dieser Aspekt, welcher der hier vertretenen These zufolge im Fall der *GOT*-Spiele für Scheitern oder Gelingen des Medienwechsels in den Augen der Rezipienten entscheidend ist.

In der Germanistik dürfte der Begriff des Agonalen nicht zuletzt in seiner Adaptation durch Wolfgang Iser (Iser 1993) bekannt sein, der ihn seinerseits von Johan Huizinga (Huizinga 2013) und Roger Caillois (Caillois 1982) übernommen hat. Nach Caillois ist Agon eine der vier Spielkategorien *Agon*, *Alea*, *Mimicry* und *Ilinx*, welche davon abhängig sind, »ob innerhalb des jeweiligen Spiels das Moment des Wettstreits, des Zufalls, der Maskierung oder des Rausches vorherrscht« (Caillois 1982: 19). Agon entspricht dabei dem Wettstreit, d.h. die Motivation des Spielers bei Agon ist es, sich mit anderen zu messen und günstigstenfalls über sie zu triumphieren. »Der *agôn* erweist sich als die reine Form der persönlichen Leistung und dient dazu, diese zum Ausdruck zu bringen.« (Caillois 1982: 22)

Ich würde nicht so weit gehen zu behaupten, das Agonale wäre das Grundprinzip von Computerspielen überhaupt, denn das Medium ist zu vielfältig für solche Pauschalaussagen, es ist jedoch so, dass die agonalen Genres, wie ich sie im Folgenden nennen möchte, in besonderem Maße den Diskurs prägen. An erster Stelle ist hier sicherlich der First-Person-Shooter zu nennen, welcher es als prototypisches ›Killerspiel‹ zu trauriger Berühmtheit gebracht hat (Venus 2007). Doch auch Strategie- und Rollenspiel zählen zu den agonalen Genres, da Gameplay in diesen Spielen meist mit Agonalität einhergeht. Ein Strategiespiel im Stil der *Total War*-Reihe etwa verfügt zwar in der Regel über eine breite Palette an kooperativen Optionen, an einem gewissen Punkt kommt es jedoch unweigerlich zu Kampfhandlungen – nicht zuletzt aus dem pragmatischen Grund, dass die mit viel Aufwand programmierten Schlachten dem Spieler nicht vorenthalten werden sollen. Im Rollenspiel entfällt zwar auch einige Spielzeit auf Exploration, Dialoge mit NPCs sowie Micromanagement, strukturiert aber wird das Spiel durch Quests und kaum ein ›klassischer‹ Questverlauf kommt ohne Kampf aus.[7]

Kampfpassagen nämlich tendieren in besonderem Maße dazu, dem Spieler ein Gefühl von Agency, d.h. der »satisfying power to take meaningful action and see the results of our decisions and choices« (Murray 1997: 126), zu vermitteln, da positive wie negative Resultate der spielerischen Handlungen unmittelbar erfahren werden. Dies ist zugleich Voraussetzung für das Entstehen von ›Flow‹ (Csikszentmihalyi 2010: 71), dem »Verschmelzen von Handlung und Bewusst-

---

[7] | Eine detaillierte Auflistung der gängigsten Rollenspiel-Quest-Typen und ihrer spezifischen Agonalität steht noch aus, ist jedoch in Arbeit.

sein« (Csikszentmihalyi 2010: 61), welches als äußerst »befriedigend« (Csikszentmihalyi 2010: 60) empfunden wird und damit einer der Hauptgründe ist, warum Spiele gespielt werden, da Spiele »exemplarische flow-Aktivitäten« (Csikszentmihalyi 2010: 59) sind. Agonale Spielmechaniken nun sind ein ebenso einfacher wie wirkungsvoller Weg, dem Spieler Zugang zu diesen Erfahrungen zu verschaffen und dominieren deswegen das Gameplay vieler populärer Genres, was so weit gehen kann, dass die Narration des Spiels um Kampfszenen herum gebaut wird; das Ludische dem Narrativen also vorgängig ist.

Gerade dieses für Computerspiele so zentrale Agonale aber ist in *ASOIAF* eher schwach ausgeprägt. Das mag zunächst kontraintuitiv erscheinen, weil das Agonale häufig mit Gewalt korreliert ist und an Gewaltdarstellungen sowohl im Buch als auch in der Serie kein Mangel herrscht. Hier gilt es jedoch Unterscheidungen zu treffen, denn es existiert sowohl Gewalt ohne Agonalität als auch Agonalität ohne Gewalt.

Gewalt ohne Agonalität findet sich beispielsweise in den Folterszenen von *ASOIAF* oder in Briennes Bärenkampf, bei dem sie mit nichts als einem stumpfen Turnierschwert bewaffnet und somit chancenlos ist, während das agonale Prinzip auf Chancengleichheit besteht. Diese ist entweder Voraussetzung für die agonale Begegnung zweier Kontrahenten oder wird künstlich erzeugt, um »dem Triumph des Siegers einen ganz unbestreitbaren Wert zu verleihen« (Caillois 1982: 21). »›Agonalität‹ meint: Konkurrenz, oft auch gewaltsame Konkurrenz um Rang und Ehre, um den eigenen Platz in der gesellschaftlichen Hierarchie« (Schulz 2004: 44), und ein Aufstieg innerhalb dieser sozialen Hierarchie – sei es innerhalb einer adeligen Kriegerelite, auf die Armin Schulz sich an dieser Stelle bezieht und die auch für *ASOIAF* Relevanz besitzt, oder innerhalb einer modernen Turnierliga oder Highscore-Liste – ist nur möglich, indem man einen überlegenen Gegner besiegt und damit seinen Platz einnimmt.

Agonalität ohne Gewalt findet man aktuell beispielsweise im sportlichen Wettkampf und in der wissenschaftlichen Diskussion, wobei das gewaltfreie Agonale mit Peter Strohschneider als Schwundstufe eines ursprünglicheren Agonalen angesehen werden kann, das wir zum Zwecke der Unterscheidung vorläufig *das primäre Agonale* nennen wollen. Denn, so Strohschneider, »[k]örperliche Gewalt als dominante Vollzugsform des Zweikampfes« – welcher in dieser Form ein Paradebeispiel für das primäre Agonale ist – »kann indes im Sportwettbewerb oder Turnier gezähmt werden. Sie lässt sich auch substituieren durch eine virtuose *ars*, die freilich etwas ganz anderes ist als ein die Formen und Institutionen moderner Kunst voraussetzendes Virtuosentum.« (Strohschneider 2011: 135)

Schröter nimmt das innerhalb der erzählten Welt sprichwörtliche ›Spiel der Throne‹ zum Anlass, um auf die »game-like quality« (Schröter 2015: 72) von *ASOIAF* hinzuweisen, welche die Buchreihe selbst in ihren zahlreichen Spielmetaphern ausstellt (Schröter 2015: 71) und daraus eine Prädestination des *ASOIAF*-Narratives für eine Computerspieladaptation abzuleiten.

»In summary, the transmedial world of *A Song of Ice and Fire* can be said to follow a game logic both in thematic and structural terms: while the former aspect emphasizes the ›game of thrones‹ as a game of strategy – gaining influence by manipulating friends and foes, waging war, and forging alliances by securing bloodlines and marrying into powerful families –, the latter points to the algorithmic logic of the narrative itself – stressing randomness, narrative possibilities, and disruptions.« (Schröter 2015: 72)

»In this article, it is argued that this ›game logic‹ leads to some transmedial storyworlds being especially well-suited for an adaptation as a video game, and that the novel-based transmedial world of George R.R. Martin's A Song of Ice and Fire is such a world.« (Schröter 2015: 65)

Das ›Spiel der Throne‹ aber ist hauptsächlich auf der Ebene des sekundären, d.h. gewaltfreien Agonalen angesiedelt, da die gewaltsame kriegerische Auseinandersetzung in ihm nur ein Mittel von vielen darstellt, während Strategie- und Rollenspiele durch das primäre Agonale strukturiert werden.[8] Daher lässt sich aus der von Schröter herausgearbeiteten Spielähnlichkeit per se noch kein Vorteil bei einer Umsetzung ins Computerspiel ableiten – ob diese von Vorteil ist, hängt vom Genre ab.

3. Die Verkörperung des Agonalen

In *ASOIAF* ist das primäre Agonale zwar ebenfalls repräsentiert, beispielsweise in Szenen wie dem Zweikampf zwischen Oberyn Martell und Gregor Clegane, aber es beherrscht ihn nicht. Um diese Behauptung zu verifizieren soll im Folgenden der narrative Umgang von Buch und Serie mit den Drachen von Daenerys Targaryen in groben Zügen nachgezeichnet werden. Da Drachen in *ASOIAF* nämlich geradezu als Verkörperung des primären Agonalen dargestellt werden, ist davon auszugehen, dass ihre Rolle im Text symptomatisch für die Positionierung des transmedialen Narrativs gegenüber dem primären Agonalen insgesamt ist.

ADWD macht den agonalen Charakter der Drachen anhand von Daenerys ersten Versuchen, ihren Drachen Drogon zu reiten, explizit:

»Mounted on the dragon's back, she oft felt as if she were learning to ride all over again. When she whipped her silver mare on her right flank the mare went left, for a horse's first instinct is to flee from danger. When she laid the whip across Drogon's right side he veered right, for a dragon's first instinct is always to attack.« (*ADWD* 1019)

---

[8] | Wobei darauf hinzuweisen ist, dass das Computerspiel selbst als Medium ein Paradebeispiel für das sekundäre Agonale ist, da es gewaltsame Auseinandersetzungen zwar darstellt, selbst aber allenfalls – wenn überhaupt – als Substituens von physischer Gewalt angesehen werden kann. Das primäre Agonale ist auf der Ebene des Inhaltes anzusiedeln.

Das Pferd fungiert hier als fügsames, nicht-agonales Gegenbild zum Drachen, das eher zurückweicht als sich zu wehren. Der Drache hingegen reagiert agonal, indem er auf Gewalt mit Gegengewalt antwortet.

Die TV-Serie fängt die Agonalität der Drachen visuell eindringlich in der Szene ein, in der sich Rhaegal und Viserion um das tote Schaf streiten (SE 04 EP 01) – bis Drogon dazwischenfährt und seinen Anspruch als größter und stärkster der drei geltend macht, wobei er sich selbst gegen Daenerys wendet, die vermittelnd eingreift. Drogon will sich nicht besänftigen lassen – er will seinen Rang dem agonalen Prinzip folgend behaupten. Jorah Mormont kommentiert dies mit der Feststellung, Drachen könnten eben nicht gezähmt werden, und spielt damit den Diskurs ein, dass das Agonale als potentiell lebens- und gesellschaftsbedrohendes Element stets mit Einhegungsversuchen durch ›Spielregeln‹ im weiteren und engeren Sinn konfrontiert ist (Schulz 2015: 72f.), jedoch unberechenbar bleibt.

Anders als manch andere Figur, übt Daenerys Targaryen nicht gerne Gewalt aus, was wesentlich dazu beiträgt, dass sie als Identifikationsfigur wahrgenommen werden kann, jedoch ist sie in ihrem Ziel, den Eisernen Thron zu besteigen, auf Gewalt angewiesen. Dieses Dilemma wird vor allem in der Auseinandersetzung mit Daario Naharis deutlich (*ADWD* 330-334). In diesem Zusammenhang lässt sich eine Erzählstrategie beobachten, welche Armin Schulz für das mittelalterliche Erzählschema der »gestörten Mahrtenehe« beschreibt. Der Held gewinnt in diesen Erzählungen eine Fee zur Geliebten, was jedoch vor dem christlichen Hintergrund der Zeit nicht in vollem Umfang darstellbar war, sodass narrativ eine »Depotenzierung der übernatürlichen Partnerin« (Schulz 2004: 235) nötig wurde.

»Offenbar um den Verdacht abzuwehren, die feenhafte Dame sei in Wahrheit ein Dämon, erscheint sie oftmals aufgespalten in einen überwiegend harmlosen Part, nämlich die vollendet höfische und sanftmütige Geliebte [...], und einen bedrohlichen, archaischen, gewalttätigen, dessen Stelle von unterschiedlichen Figuren und Wesen eingenommen werden kann. Zwar ist das Bedrohliche nicht mehr Teil der Partnerin [...], jedoch ist dabei – räumlich oder zeitlich gesehen – die Nähe zwischen der Bedrohung und der Geliebten mehr als auffällig.« (Schulz 2004: 235)

Analog können Daenerys und ihre Drachen als ein Wesen gesehen werden, das in einen überwiegend sanftmütigen (Daenerys)[9] und einen häufig gewalttätigen Part (Drachen) aufgespalten ist, was eine positivere Darstellung von Daenerys erlaubt, als sie ansonsten möglich wäre. Wie die Monster der Mahrtenehenerzählungen stoffgeschichtlich Teil der Minnedame sind, bilden Daenerys' Drachen einen Teil

---

9 | Die Verbrennung der Khals von Daenerys' eigener Hand (SE 06 EP 04) stellt einen offenen Bruch mit diesem Prinzip dar, der einerseits die Stärke und Autonomie der Figur unterstreicht, sie aber andererseits auch Sympathien beim einen oder anderen Zuschauer gekostet haben dürfte.

ihrer Identität, wie sich in (Selbst-)Titulierungen wie »dragon queen« (*ADWD* 41) oder »blood of the dragon« (*ADWD* 36) wiederspiegelt, doch ist die Nähe zwischen Daenerys und ihren Drachen weitaus prekärer als im Fall der Feengeliebten, denn während sich die ›Drachen‹[10] der mittelalterlichen Erzählungen vermeintlich ›zufällig‹ im Umfeld der Dame aufhalten, ist in der Welt von *ASOIAF* öffentlich bekannt, dass Daenerys Drachen in Abhängigkeit von ihr agieren.

Tatsächlich sind Drogon, Rhaegal und Viserion mehr Symbol[11] als eigenständige Entitäten – der Autor vertritt sogar die Ansicht, dass die Daenerys-Handlung möglicherweise auch ohne leibhaftige Drachen ausgekommen wäre (Martin 2016) – und entwickeln daher auch keine Eigendynamik. Häufig kann zwar davon ausgegangen werden, dass sie in der erzählten Welt anwesend sind, sie werden aber nicht erwähnt, so lange sie nicht gebraucht werden, um als Spiegel von Daenerys' Emotionen oder Erfüllungsgehilfen ihres Willens zu fungieren. Die TV-Serie hat dieses Prinzip weitgehend aufgegriffen – vermutlich nicht zuletzt deswegen, weil jeder Drache im Bild erhöhte Kosten bedeutet.

Wenn Daenerys' Drachen ihre Untertanen fressen, so ist das mehr als das natürliche Verhalten eines fantastischen Raubtiers; es ist Ausdruck von Daenerys' eigenem ungelöstem Konflikt: Die Frage, was gute Herrschaft ausmacht, und wie diese auch gegen Widerstände durchzusetzen ist. Und wenn sie diese Drachen daraufhin wegsperrt, bedeutet dies die Verdrängung einer wesentlichen Facette ihrer Persönlichkeit. Die Drachen von *ASOIAF* erfüllen also eine klar umrissene narrative Funktion und diese ist in erster Linie eine politisch-symbolische. Nicht nur Daenerys vernachlässigt somit ihre Drachen über weite Strecken zugunsten der Politik, sondern auch die Erzählung.

4. Narrative Vernachlässigung

Narrativ ›vernachlässigt‹ werden allerdings nicht nur die Drachen, sondern das primäre Agonale in seiner Gesamtheit. Eine Zeitleiste des Kriegs der fünf Könige könnte den falschen Eindruck erwecken, in *ASOIAF* ginge es fast ausschließlich um Kampfhandlungen – tatsächlich aber werden nur wenige dieser Kämpfe auch auserzählt.

Stattdessen werden Schlachtszenen bevorzugt durch Botenberichte oder Retrospektiven gerafft und der Wechsel zwischen verschiedenen Erzählsträngen genutzt, um zeitliche Lücken in der Narration zu kaschieren, sodass Kämpfe oft schon beendet sind, wenn die Narration wieder auf den Erzählstrang zurückkommt. Außerdem werden Kampfhandlungen bevorzugt aus der Perspektive von weiblichen Charakteren geschildert, da diese gewöhnlich nicht aktiv beteiligt sind und eine Detailschilderung der agonalen Vorgänge, die in einem Strategie-

---

10 | Auch, aber nicht ausschließlich im wörtlichen Sinn.
11 | Zum Symbolcharakter der Drachen in *ASOIAF* siehe Petersen in diesem Band.

oder Rollenspiel das Gameplay bilden würden, somit entfällt. Typische Beispiele sind etwa die Schlacht im Whispering Wood, in die man als Leser nicht etwa Robb Stark begleitet, sondern stattdessen mit seine Mutter Catelyn im Wald ausharrt, die um die Rückkehr ihres Sohnes bangt und nur die Geräuschkulisse der Schlacht wahrnimmt (*AGOT* 694-701 bzw. SE 01 EP 09). Analog gestaltet sich die Einnahme von Yunkai und Meereen, während derer Daenerys von dem Tag träumt, an dem ihre Drachen groß genug sein werden, um sie in die Schlacht zu tragen (*ASOS* 585, 785).

Ein wenig anders gelagert ist der Fall Tyrion Lannisters, der in der TV-Serie gleich zu Beginn der Schlacht am Green Fork bewusstlos geschlagen wird (SE 01 EP 09). Das Ergebnis jedoch ist dasselbe: Es wird nichts weiter von der Schlacht gezeigt.

Die prominentesten Gegenbeispiele bilden wohl die Schlacht am Blackwater, die vor allem in der Serie in epischer Breite dargestellt wird,[12] sowie die »Battle of the Bastards« (SE 06 EP 09), allerdings steht in beiden Fällen weniger die Schlacht als solche, sondern zentrale Charakterentwicklungen im Vordergrund, sodass schwerlich von einem Selbstzweck des Agonalen die Rede sein kann, wie er für viele Computerspiele kennzeichnend ist. Gerade die Schlacht der Bastarde hat zwar durchaus ästhetische Momente, vorherrschend ist jedoch nicht die agonale Exorbitanz der Streiter, sondern ein nicht zuletzt durch die unruhige Kameraführung erzeugtes Gefühl der Orientierungslosigkeit und Beklemmung. Jon Snow erlebt in diesen Minuten keine Handlungsmacht (Agency), sondern vielmehr – beinahe sogar im wörtlichen Sinne – Ohnmacht.

Laut Klastrup und Tosca hängt der Erfolg einer transmedialen Welt davon ab, ob es den Entwicklern gelingt, die Kernelemente der Originalwelt zu implementieren und dabei ihrem Topos, Mythos und Ethos treu zu bleiben (Klastrup/Tosca 2004). Der Topos umfasst dabei das Setting mit all seinen Eigenschaften, der Mythos die Mythologie sowie die zentralen Konflikte der transmedialen Welt und das Ethos schließlich die in der Welt gängigen Vorstellungen von Moral und Ethik. Schröter ordnet sich mit seinem Erkenntnisinteresse unter Ethos ein, denn »it is the world's ethos, in particular, which tends to incorporate game-like aspects as it provides basic rules that define the ›inner workings‹ of the world.« (Schröter 2015: 71) Von daher wäre es naheliegend, sich dem anzuschließen. Doch obwohl Topos, Mythos und Ethos so konzipiert sind, dass sie zusammen alle denkbaren Aspekte transmedialer Welten abdecken, hat der Umgang von *ASOIAF* mit Kampfszenen mit keiner der Kategorien zu tun, da dieser Umgang gar kein Aspekt der transmedialen Welt von *ASOIAF*, sondern ein Aspekt des Erzählens über die Welt von *ASOIAF* ist.

Es ist nicht so, als käme es in der Welt von *ASOIAF* nicht oft genug zu Kämpfen, welche ein Computerspiel ›auserzählen‹ könnte, doch dieses Auserzählen ist

---

[12] Eine bisher singuläre Ausnahme: Die Serie widmet eine komplette Episode einem einzigen Schauplatz (SE 02 EP 09).

genau das, was die Vorlage nicht tut. Die Schlachten bilden zwar die unabdingbare Voraussetzung für die Geschehnisse, die als erzählenswert erachtet werden, werden selbst aber nicht oder zumindest nicht in aller Ausführlichkeit erzählt. Von daher muss ein Computerspiel mit Schwerpunkt auf primärer Agonalität (z.B. ein Rollen- oder Strategiespiel) immer als weniger charakteristisch für das *ASOIAF*-Universum empfunden werden als ein Medium oder Genre, welches ohne das primäre Agonale auskommen könnte, da es anderen Darstellungskonventionen gehorcht (z.b. ein Telltale-Adventure).

5. Agency als Problem

Schröter bemängelt an dem Rollenspiel *Game of Thrones – Das Lied von Eis und Feuer*:

»But however nicely the game's narrative might capture the game logic of the *Game of Thrones* universe, its game mechanics and system of rules spectacularly fail to do so: for one thing, the fact that the player is spending most of his or her time fighting and completing highly repetitive quests works against the ethos of the transmedial world, which rather focuses on largescale politics and warfare.« (Schröter 2015: 75)

Diese Dominanz rollenspieltypischer Kampfpassagen gegen Gruppen von wenig anspruchsvollen Gegnern geht mit einem Gefühl der Agency, d.h. der spielerischen Handlungsmacht einher, welche der für *ASOIAF* charakteristischen Hilflosigkeit der Protagonisten diametral entgegensteht, die Cersei Lannister im Gespräch mit Oberyn Martell prägnant mit dem Satz »What good is power if you cannot protect the ones you love?« (SE 04 EP 05) auf den Punkt bringt. Die Protagonisten von Rollenspielen sind jedoch stets im Rahmen des Gameplays exorbitante Helden im Sinn Klaus von Sees (See 2003), denn sie töten als Einzelperson hunderte oder gar tausende Gegner. Dadurch entsteht ludonarrative Dissonanz (Hocking 2007), die es dem Spieler erschwert, immersiv in der Narration aufzugehen, da Gameplay und Story gegeneinander arbeiten. Die Story-Ebene bleibt der Buchvorlage treu, während die Gameplay-Ebene den Bedürfnissen des Rollenspiel-Genres Rechnung trägt, ohne dessen Genrekonventionen an die Narration anzupassen. Diese Verletzung des Ethos (Klastrup/Tosca 2004) könnte bis zu einem gewissen Grad aufgefangen werden, indem beispielsweise der Schwierigkeitsgrad des Spiels erhöht würde, sodass ein wenig des durch die Erzählung erzeugten Machtlosigkeitsgefühls auch im Gameplay wiederzufinden wäre, wie es beispielsweise an dem Rollenspiel *Dark Souls* zu beobachten ist (Ascher 2014). Dies geschieht jedoch bei *Game of Thrones – Das Lied von Eis und Feuer* nicht.

Das Gefühl der Agency ist im Strategiespiel potentiell eher noch größer als im Rollenspiel, da der Spieler das Geschehen aus einer gottgleichen Vogelperspektive steuert, aus der die Spielfiguren unbedeutend wie Ameisen erscheinen – deren

Sorgen und Nöte dementsprechend nicht Teil des Spiels sind.[13] Die Figuren in *Genesis* haben mehr mit Schachfiguren gemeinsam als mit den Charakteren von Buchreihe oder Serie. Das Strategiespiel mag akkurat Aspekte der transmedialen Welt von *ASOIAF* in Spielmechaniken umwandeln (Schröter 2015: 79f.), sein Erzählmodus aber ist ein völlig anderer als der von Buch oder TV-Serie. Was bleibt, ist das, was das Echtzeit-Strategie-Genre ausmacht: Nicht Story, sondern Gameplay und zwar agonales Gameplay.

6. GAME OF THRONES – A TELLTALE GAME SERIES (2014)

Game of Thrones – A Telltale Game Series ist ein Episoden-Adventure bestehend aus sechs Episoden von je zwei bis drei Stunden Spielzeit, die im Abstand von durchschnittlich zwei bis drei Monaten erschienen. Das Serienprinzip, welches sich bereits bei der Verfilmung von *ASOIAF* als gute Lösung herausgestellt hat, um dem enormen Figureninventar und der damit verbundenen Vielzahl von Handlungssträngen gerecht zu werden, zitiert dabei die TV-Serie.

Das Spiel verfügt über fünf spielbare Charaktere, die alle dem Haus Forrester zugeordnet sind, einem kleinen Stark-treuen Haus, das in Folge der sogenannten ›Red Wedding‹, bei der Robb und Catelyn Stark ermordet wurden, in politische Schwierigkeiten geraten ist: Rodrik, Asher, Mira und Ethan sind Geschwister und sämtlich gebürtige Forresters, während Garred Tuttle ein Knappe ihres Vaters ist, bzw. war, da Lord Gregor Forrester in den ersten Minuten des Spiels stirbt. *Game of Thrones – A Telltale Game Series* erweitert also das Telltale-Schema, das gewöhnlich nur einen Protagonisten vorsieht[14], um vier weitere (wobei Rodrik und Ethan einander ablösen) und trägt damit der Bedeutung von Familie und Genealogie in der transmedialen Welt von *ASOIAF* Rechnung. Für *ASOIAF* eher untypisch ziehen jedoch alle fünf Protagonisten an einem Strang, was die Rettung des Hauses Forrester betrifft, während in Buch und Serie verschiedene Sympathieträger auch gegeneinander arbeiten. Möglicherweise gingen die Entwickler davon aus, dass es vom Spieler zu viel verlangt wäre, gegen sich selbst zu spielen, obwohl das *GOT*-Rollenspiel von 2012 ebendies – zumindest zeitweilig – realisiert.

Klastrup und Tosca nennen Exploration als die große Stärke von Computerspielwelten (Klastrup/Tosca 2004) – in Telltale-Adventures ist jedoch gerade dieser Aspekt vergleichsweise schwach ausgeprägt. Die Settings sind kulissenartig. Bestimmte Dinge lassen sich für Zusatzinformationen anklicken und vereinzelte Dinge mitnehmen, die Bewegungsfreiheit ist jedoch stark eingeschränkt, da sich der Spieler mit seinem Avatar teilweise nicht einmal umdrehen kann, um zu sehen, was sich hinter ihm befindet. Dies kann für einen erfahrenen Computer-

---

13 | Vgl. beispielsweise Schröters Betrachtungen der »Noble Lady«-Einheit von *Genesis* in diesem Band.
14 | Eine weitere Ausnahme bildet *Tales from the Borderlands*.

spieler eine frustrierende Erfahrung sein, optisch allerdings ähnelt dieser Aufbau den kammerspielähnlichen Innenansichten der TV-Serie. Das heißt, das Telltale-Adventure verzichtet hier darauf, eine der ›klassischen‹ Stärken des Mediums Computerspiel auszuspielen, nähert sich dadurch jedoch visuell an die Serie an.

Kampfszenen sind im Genre des Telltale-Adventures als sogenannte ›Quicktime-Events‹ gestaltet, was im Wesentlichen bedeutet, dass Tasten auf dem Bildschirm eingeblendet werden und der Spieler sie innerhalb eines exakt definierten Zeitfensters betätigen muss, um eine erfolgreiche Aktion wie Blocken, Zuschlagen oder Ausweichen zu vollführen. Dies ist ein für Computerspiele relativ simples Kampfsystem, da keine Bewegung im dreidimensionalen Raum stattfindet und kein individueller Lösungsweg/Kampfstil entwickelt werden muss/kann, und richtet sich daher dezidiert (auch) an Gelegenheitsspieler. Die agonale Herausforderung tritt somit in den Hintergrund.

Zentrales Spielelement des Telltale-Adventures ist die Auswahl von Dialogoptionen im Gespräch mit NPCs. Ist die für die Entscheidung vorgesehene Zeit abgelaufen, ehe der Spieler eine Option gewählt hat, schweigt der Charakter, was ebenfalls von NPCs interpretiert wird. Viele dieser Entscheidungen wirken bedeutungsvoll, meist ist es aber langfristig irrelevant, welche Option gewählt wurde. (Hennig 2016: 148-153) So wird beispielsweise Ethan Forrester immer am Ende der ersten Episode sterben, egal wie diplomatisch geschickt man als Spieler mit Ramsay Bolton umgeht. Ramsay findet immer einen Grund, Ethan umzubringen – je nachdem, wie der Spieler sich verhalten hat, variieren die Gründe dafür zwar, das Ergebnis jedoch ist dasselbe. Unter dem Gesichtspunkt der spielerischen Agency mag das enttäuschend erscheinen, doch ist es typisch Ramsay – und typisch *ASOIAF*. So sehr sich die Protagonisten auch bemühen, sie können die Katastrophe nicht verhindern; manchmal führen sie sie durch ihre Bemühungen sogar selbst herbei. Gewinnen kann man in diesem Spiel nicht, man kann lediglich beeinflussen unter welchem Vorzeichen die Dinge geschehen.

7. Handicap und Heimvorteil

Theoretisch ist jedes der vorgestellten Computerspielgenres in der Lage, eine erfolgreiche Transformation des *ASOIAF*-Narrativs hervorzubringen. Im Genre des Telltale-Adventures fällt es jedoch am leichtesten, die Kluft zwischen den Anforderungen des Genres, bzw. seinen genrespezifischen Darstellungsregeln und denen der *ASOIAF*-Romane zu schließen, weil der Aspekt des agonalen Gameplays, welcher sowohl für Strategie- als auch für Rollenspiele wesentlich ist, im Telltale-Adventure zu Gunsten von Dialogen und Mikrohandlungen stark zurückgefahren wird, was der Schwerpunktsetzung der Buchvorlage – und mit einigen Einschränkungen auch der Serie[15] – entgegenkommt.

Für Strategie- und Rollenspiel ist die Kluft größer, doch auch sie können sie überbrücken, indem sie das in der Vorlage angelegte, wenn auch nicht voll ausgeschöpfte agonale Potential ausbauen und in Gameplay umwandeln. Solange dieser Prozess nicht in Konkurrenz zur vorgängigen Narration steht, verspricht dieses Konzept durchaus erfolgreich zu sein. Wenn die Implementierung jedoch auch noch misslingt, hat man den Rezipienten nicht nur als Fan, sondern auch als Spieler vor den Kopf gestoßen.

Die Genrewahl lässt im Fall der drei *GOT*-Computerspiele also erstaunlich verlässliche Prognosen darüber zu, ob das Spiel vom Rezipienten als gelungene Transformation des *ASOIAF*-Narrativs wahrgenommen wird oder nicht. Es ist jedoch zu berücksichtigen, dass die Genrewahl den Erfolg des Spiels nicht determiniert, da auch eine suboptimale Entscheidung eine gelungene Adaptation hervorbringen kann und weitere Faktoren – insbesondere die Qualität des Gameplays – eine nicht zu unterschätzende Rolle spielen: Eine ›schlechte‹ Adaptation des *ASOIAF*-Narrativs kann trotzdem als ›gutes‹ Spiel rezipiert werden.

Literatur

Apperley, Thomas (2006): »Genre and game studies: Toward a critical approach to video game genres«, in: Simulation & Gaming 37.1, S. 6-23.

Ascher, Franziska (2014): »Die Narration der Dinge Teil II: Environmental Storytelling«, in: Paidia – Zeitschrift für Computerspielforschung, 27. Dez. 2015. <www.paidia.de/?p=4027> [7.2.2016].

Backe, Hans-Joachim (2008): Strukturen und Funktionen des Erzählens im Computerspiel: Eine typologische Einführung. Würzburg: Königshausen & Neumann.

Backe, Hans Joachim (2015): »Zwischen Ellbogengesellschaft und Schulterschluss: Transmedia Storytelling«, in: Ed. Deutsches Filminstitut – DIF e.V./ Deutsches Filmmuseum (Hg.), Film und Games: Ein Wechselspiel. Frankfurt a.M.: Bertz+Fischer, S. 90-95.

Beil, Benjamin (2015): »Game Studies und Genretheorie«, in: Sachs-Hombach, Klaus/Thon, Jan-Noël (Hg.), Game Studies: Aktuelle Ansätze der Computerspielforschung. Köln: Herbert von Halem Verlag, S. 29-69.

---

15 | In dieser Hinsicht entwickelt sich die Serie von Staffel 1 bis 6 weg von der Buchreihe, da – nicht zuletzt ermöglicht und befeuert durch steigende Budgets – die in der Buchvorlage vergleichsweise knapp gehaltenen Kampfszenen immer opulenter werden. Ihren vorläufigen Höhepunkt findet diese Entwicklung in der »Battle of the Bastards« (SE 06 EP 09). Die in diesem Aufsatz herausgearbeitete Tendenz gilt für die TV-Serie daher mit jeder neuen Staffel weniger.

Caillois, Roger (1982): Die Spiele und die Menschen: Maske und Rausch. Frankfurt a.M.: Ullstein.
CBS Interactive. *Metacritic. A Game of Thrones – Genesis.* Web. <www.metacritic.com/game/pc/a-game-of-thrones-genesis> [7.2.2016].
CBS Interactive. *Metacritic. Game of Thrones – A Telltale Game Series.* Web. <www.metacritic.com/game/pc/game-of-thrones-a-telltale-games-series>.
CBS Interactive. *Metacritic. Game of Thrones – Das Lied von Eis und Feuer.* Web. 7 Feb. 2016. <www.metacritic.com/game/pc/game-of-thrones> [7.2.2016].
Csikszentmihalyi, Mihaly (2010): Das Flow-Erlebnis: Jenseits von Angst und Langeweile. 1985. Stuttgart: Klett-Cotta.
Dark Souls (2011): Bandai Namco Games.
Game of Thrones: A Telltale Game Series (2014): Telltale Games.
Game of Thrones: Das Lied von Eis und Feuer (2012): Focus Home Interactive.
A Game of Thrones: Genesis (2011): Focus Home Interactive; Dtp entertainment.
Gebauer, Jochen (2011): »A Game of Thrones: Genesis Test (PC): Das Leid von Eis und Feuer«, in: GameStar, <www.gamestar.de/spiele/a-game-of-thrones-genesis/test/a_game_of_thrones_genesis,46734,2561681.html> [22.09.2015].
Gebauer, Jochen: (2012): »Game of Thrones Test (PC): Story hui, Spiel pfui«, in: GameStar, <www.gamestar.de/spiele/game-of-thrones/test/game_of_thrones, 47339,2568476.html> [30.10.2015].
Hennig, Martin (2016): »This game series adapts to the choices you make: Eine raumsemantische Typologie von Entscheidungssituationen und die Funktionen seriellen Erzählens in aktuellen Episodenspielen«, in: Ascher, Franziska, et al. (Hg.), I'll remember this: Funktion, Inszenierung und Wandel von Entscheidung im Computerspiel, Glückstadt: Verlag Werner Hülsbusch, S. 145-165.
Hocking, Clint (2007): »Ludonarrative Dissonance in Bioshock: The problem of what the game is about«, <http://clicknothing.typepad.com/click_nothing/2007/10/ludonarrative-d.html> [3.10.2015].
Huizinga, Johan (2013): Homo Ludens: Vom Ursprung der Kultur im Spiel. 1956. 23. Auflage. Reinbek bei Hamburg: Rowohlt.
Iser, Wolfgang (1993): Das Fiktive und das Imaginäre: Perspektiven literarischer Anthropologie. Frankfurt a.M.: Suhrkamp.
Klastrup, Lisbeth/Tosca, Susanna (2004): »Transmedial Worlds: Rethinking Cyberworld Design«, in: Nakajima, Masayuki (Hg.), Proceedings/International Conference on Cyberworlds 2004, 18. – 20.11.2004. Tokyo: International Conference on Cyberworlds, Los Alamitos: IEEE Computer Society, S. 409-416.
Martin, George R. R. (2014): »*Ich kenne das Ende der Geschichte seit Jahren*«. Web. <www.tagesanzeiger.ch/kultur/buecher/Ich-kenne-das-Ende-der-Geschichte-seit-Jahren/story/13757457> [7.2.2016].
Medieval II: Total War (2006): Sega.
Murray, Janet (1997): Hamlet on the Holodeck: The Future of Narrative in Cyberspace. Cambridge: MIT Press.

Schröter, Felix (2015): »The Game of *Game of Thrones:* George R.R. Martin's *A Song of Ice and Fire* and Its Video Game Adaptations«, in: Beil, Benjamin/ Sachs-Hombach, Klaus/Thon, Jan-Noël (Hg.), Media Convergence and Transmedial Worlds, Vol. 22, S. 65-82.

Schulz, Armin (2015): Erzähltheorie in mediävistischer Perspektive. Berlin: de Gruyter.

Schulz, Armin (2004): »Spaltungsphantasmen: Erzählen von der ›gestörten Mahrtenehe‹«, in: Haubrichs, Wolfgang/Lutz, Eckart/Ridder, Klaus (Hg.), Erzähltechnik und Erzählstrategien in der deutschen Literatur des Mittelalters. Berlin: Erich Schmidt Verlag, S. 233-262.

See, Klaus v. (2003): »Die Exorbitanz des Helden: Die Texte und die Theorien«, in: See, Klaus v. (Hg.), Texte und Thesen: Streitfragen der deutschen und skandinavischen Geschichte. Heidelberg: Winter, S. 153-264.

Strohschneider, Peter (2011): »Sängeragone: Eine Problemskizze«, in: Heil, Andreas/Korn, Matthias/Sauer, Jochen (Hg.), Noctes Sinenses. Heidelberg: Universitätsverlag Winter, S. 133-140.

Tales from the Borderlands: A Telltale Game Series (2014): Telltale Games.

Venus, Jochen (2007): »Du sollst nicht töten spielen. Medienmorphologische Anmerkungen zur Killerspiel-Debatte«, in: Schnell, Ralf (Hg.), Mediennutzung – Medienwirkung – Medienregulierung. LiLi – Zeitschrift für Literaturwissenschaft und Linguistik Vol. 146. Stuttgart, Weimar: J.B. Metzler, S. 67-90.

»I'm almost a man grown.«
Zur Verhandlung von Kindheit und Jugend in *ASOIAF* und *GOT*

Maria Kutscherow

1. FANTASY ABSEITS DER KLISCHEES

Innerhalb der letzten fünf Jahre hat sich *GOT* zu einer der beliebtesten TV-Serien entwickelt und wurde letztes Jahr sogar 24 Kategorien bei den Emmys nominiert (Zeit 2015). Dabei gehört das Genre der Fantasy keineswegs zu den typischen Kandidaten für hohes Lob in den Feuilletons (Michel 2016). Zu häufig wird dem Genre nicht nur Eskapismus vorgeworfen (Rüster 2013: 286), sondern auch mangelnde Qualität im Vergleich zur Hochliteratur. Der letzte Vorwurf mag wohl bei einigen Titeln der Subgenres durchaus richtig sein, doch kann dies wohl kaum in Bezug auf die Buchvorlage zu *GOT* zutreffen.

George R. R. Martins noch unvollendeter Romanzyklus *ASOIAF* wird zwar zum Subgenre der *High Fantasy* gerechnet, doch setzen sich die bereits erschienenen Titel deutlich über typische Fantasy-Klischees hinweg. Dies zeigt nicht nur die komplexe Gestaltung der Charaktere, welche durch eine wechselnde interne Fokalisierung die Handlungsträger des jeweiligen Kapitels psychologisiert, sondern auch die Entfernung der Handlung von dem Ende in einer ›Eukatastrophe‹ nach tolkien'schem Vorbild. Bereits das Ende des ersten Bandes *AGOT* welcher der TV-Serie den Namen gab, endet nicht mit der Begnadigung des als positiv und heroisch konnotierten Charakters Lord Eddard Stark. Die Enthauptung des scheinbar einzigen ehrenvollen Mannes innerhalb von King's Landing, welcher angesichts der meisten Fokalisierungskapitel im Band auch als Hauptcharakter empfunden wird, bricht deutlich mit den Lesererwartungen und etabliert einen unbarmherzigen Realismus innerhalb der phantastischen Welt von Westeros. Auch wenn Martin bereits in Interviews angedeutet hat, dass er für das Ende der Reihe ein »bittersweet ending«, womöglich im Sinne einer ›Eukatastrophe‹ plant (Ross 2015), weisen weitere Elemente der Romanreihe deutliche Neuerungen des Fantasy-Genres auf.

Betrachtet man z.b. die Fokalisierungscharaktere der jeweiligen Kapitel, die von Kapitel zu Kapitel wechseln und so die Handlung aus der Perspektive einer anderen Person erzählen, fällt die Prävalenz von Kinder- bzw. jugendlichen Figuren auf. Das Auftauchen von Kindern oder Jugendlichen innerhalb des Fantasy-Genres an sich ist keine Innovation. Ganz im Gegenteil werden viele Titel der Kinder- oder Jugendliteratur in eine phantastische oder mittelalterlich anmutende Welt, wie jene von *ASOIAF*, verlegt, um trotz der Distanz zu realweltlichen Geschehnissen immer noch für Kinder oder Jugendliche wichtige Aspekte, wie beispielsweise die Suche nach Abenteuern um Liebe, Freundschaft oder die eigenen Wurzeln zu finden, literarisch anzusprechen (Weisl 2015).

Die Handlung der Romanreihe selbst scheint jedoch eher auf ein erwachsenes Publikum abzuzielen. Die Aufgabe des folgenden Kapitels wird es deswegen sein, die Differenzen zwischen Kinder- bzw. Jugendliteratur und anderen literarischen Genres aufzuzeigen.

Da Kindheit und Jugend der Protagonisten nicht nur angesichts ihrer Rolle als Erzähler, sondern auch innerhalb der intradiegetischen Welt von *ASOIAF* ein häufig aufgegriffener Topos ist, stellt das dritte Kapitel die Frage danach, wann und durch welche Umstände Kinder in Westeros als erwachsen gelten. Ein weiterer Aspekt dieser Perspektive wird die Untersuchung des mittelalterlichen Verständnisses von Kindheit und Jugend in Zusammenhang mit der mittelalterlich feudalistisch anmutenden Welt von Westeros sein.

Abschließend soll die Adaptation der Altersthematik in der Fernsehserie GOT, auch unter Berücksichtigung der strukturellen Differenzen des Mediums, mit der Darstellung in der Romanreihe verglichen werden.

2. *ASOIAF* ALS JUGENDLITERATUR?

Das Genre der Jugendliteratur hat ebenso wie viele andere literaturwissenschaftliche Begriffe im Verlauf der Zeit unterschiedliche Definitionen erfahren. Diese reichen dabei von Texten, die von Jugendlichen gelesen oder für Jugendliche geschrieben werden, bis hin zu einer Ausrichtung an bestimmten Spezifika der Texte.

Die Definition der ›intentionalen‹ Kinder- und Jugendliteratur, die diese als das begreift, was »von erwachsenen Vermittlern – z.B. Autoren, Verleger, Literaturkritiker, Buchhändler, Eltern, Pädagogen etc. – für Kinder und Jugendliche« (Bittner 2012: 54) empfohlen wird, ist zu sehr von den Institutionen Schule oder Buchmarkt abhängig, um tatsächlich auf die literarischen Spezifika eines Textes verweisen zu können.

Auch die ›intendierte‹ Kinder- und Jugendliteratur, die als »von Kindern und Jugendlichen tatsächlich konsumierte Literatur« (Bittner 2012: 4) definiert wird, steht vor dem Problem der Diffusität und Subjektivität. Die Präferenzen der jungen Leser und Leserinnen können dabei stark variieren und nicht zuletzt auch

Literatur beinhalten, die sich womöglich in ihren Thematiken oder dem Sprachduktus gar nicht an Jugendliche richtet.

Deswegen plädiert eine andere Definition von Kinder- und Jugendliteratur vor allem für die Einfachheit, teilweise auch die Nähe zur Mündlichkeit, die den jungen Lesern den Einstieg zur literarischen Erfahrung bieten sollen (Bittner 2012: 57). Die sprachliche Gestaltung der Texte soll sich dabei vor allem an dem »sprachlichen, kognitiven, intellektuellen und auch literarischen Entwicklungsstand der kindlichen bzw. jugendlichen Leser« (Bittner 2012: 57) orientieren. Unter anderem sollen dadurch auch moralische Werte im Sinne der Erziehung und Sozialisation vermittelt werden.

Ein weiteres entscheidendes Kriterium scheint jedoch auch der Fokus der Werke auf junge Protagonisten als Handlungsträger und Fokalisierungsfiguren zu sein (Wasserman 2003). Das Alter der Protagonisten dient damit auch als Identifikationsfaktor für die jungen Leser. Die Themen – unabhängig davon, ob phantastische Elemente in die Erzählung eingearbeitet worden sind oder nicht – behandeln vor allem ein moralisches Wachstum und die Erfahrung von Handlungsmacht seitens der Protagonisten. Daneben spielen auch Themen wie körperliche und sexuelle Entwicklung, Verhältnis zu Familie und Freunden oder auch das Zurechtkommen innerhalb sozialer Strukturen eine Rolle.

Angesichts der vielen jungen Charaktere in *ASOIAF* wäre man vielleicht – ohne den Inhalt zu kennen – versucht, sie ebenso in die Sparte der Kinder- und Jugendliteratur einzuordnen. Immerhin sind im ersten Band *AGOT* fünf von acht Fokusfiguren Kinder und 37 der 73 Kapitel – und damit knapp mehr als die Hälfte – aus der Sicht von Kindern geschrieben.

In den nachfolgenden vier Bänden ist die Präsenz von Kindern und jungen Erwachsenen ebenso groß wie schon in *AGOT*. Nach Tyrion Lannister mit 47 Kapiteln ist Jon Snow, der in *AGOT* gerade einmal 14 Jahre alt ist, mit 42 Kapiteln der zweithäufigste Point-of-View-Charakter der Buchreihe; knapp gefolgt von der zehnjährigen Arya mit 34 und der vierzehnjährigen Daenerys mit 31 Kapiteln.

Die tatsächlichen Themen wie Gewalt, zum Teil inzestuöse sexuelle Verbindungen und politische Intrigen richten sich jedoch eindeutig an eine erwachsene Leserschaft. Moralische Werte werden anhand der Romane meistens *ex negativo* vermittelt. Das Leid und die Ungerechtigkeit, welches besonders die als moralisch, ehrenvoll und heldenhaft konnotierten Figuren erfahren, wendet sich explizit gegen die Lesererwartungen eines jungen Publikums, welches häufig per Konvention den Sieg des Guten über das offensichtliche Böse erwartet.

Zwar schildert die Romanreihe die Versuche des Zurechtkommens der jungen Charaktere in ihrer neuen gesellschaftlichen Rolle, aber es handelt sich dabei nicht wie bei den meisten Romanen des Jugendliteraturgenres um einen allmählichen und fortschreitenden Prozess. Vielmehr werden die jungen Handlungsträger plötzlich über Nacht in eine neue gesellschaftliche Stellung hineingeworfen.

Angesichts der Erfahrungen von Krieg, Mord und teilweise auch sexueller Gewalt stellt sich auch die Frage, inwiefern Arya, Sansa und die anderen jungen

Charaktere im Verlauf der Bücher und in Zusammenhang mit ihren Erlebnissen überhaupt noch als *Kinder* bezeichnet werden können.

Dennoch ist auffällig, dass die changierende soziale Stellung von Kindern und Heranwachsenden angesichts ihres Alters und der ihnen auferlegten Aufgaben ein ebenso wichtiges und häufiges Thema in *ASOIAF* ist wie die realistische Darstellung von kriegerischen Auseinandersetzungen oder politischen Intrigen.

3. KINDHEIT UND JUGEND IN WESTEROS

Angesichts der bedeutenden Rolle, welche die Thematik von Kindheit und Jugend in *ASOIAF* einnimmt, stellt sich die Frage, wann oder durch welche Umstände Kinder in Westeros als erwachsen gelten. In seiner Gestaltung der Welt orientiert sich George R.R. Martin vor allem an mittelalterlichen Strukturen und Vorstellungen: In der Anschauung europäischer Gelehrter und Mediziner im Mittelalter durchliefen Kinder zwei Stufen, die das antike Model der *Infantia* und *Pueritia* zum Vorbild hatten (Arnold 1986: 443-467). Dabei handelt es sich um Abschnitte von jeweils sieben Jahren bei Jungen, die von der Geburt bis zum siebten bzw. danach bis zum 14. Lebensjahr reichen. Bei Mädchen wurde die *pueritia* hingegen von sieben bis zwölf Jahren eingeordnet (Shahar 1991: 30). Der Abschnitt vom zehnten bis zum fünfzehnten Lebensjahr wurde dabei bereits als ein Übergang zum Erwachsenen empfunden, wobei die Härte des Übergangs und der Veränderung des sozialen Status durchaus von den Lebensbedingungen sowie der jeweiligen Schicht und dem Geschlecht abhängig war (Arnold 1986: 448).

Zum Teil galten Kinder rechtlich bereits ab sieben Jahren als eingeschränkt straf- und handlungsfähig, wobei das altenglische Recht sogar schon Zehnjährigen und das altisländische Recht Zwölfjährigen die volle Mündigkeit zuspricht (Arnold 1986: 454). Die tatsächliche Volljährigkeit und Ehemündigkeit variiert je nach Recht zwischen vierzehn, fünfzehn um im Spätmittelalter sogar achtzehn. Im Alter von sieben bis zehn begannen Kinder nach Angaben des altenglischen Quellenmaterials in die Arbeitswelt einzutreten. Waisen mussten sich sogar häufig ab diesem Zeitpunkt selbst versorgen. (Arnold 1986: 455) Doch nicht nur weniger betuchte Familien schickten ihre Kinder in fremden Dienst, sondern auch adlige Jungen nahmen die Aufgabe des Knappen an. Dennoch galten die jungen Männer auch nach Beendigung ihrer Ausbildung immer noch als *pueri* oder *adolescentes,* solange sie nicht in den Ritterstand aufgenommen wurden (Shaharn 1991: 37). Die Bezeichnung *vir* benutzten die Chronisten jedoch nur bei Männern, die entweder ein eigenes Lehen erhielten oder heirateten. Somit konnten Männer bis zu einem Alter von über dreißig Jahren immer noch als *iuvenis* bezeichnet werden. Damit war das Konzept des Mannes (*vir*) nicht direkt an ein bestimmtes Alter geknüpft, sondern vor allem auch an einen bestimmten sozioökonomischen Status (Shahar 1991: 37). Auch wenn das Alter im Mittelalter häufig über die Vergabe von Ämtern und Herrschaftsbefugnissen entschied, prägten auch andere Faktoren, vor allem der soziale Status, die tatsächliche Möglichkeit selbständig handeln zu können. Insgesamt kann deswegen davon ausgegangen werden, dass das »Mittelalter kein einheitliches Kriterium für die Volljährigkeit« (Shahar 1991: 38) kannte. Des Weiteren ist die Dauer der Kindheit im Vergleich zu den heutigen Vorstellungen weitaus kürzer, da der Arbeitsbeginn im Mittelalter bereits bei ca. acht Jahren liegen konnte.

Die feudalistisch geprägte Gesellschaft der sieben Königreiche ahmt deutlich das mittelalterliche Vorbild nach, denn auch in *ASOIAF* müssen nichtadelige Kinder bzw. junge Erwachsene harte körperliche Arbeit leisten, um der Familie auszuhelfen. Daneben sind nichtadelige Kinder a priori in einer Position der Machtlosigkeit (Schrackmann/Holzen o.J.), sodass Erwachsene über sie verfügen können.

Adelige Kinder haben zwar etwas mehr Spielraum, jedoch stehen auch sie häufig vor dem Problem, angesichts von Heiratspolitik nicht autonom entscheiden zu können oder zu dürfen, wodurch das Wohl des Reiches vor die individuellen Wünsche des Einzelnen gestellt wird. Häufig wird dadurch Kindern bzw. jungen Erwachsen auch eine enorme Verantwortung aufgeladen. Doch auch andere Ereignisse können die Heranwachsenden plötzlich zu handelnden Akteuren machen.

Bran wird z.B. durch den Tod seines Vaters und den Kriegszug seines älteren Bruders zum Herrn von Winterfell und ist dadurch nicht nur für Rechtsprechung, sondern auch für die Verwaltung der Truppen und die Allianzen des Hauses Stark zuständig. Allerdings ist Bran zu diesem Zeitpunkt gerade einmal acht Jahre alt.

Er wird dadurch in seiner sozialen Stellung innerhalb der hierarchisch aufgebauten Gesellschaft nach oben katapultiert, was letztendlich zur Folge hat, dass er stundenlang in einem Stuhl sitzt und den Vorsprechenden zuhört, während Maester Luwin und Ser Rodrick die meiste Zeit für ihn entscheiden. Bran ist damit mehr ein Repräsentant von Macht als tatsächlicher Handlungsträger. Soziale Stellung führt damit nicht unbedingt dazu, dass Bran nicht mehr wie ein Kind behandelt wird oder sich nicht mehr wie ein Kind benimmt. In einer Unterhaltung Maester Luwin wird dies deutlich:

»›Ser Rodrik and Lord Wyman have broken their fast already while they waited for you. Must I come myself to fetch you as if you were a little child?‹
›No,‹ Bran said, ashamed. ›I'm sorry. I only wanted...‹
›I know what you wanted,‹ Maester Luwin said, more gently. ›Would that it could be, Bran. Do you have any questions before we begin this audience?‹
›Will we talk of the war?‹
›You will talk of naught.‹ The sharpness was back in Luwin's voice. ›You are still a child of eight ...‹ ›Almost nine!‹ ›Eight,‹ the maester repeated firmly. ›Speak nothing but courtesies unless Ser Rodrik or Lord Wyman puts you a question.‹
Bran nodded. ›I'll remember.‹« (*ACOK* 248)

Diese Stelle macht die Doppelbödigkeit von Brans Stellung deutlich. Es wird gleichzeitig erwartet, dass er sich nicht mehr wie ein Kind benimmt, während ihm nur bedingt Handlungsmacht angesichts seines Alters zugesprochen wird. In seiner eigenen Wahrnehmung ist kindliches Benehmen in seinem Alter vor allem mit Schauspiel oder Verstellung verbunden, da er beinahe ein erwachsener Mann ist.

»Robb would tell him not to play the boy, he knew. He could almost hear him, and their lord father as well. *Winter is coming, and you are almost a man grown, Bran. You have a duty.*« (ACOK 248)

Doch Bran ist nicht der einzige fast erwachsene Mann. Der gleiche Satz, »I'm almost a man grown«, fällt nicht nur bei seinem drei Jahre alten Bruder Rickon, sondern auch beim 16-jährigen Robb. Dieser ist jedoch zu diesem Zeitpunkt trotz seiner 15 Jahre bereits »King in the North« und damit in einer Stellung, in der er sich nicht mehr für sein Alter rechtfertigen müsste. Das Mantra der Stark-Brüder verweist damit nicht auf das letztendliche Erwachsenwerden oder -sein hin, sondern auf die Verpflichtung und Verantwortung, welche die Nachkommen des Hauses Stark bereits seit frühester Kindheit auferlegt bekommen.

Ebenso wie Robb wird der 13-jährige Joffrey durch den Tod seines Vaters unverhofft jung zum König und erlangt damit Macht über die sieben Königreiche. Im Endeffekt wird der ›Boy-King‹ – wie er oft inoffiziell bezeichnet wird – außerhalb von öffentlichen Räumen von seiner Mutter Cersei Lannister oder seinem Onkel Tyrion, und später seinem Großvater Tywin, während politischer Beschlüsse vertreten und hat damit mehr Ohnmacht als Macht über die politischen Intrigen und ihre Auswirkungen auf das Königreich. Um seine Macht vor dem Volk zu demonstrieren, lässt er trotz vorheriger Abmachungen Eddard Stark enthaupten, wodurch beim öffentlichen Auftritt des jungen Königs seine Macht von anderen Strippenziehern um der Fassade willen nicht mehr hinterfragt werden kann und darf. Joffrey tut dies jedoch nicht, um seine Stellung innerhalb der inoffiziellen politischen Geschäfte zurück zu erobern, sondern rein aus einer sadistischer Laune heraus. Ihm fehlt dabei die Lebenserfahrung und der Weitblick, den gefangenen Eddard Stark für bestimmte politische Zwecke und Allianzen zu gebrauchen und die Fähigkeit, die Folgen der Hinrichtung abzuschätzen.

Ganz anders verhält es sich jedoch mit Robb Stark, der nach der Verhaftung seines Vaters gegen die Lannisters in den Krieg zieht. Mit gerade einmal 15 Jahren befehligt Robb bereits eine Armee und entscheidet über Allianzen und strategische Züge. Sein Alter scheinen jedoch im Vergleich zu Joffrey oder Bran die wenigsten in Frage zu stellen. Während einer offiziellen Audienz bemerkt seine Mutter Catelyn:

»Her son's voice was not as icy as his father's would have been, but he did not sound a boy of fifteen either. War had made a man of him before his time. [...] *Was it war that made him grow so fast*, she wondered, *or the crown they had put on his head?*« (ACOK 108/114)

Catelyn – als involvierte und Robb nahestehende Person – scheint die Frage danach, welche Ereignisse ein Kind in dieser hierarchisch strukturierten Welt zu einem Erwachsenen werden lässt, nicht genau beantworten zu können. In ihrer Beobachtung steht die soziale Stellung Robbs als junger König im Gegensatz zum Verlust der Unschuld angesichts der Kriegserlebnisse.

Soziale Stellung innerhalb des hierarchischen Systems allein hat – wie vor allem am Beispiel Joffreys deutlich wird – nur wenig Einfluss auf das Konzept von Kindheit bzw. Erwachsensein innerhalb von Westeros. Vor allem, wenn auch Robb trotz seiner Souveränität manchmal immer noch als »boy« bezeichnet wird (*ACOK* 114).

Rechtlich gesehen gelten junge Männer in Westeros im Alter von 16 bereits als erwachsen.[1] Doch scheint das Alter der Protagonisten nicht immer ein ausschlaggebender Grund für die Außenwelt zu sein, diese auch tatsächlich als Erwachsene anzuerkennen. So wird Theon bei seiner Heimkehr nach Pyke von seinem Vater kritisch beäugt. Nach zehnjähriger Abwesenheit wird Theon keineswegs liebevoll empfangen. Sein Vater moniert Theons Kleiderwahl: das bestickte Wams und das goldene Kettchen um seinen Hals, das Theon gegen die Sitten der Iron Islands keinem Mann nach einem Kampf vom Hals gerissen hat, sondern sich wie ein Weib mit Gold gekauft hat.

»›Did Ned Stark dress you like that?‹ his [Theon's] father interrupted, squinting up from beneath his robe. ›Was it his pleasure to garb you in velvets and silks and make you his own sweet daughter?‹
Theon felt the blood rising to his face. ›I am no man's daughter. If you mislike my garb, I will change it.‹
›You will.‹ Throwing off the furs, Lord Balon pushed himself to his feet. He was not so tall as Theon remembered. ›That bauble around your neck – was it bought with gold or iron?‹ Theon touched the gold chain. He had forgotten. *It has been so long* ... In the Old Way, women might decorate themselves with ornaments bought with coin, but a warrior wore only the jewelry he took off the corpses of enemies slain by his own hand. *Paying the iron price*, it was called.« (*ACOK* 183 [Herv. i.O.])

Theon merkt, dass seine Abwesenheit und Erziehung im Hause Stark ihn die Sitten der Iron Islands vergessen haben lassen. Auf die Nachfrage seines Vaters »A boy they took [...]. What are you now?« antwortet Theon zwar: »A man«, doch dies überzeugt seinen Vater angesichts des Fauxpas seiner Kleiderwahl wenig (*ACOK* 183). Balon Greyjoy verknüpft mit dem Begriff »man« nicht nur ein bestimmtes

---

1 | Vgl. Catelyn: »He is sixteen now, a man grown.« (*ASOS* 190)

Alter, sondern auch Konzepte von Reife, Lebenserfahrung und Härte, welche sich Theon durch die Erziehung der Starks nicht angeeignet hat. Seine Arroganz und der Versuch, seine soziale Stellung als erwachsener Mann durch seine Kleidung und kostbaren Schmuck zu beweisen, ruft statt Bewunderung oder Anerkennung viel eher Ablehnung bei den Bewohnern der rauen Iron Islands hervor.

Der spätere Versuch, durch den Sturm auf Winterfell seine Stellung als erwachsener Mann zu beweisen, unterstreicht durch das letztendliche Scheitern seine fehlende Erfahrung. Dies wird auch mit dem Konzept der Verstellung im kindlichen Spiel konnotiert, auf das in Brans Kapiteln bereits hingewiesen wurde. Die anfängliche Frage Balon Greyjoys, ob er zu einem Mann geworden ist, muss somit eindeutig verneint werden.

Ebenso ist Samwell Tarly durch sein Alter von 18 Jahren rechtlich bereits ein erwachsener Mann. Doch Jon und auch die anderen Mitglieder der Night's Watch können ihn angesichts seiner Feigheit und auch seiner Fettleibigkeit nicht als wirklichen Mann anerkennen: »He was older than Jon, a man grown by law, but it was hard to think of him as anything but a boy.« (*ACOK* 95)

Auch die Affinität Samwells für Bücher und Wissen, und weniger für Schwertkampf und die abenteuerlichen Erkundungsreisen in das wilde und kalte Land hinter der Mauer, zeugen von seiner scheinbaren Kindlichkeit. Er wird damit im Gegensatz zu dem typischen heroischen Männlichkeitsbild der Fantasy gezeichnet: Als ein effeminierter Adliger, der sich eher hinter Büchern als hinter einem Schild verschanzt. Doch auch die anderen Männer der Night's Watch sind keineswegs edle Helden, sondern meist Diebe, Mörder oder Vergewaltiger.

Martin dekonstruiert damit das Männlichkeitsbild, das in der Fantasy häufig auch an das Bild des Heros geknüpft wird, und führt eine Welt vor, in der Männlichkeit nicht unbedingt an die Ideale von Ehrenhaftigkeit und Güte geknüpft wird. Martin lässt sogar ganz explizit überaus junge Charaktere innerhalb einer militaristisch aufgebauten Gruppierung auftreten, sodass an manchen Stellen eher von Kindersoldaten, als von wirklichen Kriegern gesprochen werden kann.

Doch auch scheinbar erwachsene Männer müssen nicht durch Alter und Lebenserfahrung in der Welt von Westeros gleich als tatsächlich erwachsen gelten. So erzählt Master Aemon Jon Snow von seinem Bruder Aegon dem V. mit dem Beinamen »Egg«, der trotz seiner 33 Jahre und gezeugter Nachkommenschaft immer noch kindlich ist.

»›Allow me to give my lord one last piece of counsel,‹ the old man had said, ›the same counsel I once gave my brother when we parted for the last time. He was three-and-thirty when the Great Council chose him to mount the Iron Throne. A man grown with sons of his own, yet in some ways still a boy. Egg had an innocence to him, a sweetness we all loved. *Kill the boy within you*, I told him the day I took ship for the Wall. *It takes a man to rule. An Aegon, not an Egg. Kill the boy and let the man be born.*‹ The old man felt Jon's face. ›You are half the age that Egg was, and your own burden is crueler one, I fear. You will have little joy of your command, but I think you have the strength in you to do the things that must be done. Kill the boy, Jon Snow. Winter is almost upon us. Kill the boy and let the man be born.‹« (*ADWD* 103)

Das Mittelalter kennt ebenfalls diese Problematik. Nicht selten wurden junge Männer, die zwar bereits zum Ritter ernannt worden sind und auch an Schlachten teilgenommen haben, von Chronisten oder Schriftstellern als ›Kind‹ bezeichnet, da sie sich kindlich verhielten (Shahar 1991: 243). Ebenso kann das Alter von Aegon und auch seine soziale Stellung, die ihn letztlich zum Mann machen müssten, nicht über seine innere Kindlichkeit hinwegtäuschen. Wenn auch das Alter nichts darüber aussagen kann, wann aus einem Kind ein Erwachsener wird, wann wird in den Vorstellungen der Bewohner der Seven Kingdoms aus einem »almost a man grown« tatsächlich »a man grown«?

Die Phrase »a man grown« oder die Variation »almost a man grown« taucht innerhalb der Bücher 43 Mal auf;[2] das weibliche Pendant dazu jedoch gerade einmal drei Mal. Damit wird der Prozess der Erwachsenwerdens und sich als Erwachsener vor anderen behaupten zu müssen – wie auch im Mittelalter – vor allem männlich konnotiert. Auch wenn dieser Ausdruck angesichts von ungefähr 5000 Seiten der Romanreihe keineswegs als überaus häufig bezeichnet werden kann, ist dabei augenfällig, dass er vor allem in dem bereits erwähnten Kontext bei Bran, Robb oder auch Jon gebraucht wird.

Jon gebraucht den Ausdruck »a man grown« beispielsweise als er sich nach dem Ablegen seines Gelöbnisses bei der Night's Watch trotz seiner 14 Jahre bereits als Mann fühlt. Als Grund dafür kann wohl die Erstausbildung der Rekruten der Night's Watch gesehen werden. Während die Neuankömmlinge immer noch nach Sommer riechen (*ACOK* 99), können die frisch gebackenen Brüder der Night's Watch bereits auf Patrouille gehen und haben einen zugeordneten Arbeitsbereich innerhalb der Gruppe. Damit haben viele zum ersten Mal in ihrem Leben einen festen und gesicherten Platz in der Gesellschaft, zum anderen stehen sie durch das Gelübde als Brüder über den Rekruten innerhalb der hierarchisch strukturierten Ordnung der Night's Watch. Das *Gefühl* von Erwachsensein wird von Jon jedoch intradiegetisch durch seine eigene Erzählung und damit auch Wahrnehmung erfahren, womit seine tatsächliche Außenwirkung durchaus hinterfragt werden kann. Anhand der vorher erwähnten Erzählung Maester Aemons weiß der Leser, dass Jons Benehmen durchaus noch kindliche Züge aufweist, auch wenn ihm ein großes Vertrauen entgegengebracht und eine ebenso große Verantwortung durch seine Stellung als Lord Commander auferlegt wurde.

Das, was einen Jungen tatsächlich zu einem Mann macht, scheint nach der Erzählung von Master Aemon das Ablegen von »innocence« – von Unschuld bzw. Einfalt zu sein. Damit klingt auch eine Frage nach Macht und Herrschaftsform an. Um aus der Position der kindlichen Machtlosigkeit zu entkommen, muss

---

[2] | Vgl. dazu die Volltextsuche unter <https://asearchoficeandfire.com>.

selbst Macht ausgeübt werden und im Falle Jon Snows muss er mehr gefürchtet als geliebt werden (vgl. Machiavelli 2011).

Es wird somit klar, dass es für Westeros kein universelles Alter oder eine bestimmte soziale Stellung gibt, die einen heranwachsenden Charakter von einem Tag auf den anderen zu einem Erwachsenen werden lässt. Diese Entwicklung ist je nach Erfahrung und vielleicht auch nach Erziehung individuell. Die Fähigkeit Macht über andere ausüben zu können, scheint jedoch ein essentieller Teil davon zu sein.

Bei Martin werden die Stark-Kinder auch durch die erschütternden Ereignisse von Gewalt, Verlust der Eltern und Heimatlosigkeit etwas frühzeitig erwachsen. Die Kinderkapitel beantworten jedoch nicht nur die Frage nach Kindheit und Jugend in Westeros, sondern erfüllen auch eine eigene Funktion.

Die Kapitel, die aus der Sicht von Bran beschrieben sind, ermöglichen es dem Leser z.B. ein Wissen über die phantastische Welt von Westeros zu erlangen. Die Geschichten von Old Nan über Riesen und Others können durch das junge Alter des Protagonisten und seine mangelnde Lebenserfahrung neben den Kapiteln von Catelyn und Eddard Stark stehen, ohne dass die phantastischen Elemente in der sonst realistisch geschilderten Welt hinterfragt werden müssten. Damit steht die mystische Welt der Kindererzählungen – zumindest am Anfang – der entzauberten und rationalistischen Welt der Erwachsenen gegenüber.

Aryas Kapitel dagegen kontrastieren den kindlichen Handlungsträger mit der durch Krieg und Gewalt verwüsteten Landschaft. Der oft in der Fantasy beschriebene Kampf von Gut und Böse wird dadurch dekonstruiert, denn jede Seite im Krieg um den Eisernen Thron hinterlässt eine Spur der Verwüstung, unabhängig für wen sie kämpft, sodass die Dichotomie von Gut und Böse nicht mehr klar zu erkennen ist.

In diesem Zusammenhang stehen auch Sansas Kapitel. Geprägt von ihrem Glauben an ein Ritterideal und ein heroisches Männlichkeitsbild wird durch Sansas trauriges Schicksal deutlich, dass es keine edlen Ritter gibt, die sie als *damsel in distress* retten könnten. Ganz im Gegenteil ist vor allem Sandor Clegane, der die Ideale des Rittertums verabscheut, derjenige, der sich, an manchen Stellen beinahe liebevoll, um sie kümmert.

4. DIE TRANSFORMATION VON KINDERFIGUREN IN DER SERIELLEN ADAPTATION

Die Fernseh-Adaptation der Romanreihe arbeitet hingegen mit weitaus älteren Schauspielern. So wird die 13-jährige Daenerys in der ersten Staffel von der damals 24-jährigen Emilia Clark gespielt. In der ersten Staffel erscheint Daenerys vor ihrer der Hochzeit mit Khal Drogo durchaus als jung, naiv und unerfahren, aber wohl kaum als eine 13-Jährige.

Die Gründe für den Cast von HBOs Serie sind wohl in Zusammenhang mit derartig viel Nacktheit, Sex und Gewalt vor allem pragmatischer Natur. Dennoch versucht *GOT* den Altersunterschied zwischen Drogo und Daenerys durch andere Mittel zu verdeutlichen, wie z.B. durch die Körpergröße der Schauspieler und deren Inszenierung im Bild. Khal Drogo wird dabei von dem 1,93 m großen Jason Momoa gespielt, der durch seine muskulöse Statur den körperlichen Unterschied zur zierlichen und gerade einmal 1,57 m großen Emilia Clark unterstreicht.

Die Frage des Romans »Does Khal Drogo really like his girls so young?« (*AGOT* 33) steht damit nicht mehr im Raum. Vielmehr verlagert die Serie den Topos der Kinderbraut zu einem von gewaltaufgeladener Sexualität, die sie mit dem animalischen Charakter von Khal Drogo verknüpft. Damit bedient die Serie festgefahrene Klischees von Wildheit und Brutalität des Fremden, übergeht damit aber das selbstbestimmende Moment bereits zu Beginn der sexuellen Beziehung von Drogo und Daenerys, das bei Martin genau beschrieben wird. (*AGOT* 108)

Des Weiteren ästhetisiert und sexualisiert die Serie den Charakter von Daenerys weitaus stärker als es George R. R. Martin in *AGOT* oder *ACOK* tut. Deutlich wird dies vor allem an den Episoden der Wanderung des verbliebenen Khalasars durch die Wüste. Nach dem drachenerweckenden Ritual hat Daenerys kein einziges Haar mehr auf ihrem Körper, geschweige denn auf ihrem Kopf. Zudem magert sie durch die extremen Anstrengungen und den Nahrungsmangel deutlich ab (*ACOK* 190). Die Serie spart dieses Element wiederum aus und präsentiert zwar eine müde und ermattete Figur, jedoch keineswegs derartig extrem wie im Roman.

Die Schilderungen Martins wirken deswegen weitaus realistischer, während die Serie die wochenlange Wanderung und den Wasser- und Nahrungsmangel innerhalb einer menschenfeindlichen Umgebung zu romantisieren scheint.

Auch die männlichen Kinderfiguren werden in der Serie deutlich älter dargestellt. Robb und Jon haben bereits in der ersten Staffel jeweils einen Bart, der kaum einer realistischen Darstellung von 14-Jährigen entsprechen würde. In der Darstellung der Serie scheint es deswegen weniger problematisch oder besonders zu sein, dass Robb in seinem Alter nicht nur in den Krieg zieht, sondern derartig viel Überzeugungskraft und Charisma an den Tag legt, dass er sogar von erwachsenen und lebenserfahrenen Männern zum »King in the North« ernannt wird. Als Sohn von Ned Stark ist er zwar dynastisch legitimiert, doch muss dies nicht automatisch dazu führen, dass ihm die Gefolgsleute seines Vaters unkommentiert nachfolgen. Vergleicht man die Situation mit der des drei Jahre älteren Theon Greyjoy, kann dieser trotz seines Alters keineswegs die gleiche Wirkung auf die Gefolgsleute seines Vaters erzielen. Als Referenzpunkt, wie Robb wohl eigentlich aussehen könnte, sei an dieser Stelle auf Isaac Hempstead Wright verwiesen, der Bran spielt. Zum Drehzeitpunkt der vierten Staffel war er gerade 15 Jahre alt und weit davon entfernt, so autoritär und heroisch zu wirken wie Richard Madden, der Robb verkörpert.

Die Thematik von Macht und Machtlosigkeit in Zusammenhang mit einem bestimmten Alter spielt in der Serie demzufolge nicht so eine starke Rolle wie in den Büchern. Auch das Sujet der ›Kindersoldaten‹ auf der Wall wird nur durch den jungen Olly verdeutlicht. Sein Charakter wurde speziell für die Serie geschaffen und wird durch den Verlust seiner gesamten Familie bei einem Angriff der Wildlings auf sein Dorf eingeführt. Damit wird auch sein Aufenthalt auf der Wall vor allem dadurch »legitimiert«, dass er als Waise in die Reihen der Night's Watch aufgenommen wird und nicht als Krimineller zum Dienst an der Wall verurteilt wurde. Dass die Night's Watch tatsächlich auch andere Kinder für ihre Dienste anwirbt und eine Vielzahl der Lord Commander weitaus jünger war als Jon Snow, wird dabei ausgespart.

5. Fazit

Abschließend lässt sich sagen, dass sich Martin in seiner Darstellung von Kindheit und Jugend in einer hierarchisch organisierten und feudalistischen Gesellschaft an realweltlichen mittelalterlichen Modellen orientiert. Ebenso wie das mittelalterliche Konzept von Volljährigkeit bzw. auch Männlichkeit verknüpft auch Martin kein bestimmtes Alter mit der erworbenen sozialen Stellung und der damit einhergehenden Perzeption von jungen Erwachsenen. Der Eindruck, den Jugendliche in hohen Machtpositionen auf Erwachsene ausüben können, hängt damit auch eindeutig von ihrem eigenen Benehmen und ihrer Fähigkeit ab, tatsächlich Macht auszuüben.

Die Welt, in der sich die jungen Adeligen behaupten müssen, ist geprägt von einer außerordentlichen Härte und Brutalität, die auch – und vielleicht auch besonders – vor Kindern nicht Halt macht. Die Seven Kingdoms sind eine Welt, in der nicht nur Sklavenarbeit und Unterdrückung, sondern auch Kinderprostitution sowie Gewalt und Krieg beinahe zum Alltag gehören.

Die TV-Serie kaschiert die Problematik von Kindheit und Jugend in einer feudalistischen Gesellschaft durch die Besetzung vieler Kinderrollen durch erwachsene Schauspieler. In ihrer Darstellung folgt sie weitaus stärker bekannten Fantasy-Tropen von heroischen und starken Kriegern und kommt damit auch dem gängigen Publikumsgeschmack entgegen. Auch wenn die Serie versucht, zum größten Teil nah am Original zu bleiben,[3] schafft sie es nur bedingt die spezielle Darstellungsweise Martins, vor allem durch das Kontrastieren von kindlichen und jungen Handlungsträgern gegenüber ihrer harten Umwelt, zu übernehmen.

---

3 | Ausgeklammert sei an dieser Stelle die fünfte und die bis jetzt ohne Buchvorlage geplante sechste Staffel von *GOT*.

Literatur

Arnold, Klaus (1986): »Kindheit im europäischen Mittelalter«, in: Martin, Jochen/ Nitschke, August (Hg.), Zur Sozialgeschichte der Kindhei. Freiburg: Alber, S. 443-467.
Bittner, Christian (2012). Literarizität und Komplexität der Jugendliteratur zur Jahrtausendwende. Frankfurt a.M.: Peter Lang.
Machiavelli, Niccolo (2011): Der Fürst. Berlin: Insel Taschenbuch.
Martin, Jochen (1986): Zur Sozialgeschichte der Kindheit. Freiburg, München: Alber.
Michel, Ana Maria (2016): »Literaturblogs: Dieses Buch wird Ihr Leben verändern!«, in: Die Zeit Online, URL: <www.zeit.de/kultur/literatur/2016-02/buchblogger-verlage> [05.03.2016]
Ross, Ashley (2015): »George R.R. Martin Tells Fans To Expect ›Bittersweet‹ Ending to Game of Thrones«, in: Time. 5.11.2015, URL: <http://time.com/4101276/game-of-thrones-ending-george-r-r-martin/>. [05.03.2016].
Rüster, Johannes (2013): »Fantasy«, in: Brittnacher, Hans Richard/May, Markus (Hg.): Phantastik: Ein interdisziplinäres Handbuch. Stuttgart, Weimar: Metzler.
Schrackmann, Petra/Aleta-Amirée von Holzen (o.J.): »Kein Land für Kinder? Westeros aus der Kinderperspektive.« [unveröffentlicht].
Shahar, Shulamith (1991): Kindheit im Mittelalter. München: Artemis & Winkler.
Wasserman, Emily (2003): »The Epistolary in Young Adult Literature«, in: The Alan Review, Spring/Summer (30 Nr. 2), S. 48-51. http://dx.doi.org/10.21061/alan.v30i3.a.12
Weisl, Angela Jane (2015): »Coming of Age in the Middle Ages: The Quest for Identity in Medieval Novels for Young Adults«, in: Ashton, Gail (Hg.), Medieval Afterlives in Contemporary Culture. London [u.a.]: Bloomsbury.
Zeit Online (2015): »›Game of Thrones‹ Für 24 Emmys Nominiert«, in: Die Zeit Online. 16.07.2015, URL: <www.zeit.de/kultur/film/2015-07/emmy-award-game-of-thrones-transparent-mad-men> [05.03.2016].

»Everything in the world is about sex, except sex. Sex is about power.«[1]

Die Funktion der Sexpositions in *GOT*

Simon Spiegel

Unterhält man sich mit Serien-Fans darüber, was *GOT* gegenüber anderen Produktionen auszeichnet, landet das Gespräch früher oder später unweigerlich bei den für die Reihe typischen Sex- resp. Nacktszenen.[2] Zweifellos sind der detaillierte Weltenbau, die beinahe unüberschaubare Anzahl von Figuren sowie die komplizierten Intrigen ebenfalls charakteristisch für *GOT*, kaum ein Aspekt sorgt aber für so viel Gesprächsstoff wie die ungewöhnliche Freizügigkeit gewisser Szenen. Die Ausführlichkeit, mit der die Serie die unterschiedlichsten Interaktionen nackter Figuren zeigt, ist dabei noch auffälliger als ihr ebenfalls ausgeprägter Hang zur Blutrünstigkeit. Denn drastische Gewaltdarstellungen ist man aus dem Kino eher gewohnt, dass US-Produktionen – zumal im Bereich Fantasy – derart viel nackte Haut zeigen, ist dagegen geradezu unerhört (oder vielmehr: unersehen).

Schon früh wurde zudem wahrgenommen, dass sich *GOT* nicht bloß durch die schiere Menge des gezeigten Sex auszeichnet, sondern dass auch die Art und

---

1 | Frank Underwood, die Hauptfigur von *House of Cards* (USA 2013–, Idee: Beau Willimon), äußert diesen Spruch mit der Einleitung »A great man once said«. Allerdings ist unklar, wer dieser ›great man‹ sein soll. Im Web wird zwar Oscar Wilde als Schöpfer des Zitats herumgereicht, in dessen Oeuvre ist der Ausspruch aber nicht nachweisbar. Die einzige mir bekannte Quelle, in der sich das Zitat wörtlich findet, ist ein Aufsatz des Psychiatrie-Professors Robert Glick (2002: 118). Glick wiederum gibt ein Gespräch mit seinem Kollegen Robert Michels als Herkunft an. Als direkter Ursprung für das *House-of-Cards*-Zitat erscheint diese Quelle aber ein wenig obskur.

2 | Obwohl es sich nicht bei allen Passagen, die ich untersuche, um eigentliche Sexszenen handelt, sondern teilweise auch schlicht um Momente, in denen jemand unbekleidet auftritt, werde ich im Folgenden der Einfachheit halber von ›Sexszenen‹ sprechen.

Weise, wie die Sexszenen erzählerisch eingesetzt werden, ungewöhnlich ist. Entsprechend schnell hat sich der ursprünglich vom Film- und Fernsehkritiker Myles McNutt geprägte Begriff der *Sexposition* als Bezeichnung für diese spezifische Darstellungsform durchgesetzt; mittlerweile bildet er einen festen Bestandteil des Fandiskurses und ist sogar in einem eigenen Wikipedia-Eintrag verewigt.

Wie es bei derartigen Termini oft der Fall ist, ist Sexposition keineswegs eindeutig definiert und wird unterschiedlich gehandhabt. In diesem Artikel geht es mir allerdings nicht um eine Analyse der unterschiedlichen Bedeutungen des Begriffes, stattdessen möchte ich untersuchen, welche erzählerischen Funktionen die Sexszenen in *GOT* übernehmen können und inwieweit sich das Fantasy-Epos darin von anderen Serien resp. Filmen unterscheidet.

Die Sexszenen sind zwar geradezu ein Markenzeichen der Serie, *GOT* ist aber beileibe nicht die erste Fernsehproduktion, die durch viel Sex von sich reden macht. Vielmehr handelt es sich hierbei um ein vom Pay-TV-Sender HBO gezielt eingesetztes Mittel, das dazu dient, die eigenen Produktionen von denjenigen der Konkurrenz abzuheben. Sex und Gewalt haben für den Sender nicht nur eine erzählerisch-ästhetische Funktion, sondern auch eine marketingtechnische, wobei die beiden Ebenen geschickt ineinandergreifen. Bevor ich mich der narrativen Bedeutung der Sexszenen in *GOT* widme, lege ich deshalb zuerst kurz dar, welche Rolle Sex (und Gewalt) bei der Vermarktung von Fernsehserien spielt.

1. It's not TV, it's HBO

Wie zahlreiche andere neuere US-Fernsehserien wurde *GOT* nicht von einem öffentlich-rechtlichen Fernsehsender oder einem traditionellen Kabelkanal produziert, sondern von einem Pay-TV-Sender, in diesem Fall von HBO. Im Unterschied zu öffentlich-rechtlichen Angeboten oder herkömmlichen Kabelsendern schließt der Zuschauer eines Pay-TV-Kanals gezielt ein Abonnement für einen Sender ab. Dieser finanziert sich nicht über Rundfunkbeiträge oder Werbung, sondern wird monatlich von den Zuschauern bezahlt. Damit ist dieses Geschäftsmodell noch direkter vom Publikumsinteresse abhängig, als dies beim von Einschaltquoten getriebenen Fernsehen ohnehin der Fall ist. Denn wenn das Publikum das Interesse an den angebotenen Inhalten verliert, schaltet es nicht bloß auf einen anderen Kanal um, sondern kündigt den Vertrag.

Für den Sender ist es somit überlebenswichtig, die Zuschauer an sich zu binden, und dies geschieht durch besonders hochwertige, exklusiv auf dem jeweiligen Sender verfügbare Inhalte. Das können z.B. Exklusivübertragungen von Sport-Events sein, aber eben auch Fernsehserien. HBO nahm insbesondere in diesem Bereich eine Pionierrolle ein; vom Sender produzierte Serien wie *Oz* (USA 1996-2003, Idee: Tom Fontana), *The Sopranos* (USA 1999-2007, Idee: David Chase), *Sex and the City* (USA 1998-2004, Idee: Darren Star), *Six Feet Under* (USA 2001-2005, Idee: Alan Ball) und *The Wire* (USA 2002-2008, Idee: David

Simon) gelten vielerorts als Wendepunkt in der Geschichte des Fernsehens und als Beginn der Ära des sogenannten *Quality TV*. Die neuen Qualitätsserien zeichnen sich gegenüber frühen Fernsehproduktionen durch aufwendigere Inszenierungen, komplexere narrative Muster, selbstreflexive Momente und zusehends durch bekannte Schauspieler und Regisseure aus sowie durch anspruchsvollere, ›erwachsene‹ Inhalte (dazu später mehr). HBO war und ist mit seinen Eigenproduktionen eine treibende Kraft auf diesem Gebiet.[3]

Mittlerweile haben andere Pay-TV-Kanäle wie Showtime, AMC oder FX das von HBO etablierte Modell übernommen und ihrerseits damit begonnen, anspruchsvolle Serien zu produzieren; zudem bieten mittlerweile auch Anbieter wie Netflix oder Amazon, die ursprünglich bloß als Vertreiber von Inhalten auftraten, eigene Serien an. Die verschiedenen Sender sind dabei gezwungen, stets von Neuem mit Inhalten aufzutrumpfen, die sie von der Konkurrenz absetzen. Und damit wären wir auch beim eigentlichen Thema dieses Artikels, denn Sex war praktisch von Anfang an ein wesentliches Alleinstellungsmerkmal von HBO.

2. ERWACHSENES FERNSEHEN

Nacktheit und Sex unterliegen im US-amerikanischen Fernsehen strengen Regeln; das betrifft sowohl die Darstellung des menschlichen Körpers wie auch sogenannte ›profanities‹, also die Verwendung von Vulgärsprache. Allerdings gestaltet sich die Art und Weise der Regulierung je nach Ausstrahlungsform unterschiedlich. Die frei empfangbaren Netzwerke ABC, CBS, NBC und Fox senden ihre Inhalte über terrestrische Frequenzen und werden deshalb von der Federal Communications Commission (FCC) überwacht. Diese gibt klare Richtlinien vor, welche Inhalte zulässig sind – insbesondere, was ›indecent‹ und ›profane programming‹ betrifft –, und ahndet Zuwiderhandlungen drakonisch.

Obwohl nichtöffentliche Kabel- und Satellitensender nicht der FCC unterstehen, praktizieren sie ebenfalls eine strenge Selbstzensur. Denn diese Sender sind von Werbekunden abhängig, die oft nicht mit problematischen Inhalten in Verbindung gebracht werden möchten; folglich fallen bei vielen privaten Sendern die Regeln oft noch rigoroser aus als jene der FCC.

Bei Pay-TV-Sendern präsentiert sich die Situation gänzlich anders: Sie unterstehen nicht der FCC und müssen, da sie nicht auf Werbung angewiesen sind, auch sonst keinerlei Rücksicht nehmen. Diesen Umstand hat sich HBO konsequent zunutze gemacht. Der lange eingesetzte Werbeslogan »It's not TV. It's

---

3 | Der Begriff des *Quality TV* ist nicht unumstritten; insbesondere bei der Frage, wann der Beginn dieser Entwicklung anzusiedeln ist, gehen die Ansichten auseinander; siehe dazu den Artikel von Robert Blanchet sowie die Beiträge in dem von Janet McCabe und Kim Akass herausgegebenen Sammelband *Quality TV*.

HBO« bringt es zum Ausdruck: Auf HBO sind all jene Dinge zu sehen – und zu hören –, die im ›normalen‹ Fernsehen nicht denkbar sind.

Betrachtet man die Entwicklung der von HBO produzierten Programme über die Jahre hinweg, lässt sich gut beobachten, wie die Inhalte zusehends ›verschärft‹ wurden.[4] *The Sopranos* zeichnete sich noch vor allem durch für die für damalige Verhältnisse drastischen Gewaltdarstellungen und die zahlreichen ›profanities‹ aus, welche Tony Soprano und seine Freunde von sich gaben. Explizite Nacktheit hingegen beschränkte sich im Wesentlichen auf die Brüste der Stripperinnen in Tonys Stammlokal ›Bada Bing!‹. Im Vergleich dazu sind HBOs aktuelle Produktionen deutlich expliziter. Nicht nur werden besonders brutale und ekelerregende Momente genüsslich zelebriert, vor allem das Ausmaß der sogenannten ›full frontal nudity‹ hat deutlich zugenommen. In dieser Hinsicht hat das Fernsehen mittlerweile sogar das Kino hinter sich gelassen: Szenen wie Cerseis *Walk of Atonement* (SE 05 EP 10), in der die Figur mehrere Minuten lang komplett nackt durch King's Landing schreitet (Abb. 1 und 2), sind im Mainstream-Kino – zumal im US-amerikanischen – kaum je zu sehen. Selbst das männliche Geschlechtsorgan, das im Kino faktisch inexistent ist, wird in neueren HBO-Produktionen gezeigt – unter anderem auch in *GOT*.[5]

4 | Marc Leverette weist darauf hin, dass sich die Grenzüberschreitungen bei HBO keineswegs nur auf Serien beschränken; insbesondere bei der Verwendung von Vulgärsprache und generell der Darstellung von Sexualität komme anderen Formaten wie der Standup Comedy, (pseudo-)dokumentarischen Sendungen und selbst Sportübertragungen ebenfalls eine wichtige Rolle zu.
5 | Allerdings bleibt ›male full frontal nudity‹ insgesamt deutlich seltener als die Zurschaustellung des weiblichen Körpers. Der nackte Mann scheint mit einem deutlich stärkeren Tabu belegt als die nackte Frau.

Abbildungen 1 und 2: Cerseis Walk of Atonement (SE 05 EP 10)

HBO folgt keineswegs bloß der simplen Devise »Sex sells«. Wie Ivo Ritzer in *Fernsehen wider die Tabus* darlegt, bedient sich der Sender vielmehr einer raffinierten Strategie, bei der Sex und Gewalt zu eigentlichen Qualitätsindikatoren werden. Die expliziten Darstellungen dienen nach HBO nie dazu, nur die Schaulust des Publikums zu befriedigen, sondern sind Ausdruck des erwachsenen, realistischen Anspruchs der Produktionen. In HBO-Serien werden die Dinge so gezeigt, ›wie sie sind‹, ohne die durch die FCC diktierte Prüderie. Produzenten und Serienschöpfer verweisen in diesem Zusammenhang gerne auf den realistischen Roman des 19. Jahrhunderts, der angeblich nicht nur in Sachen narrativer Komplexität, sondern auch in seiner ungeschminkten Darstellungsweise als Vorbild dient.

In dieser Argumentation sind Tabubruch – HBO zeigt, was eigentlich nicht gezeigt werden darf – und der Rückbezug auf gesellschaftlich akzeptierte kulturelle Formen wie den Roman kein Widerspruch, sondern fallen zusammen; HBO gelingt so das Kunststück, »gleichzeitig transgressive Inhalte zu transportieren und eine bürgerliche Existenz zu wahren« (Ritzer 2011: 62). Im Sinne von Pierre Bourdieus Distinktionstheorie ist der ›indecent content‹ nicht mehr problematisch und anrüchig, stattdessen wird er zum Unterscheidungsmerkmal, zum kulturellen Kapital, das den erwachsenen Serien-Connaisseur vom prüden Mainstream-Spießer abhebt. Verfeinerter Geschmack zeigt sich gerade darin, dass man in der Darstellung von Sex und Gewalt nicht bloß die Befriedigung niederer Triebe sieht, sondern sie als Ausdruck einer »gritty, uncompromising authenticity« (Hassler-Frost 2015: 192) sowie künstlerischer Konsequenz versteht.[6]

---

6 | Vgl. auch: McCabe und Akass 2015.

Im Falle eines Senders wie HBO muss die transgressive Qualität solcher Darstellungen freilich relativiert werden. Als Teil des Medienkonglomerats Time Warner ist HBO eigentlich denkbar ungeeignet, um in subversiver Weise gegen den Mainstream aufzubegehren. Aus marketingtechnischer Sicht dienen die Tabubrüche vor allem dazu, HBO als Marke zu positionieren. Die vermeintlichen Transgressionen sind nie ungefilterter Ausdruck der künstlerischen Sensibilität der Serienmacher, sondern genau abgewägt und sorgfältig inszeniert. Dies zeigt sich nicht zuletzt daran, dass man auf Kritik – wie etwa im Falle der Szene, in der Jaime Lannister seine Schwester Cersei am Sarg ihres gemeinsamen Sohnes vergewaltigt (SE 04 EP 03) – durchaus reagiert. So wurde in Staffel fünf der Anteil an Gore-Elementen spürbar reduziert; es geht somit weniger um das Brechen von Tabus als um ein vorsichtiges Austarieren dessen, was vom Publikum noch toleriert wird.

Dass Dan Hassler-Frost im Zusammenhang mit einer Fantasy-Serie wie *GOT*, die erklärtermaßen in einer nicht-realistischen Welt spielt, von einem Anspruch auf Authentizität spricht, mag auf den ersten Blick seltsam erscheinen. Für Hassler-Frost eignet sich aber gerade Fantasy besonders gut für eine Ummodelung in HBO-Manier, weil es in der allgemeinen Wahrnehmung oft als belächeltes, tendenziell infantiles Genre erscheint, das primär von Teenagern konsumiert wird. Zu dieser Einschätzung passt, dass die Fantasy-Großproduktionen der vergangenen Jahre wie die *Lord of the Rings*-, *Harry Potter*- oder *Narnia*-Filme alle mit dem Rating PG oder PG-13 versehen waren, was Sexszenen unmöglich macht.[7] Fantasy-Filme sind eine weitgehend sexfreie Zone, und wenn es mal eine Liebesgeschichte wie jene zwischen Aragorn und Arwen in *The Lord of the Rings: The Fellowship of the Ring* (NZ/USA 2001. Peter Jackson) gibt (Abb. 3), dann beschränkt sich diese auf einen keuschen Kuss (was allerdings auch in den jeweiligen literarischen Vorlagen so angelegt ist).

Umso größer ist damit die Diskrepanz zu *GOT*, das dank expliziten Sexszenen nicht mehr als typische – kindische – Fantasy erscheint, sondern einen ganz neuen, ernsthafteren Status erhält. »The inclusion of such sexually explicit material simultaneously adapts fantasy as a genre that is appropriate for an adult audience.« (Hassler-Frost 2015: 191) *GOT* ist kein gewöhnlicher Genrevertreter mehr – ja eigentlich gar keine Fantasy –, sondern wird zu etwas, das man ernst nehmen muss. Die Sexszenen dienen dabei nicht nur dazu, Fantasy als ›erwachsenes Genre‹ zu adeln, sondern auch als Alleinstellungsmerkmal gegenüber dem Kino: Die Fantasy-Filme seit der Jahrtausendwende assoziiert man typischerweise mit aufwendigen Kulissen und Spezialeffekten. Damit kann eine Serie wie *GOT* trotz

---

7 | PG steht für »Parental Guidance Suggested«, was bedeutet, dass lediglich Andeutungen von Gewalt und Nacktheit möglich sind. Filme mit dem Rating PG-13 – »Parents Strongly Cautioned« – können in gewissem Ausmaß Gewalt, Nacktheit, Sex, Vulgärsprache und Drogenkonsum enthalten. Das Rating PG-13 erfolgte bei den genannten Filmen aber ausschließlich wegen der Schlachten- und Kampfszenen und nie wegen Nacktheit oder Sex.

der im Vergleich zu früheren Fernsehproduktionen massiv gestiegenen Budgets nicht mithalten.[8] Was sie aber bieten kann, ist der ›Spezialeffekt‹ des nackten menschlichen Körpers, der wiederum den Kinofilmen verwehrt ist.[9]

Abbildung 3: *Der Kuss zwischen Aragorn und Arwen in* The Lord of the Rings: The Fellowship of the Ring

3. SEX ERZÄHLEN

Die bisherigen Ausführungen mögen den Eindrücken erwecken, dass Sex und Gewalt in *GOT* einzig dazu dienen, die Serie resp. HBO imagemäßig möglichst geschickt zu platzieren. Obwohl dies zweifellos eine ihrer Aufgaben ist, liegt das Ingeniöse von *GOT* just darin, dass sich insbesondere die Funktion der Sexszenen nicht in reinem Marketing erschöpft, sondern dass sie auch erzählerisch von Bedeutung sind.

Der Begriff der Sexposition wurde von Myles McNutt erstmals am 29. Mai 2011 auf seinem Blog verwendet, damals noch ohne genauere Definition. Nach-

---

8 | Arno Meteling führt die Schlacht zwischen Rob Stark und den Lannisters (SE 01 EP 09) als Beispiel dafür an, wie die Serie mit diesen Beschränkungen umgeht. Die Geschehnisse werden aus der Perspektive Tyrions erzählt, der während den eigentlichen Kampfhandlungen bewusstlos ist. »Der Krieg mit mehreren tausend Teilnehmern wird im Fernsehen also eskamotiert – und zwar vermutlich wegen der fehlenden Möglichkeiten einer angemessen realistischen Darstellung.« (57) Interessant ist, dass Meteling im Zusammenhang mit dem Weltenbau ebenfalls von Realismus spricht, später dann aber schreibt, dass »Nacktheit, Sex- und Gewaltdarstellungen [...] sichtlich einer Poetik des Realismus, mithin des Naturalismus« (59) dienen.

9 | Es sind nicht zuletzt die hohen Produktionskosten, welche die Blockbuster zu Ratings für Kinder und Jugendliche zwingen. Teenager bilden heute die größte Gruppe von Zuschauern, die überhaupt noch ins Kino gehen, entsprechend kann eine Großproduktion nicht auf sie verzichten.

dem der Terminus vielerorts aufgegriffen wurde, umschrieb ihn McNutt in einem späteren Eintrag folgendermaßen: »The use of nudity or sexual acts in conjunction with the communication of information related to character, plot, or mythology.« (McNutt 2011) McNutt weist den Sexszenen in *GOT* somit eine besondere Funktion zu: sie dienen dazu, Informationen zu Figuren, zur Handlung oder zur Mythologie der Handlungswelt zu vermitteln – deshalb auch der Zusammenzug aus »sex« und »exposition«. Ohne vorerst darauf einzugehen, wie treffend diese Charakterisierung ist, kann schon ein Punkt festgehalten werden: Offensichtlich kommt dem Liebesakt damit eine ungewohnte Rolle innerhalb der filmischen Erzählung zu – ansonsten wäre es ja nicht nötig, dafür eine eigene Bezeichnung einzuführen. Diese Feststellung wirft ihrerseits die Frage auf, welche Funktion Sexszenen denn *normalerweise* haben.

Es mag überraschen, aber in meinen Recherchen konnte ich so gut wie keine Literatur finden, die sich mit der *narrativen Bedeutung* von Sex- und Liebesszenen beschäftigt. Wohl gibt es reichlich Forschung zu den unterschiedlichsten Aspekten von Pornographie und Erotik sowie zu Geschlechterrollen, dabei steht aber kaum je die dramaturgisch-narrative Bedeutung des Liebesakts im Vordergrund.[10] Eine *Poetik der Liebesszene* scheint nicht einmal in Ansätzen zu existieren.

Nach David Bordwell setzt sich die Struktur des klassischen Filmplots aus zwei Handlungssträngen zusammen, »one involving heterosexual romance (boy/girl, husband/wife), the other involving another sphere – work, war, a mission or quest, other personal relationships« (Bordwell 1997: 157). Was für den klassischen Hollywood-Film gilt, dürfte auf den Großteil des narrativen Kinos zutreffen, Liebesgeschichten – wenn auch nicht zwangsläufig heterosexuelle – gehören zum elementaren Bestand filmischen Erzählens. Dennoch gibt es kaum Literatur, die sich aus narratologischer Perspektive mit ihnen beschäftigen würde. Meine folgenden Überlegungen können deshalb nur einen allerersten, sehr verallgemeinernden Versuch in diese Richtung darstellen, mehr ist im Rahmen dieses Artikels nicht möglich.

Ein Grund für das Fehlen von brauchbarer Forschung dürfte just darin liegen, dass in Liebesszenen meist gar nichts erzählt wird. Tanya Krzywinska, die sich als eine der wenigen Autorinnen etwas ausführlicher mit der erzählerischen Funktion von filmischem Sex beschäftigt, schreibt, es sei »extremely common to find that in romance-focused films the moment when a couple cement their relationship sexually is deferred until the end of the film« (Krzywinska 2006: 49). Die

---

10 | Linda Williams vergleicht in ihrer grundlegenden Studie *Hard Core* den Porno mit dem Musical und sieht im Verhältnis von Handlung und *Nummern* zahlreiche Parallelen zwischen den beiden Genres. Analog zum Musical sei die Handlung im Porno nicht einfach nur Vorwand, sondern integraler Bestandteil der Form: »Hard-core pornography situates the iconography of sexual numbers in conjunction with certain kinds of narrative that permit the posing, and ›solving‹ of problems of sexuality within strictly limited parameters.« (Williams 1989: 247) Auf *GOT* ist Williams' Analyse freilich kaum übertragbar.

Vereinigung der Liebenden, die im klassischen Hollywood nur in der züchtigen Form der Heirat resp. des Kusses dargestellt werden kann, wird so lange wie möglich hinausgezögert. Erzählerisch kommt der Liebesszene in diesem Modell, das, wie Krzywinska betont, in ganz unterschiedlichen Genres anzutreffen ist, eine abschließende Funktion zu. In dem Moment, in dem die Liebenden endlich zusammenkommen, ist die Erzählung an ihrem Ende angelangt. Der dramatische Bogen entwickelt sich nicht mehr weiter, sondern kommt zum Stillstand, danach gibt es nichts mehr zu erzählen.

Diese Grundstruktur, bei der die Liebesszene einen erzählerischen Endpunkt darstellt, ist auch heute noch sehr gebräuchlich. So stellt Annette Kauffmann in ihrer Studie zum Liebesfilm fest, dass *Romantic Comedies* wie *Sleepless in Seattle* (USA 1993, Nora Ephron) oft mit einem Kuss – aber ohne eigentliche Beischlafszene – enden (Kaufmann 2011: 118). Freilich lassen sich auch zahlreiche Variationen dieses Musters beobachten. Zum einen kann die Liebesszene aufgrund gelockerter Zensurbestimmungen viel ausführlicher und expliziter ausfallen, zum anderen muss der erzählerische Bogen, der jeweils zu seinem Ende gelangt, nicht zwangsläufig mit dem Schluss des Films zusammenfallen. Sehr oft markiert die Liebesszene lediglich den Abschluss eines Handlungssegments und fungiert damit dramaturgisch gesehen als Wendepunkt. Als ein Beispiel unter vielen sei hier *Titanic* (USA 1997, James Cameron) genannt. Wenn sich Rose und Jack an Bord des Schiffes in einem Auto lieben, kommt damit die Phase der Annäherung zu ihrem Ende. Für den Verlauf des Films ist dies zentral, da sich die Handlung von nun an darum dreht, dass alle möglichen Kräfte – von Roses Verlobtem bis zum atlantischen Ozean – danach trachten, die Liebenden wieder zu trennen. Der Liebesszene schafft dabei überhaupt erst die Voraussetzung für die folgende Handlung, ihr eigentlicher erzählerischer Zweck besteht somit in der Verbindung zweier dramatischer Bögen. Für sich genommen zeigt die Szene dagegen lediglich an, dass die beiden Figuren von nun an zusammengehören.

Sehr verallgemeinert gesagt scheint mir diese Form der Liebesszene, die nur insofern etwas erzählt, als sie Handlungsendpunkte resp. -übergänge anzeigt, deren ›narrativer Eigenwert‹ ansonsten aber sehr gering ist, am gebräuchlichsten. Dabei muss nicht zwangsläufig signalisiert werden, dass das Liebespaar nun zusammengehört, wie es in *Titanic* geschieht. In anderen Filmen dienen Liebesszenen unter anderem dazu, einen Übertritt in Szene zu setzen. Die Figur tut mit dem Koitus etwas, was sie besser nicht tun sollte, das Folgen haben wird – z.B., wenn sie untreu und/oder geschwängert wird. Auch hier fungiert der Liebesakt als eine Art Scharnier zwischen den Handlungssegmenten, dessen erzählerische Bedeutung vor allem in seinem Verhältnis zum Rest der Handlung liegt und weniger in dem, was in der Szene selbst geschieht.

4. Sexpositions

Das skizzierte Modell ist zugegebenermaßen sehr rudimentär und zweifellos gibt es zahlreiche Filme, die ihm nicht entsprechen und Liebesszenen auf andere Weise einsetzen. Dennoch scheint mir damit die Standard-Funktion der filmischen Liebesszene einigermaßen adäquat beschrieben.

Vergleicht man die Sexszenen in *GOT* mit dem beschriebenen Muster, zeigen sich in der Tat deutliche Unterschiede. Ein Beispiel hierfür ist die Szene, in der Tyrion Lannister eingeführt wird (SE 01 EP 01). Nachdem er von einer Prostituierten oral befriedigt wurde – wobei man nur Tyrions verzücktes Gesicht sieht und Schmatzgeräusche hört – unterhält er sich mit der nackten jungen Frau. Dabei kommt das Gespräch auf die Brüder der Königin – also auf Tyrion und Jaime:

Prostituierte: The queen has two brothers?
Tyrion: There's the pretty one, and there's the clever one.
Prostituierte: I hear they call him the imp.
Tyrion: I hear he hates that nickname.
Prostituierte: Oh? I hear he's more than earned it. I hear he's a drunken little lecher, prone to all manner of perversions.
Tyrion: Clever girl.
Prostituierte: We've been expecting you, Lord Tyrion.

Kurz darauf stößt Jaime dazu und erinnert seinen Bruder daran, dass sie beim Bankett der Starks erwartet werden. Auf Tyrions Bemerkung, dass er an einem privaten Festschmaus sei und noch viele Gänge vor sich habe, schickt Jaime drei weitere Frauen ins Zimmer, die sich lachend entkleiden und zu Tyrion ins Bett steigen.

Ganz im Sinne McNutts dient diese Szene primär der Charakterisierung von Tyrion und seiner Beziehung zu Jaime. Wir sehen nicht nur, dass der jüngere der Lannister-Brüder Frauen und Wein in hohem Maße zugeneigt ist, wir erfahren auch einiges über sein ambivalentes Verhältnis zu Jaime. Einerseits sind die beiden sehr vertraut. Zwar beschwert sich Tyrion, als ihn sein Bruder ohne anzuklopfen beim Techtelmechtel unterbricht, sein Protest scheint aber eher spielerischer Natur. Umso mehr, als Jaime ihn kurz darauf mit ›Nachschub‹ versorgt. Aus dem vorangegangenen Gespräch mit der Prostituierten wird aber ersichtlich, dass er, der Missgestaltete, neidisch auf seinen gut aussehenden Bruder ist – die Bezeichnung als Kobold verletzt ihn offensichtlich – und deshalb hervorhebt, dass er zwar nicht schön, dafür aber schlau sei – was impliziert, dass Jaime dumm ist.

Szenen dieser Art, bei denen sich nackte Figuren vor, während oder nach dem Geschlechtsakt unterhalten und dabei wesentliche Informationen vermitteln, gibt es viele in *GOT*. Für McNutt beschränkt sich Sexposition im Wesentlichen auf diese Konstellation. Der Begriff hat für ihn eindeutig etwas Pejoratives:

»It's a solution to a problem: the writers need both a reason for the scene to exist (with the intimacy of sex, taking place behind closed doors, offering an easy justification) and a reason for the audience to pay attention during what is otherwise a pretty basic info dump.« (McNutt 2011)

Nach McNutt geht es bei der Sexposition darum, das, was im Englischen gerne als *info dump* bezeichnet wird, also das unbeholfene Einstreuen wichtiger Hintergrundinformation (›exposition‹), möglichst attraktiv zu verpacken. Entsprechend sieht er darin einen eher billigen erzählerischen Trick. Obwohl an dieser Einschätzung etwas dran ist, scheint sie mir insgesamt zu kurz zu greifen. Bereits in der beschriebenen Szene leistet die Nacktheit der Figuren mehr, als bloß die Aufmerksamkeit des Zuschauers zu steigern. Sie unterstreicht die Unbekümmertheit der beiden Brüder und ihre Nähe, die trotz aller Spannungen existiert (und die für den weiteren Verlauf der Handlung ja von Bedeutung sein wird).

McNutt unterscheidet zwischen reinen Sexposition-Szenen, in denen Sex und Nacktheit im Grunde überflüssig sind und nur den *info dump* garnieren, und Szenen »in which the point of the scene is related to sex itself« (ebd.). Als Beispiel für Letzteres führt er den Moment an, als Melisandre Stannis verführt (SE 02 EP 02) und die beiden anschließend auf dem Kartentisch Sex haben – »It is technically a scene in which sex is used in conjunction with specific information, but that information is about the sexual energy of Melisandre as a character.« (Ebd.)

Ob diese Unterscheidung wirklich trägt, scheint mir zweifelhaft, denn natürlich sagt es auch etwas über die Figur Tyrions aus, wenn er sich mit vier Prostituierten auf einmal vergnügt. Unabhängig davon scheint McNutt aber nur teilweise zu erkennen, wie raffiniert *GOT* an manchen Stellen verfährt. Sexszenen dienen nicht nur als plumpe *info dumps*, vielmehr werden im Geschlechtsakt Machtverhältnisse ausgehandelt sowie die Entwicklung von Figuren illustriert.

Im Folgenden möchte ich dies am Beispiel der Entwicklung von Daenerys in der ersten Staffel illustrieren. Wir sehen Daenerys zum ersten Mal gemeinsam mit ihrem Bruder. Nach einem kurzen Gespräch entkleidet Viserys seine Schwester, betrachtet ihren Körper und betastet schließlich ihre Brüste (SE 01 EP 01). Obwohl Daenerys für den Rest der Szene nackt ist, geht kaum erotische Ausstrahlung von ihr aus. Vielmehr unterstreicht ihre Nacktheit die Machtverhältnisse: Viserys hat das Sagen, seine Schwester dagegen ist unsicher und verletzlich. Obwohl Viserys' Interesse nicht eindeutig inzestuöser Art ist, erscheint er als widerlicher Kerl. Seine Schwester ist für ihn lediglich ein Tauschobjekt im Handel mit Khal Drogo. Entsprechend kühl ist der Blick, mit dem er ihren Körper mustert (Abb. 4).

Daenerys ist zu diesem Zeitpunkt noch eine schwache Figur, eine Ware im Machtspiel der Männer. Daran ändert sich vorerst auch nichts durch ihre Heirat. Im Gegenteil: Die Hochzeitsnacht kann kaum anders bezeichnet werden denn als Vergewaltigung. Ohne ihr in die Augen zu schauen, streift Drogo der weinenden Daenerys die Kleider ab und drückt sie nach unten. Die Szene endet an dieser Stelle, der eigentliche Akt wird nicht gezeigt, doch eine Szene in der nächsten

Folge erscheint fast wie eine direkte Fortsetzung. Wieder nimmt Drogo die weinenden Daenerys von hinten, ohne sich um sie zu kümmern (Abb. 5). Im Geschlechtsakt wird ein klares Machtverhältnis etabliert – Drogo ist der Herrscher, seine brutal nieder gedrückte Gattin muss sich fügen, ist ohnmächtig.

Abbildung 4: Viserys mustert den Körper seiner Schwester

Im Folgenden verschiebt sich diese Konstellation signifikant. Daenerys erhält von ihrer Magd Doreah den Ratschlag, nicht wie eine Sklavin Liebe zu machen, sondern beim Sex die Reiterstellung einzunehmen, damit sie Drogo in die Augen schauen kann. Auf den ängstlichen Einwurf, das sei nicht der »Dothraki way«, entgegnet Doreah: »If he wanted the Dothraki way, why did he marry you?«

Im Anschluss an diese Lektion, bei der beide Frauen übrigens vollständig bekleidet sind, setzt Daenerys das Gelernte sogleich in die Tat um – mit Erfolg. Nach kurzem Widerstand willigt Drogo in die neue Spielart ein und zum ersten Mal scheinen beide den Liebesakt zu genießen (Abb. 6). Die veränderte Stellung hat weitreichende Folgen: Nicht nur nähern sich die beiden Figuren an und lernen sich lieben, das gesamte Machtgefüge verschiebt sich. Obwohl Drogo nominell noch immer der Anführer der Dothraki ist, folgt er nun dem Willen seiner Frau, was in seiner Ankündigung gipfelt, Westeros zu erobern.

Man kann geteilter Meinung sein, wie subtil die Darstellung von Daenerys' Entwicklung ist, aber auf jeden Fall sind die Sexszenen hier nicht bloß erzählerische Scharniere, in denen im Grunde nichts geschieht. Ganz im Gegenteil vollzieht sich die Entwicklung der Figur wesentlich *in den Sexszenen*; und zwar nicht über den Dialog, nicht in Form eines *info dump*, sondern im Akt selbst. Die Nacktheit der Figur wird dabei erzählerisch eingesetzt. Es ist kein Zufall, dass Daenerys zu Beginn, als sie noch machtlos ist, komplett nackt zu sehen ist, später aber, als ihr Selbstvertrauen erwacht, Kleidung trägt.

Abbildung 5: Zu Beginn nimmt Drogo Daenerys nicht als gleichwertiges Gegenüber wahr

Abbildung 6: Dies ändert sich, als Daenerys beim Sex die Führung übernimmt

5. It's just an act

Zum Schluss möchte ich noch auf ein besonders schönes Exempel eingehen: In der Folge *You Win or You Die* (SE 01 EP 07) unterrichtet Petyr Baelish Ros und eine weitere Prostituierte, wie sie einem Freier einen lesbischen Liebesakt vorspielen sollen, und offenbart dabei seine Liebe zu Catelyn Stark sowie seinen frühen Entschluss, sich – da er im Kampf Mann gegen Mann nicht bestehen kann – List und Tücke zu bedienen.

Für McNutt ist dies ein typisches Beispiel für seine Konzeption von Sexposition. Tatsächlich hat er den Begriff ursprünglich in Zusammenhang mit dieser Szene geprägt. Baelishs langer Monolog besitzt durchaus *info-dump*-Qualitäten, daneben geschieht hier aber noch weitaus Interessanteres. Indem Littlefinger die beiden Frauen instruiert, wie sie glaubhaft sexuelle Ekstase vortäuschen sollen, erscheint er nicht nur als durchtriebener Psychologe und Stratege, sondern entwickelt *en passant* noch eine ganze Fiktionstheorie.

»Slowly. You're not fooling them, they just paid you. They know what you are. They know it's all just an act. Your job is to make them forget what they know. And that takes time. You need to ... ease into it. Well, go ahead. Ease into it. He's winning you over in spite of yourself. You're starting to like this. He wants to believe you. He's enjoyed his cock since he was old enough to play with it, why shouldn't you? He knows he's better than other men. He's always known it, deep down inside, now he has proof. He's so good, he's reaching something deep inside of you that no one even knew was there. Overcoming your very nature.« (SE 01 EP 07)

Baelish formuliert hier sowohl eine Poetik der Verführung wie auch eine Umschreibung dessen, was mit einem Begriff von Samuel Taylor Coleridge oft als *willing suspension of disbelief* bezeichnet wird. Als Konsumenten von Fiktion – etwa als Zuschauer von *GOT* – wissen wir wie der Freier, den Baelish im Blick hat, dass das, was wir sehen, »just an act« ist. Und so, wie dieser glauben will, dass die Show, die ihm die Prostituierten bieten, echt ist, tauchen wir, solange der Fernseher läuft, in die Welt von Westeros ein und fiebern mit den Figuren mit.

Littlefingers Monolog ist somit hochgradig selbstreflexiv, ein metafiktionaler Moment, in dem die Serie ihre eigene Gemachtheit überdeutlich ins Zentrum rückt. Indem sie offenbart, dass alles ohnehin nur ein Spiel ist, unterläuft sie geschickt McNutts Vorwurf, dass die Nacktheit der Figuren nur ein Trick, »a solution to a problem«, sei. Denn authentisch oder echt ist hier ja ohnehin nichts, allen Beteiligten ist bewusst, dass *GOT* nur Fiktion ist – *but we enjoy it despite ourselves*.

Obwohl ich in diesem Artikel nur einige wenige exemplarische Momente untersuchen konnte, sollte deutlich geworden sein, dass sich die Bedeutung von Sexszenen in *GOT* von anderen Filmen und Serien unterscheidet. Dabei beschränkt sich ihre Funktion keineswegs nur auf *info dumps*. Sex wird in *GOT* regelmäßig strategisch eingesetzt, ist eine Waffe, und Liebesszenen dienen deshalb nicht selten dazu, Machtverhältnisse neu auszuloten.

Sex und Nacktheit werden in der Serie auf unterschiedliche Weise verwendet. In Cerseis *Walk of Atonement* ist die intendierte Wirkung eine andere als bei Littlefingers Monolog oder in den Szenen mit Daenerys. Dadurch, dass die einst stolze Cersei völlig entblößt auftritt, wirkt die Schmähung, die sie erleiden muss, umso intensiver. Die ungewohnt lange Nacktheit hat eine Schockwirkung – und übernimmt gerade dadurch auch eine erzählerische Funktion.

Die Frage, ob man für die verschiedenen beschriebenen Formen den Begriff der Sexposition verwenden soll, scheint mir weniger entscheidend als die Erkenntnis, dass Sexszenen in GOT nicht nur dazu dienen, *info dumps* zu garnieren. Das soll freilich nicht heißen, dass GOT nicht an die Schaulust der Zuschauer appellieren würde. Es ist natürlich kein Zufall, dass die – meist weiblichen – Figuren, die nackt gezeigt werden, durchwegs Modelmaße besitzen, während etwa Peter Dinklage, der diesem Idealbild nicht entspricht, nie in »full frontal nudity« zu sehen ist. In Szenen wie jener mit Littlefinger wird aber einmal mehr das raffinierte Doppelspiel von HBO offenbar: indem die Serie ihre eigenen Verfahren offenlegt, erscheint Sex zugleich als publikumswirksamer Skandal und als avancierte künstlerische Strategie.

Literatur

Blanchet, Robert (2011): »Quality-TV: Eine kurze Einführung in die Geschichte und Ästhetik neuer amerikanischen TV-Serien«, in: Blanchet, Robert et al. (Hg.), Serielle Formen. Von den frühen Film-Serials zu aktuellen Quality-TV- und Online Serien. Marburg: Schüren. S. 37-70.

Bordwell, David (1997): Narration in the Fiction Film. London: Routledge.

Glick, Robert Alan (2002): »Looking at Women. What Do Men«, in: Seelig, Beth J./Paul, Robert A./Levy, Carol B. (Hg.), Constructing and Deconstructing Woman's Power. London/New York: Karnac, 2002. S. 110-122.

Hassler-Forest, Dan (2015): »Game of Thrones: The Politics of World-Building and the Cultural Logic of Gentrification«, in: Hassler-Forest, Dan/Nicklas, Pascal (Hg.), The Politics of Adaptation. Media Convergence and Ideology. New York: Palgrave Macmillan. S. 187-200. http://dx.doi.org/10.1057/9781137443854_14

Kaufmann, Annette (2007): Der Liebesfilm. Spielregeln eines Filmgenres. Konstanz: UVK Verlagsgesellschaft.

Krzywinska, Tanya (2006): Sex and the Cinema. London/New York: Wallflower Press.

Leverette, Marc (2008): »Cocksucker, Motherfucker, Tits«, in: Leverette, Marc/Ott, Brian L./Buckley, Cara Louise (Hg.), It's not TV. Watching HBO in the Post-television Era. New York: Routledge, S. 123-151.

Jackson, Peter (2001): The Lord of the Rings: The Fellowship of the Ring. NZ/USA.

McCabe, Janet/Akass, Kim (2007): »Sex, Swearing and Respectability. Courting Controversy, HBO's Original Programming and Producing Quality TV«, in: McCabe, Janet/Akass, Kim (Hg.), Quality TV. Contemporary American Television and Beyond. London/New York: I. B. Tauris. S. 62-76.

McNutt, Myles (2016): »You Win or You Die«, in: Cultural Learnings. 29. Mai 2011. 11. Februar 2016 <http://cultural-learnings.com/2011/05/29/game-of-thrones-you-win-or-you-die>.

McNutt, Myles (2012): »The Night Lands and Sexposition«, in: Cultural Learnings. 8. April 2012. 11. Februar 2016 <http://cultural-learnings.com/2012/04/08/game-of-thrones-the-night-lands-and-sexposition>.

Meteling, Arno (2015): »Krieg und Kartographie«, in: Dellwing, Michael/Harbusch, Martin (Hg.), Vergemeinschaftung in Zeiten der Zombie-Apokalypse. Gesellschaftskonstruktionen am phantastischen Anderen. Wiesbaden: Springer VS, S. 37-68.

Ritzer, Ivo (2001): Fernsehen wider die Tabus. Sex, Gewalt, Zensur und die neuen US-Serien. Berlin: Bertz + Fischer.

Sleepless in Seattle (1993) (USA, Nora Ephron).

Titanic (1997) (USA, James Cameron).

Williams, Linda (1989): Hard Core. Power, Pleasure, and the Frenzy of the Visible. Berkeley: University of California Press.

»I read the fucking books!«
Subkulturelle Reaktionen auf den Medien- und Publikumswechsel von *ASOIAF* zu *GOT*

Tobias Unterhuber

Den großen Erfolg von *GOT* nur durch den Medienwechsel von Literatur zur Fernsehserie zu erklären, greift zu kurz. Die letzten Jahre sahen eine allgemeine Proliferation subkultureller Inhalte aus dem Bereich der Geek- und Nerd-Kultur, zu denen sicherlich auch Martins *ASOIAF*-Reihe zählt, und so fügt sich dieses Einzelereignis in eine ganze Reihe von kulturellen Verschiebungen und Veränderungen ein.

Wie aber funktioniert das Aufgehen subkultureller Inhalte in den Mainstream? Wie reagiert die Subkultur auf diese Proliferationsbewegungen? Wie verändert sich hier auch die soziokulturelle Dynamik, im Speziellen auch die diskursiven Mechanismen von Inklusion und Exklusion? Diesen Fragen möchte ich im folgenden Beitrag genauer nachgehen.

1. NERD AND GEEK GOES MAINSTREAM[1]

Fantasy-Erzählungen wurden spätestens seit der *The Lord of the Rings*-Verfilmung (2001-2003) durch Peter Jackson so *en vogue*, dass sie kaum mehr als Nischen-Erzählungen gelten können. Der große Erfolg von *GOT*, der sich neben der breiten

---

1 | Die Begriffe Geek und Nerd sind zwar nicht deckungsgleich verwendbar, eine Unterscheidung gestaltet sich aber dennoch schwierig. Beiden gemeinsam ist ein starkes Interesse an einem bestimmten Gegenstand. Während für Nerds dieser Gegenstand meist ein technischer bzw. technologischer ist, gibt es eine solche Eingrenzung beim Geek erst einmal nicht. Hier wird vielmehr vor allem der Enthusiasmus für den Gegenstand in den Vordergrund gestellt. Werden die beiden Begriffe aber in Bezug auf eine Kultur verwendet, ist die gerade getroffene Unterscheidung nur noch schwierig zu halten. Denn mit Geek- und Nerd-Kultur ist meist ein ganzes Konglomerat an Fankulturen und Interessengruppen ge-

Berichterstattung über die Serie auf fast allen Kanälen auch im seit Jahren gehaltenen ersten Platz im IMDb-Ranking niederschlägt (Internet Movie Database 2016), lässt sich in diesen Trend einreihen. Die Beliebtheit aber nur am Medienwechsel fest zu machen, scheint als Erklärung zu dürftig. Auch wenn Film und Serie ein größeres und breiteres Publikum erreichen können, ist ein Erfolg oder gar ein solch umfassender Erfolg wie bei *GOT* bei weitem nicht garantiert, wie man z.B. an der bereits nach einer Staffel abgesetzten Serie *Camelot* sehen kann, die mit einer Neuinterpretation der Arthus-Sage einen bei weitem bekannteren Stoff als Grundlage hatte. Hier mag wiederum die hochwertige Umsetzung der Serie als weiterer Grund angeführt werden, die ja auch von dem auf sogenanntes ›Quality-TV‹ spezialisierten Fernsehsender HBO produziert wird. Doch auch dies scheint mir als Begründung nicht auszureichen, da gerade im Fall von *GOT* Qualität mit einer hohen Komplexität einhergeht, die wiederum gerade einem an eine ›Movie-Ride‹-Rezeption gewöhntes Publikum nicht entgegenkommen dürfte, es vielleicht sogar abschrecken könnte.

Ich würde stattdessen vorschlagen, die Beliebtheit von Fantasy-Erzählungen aller Art als Teil einer größeren soziokulturellen Verschiebung zu betrachten: der Proliferation von Geek- und Nerd-Kultur, die sich z.B. auch in der Beliebtheit von anderen Serien wie *The Big Bang Theory*, den Reboots von Filmen wie *Ghostbusters*, der gefühlten Omnipräsenz von Superheldenfilmen oder dem gerade wieder überraschend einsetzenden Hype um Pen & Paper-Rollenspiele zeigt (Abramovitch 2016). Diese Verschiebung mag zwar schon länger andauern, aber sie wurde in ihrer Omnipräsenz wohl erst in den letzten zehn Jahren sicht- und beobachtbar. Elemente der Nerd- und Geek-Kultur finden sich nun wie selbstverständlich überall wieder, sei es in der Form verschiedenster Medienformate, kultureller Referenzen oder gar als Trend in der Mode-Branche (Kim 2015). Die Subkultur hat, so scheint es, ihren Platz im Mainstream gefunden.

2. NERD UND GEEK-KULTUR ALS SUBKULTUR

Doch können Geek- und Nerdkultur überhaupt als Subkultur verstanden werden? J. Patrick Williams sieht in »television, fantasy, or gaming fan cultures« (Williams 2011: 3) zwar einen Vergleichsmoment, zählt sie aber nicht als Subkultur, »[b]ecause they shift the focus away from youthfulness and from the idea of groups with an intentionally antagonistic relationship with normal society« (Williams 2011: 3). Mag ein solches Verständnis vielleicht einzelne Fankulturen ausschließen, kann der Geek- und Nerdkultur als Ganzes sehr wohl die vorher beschriebenen Eigenschaften zugeschrieben werden, wie bereits die stereotype Verwendung des Geeks und Nerds als Außenseiterfigur in unzähligen Medienformaten bele-

---

meint, die sich in einem Feld von Comics, Science Fiction, Fantasy und Computerspielen bewegen.

gen kann. Darüber hinaus sieht Williams sehr wohl ein gemeinsames Interesse als zentral für alle Subkulturen an:

»Subculture had come to represent groups of individuals who were connected to one another through interaction and shared interest rather than through arbitrary characteristics such as locality or skin color. Subcultural members' shared interests also led them to identify themselves as different from – usually in some form of antagonistic relationship with – normal, ›square‹ society.« (Williams 2011: 8)

Wieso sollte dieses gemeinsame Interesse nun nicht ein verehrtes Medienereignis wie *ASOIAF* oder *GOT* sein? Vielleicht weil dies zu einer extrem kleinteiligen Aufteilung von Gruppen führt, was wiederum die gesellschaftliche Irrelevanz eben jener bedeutet. Die Fankultur von *ASOIAF* kann und sollte deshalb also weniger als eigenständige und unabhängige gesehen werden, sondern als mikrokultureller, mit vielen weiteren Mikrokulturen verbundener und verschalteter Teil der Geek- und Nerd-Subkultur, die nun gemeinsam den Weg aller postmodernen Subkulturen geht: In der Postmoderne, verstanden als »diejenige geschichtliche Phase, in der radikale Pluralität als Grundverfassung real und anerkannt wird« (Welsch 1991: 5), werden Subkulturen vom Mainstream aufgenommen und vereinnahmt. So kann man z.B. auch bei Computerspielen nicht mehr von einer Subkultur sprechen, sondern wie vielfach erwähnt, sind sie »in der Mitte der Gesellschaft« angekommen (Schmidt 2011). Diese Entwicklung kommentiert Zachary Evans wie folgt:

»It's a pretty great time to be a geek, honestly. [...] There is greater mainstream acceptance of many things that were once relegated to basements and after school clubs. Comic book movies are incredibly popular right now, with four of the ten highest grossing films in history being adaptations of comic book franchises. Actually, the majority of films in the top fifty on this list are superhero films, sci-fi, or fantasy, but this goes beyond movies and media consumption, as well.« (Evans 2015)

Geek is the new sexy. Der Geek/Nerd hat das ›Außen‹ der Kultur und Gesellschaft verlassen und kann sich nun ins Zentrum bewegen bzw. wird dort hin bewegt. Eine solche Bewegung ist dabei, wie bereits angedeutet, bei weitem nicht einmalig. Es gibt in der postmodernen Kultur gemäß Deleuze und Guattari »[...] ständige – simultane – Umschichtungs- und Rekodierungsprozesse zwischen den verschiedenen Territorien« (Höller 1996: 64). Die Proliferation von Mikrokulturen zur Subkultur zum Mainstream kann als typische Bewegung der postmodernen Kultur angesehen werden. Dabei übernimmt der Mainstream subkulturelle Phänomene, die dadurch aufgelöst werden und ihre zuvor chiffrenhafte Codierung verlieren und somit Platz für neue Subkulturen entstehen lassen, die wiederum, früher oder später, den gleichen Weg gehen. Es ist ein ›ewiger‹ Kreislauf der Kulturen, bei dem das ›Neue‹ oft gerade aufgrund seiner Neuheit annektiert und integriert wird. Genau als Teil dieser größeren Bewegung sollte man auch *GOT* begreifen. Wie aber verändert sich durch diese Verschiebung das Publikum bzw. was passiert mit dem bereits vorhandenen Publikum? Wie reagiert es auf die Integrierung in den Mainstream?

3. Mainstream wider Willen

Subkulturen und Mainstream sind in ihrer Definition gegenseitig aufeinander angewiesen. Sie bilden ihre jeweilige Antithese (Williams 2011: 3). Nur durch die Differenz können sie überhaupt beobachtet bzw. konstruiert werden (Williams 2011: 9), wobei der jeweilige Gegenpart als das Andere verstanden wird und zumindest aus Sicht der Subkultur auch als Bedrohung durch die ständig bevorstehende Auflösung. Entsprechend kommentiert auch Christian Höller:

»Die Opposition zum Mainstream [...] [bleibt] der zentrale Widerspruch, weil von dort die schlimmste aller Gefahren drohte: mediale und ökonomische Vereinnahmung, wofür lange zuvor so technische Begriffe wie ›Inkorporation‹ oder ›Kooptierung‹ erfunden worden waren.« (Höller 1996: 63)

Auch bei *GOT* finden Reaktionen nach diesem Muster statt. Die vormals unbeachtete Minderheit ist Teil des Mainstreams geworden und erfährt zusammen mit ihrem verehrten Gegenstand hiermit eine vorher nicht vorhandene Anerkennung. Gleichzeitig aber beginnt die Fankultur sich selbst wieder vom Mainstream abzugrenzen, da Leute, die nicht bereits vorher Teil der Kultur waren, den Gegenstand nicht auf gleiche Weise, also nicht ›richtig‹ wahrnehmen/rezipieren. Diese Opposition scheint die sich auflösende Subkultur zu brauchen, um ihre Identität zu behalten, die sich eben nicht nur über den Gegenstand ihres Fandoms konstruierte, sondern über die Eigen- und Fremdwahrnehmung als Subkultur, als Anderes. »[S]ubcultures want such a distinction to be made.« (Williams 2011: 11) Es stehen »[w]ir Initiierten, wir, die wir ›experienced‹ sind, gegen sie, die das alles nie verstehen werden.« (Höller 1996: 63) Die unfreiwillige Inklusion in den Mainstream führt zu Exklusionsbewegungen der Subkultur selbst, die sich nun eben nicht einfach nur auf den Unterschied zwischen sich als Subkultur und dem Anderen als Mainstream stützen kann, um sich abzugrenzen, sondern nun andere Mechanismen der Distinktion bemühen muss. Doch welche sind dies und wie wirken sie speziell bei *GOT*?

Eine Exemplifikation können wir für das *GOT*-Fandom im parodistischen Musikvideo *Rage of Thrones* (https://www.youtube.com/watch?v=1CLCOvZOh1o) der Comedy-Rock-Band *Axis of Awesome* finden, das im Folgenden als Exponent dienen soll, um die Abgrenzungsbewegungen von Subkultur und Mainstream sowie deren Verhandlung sichtbar zu machen. Dabei kann das Musikvideo gerade aufgrund des parodistischen und ironisch-kritischen Stils der Band (Garnar 2014), der sich auch in der überzeichneten Inszenierung des Videos niederschlägt, als besonders deutliche Verhandlung dieses Konflikts gelten.

4. LESER VERSUS ZUSCHAUER

Das inzwischen über 3,2 Millionen Mal (Axis of Awesome 2013) aufgerufene Musikvideo verhandelt den Konflikt zwischen Fans der Bücher Martins und Fans der Serien-Adaption. Die Bilder des Videos können sich grob in drei Ebenen teilen: Erstens gibt es Bilder des Sängers als Eddard Stark verkleidet, der vor einer grünen Landschaft im Schneetreiben den Text des Liedes singt. Zweitens sehen wir die anderen beiden Mitglieder der Band verkleidet respektive als Joffrey und Daenerys, wie sie Schlagzeug bzw. E-Gitarre spielen, und schließlich haben wir eine intradiegetische Ebene, auf der sich ein Fan der Bücher, wiederum vom Sänger der Band gespielt, auf einer Party mit einer Frau über die Serie unterhält. Die dritte Ebene scheint mir die Interessanteste und so wird sich die folgende Teilanalyse vor allem auf diese konzentrieren.

In der ersten Szene der intradiegetischen Ebene sehen wir den *ASOIAF*-Fan gemeinsam mit dem weiblichen *GOT*-Fan auf einer Couch sitzen. Wir erfahren vom Inhalt des Gespräches durch den Text des Liedes. So scheint die Frau ihm von ihrer neuen Lieblingsserie vorzuschwärmen, während sich sein Blick immer weiter verfinstert, bis er schließlich zu Beginn des Refrains ausrastet und sie mit dem Satz anschreit: »Well, I read the fucking books!« (Axis of Awesome 2013) Diese Aussage leitet auch seinen Monolog ein, während das Gesicht der Frau immer angsterfüllter wird:

»I read them years ago,
So don't tell me about Jon Snow.
'Cause I already know
I've got a signed copy of *A Feast for Crows*
Then a six year wait for *A Dance with Dragons*
A six year wait for *A Dance with Dragons*
I waited six FUCKING years for *A Dance with Dragons*
and NOW YOU JUMP ON THE FUCKING BANDWAGON? AARGH.«
(Axis of Awesome 2013, Herv. i.O.)

Illustriert wird dieser Monolog mit einer Montage des auf seinem Bett sitzenden und immer auf das Buch wartenden *ASOIAF*-Fans und gipfelt schließlich in eine Szene in einem DVD-Shop, in dem der Fan eine ältere Frau, die eine *GOT*-DVD in Händen hält, wiederum mit dem gleichen Satz wie zuvor die Frau auf der Party anschreit: »I read the fucking books!« Mit weiteren Einstellungen, in denen der *ASOIAF*-Fan den weiblichen *GOT*-Fan und andere Menschen anschreit, erweitert sich der kritisierte Personenkreis. Die Kritik in der zweiten Strophe richtet sich nicht mehr speziell nur an Fans von *GOT*, sondern an Fans von Filmen und Serien allgemein:

»What's wrong with you people?
No one reads any more
Your imagination is a fun place to explore
Go to a library or a fucking book store
Take it from me, you'll enjoy the books more.« (Axis of Awesome 2013)

Das Ende des Liedes richtet sich schließlich an Hollywood und kritisiert mit dem viermal wiederholten Satz »Hollywood cannot live up to the power of imagination« (Axis of Awesome 2013) die Auswahl der Verfilmungen und weist dem Film und der Serie eine der Vorstellungskraft untergeordnete Stellung zu.

Rage of Thrones bedient sich also altbekannter Distinktionen und Grenzziehungen:

- Alter/Seniority
- Qualität
- Class
- Gender
- Race (mit Einschränkungen)

Die Buchleser waren zuerst da und deshalb beanspruchen sie eine Deutungshoheit über ›ihren‹ Gegenstand. Seniorität wird hier gleichgesetzt mit Wissensvorsprung und Autorität, die jemand, der erst jetzt die Bücher lese oder gar nur die Serie sehe, nicht einholen könne. Es wird also eine Hierarchie der *status identity* aufgemacht, die Rezipienten der Fernsehserie entweder ins Außen der Fankultur verbannen oder sie aber sogar komplett ausschließen (Williams 2011: 133-148). Die Aussage, das Buch sei besser, macht wiederum einen Diskurs auf, der – ohne sich mit medialen Besonderheiten und Spezifika aufzuhalten – eine Wertung zwischen verschiedenen Medien eröffnet und hier dem Medium Serie in ihren Umsetzungs- und Darstellungsmöglichkeiten ohne Begründung eine untergeordnete Stellung zuschreibt. Dieser Vergleich ist altbekannt und sieht Film und Fernsehen im Gegensatz zur Literatur als Teil der ökonomisch begründeten Kulturindustrie (Adorno/Horkheimer 1984: 141), die »die Verarmung der ästhetischen Materialien« (Adorno/Horkheimer 1984: 145) mit sich bringe, die dazu führe, dass »dem Film sogleich anzusehen [sei], wie er ausgeht, wer belohnt, bestraft, vergessen wird« (Adorno/Horkheimer 1984: 146). Kurz gesagt: Dem Medium wird jedwede ästhetische Komplexität und Qualität abgesprochen. Damit befinden wir uns tief im bildungsbürgerlichen Diskurs, den man vielleicht nicht unbedingt in einer Subkultur wie der von *ASOIAF* erwartet hätte, ist doch das Fantasy-Genre selbst bereits oft der auf den Unterschied von E- und U-Literatur begründeten Geringschätzung ausgesetzt. In eine ähnliche Richtung geht auch das Distinktionsmerkmal *Class* in diesem Fall: Das Medium der Gebildeten und zur Imagination fähigen Elite steht dem für alle zugänglichen Medium der Serie gegenüber. Es ist somit die Übertragung des Unterscheidungsmerkmals Qualität auf die Gruppen, die diese Qualität erkennen und verstehen können. Hieran hängt wohl auch die Grenzziehung anhand von Gender, denn es ist durchaus augenfällig, wer im Video angeschrien wird und der nicht-lesenden Klasse zugeordnet wird: Frauen. Dies passt zum Selbstverständnis der Geek- und Nerd-Kultur als ›*white european/american males*‹, auch wenn dieses Verständnis sich nicht wirklich mit den tatsächlichen Gegebenheiten deckt. Zum Selbstverständnis der Subkultur (die wohl, wie bereits erwähnt, kaum mehr als Subkultur bezeichnet werden kann) gehört es aber dabei auch, eigene Privilegien immer durch Andere, im besonderen Frauen, als gefährdet anzusehen. Somit fügt sich die Szene des Musikvideos gleich auf mehrere Weisen ein, in den angeblich zu führenden Kampf um die Identität als Subkultur. *Race* spielt im Fall von *Rage of Thrones* vor allem in der Ausblendung jeglicher Diversität im Cast eine Rolle. Alle sind weiß, selbst die Gegner, was ebenfalls in das Selbstverständnis der Subkultur als ›*white*‹ passt.

Die aufgeführten Distinktionen lassen sich in eine ganze Reihe von asymmetrischen Unterscheidungskategorien übersetzen, die vielleicht noch deutlicher machen können, welche Mechanismen hier bemüht werden:

- Literatur/Film
- Original/Kopie
- high culture/low culture
- Befähigt/Unbefähigt
- Auserwählt/Normal

Es handelt sich um der Moderne entstammende und in der Postmoderne seltsam unpassende Unterscheidungen eines Kulturverständnisses, das das Althergebrachte gegen das Neue, das Hohe gegen das Niedrige, das Lesen gegen das Filmsehen, die Befähigten und Auserwählten *aka* ›Genies‹ gegen die ›unbefähigten Normalen‹ *aka* Masse setzt. Damit werden hierarchische Strukturen eröffnet, die für sich die Autorität des Diskurses beanspruchen und damit die Beantwortung der Frage, wer die Disziplin des Diskurses (Foucault 1993: 22) bestimmen darf, wer überhaupt Teil des Diskurses sein und sprechen darf. Das versuchte Aufhalten der Proliferation des verehrten Gegenstandes ist damit vor allem eine Frage der Macht und der Diskurshoheit, die sich eben auch im subkulturellen Rahmen an den Distinktionen *race, gender* und *class* entfaltet. So scheint es fast schon eine Referenz auf die eigene Rezeption zu sein, wenn der Bibliothekar der Citadel, also der Gatekeeper des Wissens ganz Westeros', am Ende der sechsten Staffel mit erhobenem Zeigefinger Gilly mit ihrem Sohn den Eintritt mit den Worten »No Women! No Children!« (*GOT* SE 6 EP 10) verwehrt.

5. GAMERGATE OF THRONES

Die Aussagenformationen, die im Fandom von *GOT* in seiner Auseinandersetzung zwischen Leser und Fernsehzuschauer inszeniert werden, mögen in ihrer Wirkmächtigkeit nur gering erscheinen. Trotz der Auseinandersetzung werden weiterhin Menschen die Serie sehen und sich trotz des Fandiskurses nicht davon abbringen lassen. Dass aber die verwendeten Distinktionsmechanismen durchaus weitreichendere Folgen tätigen können, sehen wir beispielhaft an den Grenzziehungen innerhalb der Gamer-(Sub)kultur, die ihren traurigen Höhepunkt 2014 in der sogenannten Gamergate-Auseinandersetzung fanden. Ausgelöst von dem Ex-Freund der Entwicklerin Zoey Quinn, der seinen persönlichen Rachefeldzug führen wollte, kam es zur massenhaften Belästigung von Spielerinnen und Entwicklerinnen und weiblichen Persönlichkeiten der Games-Kultur. Die Angreifer unter dem Hashtag Gamergate, wollten Frauen nicht als Teil der sich inzwischen längst im Mainstream befindenden Subkultur akzeptieren (Klatt 2016). Kyle Wagner bezeichnete die Auseinandersetzung nicht ohne Grund als Kulturkrieg (Wagner 2014) zwischen regressiven und progressiven Kräften. Die Nachbeben von Gamergate sind auch heute immer noch zu spüren und der Konflikt bei weitem noch nicht beendet, sind Spielerinnen doch immer noch täglich sexueller Belästigung ausgesetzt, die entweder mit der angeblichen Nicht-Zugehörigkeit zur Gamer-Kultur oder aber mit einer angeblich Geeks und Nerds immer eigenen ›Akwardness‹ begründet wird, die aber vor allem einen Zusammenhang zwischen Geek-Kultur und *rape culture* offenbart (Rouner 2016b). Schlussendlich zeigt sich auch hier ein Verteidigungsverhalten der *white priveleged males*, die ihre Privilegien gefährdet sehen und damit jede Art von Verhalten rechtfertigen. Proliferation von Subkultur kann aus einer solchen Sicht nicht als positive Bewegung oder als Öffnung gesehen werden, sondern als Bedrohung, und zwar eine Bedrohung der eigenen Identität, die sich in den benannten Fällen über den präferierten Medienkonsum definiert und bereits von dem Konsum dieser Medien durch Andere in seinen Grundfesten erschüttert zu werden scheint. Dabei scheint die Gefährdung besonders von Frauen auszugehen:

»Women have faced especially ridiculous scrutiny from geek culture. This can take many forms, from frequent belittlement and constant questioning of their validity as a ›real‹ member of the community, to death threats, having their personal information stolen and spread around the internet, or actual physical harm being done to them.« (Evans 2015)

Dass sich dieses Verhalten vor allem gegen Frauen richtet, offenbart weiterhin, dass diese Identitätskonstruktionen mit Vorstellungen von Männlichkeit verbunden sind, die bereits durch die reine Anwesenheit von Frauen bedroht zu werden scheinen, und damit auf einer patriarchalen Weltsicht fußen (Unterhuber 2014) und eine solche Weltsicht bestärken. Aus dieser Sicht hat die Geek- und Nerd-Kultur eben nicht mehr eine abweichende Stellung im politisch-gesellschaftlichen

Diskurs, sondern nimmt sogar daran teil, diesen gegen Änderungen zu bewahren, wie sie durch z.B. feministische Positionen angestrebt werden. Dies erklärt eben auch die oft exzessiven Angriffe gegen solche Veränderungen (Penny 2015: 167-216). Damit verliert die Geek- und Nerdkultur im versuchten Widerstand gegen die Proliferation ihrer Inhalte auch ihre non-normativen Eigenschaften und besitzt damit weder eben jene Non-Normativität noch die Marginalität (Williams 2011: 10), die Subkulturen zu Subkulturen machen. Darüber hinaus stellt ihr Widerstand somit einen Widerstand gegen das Widerständige dar und verliert damit seinen progressiven Charakter, der ebenfalls oft als zentraler Kern von Subkulturen angesehen wurde (Schwendter 1993). Rouner sieht deshalb im Verhalten der Gamer-Kultur Aussagenformationen, die man eigentlich aus dem Spektrum der *religious right* kennt (Rouner 2016a).

Das Erbe der Geek- und Nerdkultur scheint also ein zweischneidiges Schwert zu sein: Es bringt zwar auf der Inhaltsebene neue, komplexe und durchaus bemerkenswerte Inhalte einem größeren Publikum nahe; auf der Ebene der Verhandlung dieser Inhalte und dem Umgang mit diesen Inhalten aber führt sie von den Rändern eigenartige Arten von Regression und Isolationismus mit sich, die ganz im Gegenteil zum Verständnis von Subkultur vor allem wirkende Machtstrukturen bestärken und erhalten. Deshalb sollten wir, wenn wir uns als eine plurale und offene Gesellschaft verstehen wollen, vorsichtig sein und solche Formen der Distinktion, auch in kleinster Ausprägung wie bei *GOT/ASOIAF*, kritisch beobachten und hinterfragen.

Literatur

Abramovitch, Seth (2016): Behind Hollywood's Closed Doors, A-List Stars Are Playing Dungeons & Dragons. 19. Juli 2016. <www.hollywoodreporter.com/features/behind-hollywoods-closed-doors-a-912169>.
Adorno, Theodor W./Horkheimer, Max (1984): Dialektik der Aufklärung. Philosophische Fragmente. Frankfurt a.M.: Fischer.
Axis of Awesome (2013): Rage of Thrones. 24. März 2013. <https://www.youtube.com/watch?v=1CLCOvZOh1o>.
Evans, Zachary (2015): How Geek Culture Taught Me About My Privilege: Why Was I so Readily Accepted When Women Aren't? 9. Oktober 2015. <www.themarysue.com/how-geek-culture-taught-me-about-my-privilege-why-was-i-so-readily-accepted-when-women-arent/>.
Foucault, Michel (1993): Die Ordnung des Diskurses. Frankfurt a.M.: Fischer.
Garnar, Caroline (2014): Exclusive interview: Axis of Awesome. 4. Juli 2014. <www.tntmagazine.com/entertainment/interviews/exclusive-interview-axis-of-awesome>.
Höller, Christian (1996): »Widerstand und Pop-Plateaus. Birmingham School, Deleuze/Guattari und Popkultur heute«, in: Holert, Tom/Terkessidis, Mark

(Hg.), Mainstream der Minderheiten. Pop in der Kontrollgesellschaft. Berlin: Edition ID-Archiv, S. 55-71.

Internet Movie Database (2016): Most Popular TV Shows. 24. Juli 2016. <www.imdb.com/chart/tvmeter?ref_=nv_tvv_mptv_4>.

Kim, Monica (2015): Revenge of the Nerds: Why Geek Chic Is the Next Fashion Phenomenon. 25. August 2016. <www.vogue.com/13299064/nerd-style-fashion-gucci-fall-2015/>.

Klatt, Jöran (2016): »Gamers aren't an audience, gamers are players« – Identitätskonstruktion, Abwehrmechanismen und politische Willensbildung in der Gaming-Szene. 30. Juni 2016. <www.paidia.de/?p=7834>.

Penny, Laurie (2015): Unsagbare Dinge. Lügen, Sex und Revolution. Hamburg: Edition Nautilus.

Rouner, Jef (2016a): Gamers Have Become the New Religious Right. 14. Januar 2016. <www.houstonpress.com/arts/gamers-have-become-the-new-religious-right-8069235>.

Rouner, Jef (2016b): You're Not »Awkward« With Women. You're Just Creepy. 23. Juni 2016. <www.houstonpress.com/arts/you-re-not-awkward-with-women-you-re-just-creepy-8505416>.

Schmidt, Christian (2011): Mehr Geist bitte, liebe Games-Tester. 6. September 2011. <www.spiegel.de/netzwelt/games/videospiele-mehr-geist-bitte-liebe-games-tester-a-784531.html>.

Schwendter, Rolf (1993): Theorie der Subkultur. Hamburg: Europäische Verlagsanstalt.

Unterhuber, Tobias (2014): Von Form und Inhalt, Frau und Mann – Die Analogstelle von Frau und Spiel in der Moderne. 15. Dezember 2014. <www.paidia.de/?p=4906>.

Wagner, Kyle (2014): The Future Of The Culture Wars Is Here, And It's Gamergate. 14. Oktober 2014. <http://deadspin.com/the-future-of-the-culture-wars-is-here-and-its-gamerga-1646145844>.

Welsch, Wolfgang (1991): Unsere postmoderne Moderne. Berlin: VCH.

Williams, J. Patrick (2011): Subcultural Theory. Traditions and Concepts. Cambridge: Polity Press.

Autorinnen und Autoren

Franziska Ascher M.A. promoviert in der Germanistischen Mediävistik an der Ludwig-Maximilians-Universität München. Sie ist Redakteurin des E-Journals *Paidia* und Mitherausgeberin des Sammelbandes *I'll remember this – Funktion, Inszenierung und Wandel von Entscheidung im Computerspiel* (Hülsbusch 2016).

Michael Baumann M.A. promoviert in Neuerer Deutscher Literatur an der Ludwig-Maximilians-Universität München. Mit ideologischen Dimensionen von Fantasy beschäftigte er sich schon in »Der Kampf von Gut und Böse als Verwaltungsakt. Zu Sergej Lukianenkos Wächter-Reihe«, in: Muth/Simonis, *Weltentwürfe des Fantastischen* (Bachmann 2013).

Robert Baumgartner M.A. promoviert in Neuerer Deutscher Literatur an der Ludwig-Maximilians-Universität München. Seine besonderen Forschungsinteressen umschließen Fantastik (in Theorie und Texten) und Computerspielforschung. Er ist Redakteur von *Paidia. Zeitschrift für Computerspielforschung* und Mitherausgeber des Sammelbandes *I'll remember this - Funktion, Inszenierung und Wandel von Entscheidung im Computerspiel.* (Hülsbusch 2016).

Prof. Dr. Hans Richard Brittnacher lehrt am Institut für Deutsche Philologie der Freien Universität Berlin. Letzte Veröffentlichung: *Gotteslästerung und Glaubenskritik in der Literatur und den Künsten.* Hg. von H.R. Brittnacher u. Thomas Koebner (Schüren 2016).

Dr. Stefan Donecker ist als Postdoc am Institut für Mittelalterforschung der Österreichischen Akademie der Wissenschaften tätig. Er ist als Mitherausgeber an einem Sammelband zu den motivgeschichtlichen Wurzeln des Fantasy-Rollenspiels *Das Schwarze Auge* beteiligt, der 2016/17 erscheinen wird.

Dr. Corinna Dörrich lehrt als AkadOR deutsche Sprache und Literatur des Mittelalters am Institut für Deutsche Philologie an der Ludwig-Maximilians-Universität München. Sie forscht momentan u.a. zu tötenden Frauen in mittelalterlicher Literatur.

Dr. Igor Eberhard lehrt Sozial- und Kulturanthropologie und Skin Studies am Institut für Kultur und Sozialanthropologie der Universität Wien. Er ist zusammen mit Dominik Schieder und Stephan Hochleithner Herausgeber des Buches *George R. R. Martins ›A Song of Ice and Fire‹ und die Wissenschaft* (erscheint 2016/2017).

Tobias Eder M.A. studiert Computerlinguistik und Informatik an der Ludwig-Maximilians-Universität München. Seine Forschungsfelder liegen im Bereich Game Studies und Phantastik, mit einem Fokus auf der Medialität des Digitalen.

Rainer Emig lehrt Englische Literatur- und Kulturwissenschaft an der Johannes Gutenberg-Universität Mainz. Er ist einer der Herausgeber des *Journal for the Studies of British Cultures*.

Dominic Frenschkowski ist wissenschaftlicher Mitarbeiter an der Evangelisch-Theologischen Fakultät der Johannes Gutenberg-Universität Mainz. Er promoviert über liturgische Kleinformen.

Prof. Dr. Marco Frenschkowski lehrt an der Theologischen Fakultät der Universität Leipzig (Institut für Neues Testament). Sein jüngstes Buch ist: *Magie im antiken Christentum: Eine Studie zur Alten Kirche und ihrem Umfeld* (Stuttgart 2016).

PD Dr. Mario Grizelj lehrt Neuere Deutsche Literatur am Institut für Deutsche Philologie an der Ludwig-Maximilians-Universität München. Seine Habilitationsschrift *Wunder und Wunden. Religion als Formproblem von Literatur (Klopstock – Kleist – Brentano)* wird im Dezember 2016 bei Fink erscheinen.

Matthias Langenbahn ist Master of Education und Alumni der Universität Koblenz-Landau, wo er als Trainingsleiter der Ronneburger Fechtschule tätig ist.

Maria Kutscherow studierte Komparatistik und Skandinavistik an der Ludwig-Maximilians-Universität München. Als Mitglied der Redaktion von *Paidia – Zeitschrift für Computerspielforschung* ist sie Herausgeberin des Sammelbandes *I'll remember this – Funktion, Inszenierung und Wandel von Entscheidung im Computerspiel* (WHV 2016).

PD Dr. Markus May lehrt Neuere Deutsche Literatur am Institut für Deutsche Philologie an der Ludwig-Maximilians-Universität München. Er ist zusammen mit Hans Richard Brittnacher Herausgeber des Bandes *Phantastik: Ein interdisziplinäres Handbuch* (Metzler 2013).

Autorinnen und Autoren

Prof. Dr. Anja Müller ist Professorin für Englische Literatur- und Kulturwissenschaft an der Universität Siegen. Zusammen mit Bettina Kümmerling-Meibauer und Astrid Surmatz ist sie Herausgeberin der Buchreihe *Studien zur Europäischen Kinder- und Jugendliteratur* (Universitätsverlag Winter, 2014-).

Dr. Christoph Petersen lehrt als AkadOR Deutsche Sprache und Literatur des Mittelalters am Institut für deutsche Philologie der Ludwig-Maximilians-Universität München. Er veröffentlicht unter anderem zu mittelalterlichen Geschichtsauffassungen.

Dr. Johannes Rüster lehrt am Institut für Praktische Theologie der Friedrich-Alexander Universität Erlangen-Nürnberg und am Gymnasium Hersbruck. Seine Forschungsinteressen liegen neben Kinder- und Jugendbuch sowie Comics vor allem im Überschneidungsbereich von Religion und phantastischer Literatur. Dazu erschienen zahlreiche Publikationen.

Felix Schröter M.A. ist wissenschaftlicher Mitarbeiter am Institut für Medien und Kommunikation der Universität Hamburg. Er ist zusammen mit Bernard Perron Herausgeber des Sammelbandes *Video Games and the Mind. Essays on Cognition, Affect and Emotion* (McFarland 2016).

Dr. Peter Seyferth lehrt Politische Theorie und Philosophie u.a. an der Hochschule für Politik (Technische Universität München). Er ist Herausgeber des Sammelbandes *Den Staat zerschlagen! Anarchistische Staatsverständnisse* (Nomos 2015).

Dr. Simon Spiegel ist PostDoc am Seminar für Filmwissenschaft der Universität Zürich. Er ist Mitherausgeber der Zeitschrift für Fantastikforschung und schreibt derzeit im Rahmen des SNF-Projekts *Alternative Weltentwürfe* an seiner Habilitation zur Utopie im nichtfiktionalen Film.

Tobias Unterhuber ist Doktorand an der Ludwig-Maximilians-Universität München. Er ist Redakteur der Zeitschrift *Paidia – Zeitschrift für Computerspielforschung* und zusammen mit der *Paidia*-Redaktion Herausgeber des Sammelbandes *I'll remember this – Funktion, Inszenierung und Wandel von Entscheidung im Computerspiel* (Hülsbusch 2016).

Christian Weng ist Leiter einer Musikausbildungseinrichtung, Dirigent und Pädagoge. Er studierte Lehramt an Gymnasien mit den Fächern Deutsch und Sozialkunde an der Ludwig-Maximilians-Universität München und Blasorchesterleitung an der Musikhochschule Stuttgart.

Edition Kulturwissenschaft

Gabriele Brandstetter,
Maren Butte,
Kirsten Maar (Hg.)
Topographien des Flüchtigen:
Choreographie als Verfahren

März 2017, ca. 340 Seiten, kart., ca. 34,99 €,
ISBN 978-3-8376-2943-9

Markus Ender, Ingrid Fürhapter, Iris Kathan,
Ulrich Leitner, Barbara Siller (Hg.)
Landschaftslektüren
Lesarten des Raums von Tirol
bis in die Po-Ebene

Februar 2017, ca. 480 Seiten, kart., ca. 34,99 €,
ISBN 978-3-8376-3553-9

Nikola Langreiter, Klara Löffler (Hg.)
Selber machen
Diskurse und Praktiken des »Do it yourself«

Februar 2017, ca. 350 Seiten, kart., zahlr. Abb., ca. 29,99 €,
ISBN 978-3-8376-3350-4

Leseproben, weitere Informationen und Bestellmöglichkeiten
finden Sie unter www.transcript-verlag.de

Edition Kulturwissenschaft

Michael Schetsche, Renate-Berenike Schmidt (Hg.)
Rausch – Trance – Ekstase
Zur Kultur psychischer Ausnahmezustände

November 2016, 264 Seiten, kart., ca. 29,99 €,
ISBN 978-3-8376-3185-2

Christiane Lewe, Tim Othold, Nicolas Oxen (Hg.)
Müll
Interdisziplinäre Perspektiven
auf das Übrig-Gebliebene

Oktober 2016, 254 Seiten,
kart., zahlr. z.T. farb. Abb., 29,99 €,
ISBN 978-3-8376-3327-6

Elisabeth Mixa, Sarah Miriam Pritz,
Markus Tumeltshammer, Monica Greco (Hg.)
Un-Wohl-Gefühle
Eine Kulturanalyse
gegenwärtiger Befindlichkeiten

Januar 2016, 282 Seiten, kart., 29,99 €,
ISBN 978-3-8376-2630-8

Leseproben, weitere Informationen und Bestellmöglichkeiten
finden Sie unter www.transcript-verlag.de

Edition Kulturwissenschaft

Sebastian Schinkel,
Ina Herrmann (Hg.)
Ästhetiken in Kindheit und Jugend
Sozialisation im Spannungsfeld von
Kreativität, Konsum und Distinktion
Januar 2017, ca. 350 Seiten, kart.,
zahlr. z.T. farbige Abb., ca. 34,99 €,
ISBN 978-3-8376-3483-9

Gabriele Brandstetter,
Bettina Brandl-Risi,
Kai van Eikels
Szenen des Virtuosen
Dezember 2016, ca. 328 Seiten,
kart., zahlr. Abb., ca. 29,80 €,
ISBN 978-3-8376-1703-0

Felix Hüttemann, Kevin Liggieri (Hg.)
Die Grenze »Mensch«
Diskurse des Transhumanismus
Dezember 2016, ca. 230 Seiten, kart.,
ca. 29,99 €,
ISBN 978-3-8376-3193-7

Stephanie Bung, Jenny Schrödl (Hg.)
Phänomen Hörbuch
Interdisziplinäre Perspektiven und
medialer Wandel
Dezember 2016, ca. 230 Seiten, kart.,
ca. 29,99 €,
ISBN 978-3-8376-3438-9

Antje Dresen, Florian Freitag (Hg.)
Crossing
Über Inszenierungen kultureller
Differenzen und Identitäten
November 2016, ca. 280 Seiten, kart.,
ca. 32,99 €,
ISBN 978-3-8376-3538-6

Stephanie Lavorano, Carolin Mehnert,
Ariane Rau (Hg.)
Grenzen der Überschreitung
Kontroversen um Transkultur,
Transgender und Transspecies
Oktober 2016, 278 Seiten, kart., 34,99 €,
ISBN 978-3-8376-3444-0

Jörn Müller, Andreas Nießeler,
Andreas Rauh (Hg.)
Aufmerksamkeit
Neue humanwissenschaftliche
Perspektiven
Juni 2016, 242 Seiten, kart., 29,99 €,
ISBN 978-3-8376-3481-5

Marie-Hélène Adam, Szilvia Gellai,
Julia Knifka (Hg.)
Technisierte Lebenswelt
Über den Prozess der Figuration
von Mensch und Technik
Mai 2016, 390 Seiten, kart., 34,99 €,
ISBN 978-3-8376-3079-4

Richard Weihe (Hg.)
Über den Clown
Künstlerische und
theoretische Perspektiven
April 2016, 284 Seiten, kart.,
zahlr. z.T. farb. Abb., 29,99 €,
ISBN 978-3-8376-3169-2

Stephanie Wodianka,
Juliane Ebert (Hg.)
Inflation der Mythen?
Zur Vernetzung und Stabilität
eines modernen Phänomens
(unter Mitarbeit von Jakob Peter)
April 2016, 330 Seiten, kart., 34,99 €,
ISBN 978-3-8376-3106-7

Andreas Bihrer, Anja Franke-Schwenk,
Tine Stein (Hg.)
Endlichkeit
Zur Vergänglichkeit und Begrenztheit
von Mensch, Natur und Gesellschaft
Februar 2016, 360 Seiten, kart., 29,99 €,
ISBN 978-3-8376-2945-3

**Leseproben, weitere Informationen und Bestellmöglichkeiten
finden Sie unter www.transcript-verlag.de**